북한의 국제법관

북한의 국제법관

이규창 엮음

KSI 한국학술정보(주)

머 리 말

　1990년대 초 냉전의 종식과 남북기본합의서의 체결, 남북한 유엔동시가입, 남북교류협력법과 남북협력기금법의 제정으로 남북 간의 관계가 변화·발전되었다. 이후 1, 2차 북한 핵문제로 한반도에 긴장이 조성되기는 하였지만 2000년 6·15남북공동선언과 개성공단의 개발, 금강산 관광사업의 시작, 이산가족의 상봉 등 남북관계는 남북경제교류와 인도주의사업을 중심으로 지속적으로 확대·발전하는 모습을 보여주고 있다. 또한 10월 2일부터 4일에는 평양에서 노무현 대통령과 김정일 국방위원장 간의 제2차 남북정상회담이 개최되어 「남북관계 발전과 평화번영을 위한 선언」이 채택되었다. 이렇듯 변화·발전하는 남북관계를 법제도적으로 뒷받침하기 위한 노력도 이어지고 있다. 2005년 12월에는 남북관계발전에 관한 법률이 제정되었고, 2007년에는 개성공업지구지원에 관한 법률과 전후 납북자 피해보상법이 제정되었다. 너무 성급한 기대인지는 몰라도 이제 통일은 우리 앞에 그다지 멀리 놓여 있지 않아 보인다. 어쩌면 통일은 우리의 예상보다 빨리 다가올 수도 있다. 우리가 여러 분야에서 통일을 준비해야 할 필요성이 여기에 있다.

　통일준비노력의 일환으로 북한법에 대한 연구가 지속적으로 이루어지고 있다. 몇몇 학자 중심으로 이루어지던 북한법 연구가 1990년대 중반 북한법연구회가 결성됨으로써 본격적인 궤도에 올라섰다. 연구대상도 초기에는 북한 헌법, 북한 형사법, 북한 민사법 등 매우 제한된 분야에 한정되었지만 이제는 지적재산권, 손해보상법, 출입국법, 인민경제계획법, 대외민사관계법, 개성공업지구와 관련된 법령들, 남북한 주민 간의 이혼 및 손해배상 사건 등 구체적인 분야로 확대되고 있는 추세이다. 이러한 추세는 최근 법제사업을 강화하면서 새로운 법령들을 제정하고 있는 북한의 사정과 맞물리면서 앞으로도 계속될 전망이다. 북한법에 대한 관심과 연구는 다행스럽고 환영할 일이다.

북한 국제법에 대한 연구는 북한 국내법에 대한 연구에 비해 부족한 편이다. 필자는 국제법을 전공한 사람으로서 이점을 항상 아쉽게 생각하고 있다. 현재까지의 북한 국제법에 대한 연구는 크게 북한 국제법의 동향과 추세, 북한의 해양법에 치우쳐 있다고 해도 과언이 아니다. 북한 국제법을 연구하는 학자 또한 극소수에 불과하다. 이것은 몇 가지 문제에 기인한다고 볼 수 있다. 첫째, 국제법은 그 성격상 국내법과는 달리 북한의 국제법이 따로 있을 수 없다. 북한의 국내법은 우리의 국내법과는 여러 가지 차이를 보이고 있어서 비교연구하고 통일을 대비한 법률통합작업을 준비하기가 상대적으로 용이하다고 할 수 있다. 둘째, 북한 국제법 자료 구하기가 쉽지 않다. 1972년에 발간된 법학사전에 국제법 관련 내용이 일부 포함되어 있고 1988년 발간된 현대국제법연구와 2002년 발간된 국제법사전 정도가 북한 국제법을 알 수 있는 자료들이다. 셋째, 북한의 국제법 실행을 아는 데 어려움이 있다. 국제법 실행을 이해하는 데는 판례가 많은 도움이 되는데 북한의 판례는 공개되지 않고 있다. 넷째, 북한 국제법 연구를 장려하는 풍토가 조성되어 있지 못한 것도 큰 문제 가운데 하나로 지적할 수 있다. 차제에 우리 정부당국에 신진연구자들의 북한 국제법 및 통일문제 연구 장려를 획기적으로 확대할 것을 부탁한다.

여러 어려움들이 있지만 북한 국제법 연구를 게을리해서는 안 될 것이다. 이제 북한 국제법 연구는 보다 많은 학자들이 국제법의 각 분야별로 심도 있는 연구를 하는 것이 필요하다. 이러한 문제의식에 필자는 우선 북한 국제법과 관련된 자료들을 공유하는 것이 절실하다는 생각을 가지게 되었다. 이에 북한 학자들의 논문과 국제법 관련 법령들을 모아 자료집을 발간하게 되었다.

이 책은 크게 제1부 논문과 제2부 법령으로 구성되어 있다. 제1부 논문은 14개 장으로 구성되어 있으며 모두 67개의 논문을 담고 있다. 제2부 법령은 북한의 헌법과 국적법, 조약법, 민용항공법 등 9개의 법령, 조약의 국내법적 효력에 관한 북한 국내법 규정 및 해양법과 관련된 북한의 국내조치 등을 담고 있다. 제1부에 실려 있는 글은 김일성종합대학의 력사법학에 게재되어 있는 북한학자들의 글이 대부분이며 그 밖에 정치법률연구와 북한신문들인 로동신문과 민주조선에 실려 있는 글들이 일부 포함되어 있다. 북한의 대학 중 법학부가 설치돼 있는 곳은 김일성종합대학, 인민경제대학, 인민보안성 정치대학 등 소수의 대학에 불과하며 그나마 단과대학이라고는 김일성종합대학 법학부가 1999년 9월 법률대학이라는 명칭으로 분리, 독립한 것이 전부인 것으로 알려져 있다. 따라서 이 책에 실려 있는 북한학자들의 글은 단지 어느 한 사람의 개인적인 의견이라기보다는 북한의 입장을 대변하고 있다고 보아야 할 것이다. 북한에서 발간된 국제법사전, 현대국제법연구, 국제법관련 북한 법령들과 함께 이 책에 실려 있는 글들을 연구하면 북한 국제법을 이해하는 데 많은 도움이 될 것으로 기대한다.

이 책을 쓰면서 다음과 같은 점에 유의하였다. 첫째, 북한학자들의 글을 객관적으로 보는 것이 중요하다고 판단되어 필자의 주관적인 설명은 하지 않았다. 다만 이해를 돕기 위하여 어려운 북한용어는 주를 달아 설명을 하였다. 둘째, 북한학자들의 글은 원문을 그대로 옮기는 것을 원칙으로 하였다. 다만 띄어쓰기와 맞춤법은 필요에 따라 최소한의 수정을 가하였다. 예를 들어 페기를 폐기로, 화폐를 화폐로 바꾸었다. 셋째, 원전의 인용을 돕기 위해 각 논문마다 출처를 밝히고 페이지를 달았다. 예를 들어 [73]이라는 표시가 나오면 73페이지가 시작된다는 의미이다.

나에게는 늘 신앙의 빚, 마음의 빚이 있다. 그것은 우리의 신앙이 북한, 특히 평양에 있던 믿음의 선배들로부터 이어졌다는 것이다. 하루속히 남북한이 평화통일 되어서 동방의 예루살렘 평양이 회복되기를 기도드린다. 또한 평화통일 과정에 필자가 일조하여 신앙의 빚을 조금이라도 갚을 수 있는 날이 우리 앞에 다가서기를 기도한다. 필자의 은사님들이신 유병화 국제법률경영대학원대학교 총장님과 고려대학교의 박기갑, 박노형 교수님들께 감사드린다. 나의 가장 든든한 후원자이자 인생의 동반자인 아내 신현주에게도 감사의 말을 전한다. 이 책의 출간을 허락해주신 한국학술정보(주)의 채종준 사장님과 편집과 교정을 맡아 수고하여 주신 임은정 선생께도 감사드린다.

2008년 1월
통일연구원 연구실에서
평화통일을 기원하며

이 규 창

차 례 contents

제 ❶ 부 논 문

제 ❷ 부 법 령

제**1**부
논 문

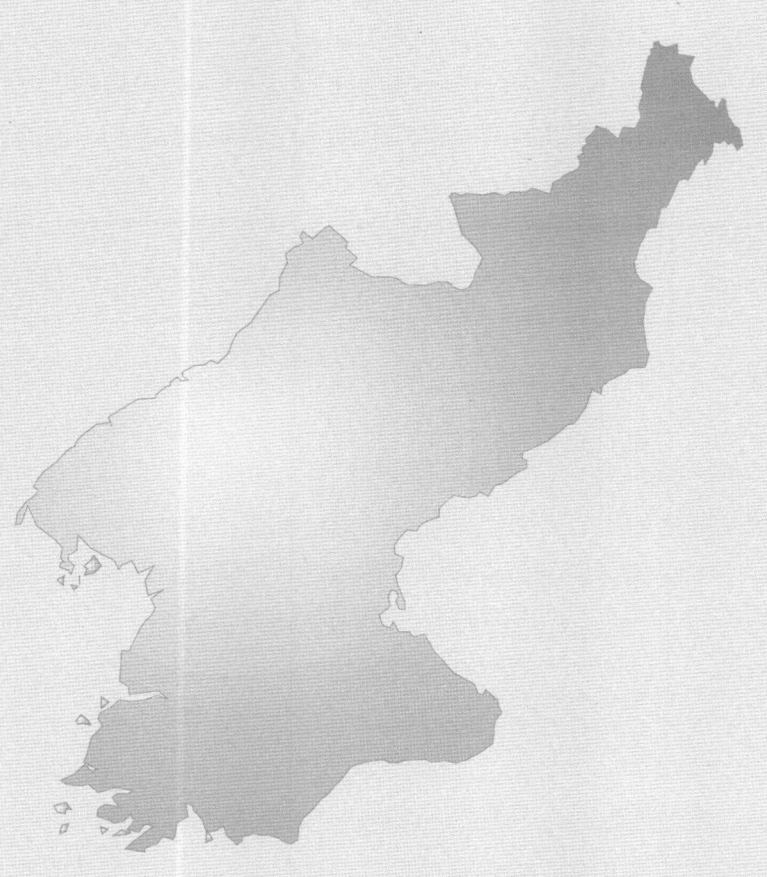

제1장 국제법일반: 기본원칙, 국가면제

1. 국가자주권존중의 원칙에 관한 독창적인 사상¹⁾

리 수 영

[61]위대한 령도자 김정일동지께서는 국가자주권존중, 평등호혜, 내정불간섭, 령토완정,²⁾ 불
가침 등 국제법의 기본원칙들을 새롭게 밝혀주시었다. 이것은 종속과 지배의 낡은 국제질서에
심대한 타격을 가하고 자주성의 시대에 맞는 새로운 국제관계를 발전시켜 나갈 수 있는 확고
한 지침을 가질 수 있게 하였다. 위대한 령도자 김정일동지께서 밝혀주신 국제법의 기본원칙
에서 가장 중요한 것은 국가자주권존중의 원칙이다. 위대한 령도자 김정일동지께서는 다음과
같이 지적하시었다. ≪매개 나라는 외부세력의 침해로부터 자주권을 수호하는 것과 함께 다른
나라의 자주권을 존중하고 자기 의사를 남에게 강요하지 말아야 합니다.≫

위대한 령도자 김정일동지께서 밝혀주신 국가자주권존중의 원칙은 세 가지 내용을 담고 있
다. 그것은 첫째로 자기의 자주권을 철저히 고수하는 것이고 둘째로 다른 나라의 자주권을 존
중하는 것이며 셋째로 자주권을 유린하는 행위를 반대하여 투쟁하는 것이다. 국가자주권존중
의 원칙이 이러한 내용으로 이루어지는 것은 국가자주권의 본질과 관련되어 있다.

국가자주권은 매개 국가들이 가지고 있는 가장 본질적인 특성인 자주권이 대외관계에서 표

---

1) 출처: 김일성종합대학출판사, 『김일성종합대학학보: 력사법학』, 제44권 제3호(1998), 61−66쪽.
2) 편집자주: 완정(完整)이란 "영토를 완전히 정리하고 다스리는 것 또는 강점되었거나 분리된 영토를
   다시 회복하여 나라를 완전히 통일하는 것"을 말한다. 통일부〈www.unikorea.go.kr〉, 북한용어사전.

현되어 다른 나라들과의 관계에서 가지는 권리이다. 다시 말하여 국가자주권은 그 어떤 나라에도 예속되지 않으며 나라와 민족의 운명과 관련된 모든 문제를 그 누구의 간섭도 받음이 없이 자주적으로 결정하고 처리할 수 있는 국가의 권리이다. 국가자주권은 그 본성으로부터 자기의 자주권을 빼앗기고 다른 나라에 예속되는 것을 반대하고 자기 나라의 리익에 저촉되는 그 어떤 간섭도 받지 않을 것을 절실히 요구하고 있다. 자주권을 고수하지 못하고 자기의 리익을 다른 나라에 침해당한 국가는 자주적인 활동을 진행할 수 없으며 다른 나라와 평등한 국가관계를 맺을 수 없다. 따라서 이러한 나라는 자주적인 독립국가라고 말할 수 없다.

국가자주권존중의 원칙은 국제법의 근본원칙이다. 국가자주권존중의 원칙이 국제법의 근본원칙으로 되는 것은 이 원칙이 국제법의 다른 모든 원칙들의 출발점으로 되는 원칙이며 모든 원칙들에 다 관통되어 있는 원칙이기 때문이다. 국제법의 기본원칙을 이루는 평등호혜, 내정불간섭, 령토완정, 불가침 등 모든 원칙들은 다 자주권존중원칙으로부터 흘러나오고 이 원칙에 의하여 전개되며 담보된다. 국제법의 기본원칙들은 자주권을 고수하고 서로 존중할 데 대한 사상으로 모든 내용이 이루어져 있고 자주권존중이 보장되는 조건에서 다른 모든 원칙들의 리행을 기대할 수 있다. 국가자주권의 유린은 모든 국제법의 원칙들의 유린으로 되며 국가자주권의 존중은 매개 국제법의 원칙들을 리행할 수 있는 담보로 된다. 따라서 국가자주권존중의 원칙은 다른 모든 국제법원칙들의 기초를 이루는 국제법적 원칙으로 된다.

국가자주권존중원칙의 내용은 첫째로, 외부의 침해로부터 자기의 자주권을 철저히 고수하는 것이다. 자주권을 고수하는 것은 현시기 국제관계를 촉진시키고 새로운 국제질서를 확립하는데서 첫째가는 요구로 제기된다. 그것은 국가의 활동이 곧 자주권을 고수하고 그 권리를 실현하는 투쟁이고 자주권존중의 원칙과 다른 국제법의 원칙들도 궁극에 가서는 다 자주권을 지키기 위한 것으로 되기 때문이다. 오늘 세계 피압박인민들은 20세기 중엽에 제국주의자들의 지배와 간섭으로부터 100여 개의 식민지나라가 새로 독립을 쟁취하고 외세의 간섭이 없는 정치, 경제제도를 수립해나가기 위하여 끊임없이 투쟁하고 있다. [62]지난 기간 우리 혁명의 력사를 놓고 보아도 우리는 자주권을 수호하는 것을 우리 국가의 최고리익옹호로 여기고 자주권을 수호하는 문제에 대하여서는 한 치의 양보도 하지 않았다. 우리 당과 인민은 《푸에블로》호의 나포와 《이씨-121》의 격추, 《핵전파방지조약에서의 탈퇴》 등 기회가 있을 때마다 자주권을 귀중히 여기는 우리 인민의 의지를 남김없이 시위하였다.

국가자주권을 수호하는 데서 중요한 것은 무엇보다 먼저 강위력한 국가를 건설하는 것이다. 강위력한 국가를 건설하는 것은 정치적 지반을 튼튼히 다지고 경제, 군사력을 발전시켜 그 어편 외부세력의 간섭을 물리치고 자체로 자주권을 수호할 수 있는 힘을 키운다는 것이다. 강위력한 국가를 건설하는 데서 중요한 것은 국가의 정치적 지반을 튼튼히 꾸리는 것이다. 국가의 정치적 지반은 국가가 의거하여야 할 여러 요인들 중에서 가장 주요한 것으로 된다. 정치적 지반은 해당 국가가 어떤 계급을 토대로 국가정권이 수립되었으며 사람들의 의식화, 조직화 정도가 어떠한가 하는 것을 보여주는 범주로서 국가의 계급적 본질과 공고성의 정도를 가장 집중적으로 나타낸다. 정치적 지반은 결국 국가의 주요지반을 이루는 경제, 군사적 지반의 건설과 그 힘을 좌우한다. 정치적 지반이 굳건하여야 그에 의하여 결정되는 경제, 군사적 지반도 더욱 공고해질 수 있다. 그것은 정치적 지반을 이루는 중요한 요소가 바로 사람이기 때문이며 사람이 경제도 군사도 발전시키기 때문이다.

국가의 정치적 지반을 튼튼히 다지기 위하여서는 사람들을 각성시키고 그들을 정치조직에 튼튼히 묶어세워야 한다. 사람들을 각성시켜야 그들이 목적의식적으로 사회와 자연을 개조하는 사업에 나설 수 있고 높은 창조력을 발휘할 수 있다. 혁명투쟁과 건설사업은 사람들에 의하여 수행되며 그들의 준비정도와 창발성에 의하여 전진한다. 정치적 지반을 튼튼히 다져나가는 데서 정치조직들의 역할은 매우 중요하다. 그것은 정치조직이 사람들을 준비시키고 그들을 결속하여 통일적으로 움직이는 기본수단이기 때문이다. 이와 같이 사람들을 각성시키고 정치조직들의 역할을 높여야 정치적 안정성을 보장하고 다른 분야인 경제, 군사적 지반도 강화해 나갈 수 있다

강위력한 국가건설을 위해서는 경제, 군사적 힘을 강화하여야 한다. 경제적 자립은 정치적 독립의 물질적 기초이며 따라서 나라의 경제적 힘을 강화하는 것은 대외정책에서 자주권을 견지하기 위한 중요한 담보의 하나로 된다. 경제력을 강화하여야 인민들의 자주적인 생활을 물질적으로 원만히 보장하여 줄 수 있고 제국주의자들이 준동할 수 있는 경제적 지반을 허물어 버릴 수 있다. 경제는 사회생활의 중요한 분야의 하나로서 경제적 힘이 약하면 남에게 예속되어 제가 하고 싶은 일도 제대로 할 수 없게 된다. 이것은 경제적 예속은 정치적 예속을 가져오며 그로부터 경제적 힘을 강화하여야 자주권을 더 철저히 수호할 수 있게 된다는 것을 말해준다.

군사력을 강화하는 것은 자주권을 수호하기 위한 필수적 요구이다. 군사력은 곧 국력의 표현이며 담보이다. 그것은 군사력이 정치제도와 경제제도를 옹호하고 군사력에 정치적 지반과 경제적 힘이 집중적으로 표현되기 때문이다. 군사력의 담보가 없는 국력의 강화는 하나의 빈 구호에 지나지 않으며 정치, 경제의 발전도 군사력의 담보가 없이는 그의 장기성을 생각할 수 없다.

국가자주권을 수호하기 위하여서는 다음으로 국가활동에서 주체를 철저히 세워야 한다. 국가활동에서 주체를 세운다고 할 때 모든 활동을 진행함에 있어서 제정신을 가지고 국가활동을 진행하며 대외관계에서 독자성을 확고히 보장하고 지배와 간섭을 없앨 수 있다는 것을 말한다. 국가활동에서 주체를 세우기 위해서는 자기 인민의 요구와 자기 나라의 구체적 실정에 맞게 정책을 세우고 집행해나가야 한다. 자기 인민의 요구와 자기 [63]나라의 구체적 실정에 맞게 정책을 세우고 집행해 나가야 독립국가로서의 지위를 확고히 보장할 수 있고 대외관계에서 독자성을 견지할 수 있다. 자기 인민의 요구와 리해관계를 반영한 정책을 세우지 않고서는 그것을 정확히 집행해나갈 수 없고 외세의 간섭을 피할 수 없으며 종국적으로는 자주권을 지켜낼 수 없게 한다.

국가활동에서 주체를 세우기 위해서는 사대주의와 민족허무주의를 반대하여 투쟁하여야 한다. 사대주의와 민족허무주의는 다같이 자기의 것을 깔보고 무시하며 덮어놓고 남의 것에 환상을 가지고 본 따려 하는 불건전한 사상조류이다. 위대한 수령 김일성동지께서는 혁명의 길에 나서신 첫 시기부터 사람이 사대주의를 하면 머저리가 되고 민족이 사대주의를 하면 나라가 망하며 당이 사대주의를 하면 혁명을 망쳐먹는다고 하시면서 조선혁명을 우리 인민의 요구와 우리나라의 객관적 조건에 맞게 우리 식대로 령도해 오시였다. 위대한 수령 김일성동지께서 이끄시는 조선혁명의 전 과정은 사대주의를 비롯한 온갖 불건전한 사상을 쓸어버리고 우리 식대로 혁명과 건설을 령도하시여 승리를 이룩한 자랑찬 로정이었다.

국가활동에서 사대주의를 하게 되면 자기 인민의 요구와 리익에 맞게 혁명과 건설을 다그쳐 나갈 수 없으며 어느 때에 가서든지 숭배하는 나라의 지배권에 말려들게 된다. 이것은 사대주의를 극복하지 못하면 나라와 민족의 요구와 리익은 물론 나라의 자주권을 지켜낼 수 없다는 것을 보여준다. 이와 같이 자주권을 고수하는 것은 국가와 민족들에게 있어서 자주적인 국가활동을 진행하게 하고 자주독립국가의 지위를 확고히 보장하게 하기 때문에 국가자주권존중의 원칙을 준수해나가는 데서 가장 중요한 요구로 나선다.

국가자주권존중원칙의 내용은 둘째로, 다른 나라와 민족의 자주권을 존중하는 것이다. 다른 나라와 민족의 자주권을 존중한다는 것은 국제관계에서 호상 상대방의 주권과 그 법적지위를 존엄 있게 대한다는 것이다. 상대방의 주권을 존엄 있게 대한다는 것은 한 나라가 다른 나라에 대하여 그 주인으로서의 권리를 인정하고 권리실현을 방해하지 않는다는 것이다. 다시 말하여 그 나라에서 진행되는 제도의 선택과 수립, 로선의 결정 등 그 나라의 권리에 속하는 문제들을 그 나라 인민의 요구와 의사에 맞게 채택하고 수행하는 데 대하여 인정하고 동등한 립장에서 그 권리를 보장한다는 것이다. 매개 나라 인민들은 주권을 가지고 있는 것으로 하여 국가를 건설하고 그 발전을 촉진하며 나라들 사이의 관계도 참답게 진행할 수 있다. 주권을 잃거나 침해당하는 나라는 국가의 발전과 인민의 리익을 위하여 아무러한 역할도 할 수 없으며 국가들과의 관계를 제대로 맺고 발전시킬 수 없다. 주권은 매개 국가에 있어서 고유한 것이지만 저절로 차례지지 않으며 오직 투쟁으로 쟁취하고 수호하여야 하는 가장 귀중한 권리이다. 그러므로 다른 나라의 주권을 인정하고 그 권리실현을 보장하는 것은 서로의 관계를 두터이 하고 그 발전을 보장하는 데서 큰 의의를 가진다.

상대방의 법적지위를 존엄 있게 대한다는 것은 한 나라가 다른 나라에 대하여 당사자로서의 자격을 인정하고 그와 동등한 관계를 발전시켜 나간다는 것이다. 다시 말하여 국제회의와 국제기구, 국제조약체결에서 동등한 당사자로서 그 자격을 인정하고 국제무대에서 자기 문제를 비롯한 모든 문제해결에 대하여 동등한 발언권을 가지도록 한다는 것을 말한다. 모든 나라는 주권국가로서 국제사회의 한 성원으로 될 수 있는 권리를 가지고 있다. 그러나 매개 나라의 그러한 법률적 자격은 다른 국가들에 의하여 인정되게 된다. 즉 합법적인 독립국가이고 국제사회의 한 성원으로서 다른 국가들과 같이 동등한 권리와 의무를 가지고 있다는 데 대한 다른 국가의 인정밑에 가지게 된다. 아무리 주관적으로 합법적이고 [64]독립적이며 자주적인 국가라고 하여도 그것이 다른 국가들과의 관계 속에서 표현되므로 매 국가들이 자기와 동등한 관계라는 것을 인정하고 관계를 맺어야 그것이 유효한 것으로 된다. 때문에 상대방의 법률적 지위를 존엄 있게 대하는 것은 호상간의 관계를 결정짓는 데서 중요한 문제로 나선다.

국제관계에서 매개 국가들이 다른 나라의 주권과 그 법적 지위를 존엄 있게 대하는 것은 정상적인 국제관계수립을 필수적 요인으로 되며 대외관계를 가지는 국가들에게 절실히 요구되는 문제의 하나이다. 서로의 관계에서 일방적으로 주권존중을 강요하거나 적대시하는 것은 결국 자주권을 침해하는 것이나 다름이 없으며 국제관계발전에 엄중한 장애로 된다. 현시기 상대방 국가에 대한 주권과 그 법적지위를 존엄 있게 대하는 문제는 자주화된 새 세계 건설에서 중요한 과제로 제기되고 있으며 그 길에서 많은 전진이 이룩되었다. 그 집중적인 표현은 지난 시기에 수억만의 피압박인민들이 오늘날 당당한 자주독립국가의 주인으로 자라났으며 유엔을 비롯한 국제기구에 당당한 성원국으로 참가하여 자기의 요구와 의사를 대변함으로써 새로운 국제질서를 확립하는데서 실제적인 영향력을 발휘하고 있는 데서 나타난다. 실천적 경험은 주권과 그 법적지위에 대한 존중은 자주독립국가건설을 확고히 담보하고 국가들 사이의 관계발전을 촉진시켜 자주권존중의 원칙을 실현하는 데서 주요한 역할을 한다는 것을 보여준다.

우리 공화국은 탄생 첫날부터 자주, 평화, 친선을 일관한 대외정책으로 선포하고 우리를 우호적으로 대하는 모든 나라들과 자주성을 위하여 투쟁하는 세계 혁명적 인민들에게 지지와 련대성을 보내고 있으며 그들의 주권과 법적지위를 인정하고 있다. 이것은 우리나라가 자주권존중을 중시하고 세계의 발전과 자주화를 위하여 끊임없이 투쟁하고 있다는 표현으로 된다.

상대방의 주권과 법적지위를 존중하는 데서 중요한 것은 상대방의 합법적인 주권을 인정하는 것이다. 국가들 간의 관계는 승인으로부터 시작된다. 그것은 승인이 된 후에야 국가들의 관계가 성립되고 효력을 가지기 때문이다. 국가들이 인정하여야 할 국가는 정치적 자주성이 보장되고 대외관계에서 독자성이 있는 국가여야 한다.

정치적 자주성은 독립국가의 첫째가는 징표이며 생명이다. 정치적 자주성이 없으면 대외관계에서도 독자성을 견지할 수 없고 자기 인민의 요구와 리익에 맞는 정책과 로선을 제시하고 관철할 수 없다. 대외관계에서 독자성은 모든 국가들이 국제관계를 맺고 발전시키는 데서 지켜야 할 초보적인 권리이다. 독자성을 떠난 독립성과 합법성이란 있을 수 없다. 그것은 다른 국가의 지배와 간섭을 배격하고 주권을 튼튼히 틀어쥔 국가는 모든 국제관계에서 자기의 독자성을 발휘하고 있는 것과 관련된다.

모든 국가들은 그의 독립성과 합법성이 인정된 기초 우에서 서로 존중하여야 한다. 국가들의 서로의 존중은 그 어떤 조건이 없이 진행되어야 한다. 조건부가 있는 존중은 진정한 존중이 아니며 앞으로의 국제관계발전에 좋은 영향을 가져올 수 없다.

국가들은 서로의 존중에서 어느 특이한 나라에 대한 일방적이고 맹목적인 존중은 경계하여야 한다. 일방적이고 맹목적인 존중은 지배와 순종의 전제이며 국제관계에서 불평등을 산생시키는 요인 중의 하나이다. 따라서 모든 국가와 민족들은 호상존중의 원칙을 견지하는 데서 사소한 특권과 특전을 허용하지 말아야 한다.

이와 같이 다른 나라의 자주권을 존중하는 것은 국가들 호상간에 신뢰를 두터이 하고 좋은 관계를 유지하고 발전시키며 나아가서 국제관계발전에 긍정적 영향을 미치게 한다. 국제활동도 매개 나라들의 활동으로부터 시작되며 그 활동에 의하여 관계발전이 이루어지는 것만큼 국가들 사이의 이러한 선린관계는 자주권을 고수하고 다른 국제법의 원칙들을 지켜나가게 하는 데서 커다란 역할을 한다.

[65]국가자주권존중원칙의 내용은 셋째로, 자주권을 유린하는 현상을 반대하여 강한 투쟁을 벌이는 것이다. 자주권유린행위에 대한 투쟁은 자주권존중을 실현하는 데서 주요한 문제로 나선다. 자주권유린행위를 반대하여 투쟁하여야 국가들 사이에 지배와 예속, 종속과 추종관계가

없어지게 된다. 다른 국가에 대한 지배는 그 나라의 자주권을 유린하는 것을 전제로 하며 예속과 종속은 자기의 자주권을 유린당할 때 불가피하다. 따라서 자주권유린행위가 없어지면 자주권을 침해당하지 않으며 그로부터 온갖 낡은 착취관계가 없어지게 된다. 자주권유린행위를 반대하여 투쟁하여야 또한 내정불간섭, 불가침 등 국제법의 모든 원칙들을 더욱 철저히 지켜나가게 된다.

자주권유린행위는 다른 나라를 침략하고 략탈하며 령토완정을 파괴하는 데서 나타난다. 침략과 략탈은 국가의 모든 힘을 동원하여 다른 나라의 령토를 강점하고 그 나라를 식민지로 만들거나 인적, 물적 자원을 빼앗아가는 전형적인 자주권유린행위이다. 침략과 략탈은 반드시 다른 나라의 자주권을 유린함으로써만 이루어질 수 있으며 그 형태와 수법은 각이하게 표현된다. 그것은 침략과 략탈의 근본목적이 다른 나라와 인민들의 리익을 침해함으로써만 실현되고 자기의 리익을 수호하려는 모든 나라들의 투쟁이 강화되는 것에 맞게 그의 방법을 끊임없이 개선하지 않으면 안 되기 때문이다.

령토완정을 파괴한다는 것은 여러 가지 조건을 붙여 다른 나라의 령토를 쟁탈하기 위한 분쟁을 조성하고 국경에 침입하여 령토주권을 침해하는 것이다. 령토는 주민과 함께 국가를 구성하는 주요한 요소이다. 령토를 떠난 국가란 있을 수 없으며 국가는 오직 령토에 근거하여 자연과 사회를 개조하며 자기 발전의 길을 걸어왔다. 령토의 이러한 중요성으로 하여 령토에 대한 매개 국가의 관심은 대단히 높으며 령토의 침해를 가장 큰 자주권유린으로 간주하고 있는 것이다.

자주권유린행위를 반대하는 데서 중요한 것은 무엇보다 먼저 제국주의자들의 침략과 간섭책동을 반대하여 투쟁하는 것이다. 제국주의는 착취와 략탈을 생존방식으로 삼고 있는 자주권유린의 기본세력이다. 때문에 자주권유린행위를 반대하는 데서 제국주의는 첫째가는 투쟁대상으로 된다. 제국주의자들의 침략과 간섭책동을 반대하여 투쟁하기 위하여서는 제국주의에 대한 환상을 절대로 가지지 말고 사소한 자주권유린행위도 반대하여 투쟁하여야 한다.

자주권유린행위를 반대하는 데서 중요한 것은 또한 모든 국가들이 령토완정의 원칙을 철저히 지켜나가는 것이다. 령토완정은 매개 국가들이 합법적으로 국경선을 설정하고 자기 나라의 령토를 완전히 확정하며 그에 대한 전속권을 가지는 것이다. 령토완정의 원칙은 매개 국가가 자기의 령역전반에 대하여 완전한 주권행사를 실현할 권리를 가진다는 데 기초하여 호상관계를 맺을 데 대한 국제법상원칙이다. 국가들은 령토완정의 원칙을 지켜 합법적으로 설정된 령역에 대하여 그 누구와도 나누지 않는 완전한 자주권을 행사하는 기초 우에서 국가관계를 맺어야 령역침해와 같은 자주권유린행위를 없애고 정상적인 국가관계를 발전시킬 수 있다.

령토완정의 원칙을 철저히 지켜나가기 위해서는 모든 국가들이 자기 령역전반에 대하여 주권을 행사할 권리를 호상 존중하며 그러한 권리행사를 침해하거나 방해하지 말아야 한다. 매 국가들은 자기의 령역을 유지관리하기 위하여 국내법과 국제법에 준하여 국경제도, 특별지역, 금지구역, 령해와 령공, 국내수역에서의 통행질서와 비행기 및 항해제도 등을 설립한다. 국가들의 이 권리는 누구도 침해할 수 없으며 무조건 인정하고 보장하여야 한다.

령토완정의 원칙을 철저히 지켜나가기 위해서는 합법적으로 설정된 국경과 국[66]경제도를 인정하고 존중하여야 한다. 국경은 국가주권이 미치는 법적 경계선이며 국가와 국가를 구분하는 지역적 경계선이다. 국경제도는 국경을 보위관리하며 국경지대의 안전을 유지하기 위하여 세운 법질서이다. 국경과 국경제도를 정확히 세우고 국가들이 그것을 존중하는 것은 나라들 사이의 친선과 협조관계를 더욱 발전시키고 외부의 침해로부터 령토주권을 지키고 나라의 안전을 보위하며 나라들 사이에 일어나는 분쟁을 막는 데서 중요한 의의를 가진다. 그것은 국가들 사이에 관계, 즉 정치, 경제, 문화, 인사, 래왕 등 국제관계가 국경을 통하여 실현되는 것과 관련되기 때문이다. 따라서 국경과 국경제도에 대한 존중은 자주성을 옹호하는 나라들과의 친선과 협조관계를 발전시키며 침략자들로부터 나라의 안전과 리익을 지키는 데 크게 이바지한다.

이와 같이 자주권유린행위를 반대하여 투쟁하는 것은 모든 나라와 민족들의 자주성을 보장하고 그들의 리익을 철저히 옹호하게 함으로써 자주권존중의 국제법적 원칙을 철저히 리행할 수 있게 하는 데서 중요한 의의를 가진다.

위대한 령도자 김정일동지께서 국가자주권존중의 원칙을 밝혀주심으로써 자주적인 국제관계 설립에 관한 새로운 리론적 무기를 가질 수 있게 되었으며 국제무대에서 자주성을 고수하고 그 유린자들을 반대하는 투쟁에서는 새로운 전진이 이룩되게 되었다.

2. 국제조약에 규제된 국제민사소송에서의 재판면제에 대한 고찰[3]

박 명 의

[65]국제민사소송과 관련하여 명백히 리해하여야 할 문제의 하나는 재판면제문제이다. 재판면제에 대하여 바로 리해하여야 불필요한 소송제기를 막을 수 있고 소송활동에서의 위법성도 바로 가려낼 수 있으며 나아가서 우리 국가와 우리 인민의 리익을 철저히 옹호고수하는 데 더 잘 이바지할 수 있는 것이다.

국제민사소송실천에서는 《국가와 국가소유재산에 대한 재판면제원칙》이 공인되어 있고 그에 따라 국가와 국가소유재산에 대하여서는 개별적인 국가의 재판소들에 의한 재판이 면제되고 있다. 국가의 재판면제권은 국제민사소송실천에서 국가자신이 스스로 동의하지 않는 한 다른 국가의 재판에 복종하지 않는다는 것을 내용으로 하는 소송상 국가의 특수한 권리이다. 재판권은 재판관할권이며 재판에서 면제되는 것은 국가가 다른 국가의 재판관할권에 복종하지 않는다는 것을 의미한다. 국가는 재판면제권을 가지므로 다른 국가의 재판권에 복종하지 않게 되며 따라서 어떤 국가의 재판소도 다른 국가와 국가소유재산에 대하여서는 원칙적으로 재판을 할 수 없게 된다. 국가의 재판면제권은 처음 개별적인 일부 나라 국제사법관례에서 관습적으로 인정되었는데 19세기 중엽에 이르러서는 국제법에서 인정되기 시작하였다. 오늘에는 그것이 국제민사소송의 범위를 벗어나 국제법적 원칙의 하나로 확고히 공인되고 있다.

국제조약에 규제된 국제민사소송에서의 재판면제에 대한 고찰에서 중요한 것은 무엇보다 먼저 국가와 국가소유재산에 대한 재판을 면제하게 되는 근거가 무엇인가 하는 것을 정확히 밝히는 것이다. 국가와 국가소유재산에 대한 재판면제의 근거를 명백히 밝히는 것은 그것을 전면적으로 깊이 있게 리해하는 데 이바지한다. 그러므로 국가와 국가소유재산에 대한 재판면제를 고찰하는 데서는 그것의 리론적 근거부터 정확히 밝혀야 한다. 국가와 국가소유재산에 대한 재판면제의 근거는 한마디로 말하여 국가자주권평등의 원칙이다. 다시 말하여 국가자주권평등의 원칙으로부터 출발하여 국가들은 다른 국가나 국가소유재산을 상대로 하는 재판을 금지하거나 허용하지 않는다는 것이다. 이처럼 국가자주권평등의 원칙에 기초하여 인정된 국제민사소송상 국가권리의 하나가 다름 아닌 국가와 국가소유재산에 대한 재판면제권이다.

---

3) 출처: 김일성종합대학출판사, 『김일성종합대학학보: 력사법학』, 제48권 제1호(2002), 65-69쪽.

위대한 령도자 김정일동지께서는 다음과 같이 지적하시였다. ≪**세계에는 큰 당과 작은 당, 큰 나라와 작은 나라, 경제적으로 발전한 민족과 뒤떨어진 민족은 있으나 모든 당, 모든 나라와 민족은 다 평등하고 자주적입니다.**≫(≪김정일선집≫ 제7권, 180페지)

매개 나라와 민족은 다 자주적이며 자기 나라 혁명과 건설에서 나서는 모든 문제를 자기의 신념과 판단에 따라 취급하고 처리해 나갈 자주권을 가진다. 자주권은 그 누구도 침해할 수 없는 신성한 권리이며 나라와 민족의 존재와 발전을 위한 기본권리이다. 자주권이 없으면 지배와 예속의 대상으로 되게 되며 노예의 처지에서 벗어날 수 없게 된다. 자주권은 대외관계에서 평등권으로 표현된다.

자주권을 가지고 있음으로 하여 매개 나라와 민족은 호상관계에서 평등한 지위에 놓이게 된다. 평등한 지위를 가지는 국가들 사이에서는 재판이 원칙적으로 성립되지 않는다. 그것은 평등한 국가들 사이에서 누가 누구를 재판한다는 것은 애당초 있을 수 없는 일이기 때문이다. 재판은 본래 국가권력적 활동의 구체적 표현의 하나로 된다. 때문에 재판은 국가로부터 재판권을 부여받은 재판기관과 같은 국가권력기관에 의해서만 가능[66]하게 된다. 어느 나라에서나 재판기관은 공민, 법인들의 위법행위에 대하여 옳고 그름을 가를 수 있는 권한, 즉 재판권을 가진 국가권력기관의 하나이며 재판권을 가지고 있음으로 하여 재판기관은 재판활동을 벌릴 수 있는 것이다. 만일 재판기관과 재판의 대상으로 되는 공민이나 법인이 아무런 차이 없는 동일한 권리를 가지고 평등한 지위에 놓인다고 하면 어떤 경우를 막론하고 재판은 성립되지 않는다. 그러므로 재판은 다름 아닌 재판권을 가진 재판기관이 그 재판권에 복종하는 당사자에 대한 국가권력행사의 구체적 표현의 하나로 된다고 말할 수 있다.

국가와 국가 사이에서 한 국가가 다른 국가를 재판하는 것은 원칙적으로 허용되지 않는다. 그것은 국가들이 다같이 자주권에 기초하여 평등한 지위를 가지기 때문이다. 국가들은 국가자주권평등의 원칙으로부터 다른 국가의 재판에서 면제될 재판면제권을 가진다. 이같이 국가의 재판면제권은 평등한 국가들 사이에서 다른 국가와 국가소유재산에 대한 서로의 재판이 허용되지 않는다는 데로부터 가지게 되는 국가의 기본권리의 하나이다. 이것은 국가의 재판면제권이 국가자주권평등의 원칙에 근거하여 가지게 되는 국가의 기본권리의 하나로 된다는 것을 그대로 말하여 준다. 물론 국가의 재판면제권은 개별적 국가재판기관에서 진행되는 국제민사소송의 범위 안에서 행사할 수 있는 권리인 것만큼 국제법적 범죄에 대한 국제재판에서 그것이 론의될 수 없다는 것은 여기서 두말할 필요가 없다.

국가와 국가소유재산에 대하여서는 국가의 재판면제권으로부터 재판이 원칙적으로 허용되지 않는다. 그럼에도 불구하고 실천에서 국가나 국가소유재산에 대한 개별적 국가재판기관에서의 재판이 일부 허용되고 있는 것은 어디까지나 국가자주권평등의 원칙에 어긋나지 않는 정도와 범위 안으로 국한한다고 말할 수 있다. 구체적으로 어떤 경우와 조건에서 국가와 국가소유재산에 대한 재판이 허용되고 허용되지 않는가 하는 것은 재판면제에 관한 국제조약과 매 나라 법들에 대한 파악을 필수적 조건으로 한다.

국제조약에 규제된 국제민사소송에서의 재판면제에 대한 고찰에서 중요한 것은 다음으로 재판면제의 구체적인 당사자와 그 당사자가 재판에서 면제되는 경우가 어떤 경우인가 하는 것을 정확히 밝히는 것이다. 재판면제는 국제법적으로 인정되면서부터 국가뿐 아니라 국제기구에까지 확대되었다. 때문에 오늘 재판면제의 당사자는 넓게 보아 국가와 국제기구로 된다. 이와 함께 대외적으로 국가들이 직접 개별적인 공민이나 법인의 상대방으로 대외민사관계의 당사자로 많이 나서고 있는 실정으로부터 국가와 국제기구에 대한 민사재판이 일부 허용되고 있다. 이러한 실정에서 국제민사소송상 재판면제와 관련하여서는 재판면제의 당사자가 구체적으로 누구이며 그들에 대한 재판이 어떤 경우에 허용되고 어떤 경우에 허용되지 않는가 하는 것을 정확히 밝히고 리해하는 것이 중요한 문제로 된다.

국가와 국제기구에 대한 재판면제는 실천적으로 절대적 재판면제와 제한적 재판면제로 나누어 볼 수 있다. 절대적 재판면제는 국가 또는 국제기구가 스스로 동의하지 않는 한 그들에 대한 재판을 절대적으로 허용하지 않는 원칙이라면 제한적 재판면제는 일정한 조건밑에서는 국가와 국제기구에 대한 재판을 일부 허용하는 원칙이다. 절대적 재판면제를 인정하는 조건에서는 국가가 스스로 동의하지 않는 한 그에 대한 재판은 허용되지 않으며 제한적 재판면제를 인정하는 조건에서는 국가나 국제기구에 대한 재판이 일부 허용되게 된다. 절대적 재판면제를 인정하는가 제한적 재판면제를 인정하는가 하는 것은 국제법상 통일적인 그 어떤 원칙에 의해서가 아니라 도이췰란드를 비롯한 일부 유럽나라들이 ≪재판면제법≫, ≪국가면제법≫의 명칭으로 재판면제에 관한 법을 [67]국내법으로 제정하고 그에 따라 해결하고 있는 것처럼 매개 나라들이 자기 나라의 리익과 실정에 맞게 제각기 해결하고 있다.

절대적 재판면제는 대외민사관계의 당사자로 나선 국가들의 자주권을 존중한다는 점에서 다소 우점을 찾아볼 수 있으나 국가나 국가소유재산, 국제기구를 상대로 민사거래에 나선 공민이나 법인은 불리한 립장에 서게 된다는 점에서 커다란 제한성을 가진다. 그것은 해당 국가가 동의하지 않는 한 그의 상대방으로 되는 공민이나 법인은 언제나 소송을 제기조차 할 수 없기 때문이다. 이것은 국가의 이름을 가지고 국영회사들이 대외민사거래에 많이 진출하는 오늘의 실정에서 호상 평등과 호혜의 원칙에 어긋나는 것이다. 오늘 많은 나라 립법, 관례와 국제조약들에서 절대적 재판면제가 아니라 제한적 재판면제를 립법화한 나라들도 실천적으로 제한적 재판면제를 적용하는 경향으로 기울어지고 있는 리유가 바로 여기에 있는 것이다.

제한적 재판면제를 인정하는 경우에 국가와 국가소유재산에 대하여서는 일정한 조건밑에서 재판이 허용된다. 물론 제한적 재판면제가 국제조약에서뿐만 아니라 개별적 나라 국내법들에 의하여서도 규제되기 때문에 어떤 경우에 재판이 허용되고 어떤 경우에 재판이 허용되지 않는가 하는 것은 나라마다 다르다. 국제조약에서 규제한 내용을 종합하여 보면 대체로 다음과 같이 일반화하여 볼 수 있다.

첫째로, 국제민사소송에서 재판면제의 당사자는 국가이다. 재판면제당사자로서의 국가는 구체적으로 국가대표자, 국가기관, 국영회사 등으로 된다. 국가대표자는 국가나 정부의 수반을 비롯하여 국가 및 정부대표단 성원들, 외교 및 령사성원들로 이루어지며 국가기관은 국가의 주권, 행정, 사법기관들로 이루어진다. 국영회사는 말 그대로 국가가 자기의 자금으로 직접 조직하고 관리운영하는 영리회사와 그 밖의 국영기업소들이 속한다. 여기서 도, 시, 군 기관들과 그들이 운영하는 회사, 기업소 등은 관례상 재판면제당사자로서의 국가기관의 범주에 속하지 않는 것으로 본다.

우선 국가대표자는 다른 국가의 민사 및 행정재판에서 면제된다. 국가와 정부의 수반, 외무상, 국가원수와 같은 고위인물들은 국제법에 따르는 절대적 재판면제권을 가지며 따라서 다른 국가의 모든 민사 및 행정재판에서 면제된다. 국가 및 정부대표단 성원은 관례상 외교성원과 동일한 조건으로 재판면제권을 가진다. 국가대표자에 대한 재판면제는 1969년 유엔총회에서 체결된 ≪국가대표자에 대한 특권조약≫에서 규제되었다. 국가대표자의 범주에 속하는 외교 및 령사성원은 국제법에 따르는 재판면제권을 가지나 일정한 조건밑에서는 주재국의 민사 및 행정재판에서 면제되지 않는다. 외교성원에 대한 재판면제는 그들이 가지는 외교특권의 구체적 내용으로서 관례적으로 준수되어 오다가 1961년의 ≪외교관계에 관한 원조약≫에서 성문화되어 오늘까지 국제적으로 널리 인정되고 있다.

외교성원의 재판면제권은 제한적 재판면제를 인정하는 나라에서 다음과 같은 경우에 제한되며 따라서 그러한 경우에는 해당 나라 민사 및 행정재판에 복종하여야 한다. 즉 주재국에 있는 외교성원 개인의 부동산이나 상속재산과 관련한 소송주재국에서 외교성원이 외교임무에 관계없이 수행한 민사거래와 관련한 소송, 외교성원 자신의 허물로 일으킨 자동차사고와 관련한 소송, 외교성원이 직접 원고로 나서는 소송과 그에 대한 맞소송 등의 경우에 외교성원은 주재국의 민사 및 행정재판에서 면제되지 않으며 따라서 주재국의 해당 재판에 복종하여야 한다. 우에서 지적한 경우의 소송은 어디까지나 외교성원의 외교임무와는 관계없는 순수 그 자신의 재산, 비용 등과 관계되는 경우의 소송들이다. 따라서 이 경우 그에 대한 주재국에서[68]의 민사재판은 그가 소속하는 본국의 자주권에 사실상 어떤 영향도 주지 않는다. ≪외교관계에 관한 원협약≫을 비롯하여 많은 나라 국내법들에서 외교성원이 주재국의 민사 및 행정재판에 복종하게 되는 제한적 재판면제를 인정하고 있는 리유가 바로 여기에 있다. 외교성원의 가족, 외교성원이 아닌 외교대표부의 사무 및 기술직원은 그의 국적이 주재국의 국적이 아니고 주재국에 거주하지 않는 조건에서 공적 임무수행과 관련하여서만 주재국의 민사 및 행정재판에서 면제되며 사무 및 기술직원의 가족과 로무직원은 현재까지 따로 규정된 것은 없고 관례적으로 해당 국가들의 합의에 따라 재판면제문제가 해결되고 있다. 외교관이 개인적으로 채용한 자는 주재국의 모든 재판에서 면제되지 않는다.

령사성원은 제한적 재판면제를 인정하는 나라에서 령사임무수행과 관련하여서만 주재국의 민사 및 행정재판에서 면제받을 재판면제권을 가지며 따라서 외교성원이 주재국의 민사 및 행정재판에서 면제되지 않는 모든 경우들이 령사성원에게 그대로 적용된다. 령사성원의 가족, 령사성원이 아닌 령사대표부의 사무 및 기술직원과 로무직원, 그의 가족들에 대한 재판면제는 1961년의 ≪외교관계에 관한 원협약≫에도 규정된 것이 없고 현재까지는 국가들 사이의 령사조약에서 규정한 데 따라 해결되는 것이 관례적이라고 말할 수 있다.

또한 국가기관, 국영회사도 일정한 조건밑에서 재판면제권이 제한된다. 실천적으로 국가기관, 국영회사들이 대외민사거래의 한편 당사자로 적지 않게 나서고 있는 것은 무시할 수 없다. 이로부터 많은 나라들의 국내법에서는 물론 1961년의 ≪외교관계에 관한 원협약≫, 1972년의 ≪국가재판권면제에 관한 유럽조약≫과 같은 적지 않은 국제조약들에서 국가기관, 국영회사에 대한 재판이 허용되지 않는 경우와 허용되게 되는 경우를 규제하고 있으며 이와 함께 국가나 국가소유재산에 대한 재판면제문제를 매개 나라들이 자기 나라 실정에 맞게 자주적으로 해결할 수 있다는 것을 인정하고 있다.

제한적 재판면제를 인정하는 나라에서 국가기관, 국영회사는 보통 다음과 같은 조건밑에서 재판면제권이 제한되며 따라서 주재국의 민사 및 행정재판에 복종하여야 한다. 국가기관이나 국영회사가 소송의 제기에 동의하였거나 원고로 직접 나서는 소송과 그에 대한 맞소송, 재판소 소재지에서 리행하여야 할 계약, 생산, 판매 등과 관련한 소송, 재판소 소재지에서 보호되어야 하는 지적소유권, 위법행위 등과 관련한 소송, 상속, 증여 등에 따르는 재산의 국고귀속과 관련한 소송 등의 경우에 국가기관, 국영회사는 다른 나라 민사 및 행정재판에 복종하여야 한다. 이 경우의 소송은 역시 국가기관, 국영기업소, 국영회사가 재판소 소재지의 공민, 법인들과 직접 민사계약을 맺는다든가 생산, 판매 등의 활동을 벌리는 것과 같은 민사거래당사자로 나선 경우의 소송이다. 때문에 이 경우 그와 관련한 소송은 해당 국영회사들의 영리활동과 관련되는 것이며 국가자주권실현과는 사실상 인연이 없다고 말할 수 있다. 이러한 근거로부터 국제조약들에서 국가에 대한 제한적 재판면제를 인정하는 것이다.

둘째로, 국제민사소송에서 재판면제의 당사자는 국제기구이다. 국제기구에 대한 재판면제는 그것이 국제기구와 국제기구가 위치하는 나라 사이에서 호상성의 원칙이 적용되지 않으므로 국제기구 소재지국가의 주권실현의 제한으로 된다. 때문에 국제기구에 대한 재판면제는 그 소재지국가만이 부담을 지는 것으로 된다고 말할 수 있다. 그러나 국제기구의 사명과 임무, 그것이 노는 역할의 중요성으로부터 오늘 국제사회에서 국가들은 국제기구의 재판면제권을 널리 인정하고 있다. 국제기구에 대한 재판면제는 세계적인 국제기구로서의 유엔에 대한 재판면제를 통하여 고찰할 수 있다. 유엔에 대한 재판면제는 한마디로 말[69]하여 무한정하다고 말할 수 있다. 유엔과 그의 재산은 유엔자체가 재판면제권을 포기하지 않는 한 모든 형태의 소송에서 면제되는 절대적인 재판면제권을 가진다. 유엔에 대한 재판면제권은 유엔헌장(제105조, 106조)과 1964년 유엔성원국들이 체결한 ≪유엔특권보장조약≫(제10조) 등에 규제되어 있다. 최근에 일부 나라 학자들 속에서 국가에 대한 재판이 제한적으로나마 허용되는 조건으로부터 유엔을 국가보다 특별히 대우할 수 있기 때문에 유엔의 재판면제권을 일부 제한하여야 한다는 견해가 주장되고 있으나 실천적으로는 유엔의 재판면제권을 제한한 례는 없다. 지금까지 유엔 직원, 유엔성원국의 대표자에게는 그가 지닌 권한의 범위 안에서 수행한 행위와 관련한 모든 형태의 소송에서 면제되고 있다. 유엔소유의 재산으로 되는 유엔청사, 유엔의 부속건물, 유엔이 리용하는 모든 설비와 기구 등의 수리계약과 관련한 분쟁에 대하여서도 재판이 허용되지 않으며 그것의 해결방법은 보통 유엔이 규정하거나 유엔과 그 상대방이 체결한 계약에서 규정한 중재에 따라 해결되게 된다. 유엔안전보장리사회, 유엔사무총장, 유엔성원국은 주재국에서의 재판면제가 해당 나라 재판기관의 재판활동에서 엄중한 방해로 되거나 재판면제제도의 목적에 어긋나며 유엔의 리익에 대한 침해로 되는 것과 같은 경우에 유엔은 재판면제권을 포기할 수 있으며 따라서 이 경우에 한하여서만 유엔에 대한 해당 나라에서의 민사 및 행정재판에 소송당사자로 나설 수 있다. 여러 유엔전문기구들에 대한 재판면제는 유엔에 대한 재판면제와 동일하지만 ≪국제부흥개발은행≫, ≪국제금융공사≫, ≪국제개발협회≫와 같은 유엔기구들은

1964년의 ≪유엔특권보장조약≫에 규정된 데 따라 주재국에서의 금융거래와 그와 관련한 해당 기구 대리인의 대리활동에 대하여서는 재판면제권이 제한되며 따라서 이 경우 해당 유엔전문 기구에 대한 주재국의 민사 및 행정재판이 허용되게 된다. ≪국제부흥개발은행≫과 같은 유엔 전문기구들에 대한 제한적인 이러한 재판면제는 그들의 활동이 순수한 경제적 활동으로 된다는 것과 관련된다. 이 밖에 세계적인 국제기구가 아닌 지역적인 국제기구의 재판면제문제는 해당 기구의 조직운영과 관련한 국제조약이나 기구의 규칙 등에 규정된 데 따라 해결된다. 일반적으로는 지역적인 국제기구가 그 성원국의 민사재판에 호출될 수 있다는 것으로 인정되고 있다.

이상에서 본 바와 같이 국가와 그의 소유재산. 국제기구는 국제조약에 규정된 데 따르는 재판면제권을 가지나 그것은 일정한 조건밑에서 제한된다. 따라서 국가기관, 국영기업소, 일부 국제기구들이 대외민사관계의 당사자로 적지 않게 나서고 있는 오늘의 실정에서 국제조약에 규제된 재판면제를 정확히 고찰하고 파악하는 것은 국제민사소송활동을 보다 능숙하게 벌려 나가기 위한 확고한 담보로 된다.

우리는 국제조약에 규제된 국제민사소송에서의 재판면제를 정확히 파악하고 그것을 실천에서 정확히 구현하도록 함으로써 재판실천에서 우리 국가와 우리 인민의 리익을 더욱 튼튼히 옹호하도록 하여야 할 것이다.

제2장 영토(독도영유권)

3. 독도는 국제법상 공인된 우리나라의 합법적 령토[1]

림 동 춘

[57]최근 일본반동들은 우리나라의 신성한 령토인 독도를 강탈하기 위한 책동에 열을 올리고 있다. 일본반동들은 독도를 공개적으로 저들의 령토라고 우겨대면서 군국주의망령을 되살려 우리나라에 대한 적대감을 고취하고 있다.

독도가 본래부터 우리의 령토라는 것은 이미 국제법적으로나 력사적으로 론박할 여지없이 확증된 문제이다. 독도는 북위 37° 14 ′ 18 ″, 동경 131° 52 ′ 40 ″에 위치하고 있는 무인도이다. 이 섬은 우리나라 경상북도 울릉군에서 동남쪽으로 48.51mile 떨어져 있는 서도와 동도로 불리우는 비교적 큰 두 개의 섬(하나는 둘레가 1.6km이고 다른 하나는 1km)과 주변의 30여 개의 작은 암초들로 이루어져 있다. 우리나라와 일본 사이에 있는 독도는 울릉도와 가장 가까이 위치하고 있으며 울릉도와 독도와의 거리는 독도와 가장 가까운 거리에 있는 일본의 오끼섬에 비해 거의 절반에 해당된다.

독도는 우리 조상들이 제일 먼저 발견하였으며 신라, 고려, 리왕조 등 우리나라에 존재한 력대국가들이 대대로 물려오면서 통치해온 우리나라의 고유한 령토이다. 그럼에도 불구하고 일제는 1905년 당시 무력으로 우리나라를 가로타고 앉은 유리한 형세를 리용하여 독도를 제놈들

---

1) 출처: 김일성종합대학출판사, 『김일성종합대학학보: 력사법학』, 제51권 제2호(2005), 57-62쪽.

의 땅이라고 고집하였으며 제2차 세계대전에서 패망한 후 오늘에 이르기까지 국제정세가 저들에게 ≪유리≫하다고 인정될 때마다 독도를 제놈들의 땅이라고 우겨대고 있다. 그러나 력사적 사실은 지울 수도 가릴 수도 꾸며낼 수도 없다.

위대한 령도자 김정일동지께서는 다음과 같이 지적하시였다. ≪**독도는 본래부터 우리나라 섬입니다. 독도가 예로부터 우리나라 섬이었다는 것은 구체적인 력사자료가 명백히 실증해주고 있습니다.**≫

독도는 령토점유에 관한 국제관습법상의 관례로 보나 국제법의 일반적 원칙과 국제협정의 요구로 보나 그 누구도 인정하지 않을 수 없는 우리나라의 합법적 령토이다. 독도가 국제법상 공인된 우리나라의 합법적 령토로 되는 것은 첫째로, 그것이 령토점유에 관한 ≪선점의 원리≫에 전적으로 부합되기 때문이다. 국제법과 국제관례상 국가주권이 행사되는 령토의 경계는 국내법이나 린접국가들 사이에 체결되는 국제조약으로 확정된다. 륙지와 바다국경은 린접한 나라들 사이에 서로 합의하여 결정하며 합의가 순조롭게 이루어지지 않을 경우 량측이 선발한 인원들로 국경확정을 위한 공동위원회를 구성하고 위원회가 국경을 확정하도록 한다. 공동위원회는 량측 사이에 이미 합의확정된 국경의 구체적인 방향에 근거하여 국경측량대로 현지조사와 측량을 진행하며 국경표말을 세우고 국경지도와 국경에 관한 의정서를 작성한다. 바다국경은 서로 공해를 사이에 두고 있는 경우에는 해당 나라의 국내법으로 확정하며 령해가 서로 겹치는 경우에는 바다의 반분선으로 합의결정한다. 이처럼 국가들 사이의 령토의 확정은 국내법과 국제조약에 의하여 확정된다. 그러나 무주지역이나 무주섬의 경우 그 귀속은 국제해양관습법상에서 공인하고 있는 ≪선점의 원리≫에 기초하여 자기 나라의 령토로 귀속시킨다. 다시 말하여 아직 그 어느 나라에도 속하지 않는 지역이나 섬이 있는 경우 그것을 먼저 발견한 나라가 자기 소유로 차지한다는 것이다. ≪선점권≫의 행사는 그 어느 나라에도 속하지 않는 섬이나 지역이 있어야 한다는 것을 조건으로 하고 있다. ≪선점의 원리≫가 국제관계에 적용되기 시작한 것은 선박제조기술이 발전한 해양렬강들이 대양에 진출하여 다른 나라들이 미처 차지하지 못한 무인도들을 먼저 차지하고 그 령유권을 주장하기 시작한 때부터이다. 원래 무인도는 가장 가까운 곳에 위치하고 있는 나라가 자기의 령토로 소속시키는 것이 가장 공정한 령토점유라고 할 수 있다. 그러나 지난 시기 유럽해양렬강들은 선박기술의 우세를 리용하여 자기 나라와는 엄청나게 떨어져 있고 다른 약소국가들에 가까[58]운 무인도들을 차지하기 위하여 ≪선점권≫이라는 원칙을 고안해냈다. ≪주인없는 땅은 먼저 차지하는 사람의 소유로 된다.≫는 이 자체에 다른 나라를 침략하고 남의 땅을 빼앗아 가지겠다는 부당한 주장이 내포되어 있다고 볼 수 있다. 왜냐하면 지구상에 주인없는 땅이란 사실상 있을 수 없기 때문이다.

《선점권》의 원칙은 부당함에도 불구하고 강대국본위에 기초한 지난 세기의 낡은 국제질서 하에서는 령토점유에 관한 일반적인 원리로 적용되어 왔다. 독도는 지난 세기에 적용되던 령토 점유에 관한 이른바 《선점의 원리》로 보아도 우리나라의 령토이며 무인도는 그에 가장 가까이 위치하고 있는 나라가 차지해야 한다는 국제법의 일반원리로부터 보아도 우리나라의 령토로 된다. 독도는 우선 전통국제법상에서 인정하고 있는 《선점의 원리》로부터 우리나라의 합법적 령토로 된다. 독도는 우리나라가 제일 먼저 발견하고 그 귀속을 위한 립법적 조치를 취하였으며 섬주변의 풍부한 어장을 대를 이어 물려가면서 리용하여 왔다. 우리의 선조들은 지금으로 부터 1500년 이전시기에 독도를 발견하였으며 이 섬이 동해상에 홀로 서 있는 《고독한 섬》 이라는 뜻에서 독도라고 이름을 지었다. 이와 함께 돌로 된 섬이라고 하여 독도라고 불러왔 다.(경상북도 사투리로 돌을 독이라고 발음하는 데서 유래되었다고 한다)

우리나라 력사기록도서 《삼국사기》에 의하면 우리 선조들은 독도를 어장으로 리용하여 오 다가 신라의 지증왕시기인 512년에 당시 우산국이라고 불리우던 울릉도와 독도를 포함한 그 주변의 섬들을 신라에 귀속시키는 립법적 조치를 취하였다고 한다. 하슬라주 군주였던 이사부 가 우산국사람들이 우직하여 힘으로 굴복시킬 수 없다고 하여 꾀를 써서 평화적인 방법으로 부속시켰다고 한다. 신라에 귀속된 우산국은 그 후 대대로 신라에 토산물을 보내면서 신라와 의 종속관계를 유지하여 왔다. 고려시기에는 독도는 울릉도와 함께 변함없는 우리의 령토였다. 당시 우산국 주민들의 조공은 신라에 이어 고려시기에도 계속되었다.

《고려사》에서는 고려시기에 울릉도와 그 주변의 섬들을 강원도 을진현에 소속시켜 통치하 였다고 하면서 우산도와 무릉도에 대하여 비교적 정확히 기록하여 놓았다. 기록에 의하면 무 릉도와 우산도는 서로 거리가 멀지 않아 날씨가 맑은 날에는 서로 바라보인다고 하면서 이 섬 들에는 진귀한 향료와 약초가 많고 주변 바다에는 물고기자원이 많으며 특히 물개가 많다고 하였다. 여기서 말하는 무릉도는 울릉도이고 우산도는 독도이다. 고려 태조 왕건은 섬사람들이 공물을 가져온 데 대하여 벼슬과 직위를 주었고 녀진족의 침입으로 농사를 망치자 농기구를 보내주었으며 녀진족의 로략질을 피하여 륙지로 넘어오는 사람들이 늘어나자 1022년에는 례주 (영덕)지방에 편입시켜 식량과 생활밑천을 보장해주었다. 《삼국사기》나 《고려사》의 기록에 의하면 우리 선조들에 의해 독도가 맨 처음 발견되었으며 신라나 고려는 그때에 벌써 독도를 자기의 령토로 귀속시키는 립법적 조치를 취하고 독도에 대한 통치를 실시하여 왔다는 것을 알 수 있다.

독도에 대한 우리 선조들의 관심과 통치는 리왕조시기에 들어와서도 계속되었다. 리조봉건시기인 1694년에 리왕조에서는 《수토관》을 독도에 파견하여 섬을 순찰하고 섬의 상태를 확인조사하며 토산물을 가져다 왕에게 바치는 등 이 섬과 그 주변수역에 대한 국가의 통치권을 재확인하고 구체적으로 장악통제하였다. 1697년에는 령의정 류상운의 제의에 따라 순시제도를 재확정한 후 3년에 1차씩 두 섬에 대한 순시를 강화하여 왜인들의 침범을 엄하게 단속하면서 주권행사를 중단하지 않았다. 때문에 명치유신 후에도 일본정부는 독도의 조선령유를 계속 인정하지 않을 수 없었다. 1878년에 나가사끼현과 지바현의 관리들이 정부에 《송도개척원》을 제기하였을 때 독도가 조선의 령토라는 리유로 그 청원을 기각한 사실이 그것을 잘 말해준다.

이러한 사실들은 당시 국제적으로 공인되어 적용되고 있던 국제해양관습규범에 비추어볼 때 독도는 명실 공히 우리나라 고유의 섬이라는 것을 명백히 실증해준다. [59]그럼에도 불구하고 일본반동들이 이른바 《선점의 원리》를 도용하여 저들이 《발견》, 《리용》하기 전에는 독도가 주인없는 섬이었다고 하면서 독도의 《일본령유》를 고집하는 것은 전통국제법상에서 공인하여 온 《선점권의 원칙》에도 배치되는 날강도적 행위이다.

일본은 1905년에 독도를 그와 가까운 일본 시마네현에 부속시키고 1906년에 당시의 리조봉건정부에 통고하였다. 이때 일본이 독도발견의 기초로 삼은 것은 프랑스의 포경선 《리알쿠르》호가 독도를 처음 발견하였다는 《독도발견선언》이었는데 당시 《리알쿠르》호가 고래를 따라 조선동해로 들어올 때 가지고 왔던 유럽지도는 구체적인 것이 못 되어 독도에 대한 기록이 전혀 없었다. 프랑스 《리알쿠르》호는 저들이 가지고 있던 유럽지도에 독도가 표기되지 못한 원인이 지도가 구체적으로 작성되지 못한 데 있었다는 것을 모르는 데로부터 독도를 저들이 새롭게 발견한 것이라고 오판하고 《독도발견선언》을 하였던 것이다.

일본은 프랑스의 《독도발견선언》이 사실과 맞지 않는다는 것을 명백히 알고 있었다. 왜냐하면 일본은 1677년과 1896년에 발행한 도서들에서 독도가 우리 령토라는 것을 인정하였으며 1693년과 1696년에 당시 일본정부격인 도꾸가와막부와 지방관리인 호끼주태수가 독도의 우리나라 령유권을 공식외교문건으로 인정하였기 때문이다. 일본이 저들이 이미 인정한 사실들까지도 부정하면서 프랑스의 《독도발견선언》을 내든 것은 1905년 당시 조일량국 간에 조성된 유리한 정세를 리용하여 독도를 제놈들의 령토로 고착시켜보려는 데 그 진의도가 있었다.

독도는 또한 일본에서 발행한 여러 편의 도서들과 정부의 일련의 문건들 그리고 일본인 학자의 주장을 통해서도 우리나라의 합법적인 령토로 인정되어 왔다. 일본이 독도《령유권》을 주장해 나선 1905년 이전 시기에 일본에서 출판한 여러 편의 출판물들에는 독도가 우리나라의 령토로 인정되여 왔다. 임진왜란시기와 에도막부시기에 작성된 일본의 고지도들에서는 독도가 우리의 령토라는 것을 명백히 밝히고 있다. 1592년(임진년)에 우리나라를 침략하기 위하여 왜장 가아가미가 만든 군사작전지도사본에서 우산도와 울릉도를 표기하였다. 이 지도에서 보는 것처럼 울릉도와 독도를 의미하는 우산도의 표기는 독도가 명백히 우리나라의 령토라는 것을 력사적으로 증명하는 것이다. 그리고 에도막부시대인 1785년에 일본의 유명한 지리학자 하야시가 작성한 조선8도지도의 원본에도 울릉도와 우산국이라는 글자가 표기되어 있다. 여기서 우산국은 울릉도와 독도 그리고 그 주변섬들을 포함한 지역적 명기로서 이것은 일본이 력사적으로 독도를 우리나라의 령토로 명백히 인정한 것이었다.

독도가 우리나라의 합법적 령토라는 것은 그 후 일본에서 발행된 출판물에서도 인정하고 있다. 일본에서 1667년에 발행한 ≪은주시청합기≫와 1896년에 일본외무성이 발행한 도서들에는 독도가 조선의 령토라는 것을 명백히 인정하고 있다. 이 출판물들은 일본이 독도를 저들의 령토라고 주장하기 퍽 이전부터 사실상 이 섬이 우리나라 고유의 령토라는 것을 인정해왔다는 것을 말해준다.

일본은 독도령유권을 주장한 1905년 이후 시기에도 여러 출판물들에서 독도가 우리나라의 합법적 령토라는 것을 명백히 인정하였다. 일본에서 1908년에 발행한 ≪한국수로지≫, 1923년에 발행한 ≪조선연안수로지≫, 1938년 12월 일본 ≪려행협회≫에서 발행한 ≪려비와 비용계산≫과 1945년 6월에 발행한 ≪조선연안수로지≫, 1951년 일본학교교과서용으로 출판된 현대지도에 독도가 조선의 섬으로 정확히 기록되어 있다. 이러한 출판물들의 기록은 일본당국자들이 독도를 저들의 령토라고 억지로 주장하여 왔으나 일본의 광범한 사회계는 사실상 그 주장을 배격하고 독도를 우리나라의 합법적 령토로 인정하여 왔다는 것을 말해주고 있다.

일본은 출판물들에서 독도가 우리나라 령토라는 것을 인정하였을 뿐 아니라 정부의 공식문건을 통하여서도 그를 확인하였다. [60]일본인들은 우리나라가 독도에 관심을 적게 돌리는 기회를 리용하여 16세기 이후 울릉도와 독도에 자주 침입하여 략탈행위를 감행하였다. 이에 격분한 우리나라 청년들은 울릉도와 독도에 건너가 일본인들의 침입과 략탈행위를 저지시키고 섬을 지켜냈다. 특히 동래의 배군인 안룡복은 1693년과 1696년 두 차례에 걸쳐 수십 명의 청년들을 데리고 울릉도일대에 침입한 일본어선들을 쫓아버린 다음 일본의 호끼주에 건너가 태수에게 일본인들의 침략행위에 대하여 엄격히 단죄하였다. 안룡복은 이에만 그치지 않고 일본인들이 다시는 울릉도와 독도에 침범하지 않겠다는 것을 담보한 호끼주태수의 공식문건과 당시 일본정부를 대표하고 있던 도꾸가와막부가 우리나라 정부에 보내는 공식외교문건을 받아가지고 돌아왔다. 이 문건에서 호끼주태수와 도꾸가와막부정부는 독도가 우리나라 섬이라는 것을 인정하고 일본어민들의 울릉도와 독도에 대한 도항을 금지시키겠다는 것을 담보하였다. 이것은 일본정부의 중앙과 지방관리들이 독도가 저들의 령토가 아니라 우리나라의 고유한 령토이라는 것을 공식인정한 것으로 된다.

독도가 우리나라 땅이라는 데 대하여서는 일본학자들도 인정하고 있다. 일본의 한 학자는 옛날 조선에서 일본으로 가는 항로의 하나가 우리나라의 울릉도, 독도를 거쳐 일본의 오끼섬, 시마네현에 이르는 길이었다고 하면서 독도를 우리나라의 령토로 인정하였다.

력사적 사실자료들과 일본출판물, 그리고 일본인 학자의 주장 등 모든 것으로 미루어 독도가 과거나 현재에 있어서 우리나라의 고유한 령토라는 것은 그 누구도 부인할 수 없다.

독도가 국제법상 공인된 우리나라의 합법적 령토로 되는 것은 둘째로, 그것이 령토점유에 관한 국제법적 원칙에 부합되기 때문이다. 령토점유에 관한 국제법적 원칙의 하나는 자기 나라에 소속되는 령토에 대한 국가적 의사를 대외적으로 공포하여야 한다는 것이다. 령토점유는 나라의 주권이 행사되는 지역범위를 확정하는 법률행위이기 때문에 국가의 법률행위들 중에서도 가장 중요한 행위의 하나로 된다. 그 어떤 국가든지 자기 령토에 대한 점유를 확정하려면 반드시 국가를 대표하는 기관의 공식적인 의사표시를 하여야 하며 그에 대하여 국가의 명의로 내외에 널리 선포하여야 한다. 대외적 공포가 실현되어야 국가적 의사는 국제적인 인정을 받을 수 있으며 국제적으로 인정되는 령토점유만이 합법적인 것으로 된다.

우리나라는 독도가 자기 령토라는 것을 512년에 신라지중왕시기에 벌써 립법적 조치를 취하여 공포하였으며 고려시기에는 강원도 울진현에 소속시켜 통치하였다. 1900년에는 신라시기와 고려시기, 리왕조시기에 행사해오던 독도의 령유권을 근대의 국제법적 요구에 맞게 명백한 법적 구성요건을 갖추어서 칙령 제41호와 정부관보로서 다시금 내외에 널리 공포하였다. 칙령과 정부관보의 독도령유에 관한 내용들은 우리 정부의 외부를 통하여 우리나라에 주재하는 외국공관들에 그대로 전달되었다. 당시 서울에 공사를 파견한 나라들인 일본, 미국, 영국, 도이췰란드를 비롯한 나라들은 이에 대하여 아무러한 반대의견도 제기하지 않음으로써 우리나라가 발표한 독도령유권을 공식적으로 인정하였다.

우리나라는 독도령유와 관련하여 국가를 대표하는 정부의 이름으로 된 칙령과 관보를 내외에 발표하였으며 우리나라 주재 각국 공사들에게도 알리는 등 령토점유에 관한 국제법적 요구를 충족시켰다. 우리의 발표에 대하여 일본을 비롯한 다른 나라들이 아무런 반대의견도 제기하지 않았다는 것은 독도가 우리나라 령토라는 것을 국제법상 공인된 관례인 묵시적인 방법으로 명백히 인정한 것이라고 할 수 있다.

독도가 국제법상 공인된 우리나라의 합법적 령토로 되는 것은 셋째로, 그것이 일련의 국제협정들에서 재확인되고 일본도 인정하였기 때문이다. 독도가 우리나라의 합법적 령토라는 것은 《까히라선언》,[2] 《포츠담선언》, 《련합국최고사령부의 각서》 등 국제조약들에서 명백히 규제하고 있다. 우선 1943년 11월 27일에 채택된 《까히라선언》에서는 조선에 관한 조항에서 《일본은 또한 폭력 및 강요에 의하여 일본이 략[61]취한 그 밖의 모든 지역으로부터 구축당한다. 우의 3대국들은 조선인민의 노예상태에 류의하고 적당한 시기에 조선을 자유독립되게 할 결의를 가진다.》라고 규제하고 있다. 이 규정은 일본이 비법적으로 강점한 조선의 모든 지역을 그 주인에게 돌려주어 조선을 독립국으로 발전시킨다는 것이다. 여기서 말하는 조선의 모든 지역이란 조선반도는 물론 그 부속섬들도 포함한다고 해석할 때 독도는 당연히 우리나라의 합법적인 령토로 인정된다. 또한 1945년 7월 26일에 발표된 《포츠담선언》제8항에서도 《《까히라선언》의 조항은 리행될 것이며 일본국의 주권은 혼슈, 혹가이도, 규슈, 시꼬꾸 및 우리들이 결정할 작은 섬들에 국한될 것이다.》라고 규정하고 있다. 이 조항에서는 일본이 조선의 령토인 독도에서 물러나야 한다고 한 까히라선언이 무조건 리행되어야 한다는 것을 밝히고 있을 뿐만 아니라 일본의 주권은 혼슈, 혹가이도를 비롯한 본래의 일본령토에만 미치며 독도는 조선의 령토이기 때문에 일본의 주권이 미칠 수 없다는 것을 명확히 갈라놓았다.

《포츠담선언》에서 지적한 작은 섬들에 대한 범위는 그 후 일본주둔 련합국최고사령부의 각서에 의해 두 차례에 걸쳐 확정되고 일본정부에 전달되었다. 그 하나는 《일본주변지역을 정치상, 행정상 일본으로부터 분리할 데 대한 각서》라는 명칭으로 불리운 1946년 1월 29일부 련합국최고사령부의 각서 제677호이다. 이 각서에서는 일본의 4개의 큰 섬들과 그와 린접한 작은 섬들에 대하여 구체적으로 명기하면서 우리나라의 울릉도, 독도, 제주도가 일본의 주권이 미치는 령토에 속하지 않는 섬이라고 명백히 규정하였다. 일본의 주권이 미치지 않는 조선의 작은 섬들은 그 주인에게 반환하여야 한다는 《까히라선언》의 정신에서 볼 때 일본의 주권이 독도에 미치지 않는다는 규정은 독도가 다름 아닌 조선의 령토이라고 규정한 것이나 다름없다.

또한 1946년 6월 22일에 발표된 련합국최고사령부 각서 제1033호이다. 이 각서에서는 일본어선들과 선원들의 출어금지선을 선포하고 일본배들이 독도수역에 들어올 수 없다고 규정하고 있다. 각서에서 일본선원들과 일본배의 독도에 대한 출입을 금지시킨 것은 독도가 일본의 주

---

2) 편집자주: 까히라는 카이로(Cairo)를 말한다.

권이 미치지 않는 조선의 령토이기 때문이라는 의미가 강하게 담겨져 있다.

이와 같이 ≪까히라선언≫과 ≪포츠담선언≫그리고 련합국최고사령부가 발표한 각서들은 모두 력사적으로 조선의 고유령토로 인정하여온 독도의 법적 지위를 국제적으로 다시 한번 명백히 확인해주고 있다. ≪까히라선언≫과 ≪포츠담선언≫은 전승국과 전패국 사이의 관계를 규제한 국제조약으로서 제2차 세계대전의 주요전범국인 일본에는 강한 구속력을 가진다. 특히 일본은 이 두 선언을 ≪포츠담선언수락통고서≫, ≪일본항복문서≫ 등 여러 차례에 걸쳐 정부의 명의로 공식수락함으로써 상기문건들이 련합국의 특정한 몇 개 나라의 일반적인 선언이 아니라 전승련합국들과 전패국 일본사이의 합의문건으로 되었으며 일본의 령토범위를 확정하는 강력한 구속력을 가진 국제조약규범으로 되었다는 것을 인정하였다. 일본이 저들의 주권이 행사되는 령토에서 독도를 제외시킬 것을 예견한 ≪까히라선언≫과 ≪포츠담선언≫을 공식수락한 것은 일본 자신이 독도를 일본의 땅이 아니라 조선의 섬으로 공식인정하였다는 것을 말해주고 있다.

련합국측이 두 선언에서 제기한 문제들은 해당한 국제문건들에서 예견한 대로 리행되었다. 일본은 두 선언에서 지적된 대로 청일전쟁과 그 이후에 중국으로부터 강탈했던 만주, 대만, 팽호제도[3]에서 구축당했으며 로일전쟁 이후에 로씨야[4]로부터 빼앗아냈던 싸할린남부지역과 꾸릴렬도 4개 섬도 모두 이전 쏘련에 반환하였다.

독도가 우리나라의 합법적 령토라는 것은 1951년 9월 8일에 처결된 ≪쌘프랜씨스코 대일단독강화조약≫에도 명백히 규제되어 있다. 일본은 ≪쌘프랜씨스코 대일단독강화조약≫이 전승련합국들과 전패국 일본 사이의 제2차 세계대전의 종결을 최종적으로 확인하는 국제문건이라고 내들고 있다. ≪대일강화조약≫제2장 제2조(a)항에는 ≪일본은 조선의 독립을 [62]승인하고 제주도, 거문도 및 울릉도를 포함한 조선에 대한 모든 권리, 권한 및 청구권을 포기한다.≫라고 규정되어 있다. 이 조항의 의미는 일본이 울릉도를 포함한 조선에 대한 모든 권리를 포기한다는 것이며 울릉도의 부속섬인 독도를 저들의 령토가 아니라 조선의 령토로 인정한다는 것이다. 왜냐하면 작은 섬을 그와 가장 가까운 거리에 있는 큰 섬의 부속섬으로 인정하는 것은 국제적 관례이며 독도와 제일 가까운 섬이 바로 울릉도이고 울릉도와 독도의 거리는 독도와 가장 가까운 거리에 있는 일본의 오끼섬에 비하여 거의 절반에 해당되기 때문이다.

독도가 우리나라의 합법적 령토라는 것은 영국을 비롯한 련합국측 국가들이 독도를 우리의 령토로 인정한 데서도 찾아볼 수 있다. 원래 일본군국주의자들은 ≪쌘프랜씨스코 대일단독강

---

3) 편집자주: 팽호제도(膨湖諸島)는 대만의 서쪽, 대만해협 남부에 있는 섬들을 말한다.
4) 편집자주: 러시아를 말한다.

화조약≫에 독도가 저들의 령토라는 것을 조문화함으로써 세계에 그것을 기정사실화하려고 책동하였다. 이를 위해 일본은 ≪대일강화조약≫의 일본측 ≪초안≫을 꾸며낼 때 여기에다 독도가 ≪일본의 령토≫라고 써넣었으며 강화조약이 체결되기 9일 전인 1951년 8월 30일 시마네현의 이름으로 정부에 ≪시마네현령토 다께시마의 재확인에 대하여≫라는 이른바 ≪진정서≫를 내게 하고 그것을 처리한다는 명목밑에 미국이 ≪대일강화조약≫에서 독도를 일본섬으로 만들어줄 것을 애걸하였다. 미국은 일본의 교활한 책동에 ≪아량≫을 표시하여 이 조약의 미국측 초안에 독도를 일본의 령토로 표기하였다. 그러나 독도가 력사적으로 조선의 령토라는 것을 알고 있는 영국을 비롯한 회의참가자들이 반대한 결과 독도를 일본령토로 표기하려던 책동은 오히려 조약에 참가한 많은 나라들이 독도가 다름 아닌 우리나라의 령토라는 것을 국제적으로 인정하는 결과를 가져오게 하였다.

이처럼 독도는 국제관습법상으로 보나 국제법의 일반원칙으로 보나 국제조약의 요구에 비추어 보나 그 누구도 침해할 수 없는 우리나라의 합법적 령토이다.

일본반동들은 력사를 외곡하고 국제법을 무시하는 날강도적인 령토팽창야망을 집어치우고 전체 조선인민과 세계진보적 인민들이 더 큰 분노를 터뜨리기 전에 저들의 허망한 독도강탈책동을 당장 그만두어야 할 것이다.

4. 독도는 조선민족의 신성불가침의 영원한 령토5)

로동신문

우리 민족의 존엄과 자주권을 침해하는 일본반동들의 행위가 날로 더욱 우심해지고 있다. 지난해 중학교 교과서들에 독도를 ≪일본의 령토≫라고 파렴치하게 외곡서술하여 세계를 분노케 한 일본반동들이 올해에 들어와서는 고등학교 교과서들에까지 그렇게 명기하려 하고 있다. 지어6) 그들은 독도부근의 수로탐사를 공공연히 추구하고 있다. 이것은 날강도적인 력사외곡

---

5) 출처: 로동신문, 2006년 6월 21일.
6) 편집자주: ‘지어’란 심지어란 의미이다.

책동, 독도강탈기도의 발로로서 일본반동들의 조선재침열이 극도에 이르고 있다는 것을 보여준다. 그러나 일본반동들은 오산하고 있다. 오늘과 같은 밝은 세상에서 독도강탈을 노린 그들의 그 어떤 력사외곡, 날조행위도 절대로 통할 수 없다. 독도는 오랜 옛날부터 국제적으로 공인된 우리나라의 고유한 령토이다.

위대한 령도자 김정일동지께서는 다음과 같이 지적하시였다. **《독도는 그 누구도 침해할 수 없는 우리나라의 신성한 령토입니다.》**

독도가 우리나라의 불가분리의 령토라는 것은 이 섬의 지리적 위치 자체가 잘 보여준다. 독도는 조선동해의 한복판인 동경 131° 52´, 북위 37° 14´에 위치하고 있는데 비교적 큰 2개의 섬(동도, 서도)과 그 주변의 30여 개의 작은 암초들로 이루어져 있다. 독도와의 거리는 우리나라 울릉도 남단의 간령에서 남동쪽으로 92.6km, 뭍인 경상북도 울진군 죽변리 룡추갑에서 동북쪽으로 218km정도이다. 하지만 일본과의 거리를 보면 독도는 제일 가까운 섬인 오끼섬으로부터 약 160km, 일본본토의 시마네현으로부터는 약 240km나 떨어져 있다. 보는 바와 같이 독도는 지리적으로 일본보다 우리나라와 더 가까이 위치해 있는 우리민족의 령토이다.

독도에 대한 옛 이름들의 유래를 보아도 그것이 우리나라의 섬이라는 것이 명백하다. 력사적으로 고찰하면 이 섬은 처음에 우산도로 그 다음에는 삼봉도, 가지도, 독도 등 순서로 불리웠다. 이것은 우리 선조들이 이곳을 개척하고 삶을 꾸려나가면서 붙인 이름으로서 모두 조선말에 그 연원을 두고 있다. 독도에 대한 첫 이름인 우산도는 고려이전시기부터 불리워진 것으로서 울진현(경상북도)의 고구려 때 이름인 우진야현(《신증동국여지승람》권45 울진현 건치연혁조)에서 기원되었다. 우진야현의 《우》자는 삼국시기 우리말의 웃쪽, 웃부분이라는 《우》의 한자식 음옮김이고 《진야》자는 돌이, 드르, 들이라는 들판, 벌판의 뜻옮김이다. 한마디로 말하여 우진야는 웃도리, 웃쪽의 들판이라는 의미로서 이 지대가 다른 지대보다 높거나 우에 있는 지대, 들판이라는 뜻을 담고 있다. 우산도의 《우》자도 우진야의 《우》자와 같은 음옮김이며 《산》자는 뫼라는 《산》자의 뜻옮김으로서 역시 웃쪽의 산 즉 높은 지대를 가리키며 따라서 그것은 우진야현의 이름과 같은 말이다. 울진현, 울릉도의 처음 이름인 무릉, 우릉이란 이름도 우산도의 이름과 마찬가지로 우진야현의 이름에서 기원되었다. 이러한 사실은 당시 우진야현(울진현)을 비롯한 주변동해가의 주민들이 동해로 나가 울릉도를 개척하여 살면서 자기 고장의 이름과 같이 무릉, 우릉으로 부르고 봄, 여름, 가을철에 독도에 가서 고기잡이를 하면서 그 섬에 역시 같은 고장의 이름인 《우산》(우산도)이라는 이름을 붙였다는 것을 말해준다. 이처럼 독도의 초기이름인 우산도는 높은 지대의 섬이라는 고구려 말에서 유래되었고 울진을 비롯한 동해안을 차지하고 있던 고구려, 신라주민들이 울릉도와 독도를 개척하면서 붙인 이름이다. 삼봉도는 15세기경에 조선 동해바다가 주민들 특히 함경도 주민들이 이 지역에 와서 조사하는 과정에 두 개의 큰 바위섬(동도와 서도)과 그 가운데 있는 바위섬을 보고 새롭게 붙인 이름이다. 이것은 리조시기 사람들이 이 섬을 우리나라의 섬으로 간주하였다는 것을 실증해준다. 18세기 말부터 이 섬을 가지도라고 불렀는데 여기에서 《가지》는 물개라는 우리나라 말로서 (《증보문헌비고》권31 여지고19 관방7 해방1 동해 울진조) 섬주변에 물개가 많은 섬이라는 뜻이다. 가지도라는 이름은 이 시기부터 울릉도를 비롯한 조선동해 바다가 주민들이 독도에 와서 물개를 많이 잡으면서 붙인 이름이다. 이 섬을 독도라고 부른 것은 19세기 말부터였다. 독도의 《독》자는 경상도, 전라도 지방사투리로서 돌을 《독》으로 부른 데서 유래된 것이다. 독섬이라는 이름은 《돌로 된 섬》이라는 의미를 담고 있는데 이것을 한자로 옮겨 독도라고 하였다.

우에서 언급된 독도와 관련된 여러 가지 옛 이름들은 모두 조선말이며 우리나라의 옛 선조들이 이곳을 개척하고 생활을 꾸리면서 붙인 것으로서 독도가 옛적부터 우리나라의 령토였다는 것을 잘 알 수 있게 한다. 이와는 대조적으로 일본인들은 독도에 대한 이름표기를 통해 독도가 자기 나라 땅이 아니라는 것을 스스로 인정하였다. 그들은 14세기 말부터 독도에 침입하기 시작하였고 17세기경에 이 섬에 이름을 붙이었다. 그 첫 이름은 마쯔시마, 즉 솔섬(소나무섬)이었다. 그들은 울릉도에 대해서는 다께시마, 즉 참대가 자라는 섬이라는 의미에서 참대섬이라고 불렀다. 그런데 17세기 말 조선의 열혈청년 안룡복을 비롯한 애국적인 어민들의 완강한 투쟁에 의하여 이곳에 대한 일본인들의 침입이 근 200년 동안 거의 끊어지게 되었다. 그러다가 19세기 말에 와서 일본인들이 다시 독도에 침입하게 되었다. 그때 일본인들은 오인하여 독도를 다께시마로, 울릉도를 마쯔시마로 바꾸어 불렀다. 이러한 력사적 사실은 일본인들이 19세기 말까지 독도와 울릉도의 이름조차 잘 가려 부르지 못했다는 것을 립증해 준다. 만일 독도가 력사적으로 일본의 섬이었다면 이런 일이 있을 수 없는 것이다. 일본인들은 오늘까지도 참대가 없는 독도를 계속 참대섬 특 다께시마라고 부르고 있는데 이것은 독도에 대한 무식의 집중적 표현이다.

독도는 력사적으로 보아도 우리나라의 신성한 령토이다. 무인도가 어느 나라에 속하는가 하는 문제를 결정하는 데서는 그 섬을 누가 제일 먼저 발견하고 점유, 리용하였는가, 그 섬의 소속과 관련된 법적 조치를 누가 먼저 취했는가 하는 문제 등이 중요한 조건으로 되며 그에 따라 해당 섬의 소유권이 확증된다. 독도를 제일 먼저 발견하고 개척한 것은 우리 선조들이었다.

지금으로부터 수천 년 전인 고대시기부터 동해를 개척한 고조선, 진국사람들은 울릉도, 독도에까지 진출하여 이곳에서 물고기잡이를 비롯한 생업활동을 벌리였다. 1882년 부호군 리규원이 울릉도를 조사하러 갔을 때 이곳에 고대조선사람들의 주요 무덤형식인 고인돌무덤이 남아있었다고 한 것(《울릉도검찰일기》)은 그 단적 실례가 된다. 울릉도에 고대조선사람들이 살았던 것만큼 그곳으로부터 제일 가까운 독도에 건너가 물고기잡이를 한 사람은 조선사람 밖에 없었을 것이다. 이 시기 일본은 원시사회말기에 있었거나 고대문명의 첫 문어구에 있었다. 때문에 당시 일본인들은 독도에 건너올 엄두도 내지 못하였던 것이다. 고증된 력사자료에 의하면 독도는 울릉도와 더불어 지금으로부터 몇천 년 전에 벌써 고조선, 진국을 비롯한 고대조선사람들에 의하여 개척되어 그들의 삶의 보금자리로 되였었다. 삼국시기에 와서 조선동해가를 차지한 고구려, 신라의 주민들도 울릉도-독도에 진출하여 어로활동을 벌리였다. 특히 4세기 말부터 고구려가 삼국통일을 위한 남방진출을 강화하면서 5세기 말~6세기 초에는 동해안의 청하(경상북도 포항시)에까지 진출하여 동해안의 대부분을 차지하였으므로 이 시기 울릉도, 독도는 고구려 사람들의 활무대로 되였다. 이 시기 고구려 사람들은 동해안의 한류와 난류가 합쳐져 동쪽으로 빠지는 울릉도-독도의 해류길을 따라 일본렬도의 노도반도에 크게 진출하여 그 부근의 나가노현과 그 주변일대에 퍼져 살면서 수천 개나 되는 고구려고유의 돌각담무덤을 남기였다. 이러한 사실은 이 시기 울릉도와 독도를 포함한 우산국의 주인들이 고구려 사람들이였다는 것을 알 수 있게 한다. 최근시기 울릉도에서 고구려유물로 보이는 고배(굽높은 잔)가 발견된 것은 우연이 아니다.

명백히 말하건대 5세기~6세기 초에 울릉도와 우산도는 고구려 사람들이 물고기잡이를 하면서 생활을 펴나가는 삶의 터전인 동시에 일본렬도에 선진문명을 보급하는 활무대였다. 그 후 신라는 령토를 확장하면서 512년에 우산국을 병합하여 자기의 령토에 포함시키고 조공국으로 만들었다. 발해, 후기신라시기에도 우산국은 후기신라에 속해 있었다. 고려초기부터 우산국은 고려에 속한 조공국으로 되어 있었으나 12세기 중엽 이후에 우산국이 조락하면서 고려의 울진현에 편입되었다. 1392년에 수립된 리조봉건정부는 왜구의 침입이 잦은 것과 관련하여 섬주민들을 보호, 통제하려는 목적밑에 섬을 비워두고 수토관을 정상적으로 파견하여 조사장악하고 통제하는 일시적인 《공도정책》을 실시하였다. 리조봉건정부의 《공도정책》은 울릉도-독도에 대한 령유권의 포기가 아니라 변화된 조건에 맞게 실시한 책략적인 령유권행사였다.

19세기 중엽 이후에 이르러 일본군국주의자들의 조선침략이 로골화되자 리조봉건정부는 새로운 《개척정책》을 내놓았으며 1900년 10월 25일에는 칙령 제41호를 발포하여 독도에 대한 령유권을 법적으로 세계에 공포하였다. 이와 같이 울릉도와 독도는 우리 선조들에 의하여 수천 년 전 고대시기에 개척된 이래 근대에 이르기까지 오랜 세월 그들의 생활의 활무대로 리용된 곳으로서 국제적으로 인정, 통용되고 있는 ≪무주선점의 원리≫에 전적으로 부합되는 우리나라의 신성불가침의 합법적인 고유령토이다.

앞에서도 언급되었지만 일본인들이 울릉도－독도를 알게 된 것은 겨우 14세기 말부터였다. 그들은 1905년 일제의 조선강점 이전까지 언제 한번 이 지역의 령유권을 소유하거나 공포한 적이 없었다. ≪무주선점의 원리≫의 견지에서 보아도 일본인들의 독도발견은 우리 선조들보다 수천 년이나 뒤떨어진다. 일제의 조선강점직전인 1905년 2월에 독도를 저들의 ≪땅≫이라고 게시하였다는 ≪시마네현고시≫40호라는 것은 일본정부각료들과 시마네현 관계자들 몇 명이 조선강점을 앞두고 몰래 만들어 돌리였을 뿐 세계인민들의 눈이 두려워 중앙신문에는 싣지도 못하고 겨우 지방신문인 ≪산잉신붕≫에 간단히 실은 불법무효한 협잡문서였다.

독도가 우리나라의 령토라는 것은 령토의 법적 소속을 직관적으로 보여주는 지도표기를 보아도 명백히 알 수 있다. 지금까지 전해지는 가장 오랜 지도들인 1530년에 출판된 ≪신증동국여지승람≫(그중 ≪강원도≫지도)과 임진조국전쟁 이전(16세기 후반기)에 만든 우리나라의 오랜 목판본지도인 ≪동람도≫(남조선의 령남대학교박물관 소장)에는 울릉도와 우산도(독도)가 우리나라 앞바다에 뚜렷이 표기되어 있다. 그 후 18세기 전반기에 만든 목각본들인 ≪여도≫와 ≪팔도지도≫, 18세기 후반기에 만든 ≪조선전도≫와 ≪천하지도≫(그중 ≪강원도≫지도), 19세기 전반기에 만든 채식필사본인 ≪여지도≫, 목판본인 19세기 중엽에 만든 ≪해좌전도≫, 동판본인 1871년에 만든 ≪수진일용방≫과 목판본인 19세기 후반기에 만든 ≪팔도전도≫, 동판본인 19세기 말에 만든 ≪대조선국전도≫, 인쇄본인 1899년에 만든 ≪대한전도≫ 등 우리나라의 옛 지도들에도 울릉도와 우산도(독도 때로는 ≪우산≫이라고 되어 있음)가 우리나라의 섬으로 명백히 표기되어 있다. 반면에 우리 선조들이 만든 18세기 후반기의 채색필사본인 ≪고지도첩≫(그중 ≪일본전도≫)과 ≪천하도≫(그중 ≪일본국도≫), 19세기 전반기의 ≪일본국도≫ 등 옛 일본지도들에는 일본 시마네현의 오끼섬은 그려져 있지만 그 서쪽 조선동해상에 있는 울릉도와 독도는 전혀 그려져 있지 않다. 이것은 우리 선조들이 독도를 철저히 우리나라 섬으로 여기였으며 오끼섬을 일본의 제일 서쪽섬으로 보았다는 것을 말해준다. 그런가하면 조선강점 이전시기인 19세기에 일본에서 만들어진 조선지도들에는 독도가 명백히 우리나라 섬으로 표기되어 있다. 1873년에 만든 ≪조선국세견전도≫에는 울릉도와 우산도(독도)가 ≪강원도≫와 같은 연황색으로 그려져 있고 1874년에 만든 ≪오기팔도 조선국세견전도≫와 1875년에 만든 ≪조선

여지전도≫에도 울릉도와 독도가 조선의 섬으로 그려져 있다. 같은 해에 만든 ≪조선국지전도≫에서는 독도의 이름은 밝히지 않았지만 울릉도 아래에 섬 하나를 더 그려 넣고 두 섬을 다 강원도와 같은 청색으로 표시하였다. 1882년에 만든 ≪조선전도≫와 ≪조선국세도≫에도 울릉도와 독도가 우리나라의 섬으로 그려져 있다. 이러한 사실들은 옛날부터 독도가 조선의 령토였지 일본의 땅이 아니었다는 것을 여실히 증명해 주고 있다.

독도가 우리나라 령토라는 데 대해서는 일본자신도 력사적으로 인정하여왔다. 일본의 도꾸가와막부가 1618년과 1661년에 각기 오다니와 무라가와 가문에게 발급한 ≪죽도(울릉도)도해면허≫와 ≪송도(독도)도해면허≫는 해상월경을 승인하는 것으로서 사실상 독도에 대한 조선의 령유권을 인정한 일본정부의 공식확인서와 같은 것이었다. 이 문건들은 결국 국경을 넘어 외국의 령토인 울릉도와 독도에로의 항행을 ≪허용≫한다는 증서로서 그것은 조선의 독도령유권인정을 전제로 한 것이었다. 1667년에 발행된 ≪은주시청합기≫(1667년 이즈모관리 사이또가 번주의 명령으로 일본의 서북경계를 현지답사하고 제출한 보고서), 1881년에 발행된 ≪다께시마(죽도) 판도소속고≫와 같은 일본책들에는 일본의 서북경계를 오끼섬으로 보고 독도가 예로부터 ≪일본판도밖의 땅≫이었다고 쓰여 있다.

애국청년 안룡복이 일본해적무리가 울릉도에 침입하여 나무들을 채벌하고 물고기를 마구 잡아가는 데 격분하여 1693년과 1696년 두 차례에 걸쳐 일본에 건너가 오끼주태수와 담판하고 울릉도와 독도가 엄연한 조선의 령토라는 것을 론박할 여지없이 론증확인시킨 사실은 널리 알려져 있다.

일본정부(도꾸가와막부)는 1696년 1월 28일 울릉도와 독도가 조선령토라는 것을 확인하고 이 섬들에 대한 일본인들의 침입과 어로작업을 엄금시키기로 하였으며 그 후 그를 담보하는 공식외교문서를 조선봉건정부에 보내어 왔다. 일본정부는 이때로부터 근 200년간 실제로 일본인들의 울릉도, 독도침입을 엄격히 단속하였으며 불법침입자들을 사형에 처함으로써 우리나라와의 공약을 지켰다.

일본은 제2차 세계대전 후에도 독도가 저들의 섬이 아니라는 것을 국제사회 앞에 공식적으로 인정하였다. 그것은 일제의 패망과 함께 일본이 포기해야 할 대상으로 일시적으로 강점했던 모든 지역을 포함시킨 국제협약들인 ≪까히라선언≫, ≪포츠담선언≫ 등을 일본이 정식수락한 사실이 말해준다.

제반 력사적 자료들과 사실이 보여주는 바와 같이 독도는 명실 공히 우리나라의 신성한 령토이며 일본의 독도≪령유권≫주장은 얼토당토않은 날강도적인 령토강탈망발이다. 력사는 절대로 외곡, 날조할 수 없으며 일본반동들의 독도강탈책동은 추호도 용납될 수 없다. 일본의 독도강탈야망을 망상이다. 전체 조선인민은 민족공조로 일본의 력사외곡, 독도강탈, 조선재침책동을 단호히 짓부셔버리기 위해 적극 투쟁할 것이다. 독도는 어제도 오늘도 래일도 영원히 조선민족의 신성불가침의 고유한 령토로 남아 있을 것이다.

5. 일본의 파렴치한 독도강탈야망[7]

로동신문

왜나라가 파렴치하게 독도≪령유권≫을 자주 입에 올리고 있다. 그러나 왜나라의 독도≪령유권≫주장은 날이 갈수록 명분을 잃고 있다. 보도된 바와 같이 지난해에 독도문제와 관련하여 왜나라로서는 감히 부인할 수 없는 력사자료들이 공개되었다. 남조선의 한 도서관에 오랫동안 묻혀 있던 일본지도 4편이 공개된 것이다. 그에 의하면 1929년과 1933년 일본문부성 검인정교과서에 실린 일본력사지도와 1934년에 출판된 신일본도첩에 독도가 표기되어 있지 않다. 1940년 국제지리협회가 출판한 일본지명총람에서도 독도를 왜나라 령토에 포함시키지 않았다. 1920년대, 1930년대로 말하면 일제가 조선에 대한 군사적 강점통치체제를 강화하면서 아시아정복야망을 추구하며 미쳐 날뛰던 시기이다. 당시 일제는 동북아시아지도에 마음내키는 대로 칼질을 할 수 있었지만 그 시기 왜인들이 만들어낸 그 어느 지도에도 독도를 일본령토로 표기해놓지 못하였다. 왜냐하면 독도가 력사적으로, 법률적으로 명실 공히 조선고유의 땅이었기 때문이다. 이번에 공개된 독도관련자료들을 통해 두 가지 문제점들을 명확히 알 수 있다. 그것은 우선 왜나라의 독도≪령유권≫주장이 전혀 명분이 없다는 것이고 다른 하나는 그럼에도 불구하고 왜 일본이 현시기에 그토록 집요하게 독도≪령유권≫을 주장해 나서는가 하는 것이다.

위대한 수령 김일성동지께서는 다음과 같이 교시하시였다. **≪일본군국주의의 침략적 본성은 변하지 않았으며 결코 변하지 않을 것입니다.≫**

---

7) 출처: 로동신문. 2007년 1월 25일.

일본의 독도≪령유권≫주장에는 력사적, 법적 근거가 전혀 없다. 왜나라가 근거로 들고 나오는 것은 1905년 ≪시마네현 고시 40호≫이다. 당시 시마네현은 제멋대로 독도를 자기 현에 소속시키는 강도적인 조치를 취하였다. 이것이 일본의 독도≪령유권≫주장의 근거로 될 수 없다는 것은 자명하다. 왜나라의 시마네현이 취한 조치는 한갓 지방적인 것에 불과한 것이었다. 시마네현이 취한 조치는 일제가 조선을 군사적으로 강점하던 시기와 때를 같이하고 있었다. 시마네현은 당시 일제의 군사적 힘에 의거하여 독도를 강탈하려고 그런 날강도적인 조치를 취했던 것이다.

력사적인 발견경위, 독도에 대한 국가적 조치를 취하고 그를 관할한 기간과 국제법 등 어느모로 보나 독도는 명실 공히 조선의 신성한 땅으로 되어 있다. 우리 선조들은 A.D. 500년 이전시기에 벌써 독도를 발견하고 그것을 어업거점으로 리용해 왔다. 왜나라가 독도를 발견한 것은 그로부터 1,000년이 훨씬 지나서였다. 우리나라는 A.D. 512년에 독도를 강원도 울진현에 소속시키는 국가조치를 취했다. 일본은 그로부터 근 1,400년이 되어서야 군사적 힘에 의거하여 강도적으로 독도를 시마네현에 소속시키는 행정조치(물론 지방적인 조치에 불과한 것이었다.)를 취하였다.

우리나라와 일본의 많은 력사자료들, 문헌들은 력사적으로 섬나라 사무라이들의 발을 들여놓으려다가 조선사람들의 무자비한 징벌을 받았으며 그 후 왜나라 정부가 조선과의 관계를 위하여 독도를 조선땅으로 인정하고 독도에 침범하는 일본인들을 엄격히 처벌하였다는 것을 기록하고 있다.

일제시기의 독도강탈조치는 그 무엇으로써도 정당화될 수 없는 것이다. 일제패망 후 여러 해가 흘러 왜나라는 조선의 본토와 제주도, 거문도, 울릉도(독도 포함)에 대한 일본의 모든 권리, 청구권을 포기한다고 한 쌘프랜씨스코강화조약에 서명하였다. 이 조약은 독도가 일본의 령토가 아니라 조선의 합법적인 령토임을 확증하였다. 하지만 일본은 전혀 명분이 없고 국제법에 배치되는 독도≪령유권≫설을 계속 내돌리고 있다. 2000년에 왜나라 외무성은 물론 일본집권자까지 나서서 독도가 저들의 ≪고유한 령토≫라고 터무니없는 주장을 하였다. 그런가하면 왜나라의 시마네현은 제멋대로 ≪다께시마(독도)의 날≫을 제정하고 이날을 계기로 독도≪령유권≫선전깜빠니야[8]를 벌리고 있다.

왜나라의 파렴치한 독도≪령유권≫주장은 새 세기 그들의 침략적인 생존전략과 련관되어 있다. 21세기에 들어와 여러 나라들이 벌리는 생존경쟁은 본질에 있어서 에네르기[9] 쟁탈경쟁으

---

8) 편집자주: 깜빠니야는 캠페인을 말한다. 통일부〈www.unikorea.go.kr〉, 북한용어사전.
9) 편집자주: 에네르기는 에너지를 말한다.

로 되고 있다. 현시기 누가 더 많은 에네르기를 개발하여 쟁취하는가에 따라 한 나라, 한 민족의 생존과 번영 등이 결정된다는 것이 지배적인 견해로 되고 있다. 섬나라는 자연부원이 부족한 나라이다. 에네르기를 비롯하여 대부분의 원료, 연료자원을 수입에 의존하고 있다. 일본은 21세기 생존경쟁에서 이길 방도를 주변나라들의 자원에서 찾고 있다. 인공지구위성을 통한 지질탐측기술이 발전함에 따라 독도주변을 비롯하여 조선동해에 매우 풍부한 천연가스자원이 매장되어 있다는 것이 20세기 말엽에 크게 알려지게 되었다. 독도가 현시기 왜나라가 매우 눈독을 들이는 곳으로 되고 있는 원인의 하나가 여기에 있다. 이에 대한 정보를 쥔 일본은 그 어느 때보다 독도≪령유권≫주장을 폈다. 이와 함께 독도를 강탈하기 위한 여러 가지 조치들을 취하였다. 일본인 호적을 독도로 옮겨주는 날조적인 행정조치를 취하는 한편 독도에 침략무력을 들이밀어 빼앗아내기 위한 군사적 음모를 몰래 꾸몄다. 여러 해 전에 일본의 이오지마에서 비밀리에 ≪독도접수훈련≫이 진행된 것은 그 단적 실례이다. 남조선의 한 잡지는 이에 대해 전하면서 ≪일본은 절호의 기회에〈평화적〉또는 군사적 방법, 이 두 방법을 배합하여 독도를 강탈하려 함이 명백하다.≫라고 썼다.

일본은 ≪평화적 방법≫과 군사적 방법에서 후자에 중점을 두고 있다. 일본은 군사적 방법에 의한 독도침공으로 조선재침의 포성을 울리려고 획책하고 있다. 렬도반동들이 독도강탈목적을 실현하기 위해 군사적 방법에 중점을 두는 것은 또한 그것이 일본의 군사대국화실현에 유리하다고 타산하기 때문이다. 군사대국화는 일본반동들이 오랫동안 꿈꾸어온 것이다. 이를 위해 일본은 미국의 군사적 머슴노릇을 하는 것도 서슴지 않고 있으며 ≪평화헌법≫도 뜯어고치려 하고 있다.

일본반동들에게 있어서 독도≪령유권≫주장은 군사대국화와 재침야망실현의 중요한 구실로 되고 있다. 일본은 독도≪령유권≫을 주장하면서 자주 저들의 순시선과 감시비행기를 독도주변해역과 상공에 들이밀고 있다. 이로 하여 조선동해에서는 드문히[10] 긴장상태가 조성되고 있다. 일본은 이 긴장성을 군사대국화와 재침책동의 구실로 써먹고 있다.

왜나라는 독도≪령유권≫주장을 통해서 정치적 목적도 달성하려 하고 있다. 그들은 세상 사람들로부터 ≪외교미숙아≫, ≪정치난쟁이≫로 조롱받고 있다. 맹목적인 대미추종의 결과이다. 일본은 미국의 대조선정책, 대아시아태평양전략에 대한 적극적인 추종으로 하여 주변나라들로부터 고운 눈길을 받지 못하고 있다. 이로 하여 일본은 아메리카에 끌려가는 아시아나라, 아시에서 멀어져가는 아시아나라로 되고 있다. 일본의 체질화된 대미추종은 정치대국화실현에서

---

10) 편집자주: '드문하다'는 것은 (어떤 사실이) 자주 있다는 것을 말한다. 통일부〈www.unikorea.go.kr〉, 북한용어사전.

가장 큰 흠집으로 되고 있다. 이 흠집을 감추고 그를 정당화하기 위해 일본은 령토분쟁의 길로 나가고 있다. 우리나라의 독도, 중국의 조어도, 로씨야의 남부꾸릴렬도 등 주변나라들과의 령토분쟁을 야기하고 있다. 일본은 이런 령토분쟁들을 통해 불순한 목적을 달성하려 하고 있다. 그러나 일본의 이러한 책동은 모래 불에 초고층아빠트를 짓겠다는 것이나 같다. 일본이 력사를 외곡하며 독도≪령유권≫을 고집하였댔자 국제사회에서 령토강탈자로, 날강도로 비난을 받고 망신만 당할 뿐이며 얻을 것이란 아무것도 없을 것이다.

일본이 어떻게 찧고 까불든 독도는 어제도 오늘도 래일도 영원히 신성불가침의 조선령토이다. 일본은 독도강탈을 노리고 무분별하게 날뛰다가 큰 코 다치지 말고 어리석은 망상을 버리는 것이 좋을 것이다.

제3장 국제해양법 및 국제해사법

6. 공화국국내수역의 중요제도[1]

최 금 숙

[67]위대한 령도자 김정일동지께서는 다음과 같이 지적하시였다. **≪연안, 령해 관리사업을 잘하여야 하겠습니다.≫**(≪김정일선집≫제8권, 158페지).

연안에 대한 관리사업을 잘하는 데서 국내수역의 중요제도에 대한 옳은 리해를 가지는 것은 매우 중요한 문제로 나선다. 그것은 국내수역제도가 연안수역으로 되고 있는 항수역, 만수역, 륙지와 기산선 사이 바다수역들을 규제하고 있기 때문이다. 그러므로 연안에 대한 법적 통제사업과 관리사업을 잘하자면 국내수역의 중요제도에 대하여 옳은 리해를 가져야 한다.

공화국국내수역의 중요제도에는 무엇보다 먼저 무역항제도가 있다. 무역항은 대외무역을 위하여 외국배들이 항시적으로 드나들 수 있게 개방되여 있는 항이다. 무역항제도에서 기본은 첫째로, 공화국무역항에 들어오는 무역배들이 지켜야 할 입항질서를 규제한 것이다. 공화국무역항의 입항질서는 입항하는 무역배들과 그를 대상으로 활동하는 관계기관들의 사업질서이다. 무역배들은 국가가 제정한 입항질서를 철저히 지켜야 배의 신속한 입항을 실현할 수 있으며 모든 관계기관들의 법적 요구도 원만히 해결할 수 있다.

공화국무역항의 입항질서에서 중요한 것은 우선 공화국무역항에 입항하려는 무역배들이 도

---

1) 출처: 김일성종합대학출판사, 『김일성종합대학학보: 력사법학』, 제50권 제4호(2004), 67-71쪽.

착에 대한 사전통지를 제때에 하는 것이다. 공화국무역항에 입항하려는 무역배들이 도착에 대한 사전통지를 제때에 하도록 규제한 것은 해당 무역항으로 하여금 무역배의 입국을 위한 검사준비와 배를 어느 배터에 어떻게 받아들이며 어느 끌배를 리용하여 무역화물취급은 어떻게 하겠는가 등의 사전준비를 미리 갖추게 하기 위해서이다. 그러므로 배측은 자기의 대리인을 통하여 배의 위치와 배길안내대기지점 도착시간을 수시로 제때에 알려주어야 한다.

≪공화국무역항관리운영규정≫제5장 제63조에는≪다른 나라 배대리인은 배가 항에 도착하기 3일 전, 1일 전, 12시간 전, 4시간 전에 한 번씩 배의 위치와 배길안내대기지점 도착시간을 선장으로부터 받아서 해당 기관에 알려야 하며 항무감독과 련계밑에 입항검사에 나갈 기관들에 배길안내배가 떠나는 시간과 장소를 미리 알려주어 배길안내지휘선장과 검사성원들이 배길안내배에 도착하도록 하여야 한다. 다른 나라 배대리인은 배가 항에 들어오면 30분 안으로 그 정형을 항종합사령과 무역지사에 알려야 한다.≫고 규정하고 있다. 공화국무역항관리운영규정에 조문화되어 있는 바와 같이 배의 도착예정통지는 배를 취급하는 모든 관계기관들의 사업방향을 규정하며 그에 맞는 실무적인 문제를 성과적으로 해결하는 데서 필수적인 조건으로 된다.

공화국무역항의 입항질서에서 중요한 것은 또한 입항하려는 무역배들이 국경통행검사기관의 입국검사를 철저히 받도록 한 것이다. 공화국무역항에서 국경통행검사기관의 입국검사를 철저히 받도록 규제한 것은 다른 나라 배로부터 들어오는 불법입국자들을 제때에 적발함으로써 그로부터 발생될 수 있는 모든 범죄행위들을 미연에 방지하기 위해서이다. 그리고 배에 있는 무기, 폭발물을 비롯한 여러 가지 위험물질에 대한 단속통제사업을 철저히 진행함으로써 나라의 안전을 믿음직하게 보위하기 위해서이다. 그러므로 입국검사과정에 무역배에서 비법적인 입국자가 단속되거나 무기, 폭발물을 비롯하여 나라의 안전에 위험을 줄 수 있는 요소들이 나타난다면 배의 입항은 무조건 중지된다.

공화국무역항의 입항질서에서 중요한 것은 또한 입항하는 무역배들이 위생검역을 철저히 받도록 한 것이다. 위대한 령도자 김정일동지께서는 다음과 같이 지적하시였다. ≪…… **무역항들에서 검역사업을 강화하여 전염병이 생기지 않도록 하며 전염병이 생기[68]는 경우에는 널리 퍼지지 않도록 위생방역대책을 철저히 세워야 합니다.**≫(≪김정일선집≫제4권, 125페지)

무역항에는 다른 나라 무역배들이 많이 들어오는 조건에서 여러 가지 전염병들이 배나 배의 선원, 려객 그리고 상품을 비롯한 다른 물품들에 묻어 들어올 수 있다. 공화국무역항에서 무역배들이 위생검역을 철저히 받도록 규제한 것은 나라의 안전을 위협하는 전염병으로부터 발생되는 위험을 철저히 제거함으로써 인민들의 건강증진을 담보하고 위생문화적인 생활환경을 마련하기 위해서이다. 우리 공화국은 다른 나라들로부터 전염병이 들어오는 것을 방지할 목적으로 항에 위생검열제도를 수립하고 모든 배들이 그것을 철저히 지키도록 통제하고 있다. 무역배들이 위생검열의 요구를 리행하지 않고 배에 전염병의 요소가 있거나 전염병이 있는 경우에는 공화국위생검열기관에 의하여 사전대책이 취해지거나 그것으로도 해결되지 않으면 배를 돌려보낸다. 그러므로 무역항에 입항하는 무역배들은 위생검열의 요구를 잘 알고 그것을 철저히 리행하여야만 성과적인 입항의 법적 담보를 받을 수 있는 것이다.

공화국무역항의 입항질서에서 중요한 것은 또한 입항하는 배들이 항사업감독기관의 요구를 철저히 리행하도록 한 것이다. 항사업감독기관은 항수역에서 모든 무역배들의 입항항해를 지휘하여 감독통제하는 기관이다. 모든 무역배들이 항사업감독기관의 지휘와 요구를 철저히 리행하도록 규제한 것은 항수역에서 배들의 충돌, 항시설물의 파괴를 비롯한 여러 가지 사고들을 미연에 방지하도록 하기 위해서이다. 공화국의 항사업감독기관은 중요하게 항해하는 무역배들이 국내법에 규정된 질서대로 항해하도록 한다. 국내법에는 무역배들이 항수역에서 규정된 낮은 속도를 유지하며 해당 표식물들을 파손시키지 않도록 언제나 주의하여야 한다고 규제되어 있다. 그러므로 배들이 만약 항해과정에 배길표식물과 그 밖의 표식물들을 파손시켰거나 그 위치를 옮겨놓았을 때에는 항에 도착한 즉시로 그에 대하여 항사업감독기관에 알려야 하며 파손에 의하여 초래된 손실을 보상하여야 한다. 항사업감독기관은 이와 함께 항해하는 무역배들이 국제관례와 국제법에 규정된 질서대로 항해하도록 한다. 국제관례에는 무역배들이 해당 항구로 입항할 때 연안국의 자주권을 존중한다는 의사표시를 하도록 되어 있다. 국제관례에 의하면 모든 배들은 자기 배의 제일 높고 잘 보이는 곳에 연안국기발을 달고 선미에 자기 나라 기발을 다는 원칙을 지켜야 한다. 이와 함께 국제협약에는 해당 항구로 항해하는 무역배들이 인간생명을 보호하고 항수역의 오염을 방지하며 화물표식에 관한 규정을 지키도록 규제하고 있다. 그러므로 무역배들은 항수역에서 항해하면서 국제협약에 지적된 요구를 철저히 리행하여야 하며 그것을 어겼을 때에는 해당한 책임을 져야 한다.

공화국무역항의 입항질서에서 중요한 것은 또한 입항하는 무역배들의 세관검사를 철저히 받도록 한 것이다. 매개 나라들은 나라의 국경지점들과 무역항들에 세관검사기관을 가지고 있다. 무역항의 세관검사기관은 항을 통하여 반출입되는 물품들에 대한 감독과 검사를 진행하는 국가기관이다. 공화국무역항에서 세관검사를 받도록 규제한 것은 우리 당의 무역정책에 립각하여 무역항과 해상국경을 통하여 반출입되는 국가무역짐에 대한 감독검사를 보장하여 밀수행위를 단속하고 관세를 받아내기 위한 데 있다. 무역배에 대한 세관검사관의 검사내용에는 선장으로부터 받은 입항보고서, 실은 짐목록을 비롯한 상품정형에 대한 문건들이 속한다. 이와 함께 식료품, 연유 등 배에서 쓰는 여러 가지 물건들과 선원 및 려객들이 가지고 있는 일용필수품들과 금, 은, 동, 귀[69]금속과 화폐와 같은 지불수단이 속한다. 만약 배에 실은 짐이 계약에 반영된 짐과 다르거나 차이 나며 선원이나 려객들이 세관규정상 어긋나는 물품이나 규정에 승인되어 있다 할지라도 그 용도를 초과하여 가지고 들어왔을 때에는 그 사용을 금지시키거나 보다 엄중한 위법행위가 나타나면 해당 물품을 회수한다. 그러므로 공화국무역항에 입항하는 모든 무역배들은 세관검사규정을 잘 알고 그것을 철저히 지켜야 한다.

무역항제도에서 기본은 둘째로, 공화국무역항에 체류하는 무역배들이 지켜야 할 머무름질서를 규제한 것이다. 공화국무역항에서 무역배들은 체류의 법적제도에 따라 무역화물을 부리거나 실을 때까지 해당 항구에 머물러 있을 수 있다. 무역항에 머무르는 무역배는 배의 머무름을 장악통제하는 항사업감독기관과 머무르는 배에 대한 검사나 선원들의 행위를 단속통제하는 국경통행검사기관의 법적 담보가 있을 때에만이 해당 항구에서의 머무름을 성과적으로 실현할 수 있다.

공화국무역항의 머무름질서에서 중요한 것은 우선 머무르는 무역배가 항사업감독기관의 철저한 지도와 감독을 받도록 규제한 것이다. 무역배가 항사업감독기관의 지도와 감독을 받도록 한 것은 항수역에서 배들의 안전한 움직임을 보장하고 배충돌과 항시설물을 파손시키는 등 각종 사고들을 미리 막도록 하기 위해서이다. 그러므로 항수역에 머무르는 무역배들은 머무름터에 배의 옮김과 배를 배대이벽에서 떼거나 붙이는 등 배의 일체 움직임을 지휘, 감독통제하는 항사업감독기관의 사업에 절대복종하여야 한다.

공화국무역항의 머무름질서에서 중요한 것은 또한 머무르는 배의 선원이나 려객들이 국경통행검사기관과 세관검사기관의 승인과 철저한 검사밑에서만 움직이도록 한 것이다. 무역배가 항수역에 머물러 있는 기간 배의 선원이나 려객들은 배를 벗어나 부두나 그 밖의 다른 장소로 오가야 할 사정이 제기될 수 있다.

무역배의 선원이나 려객들이 항수역에 머물러 있는 기간 국경통행검사기관과 세관검사기관의 승인과 철저한 검사밑에서만 움직이도록 규제한 것은 배의 선원들이나 려객들이 해당 국가의 안전을 위협하며 불법행위의 요소로 될 수 있는 물건을 소유해 가지고 갈 수 있는 경우가 있을 수 있기 때문이다. 즉 국가가 제정한 세관검사대상물을 소유하였거나 그 밖에 검사나 국경통행검사에 통과될 수 없는 물건들을 가지고 있을 수 있기 때문이다. 그러므로 모든 무역배의 선원이나 려객들이 배를 벗어나 다른 장소로 오갈 때는 반드시 국경통행검사와 세관검사를 철저히 받고 움직여야 모든 움직임에 대한 법적 담보를 받을 수 있는 것이다.

공화국무역항제도에서 기본은 셋째로, 공화국무역항에서 출항하려는 무역배들이 지켜야 할 출항질서를 규제한 것이다. 공화국무역항의 출항질서에서 중요한 것은 출항하는 무역배들이 출항검사를 철저히 받도록 한 것이다. 출항하는 무역배들이 출항검사를 철저히 받도록 한 것은 국가기밀을 비롯하여 비법월경자 그리고 우리나라에서 나가지 못하게 된 물품을 제때에 단속적발하기 위해서이다.

무역배의 출항검사에서 기본은 해안국경통행검열과 세관검사이다. 해안국경통행검사기관에서는 우리나라의 대외적 권위를 훼손시키며 법질서를 어기는 현상, 국가기밀에 속하는 문건과 자료를 가진 자, 비법월경자 등을 단속취급한다. 세관검사기관은 배입항보고서, 배짐증권, 실은 짐목록, 손님명단과 그들의 몸짐, 손짐신고서를 검토확인하고 배칸 및 창고와 거기에 있는 물건을 검사한다.

무역항에서 국경통행검열기관이나 세관검[70]사기관은 배측으로부터 제기되는 것이 없이 모든 것이 제정된 질서의 요구에 맞게 검열되었을 때 배의 출항에 대한 승인을 하게 된다. 그러므로 모든 무역배들은 출항검사를 받을 수 있는 준비를 빈틈없이 하고 출항검사를 받아야 성과적인 출항을 보장받을 수 있다.

공화국국내수역의 주요제도에는 다음으로 만수역제도가 있다. 만수역제도에서 기본은 공화국의 력사만에 대하여 규제한 것이다. 만수역이란 륙지로 깊이 들어간 바다부분을 말한다. 만수역들 중에는 국내수역으로 되는 만도 있으며 그렇지 않은 만도 있다. 만수역이 국내수역으로 되자면 일반적으로 만의 자연입구의 너비가 24mile을 초과하지 말아야 하며 24mile을 초과하는 경우에는 그것이 력사만으로 인정되어야 한다. 력사만은 경제적 리익과 국방상 중요성으로부터 오랜 력사적 기간 한 나라의 국내수역으로 인정되어 온 만이다. 력사만은 연안국의 선포와 다른 나라들의 묵시적인 인정을 통하여 공인되게 된다.

공화국의 력사만에 대한 규제에서는 동조선만을 력사만으로 규제한 것이다. 동조선만은 함경남도 신포시의 송고갑과 강원도 고성군의 수원단 사이의 바다지역으로서 조선동해안 중부에 깊이 들어간 만이다. 동조선만을 력사만으로 규제한 것은 첫째로, 동조선만이 바다밑지형이 비교적 복잡하고 난류와 한류의 영향이 많이 미치는 수역으로서 물고기를 비롯한 생물자원이 매우 많은 우리나라의 주요어장이며 이름있는 대소항들이 있어 외국상선들이 쉬임없이 드나드는 국제해상무역지대로 되고 있기 때문이다. 동조선만을 력사만으로 규제한 것은 둘째로, 동조선만이 국방상 매우 중요한 수역으로 되고 있기 때문이다. 동조선만은 과거에는 일본침략자들의 침략을 짓부셔버리는 중요한 방위수역으로 되어 왔으며 지난 조국해방전쟁시기에는 미제의 해적들로부터 나라를 보위하는 데서 매우 중요한 방위수역으로 되어 왔다. 이처럼 동조선만은 경제적으로나 국방적 견지에서 보나 매우 중요한 위치에 있는 수역이다.

공화국의 력사만에 대한 규제에서는 이와 함께 서조선만을 력사만으로 규제한 것이다. 서조선만은 평안북도 신도군의 비단섬 마안각과 황해남도 룡연군 장산곶 사이를 련결한 직선기산선 안쪽 수역이다. 서조선만을 력사만으로 규제한 것은 첫째로, 서조선만 일대가 해안의 굴곡이 심하고 크고 작은 섬들이 많으며 밀물과 썰물의 차이가 심한 자연지리적 조건으로 하여 중세소업과 양식사업을 많이 하며 간석지개간과 소금생산이 많이 진행되는 경제적으로 의의가 큰 곳이기 때문이다. 서조선만을 력사만으로 규제한 것은 둘째로, 서조선만이 혁명의 수도 평양과 서해안 지대의 주요공업지구를 보위하는 데서 매우 중요한 수역으로 되고 있기 때문이다.

이처럼 동조선만과 서조선만은 우리나라의 중요한 력사만으로서 우리나라 가까이에 있는 일본, 중국, 로씨야는 물론 미국, 영국, 프랑스 등 세계 모든 나라들이 인정하고 있는 국내수역이다. 그러므로 동조선만과 서조선만에서는 공화국의 주권이 전적으로 행사되며 외국배의 ≪무해항해≫가 절대로 인정되지 않는다.

공화국국내수역의 주요제도에는 다음으로 하천에 대한 법적 제도가 있다. 하천에 대한 법적 제도에서 기본은 우선 강의 하구계선을 긋는 방법을 규제한 것이다. 강의 하구계선을 긋는 방법을 규제한 것은 공화국의 주권이 전적으로 미치는 수역의 범위를 정확히 확정하기 위해서이다. 우리 공화국은 강의 하구선규정과 관련한 국제법적 요구에 따라 강의 하구선(기산선)을 최대간조 때의 강의 량안 두 점을 직선으로 련결하여 그은 선으로 규정하였다. 이때 그 하구선은 바로 강하구의 계선으로 되며 그 안쪽수역은 국내수역으로, 바깥쪽수역은 [71]령해로 되는 것이다. 국경강에서 기산선을 긋는 방법도 이와 동일하게 규정하였다. 우리 공화국은 로씨야와 국경강을 이루고 있는 두만강의 입구선(기산선)은 우리나라와 이전 쏘련 사이에 1985년 4월에 체결된 ≪조쏘국경선통과에 관한 조약≫에 의하여 우리나라 해안 최북단과 로씨야 해안의 최남단을 련결한 선으로 하였다. 그리고 중국과 국경을 이루고 있는 압록강의 입구선(기산선)은 우리나라의 소다사도 최남단점과 신도의 최북단점 그리고 중국의 따둥거우 이남 돌출부 최남단점을 련결한 선으로 규정하였다.

하천에 대한 법적제도에서 기본은 또한 압록강과 두만강의 리용질서를 규제한 것이다. 압록강과 두만강의 리용질서를 규제한 것은 이 압록강과 두만강이 두 나라의 공동국경으로 되고 있는 강이기 때문이다. 국제적으로 볼 때 두 나라의 공동국경으로 되고 있는 강들은 일반적으로 두 나라가 공동으로 개발리용하거나 강에 국경선을 정하고 그 선으로부터 자기측에 있는 수역만을 리용하는 경우들이 있다. 우리 공화국은 중화인민공화국과 공동국경으로 되고 있는 압록강과 두만강을 공동으로 관리리용하도록 규제하였다. 그것은 강을 순수 배길로가 아니라 어업이나 수력자원의 개발 등 종합적으로 리용하는 원칙에서 볼 때 공동으로 리용하도록 하는 것이 더 유리하기 때문이다. 그러므로 우리 공화국은 중화인민공화국과 ≪조중국경하천 운항협조에 관한 협정≫과 ≪조중국경하천 공동리용관리분야에서 호상협조할 데 관한 협정≫, ≪목재 운송에 관한 의정서≫ 등을 체결하여 압록강과 두만강을 공동관리, 공동리용하고 있는 것이다.

이상에서 본 바와 같이 공화국국내수역의 중요제도는 무역항제도, 만수역제도, 하천제도가 있다. 우리는 공화국국내수역의 중요제도에 대한 내용을 잘 알고 그것을 철저히 지키도록 함으로써 나라의 안전과 인민경제적 리익을 보장하여 강성대국건설에 적극 이바지하여야 할 것이다.

7. 남조선괴뢰들과 일본반동들이 조작한 새≪어업협정≫은 침략적이며 매국적인 범죄문건2)

박 영 수

[66]최근 남조선의 친일사대매국노들은 일본군국주의자들에게 더욱 아부굴종하면서 우리 민족의 신성한 고유령역까지 일본반동들에게 넘겨주는 천추에 용서 못할 매국배족행위를 감행하였다. 일본군국주의자들은 백전백승의 강철의 령장이신 위대한 김일성장군님의 항일대전에서 당한 쓰디쓴 참패에서 심각한 교훈을 찾을 대신 패망 후 력사적으로 우리나라를 다시 침략하려는 야망을 품고 우리 공화국에 대한 적대시정책을 계통적으로 실시하여 오다가 우리의 인공지구위성발사를 계기로 반공화국, 반총련소동을 더욱 미친 듯이 벌리고 있는 가운데 최근에는 남조선괴뢰들을 구슬려 조선인민의 고유령역을 빼앗아내는 날강도적인 범죄행위를 감행하였다.

---

2) 출처: 김일성종합대학출판사, 『김일성종합대학학보: 력사법학』, 제45권 제3호(1999), 66-70쪽.

  남조선괴뢰들과 일본반동들은 1998년 9월 25일 그 무슨 흥정판을 벌리고 이른바 ≪어업협정≫
이라는 침략적이며 매국적인 범죄문건을 조작하였다. 이 ≪어업협정≫은 얼핏 보기에는 바닷
물고기잡이와 관련한 그 어떤 경제실무적인 ≪협정≫같지만 그 본질에 있어서는 우리 인민의
고유섬인 독도의 령유권과 조선민족의 전통적인 어장인 독도주변의 넓은 수역을 일본반동들에
게 넘겨주는 극히 침략적인 매국문건이다. 남조선괴뢰들은 이 빝죄적 문건의 발효를 서두르면
서 1999년 1월 6일 괴뢰여당인 ≪국민회의≫와 ≪자민련≫의 ≪국회의원≫패거리들만 도적고
양이마냥 모여서 벌려놓은 ≪림시국회≫에서 ≪비준동의안≫을 단 몇 분 사이에 날치기로 통과
시키고 1월 22일 서울에서 괴뢰≪외교통상부장관≫과 서울주재 일본 ≪대사≫와의 ≪비준서≫
교환광대극을 벌렸다. 이리하여 남조선괴뢰들은 이 ≪협정≫을 끝내 발효시키는 만고의 역적
행위를 감행하였다. 이 ≪협정≫의 조작으로 이른바 ≪국민정부≫의 허울을 쓴 현 남조선괴뢰
정권은 철두철미 친일사대매국정권이며 현 남조선집권자야말로 을사오적 무리들과 조금도 다
를 바 없는 매국노이며 남조선의 력대 괴뢰들을 훨씬 깡그리 쒜버린[3] 극악한 민족반역자라는
것을 더욱 똑똑히 백일하에 드러내놓았다.

  일본군국주의자들이 아무런 자주성도 없고 주대도 없는 남조선괴뢰들을 주물러 백주에 이러
한 파렴치한 침략적인 ≪협정≫을 조작한 것은 일본반동들이 우리나라에 대한 재침야망실현에
얼마나 피눈이 되어 날뛰고 있는가 하는 것을 여실히 보여주고 있다. 전에 조선인민은 권력을
유지하기 위해서라면 민족의 리익까지도 서슴없이 팔아먹는 남조선 현집권자의 비렬한 매국배
족행위와 또다시 조서에 대한 침략에 열을 올리고 있는 일본반동들의 범죄행위를 준렬히 단죄
규탄하며 이번에 새로 조작한 ≪어업협정≫의 백지화를 견결히 즈장하고 있다.

  조선민주주의인민공화국 외무성 대변인은 범죄적인 새 ≪어업협정≫의 발효와 관련하여 주
체 88(1999)년 1월 29일 담화를 발표하여 ≪전체 조선인민을 대표할 수 없는 남조선매국집단
이 재침야망에 열이 오른 일본과 공모하여 조작해낸 이번〈어업협정〉을 절대로 인정하지 않으
며 그것이 완전히 무효라는 것을 내외에 엄숙히 천명한다≫고 선언하였다.

  이번에 남조선괴뢰들과 일본반동들이 조작한 새≪어업협정≫은 그 내용과 성격에 있어서 철
두철미 우리 민족의 자주권과 령토완정을 유린하는 극히 엄중한 침략적이며 매국적인 범죄문
건이다. 이 ≪협정≫이 침략적이며 매국적인 범죄문건으로 되는 것은 첫째로 그것이 우리나라
의 불가분의 령역인 독도의 존재를 무시하고 그 법적 소속을 부정하는 날강도적 문건이기 때
문이다. [67]이번 새≪어업협정≫에는 독도주변의 넓은 수역을 낟조선과 일본의 ≪공동규제수

---

3) 편집자주: '쒜버리다'는 '함부로 내버리고 돌아보지 아니한다'는 의미이다. 통일부〈www.unikorea.go.kr〉,
  북한용어사전

역≫이라고 규정하였다. 이것은 사실상 독도의 존재자체를 무시하고 그 법적 소속을 부정하는 것으로 되며 우리 인민의 전통적인 어장인 독도주변의 넓은 어장에 대한 관할권을 일본반동들에게 고스란히 넘겨주는 것으로 된다. 이번 ≪협정≫에서 ≪공동규제수역≫으로 규정한 수역안에는 우리나라 섬인 독도가 있다. 이 섬이 우리나라의 신성불가침의 령역이라는 것은 그 누구도 부인할 수 없으며 또한 이 섬의 령유권 문제를 놓고 그 어떤 ≪분쟁≫문제도 제기된 바 없다.

위대한 령도자 김정일동지께서는 다음과 같이 지적하시였다. ≪**독도는 본래부터 우리나라 섬입니다. 독도가 예로부터 우리나라 섬이었다는 것은 구체적인 력사자료가 명백히 실증해 주고 있습니다.**≫

독도는 누구도 침해할 수 없는 우리나라의 신성한 령역의 일부이다. 독도가 우리의 고유섬이라는 것은 우리나라의 력사자료는 더 말할 것도 없고 그에 대하여 일본자신도 력사적으로 인정하였다. 또한 그것은 국제법과 국제관습규범에 의해서도 명백히 확증된다. 독도는 경상북도 울릉도에서 동남쪽 48.57마일 떨어져 있는 서도와 동도로 불리우는 비교적 큰 두 개의 섬(둘레가 1.6키로메터, 1키로메터)과 30여 개의 작은 암초들로 이루어져 있다. 이 섬을 독도라고 부르게 된 것은 옛날 울릉도주민들이 동해상의 ≪고독한 섬≫이라는 데로부터 또한 독도가 돌로 된 섬(경상도 사투리로 ≪돌≫을 ≪독≫으로 발음)이라는 데로부터 유래되었다고 한다. 어쨌든 섬의 이름은 처음부터 조선말어휘로 불리웠다는 것을 알 수 있다.

우리나라와 일본의 력사자료와 력사문헌들에 밝혀지고 있는 바와 같이 독도는 우리 선조들에 의하여 일찌기 500년에 발견되었으며 그 후 인차 우리나라는 그 소속에 대한 립법적 조치를 취하고 그때로부터 오랜 세월 관할통제하였다. 우리나라 력사기록인 ≪삼국사기≫에는 512년(신라지증왕)에 신라가 당시 우산국으로 불리우는 울릉도와 그 주변섬(독도)들을 귀속시켰다고 기록되어 있다. 또한 ≪고려사≫에는 무릉도(울릉도)와 우산도(독도)에 대하여 비교적 상세하게 정확히 기록하면서 두 섬은 서로 거리가 멀지 않아 날씨가 맑은 날에는 바라보인다고 하면서 울릉도와 그 주변섬들을 강원도 울진현에 소속시켜 통치하였다고 명백히 기록되어 있다. 력사기록들에 명백히 밝혀져 있는 바와 같이 독도는 우리 선조들에 의하여 발견되고 세 나라 시기에 벌써 그 소속에 대한 립법적 조치까지 취하였으며 1694년부터는 조선봉건정부에서 ≪수토관≫을 독도에 파견하여 장악통제하였다.

독도가 우리나라 섬이라는 데 대하여 일본자신도 력사적으로 인정하였다. 16세기 후 리조봉건정부의 국력이 약화된 틈을 타서 왜구들이 울릉도와 독도에 자주 침입하여 략탈행위를 감행하는 데 격분한 조선청년들은 울릉도에 건너가 왜구들의 침입과 략탈행위를 저지시키고 울릉도와 독도를 지켰으며 우리나라 애국청년 안룡복은 1693년과 1696년 두 번에 거쳐 일본 호끼주에 건너가 태수에게 일본강도들의 울릉도와 독도침입과 략탈행위에 대하여 강력히 항의하였을 때에 일본태수는 물론 일본 도꾸가와막부정부도 독도가 조선의 섬이라는 것을 인정하고 일본어민들의 도항을 금지시키겠다는 공식외교문건을 우리나라 봉건정부에 보내왔다. 1906년 3월 5일 일본 오끼시마의 10여 명의 관리들이 당시 울릉도 군수에게 몰케 와서 ≪독도가 이제부터 일본의 땅으로 되었다≫고 떠벌인 이 자체가 독도가 그 이전까지는 조선의 섬이었다는 것을 인정한 것이며 이제부터 섬을 일본땅으로 빼앗는다는 강도적 속심을 드러내놓은 것이다. 일본의 한 학자도 옛날 우리나라에서 일본으로 가는 항로의 하나가 우리나라 울릉도와 독도를 거쳐 일본의 오끼섬, 시마네현에 이르는 길이었다고 하[68]면서 독도를 우리나라 섬으로 인정하였다.

일본은 제2차 세계대전 이후에도 독도가 저들의 섬이 아니라는 것을 국제사회 앞에 공식적으로 명백히 인정하였다. 일본제국주의자들은 패망 후 1945년 ≪포츠담선언≫과 1946년 전승련합사령부의 두 번에 거치는 통고 그리고 1951년 ≪쌘프랜씨스코우 대일평화조약≫을 정식수락하였다. ≪포츠담선언≫에는 일본의 령토권에 포함될 큰 섬들을 지적하고 있으며 전승련합사령부의 통고에는 일본령토권에 포함될 작은 섬들을 지적하고 있으나 그 어느 문건에도 독도가 일본령토권에 포함된다는 내용은 없다. 또한 ≪쌘프랜씨스코우 대일평화조약≫에는 일본제국주의자들이 강점하였던 조선의 본토와 제주도, 거문도, 독도를 포함한 울릉도에 대한 모든 권리를 박탈한다고 규정하고 있다. 일제는 이 모든 문건을 수락하고 서명하였다. 이것은 일본군국주의자들이 식민지 강점으로 빼앗은 조선반도와 그 주변의 모든 섬들에 대하여 그 어떤 ≪권리≫도 주장하지 않겠다는 것을 세계사회계 앞에 다진 그들의 약속이다.

령토의 법적 소속을 직관적으로 보여주는 지도표기로 보아도 독도는 확실히 우리나라 섬이라는 것을 증명해주고 있다. 우리나라가 16세기 말에 발간한 최초의 목각인쇄지도(현재 남조선 삼성출판박물관에 보관)에는 울릉도와 독도를 조선의 섬으로 명확히 표기하고 있으며 그 후 우리나라와 다른 나라들에서 발간한 모든 지도들에도 독도를 조선의 섬으로 표기되어 있다. 일제가 조선강점이전시기에 발간한 지도들에도 독도를 저들의 섬으로 표기된 것은 하나도 없으며 또 있을 수도 없다.

일본은 조선동해에 독도라는 섬이 있다는 것을 우리 선조들에 의하여 섬이 발견된 지 10세기가 지난 16세기 말에 이르러서야 비로소 알게 되었으며 일본해적무리들이 도적고양이처럼 울릉도와 독도에 드나들기 시작한 것은 임진조국전쟁이 있은 다음인 16세기 말 이후부터이다.

일본반동들이 독도를 저들의 섬이라고 주장하기 시작한 것은 우리나라가 독도를 강원도 울진현에 소속시키고 통제할 데 대한 국가의 립법적 조치를 취한 지 1400년 후인 로일전쟁 때부터이다. 1895년 봉건중국에 대한 침략전쟁을 도발하고 대만과 팽호렬도를 삼켜버린 일제는 1904년 로씨야에 대한 침략전쟁을 감행하면서 끝없는 해외팽창야망의 실현을 꿈꾸었다.

일제는 대륙침략의 발판을 만들기 위하여 조선강점을 본격적으로 추진시키면서 조선동해의 갑문인 독도를 장악하기 위한 계책을 꾸미였다. 일본반동정부는 1905년 1월 28일 이른바 ≪내각회의≫를 벌려놓고 그 어떤 끈덕지도 없이 독도를 ≪시마네현 소속 오끼시마현의 관할밑에 둔다≫는 날강도적인 ≪결정≫을 조작하여 시마네현에 내려 보냈다. 이 범죄적인 ≪결정≫에 기초하여 시마네현지사놈은 1905년 2월 22일 ≪시마네현 고시 40호≫라는 침략문건을 꾸며냈다. 이리하여 력사적으로 독도로 불리우던 섬이름 외에 ≪다께시마≫라는 새로운 이름이 생겨나게 되었다.

일본반동들은 예나 지금이나 독도를 저들의 섬이라고 주장하는 근거를 ≪시마네현 고시 40호≫를 들고 있는데 오히려 이 범죄적인 문건은 독도가 본래부터 일본섬이 아니라 조선의 고유한 섬이라는 것을 더 뚜렷이 증명해주고 있을 뿐이다. ≪시마네현 고시 40호≫는 이미 우리나라가 독도의 법적소속에 대한 국가적 조치를 취한 1400년 이후에 조작한 지방적 ≪조치≫의 하나에 불과한 것이다. 일본반동들이 만약 독도를 저들의 ≪고유섬≫으로 알고 있다면 우리나라가 이미 독도의 소속에 대한 국가적, 법적 조치를 취한 1400년 후에 와서 새삼스럽게 섬의 이름을 일본지명으로 바꾸고 일본의 오께시마시가 관할하는 섬으로 만든다는 지방적 ≪고시≫를 발표할 필요가 있겠는가 하는 것이다. 이 ≪시마네현 고시 40호≫는 다른 [69]민족의 신성한 령토를 무턱대고 빼앗을 것을 목적한 동서고금에 류례없는 파렴치한 날강도적 협잡문건이다.

독도가 철두철미 우리나라의 고유섬이라는 것은 국제해양관습규범에 의하여서도 증명된다. 국제적으로 인정하고 있는 무인도의 법적소속에 관한 위력한 증거로 발견, 점유, 리용, 법적소속에 관한 국가적 조치를 들고 있다. 독도로 말하면 우리 선조들에 의하여 500년 이전시기에 발견되었으며 우리나라 봉건국가는 일찌기 512년에 벌써 그 소속에 대한 국가의 립법적 조치를 취하였으며 력사적으로 우리 선조들이 섬을 어업거점으로 리용하면서 물고기잡이를 하였다. 이것은 국제적으로 통용되고 있는 해양관습규범에 비추어 보아도 독도는 우리나라의 고유섬이라는 것이 명백히 증명된다. 일본반동들은 패망 후 독도에 대하여 일언반구도 하지 않다가 미제의 비호하에 군국주의로 되살아나 미제를 등에 업고 조선에 대한 재침야망을 실현하려는 음흉한 목적으로부터 친미친일주구들이 남조선괴뢰정권의 자리에 올라 앉아부터 전혀 문제로도 되지 않은 독도문제를 들고 나와 독도의 령유권을 빼앗으려고 날뛰었다.

새 ≪어업협정≫이 조선민족의 자주권과 령토완정을 엄중히 우린하는 침략적이며 매국적인 범죄문건으로 되는 것은 둘째로 그것이 우리의 전통적인 어장인 독도주변의 넓은 수역을 일본에 팔아넘김으로써 남조선의 100만 어민들의 명줄을 끊어놓는 문건이기 때문이다. 이번에 남조선괴뢰들과 일본반동들이 꾸며낸 새 ≪어업협정≫에는 독도주변의 넓은 수역을 다각형모양의 이른바 ≪공동규제수역≫으로 규정하고 이 수역에서 남조선과 일본 어민들이 물고기잡이활동을 ≪자유롭게≫한다고 규제하고 있다. 이것은 천만부당한 강도적 궤변이다. 독도주변수역은 절대로 ≪공동규제수역≫으로 될 수 없다. 국제법상 공동규제수역은 바다를 사이에 두고 서로 마주하고 있는 나라들이 접하고 있는 일정한 너비의 바다에서 공동으로 고기잡이활동을 할 수 있게 규제하고 있는 수역이다.

유엔해양법조약들과 국제해양관습규범에 의하면 서로 마주하고 있는 나라들 사이의 바다너비가 400마일이 되지 못하는 조건인데 두 나라가 제각기 200마일경제무역을 선포하면 그 가운데 겹치는 수역(일명 중복수역)이 생길 수 있다. 이 경우에 겹치는 수역을 공동규제수역으로 정하고 두 나라가 공동으로 고기잡이 활동을 하거나 등거리반분선원칙에 따라 나누어 가질 수 있다. 현대 국제법은 이 경우에 철저히 지켜야 할 원칙을 규정하고 있다. 그 원칙은 우선 겹치는 수역 안에 어느 한 나라의 섬이나 전통적인 어장이 없어야 하며 또한 자주권존중, 평등원칙에 기초한 량국 간의 자원적 의사의 합의가 있어야 한다. 만일 겹치는 수역 안에 어느 한 나라의 섬이나 전통적이 어장이 있는 경우에는 그 수역은 섬이나 어장소속국의 령해 또는 경제수역으로 된다. 이것은 국제적으로 공인된 령토주권존중원칙과 기득권원칙에서 출발한 국제법상 원칙이다.

이번 ≪어업협정≫에서 규제하고 있는 ≪공동규제수역≫ 안에는 우리의 고유섬인 독도가 있으며 그 주변수역은 예로부터 우리나라 어민들이 고기잡이를 한 전통적인 어장이 있다. 따라서 이 수역은 절대로 ≪공동규제수역≫으로 될 수 없으며 그것은 전적으로 우리 민족의 관할권에 속한다. 이번 새 ≪어업협정≫에는 ≪공동규제수역≫ 안에서 남조선과 일본 어민들이 ≪공동으로≫, ≪자유롭게≫ 고기잡이 활동을 할 수 있다고 규제하고 있다. 이것은 허황한 새빨간 거짓말이다. 어선과 어구의 기술장비수준과 어선수에 있어서 일본은 남조선에 비하여 대비도 안 되게 월등하다. 어선수와 그 기술장비수준에서 절대적으로 우세한 일본 어민들과 어선수와 기술장비수준에서 매우 저렬한 남조선어민들[70]이 한 어장에서 공동으로 고기잡이를 한다면 남조선어민들은 어로활동에서 심대한 타격을 받게 되며 물고기를 전혀 잡을 수 없게 된다는 것은 불 보듯 명백하다. 그런데다가 남조선괴뢰들은 일본반동들과의 그 무슨 ≪어업협정실무협상≫이라는 데서 ≪공동어로수역≫에서의 남조선어선들의 조업규모, 즉 배의 척수, 어구, 물고기종류를 대폭 줄일 데 대한 일본반동들의 강도적 요구를 그대로 받아들임으로써 또 하나의 추악한 매국배족행위를 감행하였다.

매국적인 ≪어업협정≫으로 말미암아 남조선어민들은 조상대대로 물려오던 삶의 터전을 일본에 빼앗기고 수많은 어구들도 걷어 들이지 못한 채 어장에서 쫓겨나고 있을 뿐 아니라 지어 남조선어선들이 일본경비정에 무시로 나포당하고 생계밑천인 수산물마저 통째로 압수당하는 사태까지 빚어지고 있다. 그런데다가 이번에 남조선통치배들은 이른바 ≪공동규제수역≫ 내에서까지 남조선어민들이 잡는 물고기종수와 조업척수를 대폭 줄이는 데 합의함으로써 남조선배들의 년간어획량이 종전에 비하여 거의 절반이나 줄어들게 하고 남조선어민들의 명줄을 완전히 끊어버리는 천추에 용납 못할 반민족적 범죄를 저질렀다. 실로 이번에 조작한 ≪어업협정≫은 우리나라의 신성한 고유령토인 독도와 우리 인민의 전통적인 어장을 일본반동들에게 팔아넘기는 치욕적인 제2의 ≪을사조약≫이며 남조선어민들의 생존권을 무참히 짓밟는 반민족적 범죄문건이다.

오늘 남조선의 각계각층 인민들은 물론 사회단체, 출판보도계 지어 괴뢰야당까지도 매국문건인 ≪어업협정≫의 무효를 주장하면서 그것의 무조건 폐기를 요구해 나서고 있다. 남조선의 ≪독도연구보존협회≫는 성명을 발표하여 ≪어업협정을 단호히 반대한다≫고 밝히고 ≪이번 어업협정은 나라의 령토임이 명백한 독도령유권을 확인하지 못하는 등 나라의 리익을 크게 훼손한 것이다.≫라고 하면서 부당한 ≪협정≫을 조작한 괴뢰도당을 준렬히 규탄하였다. 남조선의 원양어업협회도 ≪이번 협상타결로 명태와 공치 잡이에 큰 타격을 받게 되었다≫고 하면서 어민들의 생존권을 위협하는 ≪협정≫을 폐기하고 조업활동을 보장할 것을 강력히 요구하였다. 남조선 ≪수산협동조합 중앙위원회≫와 ≪수산회≫ 등 단체들도 일본측의 요구에 굴복하여 부당하게 ≪협정≫이 체결된 데 대하여 항의의 목소리를 높이고 있다. 남조선신문 ≪한겨레≫는 괴뢰도당의 대일 굴욕적인 매국행위를 ≪개탄할 굴욕외교≫라고 락인하고 ≪협정≫을 파기할 것을 주장하고 있다. 남조선괴뢰야당인 ≪한나라당≫도 성명을 발표하여 ≪협정≫이 발효된 22일은 ≪한일합병으로 나라를 팔아먹은 경술국치에 이은 단 한번의 국치일≫이라고 하면서 ≪협정≫을 발효시킨 매국배족행무리들을 신랄히 규탄하였다. 그러나 남조선괴뢰들은 엄청난 반민족적 범죄행위를 감행하고도 철면피하게도 ≪어업협정≫이 체결됨으로써 21세기 일본과 남조선이 ≪동반자관계≫를 수립하는데서 ≪법적 기틀≫이 마련되었다느니 하면서 제놈들의 사대매국행위에 비단보자기를 씌우고 별의별 감언리설을 다 늘어놓고 있다.

남조선의 현 괴뢰집단은 지난 시기 리승만괴뢰부터 장면괴뢰, 박정희괴뢰에 이르기까지 무려 14년 동안이나 일본반동들과 흥정판을 벌리고 독도문제를 상정토의하였으나 전체 조선인민들의 한결같은 반대배격과 공정한 국제여론의 압력으로 ≪락착≫짓지 못한 문제를 현 괴뢰통치자는 집권한 지 1년도 채 되지 못하는 사이에 독도와 그 주변 수역을 일본반동들에게 팔아넘기는 범죄행위를 감행하였다. 조선인민은 현 괴뢰집단의 이 매국배족행위에 대하여 절대로 용서하지 않을 것이다.

조선인민은 일본침략자들이 41년 동안 조선을 강점하고 우리 인민 앞에 저지른 죄행과 패망 후 조선에 대한 적대시정책으로 우리 인민에게 입힌 피해를 철저히 계산하게 된다는 것을 명심하고 일본군국주의자들은 ≪어업협정≫을 백지화하고 재침책동을 당장 걷어치워야 할 것이다.

8. 해사분쟁과 그 해결제도에 대한 일반적 리해[4]

원 향 림

[68]위대한 수령 김일성동지께서는 다음과 같이 교시하시였다. ≪세계의 모든 나라들은 자주성을 지향하는 현시대의 흐름에 맞게 국제적 정의와 평등의 원칙에서 서로 존중하고 협력하며 인류공동의 번영을 위하여 다같이 노력하여야 할 것입니다.≫(≪김일성저작집≫ 제44권, 375페지).

세계의 모든 나라들이 자주성을 지향하는 현시대의 흐름에 맞게 국제적 정의와 평등의 원칙에서 서로 존중하고 협력하며 인류공동의 번영을 이룩하자면 대외무역을 발전시켜야 하며 여기서 해상수송은 중요한 몫을 담당하고 있다.

위대한 령도자 김정일동지의 현명한 령도에 의하여 우리나라의 해상수송에 의한 대외무역화물수송량은 날로 늘어나고 있다. 해상수송에 의한 대외무역화물수송의 확대발전은 무역항해분야에서 발생하는 민사법률관계 문제들을 옳게 풀어나갈 것을 요구하고 있다. 무역항해분야에서 발생하는 민사법률관계 문제들을 옳게 해결하여야 무역배의 관리운영에서 더 많은 영업적

---

4) 출처: 김일성종합대학출판사, 『김일성종합대학학보: 력사법학』, 제49권 제2호(2003), 68-73쪽.

리익을 마련하는 것과 함께 그것을 법적으로 튼튼히 담보할 수 있다. 그러므로 무역항해분야에서 발생하는 분쟁들에 대한 옳은 인식과 함께 그것을 해결하기 위한 법제도들을 정확히 리해하여야 한다.

해사분쟁이란 한마디로 말하여 무역항해와 관련한 리해관계의 대립으로부터 발생하는 당사자들의 다툼이다. 일반적으로 무역항해관계에서 수송자와 짐임자가 체결한 수송계약은 법률관계발생의 기초로 된다. 해상수송에서의 법률관계는 크게 두 가지 형태로 이루어진다. 해상수송에서의 법률관계는 우선 계약적 행위로 이루어진다. 계약적 행위란 당사자들 사이에 앞으로 예견 혹은 발생할 수 있는 사실들에 대한 자기의 의무와 권리를 행사할 것을 약속한 당사자들의 서면합의를 말한다. 다시 말하여 해상수송계약에 기초한 당사자들의 행위이다. 기본계약으로서의 해상수송계약은 수송자와 짐임자 사이에 체결하는 계약이다. 해상수송계약에는 그 당사자가 배임자와 짐임자로 되어 있지만 짐임자가 수송자로 나서는 경우도 있다. 즉 기간용선계약이나 빈배용선계약(임대차용선계약)에서는 수송관계 당사자의 지위가 달라진다. 기간용선계약에서는 일정한 기간 배를 빌려 가지고 해상수송을 진행한다는 점에서 용선자가 수송자로 나선다. 이때 용선자의 법적 지위는 빌려 쓰는 일정한 기간 그 배의 점유리용권이 허용되며 다만 배임자에게 빌려 쓴 데 따르는 값을 지불함으로써 형식상 배임자로 된다. 용선자는 짐임자로부터 받은 운임에서 배임자에게, 배를 용선한 데 따르는 일정한 용선료를 지불할 의무를 진다. 배임자와 용선자, 짐임자들 사이의 관계는 당사자들 사이에 체결된 용선계약(배임자와 용선자)이나 혹은 수송계약(용선자와 짐임자)에 따라 일정한 법적 권리와 의무로 지니게 된다.

해상수송에서의 법률관계는 또한 비계약적 행위로 이루어진다. 비계약적 행위란 그 어떤 예상치 않은 위험으로 하여 여러 가지 손해나 손실이 발생하는 경우 당사자들 사이에 맺어지는 법률관계에 기초한 서면합의를 말한다. 비계약적 행위에서는 사고의 발생원인에 따라 계약당사자들이 서로 다르게 나선다. 즉 해난구조와 관련한 계약에서는 해난구조계약이 구조자와 피구조자 사이에 체결되어 해난구조와 관련한 당사자들의 법률관계가 이루어진다. 이때 당사자로서는 구조자(항해능력을 잃은 배를 구조하는 구조선 선장)와 피구조자(조난당한 배선장)가 된다. 해난사고에 기인되지 않은 배끌기에서는 당사자들이 해난구조에서와 서로 구별된다. 즉 해난구조에서는 구조자와 피구조자가 해난구조계약에 기초하여 구조행위를 수행한다면 해난사고[69]에 기인되지 않은 배끌기에서는 끌리는 배(수송자)와 끄는 배(끌배소유자)들 사이의 영업적 리해관계에 그 기초를 두고 있다. 따라서 배끌기는 당사자들의 영업상 리해관계에 의하여 배끌기봉사계약을 체결하게 되며 결국 그에 기초하여 그들 사이에는 일정한 법률적 관계가 이루어진다.

해상수송관계에 기초한 당사자들의 계약적 및 비계약적행위의 위반은 분쟁을 발생시키는 기본원인으로 된다. 무역항해법률관계에서 발생하는 분쟁은 여러 가지 방법으로 해결할 수 있다. 발생한 분쟁이 어떠한 성격을 띠는가에 따라 그것은 민사 및 중재재판을 통하여 해결될 수 있다. 그러므로 어떠한 사건을 어느 재판기관에서 해결하여야 하겠는가 하는 문제가 중요하게 제기된다. 발생한 분쟁을 재판기관에서 해결하려면 소송을 제기할 수 있는 재산상 청구의 일정한 법적 조건이 갖추어져야 한다. 즉 재산상 손해, 행위의 비법성, 행위자의 잘못, 행위와 손해 사이의 인과관계가 성립되어야 한다. 이것은 발생한 분쟁을 재판의 방법으로 해결하기 위한 기본 법적 조건이다.

분쟁을 재판에 제기하려면 우선 재산상 손해가 확정되어야 한다. 해상무역수송에서 재산상 손해들은 충돌로 인한 선박, 정박장 기타 항구시설의 손상, 파괴, 화물의 손실, 손상, 예견치 않았던 비용지출로 나타난다. 충돌로 인한 선박의 손해는 가해자가 피해자에게 입힌 손해의 과학적인 자료에 기초하여야 한다. 비록 피해자라고 하여도 발생한 손해가 피해자의 항해규칙 위반과 관련된 것이라면 그것은 가해자의 잘못으로 볼 수 없다. 가해자가 피해자에게 일정한 손해를 주었다고 할지라도 그때 입힌 재산상 손해가 피해자의 항해규칙위반에 기초한 것이라면 그 손해는 가해자가 보상하는 것으로 될 수 없다. 이것은 피해자의 단독해손부담에 따르는 문제이다. 그러므로 비록 재산상 손해가 있다 할지라도 그 손해가 피해자 선박측의 잘못으로 인한 손해라면 소송을 제기할 수 있는 근거로 될 수 없다. 따라서 재산상 손해는 가해자의 고의나 과실이 있을 때만이 소송을 제기할 수 있는 법적 근거로 된다.

정박장 기타 항구시설의 손상, 파괴와 같은 손해들은 대체로 해당 항구의 재산들에 대한 손해로서 연안쪽의 법과 규칙을 어긴 과학적인 근거가 있을 때 대체로 행정적 책임을 부과한다. 만약 손해를 입힌 당사자(배측)가 행정적 책임을 인정하지 않고 자기의 주장을 고집한다면 해당 당국은 입은 손실에 기초하여 소송을 제기할 수 있다. 행정적 책임은 벌금을 부과하는 형식으로 지우며 이 책임을 회피할 때 항당국은 그 책임을 부담할 때까지 해당 배의 출항을 금지시키는 방법으로 제재를 가한다. 이러한 방법으로도 배측이 자기의 책임을 리행하지 않으면 소송을 제기하여 재판의 방법으로 해결한다.

화물의 손실, 손상, 예견치 않았던 비용지출도 분쟁을 발생시킬 수 있으며 이것은 수송을 제기할 수 있는 법적근거로 된다. 만일 화물의 손실, 손상, 예견치 않았던 비용지출이 그 어떤 객관적인 원인, 즉 수송자의 고의나 과실로 인한 다른 원인에 의한 것이라면 그것은 소송을 제기할 수 있는 법적근거로 되지 않는다. 화물의 손실, 손상, 예견치 않았던 비용지출은 기본계약인 수송계약에 기초한 수송자의 허물이 있을 때만이 할 수 있다. 반대로 화물의 손실, 손상, 예견치 않았던 비용지출이 바다재해와 관련된 공동해손에 의한 것일 때 해손부담관계당사자들이 자기의 부담금을 지불하지 않으면 수송자는 분담금지불을 거절한 짐임자의 짐에 대한 류치권을 행사하거나 그래도 되지 않으면 재판소의 판결에 따를 수 있다.

분쟁을 재판에 제기하려면 또한 행위의 비법성이 있어야 한다. 행위의 비법성으로는 무역항해에 효력 있는 법과 규칙, 해상화물수송계약, 기간용선계약 등 계약조건, 일반적인 해상실천에서 요구되는 관례, 관습의 요구에 모순되는 행위들이 포함된다. 비법성은 행위 또는 행위 없이도 나타날 수 있다. [70]행위 없이 나타난 비법성은 그것을 할 수 있었거나 또는 그것을 하여야 할 사람이 아무런 행위도 하지 않았을 때 례하면 선장이 항해시작 전까지 항해감당성을 보장하지 못하였거나 배에 위험이 발생하였을 때, 자기의 손해방지의무를 리행하지 않았을 때이다. 비법적인 행위는 수송자가 계약에 반영된 자기의 의무를 성실히 리행하지 못하였을 때 례하면 계약에 지적된 항로를 고의적으로 리탈하였거나 짐임자의 리익을 위한다는 구실밑에 짐임자와 합의 없이 다른 항구에 들려 상업적 행위를 하였을 때이다.

분쟁을 재판에 제기하려면 또한 행위자의 잘못이 있어야 한다. 잘못은 행위자의 주관적 표징으로 표현된다. 즉 자신의 비법행위와 그로부터 발생할 수 있는 결과에 대한 의식적인 행위가 있었는가 없었는가에 따라 행위자의 잘못이 인정된다. 잘못은 고의 또는 부주의로 구분된다. 고의적으로 비법행위를 하였거나 자기 의무를 의식적으로 리행하지 않는 행위는 고의로 된다. 부주의는 규정된 요구를 준수하지 않았거나 규정된 행위를 하지 않았을 때에 나타난다. 부주의는 심한 부주의와 단순한 부주의로 나눌 수 있다.

분쟁을 재판에 제기하려면 또한 행위와 발생한 손해 사이의 인관관계가 있어야 한다. 행위와 발생한 손해 사이의 인과관계는 손해가 그 어떤 행위의 결과에 의하여 발생하였다는 직접적 원인을 념두에 두는 것이다. 그러므로 비록 손해가 발생하였어도 그것이 그 어떤 행위에 기인되지 않은, 즉 불가항력적 사유 혹은 제3자에 의한 객관적 원인에 기초한다면 그 손해는 비록 큰 것이라 할지라도 수송자를 대상으로 재판을 통하여 해결할 근거로 되지 못한다. 객관적 원인에 의하여 발생한 손해에 의한 해결은 공동해손분담의 방법으로나 혹은 제3자의 행위인 경우 그를 대상으로 청구할 수 있는 수송자의 권리에 속한 것이다.

이상의 네 가지 조건, 즉 재산상 손해, 행위의 비법성, 행위자의 잘못, 행위와 손해 사이의 인과관계는 손해보상에 대한 청구를 발생시키며 그에 따라 민사소송(해사중재)을 위한 법적기초가 형성된다.

무역항해와 관련한 재산상 분쟁의 당사자들로서는 재판소 혹은 해사중재기관, 원고, 피고들이다. 재판소 혹은 해사중재기관은 사건해결에서 중요한 자리를 차지한다. 재판소, 해사중재기관은 재산상 분쟁의 해결에 대한 결정적 권한이 부여된다. 그러나 이 권한은 사회주의법과 자본주의법에서 동일하게 부여되지 않는다. 부르죠아법에서는 소송에서 재판소의 적극적인 역할을 부인한다. 자본주의민사소송에서 증거의 제시, 립증책임은 원고와 피고에게 있으며 재판소는 그에 대한 법적 판결을 내릴 뿐이다. 이것은 해당사건을 당사자들의 요구와 리익에 맞게 공정하게 판결하는 데서 일련의 제한성을 가지게 된다. 이와는 달리 사회주의법에서는 재판소에 결정적 역할을 부여하고 있다. 따라서 재판소는 당사자들에 의해 제시된 증거에 제한되지 말아야 하며 사건의 완전하고도 객관적인 해명을 위해 창발적으로 증거를 수집해야 한다.

해사분쟁해결에서 중재기관 역시 사건해결에서 적극적인 당사자로 나선다. 재결원들이 당사자들에 의해 제시된 증거가 불충분하다고 인정한다면 당사자들에게 증거의 제출을 요구할 수 있으며 필요한 경우에는 사건해결의 당사자가 아닌 다른 기업소단체에 추가적인 증거를 제출하게 할 수 있다. 해사분쟁해결과 관련하여 많은 나라들에서 해사중재기관을 설립하고 그에 의한 분쟁해결을 진행해 나가고 있다. 이것은 중재에 의한 분쟁해결방법이 민사재판에 의한 분쟁해결방법보다 사건해결기간이 짧고 수속절차가 간단하며 적은 비용이 들기 때문이다. 해사중재와 관련한 국제적인 수속절차는 일반적으로 류사하며 다만 중재기관의 설립방식이 서로 다르다. 즉 우리나라를 비롯하여 로씨야, 웰남5), 뽈스까,6) 영국, 미국 등 나라들에서는 해사분쟁만을 취급하는 전문적인 해사중재기관이 독자적으로 존재하고 있[71]지만 그 밖의 나라들(스위스, 앙골라, 이딸리아)에서는 무역중재기관에 소속되어 있는 특별해사중재원에 의하여 사건을 해결하고 있다.

무역항해와 관련한 재산상 분쟁에서 원고와 피고로는 배운영기관(선주), 무역항, 보험기관, 짐임자 기타 법인들이 될 수 있다. 재산상 분쟁에는 원고, 피고외에 사건해결에 리해관계를 가지는 제3자가 참가할 수 있다. 제3자의 리익은 원고, 피고의 요구와 완전히 일치하지 않으며 그의 요구는 자립적이지만 제3자의 참가 없이 내린 판결은 위험으로 될 수 있다.

무역항해와 관련된 재산상 청구를 당사자의 요구와 리익에 맞게 해결하기 위해서는 해사사건에 따르는 민사재판 및 중재재판제도들에 대한 리해를 바로 가져야 제기된 분쟁을 제때에 해당 재판기관에 청구하여 그에 의한 판결에 따라 발생한 손해를 보상할 수 있다.

---

5) 편집자주: 베트남을 말한다.
6) 편집자주: 폴란드를 말한다.

해사분쟁해결과 관련한 민사 및 중재재판에 대한 리해에서 중요한 것은 무엇보다 먼저 재산상 청구에 대한 시효이다. 일반적으로 시효는 주로 무역항해와 관련된 재산상 청구를 비롯한 채무관계에 많이 적용된다. 많은 나라들 법에서는 특별시효기간과 일반시효기간으로 구분하여 시효기간을 규정한다. 특별시효기간이란 특별히 규정한 채무관계에 적용되는 기간(례하면 기관, 기업소들 사이의 채무관계, 해상화물수송관계에서 수송기관의 청구)을 말하며 일반시효기간이란 그 밖의 채무관계에 적용되는 기간을 말한다. 무역항해와 관련된 재산상 청구에 대한 시효는 국내법과 국제협약에 의하여 규제된다. 해사분쟁과 관련한 재산상 청구의 시효는 많은 영향을 주게 된다. 그 리유는 첫째로, 사건해결의 실체법으로서의 국내법이 차지하는 위치와 관련된다. 분쟁해결이 어느 나라에서 진행되든 국내법은 사건해결의 실체법으로서의 그 적용이 의무적이다. 배의 《기국법》, 《재판소법》, 《계약에 고유한 법》 등의 저촉원칙에 따라 재판이 어느 나라에서 진행되어도 그 사건해결에는 그 나라의 국내법이 적용되게 된다. 이때 당사자들이 효력 있는 협약의 체약국인 경우에는 례외로 된다. 그 리유는 둘째로, 국제협약의 불충분성과 관련된다. 해상무역수송과 관련한 국제협약들의 불충분성은 그 적용범위, 임의적 성격에 의하여 규정된다. 국제협약은 쌍방당사자들이 체약국인 경우에만 적용되며 당사자들이 합의하지 않은 이상 효력을 미치지 못한다. 국제협약은 또한 국내법에서와 같이 강행규범으로서가 아니라 임의규범으로 되어 있으므로 해당한 사건해결에서 절대적인 강권력으로 될 수 없다. 이러한 리유로부터 국내법은 해사분쟁과 관련한 재산상 청구의 시효기간을 특별시효로 규정하고 있다. 수송자에 대한 청구의 시효기간은 일반적으로 1~2년으로, 특수하게는 3년 혹은 그 이상으로 규정하고 있다. 우리나라에서는 청구권 보장기간을 6개월로 규정하고 있으며 우선적 해사채권에 대하여서는 그 청구기간을 1년으로 하고 있다.

해사분쟁과 관련한 재산상 청구의 시효는 또한 국제협약에 의하여 규제된다. 해사분쟁과 관련한 재산상 청구의 시효가 국제협약의 영향을 적지 않게 받는 것은 많은 나라들이 협약에 참가하였거나 그 효력을 인정하고 있기 때문이다.

1924년 배짐증권에 관한 일부 규칙의 통일을 위한 국제협약(헤그협약)은 1년의 시효기간을 규정하였고(제3조 6항) 1978년 함부르그협약은 2년간의 시효기간(제20조 1항)을 규정하였다. 시효기간은 짐이 인도되어야 할 날부터 계산된다. 함부르그협약과 위스비규칙(헤그규칙을 수정한 협약)에서는 이 시효기간이 지난 후에도 소송을 심리하는 재판소의 법에서 허용하는 기간 안에는 소송을 제[72]기할 수 있다고 규정하였다. 따라서 청구자는 재판소가 소속되어 있는 나라의 법이 허용하는 시효가 존재하는 조건에서 재산상 청구를 위한 소송을 제기할 수 있다.

　해사분쟁해결과 관련한 민사 및 중재재판에 대한 리해에서 중요한 것은 다음으로 해사사건에 따르는 재판관할이다. 일반적으로 재판 및 중재관할이란 사건의 성격과 종류에 따라 구분되는 재판중재기관들의 사업범위를 말한다. 재판, 중재관할은 재판소의 권한과 임무에 따라 규정된다. 해사사건에 따르는 재판, 중재관할은 해사사건에서 제기되는 문제들을 어느 나라의 재판, 중재기관에서 처리하겠는가 하는 것을 내용으로 한다. 해사사건에 따르는 문제들은 재판관할과 중재관할로 구분되며 무역항해에서 재판 및 중재관할은 당사자들의 합의여하에 따른다. 무역항해와 관련된 재산상 청구를 위한 재판관할은 무역항해에서 발생하는 계약외적 책임, 즉 해상사고와 관련하여 중요하게 제기된다.

　해상사고와 관련하여 발생된 손해보상청구를 위한 재판을 어느 나라 재판기관에서 진행하겠는가 하는 것은 당사자들에게 직접적 리해관계가 있다. 어느 나라의 재판소에서 사건을 해결하는가에 따라 청구권이 충족될 수도 있고 충족되지 못할 수도 있으며 또한 그 보상규모에서도 큰 차이를 가져올 수 있다. 계약상 책임으로부터 발생하는 재산상 청구를 위한 재판관할은 복잡하게 제기되지 않는다. 왜냐하면 계약에서 당사자들 사이에 재판 혹은 중재관할을 합의하였기 때문이다. 재판관할은 비계약적 행위로 발생하는 계약외적 책임, 즉 해상사고와 관련하여 많이 발생한다. 이 경우에 적용되는 재판관할들의 형태들에는 연안국의 재판관할, 배소속국의 재판관할, 배억류장소의 재판관할을 기본으로 하는 그 밖의 형태들이 있다. 국제적인 실천에서 광범히 인정되는 것은 연안국의 재판관할이다. 연안국의 재판관할이란 사고발생수역을 관할하는 나라의 재판소에서 사건을 심리하는 것을 말한다. 비록 당사자들의 어느 하나도 연안국에 속하지 않더라도 그 수역(령해, 국내수역)에서 발생한 사고로 인한 분쟁해결을 연안국의 재판소에서 하는 것은 기본적이고도 합리적인 것으로 된다. 배소속국가의 재판관할은 한 국가에 속한 배들 사이의 분쟁해결에 적용되는 원칙이다. 많은 국제협약들에서는 모든 리해관계자들이 하나의 국가에 속하였다면 그 국가의 재판관할뿐 아니라 해당한 국내법의 적용을 인정하고 있다. 일반적으로 어느 한 국가의 자주권도 미치지 않는 공해상에서의 사건해결에는 잘못한 배가 속한 나라의 재판관할이 인정된다. 배억류장소의 재판관할은 국제적으로 인정되는 원칙이다. 이 원칙은 재판판결의 정확한 집행을 목적으로 하여 수립된 것이다. 손해를 발생시킨 배는 채권자의 신청에 따라 해당 권한 있는 당국 또는 재판소의 결정으로 억류되거나 나포될 수 있다. 억류는 재판결정이 있기 전에 해당 권한 있는 당국에 의한 일시적인 조치이며 나포는 재판소 혹은 국가공증기관의 결정으로 취해지는 조치이다. 억류는 원칙적으로 손해발생에 잘못 있는 그 배에만 가능하다. 그러나 경우에 따라서는 한 선주(바운영기관)에게 속한 다른 배의 억류도 가능한 것으로 된다. 1952년 민사재판권을 위한 배나포에 관한 국제협약에서는 배소유권과 관련된 문제를 제외하고 한 선주에게 속한 다른 배도 억류할 수 있다고 규정하였다.

우리나라에서는 무역항해와 관련하여 당사자들이 합의한 법을 인정하고 있다. 이것은 계약적 행위로 인한 분쟁에서 계약서에 기재된 재판관할이나 배짐증권에 기재된 재판관할에 대하여 당사자들이 합의하였다면 그것을 인정하는 것으로 된다. 해사재판관할의 이 원칙은 해사중재관할에도 적용된다. 그러나 해사중재관할은 일정한 조건이 구비되어야만 가능하다. 해사중재에 관한 조건이란 해사분쟁을 중재의 방법으로 해결할 데 대한 당사자들의 합의를 말한[73]다. 다시 말하여 해사중재에 관한 당사자들의 합의를 해사중재조건이라고 한다.

해사중재합의는 일반적으로 계약에서 미리 이루어진다. 이에 따라 계약상 분쟁은 당연히 중재의 방법으로 해결된다. 계약상의 책임이나 계약외적 책임에 의한 당사자들의 분쟁은 발생한 해상청구를 재판으로서가 아니라 중재의 방법으로 해결하자고 합의하였다면 그 자체는 중재관할로 인정된다. 이처럼 무역항해과정에 발생하는 해사분쟁은 계약적 행위나 비계약적 행위를 제대로 리행하지 못하였을 때 발생하며 이것은 재판 및 중재심리를 통하여 해결하고 있다.

오늘 국제무역항해분야에서는 해사분쟁과 관련한 여러 가지 복잡한 문제들이 수많이 제기되고 있다. 특히 이 과정에 복잡한 문제들을 야기하는 것은 배충돌과 배억류 등 무역배의 영업상 항해를 중지시키는 일련의 법률적 문제들이다. 따라서 무역배의 영업상 항해를 제때에 진행해 나가려면 재판형식을 통한 분쟁해결제도보다도 당사자들의 합의에 기초한 해사중재를 통하여 분쟁을 해결하는 것이 더 합리적이다.

우리는 무역항해분야에서 발생하는 분쟁해결을 위한 국제법 및 국내법적 규범들과 국제항해분야의 해운관례들을 합리적으로 해석적용함으로써 사회주의강성대국건설에 적극 이바지해 나가야 할 것이다.

9. 국제항공법의 발생발전에 대한 력사적 고찰[1]

박 영 수

[57]위대한 령도자 김정일동지께서는 다음과 같이 지적하시였다. ≪력사가 전진함에 따라 세계의 주인으로서의 사람의 지위와 역할은 더욱 강화되며 그들의 자주적이며 창조적이며 의식적인 투쟁에 의하여 사람들의 의사에 지배되는 세계의 령역은 날로 확대되고 있습니다.≫(≪주체사상에 대하여≫, 단행본, 14페지).

하늘은 력사의 전진과정에 사람들의 자주적이며 창조적이며 의식적인 투쟁에 의하여 사람들의 의사에 지배되는 세계의 령역의 한 부분이다. 인류는 태고적부터 푸르른 창공을 훨훨 날려는 꿈을 간직하여 왔다. 이 꿈은 사람들의 자주적 요구수준과 창조적 능력이 높아짐에 따라 벌리는 그들의 의식적인 투쟁에 의하여 하늘이 개척되고 비행기구들이 발명됨으로써 실현되였다. 사람들이 비행기구를 리용하여 하늘을 난 력사는 매우 오래다. 우리 민족은 선참으로 하늘을 날은 지혜롭고 슬기로운 민족이다. 우리나라의 ≪오주연문장전산고≫에는 임진조국전쟁시기인 1592년 10월 초 경상남도 진주성싸움 때 2만 명이나 되는 일본침략군에게 포위된 성안의 3천여 명의 군대는 전투정황을 시급히 외부에 알리기 위하여 4명이라는 적지 않은 인원이 비차를 타고 30여 리의 구간을 비행하여 외부와의 련계를 가지였다는 기록이 있다. 다른 나라에

---

1) 출처: 김일성종합대학출판사, 『김일성종합대학학보: 력사법학』, 제45권 제1호(1999), 57-62쪽.

서 사람이 비행기구를 리용하여 하늘에 오른 것은 우리나라에서 사람들이 비차를 리용하여 하늘을 날은 훨씬 후인 1783년이다. 그 후 1848년 증기기관을 설치한 모형 비행기가 출현하고 1872년에 가스발동기를 설치한 비행선이 비행하기 시작하였다. 1903년에는 휘발유기관을 설치한 겹날개비행기가 개발되었다. 국제항공법의 력사는 인류가 동력항공기를 개발하여 리용하기 시작한 후부터 그 기원이 시작되었다. 항공기의 제작기술이 아직 실험단계에 머물러 있었던 20세기 초엽까지는 국제항공법문제는 제기될 수 없었다.

일반적으로 항공은 군용항공과 민용항공으로 나눈다. 그런데 국제항공법은 국제민용항공분야에서의 국가들의 권리와 의무관계를 규제한 법이다. 국제항공법은 국제법의 한 분야로서 민용항공분야에서 항공기의 국제적 비행을 조정하고 국제비행의 안전을 보장하기 위하여 국가들의 합의에 따라 제정되는 국제조약규범 및 국제관습규범의 총체이다. 국제항공법에는 대기공간에 관한 국제법적 제도, 국제비행과 관련한 국제법적 제도, 국제항공운수와 관련한 국제법적 제도, 항공사고와 그에 대한 책임과 관련한 국제법적 제도, 민용항공분야에서 범죄와의 투쟁에 관한 국제법적 제도 등을 포괄한다.

국제항공법제도는 국제법의 다른 분야의 제도에 비해볼 때 그것의 발생발전력사가 매우 짧다. 국제법의 다른 분야의 법제도인 국제대사법제도, 국제령사법제도, 국제전쟁법제도, 외국인취급제도 등은 노예소유자시기에 벌써 맹아적으로 발생하여 장구한 력사적 시기를 내려오면서 발전하였다. 국제항공법제도는 사람들이 비행기구를 리용하여 하늘을 비행한 력사와 함께 형성되어 지금까지 그 력사는 100년 정도에 불과하다. 20세기 초에 이르러 인간의 창조적 노력에 의하여 동력항공기가 개발되었으며 사람들이 그것을 리용하여 자기 나라 령역상공은 물론 국경을 넘어 멀리 다른 나라 령역상공까지 비행하며 또한 비행기에 의한 려객, 화물수송이 확대되고 있는 사정은 국가들로 하여금 항공분야에서 호상 협조를 긴밀히 실현하며 비행기의 안전비행을 보장하기 위한 국가들의 권리의무를 설정할 것을 요구하였다

국가들의 이 요구를 반영하여 1889년 [58]빠리만국박람회의를 계기로 국제항공회의가 열린 때로부터 1909년까지 사이에 여러 차례의 국제항공과 관련한 국제회의가 소집되었다. 대표적인 회의를 보면 1889년 7월 29일 네데를란드에서 열린 제1차 헤그평화회의, 1900년 스위스에서 열린 국제법학회의, 1901년 제네바국제법회의, 1906년과 1909년 빠리에서 소집된 국제항공법률위원회회의, 1910년 및 1911년에 열린 국제법연구소회의 등이다. 이 회의들에서는 주로 국제항공법을 연구할 필요성과 국제항공과 관련한 학술상의 문제들을 토의하는 데 머물렀다. 때문에 회의들에서는 항공과 관련한 국가들의 권리의무를 규제하는 그 어떤 국제적 문건도 채택

하지 못하였다.

국제항공법문제와 관련한 첫 회의는 1910년 5월 18일부터 6월 29일까지 프랑스의 빠리에서 소집되었다. 회의에서는 55개 조항으로 되어 있는 ≪대기공간에 관한 국제항공법전안≫을 토의하였으나 령토 우의 대기공간의 법적 지위문제에 대한 합의가 이루어지지 못하여 채택하지 못하였다. 당시 비교적 발전된 항공기제작공업을 가지고 있으면서 상대적으로 많은 비행기를 보유하고 있던 프랑스를 비롯한 자본주의 렬강들은 대기공간에 대한 독점적 지배권을 확립하고 다른 나라의 상공을 마음대로 날면서 침략적이며 략탈적인 목적을 달성하려는 데로부터 이른바 ≪공중자유≫를 주장하였다. 반대로 항공기제작공업이 발전초기에 있었으며 상대적으로 보다 적은 비행기를 보유하고 있던 나라들은 저들의 탐욕적인 리해관계로부터 ≪공중자유≫론을 반대하고 령토상공에 대한 ≪국가자주권≫을 주장하였다. 회의는 ≪공중자유≫를 주장하는 세력들과 령토상공에 대한 ≪국가자주권≫을 주장하는 세력들의 대립으로 일관되었다.

제1차 세계대전 후 항공기제작기술이 급속히 발전되고 비행기에 의한 려객, 화물수송이 증대됨에 따라 항공운수와 관련하여 제기되는 일련의 문제들을 국제적으로 통일시켜야 할 필요성이 제기되었다. 이 문제를 해결하기 위하여 1919년 10월 13일 프랑스 빠리에서 27개 국가의 참가밑에 국제항공회의가 소집되었다. 회의에서는 9개 장 43개조항으로 된 ≪국제항공운수에 관한 협약≫과 3개의 보충의정서가 채택되었다(1922년 7월 11일부터 효력발생). 빠리협약은 국제항공운수와 관련한 첫 통일적인 법규범이었다. 빠리협약은 ≪베르사이유강화조약≫의 정신으로 일관되어 있다. 때문에 협약은 제1차 세계대전의 전승국들의 특권적 지위와 그들에게 항공운수에서의 특혜적인 조건을 보장하는 불평등적이며 불합리한 문건이다.

빠리협약은 령공에 대한 해당 국가의 자주권행사를 규정하고 있으면서도 체약국 령토상공에서 민용항공기의 비행의 자유를 인정함으로써 령공국가의 자주권을 침해할 수 있는 근거를 지어주고 있다. 빠리협약은 이외에도 체약국항공기들이 다른 체약국들의 령공에서 승인 없이도 비정기비행을 할 수 있다고 규정한 것을 비롯하여 그 내용에서 일련의 제한성과 부족점을 가지고 있다. 그러나 빠리협약은 1944년 시카고국제민용항공협약이 체결될 때까지 오랫동안 국제항공운수분야에서의 기본법으로 적용되었다.

빠리협약이 체결된 후 유럽과 라틴아메리카주에서는 지역적인 국제항공협약들이 체결되었다. 실례로 1926년 마드리드항공협약, 1928년 2월 20일 꾸바의 아바나영업항공에 관한 판아메리카협약이 체결되었다. 마드리드협약은 령공에 대한 령공국가의 완전하고도 유일한 주권행사의 권리를 규정하고 체약국들의 령토상공에서의 비체약국항공기들의 비행허가 또는 비행금지를 규정하고 있다. 영업항공에 관한 판아메리카협약은 령토와 령해 상공에 대한 령공국가의 자주권원칙을 규정하고 있다. 그러나 협약은 소위 《무해항공의 자유》와 체약국들의 령토상공에서의 국제항로의 자유로운 개설과 리용에 대한 다른 체약국들의 권리를 인정하는 부족점을 가지고 있다. [59]협약들은 이와 같이 일련의 부족점을 가지고 있을 뿐 아니라 그 효력이 지역적 범위에 국한되어 있는 관계로 항공과 관련한 보편적인 일반협약으로 될 수 없었다. 1928년 영업항공에 관한 판아메리카협약은 1944년에 공식적으로 폐기되었다.

제1차 세계대전 후 비행기에 의한 화물수송이 급격히 증대됨에 따라 국제항공운수분야에서는 일련의 규정들을 통일하여야 할 필요성이 절실히 제기되었다. 이리하여 1929년 10월 12일 와르샤와에서 23개 나라 대표들의 참가하에 국제항공법에 관한 제2차 회의가 소집되었다. 회의에서는 국제항공수송에 관한 일부규정을 통일화하기 위한 협약(1933년 2월 13일 효력발생)이 체결되었다. 와르샤와협약은 항공수송에서 일어난 손실에 대한 단일한 책임기준을 정함으로써 려객과 짐부친 사람들과 수송자 사이에 발생되는 법률문제를 해결하며 항공운수에서 수송문건의 통일성을 보장할 수 있게 되었다. 그러나 협약은 발전하는 항공기술과 항공수송의 요구를 충분히 반영하지 못한 것으로 하여 일부 나라들이 협약을 검토수정할 것을 요구하여 나섰다. 그리하여 1938년부터 와르샤와협약(1929년)을 수정보충하기 위한 사업이 시작되어 여러 해 동안 진행되어 오다가 1955년 9월 6일부터 9월 28일까지 네데를란드의 헤그에서 27개 나라 대표들의 참가밑에 진행된 전문외교관회의에서 《1929년 와르샤와협약수정의정서》가 채택되었다. 우리 공화국은 주체70(1981)년 2월 2일 헤그의정서에 정식으로 가입하였다. 헤그의정서에는 항공수송에서 일어나는 손실에 대한 책임액을 종전보다 두 배로 늘이고 비행기표, 화물송장을 비롯한 수송문건들에 포함시킬 내용을 수정보충하였다.

국제민용항공분야에서 해결되어야 할 문제는 다른 나라 항공기가 지상의 제3자에게 끼친 손해에 대한 책임문제를 옳게 해결하는 것이다. 이를 위하여 1952년 10월 7일 이딸리아 로마에서 《외국항공기가 지상의 제3자에게 끼친 손해배상에 관한 조약(신로마조약)》이 체결되었다. 이 조약은 1978년 9월 23일 몬트리올의정서에 의해 수정보충되었다. 조약에는 항공기소유자의 책임원칙과 책임조건, 담보조건들이 구체적으로 규제되어 있다.

제2차 세계대전 전까지 체결된 국제항공협약들은 주로 지역적인 범위에 국한되고 있으며 그 내용자체도 불합리하게 규정된 관계로 급속히 발전하는 항공분야의 요구를 충족시킬 수 없었다. 그리하여 국가들은 항공분야의 빠른 발전에 맞게 세계적 범위를 포괄하는 국제민용항공에 관한 법규범을 제정해야 할 요구를 제기하고 그의 실현을 위하여 노력하였다. 국가들의 이 요구를 반영하여 1944년 11월 1일부터 12월 7일까지 미국의 시카고에서 52개 나라 대표들의 참가밑에 국제항공회의가 소집되었다. 회의에서는 기본문건으로서 ≪국제민용항공에 관한 협약≫(1944년 12월 11일 조인, 1947년 4월 4일 효력발생)과 보충협약들인 ≪국제통과비행에 관한 협약≫과 ≪국제항공운수에 관한 협약≫을 채택하였다.

시카고협약은 해당 국가는 자기의 령토상공에 대하여 완전자주권을 행사할 권리를 가지며(제1조) 체약국의 국가항공기는 령공국가의 승인을 받음이 없이는 타국령역의 상공을 비행하거나 그 나라 령역에 착륙할 수 없다(제3조 3항)고 규정하고 있다. 또한 모든 항공기들은 다른 나라에로의 입국 또는 그로부터 출국 또는 그 령역 내에 있는 동안 령공국가가 제정한 령공제도를 지켜야 한다(협약 제11조)는 것을 명백히 규정하고 있다. 협약은 또한 조난당한 항공기에 대한 구조조치의 일반적 원칙을 규제하고 있다(협약 제15조). 또한 협약은 공해상공에서의 항공기의 사고를 막기 위하여 저공비행을 하거나 다른 나라 항공기를 따라잡는 것을 금지한다는 것과 국제항로에 종사하는 항공기의 등록기호, 국적표식, 그가 휴대하는 문건들, 통과비행 등 문제들을 상세히 규정하고 있다. [60]이와 같이 시카고협약은 매개 국가들의 령토상공에 대한 완전한 자주권을 인정하고 민용항공기를 국가들의 협조와 리해관계에 배치되게 악용하는 것을 금지할 데 대한 문제, 항공기들의 국적문제, 항공운행을 보장하기 위한 조치, 항공기들의 책임조건, 비행성원과 지상근무성원들의 지위, 국제항공과 관련한 국제기구들에서의 국제적인 통일을 보장할 데 대한 문제들을 종합적으로 규제하고 있는 국제항공법의 주요한 법규범이다.

현재 국제민용항공운수분야에서는 이 시카고협약에 기초하여 국가들 사이의 협조가 실현되고 있다. 그러나 시카고협약은 체약국항공기들의 비정기비행은 령공국가의 승인을 미리 받지 않고도 실현될 수 있다고(협약 제5조) 규정함으로써 령공에 대한 매개 국가의 완전하고도 유일한 자주권원칙을 선언한 협약 제1조와 모순되게 규제된 것을 비롯하여 일련의 불합리한 조항들도 내포하고 있다. 시카고협약참가국들인 우리나라를 비롯한 많은 나라들의 항공실무에서는 시카고협약 제5조에 관계없이 비정기비행도 국가의 사전승인의 조건하에서만 자기 나라 령공에서의 비행을 허용하고 있다.

국가들 사이에 항공기에 의한 려객 및 화물수송이 증대되고 국제항공로가 더욱 복잡해짐에 따라 항공사고도 빈번히 일어나며 그로 인하여 국제항공분야에서는 그와 관련한 책임문제가 제기되었다. 이 문제를 해결하기 위하여 일련의 국제다방조약에 항공사고와 그에 대한 책임문제를 규제하게 되었다. 우선 항공수송에서 발생된 손실과 관련하여 수송자가 려객 또는 짐임자

앞에서 지게 되는 책임에 관한 문제는 1929년 ≪국제항공수송에 관한 일부 규정을 통일화하기 위한 와르샤와협약≫, 1955년 네데를란드의 헤그에서 채택된 와르샤와협약에 대한 수정보충의 정서, 1961년 메히꼬²⁾의 과달라하라에서 체결된 ≪국제항공료금과 관련한 규칙을 통일화하기 위한 협약≫들에 규제되고 있다. 협약들에는 수송자가 지게 되는 책임조건과 책임지게 되는 기간, 수송자의 책임원칙, 손해배상과 관련한 민사소송절차 등 문제들이 규제되어 있다.

다음으로 항공기가 지상의 제3자에게 끼친 손해와 그에 대한 책임문제는 1933년 로마협약(구로마협약)과 1952년 로마협약(신로마협약)에 규제되어 있다. 로마조약들에는 책임조건과 손해를 끼친 기간 항공기소유자의 책임원칙과 책임한계, 손해배상소송절차 등을 규제하고 있다.

다음으로 공중충돌과 그에 대한 책임에 관해서는 1930년경부터 해당한 조약을 체결하기 위하여 시도하였으나 지금까지 정식조약을 체결하지 못하고 초안단계에 머물고 있다. 1935년 9월 헤그에서 열린 국제항공법전문가위원회 제10차 회의에서 공중충돌에 관한 일련의 규정들을 담은 예비조약초안이 작성되었다. 이 초안을 국제항공법에서 ≪1935년 초안≫이라고 부른다. 이 초안은 1936년 스위스의 베른에서 열린 국제항공법전문가위원회 제11차 회의에서 다시 토의하고 공중충돌에 관한 조약초안을 작성하였다. 이 초안을 ≪1936년 초안≫이라고 한다. 그러나 이 초안은 국가들의 의견불일치로 하여 채택되지 못하였다. 제2차 세계대전 후 공중충돌문제에 관한 조약체결사업을 국제민용항공기구법률위원회가 맡아 진행하였다. 1954년 2월 12일부터 22일까지 빠리에서 열린 국제민용항공기구법률위원회에서 공중충돌에 관한 조약초안이 작성되었다(이 초안을 ≪1954년 빠리초안≫이라고 한다). 이 초안은 1954년 9월 카나다의 몬트리올에서 열린 국제민용항공기구법률위원회 제10차 회의에 제출되어 일부 조항들을 수정보충하였다(이 초안을 ≪1954년 몬트리올초안≫이라고 한다). 이와 같이 공중충돌과 관련한 조약초안이 작성되었으나 그 어느 하나도 채택되지 못하였다. 그리하여 지금까지 공중충돌과 관련한 문제에 대한 국제적으로 통일된 규범이 [61]없으며 나라마다 자기의 국내항공법에 따라 각이하게 해결하거나 국가들의 쌍방조약을 체결하여 해결하고 있다.

다음으로 항공보험과 그에 대한 책임에서 비행기 3자배상책임보험문제는 1933년 5월 29일 로마에서 채택된 ≪항공기의 보존차압에 관한 일부 규정을 통일하기 위한 협약≫과 1938년 9월 25일 부류쎌에서 채택된 1933년 로마조약에 대한 추가의정서와 1952년 로마조약들에 규제되어 있다. 1933년 항공기의 보존차압에 관한 일부 규정을 통일하기 위한 로마협약에는 정기항

---

2) 편집자주: 멕시코를 말한다.

로에서 항공기가 차압되는 경우와 이 경우에 보증금지불과 관련한 문제를 규제하고 있다. 이리하여 항공보험과 그에 대한 책임문제는 국제항공법의 하나의 법률상제도로 고착되게 되었다.

20세기 후반기에 들어서면서부터 국제항공로들에서는 범죄자들이 비행사를 협박하여 항로를 바꾸어 항공기를 다른 나라로 끌고 가며 무장인원들이 민용항공기를 랍치하거나 려객들과 승조원들을 인질로 억류하는 등 극히 엄중한 비법행위들이 자주 발생하였다. 자료에 의하면 1948~1970년 사이에 무려 200여 건의 비행기랍치사건이 발생되었으며 1976년 한 해 동안에만도 민용항공기에 대한 비법적인 가해행위로 218명이 죽고 215명이 부상당하였다. 이러한 범죄행위는 려객들과 비행기승무원들에게 불안과 공포를 줄 뿐 아니라 국제항공분야에서의 국가들 사이의 협조에 커다란 장애를 조성하고 국가들 사이의 국제분쟁을 야기하는 엄중한 결과를 초래하였다. 이리하여 국제민용항공분야에서 감행되는 범죄와 투쟁하는 것은 세계의 모든 나라들의 공동의 관심사로 되었다. 이로부터 1963년에 국제민용항공기구의 발기로 항공기에서의 비법행위를 비롯한 일련의 범죄행위와의 투쟁에 관한 도꾜협약이 체결되었다(1963년 9월 14일 조인, 1969년 12월 4일 효력발생). 우리 공화국은 이 협약에 주체 72(1983)년 8월 7일 가입하였다. 협약은 항공기의 비법적인 나포의 개념을 정식화하고 비행기의 비법적인 나포범죄의 구성요건을 규정하였다. 또한 협약은 랍치당한 비행기와 그 안에 있는 려객과 승무원들에 대한 방조, 랍치범죄자 처벌에 대하여 규정하고 있다. 그러나 협약은 비행기랍치와 관련한 국가들의 분쟁을 국제재판소에서 해결하도록 규정한 불합리한 조항이 있으며 또한 비행기랍치범죄자들을 엄격히 처벌하기 위한 립법적조치를 취할 국가의 의무와 려객과 항공기에 대한 법적보호문제를 전혀 언급하지 않은 부족점을 내포하고 있다. 때문에 공화국정부는 주체 72(1983)년 8월 7일 후에 가입하면서 의견상이를 국제재판소에 해결하기로 규정한 협약 제24조 1항을 인정하지 않는다는 보류[3]를 제기하였다. 협약은 여러 가지 부족점으로 인하여 체결된 지 6년이 지난 다음에야 효력이 발생되었다.

1970년 9월 1일부터 16일까지 네데를란드의 헤그에서 진행한 76개 나라 대표들의 회의에서는 《항공기의 비법적 랍치와의 투쟁에 관한 협약》이 체결되었다(1970년 12월 16일 조인, 1971년 10월 4일 효력발생). 헤그협약은 비행 중에 있는 항공기를 강제의 방법으로 혹은 그

---

3) 편집자주: 보류란 유보(reservation)를 말한다. 2002년에 발간된 국제법사전은 보류를 "국제조약의 보류는 조약을 조인, 비준, 승인, 수락하거나 조약에 추후 가입할 때 체약국 또는 추후가입국이 해당 조약의 일부 조항들이 자기 나라에는 법적 효력을 가지지 않는다는 것과 일부 조항의 해석상 의미와 관련한 자체의 견해를 사전에 천명하며 조약의 적용범위를 달리한다는 공식적 의사를 표시하는 법률행위"로 정의하고 있다. 사회과학원 법학연구소, 『국제법사전』(평양: 사회과학출판사, 2002), 347쪽.

어떤 공갈의 방법으로 나포하는 것은 가장 엄중한 형사범죄로 규정하고 항공기의 랍치시도, 공모행위를 모두 범죄로 규정하면서 범죄자들에 대한 엄격한 처벌조치를 규제하고 있다. 그러나 협약은 비행기랍치와 관련하여 발생하는 국가들의 의견상이를 국제재판소에서 해결할 데 대해서와 항공기랍치범죄자들을 엄격히 처벌할 국가적 의무를 명백히 규제하지 못하는 부족점을 내포하고 있다. 공화국정부는 주체 72(1983)년 5월 28일 이 협약에 정식 가입하면서 의견상이를 국제재판소에서 해결할 것을 규정한 협약 제12조 1항을 인정하지 않으며 [62]그에 구속되지 않는다는 보류조건을 제기하였다.

1971년 9월 3일부터 23일까지 카나다의 몬트리올에서 진행된 제2차 외교관회의에서는 59개 나라의 대표와 7개의 국제기구 옵서버들의 참가밑에 ≪민용항공의 안전을 반대하는 비법행위와의 투쟁에 관한 협약≫(1971년 9월 23일 조인, 1973년 1월 26일 효력발생)이 체결되었다. 몬트리올협약은 처벌을 받게 되는 범죄행위에 대한 조항을 보다 확대구체화하였다. 협약은 비행중에 있는 항공기 안에서 사람들에게 폭력행위를 감행한 자, 운행 중에 있는 항공기를 파괴, 파손하기 위한 물건이나 장치를 설치한 자, 항공기의 안전비행을 위협하는 거짓정보를 퍼뜨리는 자 등이 처벌대상으로 된다는 것을 규정하고 있다. 공화국정부는 주체 69(1980)년 8월 13일 이 협약에 정식가입하면서 공화국의 이 협약의 가입은 남조선괴뢰와 이스라엘을 인정하거나 그들과 그 어떤 관계를 가진다는 것을 의미하지 않는다고 선언하였다. 그리고 공화국정부는 의견상이를 협상 또는 중재의 방법으로 해결할 수 없는 경우 일방의 요구에 의하여 국제사법재판소에서 해결한다는 것을 규정한 협약 제14조 1항을 보류하였다.

헤그 및 몬트리올 협약은 일련의 결함을 내포하고 있으나 이 두 협약의 체결로써 민용항공운수의 안전을 파괴하는 각종 범죄행위와의 투쟁을 보다 효과적으로 진행할 수 있는 법적기초가 마련되었다. 이와 같이 국제사회에서는 민용항공의 안전을 위협하는 항공기랍치범죄와의 투쟁을 강화하기 위한 일련의 국제항공법적 조치들이 강구되고 있으나 오늘도 역시 제국주의자들과 그 추종자들의 책동으로 항공기의 랍치를 비롯한 일련의 항공범죄행위들이 꼬리를 물고 일어나고 있다. 례하면 1981년 한 해 동안에만 하여도 13건의 항공기랍치사건이 일어났고 그로 하여 1,200여 명의 려객들이 사망 또는 부상을 당하였다. 1984년에는 세계적으로 큰 항공기사고가 21건이나 발생하였으며 이 사건으로 372명이 죽고 재정적으로 3억 3천 5백만 딸라의 손실을 보았다.

현시기 국제민용항공의 안전보장과 관련한 국제항공법규범을 유린하는 가장 악독한 범죄자는 미제와 이스라엘팽창주의자들이다. 이스라엘공중비적들은 1973년 2월에 시나이반도상공에서 리비아려객기를 격추시켰으며 레바논항공회사의 소속 비행기를 랍치하여 이스라엘땅에 강제착륙시키는 날강도적인 범죄행위를 감행하였다. 1985년 10월에 있은 범죄적인 에짚트려객랍치사건은 미군부우두머리들의 직접적인 지휘밑에 감행되었다. 1986년 2월 이스라엘 유태복고주의자들은 국제항로를 따라 수리아로 정상비행을 하는 리비아려객기를 지중해상공에서 랍치하여 려객들을 오랫동안 억류하고 모욕하는 인권유린행위를 감행하였다. 미제와 이스라엘팽창주의자들이 감행한 이와 같은 공중비적행위는 비행기의 안전비행을 규제한 국제항공법규범에 대한 란폭한 도전행위이며 신흥세력나라들의 자주권과 려객들의 인권을 무참히 짓밟는 오만무례한 날도강적인 범죄행위이다.

이상과 같이 국제항공법은 국제법의 한 분야로서 20세기 초에 발생하여 100여 년의 력사를 내려오면서 발전해왔다. 국제항공법의 발전력사는 나라의 자주권을 옹호고수하며 국제항공분야에서 진정한 협조의 실현을 주장한 진보적 세력과 하늘을 장악하고 다른 나라의 자주권을 유린하여 침략과 간섭을 마음대로 하려는 반동세력 간의 치렬한 투쟁의 력사이다.

오늘 자주성을 옹호하는 나라들 앞에는 지난 시기 제국주의자들이 주인행세를 하면서 제멋대로 만들어놓은 낡은 국제항공법제도를 마스고 자주시대의 요구와 세계대소국가들의 자주적 리해관계에 맞는 새로운 공정한 국제항공법제도를 수립함으로써 국제민용항공법이 나라와 민족들 간의 진정한 협조의 수단으로 되어야 할 과업이 제기되고 있다.

10. 국제민용항공분야에서 항공범죄와의 투쟁에 관한 국제협약에 대한 고찰4)

박 영 수

[74]국제항공법에서 국제민용항공분야의 항공범죄를 올바로 규제하고 모든 국가들이 그것을 정확히 해석하며 철저히 리행하는 것은 국제민용항공의 안전비행을 보장하고 민용항공기 승조원들과 려객들의 생명과 건강을 보호하며 국가들 사이에 항공운수분야에서의 협조와 교류

---

4) 출처: 김일성종합대학출판사, 『김일성종합대학학보: 력사법학』, 제47권 제3호(2001), 74-78쪽.

를 강화발전시키는 데서 매우 중요한 의의를 가진다.

국제민용항공분야에서 항공범죄와의 국제적 투쟁을 강화하는 것은 국제사회앞에 나서는 초미의 과제의 하나이다. 20세기 후반기에 들어서면서부터 국제민용항공분야에서는 무장인원들이 민용항공기를 랍치하여 착륙목적지와 다른 비행장에 끌고 가는 사건들과 승조원들과 려객들을 인질로 억류하는 비법적인 행위들이 빈번히 일어났다. 자료에 의하면 1948~1970년 사이에 무려 200여 건의 려객비행기랍치사건이 있었으며 1976년 한 해에만도 항공범죄자들의 범죄행위로 말미암아 218명이 사망하고 215명이 부상당하였다. 국제민용항공분야에서 감행되는 이러한 항공범죄행위는 국제민용항공기들의 비행안전과 승조원들과 려객들의 생명과 건강에 엄중한 해독적 후과를 빚어낼 뿐 아니라 국제항공수송분야에서의 국가들 사이의 협조와 교류에 막대한 지장을 주었다.

위대한 령도자 김정일동지께서는 다음과 같이 지적하시였다. **≪범죄자들을 법적으로 엄격히 다스려야 하겠습니다.≫**(≪김정일선집≫ 제7권, 318페지).

국제민용항공분야에서 항공범죄는 불순한 범죄적 목적을 추구하여 국제항공로를 따라 정상비행을 하고 있는 민용항공기를 힘을 적용하거나 위협하는 방법으로 랍치 또는 파손시키며 강제적으로 항공로를 변경시키거나 항공기 승조원들과 려객들을 인질로 억류하는 범죄적 폭력행위이다. 국제항공범죄는 국제적 성격을 띤다. 항공범죄자들은 흔히 항공기를 랍치하여 다른 나라로 끌고 가거나 범죄자가 국경 밖으로 도주하는 것과 같은 범죄사실을 조사확증하는 문제, 범죄자를 처벌하기 위하여 그를 인도하는 문제, 비행기와 화물을 소유권자에게 넘겨주는 문제, 려객들과 승조원들의 생명과 건강을 보호하며 그들을 본국에 넘겨주는 문제 등 일련의 국제적 성격을 띠는 법률문제들이 제기된다. 이러한 문제들은 어느 개별적 국가의 국내법에 의하여 해결될 수 없으며 리해관계를 가지는 여러 국가들의 협조를 통해서만 성과적으로 해결될 수 있다.

국제항공법에서 항공범죄와 관련한 국가들 간의 관계를 규제한 국제적 문건으로서는 1963년 9월 14일에 체결한 도꾜협약과 1970년 12월 16일에 체결한 헤그협약 그리고 1971년 9월 23일 체결한 몬트리올협약이 있다. 도꾜협약은 국제민용항공분야에서 항공범죄와의 국제적 투쟁에 관한 첫 협약으로서 1969년 12월 4일에 효력이 발생되었다. 우리 공화국정부는 도꾜협약에 규정된 모든 조항들을 성실히 리행할 것을 결정하고 주체 72(1983)년 8월 7일 이 협약에 추후 가입하였다. 그러나 우리 공화국은 의견상이를 분쟁당사자들 중 어느 일방의 요구에 의하여 국제재판소에서 해결하기로 한 협약 제24조 1항은 국가들의 자주권을 유린하는 조항으로 인정하고 그것을 리행하지 않는다는 것을 명백히 하였다. 국제재판소를 상대로 한 분쟁문제의 제기여부는 당사국들의 자주권에 속하는 문제이다. 그러므로 국제재판소에 분쟁문제를 [75]제기하는 것은 국가들에 있어서 의무적인 것으로 될 수 없으며 어디까지나 당사국들의 자원적 의사에 기초하여야 한다. 우리 공화국이 도꾜협약에 가입하면서 제기한 보류는 공화국의 당당한 자주권의 행사이며 상당한 법률행위이다.

도꾜협약은 항공기의 비법적 랍치행위에 대하여 규제하고 있는 협약이다. 이 협약에서는 우선 비법적인 민용항공기의 랍치행위에 대하여 규정하고 있다. 협약에는 민용항공기 안에 있는 어떤 자가 힘을 적용하거나 위협의 방법으로 항공기의 운행에 간섭하거나 비행하는 항공기에 대한 통제를 실시하는 것은 비법적인 나포행위로 된다고 규정하였다. 협약에서는 또한 랍치당한 항공기의 승조원들과 려객들에게 방조를 제공할 체약국의 의무를 규정하고 있다. 협약에는 체약국들은 랍치당한 항공기가 자기의 령력 내에 착륙하는 경우 려객과 승조원들이 될수록 빨리 려행을 계속할 수 있도록 방조를 주어야 하며 항공기와 그 화물은 법적 소유권자에게 반환해 주어야 한다고 규정하고 있다. 협약은 항공범죄자들에게 재판형벌을 가할 것도 예견하고 있다. 협약은 국가들은 자기의 국내법에 따라 비행항로를 강제적 방법으로 변경시킨 범죄자들에 대하여 재판형벌을 가해야 한다고 규정하였다.

도꾜협약은 일련의 제한성을 내포하고 있다. 그것은 우선 항공기랍치범죄자들에 대하여 형사법적 성격의 형벌을 가하는 것을 체약국들의 의무로 명확히 규정하기 않고 다만 국내법에 따라 재판형벌을 가한다고만 규정함으로써 랍치당한 항공기가 착륙하는 나라의 국내법에 비행기랍치범죄자들에 대한 형사적 처벌을 예견하고 있지 않는 경우에는 비행기랍치범죄에 대한 형사적 책임을 추궁할 수 없는 여지를 주고 있는 것이며 또한 랍치당한 항공기 안에 있는 려객과 승조원들이 될수록 빨리 려행을 계속하도록 방조를 줄 일반적 호소로 그치고 려객과 항공기보호문제를 국가적 의무로 제기하고 있지 않은 것이다. 그러므로 도꾜협약은 항공기의 안전보장에 도움으로 될 수 없었다. 이와 같은 부족점으로 하여 협약은 체결되어 6년이 지난 1969년 12월 4일에야 효력을 발생하였다.

국제민용항공기구는 도꾜협약의 부족점을 극복하고 항공기에 대한 비법적인 간섭과 항공기랍치행위에 관한 새로운 국제법적 규범을 작성하려고 여러 차례 시도하였다. 1968년 9월 3일부터 9월 26일까지 아르헨띠나의 수도 부에노스아이레스에서 진행된 국제민용항공기구 제16차 총회에서는 민용항공기의 비법적 랍치범죄와의 투쟁에 관한 결의(A16-37)가 채택되었으며 1970년 6월 16일부터 30일까지 카나다의 몬트리올에서 진행된 국제민용항공기구 제17차 비상총회에서는 ≪국제민용항공분야에서 점거된 항공기승조원, 려객들에 대한 폭력행위와 민용항공일군들, 민용비행장 및 국제민용항공운수에 리용되는 기타 므든 수단들에 가해진 폭력행위를 규탄≫하고 국제민용항공운수의 안전을 보장하기 위하여 국가들 사이의 협조를 일층 강화할 것을 호소하였으며 항공운수의 안전을 위협하는 각종 범죄행위를 미연에 방지하기 위하여 국가들이 항공범죄자에게 형사적 책임을 지워야 한다는 데 대하여 합의를 보았다. 항공범죄와의 투쟁과 관련한 국가들 간의 협조문제는 유엔무대에서도 수차 토의되었으며 일련의 다른 국제기구회의들에서도 론의되었다. 이와 같은 노력에 의하여 항공기랍치행위와 민용항공에 대한 비법적인 간섭행위와의 투쟁과 관련한 국제다방조약을 체결하기 위한 제1차 외교관회의가 1970년 9월 1일부터 16일까지 네데를란드의 헤그에서 76개 나라 대표들의 참가밑에 진행되었다. 회의에서는 ≪항공기의 비법적인 랍치와의 투쟁에 관한 협약≫을 체결하였다(1970년 12월 16일 조인, 1971년 10월 4일 효력발생). [76]1항은 국가들의 자주권을 침해하는 조항이므로 이 조항을 인정하지 않으며 그에 구속되지 않는다는 보류조건을 제기하면서 주체 72(1983)년 5월 28일에 헤그협약에 추후 가입하였다.

헤그협약은 비행 중에 있는 항공기를 강제적 방법 혹은 그 어떤 공갈의 방법으로 랍치하는 것은 가장 엄중한 형사범죄로 된다는 것을 규정한 첫 국제적 문건이다. 협약은 항공기의 랍치를 시도한 행위, 공모하는 행위를 모두 범죄로 규정하고 그 처벌조치도 일정하게 규제하고 있다. 그러나 협약에는 항공기랍치범죄자들이 처벌되어야 한다고 규정하고 있으나 이것을 국가들의 의무로 무조건 리행하여야 한다는 것을 명백히 규정하지 못하는 심중한 부족점을 내포하고 있다.

헤그협약이 체결된 때로부터 거의 1년이 되어 오는 1971년 9월 8일부터 23일까지 카나다의 몬트리올에서 제2차외교관회의가 진행되었다. 회의에는 59개나라 대표들과 7개의 국제기구 옵써버들이 참가하였다. 회의에서 ≪민용항공의 안전을 반대하는 비법행위와의 투쟁에 관한 협약≫을 체결하였다.(1971년 9월 23일 조인, 1973년 1월 26일 효력발생) 공화국정부는 주체 69(1980)년 8월 13일 이 협약에 추후 가입하면서 의견상이를 어느 일방의 요구에 의하여 국제사법재판소에서 해결한다는 제14조 1항을 인정하지 않았으며 이 협약의 가입과 리행이 남조선과 이스라엘을 인정하거나 그들과 그 어떤 관계를 가진다는 것을 의미하지 않는다고 명백히 선언하였다. 세계의 20여 개 나라들도 협약 제14조 1항을 국가의 자주권을 침해할 수 있는 조항으로 인정하고 그것을 리행하지 않는다는 것을 명백히 하였다.

몬트리올협약은 처벌을 받게 되는 범죄행위에 대한 조항을 보다 확대하고 구체화하였다. 협약에는 비행 중에 있는 항공기 안에서 사람들에게 폭력행위를 감행한 자, 운행 중에 있는 항공기를 파손, 파괴한 자, 운행 중에 있는 항공기를 파손, 파괴하기 위한 물건이나 장치를 설치한 자, 항공기의 비행안전을 위협할 수 있는 거짓정보를 퍼뜨리는 자 등을 처벌대상으로 규제하였다.

몬트리올협약은 헤그협약의 규정에서와 같이 항공기의 정상적인 비행을 방해하는 자는 물론 그러한 행위에 공모한 자들도 모두다 국제적 항공범죄자로 규정하였다. 헤그협약은 항공기의 비법적 랍치 혹은 강압적인 방법으로 항공기에 대한 통제와 임의의 다른 형태로 비행의 안전을 위협하는 범죄행위에 대하여 엄격한 처벌대책을 세울 것을 국가들에 요구하고 있다면 몬트리올협약은 항공기에 탑승하고 있는 사람들에게 폭력행위를 가하는 것, 항공기를 파괴하거나 손상을 입히는 것, 항공기를 파괴하기 위하여 폭발물을 설치하는 것, 무전설비들을 손상시키거나 그 리용을 방해하는 것, 항공기의 안전에 위험을 조성하는 허위통신을 보내는 것과 같은 범죄행위에 대하여 엄격한 징벌을 가할 대책을 세울 것을 국가들에 요구하고 있다. 그러나 두 협약에는 항공범죄를 막기 위하여 국가들이 구체적으로 어떤 조치를 취해야 하며 항공범죄자들에 대하여 어떤 제재를 가해야하는가에 대해서는 명확히 규정하지 않고 있다. 그렇지만 두 협약은 민용항공기의 안전비행을 방해하며 승조원들과 려객들의 생명과 건강을 침해하는 범죄와의 투쟁을 보다 효과적으로 진행할 수 있는 법적기초로서 일정한 의의를 가진다.

민용항공분야에서 범죄와의 투쟁을 성과적으로 진행하자면 항공범죄와의 투쟁에 관한 국제협약들의 규정들에 대한 해석과 적용을 바로 하는 문제가 중요하게 제기된다. 헤그협약과 몬트리올협약은 다같이 ≪비행 중≫에 있는 민용항공기에 한하여서만 적용된다. ≪비행 중≫이라고 할 때 그것은 려객들이 탑승한 후 항공기의 모든 외부출입문을 닫는 순간을 비행의 시점으로 보고 려객들을 내리우기 위하여 그 문들 중 임의의 문을 여는 순간을 비행의 종점으로 본다. 불시착륙한 경우에는 해[77]당 당국이 항공기와 재산 및 항공기에 타고 있던 인원들에 대한 책임을 넘겨받을 때까지를 비행 중에 있는 것으로 본다. 그러므로 불시착륙한 경우 착륙 후 문이 열렸다 해도 국가의 권한 있는 기관이 랍치당한 항공기에 대한 책임을 지기 전까지의 항공기는 ≪비행 중≫의 항공기로 보아야 한다.

헤그협약과 몬트리올협약은 다같이 항공기의 리륙 및 착륙장소가 항공기가 등록된 국가의 령토 밖에 있는 경우에만 적용된다. 헤그협약 제3조 3항에는 범죄가 감행되는 항공기의 리륙 및 착륙장소가 그 항공기가 등록된 국가의 령토 밖에 있거나 범죄자가 처벌을 면하기 위하여 다른 나라 령역으로 달아났을 때 적용된다고 규정하고 있으며 몬트리올협약 제4조 2항에는 항공기의 리륙 및 착륙의 실제적 및 예정된 장소가 항공기가 등록된 국가가 아니라 다른 나라의 령토 상에서 감행되었거나 혹은 범죄자가 항공기가 등록된 국가가 아니라 다른 나라의 령토 안에 있을 때에 적용된다고 규정하고 있다. 랍치당한 항공기가 공해상에 있거나 그 어느 나라에도 속하지 않은 령토(례하면 남극주)에 있는 경우에도 이 협약이 적용되는 것으로 보아야 한다.

협약들은 비행시설에 대한 가해행위가 발생하였을 경우에 그 비행시설이 국제적인 비행에 리용되는 조건에서만 적용된다. 국내비행에 리용되는 비행시설에 대한 가해행위는 국내법에 의하여 처리된다.

헤그협약과 몬트리올협약은 항공범죄대상규정에서 일련의 차이점을 가지고 있다. 헤그협약은 비행 중에 있는 항공기에서 폭력이나 기타 위협 또는 다른 형태의 협박으로 항공기를 랍치 또는 구속하는 행위를 감행하려고 하거나 감행한 자, 공모자는 항공범죄를 범한 것으로 된다고 규정하고 있다. 이 조항에 따라 비행 중에 있는 항공기에서 그 어떤 자에 의한 폭력, 위협, 협박, 항공기랍치, 항공기에 대한 통제 등 범죄행위를 감행한 자와 그에 가담한 자는 항공범죄자로, 형벌의 대상이 된다. 몬트리올협약은 비행 중에 있는 항공기에 타고 있는 사람들 속에서 항공기의 안전에 위협을 줄 수 있는 그 어떤 란폭한 행위를 감행한 자, 운행 중에 있는 항공기를 파괴하거나 비행을 불가능하게 하며 비행의 안전을 파괴하거나 위협을 주는 행위를 한 자, 항공기를 파괴하거나 그 안전을 위협할 수 있는 그 어떤 물건을 항공기에 싣거나 그런 것을 실으려고 한 자, 비행시설을 파괴 또는 손상시키거나 항공기의 안전을 위험하게 할 수 있는 간섭행위를 하는 자, 허위정보라는 것을 알면서 통신함으로써 항공기의 안전에 위험을 주는 행위 등을 직접 감행한 자는 물론 감행을 시도한 자와 그 공모자들은 항공범죄자로 되며 형사적 형벌의 대상으로 된다고 규정하고 있다.

헤그협약과 몬트리올협약은 범죄자인도와 범죄자에 대한 제재도 규정하고 있다. 항공범죄자인도는 항공기랍치범이나 기타 항공범죄자를 항공기소속국가 또는 범죄감행자국가에 넘겨주는 것을 말한다.

두 협약은 다같이 체약국들은 항공범죄자를 유관기관에 넘겨주거나 자기나라 형사립법에 따라 엄격히 처벌할 데 대하여 규제하고 있다. 체약국들 사이에 범죄자인도에 관한 전문협정이 체결되어 있다면 그에 따라 범죄자인도문제를 처리하고 그러한 협정이 체결되지 않았다면 이 협약들을 항공범죄자인도의 법률적 기초로 삼고 항공범죄자를 유관국가에 넘겨주어야 한다. 그리고 인도된 항공범죄자는 엄격히 처벌되어야 한다고 규정하고 있다.

두 협약은 항공범죄가 감행된 동기와 장소에 관계없이 죄를 면할 수 있는 그 어떤 가능성도 주지 않고 있으며 의식적이건 무의식적이건 관계없이 또한 실질적으로 손해를 주었는가, 안

주었는가에 관계없이 범죄를 감행한 그 자체만 가지고 유죄로 판결할 것을 요구하고 있다.

이 외에도 항공범죄자들에게는 피난처를 제공할 수 없다고 규제하고 있다. 그러나 미제국주의자들은 범죄자인도에 관한 국제법규범을 위반하고 1974년에 이전 쏘련 려객기 안에서 승무안내원녀성을 [78]쏴죽이고 비행사를 무기로 협박하여 비행기를 다른 나라에 끌고 간 범죄자에게 망명처를 제공하는 비법행위를 감행하였다.

헤그협약과 몬토리올협약은 항공범죄가 발생하면 범죄자를 가지고 있는 국가는 그 범죄와 관련한 사실자료를 유관국가들과 국제민용항공기구리사회에 통보할 의무도 규제하고 있다.

이상과 같이 국제사회에는 민용항공기의 안전을 파괴하는 범죄자를 비롯한 항공범죄와의 투쟁을 강화하기 위한 일련의 국제법적 조치들이 강구되어 있으나 제국주의자들과 그 추종국가들에 의하여 항공범죄가 계속 발생하고 있다. 1981년 한 해 동안에만도 13건의 항공기랍치사건이 일어났으며 1,200여 명의 려객들이 사망 또는 부상을 당하였다. 1984년에는 세계적으로 큰 항공기사고가 21건이나 발생하였으며 이로 인하여 372명이 사망하고 3억 3천 5백만 딸라에 해당한 손실을 보았다.

현시기 국제민용항공기의 안전보장과 관련한 국제법규범을 유린하는 가장 악독한 범죄자는 미제국주의자들과 그 추종국가들이다. 미제는 땅과 바다에서 테로를 감행하다 못해 하늘에서까지 강도행위를 서슴지 않고 있다. 미제는 1976년 10월 꾸바로부터 베네수엘라로 도망친 반혁명분자들을 흡수하여 꾸바려객기에 폭발물을 설치하여 바베이도즈의 바다상공에서 폭발시켜 우리나라 문화일군대표단을 포함하여 70여 명을 살해하였으며 1981년 7월 31일 빠나마려객기에 대한 테로를 감행하여 빠나마국가방위국 총사령관인 오마드 또르리호스를 살해하였다. 또한 미제는 당시 쏘련에 대한 정탐목적을 위하여 1983년 9월 1일 남조선려객기 《보잉747》과 거기에 타고 있던 269명을 제물로 써먹었으며 1985년 6월 23일 인디아려객기 《보잉747》을 아일랜드부근 대서양에 추락시켜 329명을 바다 한복판에 수장시켰다. 1985년 10월에 있는 범죄적인 에짚트려객기의 랍치작전은 미군부우두머리들의 직접적인 지휘밑에 감행되었다. 미제는 《씨-135》수송기와 《고래》라고 불리우는 《에이 3 스카이워디어》감시기, 2대의 《이씨 호크아이》기, 7대의 《에프-14》전투기, 4대의 급유기, 미제6함대의 항공모함 《사라토가》호를 동원하여 에짚트려객기가 까히라에서 리륙하여 국제항로에 들어서자마자 랍치하였으며 승객들을 인질로 잡아 악형을 가하였다.

그리고 이스라엘 유태복고주의자들도 날강도적인 공중테로행위를 빈번히 감행하였다. 1986년 2월 이스라엘 유태복고주의자들은 국제항로를 따라 수리아로 가는 리비아려객기를 지중해상공에서 랍치하여 이스라엘군용비행장에 강제착륙시켰으며 려객들을 오랫동안 억류하고 모욕적인 수색을 하는 등 공중비적행위를 감행하였으며 이에 앞서 1973년 2월에는 에짚트의 시나이반도상공에서 리비아려객기를 격추시켰고 레바논항공회사 소속 비행기를 랍치하여 이스라엘에 강제착륙시킨 사실도 있다.

미제와 이스라엘의 이러한 공중비적행위는 비행의 자유와 비행안전을 규제한 국제협약에 대한 란폭한 유린이며 주권국가의 자주권과 려객들의 생존권을 므참히 짓밟는 오만무례한 강도적 행위이다. 때문에 세계의 진보적 인민들과 많은 출판물들은 미제와 이스라엘이 감행한 공중테로행위를 ≪공중비적행위≫, ≪조직적인 범죄행위≫, ≪주권국가의 주권에 대한 란폭한 침해행위≫로 한결같이 규탄하면서 그러한 범죄행위를 반복하지 말 것을 강력히 요구하였다.

미제를 비롯한 제국주의자들이 존재하는 한 항공범죄는 없어질 수 없다. 따라서 민용항공기의 안전을 보장하며 려객들과 승무원들의 생명, 건강을 보장하기 위한 투쟁을 반제반미투쟁과 결부하여 진행하지 않으면 안 된다. 이와 동시에 세계의 진보적 나라들은 국제항공범죄를 미리 막기 위한 실제적 대책을 세우는 데서 호상협조를 강화하여야 할 것이다.

11. 국제우주법의 형성 발전에 대한 고찰[5]

박 영 수

[60]위대한 령도자 김정일동지께서는 다음과 같이 지적하시였다. ≪우리나라의 국제적 지위가 높아지고 정치, 경제, 문화의 모든 분야에서 대외교류가 확대되고 있는 현실은 외국관계 전문교육을 강화할 것을 요구합니다.≫

오늘 우주는 사람들의 의사에 따라 지배되는 하나의 새로운 령역으로 되고 있다. 인간활동의 새로운 령역인 우주와 관련한 문제가 하나의 국제법상 문제로 제기되는 시작한 것은 1957년 10월 4일 세계에서 처음으로 우주로케트에 의한 인공지구위성이 우주공간에 발사된 이후부터이다. 이때로부터 우주의 연구 및 리용을 위한 국가들의 관심과 리해관계는 점차 커지게 되

5) 출처: 김일성종합대학출판사, 『김일성종합대학학보: 력사법학』, 제42권 제3호(1996), 60-64쪽.

었다. 이와 관련하여 우주의 연구 및 리용질서를 바로 세우는데 세계의 광범한 사회계의 깊은 주의를 돌리게 되었으며 주요한 국제적 문제의 하나로 제기되었다.

세계의 많은 나라들이 우주공간연구에 직접 참가하거나 그 성과를 적극 리용함으로써 인간의 우주활동은 전 인류를 위한 것으로 되었다. 이러한 조건에서 우주를 연구 및 리용하기 위한 국가들의 활동에서 이룩된 성과들을 법적으로 고착시키고 국가들의 우주활동이 광범히 전행되고 다양해지는 데 맞게 새로운 법률적 문제들을 해결하며 우주에서의 법질서를 끊임없이 개선해나가는 것은 매우 중요한 의의를 가진다.

우리 당과 공화국정부는 우주의 군사화를 막기 위한 투쟁과 우주를 평화적 목적에만 리용하기 위한 국제적 협조에 적극 참가하고 있다. 우리 앞에는 우주와 관련한 국제법적 제도와 질서를 주체적 립장에서 깊이 연구체득하고 그것을 온 세계의 자주화를 실현하는 투쟁과 우리나라의 혁명과 건설에 리롭게 리용해 나가야 할 과업이 나서고 있다.

위대한 령도자 김정일동지께서는 다음과 같이 지적하시였다. ≪**큰 나라와 작은 나라, 큰 민족과 작은 민족 할 것 없이 모든 나라, 모든 민족이 자주성과 평등, 호상존중의 원칙에서 국제적 협조를 강화해나가는 것은 인민들의 자주위업을 실현하는 데 유리한 조건을 지어줍니다.**≫ (≪인민대중중심의 우리 식 사회주의는 필승불패이다≫, 단행본, 11페지).

국제우주법은 최근 년간에 새롭게 형성발전되고 있는 국제법의 한 분야이다. 국제우주법은 우주에서의 국가들의 활동을 규제하는 국제법 규범의 총체이다. 즉 국제우주법은 달 및 기타 천체들을 비롯한 우주공간의 연구 및 리용과 관련한 국가들의 활동을 규제한 법규범의 총체이다. 인간의 과학기술수준이 높아짐에 따라 인류가 정복하는 령역은 더욱 넓어지게 될 것이다. 자연을 정복하기 위한 인간의 활동은 처음 지구의 륙지로부터 시작하여 점차 바다와 대기공간을 거쳐 오늘은 우주에로 확대되였다. 인류는 무한한 우주공간과 무수한 천체들 가운데서 지구로부터 제일 가까운 천체인 달부터 정복하기 시작하여 점차 태양계를 정복하여 나가게 될 것이다.

우주는 국가자주권에 의하여 분할되지 않는 인류공동의 활동령역이다. 세계에서 처음으로 인공지구위성이 발사되고 실제적인 우주의 연구 및 리용의 가능성이 점차 현실화되어 가고 있는 사정은 국제법 앞에 새로운 분야인 국가들의 우주활동과 관련한 국제법질서를 세워야 할 필요성이 제기되였다. 최초의 인공지구위성이 발사된 때로부터 지금까지 각이한 사명을 가진 수백수천 개의 인공우주물들이 우주에 발사되였다. 그 가운데는 지구와 우주의 기상을 연구하기 위한 기상위성, 지구와 인공우주물 그리고 인공우주물 사이 특히 나라들 사이의 통신, 보도를 위한 통신위성, 우주비행가들과 과학자들을 태운 우주비행선과 우주정류소 등 인공우주물들이 있다.

오늘 세계의 많은 나라들이 이러한 인공우주물들을 리용하여 무선통신, 기상, 의학, 생물학, 해양학 그리고 지구와 우주의 자연환경의 연구 및 자원탐사 등 여러 분야의 과학과 기술을 발전시키고 있다. 그[61] 밖에도 오늘 우주활동분야에서는 지구 및 태양력학, 태양의 자연부원연구, 지구 밖의 생명체에 대한 연구, 지구의 회전운동연구 등 새로운 과학기술적 문제들이 연구 및 개발되고 있다. 이와 같이 국가들의 우주활동이 끊임없이 활발해지고 있는 현실은 우주의 연구 및 개발리용과 관련한 국가들의 우주활동을 조정할 것을 절실히 요구하게 되었다.

또한 미제를 우두머리로 하는 제국주의자들의 우주의 군사화책동이 날이 갈수록 더욱 우심해지고 있는 조건에서 제국주의자들의 우주활동을 법적으로 규제하는 것은 세계전쟁을 막고 평화를 보장하기 위한 데서 실로 중요한 의의를 가진다. 미제를 우두머리로 하는 제국주의자들은 세계제패의 야망을 실현하기 위하여 우주를 군사화하고 악명높은 ≪별세계전쟁≫준비를 미친 듯이 다그치고 있다. 세계의 절대다수 진보적 나라들은 제국주의자들의 우주의 군사화책동을 저지파탄시키고 우주를 오직 평화적 목적에만 연구 및 리용할 것을 주장하고 있다. 국제우주법은 세계 진보적 인민들의 이러한 요구를 반영하여 나왔다.

우주의 연구 및 리용에 관한 국제적인 법제사업은 처음 유엔테두리 안에서 진행되었다. 1962년에 창설된 유엔우주위원회 법률분과위원회는 처음으로 우주의 연구 및 리용에 관한 국가활동원칙과 규범들을 반영한 선언초안을 작성하였다. 이 선언초안에서는 평등, 내정불간섭, 국가자주권의 존중을 우주의 연구 및 리용에서 국가들이 지켜야 할 주요원칙으로 규정하면서 우주의 연구 및 리용에서 국가들이 준수하여야 할 행동규범을 규정하고 있다. 선언초안에 지적된 우주에서 국가활동규범은 첫째로, 유엔헌장을 비롯한 국제법은 우주공간에도 확대되며 둘째로, 천체와 우주공간은 국제법에 준하여 연구 및 리용할 수 있도록 모든 국가에 개방되며 그 어떤 국가의 점유대상으로 되지 않으며 셋째로, 우주의 연구 및 리용을 위한 국가들의 활동은 세계의 평화와 안전유지, 국제적 협조와 호상 리해의 발전에 리롭게 진행하며 넷째로, 인공우주물을 발사한 국가는 우주물체와 그 안에 있는 인원들에 대한 사법권과 관할권을 보유한다는 것이다. 우주활동의 원칙과 규범을 담고 있는 이 선언초안은 1963년 12월 13일 유엔총회 제18차 회의에서 토의되고 결의 1962(18)로 채택되었다. 이 결의는 국제우주법의 기초로 된다.

1966년 12월 19일 유엔총회 제21차 회의에서는 달 및 기타 천체들을 비롯한 우주의 연구 및 리용에서 국가들의 활동을 조정하는 원칙에 관한 조약초안을 토의하고 그것을 결의 2222(21)

로 채택하였다. 그 후 이 조약초안을 1967년 1월 27일 이전 쏘련, 영국, 미국 정부가 각각 서명함으로써 국제조약규범으로 고착되고 1967년 10월 10일부터 그 효력을 보게 되었다. 그리하여 국제우주법은 처음으로 성문화된 자기의 국제조약규범을 가지게 되었다. 첫 우주조약이 체결됨으로써 인간활동의 새로운 분야인 우주에서 국가들의 활동을 조정할 수 있는 총체적인 법규범이 마련되게 되었으며 우주의 연구 및 리용분야에서 광범한 국제적 협조의 기초가 마련되게 되었다. 그러나 이 조약은 일련의 부족점을 가지고 있다. 그것은 이 조약이 달 및 기타 천체들의 비군사화와 그의 평화적 리용에 대하여서는 규제되어 있으나 우주공간의 비군사화와 그의 평화적 리용에 대하여서는 전혀 규제하지 않고 있는 것이다. 실례로 우주조약 제4조에서는 ≪…… 모든 조약국들은 달과 기타 천체들을 오직 평화적 목적을 위해서만 리용하여야 한다≫고 규정하고 있을 뿐 우주공간의 비군사화와 평화적 리용에 대해서는 규정하지 않고 있다. 특히 우주조약에서는 우주공간에 핵무기를 비롯한 그 밖의 대량살륙무기를 실은 운수수단의 배치와 설치에 대해서도 금지시키고 있지만 군사적 사명을 띤 로케트의 발사와 비행금지문제는 규제하지 못하고 있다. 그리하여 이 조약은 우주공간의 비무장화를 보장할 수 있는 확고한 법적담보로 되지 못하고 있다. 그렇기 때문에 이 조약은 우주공간에 우주정류소를 띄워 놓고 거기에 새로운 종류의 우주무기들을 배치하려는 미제를 우두머리로 하는 제국주의자들의 **[62]**책동을 제지시키지 못하고 있다.

국제우주법은 첫 우주조약의 이러한 부족점과 공백을 보충완비하고 날이 갈수록 우주활동에 참가하는 나라들이 늘어나고 우주활동분야가 점차 확대되고 있는 현실적 조건에 맞게 국가들의 모든 우주활동을 조정하는 구체적인 법질서와 규범들이 제정보충되지 않으면 안 되게 되었다. 이러한 요구로부터 우주조약이 체결된 후에 우주활동과 관련한 새로운 법규범들이 련이어 나오게 되었다.

우선 ≪우주비행가의 구제와 우주공간에 발사된 우주비행가의 귀환과 우주물의 회수에 관한 협정≫이 체결되었다. 이 협정은 1968년 4월 22일에 체결되어 1968년 12월 3일부터 효력을 발생하였다. 이 협정에 78개국이 가입하였다. 이 협정은 우주조약 제5조와 제8조에 규정된 우주비행가와 인공우주물의 법적 지위와 관련한 국가의 권리와 의무를 구체화하고 있다. 이 협정이 체결됨으로써 우주비행가와 인공우주물의 구제 및 돌려보내는 것과 관련한 국제법적 질서가 서게 되었다.

다음으로 ≪우주물에 끼친 손실에 관한 국제적 책임에 관한 협약≫이 체결되었다. 이 협약은 1972년 3월 29일에 체결되어 1972년 8월 30일부터 효력을 발생하였다. 이 협약에는 67개국

(1984년 현재)이 가입하였다. 이 협약은 우주조약 제6조와 제7조를 구체화하여 국제우주법을 더욱 발전풍부화한 국제법규범이다. 우주조약 제6조에 ≪…… 체약국들은 달 및 기타 천체들을 포함한 우주에서의 활동이 정부적 기관 혹은 비정부적 조직에 의하여 진행되든 관계없이 그에 대하여 국제적인 책임을 져야 하며 그러한 활동이 본 조약에 제시된 조항에 부합되게 진행되고 있다는 것을 보증할 국가의 책임≫을 규정하면서 우주에서 비정부적 조직들의 활동원칙과 그에 대한 국가의 국제적 책임문제를 규제하고 있다.

우주에서 국가들의 활동이 강화되고 각이한 사명을 띤 인공우주물의 수가 해마다 늘어나고 있는 사정과 발사 시에 주어진 궤도를 벗어나 떠돌아가고 있는 인공우주물들이 있는 조건에서 우주물체를 발사하는 국가 및 정부적 국제기구들이 예방조치를 취해도 제멋대로 떠도는 우주물들이 가동 중에 있는 우주물과 그 안에 탄 인원들에게 피해를 줄 수 있으며 특히 우주물체와 그 부분품들이 지구에 떨어지는 경우에는 커다란 손실을 끼칠 수 있다. 이러한 조건에서 우주물체가 끼친 손실과 관련한 책임을 추궁하고 피해자들에게 손실을 보상해줄 효과적인 법규범과 질서가 있어야 한다. 이러한 요구로부터 1964년에 유엔우주위원회의 법률분과위원회는 우주공간에 발사한 물체의 충돌에 의한 손실책임에 관한 협약조약을 토의하였다. 6년간의 토의끝에 1972년에 정식 국제협약으로 체결되었다. 이 협약은 손실에 대한 개념을 정식화하고 발사국이 책임지게 되는 조건과 책임형태, 책임당사자의 설정, 손해보상의 한도, 책임의 면제, 원고국가의 권리와 의무, 청구방법과 그 기간, 손실배상방법, 청구심의위원회의 조직과 그의 기능, 역할 등을 구체적으로 규정하고 있다. 이 협약이 체결됨으로써 우주활동에서 사고를 방지하고 국가들의 우주활동의 안전성을 보장할 수 있게 되었으며 특히 평화적 목적에서 우주를 연구 및 리용하는 데서 국가들 간의 협조를 발전시키고 손실을 당한 피해자들로 하여금 보상을 받을 법적근거가 마련되었다.

다음으로 ≪우주공간에 발사되는 물체의 등록에 관한 협약≫이 채택되었다. 이 협약은 1975년 1월 14일에 체결되어 1976년 9월 15일부터 효력을 발생하였다. 이 협약에는 32개국이 참가하고 있다. 우주에서의 국가들의 활동이 복잡다양해지고 인공우주물의 수가 날로 늘어나고 있는 조건에서 우주공간에 발사되는 인공우주물체의 등록문제는 현실적인 문제로 제기되었다. 국제적으로 인공우주물에 대한 통일적이며 유일적인 등록은 우주에서 우주물들의 호상충돌을 막으며 사고나 재난 등으로 우주물이 불시에 지구에 착륙하는 경우 그러한 우주물과 그 안에 있는 인원들을 정확히 식별하여 해당한 국가에 통보하는 문제와 우주물에 의하여 끼친 손실에 대한 책임한계를 가르기 위한 문제가 제기된다. [63]이로부터 1961년 12월 20일 유엔총회 제

16차 회의에서는 우주공간에 발사되는 인공우주물에 대하여 유엔사무총장에게 통보할 데 대한 결의 1721(16)을 채택하였다. 그 후 1974년 11월 12일 유엔총회 제29차 회의에서는 우주공간에 발사되는 인공우주물을 등록하는 국가의 선정원칙과 등록방법, 등록내용, 등록조건, 등록질서를 비롯하여 인공우주물의 등록과 관련한 질서를 구체적으로 규정하고 있다. 이 협약이 채택됨으로써 우주공간에 발사되는 인공우주물체에 대한 국제적인 유일등록체계와 질서가 서게 되었으며 우주에서의 국가들의 활동의 안정성을 보장하고 평화적 목적에서 우주를 연구 및 리용함에 있어서 국제적 협조를 실현할 수 있게 되었다.

다음으로 ≪달 및 기타 천체들에서 국가들의 활동을 조정하기 위한 협정≫이 체결되었다. 협정은 1979년 12월 18일에 체결되어 1984년 7월 12일부터 효력이 발생하였다. 협정에는 1984년 현재 12개국이 가입하였다. 광활한 우주를 연구 및 리용하는 데서 달 및 기타 천체들은 매우 중요한 자리를 차지한다. 특히 여기에서 달은 우주의 연구 및 리용에서 제일차적인 대상으로 되고 있다. 그것은 달이 지구로부터 제일 가까운 거리에 있으면서 지구주위를 도는 하나밖에 없는 위성이기 때문이다. 현재 지구주위를 도는 인공위성들은 많지만 자연위성은 달 하나뿐이다. 이러한 실정에서 우주공간에서 달을 비롯한 천체들의 지위를 옳게 규정하고 그에 대한 국제법적 제도를 세우는 것은 중요한 문제로 제기된다. 이로부터 1979년에 달 및 기타 천체들에서 국가들의 활동을 조정하기 위한 협정이 조인되었다. 이 협정은 달에 대한 개념을 정식화하고 이 협정의 효력범위가 태양계의 모든 천체들에 동일하게 적용된다는 것을 규정하고 있다. 그러나 이 협정은 자연적으로 지구표면에 떨어진 물체(자연천체)에는 적용되지 않는다. 이 협정은 달 및 기타 천체들에서 국제적 협조 실현 형식과 내용, 방법 그리고 과학적 의의를 가지는 달의 일정한 구역을 국제적 과학보존구역으로 설정한 데 대한 문제, 천체에서 국가들의 활동과 관련하여 생길 수 있는 국제분쟁의 평화적 해결방법 등을 비롯하여 우주조약에 규제되어 있지 않는 새로운 법률적 문제들을 규제하고 있다.

달에 관한 협정의 체결은 국제우주법의 발전에서 새로운 전진으로 된다. 우선 이 협정이 체결됨으로써 국제우주법의 대상이 명백히 규정되게 되었으며 우주에서 국가들의 활동범위가 명백해지게 되었다. 즉 국제우주법의 원칙과 규범의 적용범위가 명백해졌다. 또한 이 협정의 체결은 달 및 기타 천체들과 거기에 있는 새로운 법률적 문제들이 해명되게 되었으며 국제우주법이 실제적으로 인간의 복리증진에 복무할 수 있게 되었다. 그리고 우주활동과 관련하여 발생하는 국가들의 분쟁을 평화적으로 해결함으로써 국가들의 우주활동에서 국제적 협조를 더욱 강화할 수 있는 전제가 마련되었다.

다음으로 ≪우주직접텔레비죤방송분야에서 국가들이 지켜야 할 원칙≫에 관한 유엔총회결의
가 채택되었다. 1960년대 후반기부터 우주활동의 성과에 기초하여 국가들은 인공위성을 리용
하여 통신, 기상관측과 통보, 자연부원탐사 등을 진행하게 되었다. 특히 우주통신은 세계적 범
위에서 전신, 전화, 사진전송, 텔렉스, 텔레비죤과 라지오방송을 비롯한 통신보도분야에서 중요
한 자리를 차지하였다. 그리하여 오늘 중개소 없이 직접 텔레비죤을 방영할 수 있는 높은 수
준에 도달하였다. 이러한 실정에서 우주직접텔레비죤방송분야에서 국가들의 활동원칙을 세우
는 것이 절실한 문제로 제기되었다. 이로부터 1982년 유엔총회 제37차 회의에서는 직접텔레비
죤방송을 위한 인공지구위성을 리용함에 있어서 국가들이 지켜야 할 원칙에 관한 조약초안을
심의하고 결의(37192)로 조약초안을 채택하였다. 이 결의는 107개 나라의 찬동에 의하여 채택
되었다. 미제국주의자들은 이 결의채택에서 반대표시하였다. 그것은 인공통신위성을 통하여 저
들의 침략정책과 퇴폐적이며 반동적 사상을 류포시키는 데 그 어떤 제한도 받지 않겠다는 음
흉한 목적을 추구하고 있는 것과 [64]관련된다. 이 조약초안이 국제우주법규범으로 아직 되지
못하고 있으나 유엔결의로 채택된 것만도 국제우주법발전에서 일정한 의의를 가진다. 이 결의
가 채택됨으로써 우주직접텔레비죤을 통하여 다른 나라의 내정에 간섭하고 썩어빠진 부르조야
생활풍조를 퍼뜨리는 반동선전을 감행하는 미제의 책동을 짓부시기 위한 법적 무기가 마련되
었으며 과학문화분야에서 정보와 지식의 자유로운 보급과 호상교환을 효과적으로 실현할 수
있게 되었다.

이상에서 보는 바와 같이 국가들의 우주활동을 규제하는 여러 국제다방조약들이 체결되었는
데 이 조약들은 국제우주법의 주요구성요소로 되고 있다. 지금까지 수립된 우주법제도의 주요
한 내용은 첫째로, 천체와 우주공간의 범위와 관련한 제도이며, 둘째로, 천체와 우주공간의 법
적지위와 관련한 제도이며, 셋째로, 인공우주물과 우주비행가의 법적 지위와 관련한 제도이며,
넷째로, 우주의 평화적 리용과 국제적 협조를 실현하는 것과 관련한 제도이며, 다섯째로, 인간
의 우주활동과 관련한 국제적 책임제도이다. 이 제도들은 우주의 개발 및 그 리용과 관련한
국가들의 활동을 규제하는 국제우주법의 주요내용이다. 이리하여 오늘 국제우주법은 전일적인
체계와 내용을 가진 국제법의 독자적인 부분법으로 되었다.

국제우주법은 국제법의 한 구성부분으로서 국제법의 다른 분야의 법과 다른 일련의 특성을
가진다. 그 특성은 첫째로, 국가활동의 장소적 견지에서 볼 때 그 대상이 국가자주권에 의하여
분할되지 않고 모든 나라들이 자유롭게 개발리용할 수 있는 천체와 우주공간이라는 데 있다.
국제우주법의 대상인 달 및 기타 천체들을 비롯한 우주공간은 지구상의 륙지나 바다, 대기공

간과는 달리 그 어떤 국가의 주권도 미치지 않으며 그에 의하여 분할되지도 않으며 모든 나라들이 자유롭고 평등하게 리용할 수 있는 대상이다. 국제항공법은 국가주권에 의하여 분할되어 있으며 그 개발과 리용권은 전적으로 령공국가가 가지며 다른 국가는 령공국가가 제정한 비행질서를 지키는 조건에서만 리용할 수 있다는 것을 규제하고 있다. 그러나 국제우주법은 그 어떤 국가에 의해서도 분할되지 않으며 모든 국가들이 자유로 비행하면서 연구 및 리용할 수 있는 달 및 기타 천체를 비롯한 우주공간에서의 국가활동을 규제한 법이다. 국제우주법은 국제해양법에서 공인되고 있는 공해와 심해해저자원개발 및 리용제도와 류사한 점을 가지고 있으나 그 리용원칙에서 엄연한 차이를 가진다.

그 특성은 둘째로, 국가활동의 성격의 견지에서 볼 때 그것이 모든 국가들의 리익과 리해관계를 반영한 전 인류적 성격을 띠고 있다는 데 있다. 우주활동에 참가하는 모든 나라들은 자기 나라의 리익뿐 아니라 모든 나라의 리익까지도 고려해야 한다. 달 및 기타 천체를 비롯한 우주공간은 인류의 공동소유이다. 그러므로 우주활동은 반드시 전 인류적인 성격을 띠지 않을 수 없다.

그 특징은 셋째로, 인간활동에서 제일 위험하고 모험적인 우주활동을 조정하는 법규범이라는 데 있다. 국가들의 우주활동은 우주로케트라는 특별한 기술수단에 의하여 진행된다. 이 로케트는 발사와 지구로 되돌아올 때 뜻하지 않는 사고로 우주비행가의 생명뿐 아니라 다른 나라에도 엄중한 피해를 줄 수 있다. 특히 인류가 처음으로 개척하는 우주개발과정에 엄중한 사고가 발생할 수 있으며 그로 인하여 돌이킬 수 없는 재난을 당하게 된다.

우주활동은 높은 과학기술을 요구하는 조건에서 그것이 군사적 목적에 리용되는 경우 세계의 평화와 안전에 커다란 위협을 줄 수 있다.

오늘 세계의 선량한 인민들은 국제우주법을 인민들의 자주적 요구에 맞게 더욱 보충완성함으로써 우주를 비군사화하며 미제의 모험적인 ≪별세계전쟁≫책동을 저지파탄시키는 법적 무기로, 우주의 개발리용에서 국가들의 협조를 실현하는 법적수단으로 되게 하여야 할 것이다.

12. 국제조약의 당사자에 대한 리해[1]

리 경 철

　[83]국제조약의 당사자가 누구인가 하는 문제를 정확히 밝히는 것은 국제조약법리론과 국제조약실천에서 중요한 문제의 하나로 된다. 그것은 국가들 사이의 국제관계를 규제하는 법률적 형식이 다름 아닌 국제조약이기 때문이다. 국제조약의 체결에 의하여 조약당사자들 사이의 권리와 의무의 관계가 설정되게 되며 그것을 철저히 리행하는 과정을 통하여 정치, 경제, 문화 등의 모든 분야에서 조약당사자들의 요구와 리익이 대외적으로 실현되게 된다.

　국제조약은 당사자들 사이의 자원적인 의사합의로 체결된다. 당사자들 사이의 자원적인 의사합의가 국제조약으로 성립되는가 성립되지 못하는가 하는 문제는 중요하게 그 당사자들이 국제조약당사자로서의 합법적인 지위를 가진 당사자인가 아닌가 하는 데 따라 좌우된다. 국제조약당사자로서의 합법적인 지위는 그가 법률적 징표를 원만히 갖추었을 때 보장되며 따라서 그러한 법률적 징표를 갖춘 당사자가 체결한 조약만이 법적 효력을 가진다.

　국제조약의 당사자는 국제조약을 체결리행하는 직접적인 담당자이다. 현대국제법실천에서 공인되고 있는 국제조약의 당사자는 넓은 의미에서 국제조약의 완전한 당사자와 제한적 당사자로 나눌 수 있다. 국제조약의 완전한 당사자는 국가주권과 민족자결권에 기초하여 국제조약

---

1) 출처: 김일성종합대학출판사, 『김일성종합대학학보: 력사법학』, 제50권 제4호(2004), 83-88쪽.

당사자로서의 법적 지위를 가지게 되는 당사자이며 제한적 당사자는 여러 나라들 사이의 다방조약 또는 개별적인 나라들의 국내법에 기초하여 국제조약당사자로서의 법적 지위를 가지게 되는 당사자이다.

국제조약의 완전한 당사자에는 국가와 민족해방투쟁조직이 속하며 제한된 당사자에는 정부적 국제기구, 련방국의 행정단위, 특정한 경제자치구가 속한다. 무엇보다 먼저 국제조약의 완전한 당사자는 자주독립국가이다. 자주독립국가가 국제조약의 당사자로 되는 것은 국제조약의 다른 당사자에 비하여 국제조약의 체결과 리행의 능력을 완전히 가지고 있기 때문이다. 국가의 국제조약체결과 리행능력이 완전하다고 할 때 그것은 국제조약을 체결하는 데서 나서는 모든 문제를 자주적으로 결정하며 체약상대방 앞에서 지닌 자기의 모든 의무를 자체로 원만히 리행할 수 있다는 의미를 담는다. 국제조약의 체결에서 나서는 문제를 자주적으로 결정한다는 것은 자기 나라의 구체적 실정과 리익에 맞게 그리고 다른 나라의 그 어떤 간섭도 받음이 없이 자기의 주견과 결심에 따라 조약체결과 관련한 문제들을 독자적으로 결정하고 처리해 나간다는 것이다.

국가가 국제조약체결과 관련한 모든 문제를 자주적으로 결정하고 처리하여야 그것이 실제로 자기 민족의 리익을 고수하고 나라의 번영을 이룩하는 데 이바지하도록 할 수 있다. 국가가 국제조약상의 의무를 책임적으로 리행할 수 있는 능력을 가지고 있다는 것은 체약상대방의 요구에 어긋나지 않게 원만히 리행해 나간다는 것이다. 국제조약체결에 참가한 국가는 조약의 효력에 의해서 지니게 되는 자기의 의무를 제때에 원만히 리행하여야 국제조약의 다른 당사자들과 평등한 관계에서 권리를 지닐 수 있고 그에 기초하여 국가관계를 호상존중의 원칙에서 발전시켜 나갈 수 있다. 국가가 국제조약의 체결과 관련한 행위를 자주적으로 수행하며 조약상의 의무를 책임적으로 리행할 수 있는 이러한 완전한 능력을 가지는 것은 그 자체가 자주권을 가지고 자기 령역과 주민을 공식적으로 대표하고 관할하기 때문이다.

국가가 자주권을 가지고 있는가 하는 것과 자기 주민을 대표하는가 대표하지 못하는가 하는 것은 그 국가가 국제조약당사자로서의 지위를 지닐 수 있는가 없는가 하는 것을 가[84]르는 데서 가장 중요한 징표로 된다. 자주권은 국가가 국제조약당사자로서의 지위를 지니는 데서 가장 중요한 징표이다. 자주권은 나라와 민족의 운명과 관련된 모든 문제를 자기 나라, 자기 민족의 요구와 리익에 맞게 그 어떤 외세의 간섭을 받음이 없이 자기의 신념과 판단에 기초하여 독자적으로 결정하고 처리할 수 있는 국가의 권리이다.

위대한 수령 김일성동지께서는 다음과 같이 교시하시였다. ≪**자주성은 나라와 민족의 생명입**

니다. 모든 나라들은 생겨날 때부터 자주권을 가지고 있습니다. 자주권이 없는 나라는 참다운 독립국가라고 말할 수 없습니다.≫(≪김일성저작집≫제36권, 246페지)

자주권은 국가가 생겨날 때부터 가지는 권리로서 자주독립국가의 제일생명으로 된다. 자주권이 없는 국가는 참다운 의미에서 국가라고 말할 수 없다. 사람에게 있어서 자주성이 생명인 것처럼 국가에 있어서도 자주권은 생명으로 된다. 자주권은 다른 나라가 부여하거나 승인하여 생기는 것이 아니다. 자주권은 국가의 창건과 함께 스스로 가지게 되며 국가의 대내외활동이 강화되는 과정을 통하여 더욱 공고한 권리로 되게 된다. 모든 나라는 완전한 자주권을 행사하여야 온갖 형태의 간섭과 예속을 받음이 없이 민족적 독립을 공고히 하고 대외적으로 나라의 존엄과 영예를 지켜나갈 수 있다.

자주권은 대외관계에서 독립성과 독자성으로 표현된다. 독립성은 그 누구에게도 예속되거나 복종되지 않고 국제관계에서 완전히 평등한 지위를 차지할 데 대한 국가의 속성이라면 독자성은 그 어떤 외세의 간섭을 받음이 없이 자기의 신념과 판단에 기초하여 자기 나라와 인민의 리익에 맞게 로선과 정책을 세우고 관철하려는 국가의 속성이다. 자주권의 이러한 속성은 호상 떼려야 뗄 수 없는 불가분리의 관계에 놓인다. 독립적인 지위를 차지하지 못하는 국가는 독자적으로 대외활동을 할 수 없으며 독자적으로 활동하지 못하는 국가는 대외적으로 다른 나라에 예속되게 된다. 자주권은 바로 이러한 권리인 것으로 하여 국제조약당사자가 가져야 할 가장 중요한 징표로 된다.

국가가 대외적으로 자기의 령역과 주민을 공식적으로 대표한다는 것은 해당 국가가 자기 주민들의 적극적인 지지를 받으며 자기 령역 안의 주민을 포함한 모든 것에 대하여 일상적으로 주권을 행사한다는 것을 의미한다. 국가가 자기 령역과 주민을 공식적으로 대표하자면 전 민족의 한결같은 의사와 요구에 따라 합법적으로 세워져야 한다. 전 민족의 의사와 요구에 따라 합법적으로 세워진 국가만이 대외적으로 자기 민족을 대표할 수 있는 것이며 자기 나라, 자기 민족의 요구와 리익도 옳게 실현해나갈 수 있다. 국가는 자기가 공식적으로 대표하는 주민의 의사와 리익을 대외적으로 실현하기 위하여 다른 나라들과 이러저러한 조약을 맺는다. 그러므로 국제조약에 표현되는 국가적 의사와 요구는 다름 아닌 자기 령역 안에 살고 있는 주민들의 의사와 요구이며 국가가 그 실현을 통하여 지키려는 리익은 자기 나라 주민들의 리익으로 된다. 결국 일정한 국가령역 안에서 살고 있는 주민의 요구와 리익의 대외적 실현은 그들을 공식적으로 대표하는 국가를 통하여서만 실현되게 된다. 이것은 국제조약의 당사자로 되는 국가는 언제나 일정한 령역과 그 령역 안에 살고 있는 주민들을 공식적으로 대표한다는 것을 그대로 말하여 준다. 국제조약법에 관한 윈협약 제6조에서 ≪매개 국가는 조약을 체결할 능력을 가진다.≫고 규정한 것은 일정한 주민과 령역을 공식적으로 대표하는 국가를 의미하는 것이라고 해석할 수 있다.

다음으로 국제조약의 완전한 당사자는 민족해방투쟁조직이다. 현대국제법에서는 민족자결의 원칙에 [85]기초하여 조직된 민족해방투쟁조직을 국제조약의 당사자로 공인하고 있다. 민족해방투쟁조직이 국가와 동일하게 국제조약의 완전한 당사자로 되는 것은 한마디로 말하여 그것이 민족자결의 원칙에 따라 조직된 해당 민족의 유일한 대표자로 되기 때문이다. 원래 민족해방투쟁조직이 해당 민족의 유일한 대표자로 되는가 되지 못하는가 하는 것은 그가 국제조약의 당사자로 되는가 되지 못하는가 하는 것을 규정짓는 중요한 징표의 하나로 된다. 그것은 조약의 체결과 리행능력을 가지고 있는가 없는가 하는 것이 중요하게 그 민족의 유일한 대표자인가 아닌가 하는 데 따라 규정되기 때문이다.

민족해방투쟁조직이 전 민족을 대표하는 유일한 대표자로 도자면 우선 그것이 민족자결의 원칙에 따라 조직되어야 한다. 위대한 수령 김일성동지께서는 다음과 같이 교시하시였다. ≪모든 민족은 평등하며 자기 운명을 자신이 결정할 민족자결의 신성한 권리를 가지고 있습니다.≫ (≪김일성선집≫제39권. 397페지)

모든 나라와 민족은 민족의 내부문제를 자신의 신념과 판단에 따라 자주적으로 해결할 민족자결의 신성한 권리를 가진다. 민족자결권은 매개 민족이 자기의 국가를 창건하였거나 창건하지 못하였거나에 관계없이 가지는 권리이다. 민족자결의 신성한 권리를 가지고 있음으로 하여 국가를 창건하지 못한 민족은 자기를 대표하는 민족해방투쟁단체를 조직하고 그를 통하여 자기 민족의 요구와 리익을 대외적으로 실현하게 된다. 민족해방투쟁조직이 민족자결의 원칙에 따라 조직되었다고 할 때 그것은 그 어떤 외세에 의하여서가 아니라 민족자체의 결심과 요구에 따라 조직되고 활동한다는 것이다. 민족자체의 요구에 따라 조직된 민족해방투쟁조직만이 대외관계에서 자기 민족의 요구와 리익을 옹호하고 실현하기 위하여 활동하게 되며 따라서 자기 민족을 대표하는 유일한 대표자로 되게 된다. 민족자결의 원칙에 의해서가 아니라 외세의 요구나 간섭에 따라 조작된 조직체는 어떤 경우에도 그 민족의 대표자로 될 수 없다. 민족해방투쟁조직이 민족의 유일한 대표자로 되자면 일부 계층이 아니라 전체 민족의 의사와 요구에 따라 조직되어야 한다. 모든 민족과 모든 계층의 의사와 요구에 기초하는 조직이라야 전 민족의 대표자로 될 수 있는 것이며 대외적으로 자기 민족의 리익을 적극 실현해 나갈 수 있다.

민족해방투쟁조직의 국제조약체결과 그 리행능력은 그가 전체 민족의 의사와 리익을 대표할 때 확고히 담보하게 된다. 전 민족을 대표할 때만이 민족해방투쟁조직은 국제조약의 체결에 따르는 권리와 의무를 그들의 힘에 의거하여 원만히 실현할 수 있다. 민족자결의 원칙과 전 민족의 의사와 요구에 따라 조직된 민족해방투쟁조직은 모든 민족성원들의 한결같은 념원과 자주권의 요구에 의하여 그 민족을 대표하는 유일한 대표자로 되며 따라서 그가 취한 모든 대내외적인 조치와 행위의 결과는 그가 앞으로 창건하게 될 새 국가에 의하여 계승되게 된다.

민족해방투쟁조직이 전 민족을 대표하는 유일한 대표자로 되자면 또한 그것이 전 민족의 요구와 리익을 실현하기 위한 정치강령을 내세우고 그 실현을 위한 정연한 조직체계와 지도기구를 가지고 있어야 한다. 정치강령과 지도기구는 민족해방투쟁조직이 해당 민족의 요구와 리익을 종국적으로 실현하기 위한 확고한 담보로 된다. 정치강령은 해당 조직의 투쟁목표와 과업, 실현방도를 규정하며 그것은 지도기구와 조직체계에 의하여 그 실현이 담보되게 된다. 정치강령에서 제시된 목표와 투쟁과업의 성과적 실현은 지도기구와 조직체계의 목적의식적이며 적극적인 노력과 투쟁을 떠나 생각할 수 없다. 따라서 자기 민족의 요구와 리익에 맞는 정치강령을 가지고 그 실현을 위한 지도기[86]구와 조직체계를 가진 민족해방투쟁조직은 민족앞에 나서는 모든 문제를 자체의 힘으로 담당수행할 수 있는 민족의 유일한 대표자로 되게 된다.

이처럼 외세의 간섭과 요구에 의하여서가 아니라 민족자결의 원칙과 전체 민족의 의사를 반영하여 조직되고 명백한 투쟁강령과 지도기구를 가지고 있음으로 하여 지금까지 적지 않은 나라들에서 민족해방투쟁조직은 해당 민족의 유일한 대표자로서 국가와 동일하게 국제조약의 완전한 당사자로서의 지위를 가지고 국제조약체결에 적극 참가하고 있다. 팔레스티나해방조직이 우리나라를 비롯하여 세계의 많은 나라들과 외교관계를 맺고 자기의 재외대표부를 개설하고 있을 뿐만 아니라 1993년 9월 13일 이스라엘과 ≪오슬로협정≫을 체결함으로써 중동문제를 평화적으로 해결할 수 있는 조건을 마련한 것은 그 대표적 실례의 하나로 된다. 1967년 남부예멘민족해방전선이 영국과, 1974년 모잠비끄해방전선이 뽀르뚜갈과 나라의 독립과 관련한 협정들을 체결한 것을 비롯하여 지난 시기에도 알제리민족해방전선, 앙골라민족해방운동, 서남아프리카인민조직을 비롯한 수많은 미족해방투쟁조직들이 국제무대에서 다른 나라들과 법률관계를 맺고 자기의 민족적 대표권을 행사하였다. 민족해방투쟁조직이 참가한 국제조약은 지금까지 주로 나라의 독립을 이룩하거나 그것을 실현하는 데 필요한 협조를 목적으로 하는 쌍방조약이 기본이었다.

다음으로 국제조약의 제한적 당사자는 정부적 국제기구이다. 정부적 국제기구는 국가들 사이의 교류와 협조관계를 조직적으로 발전시키며 국제적 범위에서 국가들의 활동을 통일적으로 조정하기 위한 나라들 사이의 협력기구이다. 이러한 정부적 국제기구도 법률상 국제조약의 제한적 당사자로 된다. 정부적 국제기구가 국제조약의 제한적 당사자로 되는 것은 국제기구조직에 관한 해당 조약에 규정된 범위 안에서만 조약당사자로서의 지위를 가지기 때문이다. 자주권에 기초하여 국제조약의 당사자로 되는 국가와는 달리 정부적 국제기구는 해당 조약에 참가한 성원국들로부터 국제조약당사자로서의 자격을 부여받게 되며 따라서 이러한 정부적 국제기구를 국가와 구별하여 국제조약의 ≪특수한 당사자≫, ≪제한된 당사자≫라고 하는 것이다. 그러므로 정부적 국제기구는 해당 조약에 규제된 범위 안에서 조약체결의 권리와 의무를 가지게 된다. 정부적 국제기구가 제한된 분야에서만 국제조약의 당사자로서의 권리를 행사하게 되는 것은 구체적으로 다음과 같은 몇 가지 근거로 설명할 수 있다.

우선 정부적 국제기구 자체가 기구성원국들의 협력기관이므로 그 성원국들의 합의 없이 독자적인 결심에 따라 국제조약당사자로 나설 수 없기 때문이다. 정부적 국제기구의 의사는 그 기구를 구성하고 있는 매 성원국들의 의사이다. 그러므로 정부적 국제기구가 다른 당사자와 필요한 조약을 체결하려면 반드시 그 성원국들과의 합의가 있어야 한다. 성원국들과의 합의 없이 정부적 국제기구는 독단적으로 조약을 체결할 수 없으며 설사 조약을 체결하였다 하더라도 그것은 무효한 것으로서 성원국들을 구속할 수 없다.

정부적 국제기구가 제한된 분야에서만 국제조약당사자로서의 권리를 행사하게 되는 것은 또한 정부적 국제기구의 조약체결권이 기구조직과 활동에 관한 규약에 기초하여 가지게 되는 권리이기 때문이다. 정부적 국제기구가 가지는 조약체결권은 그것의 조직과 활동에 관한 기구조약에 기초하여 가지는 권리이다. 때문에 그것은 규약에 규정된 범위 안에서만 행사하게 된다. 이러한 견지에서 국제기구의 조약체결권은 매개 성원국들이 합의하여 부여한 극히 제한적인 권리라고 말할 수 있다. 이로부터 정부적 국제기구가 체결하는 조약은 언제나 기구규약의 범위를 벗어날 수 없다. [87]만일 정부적 국제기구가 그 범위를 벗어나 다른 당사자와 조약을 체결하였다면 그 조약은 당연히 무효로 된다. 정부적 국제기구가 가지는 국제조약체결권은 성원국들의 의사에 기초한 파생적 권리이며 국가가 가지는 조약체결권에 비하여 보다 제한적인 권리로 된다고 하는 것은 바로 이러한 리유에서 출발한 것이다.

국제적으로 가장 포괄적인 정부적 국제기구는 유엔이다. 유엔헌장의 여러 조항들에서는 총회, 안전보장리사회, 경제사회리사회를 비롯한 주요기관들을 통하여 자기의 성원국들이나 다른 국제기구들과 정치, 경제, 문화, 군사분야의 국제조약을 체결할 수 있다고 규정하고 있다. 다른 정부적 국제기구들도 자기들의 규약에서 해당 기구의 권한과 임무, 활동범위에 맞게 국제조약을 체결할 수 있다는 것을 규정하고 있다.

다음으로 국제조약의 제한된 당사자는 련방국의 행정단위이다. 련방국의 행정단위도 법률상 국제조약의 제한된 당사자로 된다. 련방국의 행정단위가 국제조약의 제한된 당사자로 되는 것은 그것이 련방국가의 헌법에 기초하여 제한된 분야에서만 국제조약당사자로서의 지위를 가지고 행사하기 때문이다. 련방국의 행정단위가 국제조약의 당사자로 되는가 되지 못하는가 하는 것은 일반적으로 해당 련방국의 헌법에서 규정된다. 그러므로 련방국의 행정단위는 련방헌법에서 규정한 범위 안에서만 조약체결권을 가지고 행사하게 된다. 사실 련방국의 행정단위는 본래부터 국제조약의 당사자로 되지 않는다. 련방국의 행정단위는 그 련방국의 헌법에 의하여 해당한 권리가 부여되어야 비로소 국제조약당사자로서의 지위를 지니게 되며 따라서 그에 기초하여 조약체결권을 행사하게 되는 것이다. 이로부터 련방국의 행정단위가 가지는 조약체결권은 련방국의 헌법에서 규정된 범위로 국한되며 그 범위를 벗어나 체결된 조약은 무효로 된다.

오늘 자기 나라의 일정한 행정단위들에 대하여 국제조약당사자로서의 권리를 부여하고 있는 나라는 대표적으로 미국, 도이췰란드, 스위스와 같은 나라들이다. 미국은 미합중국헌법에서 매개의 주들이 미국국회의 승인을 받는 조건에서 국제조약당사자로 될 수 있다는 것을 규정하고 있다.(미합중국헌법 제1조) 미국국회는 1934년에 니아잘라강 우에 있는 고속도로를 새롭게 보수하고 사용할 데 관한 문제와 관련하여 그리고 1956년에 부팔로와알레즈따교를 수리하는 문제와 관련하여 뉴욕주가 카나다와 해당한 협정을 체결하도록 허용하였다. 도이췰란드련방공화국 기본법은 ≪주의 립법권 범위 내에서 각 주는 련방정부의 동의하에 외국과 조약을 체결할 수 있다.≫(제32조 3항)고 규정하고 있으며 스위스련방헌법에서도 ≪국가재정 및 린방과의 관계, 경찰사업과 관련하여 각 주는 외국과 조약을 체결할 권리를 가진다. 그러나 이러한 조약은 련방 혹은 기타 주의 리익에 배치되는 규정을 가져서는 안 된다.≫(제9조)고 규정하고 있다. 련방국가 헌법들에서 개별적인 행정단위들에게 대하여 국제조약당사자로서의 권리를 부여하는 방식은 서로 다르나 조약의 내용이 주로 경제분야로만 국한하고 있는 것은 하나의 공통점으로 된다고 볼 수 있다.

다음으로 국제조약의 제한적 당사자는 개별적 나라들에서의 특정한 경제자치구이다. 특정한 경제자치구는 개별적 나라들에서 자기 나라의 실정에 따라 외교와 국방을 제외한 모든 분야에서의 활동을 독자적으로 벌리도록 허용하고 있는 행정적인 일정한 지역이라고 말할 수 있다. 특정한 경제자치구가 국제조약의 제한적 당사자로 되는 것은 련방국가의 행정단위와 마찬가지로 그것이 자기 나라의 해당 법에 따라 제한된 분야에서만 국제조약당사자로서의 지위를 가지고 행사하기 때문이라고 볼 수 있다. 특정한 경제자치구는 대체로 련방국가들에서처럼 헌법에 의해서가 아니라 자국이 특별히 제정한 법에 기초하여 국제조약당사자로서의 지위를 가진다. 그러나 특정한 경제자치구는 해당 특별법에서 허용한 범위를 벗어나 국제조약의 당사자로 나설 수 없다. 때문에 특정한 경제자치구도 모든 분야에서가 아니라 해당 법에서 규정된 범위 안에서만 국제조약당사자로서의 지위를 지니고 행사하는 제한적 당사자로 되는 것이다. 특정한 경제자치구들에 국제조약당사자로서의 지위를 부여하고 있는 대표적인 나라는 중국이다. 중국은 홍콩과 마카오를 특정한 경제자치구로 선포하고 국제조약당사자로서의 지위를 부여하고 있다. 홍콩은 1990년에 전국인민대표대회에서 통과된 ≪홍콩특별행정구 기본법≫에 따라 1998년 이후부터 국제조약당사자로서의 지위를 가지게 되었으며 이로부터 외교와 국방을 제외한 모든 분야에서 국제조약체결권을 행사하게 되었다. ≪홍콩특별행정구 기본법≫ 제13조 3항에서는 ≪중앙인민정부는 홍콩특별행정부에 본법에 준하여 해당한 대외사업을 자체로 처리할 권한을 준다.≫고 하였으며 제151조에서도 ≪홍콩특별행정부는 경제, 무역, 금융, 항공운수, 통신, 려행, 문화, 체육 등 령역에서 〈중국홍콩〉의 명의로 독자적으로 세계 각국, 각 지역, 해당 국제조직과 관계를 유지하고 발전시키며 해당한 협정을 체결할 수 있다.≫고 규정하고 있다. 중국의 마카오도 ≪마카오특별행정구 기본법≫에 의하여 홍콩과 기본적으로 동일한 국제조약의 당사자로 인정하고 있다.

이상에서 본 바와 같이 현대국제법에서 공인하고 있는 국제조약의 완전한 당사자는 국가, 민족해방투쟁조직이며 국제조약의 제한적 당사자는 정부적 국제지구, 련방국의 행정단위, 특정한 경제자치구들로 된다. 우리는 국제조약당사자에 대한 리해를 더욱 폭넓고 깊이 있게 가지고 그것을 국제조약의 체결과 리행실천에서 정확히 구현하도록 하여야 할 것이다.

13. 국제조약의 성립조건[2]

림 동 춘

[64]국제조약이 국제법상 유효한 조약으로 되자면 일정한 조건밑에서 성립되어야 한다. 현대국제법리론과 실천에서 공인하고 있는 국제조약의 성립조건은 첫째로, 국가가 국제조약체결

2) 출처: 김일성종합대학출판사, 『김일성종합대학학보: 력사법학』, 제49권 제3호(2003), 64-68쪽.

의 능력을 가지고 있어야 하며 둘째로, 국제조약체결권자에게 전권위임장이 있어야 하며 셋째로, 국제조약체결권자의 의사에 사소한 결함도 없어야 하며 넷째로, 국제조약의 내용이 적법적이어야 하며 다섯째로, 국제조약이 체결국의 국가수반이나 최고주권기관의 비준을 받아야 한다는 것이다. 국제조약성립의 이 다섯 가지 조건 중에서 그 어느 하나라도 빠지는 경우 그 조약은 국제조약이라고 할 수 없으며 설사 어느 일방이 국제조약이라고 주장하여도 국제법상 효력을 가지지 못한다.

국제조약의 성립조건은 첫째로, 국가가 국제조약체결의 능력을 가지고 있어야 한다는 것이다. 국가의 조약체결능력이란 조약체결에 참가한 국가가 그 어떤 외세의 간섭을 받음이 없이 조약체결과 관련한 행위를 독자적으로 수행하며 체약국들 사이에서 합의된 권리와 의무를 책임적으로 리행할 수 있는 능력을 말한다. 다시 말하여 국가의 조약체결능력이란 조약체결과 관련한 체약타방의 요구를 자기 나라의 구체적 실정과 민족의 리익에 맞게 자주적으로 처리하며 조약에서 합의된 권리의무를 국제법의 기본원칙과 체약국들의 리익에 부합되게 리행해 나갈 수 있는 능력을 말한다.

국가의 조약체결능력은 자주권에 의하여 담보되며 자주권은 자주독립국가들만이 가진다. 위대한 수령 김일성동지께서는 다음과 같이 교시하시였다. ≪모든 나라들은 생겨날 때부터 자주권을 가지고 있습니다. 자주권이 없는 나라는 참다운 독립국가라고 말할 수 없습니다.≫(≪김일성저작집≫제36권. 246페지)

자주권이란 다른 나라의 간섭을 받음이 없이 자기 나라의 모든 대내외문제를 자신의 신념과 판단에 따라 자기 나라의 실정에 맞게 결정하고 처리해나갈 권리이다. 자주권은 그 누가 부여하는 것이 아니라 국가가 자기의 본성으로부터 가지게 되는 권리이다. 매개 국가들은 자주권을 가져야 국제사회에서 독립국가로서의 지위를 확고히 고수할 수 있으며 국제관계의 당사자, 국제조약체결권자로서의 권리를 행사할 수 있다. 국가가 자주권을 가지고 있다는 것은 그 국가가 국제조약체결능력을 가지고 있다는 것을 의미한다. 그것은 국가의 조약체결능력이 그 국가가 가지고 있는 자주권에 의하여서만 담보되는 것이기 때문이다.

국가의 조약체결능력은 우선 조약체결과 관련된 모든 법률적 행위들을 다른 나라의 간섭을 받음이 없이 독자적으로 수행하는 데서 나타난다. 모든 나라들은 그 자주적 본성으로부터 자기 나라의 대내외문제들을 자기의 실정과 리익에 맞게 결정하고 처리해 나간다. 만약 자신의 독자적인 주견과 결심에 의해서가 아니라 다른 나라의 압력과 지시에 의하여 자기의 문제를 처리한다면 그러한 나라는 자기 민족의 리익을 옹호고수할 수 없는 것은 물론 다른 나라들의 신뢰를 받을 수 없으며 국제관계발전에 이바지할 수 없다.

국가의 조약체결능력은 또한 체결한 국제조약상의 권리를 자주적으로 행사하고 의무를 책임적으로 리행하는 데서 나타난다. 국가들이 국제조약을 체결하는 목적은 합의 그 자체에 있는 것이 아니라 체약국들 사이에 합의된 권리의무를 책임적으로 리행함으로써 호상 유무상통하고 협조하자는 데 있다. 국제조약체결에 참가하는 나라들은 조약에서 규제된 권리의무를 리행하는 과정을 통하여 자기 나라와 민족의 리익을 도모하고 다른 나라들과[65]의 협조관계를 실현해나간다. 사실상 국제조약은 그 정확한 리행을 전제로 하여 체결한다고 말할 수 있다. 따라서 국제조약상의 권리의무를 리행할 수 없는 나라들은 국제조약의 체결에 나서지 말아야 한다. 이것은 국가의 조약체결능력이 국제조약성립의 가장 중요한 필수적 조건으로 된다는 것을 말해준다. 국제조약체결능력을 가진 나라들은 국제법상 다른 나라들과 임의의 조약을 체결할 수 있으며 그 어떤 형태의 개방조약에도 참가할 수 있는 권리를 가진다.

국가의 조약체결능력은 해당 국가의 국제적 지위와 이미 체결한 국제법의 구속에 의하여 제한된다. 영구중립국가들은 그것이 비록 방위적 성격의 조약이라 할지라도 군사동맹조약, 외국군사기지의 설치에 관한 조약, 군사원조에 관한 조약 등과 같은 조약을 체결할 수 없다. 1968년 7월에 체결된 핵무기전파방지조약 참가국들은 핵무기를 다른 나라에 인도하거나 다른 나라들에서 받을 데 대한 협정을 체결할 수 없다. 물론 이 나라들의 국제적 지위가 달라지거나 해당 조약의 구속을 받지 않는 경우에는 그에 맞게 조약체결능력이 변화된다.

국제조약체결능력은 단일국가와 련방국가에서 서로 다르다. 하나의 최고주권기관과 최고관리기관을 가진 단일국가의 경우 대외적으로 조약체결능력을 그 국가가 가진다는 것은 더 론의할 여지가 없지만 련방국가의 경우에는 련방을 이루는 성원국들이 조약체결권을 가지는가 가지지 못하는가 하는 문제는 련방국가의 헌법에 의하여 결정된다. 련방헌법이 련방성원국들에 조약체결권을 부여한다면 성원국들은 련방헌법의 테두리 안에서 조약체결능력을 가지게 된다. 이 경우 련방성원국들이 가지게 되는 조약체결권은 완전한 것이 아니라 련방헌법이 규제하고 있는 범위에 국한된다. 그것은 련방성원국들이 단일국가처럼 대외관계에서 자기의 자주권을 완전히 행사할 수 없고 조약에서 합의된 국제법상의 의무리행을 철저히 담보할 수 없기 때문이다. 오늘 련방국가들 중 성원국들에 조약체결권을 주는 나라는 스위스련방이며 주지 않는 나라들은 인디아, 파키스탄, 오스트랄리아, 메히꼬, 브라질, 아르헨띠나, 미국을 비롯한 대다수 나라들이다.

국제조약의 성립조건은 둘째로, 조약체결권자에게 전권위임장이 있어야 한다는 것이다. 전권위임장이란 국제조약체결과 관련한 행위를 수행하기 위하여 파견되는 국가대표에게 발급하는 문건을 말한다. 전권위임장은 권한 있는 국가기관이 자기의 전권대표에게 해당한 권한을 부여하였다는 것을 증명하는 법적 문건이다. 전권위임장은 국제조약과 관련한 행위를 수행하기 위하여 파견되는 사람이나 대표단이 해당 국가를 대표한다는 것을 확인하는 주권국가의 증표이다. 그 어떤 나라의 대표들이나 다 전권위임장이 있어야 공식적인 국가대표로 인정될 수 있으며 조약체결과 관련한 회담에 참가할 수 있고 부여받은 권한의 범위 안에서 조약을 체결할 수 있다.

전권위임장을 가지고 있는 대표나 대표단만이 자기 나라를 대표하여 국제조약체결과 관련한 국제법상의 행위를 수행할 수 있다. 국제조약체결과 관련한 행위란 국제조약을 체결하기 위한 회담을 진행하고 조약문을 채택하거나 수정, 변경하여 폐기하는 행위를 말한다. 이러한 행위는 개별적인 대표가 수행한다고 하여도 그것은 곧 국가적 의사와 요구로 되며 따라서 그의 행위는 나라와 민족의 리익과 직접 관계된다. 그것은 그의 행위에 의하여 국가가 체약타방국들 앞에서 국제조약상의 권리와 의무를 지니게 되기 때문이다. 이로부터 쌍방조약이나 다방조약을 체결하는 국제회담에서는 문제토의에 들어가기 전에 대표들 호상간에 전권위임장을 호상 확인하는 것을 중요한 국제법적 절차로 간주하고 있다. 이 경우 전권위임장이 없는 대표는 회담에 참가할 수 없으며 설사 그가 회담에 참가하여 [66]조약을 체결한다 하여도 그의 행위는 자기 국가를 대표할 수 없다. 이러한 조약은 국제법상 아무러한 효력도 가지지 못한다. 1969년 유엔 국제법위원회에서 채택한 국가들 사이의 조약법에 관한 원협약 제8조에는 ≪조약체결을 위한 국가대표로 전권을 위임받지 못한 사람이 수행한 행위는 차후에 그 국가가 확인하지 않는 한 법적 효력을 가지지 못한다≫라고 규정되어 있다. 이것은 전권을 위임받지 못한 대표는 국제조약체결을 위한 회담에 참가할 수 없으며 만약 그가 참가하여 조약을 체결하는 경우에는 차후에 전권위임장을 제출하거나 해당 조약참가국이 확인을 해주어야만 그가 체결한 조약이 유효한 조약으로 될 수 있다는 것을 의미한다.

전권위임장을 가진 대표는 국가가 부여한 권한의 범위 안에서만 국제조약과 관련된 행위를 수행할 수 있다. 전권위임장에는 전권대표에게 부여된 권한의 범위가 밝혀져 있다. 국가는 전권대표에게 해당한 국제조약과 관련한 행위를 수행하기 위한 전권을 위임할 때 필요에 따라 회담을 진행하고 조약문을 채택할 권한만을 위임하거나 조인을 비롯하여 조약체결과 관련한 행위의 전부를 위임할 수도 있다. 따라서 전권대표는 국가가 위임한 전권의 범위 안에서만 활동하며 위임받은 조약만을 체결하여야 한다. 전권대표는 조약문을 토의하고 채택할 위임만 받았다면 조약에 조인해서는 안 되며 서명할 전권만 위임받았다면 조약을 수정변경하는 행위를 하지 말아야 한다. 이 경우 권한의 범위를 벗어난 그의 행위는 국가를 구속하지 못하며 그것이 국제법상 효력을 가지는 유효한 조약으로 성립하자면 국가의 차후승인이 있어야 한다. 국가가 자기 대표에게 전권의 범위를 지적해주는 것은 국제조약이 개별적인 대표에 의하여 체결된다 하여도 그로부터 발생하는 국가의 권리의무는 전권대표개인의 재량에 의해서가 아니라 국가적 의사에 의하여 결정된 것으로 인정되기 때문이다. 이것은 전권위임장이 없이는 국가대표가 국제조약체결과 관련한 행위를 할 수 없으며 전권을 위임받은 대표가 수행한 행위만이 국제조약을 성립시킬 수 있다는 것을 말해준다.

국제조약의 성립조건은 셋째로, 국제조약체결권자의 의사에 사소한 결함도 있어서는 안 된다는 것이다. 국제조약은 국가들 사이의 자유로운 의사합의이다. 합의는 평등한 국가들 사이의 자유로운 의사표시에 의하여 이루어진다. 매개 주권국가들의 평등하고 자원적인 의사에 의하여 국제조약체결의 가장 중요한 행위인 국가적인 동의가 표시되며 동의한 결과로써 조약참가국들의 권리의무가 규제되게 된다. 조약체결국이 어떠한 권리를 가지며 어떠한 의무를 지게 되는가 하는 것은 전적으로 체약국가의 국가적 요구와 의사에 의하여 결정된다고 말할 수 있다. 이 국가적인 의사에는 외부적인 압력이나 대표개인의 착오나 실수가 사소하게라도 담겨져서는 안 된다. 국가의 이름으로 조약을 체결하는 대표자가 체약타방이나 제3국으로부터 가해지는 그 어떤 압력이나 유혹을 받아 자기 의사를 자유롭게 표시하지 못하는 상태에서 이루어진 합의는 해당 체결국가의 요구나 동의라고 볼 수 없다. 이 경우 설사 조약이 체결되었다 하여도 체결국은 그 조약을 인정하지 않고 그 리행을 거절할 수 있다. 그것은 해당 조약이 조약체결국의 요구가 아니라 체약 타방이나 제3국의 요구에 의하여 체결되었다고 보아야 하기 때문이다. 이것은 조약체결권자의 의사에 사소한 결함도 없어야 한다는 것이 합의의 기초로 되며 따라서 대표자의 의사의 완전성이 국제조약성립의 가장 중요한 조건으로 된다는 것을 말해준다.

조약체결권자의 의사에 사소한 결함도 없어야 한다는 것은 체결권자의 의사가 그 어떤 외적 요인의 영향을 받지 않고 자국정부가 요구한 의사 그대로 표시되어야 한다는 것이다. 다시 말하여 체약타방이나 제3국의 압력이나 유혹을 받지 말아야 한다는 것을 말한다. 체결권자의 [67]의사표시에 영향을 주는 외적 요인이란 조약체결권자에 대한 기만, 매수, 강요, 착오를 말한다. 기만이란 조약체결권자가 체약타방이나 제3국의 거짓언행의 영향을 받아 자기의사를 제대로 표시하지 못한 것을 말하며 매수란 체약타방이 국가대표를 일정한 조건을 리용하여 유혹

함으로써 대표가 국가적 요구와는 다르게 자기 의사를 표명하게 하는 것을 말한다. 이 경우 국가대표자에 대한 기만이나 매수가 체약타방에 의하여 직접적으로 감행되었는가 혹은 간접적으로 감행되었는가에는 관계없이 대표자의 의사가 국가적 요구와는 다르게 표현되었다면 당연히 기만이나 매수로 된다. 국제조약법에 관한 윈협약 제49조에서는 ≪국가가 다른 회담참가국의 기만적인 행동의 영향을 받아서 조약을 체결한 경우 그 조약은 무효≫이라고 규정하고 있으며 제50조에서는 ≪조약에 구속될 데 대한 동의가 다른 회담참가국에 의한 상기 국가대표의 직접적 또는 간접적인 매수를 통하여 표시되었다면 그것은 무효≫이라고 규정하고 있다. 국제조약법에 관한 윈협약에서는 조약체결권자에 대한 강요와 착오에 대하여서도 상세히 지적하고 있다. 제51조에서는 ≪국가대표를 직접 반대하는 행동 혹은 위협을 그 대표에게 강요함으로써 조약에 구속될 데 대한 국가의 동의가 표시되었다면 이 동의는 어떠한 법적 효력도 가질 수 없다≫라고 규정하고 있으며 제48조 1항에서는 ≪착오가 조약체결 시에 존재하였고 국가동의의 주요한 기초를 이루는 사실이나 상태와 관련되어 있다면 그 동의는 무효≫라고 규정하고 있다. 이것은 국가대표자가 체약타방이나 제3국의 강요에 의하여 의사표시를 하였거나 조약체결의 기초를 이루는 사실들을 정확히 파악하지 못하고 의사를 표시하는 경우 그 의사를 결함 있는 것으로 보아야 하며 따라서 그러한 의사로써는 국제조약을 성립시킬 수 없다는 것을 말해준다.

국제조약의 성립조건은 넷째로, 조약내용이 적법적이어야 한다는 것이다. 국제조약의 내용이 적법적이라는 것은 체결된 조약내용이 국제법의 기본정신과 국제사회가 공인하는 국제관계에 부합되어야 한다는 것이다. 다시 말하여 해당 국제조약에서 규제되는 국가들의 권리의무가 국제법의 기본원칙과 국제관습에 어긋나게 설정되지 않고 체결국의 민족적 리익을 도모하고 다른 나라들과 관계를 발전시키는 것으로 되어야 한다는 것을 말한다.

국제조약은 국제법의 기본원칙에 부합되게 국가들의 권리의무를 규제하여야 매개 나라들의 민족적인 리익을 지켜나갈 수 있으며 정상적인 국제관계발전에 이바지할 수 있다. 매개 나라들이 국제법의 기본원칙인 자주권존중, 불가침, 내정불간섭, 평등호혜의 원칙을 지킨다고 하여 그 국가의 독립이나 자주권이 제한되는 것은 아니다. 그것은 국제법의 기본원칙이 모든 국가들 사이의 평등을 전제로 하고 있는 원칙인 것만큼 그 원칙에는 매개 국가의 자주적인 요구가 담겨져 있으며 따라서 그의 엄격한 준수가 국가의 자주권을 고수하는 기초로 되기 때문이다.

매개 국가들이 국제조약을 체결하는 목적은 국제관계발전에 이바지하자는 데 있다. 국가의 이 목적은 적법적인 조약을 체결할 때만이 실현될 수 있다. 이것은 국제법의 기본원칙과 국제관계에 어긋나는 국제조약은 나라와 민족의 리익을 해치고 전반적인 국제관계발전을 저해한다는 것을 말해준다. 따라서 이러한 국제조약은 체결될 수 없으며 체결된다 하더라도 효력을 가질 수 없다. 국제조약이 그 내용에서 적법적인 것으로 되는 데는 두 가지 경우가 있다. 하나는 조약내용이 제3국에 권리의무를 지우지 않는 것이며 다른 하나는 조약내용이 일반국제법의 강제규범에 저촉되지 않도록 하는 것이다. 조약법에 관한 윈협약 제53조에서는 ≪일반국제법의 강제규범에 모순되는 조약은 무효이다≫라고 규정하고 있다. 여[68]기서 지적한 강제규범에는 국제법의 기본원칙, 집단살해금지, 해적행위금지, 노예매매금지 등 국제적 정의와 오늘 국제법 실천에서 널리 적용되고 있는 국제관계의 원칙들이 들어있다. 때문에 국제조약체결에 참가하는 모든 나라들이 이 두 경우를 철저히 지키는 것은 자기의 리익을 지키고 국제관계발전에 이바지하는 것으로 된다.

국제조약의 성립조건은 다섯째로, 국제조약에 국가수반이나 최고주권기관의 비준이 있어야 한다는 것이다. 국제조약의 비준이란 국가수반이나 국가의 최고주권기관이 전권대표가 조인한 조약을 최종적으로 확인하며 조약상 의무리행에 동의를 표시하는 법률행위이다. 비준은 국제조약체결의 마지막 공정이다. 비준에 의하여 국제조약은 비로소 효력을 발생한다. 비준은 국가수반이나 최고주권기관이 전권대표가 조인한 국제조약이 국가적 요구대로 되었는가를 최종적으로 확인하는 행위이기 때문에 구체적이면서도 엄격한 검토공정을 거친 후에 비로소 진행된다. 비준은 모든 조약에 다 적용되는 것이 아니라 비준을 받아야 효력을 발생하는 조약들에만 적용된다.

조약의 체결에 비준제도를 설정하게 된 것은 우선 국제조약의 체결에 국가수반이나 국가의 최고주권기관이 직접 참가하지 않고 자기 대표를 파견하는 것과 관련된다. 전권대표는 조약문 토의로부터 조인에 이르기까지의 조약체결과 관련한 모든 공정에서 독자적으로 활동하게 된다. 때문에 국가적 요구에 따라 조약체결이 되었는가 조약내용어 국가의 요구가 정확히 담겨져 있는가 하는 문제를 반드시 확인해야 할 필요성이 제기된다. 그것은 전권대표의 주관적 의사에는 관계없이 조약내용이 국가의 요구에 맞지 않게 꾸며질 수도 있기 때문이다. 전권대표는 본의 아니게 체약타방이나 제3국의 영향을 받을 수도 있고 기만당하거나 매수되어 자기 국가의 요구를 충분히 담지 못한 조약체결에 동의할 수도 있다. 비준제도는 전권대표의 이러한 오유[3]를 극복하고 조약내용에 국가적 요구가 정확히 들어갔는가 하는 것을 확인하는 제도이다. 비준제도가 있게 되는 것은 또한 조약체결이 체약일방의 령토에서 비공개로 진행되는 것과 관련된

---

3) 편집자주: 오유란 '행동이나 사고에 있어서 잘못이나 그릇된 일'로 오류(誤謬)를 의미한다. 사회과학출판사, 『조선말대사전 2』(평양: 사회과학출판사, 1992), 1545쪽.

다. 국제조약의 체결과 관련한 회담은 대체로 체약일방의 령토에서 비공개로 진행된다. 따라서 체약타방은 조약이 조인되는 순간까지도 조약의 정확한 내용에 대하여 알 수 없으며 전권대표가 조약문을 가지고 귀국해야만이 알 수 있다. 만약 국제조약이 비준단계를 거치지 않고 조인만으로 효력을 발생한다면 전권대표의 의사에 오유가 있는 경우 그를 시정시켜 줄 수 없으며 따라서 그러한 조약은 해당 국가의 요구와 의사에 어긋나는 조약으로서 체결국을 구속할 수 없다. 조인국이 구속에 동의하지 않는 조약은 비록 조인단계까지 거친 조약이라 하더라도 성립한 조약이라고 볼 수 없으며 국제법적 효력을 가질 수 없다.

우리는 국제조약의 성립조건에 대한 리해를 바로 가지고 대외활동에서 우리공화국의 존엄을 철저히 지켜나가야 할 것이다.

14. 국제조약의 효력발생시기와 조건[4]

림 동 춘

[65]국제조약은 국제법 당사자들 사이에 서로 지켜야 할 행위규범이다. 따라서 국제조약의 효력이 언제 어떤 조건에서 발생하며 그것이 얼마나 존속하는가 하는 문제를 정확히 밝히는 것은 체약국들의 조약상 권리의 행사와 의무의 리행에서 매우 중요한 의의를 가진다. 그것은 체약당사자들의 권리행사와 의무리행이 조약의 효력발생에 따라 시작되고 효력기간이 만료되는 데 따라 결속되기 때문이다. 특히 미제를 비롯한 제국주의나라들이 국제조약이 효력을 발생한 후에도 조약에서 규제된 의무를 리행하지 않으며 조약기간이 지나지 않았음에도 불구하고 조약의 일방적인 폐기나 파기를 선포하는 것과 같은 파렴치한 행위를 일삼고 있는 조건에서 제국주의자들이 떠들어대는 이른바 ≪조약≫들의 기만성과 비법성, 그 범죄성을 폭로배격하는 데서 매우 중요한 의의를 가진다.

위대한 수령 김일성동지께서는 다음과 같이 교시하시였다. ≪유엔은 미제가 유엔에서 비법적으로 꾸며 낸 〈조선문제〉에 관한 모든 〈결의〉들을 취소하여야 합니다. 그렇지 않으면 조선에 대

---

4) 출처: 김일성종합대학출판사, 『김일성종합대학학보: 력사법학』, 제49권 제4호(2003), 65-70쪽.

하여 정당한 방침을 취함으로써 종래의 비법적인 〈결의〉들이 무효로 되게 하여도 좋습니다.≫ (≪김일성전집≫제48권, 173∼174페지)

유엔이 지난 기간 조선문제와 관련하여 조작해낸 ≪결의≫와 ≪결정≫들은 미제의 일방적인 압력과 매수, 기만과 회유에 의하여 ≪합의≫된 것들로서 유엔헌장과 국제법의 기본원칙에 위반되는 불법무효한 ≪결의≫들이었다. 이 ≪결의≫와 결정들은 국제조약의 효력발생과 그 기간에 관한 국제조약법의 기본요구와 관례를 완전히 무시한 것들이었다.

국제조약은 쌍방 혹은 여러 국가들 사이의 합의에 의해 체결되는 것만큼 어느 일방이나 일부 나라들의 요구에 의하여 효력이 발생하거나 조약의 효력기간이 정지, 완료되지 않는다. 조약의 효력발생시기와 그 존속기간은 해당 조약에 규제되어 있거나 체약국들 사이의 합의에 의하여 결정된다. 국제조약의 효력은 보통 조약이 조인되는 순간, 조약에 대한 비준서가 교환되는 순간, 조약에 대한 정부의 승인통지서가 교환된 순간을 조건으로 하여 발생한다. 국제조약이 효력을 발생하면 체약국가나 체약국제기구들은 조약에 규제된 권리와 의무를 지니게 되며 만일 조약상의 의무를 리행하지 않는 경우 그 후과에 대한 국제법상의 책임을 져야 한다.

국제조약의 효력발생이란 체약당사자들이 해당 조약에 구속되어 조약상의 권리를 행사하고 의무리행에 착수하는 것을 말한다. 다시 말하여 국제조약에 참가하는 국가나 국제기구들이 해당 조약에서 규제된 권리와 의무를 리행하기 위한 법률행위에 들어선다는 것을 말한다. 국제조약의 효력은 조약의 목적과 대상, 체결당시의 정세, 국가들 사이의 관계, 체결국가의 계급적 성격에 따라 여러 가지 형태로 발생할 수 있으나 대체로 다음과 같은 조건에서 발생한다.

첫째로, 국제조약의 효력은 조인한 순간에 발생한다. 조인은 국제조약효력발생의 가장 주되는 조건이다. 조인이란 조약체결에 참가한 전권대표가 이미 작성채택한 조약문이 최종적인 정본이라는 것을 공식인정하고 조약상의 의무를 리행하겠다는 것을 확인하는 국가의 법률행위이다. 조인은 국가의 법률행위이기 때문에 모든 조인국들은 조인한 순간부터 해당 조약의 구속을 받게 되며 조약에서 규제된 의무의 리행에 착수하게 된다. 오늘 국가들 사이에 체결되는 국제조약의 전부가 조인을 조건으로 하여 효력을 발생시키는 조약들이다. 절대다수의 국제조약들이 조인순간에 효력을 가지게 되는 것은 조약의 체결목적과 조인의 법률적 효과와 관련된다.

국제조약들이 조인된 순간에 효력을 가지게 되는 것은 우선 체약국들의 조약체결목적과 관련된다. 모든 나라들이 조약을 체결하는 목적은 체결하려는 조약을 빨리 발효시켜 체약타방과의 합의를 될수록 짧은 기간 내에 실현하며 조약을 통하여 해결하려는 자기의 요구를 달성하자는 데 있다. 따라서 조약체결에 참가하는 모든 나라들은 조인 그자체로 효력이 발생될 것을 바라게 된다. 국제조약들이 조인된 순간에 효력을 가지게 되는 것은 또한 조인이 조약상 의무를 지닐 데 대한 국가의 최종적인 동의표시로 인정되기 때문이다. 조인은 국가의 법률행위로서 조인국으로 하여금 해당 조약에 완전히 구속되는 법적 효과를 발생시킨다. 비준을 받지 않아도 국제조약으로 성립되는 조약들은 조인행위자체로서 효력을 발생시키며 비준을 받아야 성립되는 조약들은 비준의 의무와 비준될 때까지 조약의 목적과 기본내용, 그 대상을 변경시키지 않을 데 대한 의무를 지운다.

비준은 국가수반이나 최고주권기관이 자기의 전권대표가 조인한 조약을 심중히 검토하고 최종적으로 확인하며 조약상 의무를 지닐 데 대한 동의를 표시하는 법률행위이다. 국가관계의 기본조약이나 정치조약과 같이 주요한 조약들은 비준을 받아야 효력이 발생된다. 조인된 순간부터 효력을 발생하는 조약들로서는 비준이나 승인을 받지 않아도 국제조약으로 성립하는 조약과 쌍방조약, 비준해야 성립하나 체약국들이 조인 즉시 효력발생을 요구하는 조약, 조인한 날보다 먼저 효력을 발생하는 조약, 조약문에 조약의 효력발생시기를 규정하지 않은 조약들이 있다.

조인된 순간부터 효력을 발생하는 조약에는 우선 조약의 발생시기를 규정하지 않은 조약들이 있다. 비준이나 승인을 받지 않아도 성립하는 조약과 쌍방조약은 조인순간을 조건으로 하여 효력이 발생되는 전형적인 조약들이다. 이 조약들이 조인 즉시 효력을 발생하게 되는 것은 체약국들이 조약의 신속한 리행을 강하게 요구하며 조약내용이 다른 조약에 비해 간단하고 체약국들 사이에서 조약내용에 대한 합의가 비교적 충분히 되었기 때문이다.

국제조약은 체약국들 사이의 자유롭고도 충분한 의사합의에 의하여 체결되는 것이기는 하지만 모든 조약들이 체약당사자들 사이에 문구를 따져가면서 합의가 이루어진 다음에 체결되는 것은 아니다. 비준을 요구하지 않는 조약이나 쌍방조약은 다른 조약들에 비해볼 때 조약의 내용과 대상이 단순하고 그에 대한 체약당사자들 사이의 합의도 의문의 여지없이 충분히 이루어졌다고 볼 수 있는 것들이다. 따라서 이러한 조약들은 조인 즉시 효력이 발생되어도 그 리행과정에 비정상적인 문제가 제기되지 않는다. 대체로 이러한 조약에서는 ≪본 협정은 서명한 날부터 효력을 발생한다≫라고 조문화하고 있다.

조인된 순간부터 효력을 발생하는 조약에는 또한 비준을 받아야만 국제조약으로 성립하는 조약들이 일부 포함된다. 비준을 받아야 성립하는 조약들이 조인 즉시 효력을 발생하게 되는 것은 체약당사자들이 해당 조약의 효력발생을 시급히 요구하는 경우가 있기 때문이다. 국제조약에 참가하는 국가들은 국내의 사정이나 혹은 다른 나라와의 관계를 고려하여 조약의 조속한 리행을 요구하는 경우에 처하게 된다. 이런 경우 체약국들은 합의에 따라 조인된 순간부터 조약을 발효시키고 비준은 차후에 하기로 한다. 이러한 조약은 그 내용으로 보아 반드시 비준하여야 하지만 조인 즉시 발효시키지 않으면 다른 문제가 제기되거나 즉시 발효시키는 것이 여러 모로 보아 절실히 필요하다고 인정되는 경우에 적용된다. 이러한 조약에는 ≪본 조약은 서명 후 즉시 효력을 발생하며 가능한 한 짧은 기간 내에 비준되어야 한다≫라고 규정되어 있다.

조인된 순간부터 효력을 발생하는 조약에는 또한 조인에 앞서 효력을 가지는 조약이 있다. 이러한 조약들에서는 조약의 효력발생[67] 날자를 조인날자보다 앞세워 정하게 되는데 어느 날로 정하겠는가 하는 것은 체약국들의 합의에 의하여 결정한다. 효력발생을 조인날보다 앞선 날자로 정하게 되는 것은 체약국들이 조약문에 규정된 내용과 비슷한 행위를 이미 하였을 경우에 그 행위의 합법성을 체약국들 호상간이나 제3국에 인정시켜야 할 필요성이 제기될 때이다. 례하면 우리나라와 중국 사이에 주체 50(1961)년 1월 8일에 조인된 ≪상품교류에 관한 의정서≫를 들 수 있다. 이 조약은 1월 8일에 조인하면서도 1월 1일부터 효력을 가진다고 규정하고 있다. 두 나라 사이에 년간 경제협정을 체결하는 경우 이러한 형식을 취하는 때가 많다.

조인된 순간부터 효력을 발생하는 조약에는 또한 조약문에 효력발생시기가 규정되어 있지 않고 체약국들 사이에 이에 대한 합의가 없는 조약들도 포함된다. 이러한 조약들의 효력발생시기를 조인된 순간으로 보게 되는 것은 조약문에 효력발생시기를 규정하지 않은 조약들에서 해당 조약에 구속될 데 대한 동의표시는 오직 조인으로써만 진행되기 때문이다. 일반적으로 국제조약의 효력발생시기는 조약문에 규정되어 있거나 체약국들 사이의 합의에 의하여 정해지기 때문에 조약의 효력발생시기는 명백하다. 조약에 규정되어 있지 않고 체약국들 사이에서도 그 효력발생시기가 합의되어 있지 않는 조약들에서의 조인행위는 체약국들에 있어서 해당 조약에 구속될 데 대한 최종적인 동의표시로 간주된다. 이런 의미에서 이러한 조약에 대한 조인행위의 법률적 효과는 다른 조약들에서보다 훨씬 크고 무거운 것이라고 볼 수 있다.

둘째로, 조약의 효력은 비준서가 교환되거나 기탁되는 순간에 발생한다. 비준서의 교환에 의하여 효력이 발생하는 조약은 대체로 쌍방조약이며 비준서의 기탁에 의하여 효력이 발생하는 조약은 주로 다방조약이다. 쌍방조약에서는 비준서를 교환한 순간부터 또는 비준서를 교환한 날부터 일정한 기간이 지난 다음에 효력이 발생된다. 쌍방조약은 비준서가 교환되는 순간부터 효력이 발생되는 것이 일반적이지만 비준서를 교환한 날부터 일정한 기간이 지난 다음에 효력이 발생되는 조약들도 있다. 비준서가 교환된 날부터 일정한 기간이 지난 다음에 효력이 발생하는 것은 해당 조약에서 규제된 의무리행을 즉시에 수행할 수 없을 경우와 의무리행이 당장 필요하지 않음으로 하여 일정한 기간을 두고 조약을 발효시키는 경우이다. 이러한 조약의 마감부분에서는 ≪비준서를 교환한 날부터 X개월 후에 효력이 발생한다≫라고 규정하는 것이 일반적이다.

다방조약의 효력은 체약국들의 비준서가 얼마나 기탁되었는가, 지정된 체약국들이 비준하였는가, 비준서가 조약에서 규정한 국제기구에 등록되었는가 하는 데 따라 발생한다. 다방조약에는 우선 체약국들의 비준서가 조약에서 규정한 체약국수만큼 혹은 체약국들 모두가 기탁하였을 때 효력을 발생하는 조약들이 있다. 대다수의 다방조약들은 조약에 규정된 체약국수만큼의 비준서가 기탁되었을 때 효력을 발생한다. 효력발생에 필요한 기탁국수는 해당 조약에 참가한 체약국들의 수에 따라 2개 나라로부터 60개 이상의 나라로 규정되고 있다. 기탁국수는 흔히 체약국들의 의사에 따라 합의결정되지만 모든 나라들이 반드시 접수하고 리행하여야 할 조약인 경우에는 보통 기탁국수가 적게 정해지며 체약국 전체가 인정하여야만 그 준수가 리행될 수 있는 조약들은 대체로 과반수, 즉 3분의 2 이상으로 규정된다. 이것은 기탁국의 수를 몇 개 나라로 하는가 하는 것이 해당 조약의 내용과 국제법의 일반원칙 그리고 체약국들의 리해관계에 따라 결정된다는 것을 보여주고 있다.

다방조약에는 또한 모든 체약국들의 비준서가 빠짐없이 다 기탁되어야 효력을 발생하는 조약들도 있다. 이러한 조약은 지리적으로 가까운 나라들 사이에 체결되는 조약들로서 모든 체약국들이 [68]그 조약에 절실하면서도 동일한 리해관계를 가지고 있는 경우의 조약들이다. 한 마디로 말하여 그 어느 하나의 체약국이라도 빠지는 경우에 조약의 리행이 불가능하거나 리행도중에 정지될 수 있는 조약들이다.

다방조약에는 또한 지정된 나라들의 비준서가 기탁된 순간이나 비준서가 국제기구에 등록된 다음에야 비로소 효력이 발생하는 조약들이 있다. 지정된 나라들의 비준서가 반드시 기탁되어야 효력이 발생하는 조약들은 조약문에 효력발생조건과 그 시기에 대하여 규정하고 있다. 례하면 유엔헌장의 발효규정을 들 수 있다. 유엔헌장에서는 중국, 이전 쏘련, 영국, 프랑스, 미국 등 유엔상임리사국의 비준서가 반드시 기탁되고 그 외 서명국의 과반수가 비준서를 기탁한 때로부터 효력이 발생한다고 규정하였다. 이러한 규정의 설정은 사실상 평등과 자주권의 존중원칙을 비롯한 국제관계의 기본원칙에 위반되는 것으로서 유엔성원국들이 문제의 결정에서 동일한 자격과 권리를 가지고 있지 못하다는 것을 보여주고 있다. 이러한 몇몇 나라들의 특권적 권리의 행사는 유엔헌장자체에도 모순되는 것으로서 유엔의 취약성을 그대로 드러내는 것이라고 볼 수 있다.

체약국들의 비준서가 해당 국제기구에 등록된 다음에야 효력이 발생되는 조약들도 역시 조약자체에 효력발생조건을 규정하고 있다. 효력발생조건을 규정하는 조항이 설정되게 되는 것은 해당 조약이 그를 주관하는 국제기구의 주동적인 역할에 의하여 규정되는 것만큼 체약국들은 그 국제기구의 통제하에서만 자기 활동을 진행해야 한다는 것을 보여주자는 것이다. 례하면 국제로동기구에서 주관하여 체결한 조약 《강제로동에 관한 협약》을 들 수 있다. 이 협약 제28조에서는 기구의 총국장이 2개 나라의 비준서를 등록한 때로부터 12개월이 지나서 협약이 효력을 가진다고 규정하고 있다.

셋째로, 국제조약은 정부의 승인통지서가 발급되거나 정부적인 조약이 효력을 발생하는 것과 시기를 같이하여 효력이 발생한다. 정부의 승인통지서가 발급된 다음에 효력을 발생하는 조약은 대체로 정부적인 조약들로서 정부의 승인을 받아야만 효력을 가지게 되는 조약들이다. 이러한 조약들은 체약국정부들이 해당한 조약을 승인하고 승인통지서를 교환한 순간부터 또는 승인통지서를 교환한 날부터 일정한 기간이 지난 다음부터 효력이 발생한다. 이때 기간이 얼마 지난 후에 효력을 발생하는가 하는 것은 조약문에 밝혀질 수도 있고 체약국들이 합의한 다음 승인통지서에 기입할 수도 있다.

일부 조약들은 정부의 명의로 체결된 조약들이 효력을 발생하는 조건에서만 효력을 가진다. 이러한 조약들의 효력이 정부적인 조약의 효력발생과 그 시기를 같이하게 되는 것은 이 조약들이 다름 아닌 정부적인 조약들에 의거하여서만 해당 조약에서 지닌 자기의 권리를 행사하고 의무를 리행할 수 있기 때문이다. 정부적인 조약과 효력발생시기를 함께하는 조약들은 대체로 정부적인 조약들의 부속조약이거나 정부적인 조약들의 리행을 조건부로 하고 있는 조약들이다.

넷째로, 일부 조약들의 부분적인 조항들은 조약문이 채택된 날을 효력발생시기로 하고 있다. 조약문의 채택을 효력발생조건으로 하고 있는 조약들은 조약문의 전체가 아니라 일부 조항들이다. 조약문의 채택을 효력발생조건으로 하고 있는 조약들에서 조약의 효력발생이 일부 조항들에 국한되는 것은 조약의 체결이나 그 수속과 관련한 조항들이 먼저 체결되어야 조약문의 정본을 확정하는 것과 같은 조약체결의 전반공정을 제정된 절차에 따라 정확히 진척시켜 나갈 수 있기 때문이다. 이러한 조항들은 대체로 조약문의 정본확정, 조약의 효력발생절차와 같은 조약의 체결절차와 등록과 관련한 조항들이다.

조인전단계, 즉 조약문의 채택 시에 효력을 발생하는 경우는 쌍방조약과 다방조약에서 서로 다르다. [69]쌍방조약에서는 조약문의 채택 시에 효력을 발생하는 조항들은 조약자체에 규정되어 있거나 체약쌍방 사이의 자유로운 의사합의에 의하여 결정한다. 다방조약에서는 조약문의 채택과 서명, 비준과 가입, 효력발생시기와 절차, 보류조건, 기탁국의 기능과 기탁질서 등 조약이 정식효력을 발생하기 전에 발효시켜야 할 내용들이 있다. 이러한 내용을 규제한 조항들은 조약문이 채택된 순간부터 효력이 발생된 것으로 인정하고 조약체결사업에 적용한다. 조약문의 채택을 효력발생조건으로 보고 일부 조항들을 발효시키게 되는 것은 다방조약에 참가한 여러 국가들 사이에서 조약의 체결과정에 특별한 사항이 제기되지 않는 한 그 조약문을 정본으로 인정하고 그것이 앞으로 정식 조인될 것으로 예견하고 있기 때문이다. 1969년에 채택된 ≪국가들 사이의 조약법에 관한 원협약≫제24조 4항에는 ≪조약문의 확정, 조약에 구속될데 대한 국가의 동의확정, 조약의 효력발생절차와 날자, 보류, 기탁자의 임무, 기타 필연적으로 조약의 효력발생이전에 생기는 문제들에 대하여 규제하는 조항들은 조약문의 채택 시에 효력을 발생한다.≫라고 규정되어 있다. 이것은 다방조약에서는 매 조약자체에 조인에 앞서 효력이 발생하여야 할 조항들이 규제되어 있지는 않지만 원조약법에 따라 혹은 국제법의 기본원칙에 따라 조약체결과 그 등록에 관한 일부 조항들을 발효시킬 수 있다는 것을 말해준다.

국제조약의 효력발생조건과 관련하여 제기되는 중요한 문제의 하나는 국제조약의 효력재발생과 효력재발생조건에 대한 문제이다. 국제조약은 효력이 정지되거나 종결된 다음에도 체약국들의 요구에 의하여 효력이 다시 발생하는 경우가 있다. 이것을 효력의 재발생이라고 한다. 국제조약의 효력재발생이란 정지되었거나 종결되었던 조약의 효력이 정지사유가 소멸되거나 체약국들의 합의에 의하여 다시 발생하는 것을 말한다.

정지되었던 국제조약의 효력은 정지의 원인으로 된 사유가 없어지면 재발생된다. 국제조약의 정지란 체약국들을 구속하던 조약의 효력이 일정한 기간 림시적으로 중지되는 것을 말한다. 국제조약은 일반적으로 조약자체의 규정이나 체약국들 사이의 합의에 의하여 정지된다. 조약의 효력이 정지되면 체약당사자들은 조약이 정지된 기간 내에는 쌍방조약일 때 체약타방 앞에 지닌 의무리행에서 그리고 다방조약일 때 다른 체약국들 앞에 지닌 의무리행에서 벗어난다. 다방조약인 경우 조약정지에 참가하지 않은 다른 체약당사자들은 조약의 정지로부터 아무러한 영향도 받지 않는다.

정지되었던 조약의 효력은 정지를 초래한 사유가 소멸되면 자동적으로 다시 재발생한다. 국제조약의 효력이 재발생하는 경우 조약의 정지에 참가하지 않은 체약국들은 조약의 효력이 다시 발생하는 것을 방해하는 행동을 하지 말아야 한다. 1969년에 체결된 ≪국가들 사이의 조약법에 관한 원협약≫제72조 2항은 ≪당사국들은 운용정지기간조약의 운용재개를 방해할 우려가 있는 행위를 하지 않도록 하여야 한다≫라고 규정되어 있다. 이것은 조약의 효력이 정지된 기간에 조약의 모든 참가국들은 자기가 정지를 요구하였거나 하지 않았거나에 관계없이 정지되었던 조약이 다시 효력을 발생하는 데 대하여 방해하지 않으며 효력이 재발생되어 조약상의 의무가 리행되도록 해야 한다는 것을 말해준다.

종결되었던 국제조약의 효력은 체약국들이 다시 리행하기로 합의한 경우에 재발생된다. 국제조약의 종결이란 조약의 효력이 소멸되어 조약상의 의무를 리행하지 않는 상태를 말한다. 국제조약은 조약의 정지와 마찬가지로 해당 조약의 규정이나 체약국들의 합의에 의하여 종결된다. 종결은 체약국들이 조약의 구속으로부터 벗어나게 하는 법률적 효과를 발생시킨다. 그러나 조약의 종결은 그 조약을 리행[70]한 결과에 의하여 새롭게 이루어진 체약국이나 체약기국들의 권리와 의무 또는 법적지위에는 아무러한 영향도 미치지 않는다. 이것은 조약의 종결역시 종결에 참가한 나라에만 법률적 효과를 일으킨다는 것을 말해준다.

종결된 조약의 효력을 재발생시키는 문제는 효력재발생과 관련한 협정을 따로 체결하거나 외교각서를 교환하는 방법으로 해결한다. 국제조약의 효력을 재발생시키는가 시키지 않는가 하는 문제는 전적으로 체약국들의 요구와 의사에 의하여 결정된다. 그것은 국제조약의 체결과 리행이 매 체약국들의 자주권의 행사에 의하여 결정되기 때문이다. 그러나 국제조약실천에서는 침략전쟁을 일으켰다가 패전한 전범국들에 대하여서는 국제법상의 제재조치의 하나로서 효력재발생권리를 박탈하도록 하고 있다. 침략전쟁은 인류를 대량살륙하는 현대국제법상 가장 큰 범죄이다. 따라서 전쟁범죄국가들에 제재를 가하는 것은 국제법상 응당한 것이다.

우리는 국제조약의 효력발생조건에 대한 옳은 인식을 가지고 대외관계에서 우리 국가와 인민의 리익을 더욱 튼튼히 옹호하고 실현해 나가야 할 것이다.

15. 국제조약법에서 보류의 의미와 그 특징5)

리 경 철

[37]국제사회에서 관습적으로 오랫동안 인정되어 오던 국제조약에 대한 보류는 오늘 국제조약법제도의 구체적 내용의 하나로 고착되어 있다. 국제조약에 대한 보류문제를 정확히 리해하는 것은 그것을 실천에서 능숙하게 활용하기 위한 선결조건이다.

위대한 령도자 김정일동지께서는 다음과 같이 지적하시였다. ≪**우리의 사회과학은 혁명실천에서 긴절하게**6) **나서는 문제들에 옳은 과학리론적 해답을 주어야 합니다.**≫(≪김정일선집≫ 7권, 214페지)

혁명실천에서 나서는 문제들을 과학리론적으로 해명하는 것은 국제법학을 비롯한 모든 사회과학의 중요한 과업이다. 국제조약에 대한 보류문제는 조약의 체결을 통하여 자기 나라 혁명과 인민의 리익을 어떻게 옹호하고 실현하는가 하는 것을 직접적으로 좌우하는 중요한 문제의 하나로 된다. 그러므로 국제조약에 대한 보류문제를 옳게 리해하고 실천에서 그것을 바로 풀어나가는 것은 중요한 실천적 의의를 가진다. 보류문제에 대하여서는 그것의 의미와 특징부터 정확히 해명하여야 한다. 그것은 그 의미와 특징에 대한 올바른 리해가 없이 보류를 능숙하게 활용할 수 없을 뿐 아니라 그와 관련한 다른 모든 문제들도 제대로 풀어나갈 수 없기 때문이다.

보류의 의미에 대하여서는 지난날 많은 학자들 속에서와 국제조약실천에서 적지 않게 론의되었다. 그것은 보류가 언제나 나라와 나라 사이에서의 조약의 효력과 관련되는 문제이므로 모든 조약성원국들이 통일적이면서도 공통적인 견해를 가질 것을 필수적으로 요구한다는 것과 관련된다. 지난 시기 보류에 대한 리해는 ≪국가가 보류의 명칭으로 제출하는 각종의 성명≫, ≪조약에 규정된 제한조건에 대한 일종의 동의≫와 같이 그 의미가 명백하게 정의되지 못하였다. 보류에 대한 각이한 주의주장들은 유엔국제법위원회가 그에 대한 새로운 정의를 내림으로써 종결되게 되었다. 20세기 50년대 초에 국제조약체결과 관련하여 많은 나라들이 보류를 행사하고 있는 현실을 고려하여 유엔국제법위원회는 보류에 대한 당시까지의 견해들과 주의주장들을 전면적으로 분석하고 그에 대한 비교적 명백한 정의를 내렸는데 그것이 그대로 1969년에

---

5) 출처: 과학백과사전출판사, 『정치법률연구』, 2005년 제1호(누계 제9호), 37-39쪽.
6) 편집자주: '긴절(緊切)하다'란 '매우 긴요하고 절실하다'란 의미이다. 사회과학출판사, 『조선말대사전 1』(평양: 사회과학출판사, 1992), 144쪽.

열렸던 국제조약법에 관한 윈회의에서 인정되게 되고 해당 협약에도 반영되게 되었다.

≪국가들 사이의 조약법에 관한 윈협약≫(제2조 1항)에서는 보류를 조약의 일부 조항에 대한 체약국의 일방적인 성명으로서 그 목적은 해당 조항의 적용으로 발생하는 법적 효과를 배제 혹은 변경시키는 데 있다.≫고 규정하고 있다. 이로부터 어떤 조약에 대하여 조인, 비준, 승인, 가입할 때에 조약의 일부 조항들의 법적 효과를 배제 또는 변경시키기 위한 개별적 성원국의 일방적인 법률행위가 바로 국제조약에 대한 보류이다. 보류에 대한 이러한 정의는 그 의미를 다음과 같이 두 측면에서 고찰할 수 있다.

보류의 의미의 한 측면은 그것이 조약의 일부 조항들의 법적 효과를 배제하는 국가의 일방적인 행위라는 것이다. 조약의 일부 조항들의 법적 효과를 배제한다는 것은 그 조항에 따르는 조약상의 의무를 완전히 제한한다는 것이며 따라서 임의의 조항을 보류하였을 경우 보류국은 그 조항에 따르는 어떤 의무도 지니지 않는다는 것이다. 보류한 조항에 따르는 의무를 부담하지 않으므로 다른 조약성원국들은 보류국에 대하여 그 의무의 리행을 요구할 권리를 상실하게 된다.

보류의 의미의 다른 측면은 그것이 조약의 일부 조항들의 법적 효과를 변경하는 국가의 일방적인 행위라는 것이다. 조약의 일부 조항들의 법적 효과를 변경한다는 것은 보류조항의 구체적 내용이나 적용범위 같은 것을 변화시킴으로써 그 조항에 따르는 보류국의 의무를 제한, 축소 또는 확대시킨다는 것이다. 국가들은 조약체결에서 자기 나라에 대한 일부 조[38]항들의 법적 효과를 배제할 수 있을 뿐만 아니라 그것을 변경시킬 수도 있다. 이것은 보류가 가지는 의미의 다른 한 측면을 이룬다. 변경을 목적으로 하는 보류가 있을 경우 보류국은 변경된 의무만을 지니게 된다. 이처럼 국제조약에 대한 보류는 보류국이 조약의 일부 조항에 따르는 의무의 부담에서 완전히 배제되거나 그 내용과 적용범위 등의 변경에 따르는 의무만을 지니게 되며 다른 체약국들은 보류국에 대하여 배제되었거나 변경된 의무의 리행을 요구할 수 없게 되는 것을 목적으로 하는 임의의 조약성원국의 일방적인 법률행위라는 데 그 의미가 있다.

국가들의 이러한 보류의 권리는 국제조약법에 의하여 부여되는 합법적 권리이다. 국제조약 체결과 관련하여 국가들은 자주권을 가지며 자주권을 가지고 있음으로 하여 자기 나라의 실정과 리익에 맞게 모든 것을 결정하고 처리할 권리를 가진다. 국제조약에 규정된 모든 조항의 구속을 받는가 받지 않는가 하는 것은 그 조약을 체결하는 모든 나라들이 자체의 결심에 따라 자주적으로 결정하게 되며 이것은 그 누구도 부정할 수 없는 주권국가의 자주적 권리로 된다. 1969년과 1986년에 체결된 ≪국가들 사이의 조약법에 관한 윈협약≫들에서 국가의 보류권을 성문화한 것은 그것이 이처럼 주권국가의 자주권에 속하는 권리이기 때문이라고 볼 수 있다.

국제조약에 대한 보류는 일정한 특징을 가진다. 국제조약에 대한 보류의 특징은 우선 그것이 조약성원국의 일방적인 행위로 된다는 것이다. 보류는 조약성원국들 가운데서 임의의 국가가 단독으로 성명을 발표함으로써 성립되며 적어도 어느 한 나라에 의하여서라도 접수되면 효력을 발생시킨다. 그러므로 보류는 그 자체가 조약의 본문으로는 되지 않으며 따라서 다른 나라에 대하여 구속하는 효과는 발생되지 않는다. 조약성원국들 가운에서 임의의 어느 한 국가가 자기의 특정한 리익을 지키기 위하여 일방적으로 선포하는 성명행위가 보류이다. 만일 여러 나라들이 동시에 보류성명을 제출한다고 하여도 그것은 하나의 보류로 되지 않으며 보류를 제기한 매개 나라들에 대하여 제각기 효력을 발생시키게 된다. 그러므로 보류국이 아닌 다른 성원국들은 그에 대한 찬성이나 반대를 매 개별적 나라들에 대하여 제각기 표시하여야 한다.

국제조약에 대한 보류의 특징은 또한 그것이 서면의 형식으로 발표되어야 한다는 것이다. 보류는 하나의 법률행위이므로 기탁국에 등록되게 된다. 만일 서면형식이 아니라 말로 하는 보류성명은 등록할 수 없게 되며 따라서 응당한 법적 효과를 발생시킬 수 없게 된다. 그러므로 보류는 반드시 서면형식을 갖추어야 한다.

국제조약에 대한 보류의 특징은 또한 그것이 해당 조약의 법적 구속을 받는다는 데 대하여 동의의사표시를 하는 나라만이 제출할 수 있다는 것이다. 해당 조약의 법적 구속력을 받는다는 데 대한 동의의사표시는 주로 그 조약에 대한 조인, 비준, 승인, 가입할 때 있게 되며 따라서 국제조약법에서는 보류를 반드시 조인, 비준, 승인, 가입할 때 하여야 한다는 것을 성문화하고 있다. 그러므로 조인, 비준, 승인, 가입할 때가 아니라 그 이후에 제출하는 보류는 무효로 되게 된다. 보류성명의 발표시기를 이렇게 제한하는 것은 보류국이 아닌 다른 체약국들이 아무 때나 보류에 대한 찬성 또는 반대의사를 표시하여야 하는 것과 같은 불편을 미리 막기 위한 데 그 목적이 있다고 볼 수 있다. 그러므로 보류성명은 해당 조약에서 보류시기를 정확히 규정한 것이 없는 한 조인, 비준, 승인, 가입할 때에 하여야 한다.

국제조약에 대한 보류의 특징은 또한 다방조약에 대하여서만 있게 된다는 것이다. 보류는 중요하게 다방조약을 체결하면서 조약성원국으로 되는 것을 포기하지 않으면서도 그 조약의 일부 조항의 효력만을 반대하거나 변경시키려고 할 때 있게 된다. 보류라고 할 때 그것은 언제나 다방조약의 경우에만 행사되는 것으로 이해하여야 한다. 쌍방조약에 대한 보류는 원칙적으로 있을 수 없다. 쌍방조약의 일부 조항들에 대한 보류란 사실상 일종의 새로운 제의로 볼 수 있는 것이며 따라서 쌍방조약에서 일부 조항들에 대하여 완전한 견해의 일치가 이룩되지 않으면 조약체결 그 자체가 불가능하게 된다.

보류가 가지는 이러한 특징을 정확히 파악하여야 조약체결실천에서 흔히 찾아볼 수 있는 조약성원국들의 성명이 보류로 되는가 되지 않는가 하는 것을 정확히 가려낼 수 있다. 보류로 되면 그 보류에 따라 일부 지적된 조항들에 따르는 의무의 리행을 보류국에 요구할 수 없으며 또 요구하지도 말아야 한다. 그러나 조약성원국의 어떤 성명이 보류로 되지 않을 [39]때는 그 성명에 관계없이 국제법적 의무의 리행을 강력하게 요구할 수 있는 것이며 나아가서 국제법을 지키지 않는 데 대한 책임을 근거 짓을 수 있는 것이다.

실천에서는 그것이 비록 보류라는 명칭으로 발표되었다고 하더라도 실제로 보류로 되지 않는 성명을 찾아볼 수 있다. 1925년 ≪무기와 탄약의 국제무역을 통제할 데 대한 원협약≫을 비준하면서 미국은 이 협약의 미국에 대한 효력은 임의의 조약성원국에 대하여 효력을 가질 때 그것을 전제로 하여서만 발생한다는 성명을 발표하였다. 이 성명은 본질상 미국에 대한 효력발생시기를 연기할 것을 요구하는 성명으로서 일부 구체적인 조항들의 효력에 대한 배제나 변경이 아니므로 보류가 아닌 것으로 해석하여야 한다. 실제로 이 조약의 기탁국이었던 프랑스는 14개 나라의 보류성명을 등록하면서 미국의 이 성명을 등록하지 않았다고 한다.

우리는 국제조약체결과 관련하여 제기되는 보류와 관련한 리론실천적 문제들을 깊이 있게 파악함으로써 국제적 분야에서 우리 국가와 우리 인민의 리익을 튼튼히 옹호고수하는 데 적극 이바지하여야 할 것이다.

16. ≪강화도조약≫은 침략적이며 불평등적인 예속조약[7]

림 동 춘

[55]일본침략자들이 조선을 침략할 데 대한 악명높은 ≪정한론≫을 제창하면서≪강화도조약≫을 강요하여 우리나라를 예속시킨 때로부터 120년이라는 기나긴 세월이 지나갔다. 일본은 ≪강화도조약≫을 계기로 우리나라에 침략무력을 대대적으로 들이밀어 청일전쟁과 로일전쟁을

---

7) 출처: 김일성종합대학출판사, 『김일성종합대학학보: 력사법학』, 제42권 제3호(1996), 55 – 59쪽.

일으키고 미영제국주의자들의 비호, 지지밑에 ≪을사조약≫을 날조하였으며 1910년에는 이른 바 ≪한일합병≫조약을 조작하고 조선을 완전한 식민지로 만들었다. 이처럼 일본침략자들이 1876년 2월 27일에 강요한 ≪강화도조약≫은 정치, 경제, 군사, 외교 등 모든 분야에서 우리 민족의 자주권을 전면적으로 유린한 예속조약이었으며 미국, 영국을 비롯한 구미렬강들이 우리나라에 마음대로 기여들 수 있도록 침략의 길을 열어준 불평등조약이었다.

위대한 령도자 김정일동지께서는 다음과 같이 지적하시였다. ≪**일본은 〈운양〉호 사건을 구실로 1876년에 침략적이며 불평등적인 〈강화도조약〉을 조작하고 우리나라를 예속화하기 시작하였습니다.**≫

≪강화도조약≫은 일본침략자들의 우리나라에 대한 침략을 ≪합법화≫한 침략적인 조약이었다. ≪강화도조약≫이 침략적인 조약이라는 것은 무엇보다 먼저 이 조약이 일본이 조선을 마음대로 침략하도록 법적으로 제도화하였다는 데 있다. ≪강화도조약≫제1조 2항에는 ≪우선 종전에 우정관계를 방해하는 화근이었던 제법규를 일체 없애버리고 너그럽고 융통성 있는 법규를 만들여야 한다≫고 규정되어 있다. 이것은 조선이 외부세력의 침입을 엄격히 차단하고 있던 법적, 제도적 장치들을 모두 제거하고 저들의 침략의 길을 법적으로 활짝 열어놓는 것을 대일정책의 선차적 과업으로 해야 한다는 것이었다. 당시 리조봉건정부는 쇄국적인 법규들을 제정공포하고 그에 기초하여 외래침략자들의 그 어떤 형태의 침입과 간섭도 허용하지 않았으며 외국인과의 공적교제는 물론 사적인 교섭도 엄격히 제한통제하고 있었다. 특히 일본에 대하여서는 종전의 우위적 지위를 그대로 유지하면서 정치, 경제, 군사, 외교상의 그 어떤 요구도 들어주지 않고 있었다. 이런 조건에서 리조봉건정부의 쇄국적인 법률제도와 대일자세를 그대로 두고서는 일본의 조선에 대한 진출은 불가능하였으며 따라서 그것을 허물어버리는 것은 조선침략에서 급선무로 제기되었다. 그리하여 일본은 조선에 대외관계분야의 립법에서 방향전환할 것을 선차적으로 요구하였으며 저들의 침략을 ≪너그럽고 융통성 있게≫ 받아물 수 있는 조항을 박아 넣었던 것이다. 이 조항의 설정으로 외래세력의 침략을 제한통제하던 법제도들이 모두 제거되고 일본은 우리나라에 침략의 마수를 마음대로 뻗칠 수 있는 법적장치를 가질 수 있게 되었다.

≪강화도조약≫이 침략적인 조약이라는 것은 다음으로 그것이 일본에 조선침략의 현지거점을 제공하도록 규정한 조약이라는 데 있다. 이 조약 제4조에서는 부산의 초량항을 무역항으로 만들고 그 지역에 일본인들이 살 수 있도록 규정하였으며 제5조에서는 경기, 충청, 전라, 경상, 함경도 등 5도 가운데서 2개의 항구를 더 개항할 것을 규정하였다. 제3조에서는 개항한 항구

들에 일본상인들을 관리하는 관청을 설치하고 이와 관계된 사무를 처리보장하도록 규정하였다. 이 조항들에 의하여 일본침략자들은 우리나라를 마음대로 침략할 수 있는 침략의 현지거점을 마련할 수 있게 되었으며 리조봉건정부는 그를 보장해줄 의무를 지니게 되었다.

≪강화도조약≫이 침략적인 조약이라는 것은 다음으로 그것이 우리나라에서 살게 될 일본인들의 치외법권을 인정함으로써 그들이 침략행위를 거리낌 없이 감행하도록 [56]한 데 있다. 이 조약 제10조에서는 ≪일본국사람이 조선국이 지정한 각 항구에서 만약 죄과를 범한 것이 조선국사람과 관계되면 일본국관리들이 심의하며≫ 처리한다고 규정하고 있다. 이 조항에 의하여 조선은 자기의 주권이 행사되는 우리나라의 령역 내에서 우리 인민에 대하여 범죄를 감행하는 일본인들의 행위를 다스릴 수 없게 되었다. 이 조약 제10조에서 규정한 치외법권은 국가대표와 외교대표들만이 가질 수 있으며 그 밖의 사람들은 가질 수 없다. 외국인이 주재국의 법에 복종하는 것은 국제법상 공인된 중요한 원칙이며 자기의 주권이 미치는 령역에서 범죄행위와 위법행위를 감행한 외국인을 다스리는 것은 주권국가의 전속적인 권한이다. 치외법권을 일반사람들에게도 적용하는 것은 강대국 성원들이 약소민족국가들에서 온갖 전횡을 마음대로 감행하기 위한 것이며 이러한 관계는 평등한 국가들 사이에서는 있을 수 없다. 따라서 그 어떠한 국가를 막론하고 다른 나라와 국제조약을 체결하는 경우 치외법권을 허용하려고 하지 않는 것이다. 그것은 치외법권을 허용하는가 안하는가 하는 문제가 국가의 정치적 자주권을 고수하는가 못하는가 하는 문제 특히 국가의 사법권의 행사와 직결되어 있기 때문이다. 당시 일본도 구미렬강들에게 강요당한 불평등적인 조약들에서 치외법권적인 조항들을 없애려고 여러 모로 모색하면서 미국, 영국을 비롯한 조약체결국가들에 애걸하고 있었다. 그럼에도 불구하고 일본침략자들이 ≪강화도조약≫에서 치외법권적인 조항들을 규정해놓은 것은 이 조항을 걸고 우리나라에서 범죄행위를 마음대로 하려는 데 그 목적이 있었다.

≪강화도조약≫이 침략적인 조약이라는 것은 다음으로 그것이 군사적으로 볼 때 해상침략의 길을 열어놓은 조약이라는 데 있다. 조약 제7조에서는 ≪조선국의 연해, 도서, 암초는 종전에 자세히 조사한 것이 없어 지극히 위험하므로 일본국의 항해자가 자유로 해안을 측량함을 허가하여 그 위치, 깊고 얕음을 명확히 밝히고 지도를 편찬하여 두 량국 선객들로 하여금 위험한 데를 피하고 안전하게 항행할 수 있게 한다≫라고 규정하였다. 이 조문에 의해 일본침략자들은 우리나라 령해에 대한 측량권과 해도작성권을 강탈하였으며 그 어느 때나 필요한 곳에서 군사정탐행위를 마음대로 할 수 있게 되었다. 이것은 바다를 사이에 두고 우리나라와 린접해 있는 일본이 조선연해의 비밀을 내탐하여 침략의 항로를 여는 것으로 되며 조선에 대한 침략

을 아무 때나 마음먹은 대로 할 수 있는 매우 중요한 조건으로 된다. 일본은 이 조약 제7조를 언질로 1875년 5~9월 사이에 군함을 타고 원산, 문천, 덕원, 안변 일대를 측량하였으며 1877년 10월에는 부산, 무포, 옥구, 군산, 홍주, 마산, 남양, 강화도, 제물포, 인천 등 서해안의 주요 지대들을 측량하였다. 결과 일본은 원산과 인천항이 경제적으로뿐만 아니라 군사적으로도 매우 중요한 항구이라는 것을 내탐하고 그를 개항하기 위하여 갖은 책동을 다하였다. 일본침략자들은 인천을 일단 유사시에 조선을 군사적으로 위협하며 다른 나라의 세력을 견제하는데도 유리한 지점이라고 보고 어떻게 해서나 인천을 개항하려고 발악하였다. 인천을 얼마나 중시하였는가 하는 것은 일본 외무경 데라시마가 ≪인천의 수로는 서울에 왕래하는 문호로서 때때로 함선을 정박시키지 않을 수 없는 땅이다≫라고 한데서도 잘 알 수 있다. 이 조약체결 후 일본은 공사관수원의 명목으로 호리모도중위를 서울에 파견하여 조선의 군사정보를 수집하였으며 제놈들의 ≪거사≫에 써먹을 ≪별기군≫을 조작하고 호리모도를 중심으로 ≪군사교관부≫를 설치하였으며 군대를 일본식으로 훈련시켰다. 뿐만 아니라 일제침략자들은 무기를 조선군대에 공급하였으며 탄약과 부속품을 사다 쓰게 하여 점차 군사적으로도 예속시키려 하였다.

≪강화도조약≫이 침략적인 조약이라는 것은 다음으로 그것이 일본침략자들이 조선에 대한 무제한한 경제적 략탈을 강요한 조약이라는 데 있다. 이 조약 제4조 및 5조에서는 일본상인들이 조선에 마음대로 기어들어 경제적 침략을 할 수 있는 조건들을 지여주었으며 제11조에서는 경제적 침략에 리조봉건정부[57]가 간섭하지 못하도록 규정함으로써 일본상품이 아무러한 제한도 없이 우리나라에 쓸어들 수 있게 하였다. 일본의 경제적 략탈에서 놈들이 가장 로골적으로 규정한 조항은 조약 제4조 및 제5조이다. 이 조항들에서는 부산항과 다른 두 개 항구의 개방을 예견함으로써 우리나라를 일본이 어떠한 제한도 받음이 없이 마음대로 침략할 수 있도록 허용하였다. 이 조약 제4조에서는 ≪조선국 부산의 초량항은 일본공관이 있고 다년간 량국의 통상구역이다. 금후 종전의 관례 및 세견선등의 사무를 없애고 새로 만든 조항을 기준으로 하여 무역사무를 처리한다≫고 규정하였으며 5조에서는 ≪경기, 충청, 전라, 경상, 함경 5도의 연해 중 통상에 편리한 항구 2개소를 택한 후 지명을 지정할 것이며 개항시기는 20개월 내로 한다≫라고 규정하였다. 이 조항으로 부산항과 다른 2개 항구가 일본에 개방되게 되었으며 19세기에 들어와 구미렬강들이 그토록 강경하게 달라붙었어도 굳게 문을 닫고 있던 우리나라가 개방되게 되었다. 일본이 5조에서 개방항구를 지적하지 않고 그 시기도 20개월로 늦잡은 것은 우에서 밝힌 5도 중에서 조선침략에 제일 유리한 항구를 선택하려는 데 그 목적이 있었다. 일제는 그 후 조약 제5조에 기초하여 당시 우리나라 수도의 관문인 인천항과 동해안의 주요한 항

구인 원산을 개방하기 위하여 갖은 위협을 다하였으며 1879년 8월 30일 ≪원산진개항예약≫을 체결하여 원산항을 무역항으로 만들었다. 1881년 2월에는 리조봉건정부의 완강한 반대를 외교적 음모와 무력적 위협공갈, 매수 등 온갖 수단을 다 동원하여 제압하고 인천항의 개항을 단행하였다. 부산, 원산, 인천이 개항됨으로써 일본은 우리나라에 자본을 대대적으로 침투할 수 있게 되였으며 우리나라의 귀중한 자원들을 헐값으로 략탈해갈 수 있게 되였다. 일제침략자들은 우리나라를 강제개방하여 ≪자유무역≫을 할 수 있게 하였을 뿐 아니라 무역에 대한 국가적 통제를 배제함으로써 부등가교환에 기초한 략탈무역을 감행할 수 있는 법적담보를 가지게 되였다. ≪강화도조약≫ 제9조에서는 ≪…… 량국 사람들은 각기 임의로 무역한다. 량국 관리는 조금도 이에 관여하지 않으며 제한을 설정하거나 금지시키지 못한다≫고 규정하고 있다.

일본이 ≪강화도조약≫에 이 조항을 설정한 것은 우리나라에 대한 일본자본의 안전한 침투를 보장하자는 데 그 목적이 있었다. 일본은 ≪강화도조약≫의 여러 조항들에 ≪자유무역≫을 할 수 있는 공간들을 설정하였으나 그 침투의 안전성을 담보할 수 없었다. 그것은 외국자본의 침투가 강화되어 경제적 파괴가 심해지는 데 따라 피해국은 ≪자유무역≫으로부터 자기 나라 경제를 보호하기 위하여 부득불 국가권력을 행사하는 데로 나가지 않을 수 없기 때문이다. 따라서 침략자들에게 있어서 무엇보다 중요한 것은 상대방국가의 국가권력행사를 제한할 수 있는 담보를 마련하는 것이었다.

일본침략자들의 우리나라에 대한 경제적 침략야욕은 ≪강화도조약≫에 대한 보충적인 협정으로서 1876년 8월 24일에 체결된 ≪조일조규부록≫과 잠정적 통상협정인 ≪조일무역규칙≫에 개항장들에서의 일본화폐의 류통권과 수출입상품에 대한 수년간의 면세권을 보장할 데 대하여 규정한 데서도 로골적으로 드러났다. 이 규정은 그 후 일본침략자들에게 아무러한 담보도 없는 일본화폐를 강제통용하여 조선의 부원을 공짜로 빼앗아갈 수 있게 하였으며 화폐교환율에서의 롱간으로 조선의 금융을 틀어쥐고 은행을 통해 일본상인들에게 융자를 하여 그들의 최대리윤을 보장할 수 있게 하였다. 뿐만 아니라 이 규정은 관세를 한 푼도 물지 않고 제놈들의 상품을 조선시장에 무제한하게 침투시킬 수 있는 가능성을 가지게 하였다.

경제면에서의 무관세무역의 실시가 얼마나 엄중한 후과를 빚어내는가 하는가를 늦게나마 깨달은 리조봉건정부는 1878년 9월 초에 부산 두모진에 세관을 설치하고 수출입세를 징수하기 시작하였다. 이 조치는 조선의 내정문제로서 일본은 이에 간섭할 아무러한 권한도 없었다. 그러나 일본반동정부는 ≪강화도조약≫을 등대고 세관의 설치는 조약에 대한 ≪위반≫이라느니 ≪일본을 적대시하는 행위≫라느니 하면서 두모진세관의 철폐를 강요해나섰[58]다. 동래부사

가 그를 강경히 거절하자 일본외무성관리인 하나부사는 2개 소대의 해군륙전대를 동원하여 두
모진세관일대에서 무력시위를 감행하게 하였으며 바다에서는 함포를 되는 대로 쏘아 부산일대
에 전쟁과 같은 분위기를 조성하였다. 결국 두모진세관은 설치한 지 4개월 만에 폐쇄되었으며
일본간상배들은 다시금 무관세로 폭리를 얻게 되었다.

≪강화도조약≫은 일본상인들의 활동구역을 애매하게 설정함으로써 그들에게 상업활동지역
을 계속 확대할 수 있는 여지를 주었다. 일본침략자들은 ≪강화도조약≫에서 일본인무역자들
의 거처지를 부산의 초량항으로 규정하였다가 그것을 점차 확대하여 많은 지역들을 일본상품
시장으로 만들었다. ≪강화도조약≫은 제4조에는 ≪해당 지역에서 집터를 대차하여 집을 짓거
나 또는 그곳에 있는 백성의 집에 붙어살거나 편리한 대로 할 것이다.≫라고 규정되어 있다.
일본은 이 조항을 ≪조일수호조규부록≫에서 제멋대로 해석하여 사방 10리로 확장하였으며
1878년에는 이 조항을 근거로 부산에서 토지와 건물을 략탈하여 ≪제1독립은행≫부산지점을
설치하고 조선을 경제적으로 략탈할 수 있는 거점을 마련하였다. 1882년에는 ≪조일수호조규
속약≫을 강요하여 ≪강화도조약≫에서 규제한 일본인들의 보행구역 10리를 사방 50리로 확장
하였다가 2년 후에는 인천. 원산까지 포함하여 다시 100리로 확장한다는 것을 규제하였다. 사
방 100리란 우리나라에서는 몇 개 군을 포괄하는 것으로서 일본인들의 상품시장이 조선의 넓
은 지역으로 확대될 수 있다는 것을 의미하였다.

≪강화도조약≫이 침략적인 조약이라는 것은 다음으로 이 조약이 우리나라의 외교권을 심히
침해한 데서 나타나고 있다. 당시 조선은 자주성이 강하고 강경한 대외정책을 실시하여 미국
과 프랑스의 침략을 물리친 나라로 주변과 세계 여러 나라들에 알려져 있었다. 그러므로 당시
조선은 구미렬강들의 압력에 굴복하여 예속적인 조약을 체결하고 종속적인 관계에 있는 일본
과는 대비할 수 없는 우위적인 지위에 있었다. 일본침략자들은 조선과 일본의 이러한 우렬관
계를 역전시키기 위하여 조약 제1조에 ≪조선국은 자주의 나라로서 일본국과 평등한 권리를 보
유한다≫고 규정해놓는 롱간을 부리였다. 조선이 일본의 어떠한 지위와 권위를 인정한다는 데
대해서는 규정하지 않고 조선에 대해서만 이렇게 일방적으로 규정해놓음으로써 마치 조선은 원
래부터 일본을 섬기는 위치에 있었고 이 조약에 의해 비로소 조선은 자주권과 평등권을 선사받
은 나라로 된 듯이 만들어 놓았으며 일본의 지위를 우리나라 우에 올려놓았다. 일본이 조약에
이러한 조항을 박아 넣은 것은 조선이 ≪자주적인 의사≫와 ≪평등권≫을 가지고 이 예속적인
조약을 체결한 것처럼 분식함으로써 구미렬강들과 주변나라들이 조선에 대한 일본의 강도적인
지배에 간섭하지 못하게 하며 특히 봉건중국의 조선에 대한 간섭을 막고 조선을 제놈들이 독점

하자는 데 중요한 목적이 있었다. 일본은 청일전쟁을 종결짓는 시모노세끼조약에서도 이러한 조항을 설정하고 조선에 대한 봉건중국의 간섭을 막고 제놈들의 침략적 목적을 달성하려고 꾀하였다.

≪강화도조약≫은 우리나라에 대한 일본의 침략의 길을 열어준 침략적인 조약일 뿐 아니라 우리나라에 예속적인 의무만을 지우고 일본에는 침략하고 략탈할 권리만을 부여한 불평등조약이었다. 원래 평등한 국가들 사이에 체결되는 국제조약은 체약쌍방에 동등한 권리와 의무를 발생시킨다. 일방에는 권리만 부여되고 타방에는 의무만이 지워지는 그러한 국가관계란 있을 수 없으며 그러한 관계는 정상적인 국제관계발전에 엄중한 장어를 조성한다. 때문에 인류국제조약체결사에는 평등한 권리와 의무관계를 규정한 조약만을 합법적인 국제조약으로 인정하여왔으며 불평등한 국가관계를 규정한 조약들을 규탄하고 심한 경우에는 무효한 조약으로 취소하기도 하였다. 그러나 ≪강화도조약≫은 조선측에는 의무만을, 일본측에는 일방적으로 권리만을 가지도록 규정하여 놓았다. 조약 제1조 2항에 의하면 우리나라가 일본에 대하여 제한조치를 취하고 있던 여러 법규들을 없애고 일본의 진출을 허용할 수 있는 새로운 법규를 만들 의무를 졌으며 제5조에서는 항구를 개항할 의무를, 제6조에서는 조난당한 일[59]본선박을 수리하고 연료를 보장할 의무만을 지게 되었다. 일본측에 권리만을 가질 수 있도록 규정한 조항들 중 가장 대표적인 것은 ≪강화도조약≫제4조, 제7조, 제8조, 제10조들이다. 제4조3항에서는 일본상인들이 개항한 항구들에 거주할 권리를, 제7조에서는 일본이 조선연해를 마음대로 측량할 권리를 가진다는 것을 규정하였다.

≪강화도조약≫의 불평등성이 가장 집중적으로 표현되고 있는 조항은 제8조와 제10조이다. 제8조에서는 ≪금후 일본국정부는 조선국이 제정한 각 항구에 편리한 시기에 일본상인을 관리하는 관청을 설치≫할 것을 예견하였다. 그러면서도 리조봉건정부가 일본에 이러한 관청을 설치할 데 대하여서는 전혀 언급하지 않았다. 나라들 사이의 관게에서는 령토의 크기나 강약에 관계없이 호상성의 원칙과 평등의 원칙이 작용한다. 특히 국제법과 국제관례에서는 령사권과 같은 외교대표부의 설치문제에서 호상성과 평등성의 원칙이 더욱 철저히 보장될 것을 요구한다. 그럼에도 불구하고 일본이 ≪강화도조약≫에서 령사관설치권을 조선에는 주지 않고 저들만이 가진다고 규정한 것은 국제법규범을 란폭하게 위반하고 우리나라의 정치적 자주권을 침해한 비법행위로 된다. 조약 제10조에서는 일본사람이 조선에서 죄를 졌을 경우 일본법에 근거하여 처리한다고 규정하면서도 조선사람이 일본에서 한 행위에 대하여서는 규정하지 않음으로써 치외법권의 일방적인 적용을 예견하였다. 이것은 치외법권이 나라의 자주권을 고수하는

데서 차지하는 중요성으로부터 당시 조일관계의 불평등성을 가장 집중적으로 담고 있는 것이라고 볼 수 있다.

이와 같이 《강화도조약》은 철저하게 침략적이며 예속적인 불평등적인 조항들로 이루어졌다. 《강화도조약》은 일본측에는 조선에 대한 침략적인 특권만을 주고 조선측에는 일본앞에 의무만을 걸머지는 불평등적이며 예속적인 조약이다. 이에 대하여서는 일본침략자들 자신까지도 《조약은 조선 안에 있어서의 일본정부 및 일본인의 권익을 규정한 것에 그치고 일본 안에 있어서의 조선정부 및 조선인의 권익을 규정하지 않았다. 일본 안에 있어서는 조선인의 생명재산과 같은 것은 오직 일본의 법률이나 명령에 의하여 지배되어야 하는 운명에 있었다》고 자인하지 않을 수 없었다.(《조선개국외교사연구》와다나베 가쯔도미, 236페지)

이 조약이 체결된 결과 일본제국주의자들은 정치, 경제, 군사 등 모든 분야에서 조선에 대한 침략을 더욱 적극화할 수 있었으며 우리나라는 그에 더 예속되어 점차 일본침략자들의 반식민지로 전락되기 시작하였다. 《강화도조약》의 체결은 그 후 조선에 대한 구미렬강들의 침략의 구실을 마련한 범죄적인 사건이기도 하였다. 그것은 구미렬강들이 《강화도조약》의 체결 후 리조봉건국가에 불평등조약의 체결을 앞을 다투어 요구해 나선 데서 찾아볼 수 있다. 우리나라와의 조약체결을 선참으로 강요해 나선 침략자는 미국과 영국이었다. 미영제국주의자들은 조선반도를 아세아침략의 전초기지로 만드는데서 다른 렬강들보다 선손을 쓰려고 날뛰었다. 미영제국주의자들은 조선과의 조약체결에 일본을 중개자로 내세우고 리조봉건정부를 위협하였다. 이리하여 부패무능한 리조봉건정부는 미영제국주의자들의 압력에 굴복하여 1882년 5월에는 미국과 1882년 6월 6일에는 영국과 불평등적이며 예속적인 조약을 체결하였다. 결과 우리나라는 일본침략자들뿐 아니라 미영제국주의자들의 침략도 받게 되었다. 이후 렬강들의 압력에 의하여 리조봉건정부는 1882년 6월 30일에는 독일, 1884년 7월 7일에는 로씨야와 예속적이며 불평등적인 조약을 체결한 것을 비롯하여 1882년부터 1902년 기간에 프랑스, 이딸리아, 오지리, 벨지끄, 단마르크 등 구미자본주의 나라들과 굴욕적인 조약들을 체결하였다.

이처럼 《강화도조약》은 일제의 조선침략을 《합법화》하고 구미렬강들의 조선에로의 침략의 길을 열어준 침략적이며 불평등적인 예속조약이었다.

17. 날강도 일제에 의해 날조된 조선침략의 첫 비법문서[8]

민주조선

날이 가고 세월이 흐를수록 우리 인민의 가슴속에는 온갖 협잡과 강도적 방법으로 우리나라를 침략하고 조선사람들에게 헤아릴 수 없는 불행과 고통을 강요한 왜나라에 대한 치솟는 분노의 감정이 더욱 세차게 끓고 있다. 왜나라 반동들은 조선인민에게 저지른 저들의 범죄적 내막이 세상에 드러나고 보상의 책임이 두려워 엄연한 력사적 사실마저 왜곡해 나서는 비렬한 짓도 마다하지 않고 있다. 력사에 악명을 떨친 ≪강화도조약≫과 관련해서도 섬나라 반동들은 그 ≪조약≫에 의해 조선의 ≪자주독립≫이 ≪보증≫되었다느니, ≪일본은 쇄국조선의 한 모퉁이에 개국의 서광을 비쳐주었다≫느니 뭐니 하고 허튼 소리를 줴치고[9] 있다. 그러나 력사적 사실들은 ≪강화도조약≫이 반세기 동안이나 우리 인민에게 헤아릴 수 없는 불행과 고통을 들씌운 일제의 조선침략의 범죄적 문서였다는 것을 여실히 증명해주고 있다.

위대한 수령 김일성동지께서는 다음과 같이 교시하시였다. ≪우리는 **일본제국주의자들이 우리나라를 침략한 력사를 잊지 않고 있습니다.**≫

1876년 1월 15일, 당시 우리나라의 주요항구였던 부산항으로 800여 명의 무장인원들을 실은 6척의 군함과 수송선이 들어왔다. ≪운양≫호사건을 구실로 리조봉건정부에 투항을 요구하기 위한 군사적 위협책동을 목적으로 한 일본군함과 수송선이었다. 당시 우리나라 봉건통치배들은 렬강들의 침략책동이 날로 우심해지는 조건에서 나라의 문을 닫아매는 정책을 실시하였다. 바로 이러한 정책은 세계제패의 첫걸음으로서 조선정복을 노린 일본에게 있어서 반드시 제거하지 않으면 안 될 장애물로 되었다. 이 장애물을 제거하기 위한 일본의 책동은 강도적인 ≪운양≫호사건을 날조하는 데까지 이르렀다. 그러나 ≪운양≫호사건 자체가 일본이 추구한 목적은 아니었다. 일본은 ≪운양≫호사건을 구실로 하여 조선을 불평등적이며 예속적인 ≪조약≫이라는 올가미에 얽어매려고 획책하였다. 이러한 타산밑에 섬나라 사무라이들은 리조봉건통치배들을 놀래워 제놈들의 요구에 순순히 응하도록 하기 위하여 ≪지금 〈운양〉호사건에 대해 조선이 사죄와 보상을 하지 않은 탓에 일본군 4,000여 명이 조선 앞바다에서 전투대기상태

---

8) 출처: 민주조선, 2007년 2월 27일.
9) 편집자주: '줴치다'란 '이런 저런 소리를 마구 하다'란 의미이다. 통일부〈www.unikorea.go.kr〉, 북한용어사전.

에 있다≫느니, ≪이제 2,000여 명이 더 온다≫느니 뭐니 하면서 위협공갈해 나섰다. 이것도 모자라 일본침략자들은 서울의 코앞인 강화도에까지 함대와 침략군을 몰고와 마구잡이로 돌아쳤다. 겁에 질린 리조봉건정부가 담판에 응하자 담판시작전날인 2월 10일 강화도 앞바다에 함대를 들이밀고 포신을 일제히 강화도에 돌려놓았으며 운송선에도 멀리서 보면 꼭 대포와 같이 보이게 그림들을 가득 그려붙였다. 그리고 다음날에는 ≪례포≫라는 구실밑에 함포를 되는 대로 마구 쏘아 강화도일대를 진동시켰다. 이러한 공갈과 위협으로 담판을 저들에게 유리하게 전변시키기 위한 환경을 마련해놓은 놈들은 살기등등하여 강화도에 기어올랐다. 담판이 시작되자 일행의 대장격인 구로다놈은 끌고온 침략군대로 강화도 ≪련무당≫을 포위하게 하고는 리조봉건정부 대표들의 출입마저 엄중히 단속하게 하면서 저들이 미리 작성한 조약초고를 승인할 것을 강요하였다.

이처럼 일본침략자들은 대포와 군함으로 위협공갈하여 1876년 2월 27일 끝끝내 리조봉건정부에 일방적으로 저들의 부당한 요구조건을 강압접수시키고 12개 조항으로 된 이른바 ≪조일수호조규≫(≪강화도조약≫)를 강제적으로 날조하였다. ≪강화도조약≫은 날조과정이 날강도적인 것은 물론 그 조항 하나하나가 다 조선을 침략하고 예속하기 위한 파렴치한 요구로 일관되어 있다. 놈들은 ≪조약≫에서 조선의 항구들을 일본상인들의 ≪자유무역≫을 위하여 ≪개방≫하여야 한다는 것을 규정함으로써 당시 조선의 경제를 저들의 자본침투의 방법으로 예속시킬 수 있는 기본조건을 마련하였다. 이뿐이 아니다. 놈들은 조선연해에 대한 일본의 측량 및 지도작성의 자유를 보장한다는 조항을 비롯하여 공사 및 령사주둔권, 보충조약체결권을 박아넣었다. 일본의 날도강도적인 요구는 이에만 그치지 않았다. 일본은 ≪강화도조약≫을 턱 대고 ≪조일수호조규부록≫과 ≪무역규칙≫을 또다시 꾸며 내여 우리나라를 침략하고 략탈할 수 있는 현실적 조건들을 완비하였다.

≪강화도조약≫은 일본의 조선침략계획을 처음으로 구체화한 날강도적인 비법문서였다. 바로 이것을 발판으로 일본은 조선의 식민지화를 한 걸음 한 걸음 실행시켰으며 궁극적으로는 우리나라를 식민지로 전락시키고 온갖 범죄적인 만행을 다 감행하였다. 바로 이러한 날강도 섬나라 후예들이 오늘 뻔뻔스럽게도 력사를 외곡하여 피해자인 우리 인민을 가해자로, 가해자인 저들은 피해자로 둔갑시켜 보려고 어리석게 놀아대고 있다. 이것은 우리 인민의 자주권에 대한 또 하나의 도전이고 엄중한 침해행위이다.

일제에 의한 피해가 컸던 것만큼 우리 인민은 왜나라와 결산할 것이 너무도 많다. 왜나라는 우리 인민의 감정을 건드리는 반공화국적대시정책을 일삼는 것이 스스로 제 무덤을 파는 어리석은 짓으로 된다는 것을 똑바로 알아야 한다. 만일 섬나라 반동들이 계속 과거죄행에 대한 사죄와 청산을 회피하면서 반공화국소동에 매여 달린다면 우리 군대와 인민의 무자비한 징벌을 면치 못할 것이다.

18. 미영제국주의는 ≪을사5조약≫날조의 공범자[10]

림 동 춘

[37]세인을 경악케 한 일제의 강도적인 ≪을사5조약≫날조행위는 미영제국주의자들의 적극적인 사촉과 직접적인 공모 속에서 감행되었다. 미제국주의는 일제의 ≪을사5조약≫날조행위를 그 준비시기부터 실행단계에 이르기까지 적극 사촉하고 협력하여준 공범자, 범죄자였다. 위대한 령도자 김정일동지께서는 다음과 같이 지적하시였다. **≪미제는 로일전쟁에로 일제를 부추기고 뒷받침해주었으며 일제의 조선강점 책동을 백방으로 지원하준 흉악한 범죄자, 공모자였습니다.≫**

로일전쟁은 조선을 먹기 위하여 로씨야와 일본이 벌린 전쟁이었다. 미제는 일제가 로일전쟁을 도발한 이후 일제의 조선침략을 적극 지지하고 사촉하였다. 미제는 ≪가쯔라-타프트≫비밀협약을 체결하여 일제침략자들에게 조선완전강점에 대한 사전승인을 주었다. 미제가 이 비밀협약에서 일제의 조선통치안을 승인한 것은 극동에서 저들의 식민지지배를 안전하게 유지하며 동북아세아 특히 만주지방에 대한 침략야망을 일제의 힘을 빌려 실현하려는 데 있었다. 미제는 1905년 7월 륙군장관 타프트를 일본에 파견하여 일본총리대신 가쯔라와 비밀모의를 벌리도록 하였다. 이 비밀모의에서 가쯔라는 필리핀에 대한 미제의 지배권을 인정한 후 타프트에게 로일전쟁 후에 조선을 ≪방임≫하여 두면 조선이 ≪다른 나라와 협약이나 조약을 체결하고 전쟁 전에 존재하였던 것과 같은 국제분쟁≫을 다시 일으킬 수 있기 때문에 일본은 ≪다시 대외전쟁에 말려들어가지 않기 위하여 그 어떤 결정적 수단을 단연 취하지 않을 수 없다≫고 조선에 대한 지배의사를 로골적으로 드러내였다. 타프트는 가쯔라의 ≪의견≫이 현정세하에서

---

10) 출처: 김일성종합대학출판사, 『김일성종합대학학보: 력사법학』, 제41권 제3호(1995), 37-41쪽.

≪가장 정당한 처사≫로 된다고 하면서 일본이 조선에 대하여 ≪보호≫조치를 취하는 것은 로일전쟁의 당연한 결과이라고 하였다. 이 비밀협정에서 미제는 일제에게 조선완전강점의 국제적 담보를 약속함으로써 일제로 하여금 조선침략에 더욱 발 벗고 나서게 하였다.

미제가 일제의 조선침략을 얼마나 적극적으로 지지하였는가 하는 것은 일본침략자들 자신이 ≪로일전쟁의 발발 이래 루즈벨트 대통령의 일본에 대한 태도는 동맹국의 립장과 다름이 없이 우호적이다≫라고 하면서 일본정부나 일본국민은 미국에 ≪감사≫를 보내야 한다고 한 데서도 잘 알 수 있다. 미제는 로일강화담판에서도 로씨야에 압력을 가하여 로씨야가 조선을 지배하려는 일제의 요구에 굴복하도록 하였다. 짜리로씨야와 일본 사이에 로일전쟁을 결속 짓기 위한 강화담판은 1905년 8월 9일부터 미국 대서양연안에 있는 항구도시 포츠마스에서 진행되었다. 강화담판은 교전쌍방 전권대표들의 참가밑에 진행되었으나 사실에 있어서는 일제를 한편으로 하여 쌍방회담이 진행된 것이 아니었다. 미국은 처음부터 일제의 편에 서서 로씨야에 압력을 가하면서 강화담판결과가 일본에 유리하게 결정되도록 적극 ≪활동≫하였다. 미국대통령 루즈벨트는 강화담판에 ≪중재자≫로 나타났지만 로씨야전권대표들의 동향을 탐지하여 일본측에 제공하는 등 이러저러한 방법으로 일본의 요구를 관철시키려고 하였다. 로씨야전권대표는 미국대통령 루즈벨트는 전적으로 일본측의 ≪변호사≫의 립장에 서서 그들의 립장을 대변하였다고 불만을 터뜨렸다. 이것은 미국이 로일관계에서 일제의 편에 서서 로씨야가 일본의 요구에 굴복하도록 적극적인 외교를 벌렸다는 것을 보여주는 것이었다.

미국대통령 루즈벨트의 적극적인 지지와 사촉에서 힘을 얻은 일본전권대표는 처음부터 강도적인 요구를 제기할 수 있었으며 로씨야는 그에 양보하지 않을 수 없었다. 결과 1905년 9월 5일 조선을 ≪보호국≫화한다는 포츠마스강화조약이 조인되었다. 조약 제1조에서는 ≪일본이 한국에서 필요하다고 인정하는 지도, 보호 및 감리의 조치≫를 취한다는 것이 규정되었다. 이 조약의 체결로 일제는 저들이 바라던 대로 짜리로씨야를 밀어 제끼고 단독으로 조선을 ≪보호≫의 명목밑에 식민지화할 수 있는 ≪권리≫를 획득하게 되었다. 로씨야에 비하여 군사경제[38]적으로 약하였던 일본이 이러한 권리를 강탈할 수 있은 것은 전적으로 미국의 적극적인 지원이 있었기 때문이다. 미제국주의자들은 조약이 체결되었을 때 당사자인 일본제국주의자들 못지않게 기뻐하였다.

미제국주의자들은 일제의 ≪을사5조약≫날조에 유리한 국제적 조건을 마련해주었을 뿐 아니라 ≪을사5조약≫날조의 강도적 수법을 적극 지지하여 주고 다른 나라들이 일제의 조약날조행위를 인정하도록 외교적 압력까지 가하였다. 미제는 일제가 국제관계를 고려하여 ≪을사5조약≫

날조의 강도적인 수법에 대하여 미제의 지지를 요구하자 그를 적극 지지함으로써 그 강행에로 적극 부추겼다. 1905년 9월 8일 강화담판의 일본측 전권대표였던 일본 외무대신 고무라는 귀국하기에 앞서 조선침략에 대한 미국의 립장을 최종적으로 확인하기 위하여 미국무장관 루트를 찾아갔다. 고무라는 루트에게 조선의 ≪보호국화≫에 대한 미국의 립장이 어떠한가에 대하여 조심스럽게 물었다. 이에 대하여 루트는 ≪…… 이것은 로씨야의 침략책동을 막기 위하여 당연히 나타나야 할 결과≫이며 조선의 ≪안녕과 동양의 평화를 위해서도 최상책≫으로 된다고 하면서 일본의 조선침략을 적극 지지한다고 하였다. 미국무장관의 지지를 받은 고무라는 다음날 미국주재 일본공사 다까히라를 데리고 루즈벨트를 찾아갔다. 미국의 립장을 외교적으로 공식화하려는 것이었다. 고무라의 질문을 받은 루즈벨트 역시 루트와 마찬가지로 로일전쟁의 결과 조선이 일본의 ≪보호국≫으로 되는 것은 ≪예견하던 바이며 장래의 화근을 완전히 없애기 위하여서는 이 밖에 다른 대책이 없다고 생각한다≫고 하면서 적극 지지해주었다. 이것은 사실상 조금도 주저하지 말고 ≪보호≫라는 명목밑에 조선을 식민지로 만들도록 일제를 부추기는 행위였다.

루즈벨트의 적극적인 지지에 만족을 느낀 고무라가 한층 더 도를 높여 조선의 ≪보호국≫화는 조약의 형식으로 실현하는 것을 원칙으로 할 것이지만 만일 조선이 그에 응하지 않을 때에는 부득이하게 일본정부가 국제조약의 체결형식을 무시하고 일방적으로 ≪보호권≫의 취득을 선포하게 되겠는데 이때에도 미국정부의 지지를 요구한다고 하였다. 루즈벨트는 고무라의 이 요구에 대하여서도 미국은 적극 지지할 것이라고 하였다. 루즈벨트의 립장은 일제가 그 어떠한 강도적 수법을 적용하여 조선을 식민지화한다 하더라도 미국은 그를 무조건 지지할 것이라는 것을 암시한 것이었다.

미제의 이러한 적극적인 지지와 사촉은 일본침략자들로 하여금 조선을 ≪보호국≫이라는 명목밑에 완전한 식민지로 전변시키기 위한 본격적인 책동에로 나서게 하였다. 결국 일제는 서울주재 일본공사 하야시를 불러들이고 10월 27일에는 정식 일본너각회의에서 강도적인 ≪보호국화≫안을 확정하였던 것이다. 일본침략자들은 이 ≪안≫에서 ≪한국정부의 동의를 얻을 가능성이 없을 경우에는 최후수단으로 한국에 대하여 보호권의 확립을 일방적으로 통고할 것≫이라는 것을 밝혔다. 이것은 일제가 미국지배층들이 적극 지지해준 강도적인 방법, 사기협잡으로 날조하는 방법, 가짜조약을 날조하여서라도 조선을 식민지로 만들겠다는 것이었다.

미제는 일제의 조선≪보호국화≫책동을 적극 지지사촉하였을 뿐 아니라 다른 나라들도 일제의 조선침략을 승인하도록 외교적인 압력을 가하였다. 1905년 10월 미국주재 서방나라 외교관이 루즈벨트와의 면담에서 조선을 ≪보호국화≫하려는 일제의 책동을 잔인한 행위라고 비난하자 루즈벨트는 일제의 행위는 의심할 여지없이 ≪선의적인 행위≫라느니, 일본이 ≪조선을 감리하는 것은 아주 옳다≫고 하였으며 미국주재 일본공사 다까히라를 불러 ≪나는 실로 일본을 위하여 복을 빈다. 나는 일본의 성공을 심히 간절히 바란다≫고 하였다. 미제국주의자들의 적극적인 지지와 사촉밑에서 일본침략자들은 마침내 1905년 11월 17일 오랜 해외침략력사를 가진 큰 자본주의 국가들도 감히 엄두를 내지 못하는 강도적인 방법으로 가짜조약을 날조하고 일방적으로 공포함으로써 조선을 제놈들의 이른바 ≪보호국≫으로, 식민지로 전락시켰다.

미제는 일제의 ≪을사5조약≫날조행위를 준비단계에서뿐 아니라 실행단계에서도 적[39]극 도와주었다. 일제침략자들이 ≪을사5조약≫날조를 서두르고 있던 11월 8일 루즈벨트는 일본공사 다까히라를 불러 서울에서 미국공사관을 철수하겠다고 하였다. 다까히라가 아직 ≪보호화≫가 결정되기 전인데 ≪일을 망칠 수 있다≫고 하면서 ≪조약의 체결여부가 결정될 때까지 좀 참아달라≫고 하자 루즈벨트는 대통령이라는 직분에 어울리지 않게 ≪이 문제에 관하여 미국정부는 어쨌든 간에 일본의 정책에 맞게 행동하겠다≫라고 지나친 열성을 보였다. 실지 미국은 일제가 ≪을사5조약≫을 날조한 후 즉시에 서울에 있는 미국공사관을 폐쇄하는 방법으로 일제의 조약날조행위를 공식적으로 지지하였으며 1905년 말에는 미국공사관원들을 서울에서 소환하고 조선과의 관계는 일본정부와만 론의하겠다고 선포하였다. 미제의 이와 같은 행위는 명백히 다른 나라들도 일제의 조약날조행위를 빨리 인정해야 한다는 외교적 압력이었다.

일제의 ≪을사5조약≫날조행위를 적극 지지한 미제의 정체는 ≪을사5조약≫을 무효화하기 위한 리조봉건정부와 고종황제의 비밀활동을 모욕하고 우롱한 데서도 여실히 드러났다. 일제의 의한 가짜≪을사5조약≫의 조작공포는 조선인민의 강력한 항의를 불러일으켰으며 그에 힘을 얻은 고종황제도 ≪을사5조약≫의 비법성을 폭로하며 그를 무효화시키기 위한 비밀외교활동을 벌렸다. 일제침략자들에 의하여 ≪을사5조약≫이 날조된 직후 고종은 1882년에 체결된 ≪조미조약≫에 기대를 걸고 당시 워싱톤에 가있던 ≪코리어레뷰≫지의 편집자인 미국인 헐버트에게 조약의 무효성을 주장하는 자기의 립장을 미국정부에 알리도록 전보를 쳤다. 고종은 전보에서 ≪〈보호조약〉이 무효임을 선언한다≫는 것을 밝히고 자기는 ≪〈을사5조약〉을 결코 인정하지 않고 있으며 앞으로도 인정하지 않을 것이다≫라고 하였다. 고종은 프랑스주재 조선공사 민영찬에게도 같은 임무를 주어 미국에 파견하였다. 그러나 미제국주의자들은 고종의 비밀외교활동을 처음부터 경멸적으로 대하면서 우롱하였다. 1905년 11월 22일 헐버트가 고종의 말을 전달하기 위하여 미국대통령 루즈벨트와 국무장관 루트를 찾아갔을 때 그들을 만나주지도 않았다. 그러면서도 이 사실을 미국주재 일본공사 다까히라에게 통보하여 주었다. 미제는 다까히라에게 조선황제가 이렇게 나오는 형편에서 일본정부가 가짜조약의 조작으로 조선을 ≪보호통치≫하는데서 ≪조금도 걱정할 바는 없겠지만 념려스러워 그러니 특히 주의해줄 것을 바란다≫고 걱정까지 해주었다. 12월 11일 민영찬이 루트를 찾아가 일제가 날조한 ≪을사5조약≫이 국왕이 국새를 찍지 않았기 때문에 무효이라는 것과 미국정부는 ≪조미조약≫의 의무에 따라 조선에 대한 제국주의간섭을 막아줄 것을 요구한다고 고종의 부탁을 전달하였다. 이 때에도 루트는 랭담한 태도를 취하면서 귀담아들으려고 하지 않았다. 루트는 다까히라와 비밀모의를 거듭 벌린 후 10일이 지난 12월 21일에야 민영찬을 다시 만났다. 이때 그는 고종황제의 요구를 들어줄 수 없다고 하면서 그 리유로는 조선이 이미 1904년 2월에 체결된 조약과 그 해 8월에 체결된 의정서에서 일본에 많은 특권들을 주었고 또 ≪을사5조약≫의 체결로 ≪자신을 일본의 보호밑에 둔 것만큼≫이제 와서 ≪조미조약≫의 조항에 따라 행동한다는 것은 불가능한 일이라고 하였다. 루트의 이 발언은 미제야말로 제놈들의 리익을 위해서라면 국가 간에 체결한 조약까지도 서슴없이 내버리는 파렴치한 배신자이라는 것을 말하여 준다. 미국의 배신적 행위에 대하여서는 다른 나라들은 물론 미국정치인들 자신도 인정한 문제였다. 조선전쟁말기 유엔군사령관이었던 릿치웨이는 ≪조선전쟁≫이라는 자기의 회고록에서 ≪미국은 조선이 공격을 받았을 때에는 원조하겠다고 약속하였음에도 불구하고 이 나라를 구원하기 위하여 아무런 행동도 하지 않았다≫고 스스로 고백하였다.

　력사적 사실은 일제가 가짜 ≪을사5조약≫을 날조하고 조선을 식민지로 만든 것은 미제와 일제의 범죄적 공모결탁의 산물이라는 것을 보여준다. 법률적 견지에서 볼 때 공범죄를 구성하는 가장 주요한 요건은 범죄의 실행에 대하여 사전에 합의하였는가 하는 것이며 범죄실행자의 범죄실행을 어떤 립장에서 도와주었[40]는가 하는 문제이다. 범죄실행에 대하여 사전에 합의하고 범죄실행을 적극 도와준 경우에는 두말할 것 없이 공범자로 된다. 일제가 ≪을사5조약≫을 날조하던 당시 미제의 행위는 공범자로서의 모든 범죄구성요소를 다 충족시키는 행위였다. 미제는 일제의 가짜조약날조행위를 사전에 승인하였을 뿐 아니라 국제조약의 체결형식을 완전히 무시하고 일방적으로 ≪보호권≫의 획득을 선포하겠다는 일본의 요구에도 적극적인 지지를 주었다. 이것은 미제가 일제의 조약날조행위를 범죄실행 이전에 이미 합의한 것으로서 범죄실행을 적극 사촉한 행위로 된다.

　미제는 범죄실행에 대하여 사전에 지지해주었을 뿐 아니라 범죄실행을 적극 도와주고 조약조작 후에도 그를 적극 비호, 두둔함으로써 공범자로서의 자기행위를 다하였다. 미제는 1907년

여름 고종이 화란의 헤그에서 열린 만국평화회의에 특사를 파견하여 ≪을사5조약≫에 국새를 날인하지 않았기 때문에 무효라는 것을 세계에 폭로하는 사건이 터졌을 때에도 그것을 정치적 ≪자살행위≫라고 모독하면서 일제가 그 사건을 구실로 고종을 강제퇴위시킨 것은 응당한 것이라고 떠들었다. 이처럼 미제는 일제의 ≪을사5조약≫날조행위를 그 준비시기부터 실행과정과 직후에 이르기까지 적극 사촉하고 협력하여 준 공범자, 범죄자였다.

영제국주의자들 역시 일제의 ≪을사5조약≫날조행위를 사촉, 비호한 공범자이다. 영제국주의자들은 일제의 조선침략을 ≪을사5조약≫날조 이전시기부터 적극 지지하고 사촉하였다. 영제국주의자들은 저들의 대아세아침략정책에 따라 일제의 대륙침략 특히 조선침략을 적극 지지하였다. 영제국주의는 청일전쟁 후 동북아세아지역에서 일제와 로씨야가 심각하게 대립되자 일제의 힘을 빌려 로씨야를 견제하고 동남아세아와 중국남부지역에서 저들의 지배권을 유지강화하려는 데로부터 친일배로정책을 추구하기 시작하였다.

일제의 조선침략을 적극 지지한 영국의 립장은 제1차≪영일동맹조약≫의 체결에서 그대로 드러났다. 1902년 1월 30일에 영국외상 렌스다운과 영국주재 일본공사 사이에 제1차 ≪영일동맹조약≫이 체결되었다. 이 조약에서 체약쌍방은 청나라와 조선의 ≪독립≫을 ≪승인≫한다고 위선적으로 지적한 후 영국은 청나라에서 특별한 리익을 가지며 일본은 청나라에서의 리익에 더하여 ≪조선에서 정치, 상업, 공업상의 각별한 리익≫을 가진다는 것을 규정하였다. 또한 조선에서 체약국가들의 리익이 침해되는 경우 쌍방은 서로 그를 제거하기 위한 효과적인 조치를 취할 권리가 있다는 것을 인정하였다. 조약내용에서 볼 수 있는 바와 같이 영국은 일제가 조선에서 정치, 상업, 공업상의 특별한 리익을 가지며 그 리익을 위해 모든 필요한 조치를 취할 권리를 승인하였다. 여기서 말하는 정치, 상업, 공업상의 특별한 리익이란 다른 나라들에 비하여 일본이 조선에서 특별한 지위에 있다는 것을 승인한 것이다. 또한 그 특별한 리익을 위하여 효과적인 조치를 취할 수 있다는 것은 일본이 자기의 리익을 위하여 조선을 마음대로 침략할 권리가 있다는 것이다. 이것은 영제국주의자들이 일제의 조선침략을 세계면전에서 공식적으로 ≪인정≫한 것으로서 일본침략자들로 하여금 조선침략에 더욱 발 벗고 나서도록 부추기는 행위로 되었다. 물론 영제국주의자들은 일제로 하여금 조선에서 독점적 지배를 확립하게 함으로써 ≪남하팽창≫정책의 실시로 영국에 강하게 맞서나오던 짜리로씨야의 국제적 영향력을 억제하려고 하였다.

영제국주의자들은 제1차≪영일동맹조약≫을 체결한 이후 로일전쟁시기에 이르기까지 일제의 조선침략을 적극 사촉하고 지지하였다. 1904년 1월 영국외교관 헨리 로만은 미국무장관 루트에게 조선을 지배하기 위한 일제의 침략행위를 찬양하면서 영국은 일본의 립장을 지지한다고 하였다. 이것은 영제국주의가 일제의 조선침략을 적극 지지할 뿐 아니라 다른 제국주의렬강들도 지지하게 하여 저들의 대아세아정책을 실현해보려고 여러모로 책동하고 있었다는 것을 보여준 것이었다.

영제국주의자들의 일제의 조선침략에 대한 지지는 로일전쟁의 결속단계에 들어선 1905년 8월 12일 제2차 ≪영일동맹조약≫을 체결하고 일본의 조선지배를 공식적으로 승인한 데서 로골적으로 드러났다. 영제국[41]주의가 로일전쟁이 결속단계에 들어선 시각에 제2차 ≪영일동맹조약≫을 체결한 목적은 일본이 조선을 독점하는 것이 로씨야의 남하진출을 견제해야 하는 저들의 전략에 부합되며 또 로일전쟁에서의 승리로 아세아에서 침략적 지위를 높인 일제로부터 동남아세아와 중국남부에서의 저들의 리권을 보장받으려는 교활한 타산으로부터 나온 것이었다.

영제국주의는 이러한 리익추구로부터 제2차 ≪영일동맹조약≫제3조에 ≪일본은 조선에서 정치, 군사 및 경제상의 긴절한 리익을 가지는 고로 영국은 일본이 그 리익을 옹호증진하기 위하여 정당하며 필요로 인정하는 지도, 감리, 보호의 조치를 조선에서 집행하는 것을 승인함≫이라는 조항을 박아 넣는 데 동의하였다. 영국은 이 조약에서 일본이 조선에서 ≪지도, 보호, 감리의 조치를 취할 수 있다≫는 것을 인정함으로써 사실상 일제가 조선을 식민지로 만드는 데 동의하였다. 영제국주의가 이러한 조항설정에 동의한 것은 일제가 ≪을사5조약≫날조로 조선을 강점하기 몇 달 전에 벌써 일제의 침략행동을 지지해준 것으로 된다. 영제국주의자들의 이러한 립장은 조약체결 후 조약갱신에 대하여 미국에 통보하면서 ≪조선은 일본제국에 보다 접근되어 있고 자치능력이 없으므로 일본의 통치권 내에 포함되어야 한다.≫고 한 데서도 명백히 드러났다.

영제국주의자들의 일제의 조선침략에 대한 지지행위는 조선과 영국 사이에 1883년에 체결한 ≪조영수호조약≫에 배치되는 행위였다. ≪조영수호조약≫에서 쌍방체약국은 제3국이 체약일방에 간섭하는 경우 그를 저지시키기 위한 필요한 조치를 취한다고 규정하였다. 그러나 영국은 일제의 조선에 대한 침략을 저지시킬 대신 오히려 그를 지지함으로써 ≪조영수호조약≫에서 지닌 자기의 의무를 저버리고 체약타방인 조선을 로골적으로 배신하는 범죄행위를 저질렀다.

영제국주의자들이 우리나라를 배신하고 일제를 지지한 행위는 제2차 ≪영일동맹조약≫의 체결을 저지시키기 위한 런던주재 조선공사의 대외활동을 방해한 데서도 잘 나타났다. 런던주재 조선공사 리한응은 영일 간에 조약체결의 움직임이 활발하여지자 1905년 4월 영국정부에 영국은 조선과 수호조약을 체결한 나라이기 때문에 국제법상 일본의 조선침략을 허용해서는 안 된다는 내용의 항의각서를 제출하였다. 영국정부는 이를 공개적으로 거부하고 조선공사가 그 정당성을 만국공법과 ≪조영우호조약≫을 근거로 재삼 강조하여 나서자 런던주재 각국 공사들에게 조선공사에 대하여 ≪망국공사≫로 대할 것을 요구하였다. 조선공사가 일제의 조선침략을 승인하는 것은 동양평화에 위험을 조성하는 것이라고 거듭 항의하자 그를 일축하고 그 내용에 대하여 일본에 비밀리에 통보까지 해주는 비렬한 행위를 감행하였다.

영제국주의자들의 이러한 행위는 영제국주의가 일제의 조선침략을 실현시키기 위하여 얼마나 악랄하게 날뛰였는가 하는 것을 보여주었다. 영제국주의자들은 일제가 ≪을사5조약≫을 날조하기 전부터 그를 적극 지지하고 사촉하였을 뿐 아니라 조약날조 후에도 미국 다음으로 그를 공식인정함으로써 공범자로서의 정체를 남김없이 드러내였다. 영제국주의자들은 일제가 ≪을사5조약≫을 날조하고 ≪보호통치≫를 실시하자 그를 적극 찬양하였으며 1905년 말에는 서울주재 영국공사를 소환함으로써 일제의 ≪을사5조약≫날조행위를 공식적으로 ≪인정≫하였다.

력사적 사실이 보여주는 바와 같이 영제국주의자들은 미제와 함께 일제의 ≪을사5조약≫날조행위를 그 준비시기부터 실행단계와 그 이후시기에 이르기까지 적극 지지하고 사촉하여준 악랄한 공범자, 범죄자이다.

19. ≪을사5조약≫은 국제법상 불법무효한 강도적인 조약[11]

림 동 춘

[70]오늘 일본당국자들은 조선을 강점하고 악독한 식민지통치를 실시한 과거의 죄행을 사죄할 대신 ≪을사5조약≫을 ≪국제법상 유효≫한 조약, 이 조약이 국제조약으로서의 형식을 갖추지 못한 것은 ≪조선내부의 국내수속상 문제≫라느니 하는 궤변을 늘어놓으면서 저들의 과거죄행을 가리고 그 책임에서 벗어나 보려고 교활하게 책동하고 있다. 지어 일본반동들은 저들의 강도행위가 ≪적법적≫이고 ≪합법적≫이며 ≪일본이 조선에서 좋은 일도 하였다≫고 하면서 피로 얼룩진 저들의 과거를 미화하려고 꾀바르게 놀아대고 있다.

---

11) 출처: 김일성종합대학출판사, 『김일성종합대학학보: 력사법학』, 제47권 제4호(2001), 70-74쪽.

일제가 조선강점의 이른바 《합법적인 기초》로 삼은 《을사5조약》은 국제조약성립의 조건을 어느 하나도 충족시키지 못한 날치기조약이었으며 총칼을 휘둘러 체약일방인 리조정부의 대신들을 연금, 강박하여 날조해 낸 자작품이었다.

위대한 수령 김일성동지께서는 다음과 같이 교시하시였다. **《조선에 대한 일본의 강점이 후안무치한 강도행위였다는 것은 온 세상이 다 알고 있는 사실이다. 그네들은 처음부터 그 강점을 합법적이며 정당한 것이라고 묘사하였지만 〈합방〉은 어디까지나 철저한 강도행위였다.》**(《김일성저작집》제49권, 88페지)

《을사5조약》은 현대 국제법은 물론 조약이 날조될 당시의 국제법과 국제관례를 완전히 무시하고 날조된 불법무효한 강도적인 조약이었다.

《을사5조약》이 국제법상 불법무효한 강도적인 조약으로 되는 것은 우선 이 조약이 국가로부터 조약체결의 전권위임을 부여받지 못한 자들이 조약체결에 《조인》한 조약 아닌 《조약》이라는 데 있다. 전권위임은 국제조약체결에서 선차적으로 보장되어야 할 기초적인 문제이다. 국가로부터 조약체결의 권한을 위임받지 못한 자들이 체결한 조약이 무효이라는 것은 국제관계가 발생하고 국가들 사이에 서로 지켜야 할 행위규범들을 성문화하여 온 이래 굳어져 온 국제관습이다. 전권을 위임받았는가 받지 못하였는가 하는 문제는 단순히 법적 수속상의 문제나 공정상의 문제가 아니라 조약에 국가적인 의사를 충분히 반영하며 그 신빙성과 법적 효력을 담보하는 근본문제이다. 때문에 국제조약체결에 앞서 조약체결에 참가하는 대표들 사이에는 서로 전권위임장들을 제시확인하고 그 기초 우에서 조약체결을 위한 접촉을 진행하게 된다. 이러한 행위는 당시 중요한 국제법규정으로 인정되고 있었으며 국내법들에도 명확히 법문화되어 있었다. 국제조약법에 관한 원협약 제7조에서는 국제조약체결을 위한 국가대표로 전권을 위임받지 못한 자들이 수행한 행위는 법적효력을 가지지 못한다고 밝히고 있다. 국제조약의 체결은 주권국가만이 수행하는 법률행위로서 반드시 최고주권자와 정부수반 혹은 그의 위임을 받은 전권대표들만이 할 수 있다. 때문에 전권을 위임받지 못한 자들은 국제조약을 체결할 수 없으며 설사 그들이 조약을 체결한다 하여도 그러한 조약은 당연히 무효로 인정된다. 《을사5조약》이 날조될 당시의 국제공법에는 이 문제가 명확히 규제되어 있었고 우리나라와 일본의 국내법에도 국제조약체결 시 전권대표를 임명하여 조약을 체결해야 한다는 것이 중요한 법적 절차로 규정되어 있었다. 리조봉건정부에서 1899년 8월 17일에 제정공포한 《대한국국제》제9조에는 황제가 직접 《제반조약을 체결》한다는 것이 규정되어 있었고 당시의 일본명치헌법 제4조와 제13조에는 《일본천황》이 《국가의 원수로서 통치권을 총람》하며 《제반조약을 체결≫한다고 규정되어 있었다. 그런 것만큼 조선과 일본에서는 국[71]제조약의 체결을 국가원수나 그가 임명한 전권대표가 아니고서는 누구도 할 수 없었다. 그런데 ≪을사5조약≫은 고종황제나 일본국왕, 그들이 임명한 전권대표가 아니라 량국가의 최고주권자나 최고주권기관으로부터 그 어떤 위임도 받지 못한 박제순이나 하야시 곤노스께 사이에 체결된 것으로 되어 있으며 이른바 ≪조약문≫의 조인란에는 그들의 작은 도장들이 찍혀져 있다. 국가로부터 아무러한 전권위임도 받지 못한 리조의 외부대신 박제순이나 조선주재 일본공사 하야시 곤노스께가 ≪조인≫한 ≪조약≫이 국제법상 그 어떤 법적효력도 가질 수 없다는 것은 더 론의할 여지도 없다. 원래 일제는 조선을 집어 삼키기 위한 조약체결전권대표로서 제놈들의 추밀원의장 이또 히로부미와 리조정부 참정대신 한규설을 내정하였다. 그러나 조약체결을 고종황제가 반대하고 정부의 수반격인 한규설이 완강히 거부하자 이또는 한규설을 회의장에서 끌어내여 연금하고 외부대신 박제순을 조선측의 조인서명자로, 공사 하야시 곤노스께를 일본측의 조인서명자로 제멋대로 내세웠다. 그리고는 일본군인이 리조정부의 외부에 가서 칼부림으로 빼앗아 온 박제순의 도장을 일본공사관 직원이었던 누바노가 조약문에 찍게 하였다. 결국 일제는 국왕이나 주권기관으로부터 그 어떤 위임도 받지 못한 자들이 국가를 대표하여 조인하게 함으로써 국제조약체결의 가장 초보적인 절차마저 지킬 수 없게 하였다. 이것은 ≪을사5조약≫이 일제의 일방적인 강도행위에 의하여 날조된 강도적인 ≪조약≫이라는 것을 말해준다. 이처럼 국제조약성립의 가장 기초적인 조건마저 지켜지지 않은 조약은 사실상 국제조약이라고 할 수 없다.

≪을사5조약≫이 국제법상 불법무효한 강도적인 조약으로 되는 것은 다음으로 이 조약이 국제조약성립의 가장 근본적인 조건인 합의의 자유원칙을 공공연히 유린하고 일제의 폭력과 강제에 의하여 날조된 ≪조약≫이라는 데 있다. 국제조약이란 국가들 사이의 자유로운 의사합의를 성문화한 것이다. 합의는 조약문에 대한 체약당사국들의 동의로서 국제조약성립의 가장 필수적인 구성조건을 이룬다. 체약국들 사이에 합의가 이루어지지 않으면 조약은 성립할 수 없다. 합의가 적법적인 것으로 되자면 체약국들 사이에 조약문초안을 놓고 자자구구 따져 가면서 충분한 토의가 진행되어야 하며 국가의 최고주권자에 이르기까지 그 내용에 대한 명확한 동의가 있어야 한다. 이러한 토의과정을 거쳐 체약국들 사이에 조약문초안에 대한 의견이 완전히 일치될 때 비로소 그 초안은 체약국들의 자유의사에 기초한 조약초안이라고 할 수 있으며 조인단계에로 넘어갈 수 있다.

국제조약이 국가들 사이의 합의라는 것은 현대 국제법에서는 말할 것도 없고 ≪을사5조약≫이 체결될 당시의 국제법과 국내법들에도 명확히 규제되어 있었다. 그러나 ≪을사5조약≫은 체약쌍방 사이에 합의가 전혀 진행되지 않았으며 일본이 작성한 조약문초안이 그대로 강요되었고 조선측의 요구는 조금도 담겨지지 않았다. 이또 히로부미는 고종과 여러 대신들이 조약체결을 강경히 반대하여 나서자 대신회의를 강제로 열어놓고 제놈들이 본국에서 작성해 온 조약문을 그대로 통과시키기 위하여 찬성하는가, 찬성하지 않는가를 따졌다. 이것은 조약초안에 대한 그 어떤 수정이나 첨부를 전혀 예견하지 않은 행위였다. 이또는 조약체결을 완강히 반대하는 참정대신 한규설을 강제로 끌어 내여 연금하면서도 마치 조약문이 충분한 합의에 의해 작성된 듯이 가만하기 위하여 제5조를 만들어 넣었다. 사실상 제5조는 있으나마나 한 조항으로서 일본이 아무 때나 마음대로 유린할 수 있는 조항이었다.

체약일방인 리조정부의 의사표시가 총칼에 의해 저지되고 체약타방인 일본의 강도적 요구만으로 일관된 이러한 조약은 [72]도저히 성립된 국제조약이라고 볼 수 없다. 국제조약법에 관한 윈협약 제52조에는 ≪조약이 유엔헌장에 구현된 국제법의 원칙에 위반되게 힘으로 위협하거나 힘을 사용함으로써 체결되었다면 그러한 조약은 무효이다.≫라고 규정되어 있고 1916년에 일본법학자 나까무라 싱고가 쓴 ≪국제공법론≫제16장 제1절 제1항 ≪조약의 성질≫에서는 ≪합의≫라고 하면서 ≪일방적인 의사표시≫는 절대로 조약이 아니라고 밝히고 있으며 제2항 ≪조약의 형식≫에서는 국제조약이란 ≪일정한 기관에 의하여 일정한 형식을 갖추어서 진행하는 합의≫라고 지적하고 있다. 유엔헌장에서도 국가와 국가 사이, 국제기구들 사이의 자유로운 의사합의를 국제조약성립의 필수적인 구성요건으로 규정하고 있다.

국가들 사이의 자유로운 의사합의가 국제조약성립의 구성조건으로 되는 것은 합의를 떠나 강제적으로 체결된 조약에서는 국제관계의 기본원칙들이 무시되고 체약일방에는 권리만이 주어지고 타방에는 의무만이 지워지기 때문이다. 이로부터 고금동서의 국제관계규범들은 국제조약체결에서 국가자주권존중과 평등호혜의 원칙이 준수될 것을 요구하였으며 그와 배치되는 위협이나 강제적 방법으로 체결된 조약을 무효한 것으로 인정하여 왔다. 19세기 중엽 이후 국제적으로 널리 쓰이던 ≪만국공법≫409장에도 ≪만일 다른 사람의 협박을 받아 자유가 없이한 것이면 그 조약은 다 폐지할 수 있다.≫고 규정되어 있으며 일본국제법학자 마쯔바라 가즈오는 1904년에 자기의 저서 ≪국제공법론≫에서 ≪국제조약이 성립되려면 체약당사국들 간의 합의의 자유가 있어야 한다. 합의가 없이는 국제조약이 성립할 수 없다. 그러므로 합의는 사기와 강박이 지배하지 않는 것으로 되어야 한다.≫고 하였다. 그럼에도 불구하고 일제는 ≪을사5조약≫을 날조하기 위하여 처음부터 끝까지 무력적 위협과 강제적 방법을 적용하였다. 이것은 사전에 일본 내각회의에서 결정되었으며 이또에 의해 강행되었다. 이또는 서울에 발을 들여

놓는 순간부터 우리나라의 외교자주권을 강탈하기 위하여 고종과 리조정부에 조약체결을 강요하였으며 그것이 거부되자 방대한 침략무력을 끌어들여 왕궁을 포위하고 리조봉건정부의 대신들을 전쟁포로나 죄인들처럼 취급하고 지어는 연금까지 하면서 조약체결요구를 접수하라고 강박하였다.

위협과 강박에 의하여 날조된 ≪조약≫이 불법무효하다는 것은 당시 일본인들 자신도 인정하지 않을 수 없었다. 일본국제법학자 이스미데스는 ≪조약은 호상 동의로 성립되는 것이므로 조약체결자는 행동의 절대자유를 가진다. 외부로부터 가해지는 협박밑에 체결된 조약이 무효로 되는 것은 명백하다.≫고 자인하였다. 이또는 일본의 총리대신과 추밀원의장을 지낸 바 있고 청나라와 ≪천진조약≫과 ≪시모노세끼조약≫ 등을 체결한 일본외교에서도 제노라고 자처하던 자로서 국제조약체결에서 협박과 강제가 있어서는 안 된다는 국제법의 요구를 모를 리 없었으나 조선을 기어이 식민지로 삼키기 위하여 전고미문의 강도행위를 감행하였던 것이다. 일제의 이 강도적 행위가 얼마나 놀라운 것이었던지 1905년 1월 20일 서울주재 도이췰란드대리공사 폰잘데론은 ≪을사5조약≫이 일제의 강요에 의해 날조된 것이라는 것을 구체적으로 밝힌 ≪정치보고서≫를 자기 나라 황제에게 보내였다.

≪을사5조약≫이 국제법상 불법무효한 강도적인 조약으로 되는 것은 다음으로 이 조약이 우리나라의 자주권을 심히 유린한 침략적인 ≪조약≫이기 때문이다. 매개 나라들이 국제조약을 체결하는 목적은 자기 나라와 민족의 리익을 보장하고 다른 나라들과 평등과 호혜의 원칙에서 국가관계를 발전시켜 나가자는 데 있다. 나라들 사이에 체결되는 조약이 체약국들의 리익을 침해하고 그 발전을 가로막게 된다면 나라들 사이에는 호상 신뢰하고 도와주는 정상적인 국제관계발전에 대하여 론의할 수 없게 될 것이다. 국제조약법에 관한 원조약에서는 국제조약은 ≪나라와 민족들 사이의 평화적 협[73]조를 발전시키기 위하여≫체결한다고 그 목적을 뚜렷이 밝히고 있다. ≪을사5조약≫이 체결될 당시의 ≪만국공법≫제415장에서도 나라들 사이에 체결하는 조약의 목적을 명확히 밝히고 ≪약정한 사항이 나라를 망하게 하거나 압제하여 쇠약하게 하고 발전하지 못하게 하는 것이라면 폐기해도 된다≫라고 규정하였다. 이러한 국제법적 규정들은 제1차 세계대전 후에 제정된 국제련맹규약이나 오늘의 유엔헌장에도 명문화되어 있으며 국가들 사이에 공인된 국제관계의 규범으로 인정되어 왔다. 그러나 ≪을사5조약≫은 이러한 국제관계의 규범과는 배치되게 우리나라의 외교자주권을 강탈하고 조선의 독립을 압살하기 위한 내용으로 되어 있다. 외교권은 대외관계에서 국가자주권이다. 따라서 그것은 자주독립국가의 가장 중요한 징표로 된다. 외교권을 잃은 나라는 국가자주권을 상실한 나라이며 사실

상 그러한 나라는 자주독립국가라고 말할 수 없다. ≪을사5조약≫은 우리나라의 외교권을 일본에 넘김으로써 조선을 국제무대에서 완전히 빛을 잃게 하였으며 자주독립국가로서의 우리나라의 운명에 종지부를 찍었다. 일제는 이 조약을 걸고 조선에서 ≪통감통치≫를 실시하였으며 우리나라의 내정권까지 빼앗아 내였다. 이 침략조약을 기초로 하여 초대통감으로 조선에 파견된 이또는 아무러한 권한도 행사하지 못하는 리완용 허수아비친일내각을 조작하고 그것을 마음대로 쥐고 흔들었으며 고종황제도 안중에 두지 않고 제놈들의 리익에 맞게 우리나라의 모든 정사를 처리하였다. ≪을사5조약≫은 이처럼 조선인민의 민족적 자치권과 자주적 발전의 권리를 송두리째 유린하였으며 이 조약의 날조로 하여 반만년의 유구한 력사를 가진 우리나라의 명맥은 끊어지고 조선은 일본의 완전한 식민지로 전락되기 시작하였다.

　≪을사5조약≫이 국제법상 불법무효한 강도적인 조약으로 되는 것은 다음으로 이 조약이 최고주권자나 최고립법기관의 비준을 받지 못한 날치기≪조약≫이라는 데 있다. 공인된 국제조약체결절차에 의하면 조인 후 비준을 요구하는 국제조약은 반드시 최고주권자나 최고립법기관의 비준을 받아야 법적 효력을 가질 수 있다. 조약의 비준이란 국가주권을 대표하는 기관이 자기의 전권대표에 의해 조인된 국제조약을 다시 확인하고 그 법적 효력을 인정하는 법률행위이다. ≪을사5조약≫은 일제가 조선을 집어삼키는 것을 규정한 조약이므로 설사 그것이 조인되었다 하더라도 법적효력을 가지자면 국가의 비준을 받아야만 하였다. 고종황제나 리조정부의 비준을 거치지 않는 경우 일제가 아무리 총칼을 휘둘러 조약을 꾸며낸다 하여도 그러한 조약은 아무러한 법적 효력도 가질 수 없다. 세계 모든 나라들이 공인한 국제조약법에 관한 원조약에서도 국가수반이 직접 체결한 조약이 아닌 경우의 조약은 반드시 국회나 최고립법기관의 비준을 받아야 효력을 발생한다고 되어 있다. ≪을사5조약≫이 날조될 당시 우리나라에서 조약의 비준권은 황제에게 있었으며 이 시기 국제사회에서는 국가들 사이에 조약이 체결되는 경우 그에 대한 비준제도가 보편적으로 적용되고 있었다. 이러한 비준제도는 고대로부터 이어져 오면서 전통적인 관례로 되어 왔으며 당시의 ≪만국공법≫에도 명확히 규제되어 있었다. ≪만국공법≫제405장과 제406장에는 조약은 ≪반드시 국왕의 승인≫이 있어야 실행될 수 있으며 국가가 ≪비준하지 않으며 그 조약은 곧 휴지로 된다≫는 것이 규정되어 있었다. 1894년 리조정부가 제정한 ≪공문식(법)≫에는 ≪국서와 조약비준은 황제가 서명한 다음 국새를 찍는다≫고 규정되어 있었으며 일본명치헌법 제13조에도 ≪천황≫이 제반 조약을 체결하며 비준한다고 규정되어 있다. ≪을사5조약≫은 고종황제가 비준을 하지 않은 것이었으며 거기에는 국새가 찍혀져 있지 않았다. 최근에 일본외무성산하의 외교사료관에 보관되어 있는 ≪강화도조약≫,

≪한일의정서≫, ≪한일맹약≫, ≪을사5조약≫, [74]≪정미7조약≫ 등 5개의 조약과 그와 관련된 문서들 가운데서 ≪강화도조약≫문서에만 량국황제의 비준서가 있고 다른 문서들에는 그것이 없다는 것이 밝혀졌다.

고종황제가 ≪을사5조약≫을 비준하지 않았다는 것은 리조봉건정부의 법무주사 안병찬이 ≪우로는 페기 윤허하지 않았고 아래로는 참정이 완강히 거절≫하였기 때문에 ≪5적의 무리≫들이 ≪함부로 도장을 찍을 수 없다≫고 절규한 데서도 여실히 알 수 있다. 리조의 황제 고종의 서명과 국새가 없는 ≪을사5조약≫이 비준을 받지 못한 무효한 조약이며 이 조약이 국제법 문건이 갖추어야 할 가장 중요한 법적 요소가 빠진 것으로서 당초부터 성립될 수 없는 것이었으며 법적 효력을 가질 수 없는 것이었다. ≪을사5조약≫이 무효한 조약이라는 것을 알고 있었기에 이또와 하야시는 ≪조약≫을 날조한 후 고종황제를 강박하여 그의 비준을 받아내려고 무진애를 다 썼다. ≪황성신문≫광무 11년 7월 19일부에는 1907년 7월 일제가 리완용을 비롯한 친일역적들을 궁궐에 보내여 고종황제에게 ≪을사5조약≫에 ≪국새를 찍을 것을 강요하였으나 황제페하께서는 허락하지 않으셨다≫고 쓰여 있다. 이것만 보아도 일제가 ≪조약≫을 날조한 때로부터 2년이 지난 후에도 고종의 승인과 국새를 받기 위하여 얼마나 집요하게 책동하였는가 하는 것을 알 수 있다. 일제는 이처럼 오랜 기간에 걸쳐 끈질기게 책동하였으나 ≪을사5조약≫에 끝내 고종의 서명과 국새를 찍지 못하였다. 이렇듯 ≪을사5조약≫은 일제가 국제적으로 공인되고 국내법에 규정된 조약체결절차와 그 발효절차를 완전히 무시하고 무지막지하게 마구잡이로 꾸며 낸 가짜조약이었다. ≪을사5조약≫이 불법무효한 날조품이라는 데 대하여서는 일본의 반동적인 법학자 아리카나 가노까지도 인정하지 않을 수 없었다. 그는 자기의 저서 ≪보호국론≫제3장 제1절 ≪한일조약의 형식≫에서 ≪이 협약은 한국외부대신과 일본공사가 그의 일상적인 직권을 가지고 조인한 이른바 동문통첩의 형식을 취한 것으로서 쌍방이 특히 전권위원을 파견하여 의정을 조인한 후 량군주의 비준을 거친 정식조약이 아니다≫라고 하였다.

≪을사5조약≫은 철두철미 불법무효한 침략조약인 것으로 하여 우리 민족 모두는 그것을 처음부터 인정하지 않고 반대하여 투쟁하였으며 세계는 이 ≪조약≫을 날조한 일제의 죄행을 한결같이 폭로규탄하였다. 고종은 1905년 11월 26일 미국인 헐버트와 프랑스주재 공사 민영찬에게 보낸 비밀전보에 ≪짐은 총칼의 위협과 강요 아래 최근 한일 량국 사이에 〈체결〉된 〈보호조약〉이 무효임을 선언한다≫고 하였으며 지방관리들에게 의병투쟁을 벌릴 데 대한 비밀지령을 주었다. 당시의 현직 및 전직관리들과 선비들은 이 침략조약을 폐지하고 을사오적을 처단할 데 대한 상소문을 고종에게 매일 제출하였으며 일제에게 항거하여 련이어 자결하였다.

≪을사5조약≫이 자작날조품인 것만큼 일제가 그것을 구실로 하여 조작한 ≪정미7조약≫과 ≪한일합병조약≫을 비롯한 당시의 모든 ≪조약≫들과 ≪협정≫, ≪법≫문건들은 당연히 무효한 것으로 되며 따라서 일제의 조선강점의 법적 기초는 그 어떠한 타당성도 가지지 못하게 된다. 그럼에도 불구하고 현 일본당국자들과 반동들이 그 무슨 ≪적법성≫과 ≪유효성≫에 대하여 떠드는 것은 40여 년간의 악독한 제놈들의 식민지통치를 미화하고 조선강점시기에 감행한 악착한 대학살만행과 600여 만 청장년들의 강제련행, 징용, 징병과 20여 만의 ≪종군위안부≫와 같은 전고미문의 범죄행위를 가리려는 데 그 진목적이 있다. 그러나 력사는 지울 수도 가릴 수도 꾸며낼 수도 없으며 일제가 저지른 범죄는 우리 민족 도두의 가슴속에 언제나 복수의 피를 끓게 하고 있다. 우리는 지난날 일본침략자들이 저지른 피의 대가를 천백배로 받아 내고야 말 것이다.

20. 일제에 의한 ≪을사5조약≫날조의 범죄성[12]

림 동 춘

[45]일본반동들은 ≪을사5조약≫날조 100년이 넘는 오늘까지도 이 조약이 마치 ≪국제적 승인≫과 조선의 ≪청원≫에 의해 체결된 것처럼 생억지를 부리면서 ≪한일합병≫은 ≪합법적≫이었기 때문에 조선에 대하여서는 사죄도 배상도 할 것이 없다는 황당한 궤변을 내돌리고 있다. 이런 조건에서 구일본이 국제법을 란폭하게 위반하고 백주에 ≪을사5조약≫을 강도적으로 조작해낸 국제적 범죄자이며 일본반동들이 조선에 대한 사죄와 배상에서 벗어나려고 앙탈을 부리는 것은 정치적 사기협잡군들이나 하는 무도한 짓이라는 것을 시대와 력사 앞에, 정의와 진리 앞에 발가놓는 것은 매우 중요한 의의를 가진다.

위대한 수령 김일성동지께서는 다음과 같이 교시하시였다. **≪고종은 헤그에서 열린 만국평화회의에 다시 밀사들을 파견하여 ≪을사조약≫의 비법성을 선포하고 세계의 정의와 인도주의에 호소하여 국권을 보존하려고 하였다.≫**(≪김일성저작집≫45권, 41페지)

---

12) 출처: 과학백과사전출판사, 『정치법률연구』, 2006년 제2호(누계 제14호), 45-47쪽.

일제의 ≪을사5조약≫은 국제조약법상 공인된 조약체결절차인 조약문의 작성과 합의, 조인과 비준절차를 고의적으로 위반하고 일제의 일방적인 요구만을 충족시킨 자작날조문서이다.

≪을사5조약≫은 우선 조약문작성에 관한 국제법적 요구를 무시하고 날조한 강도적인 ≪조약≫이다. 조약문의 작성이 국제법상 합법적인 것으로 되자면 해당 국가로부터 조약체결의 전권을 위임받은 대표가 타방국가에 조약체결의사를 밝히고 동의를 받아야 하며 조약문초안을 제시하여야 한다. ≪을사5조약≫날조 당시 리왕조의 법에서는 이러한 조약체결절차에 대하여 명백히 규정하고 있었다. 그러나 ≪을사5조약≫은 조약문작성과 관련한 리왕조의 법규범과 국제법적 절차를 전혀 거치지 않았다. 서울주재 일본공사가 리조정부의 외부에 보낸 조약문건이라는 것은 정부에 제기되지도 않았으며 따라서 참정대신과 외부대신의 련명수표를 받을 수 없었고 중추원의 자문을 거칠 수 없었으며 황제의 승인은 생각조차 할 수 없는 것으로서 애초에 어전회의나 대신회의에 상정조차 될 수 없었다. 그럼에도 불구하고 일본의 한갓 ≪특파대신≫에 불과한 이또히로부미는 조약체결을 위한 전권대표로 제놈과 한규설을 제멋대로 내세웠으며 리왕조의 대신회의를 강제로 열게 하고 제놈들의 조약문초안을 접수하라고 강박하였다. 쌍방조약에서 체약일방의 조약체결의사가 표시되지 않았고 조약문작성을 위한 대표단이 구성되지 않았으며 체약타방의 일방적인 강요에 의해 조약문작성과 관련한 국내법과 국제법적 절차가 지켜지지 않은 상태에서 조약문토의란 있을 수 없으며 설사 토의된다 하더라도 그러한 조약문은 효력을 가질 수 없는 범죄적인 조약으로 인정된다.

≪을사5조약≫은 또한 조약문의 합의에 관한 국제법적 규범을 어기고 날조한 비법적인 ≪조약≫이다. 조약문의 합의는 체약당사국들의 동의로서 국제조약성립의 가장 중요한 조건이다. 체약국들 사이에 합의가 이루어지지 않으면 그 어떤 경우에도 국제조약은 성립될 수 없으며 일방이 적법적이라고 주장하여도 유효한 조약으로 될 수 없다. ≪을사5조약≫은 쌍방 사이의 의견교환이란 전혀 없었고 리왕조측은 조약문초안을 작성하지도 않았으며 따라서 조약문초안 교환이 진행되지 않았고 일본측초안에 대한 무조건적인 접수만이 강요되었다. 일본국제법학자 나까무라 싱고는 1916년의 ≪국제공법론≫제16장 제1절≪조약의 성질≫에는 국제조약이란 ≪국가 간의 합의≫라고 규정되어 있다고 하면서 ≪일방적인 의사표시≫는 ≪절대로 조약이 아니다≫라고 주장하였다. 유엔헌장과 원협약 등 여러 국제법규범들에서도 합의를 국제조약성립의 필수적인 구성요건으로 규정하고 있다. 일제는 체약일방인 리왕조의 국내법을 완전히 무시하고 국제조약성립의 가장 중요한 조건인 합의절차를 거치지 않고 국제조약을 고의적으로 조작해내는 범죄를 저질렀다.

《을사5조약》은 또한 조인에 관한 국제법적 요구를 완전히 무시하고 날조한 무효한 《조약》이다. 조약의 조인은 체약국대표들이 작성합의한 조약초안이 법적 효력을 가진다는 것을 공식적으로 인정하는 주권국가의 법률행위로서 반드시 국가나 정부로부터 전권위임을 받은 대표들만이 할 수 있으며 위임받지 못한 자들이 조인하는 경우 국제조약법상 당연히 무효로 인정된다. 《을사5조약》날조 당시에도 조인규정은 국제법에는 물론 조선과 일본의 국내법에도 명백히 성문화되어 있었다. 리조봉건정부에서 1899년에 제정한 《대한국국제》제[46]9조에는 황제가 직접 《제반조약을 체결한다》고 규정되어 있었고 일본명치헌법 13조에도 천황이 《제반조약을 체결한다》고 규정되어 있었다. 《국제공법》제10장 109절에는 국제조약은 《체약국들 쌍방에 의하여 조인된 문서의 형식을 취한다》고 규정되어 있다. 그러나 《을사5조약》에는 고종황제나 일본천황, 그들이 임명한 전권대표들의 서명은 없고 국가나 정부로부터 그 어떤 위임도 받지 못한 리왕조의 외부대신 박제순과 일본공사 하야시 곤스께의 작은 도장들만 찍혀 있을 뿐이다. 쌍방조약에서 체약일방만이 조인하고 타방이 인정하지 않으면 조약이 성립할 수 없다는 것을 알면서도 일제는 조선측의 도장을 강제로 빼앗아 제손으로 찍는 강도적 행위도 서슴없이 감행하였다. 세인을 경악시킨 이 횡포무도한 행위에 대하여 일본인들도 《일본군대가 외부에 가서 공인을 끄집어내여 일본사람의 손으로 도장을 찍었다》고 실토하였으며 일본법학자 아리가나 가노는 이 협약은 《쌍방이 전권위원을 파견하여 의정을 조인한 정식 조약이 아니다》고 인정하지 않을 수 없었다.

《을사5조약》은 또한 비준에 관한 국제법적 절차를 거치지 않은 날치기 《조약》이다. 조약의 비준은 국가주권을 대표하는 기관이 전권대표에 의하여 조인된 국제조약을 다시 확인하고 그 법적 효력을 인정하는 국가의 법률행위로서 비준을 요구하는 조약은 반드시 비준을 받아야만 효력을 가질 수 있다. 《을사5조약》은 일제가 조선의 외교권을 강탈하는 것을 규정한 것이므로 설사 그것이 조인되었다 하더라도 법적 효력을 가지자면 국가의 비준을 받아야 하였다. 《만국공법》제405장과 406장에는 조약은 《반드시 국왕의 승인이 있어야 실행》될 수 있고 《비준하지 않으면 그 조약은 곧 휴지로 된다》고 규정되어 있었으며 1894년 리왕조가 제정한 《공문식》(법)에는 《국서와 조약비준은 황제가 서명한 다음 국새를 찍는다》고 규정되었고 일본명치헌법도 《천황》이 《제반조약을 체결하며 비준한다》고 되어 있었다. 《을사5조약》에는 고종황제의 비준이 없으며 국새도 찍혀 있지 않았다. 고종은 조약체결을 반대하였기 때문에 비준 같은 것은 안중에도 두지 않았다.

이렇듯 《을사5조약》은 국제적으로 공인되고 국내법에 규정된 조약체결절차와 발효절차를 고의적으로 위반하고 일제가 무지막지하게 마구잡이로 꾸며낸 날치기문서이다.

일제의 ≪을사5조약≫날조행위는 우리나라의 독립을 말살하고 조선민족을 멸살시킬 목적밑에 가장 횡포하고 포악무도한 방법으로 감행된 날강도적 범죄이다.

일제에 의한 ≪을사5조약≫날조행위는 우리나라의 외교권을 빼앗고 조선민족을 멸살하려는 목적밑에 조작된 날강도적 범죄행위이다. 국제조약은 체약국들이 자기 나라와 민족의 리익을 보장하고 다른 나라들과 평등과 호혜의 원칙에서 국가관계를 발전시킬 목적으로 체결한다. ≪을사5조약≫날조 당시의 ≪만국공법≫에는 나라들 사이에 체결하는 조약의 목적을 명확히 밝히였으며 제415장에는 ≪약정한 사항이 나라를 망하게 하거나 압제하며 쇠약하게 하고 발전하지 못하는 것이라면 폐기해도 된다≫고 규정되어 있었다. 이러한 규정은 제1차 세계대전 후에 제정된 국제련맹규약이나 유엔헌장, 원협약에도 명기되어 있다. 일제가 날조한 ≪을사5조약≫은 우리나라의 외교자주권을 강탈하고 국가의 독립을 말살하는 침략적인 조항들로 되어 있다. 일제는 이 ≪조약≫에서 우리나라의 외교권을 집어삼킴으로써 우리나라를 국제무대에서 완전히 빛을 잃게 하였으며 자주독립국가로서의 우리나라의 운명에 종지부를 찍었다. 또한 우리나라에 일제의 통감정치가 실시되도록 함으로써 국가의 내정권까지도 사실상 강탈하였다. 이 침략적인 조약을 법률적 근거로 내걸고 초대통감으로 들어앉은 이또히로부미는 아무러한 권한도 없는 리완용허수아비 친일내각을 만들어놓고 마음대로 쥐고 흔들었으며 황제도 안중에 두지 않고 조선의 모든 정사를 마음 내키는 대로 처리하였다. 이렇듯 ≪을사5조약≫은 국제조약체결의 목적과 내용에 완전히 배치되게 조선인민의 민족자치권과 자주적 발전의 권리를 송두리째 유린한 강도적인 침략조약이었다. 반만년의 유구한 력사와 찬란한 문화를 자랑하던 우리나라의 명맥은 끊어지고 조선을 일제의 완전한 식민지로 전락되었다.

일제에 의한 ≪을사5조약≫날조행위는 국제조약체결사상 그 류례를 찾아볼 수 없는 가장 횡포하고 포악무도한 방법으로 날조된 날강도적 범죄이다. 국제조약실천과 국제관례에서는 조약체결이 강제적 방법으로 체결되었는가 평등한 원칙에서 체결되었는가 하는 문제에 심중히 주의를 돌리고 있다. 왜냐하면 강제적 방법에 의하여 체결된 조약은 효력을 못 가지는 무효한 조약으로 인정되기 때문이다. ≪포함외교≫를 떠들어대던 지난 세기 제국주의강대국들은 약소국가들에 강요하여 불평등적인 예속조약을 맺었다. 이 시기 제국주의나라들은 약소국가들의 회담장소를 포위하고 국회청사에 대포를 조준하는 것과 같은 위협과 강제의 방법도 적용하였다. ≪만국공법≫제409장에는 ≪다른 사람의 협박을 받아 자유가 없이 한 것이면 그 조약은 다 폐지할 수 있다≫고 명기되어 있으며 ≪국가들 사이의 조약법에 관한 원협약≫에도 ≪조약에 대한 동의표명≫은 ≪협약에 의한 강제의 결과에 의해 수행된 것인 경우에는 어떠한 법적 효력도 가지지 않는다≫라고 규정되어 있었다.

일제는 ≪을사5조약≫을 날조하는 데서 처음부터 끝까지 무력적 위협과 강제적 방법을 적용하였다. 이 방법은 [47]사전에 일본내각회의에서 결정되었으며 이또에 의해 실행되었다. 이또는 서울에 완전무장한 군경들을 내몰아 살벌한 분위기를 조성하고 황제에게 제놈의 조약초안을 무조건 접수할 것을 무려 4-5시간이나 강박하였으며 접수하지 않는 경우 전쟁을 각오해야 한다는 등 온갖 위협을 다 가하였다. 또한 조선정부대신들을 전쟁포로나 죄인들처럼 취급하면서 련일 강박하였으며 당일에는 궁성을 포위한 것도 모자라 회담장 안에 수많은 군대를 배치하고 지어 조약체결장소에까지 군대를 들이밀어 조약체결을 반대하는 대신을 끌어내어 연금하는 등 국제조약체결사상 도저히 찾아볼 수 없는 전고미문의 날강도적 행위를 감행하였다. 때문에 고종황제도 이 조약은 나라를 일본에 얽어매는 조약이라고 하여 ≪을사륵약≫이라고 락인하였다.

일본변호사 도쯔가 에쯔로는 ≪〈을사5조약〉의 불법성과 일본정부의 책임≫에서 이 조약은 강제에 의한 것이기 때문에 ≪체결 시부터 효력이 없으며≫, ≪국제법상 론의할 여지조차 없을 만큼 명백하다≫고 하였으며 하야시 야쯔오는 ≪을사5조약≫은 ≪일본군의 포위 속에서 대신들을 협박하여 조인시킨 것이기 때문에 무효하다≫라고 인정하였다. 미국 하바드대학교 법학대학은 1935년의 ≪하바드 보고서≫에서 ≪을사5조약≫은 무력에 의하여 강제되었기 때문에 무효라고 하였으며 유엔국제법위원회는 1963년에 ≪을사5조약≫은 국가대표를 강박한 것이기 때문에 무효한 조약이라고 락인하였다.

제반 사실이 보여주는 바와 같이 ≪을사5조약≫은 국제법상 견지에서 볼 때에도 범죄이다. 일제의 ≪을사5조약≫날조행위가 범죄라는 것은 피해국인 우리나라는 말할 것도 없고 일본의 법학자들과 정치인들을 비롯한 량심 있는 사람이라면 누구나 다 인정하고 있다. 영국, 프랑스, 도이췰란드, 미국을 비롯한 나라들도 ≪을사5조약≫이 범죄이며 따라서 일본이 그를 인정하고 사죄하며 배상해야 한다고 일치하게 주장하고 있다.

일본은 ≪을사5조약≫을 법적 기초로 하여 ≪정미7조약≫, ≪한일합병조약≫을 날조하여 조선에 대한 40여 년간의 악독한 식민지군사강점통치를 실시함으로써 수백만에 달하는 우리 인민을 학살하고 무려 43조US$에 해당하는 재부를 강탈하고 파괴하고 략탈하였다.

일본은 인류력사상 그 류례를 찾아볼 수 없는 저들의 간특하그 횡포무도한 범죄가 력사적 사실에 의하여 더욱더 구체적으로 폭로되며 국제법에 의하여 날이 갈수록 더 명백히 확증되어간다는 것을 명심하고 세계의 정의와 인류의 량심이 더 큰 분노를 터뜨리기 전에 우리 인민 앞에 성근하게 사죄하고 철저하게 배상함으로써 조선인민과 국제사회 앞에 지닌 국제법상 책임을 다해야 할 것이다. 오직 이렇게 하는 것만이 일본이 정치난쟁이의 락인을 벗고 자기 발전을 이룩할 수 있는 길이며 국제사회의 한 성원으로서 떳떳하게 살아나갈 수 있는 길이다.

21. ≪한일합병≫조약은 일제의 조선강점을 ≪합법화≫한 범죄적인 ≪조약≫[13)]

로 금 철

[56]세기가 바뀌고 21세기가 흘러가고 있지만 과거 일제가 조선인민앞에 저지른 오만가지 죄악은 의연히 만 사람의 기억 속에서 지워지지 않고 있다. 지난날 일제는 조선을 군사적으로 불법강점하고 악랄한 식민지통치를 실시하면서 우리 인민에게 헤아릴 수 없는 깊은 상처를 입히었다. 그럼에도 불구하고 일반반동들은 그 어떤 합법성도 없는 ≪한일합병≫조약을 코에 걸고 저들의 범죄적인 조선강점을 그 무슨 국제조약상의 권리에 의한 ≪강점≫으로 ≪합법화≫ 하면서 력사를 외곡하고 있다.

위대한 수령 김일성동지께서는 다음과 같이 교시하시였다. ≪황제의 통치권은 〈한일합병〉조약과 함께 일본천황에게로 모조리 넘어갔고 이 나라 백성들은 〈총독제령〉에 따라 움직이는 현대판노예가 되었다. 유구한 력사와 풍요한 자연부원과 수려한 산천경개를 자랑하는 이 강토는 일본제 군화와 대포바퀴밑에서 짓이겨졌다.≫(≪김일성저작집≫ 제45권, 1페지).

≪을사5조약≫과 ≪정미7조약≫을 날조하여 우리나라의 외교권과 내정권을 강탈한 일제는 범죄적인 ≪한일합병≫조약으로 조선황제의 통치권을 완전히 빼앗아내고 우리 인민을 식민지노예로 만들었다. 일제에 의해 날조된 모든 ≪조약≫들과 마찬가지로 ≪한일합병≫조약도 그 목적과 체결방법, 내용에서 공인된 국제법의 원칙과 규범들에 위반되는 범죄적인 ≪조약≫이다.

≪한일합병≫조약이 범죄적인 ≪조약≫으로 되는 것은 첫째로, 이 ≪조약≫이 조선을 군사

---

13) 출처: 김일성종합대학출판사, 『김일성종합대학학보: 력사법학』, 제50권 제1호(2004), 56-60쪽.

적으로 강점한 일제의 범죄행위를 ≪합법화≫하기 위한 목적에서 ≪체결≫되었기 때문이다. 일제가 우리나라를 군사적으로 강점한 것은 국제법의 공인된 원칙과 규범들에 어긋나는 날강도적 침략행위이며 도저히 용납할 수 없는 국제법적 범죄이다. 1907년 ≪륙상전투에 관한 헤그협약≫은 합법적인 군사적 강점의 가장 중요한 조건은 점령지역이 적국령토가 되어야 하고 적국령토가 아닌 지역에 대한 점령은 비법적인 군사적 점령으로 취급되며 따라서 그러한 행위를 한 국가는 국제법적 범죄자로서의 책임을 져야 한다고 규제하고 있다. 그러나 당시 조선은 일본의 적국이 아니었다. 적국이란 적대관계에 있는 나라라는 뜻으로서 정치군사적으로 대결상태에 있는 나라를 의미한다. 다시 말하여 리해관계가 근본적으로 대립되어 있거나 전쟁과 같은 군사적 방법으로 국가의 자주권을 해치려는 상대국을 말한다. 1876년 ≪강화도조약≫의 ≪체결≫로 ≪한일관계≫가 시작된 후 조선은 일본에 대하여 그 어떤 군사적 행동이나 적대행위를 한 것이 없었다. 일제도 ≪강화도조약≫에서 ≪쌍방의 영원한 안녕≫에 대하여 떠벌인 것으로부터 시작하여 ≪량제국을 결합하는 리해의 공통≫이니 ≪한국의 부강을 도모≫한다느니 하면서 저들을 조선의 ≪린방≫으로, ≪벗≫으로 표방하여왔다. 따라서 일제가 조선에 무력을 동원하고 군사적으로 강점할 그 어떤 구실도 명분도 없었다. 그러나 악랄성과 교활성이 체질화된 일제는 ≪거류민과 공사관보호≫니 ≪내란평정≫이니 하면서 조선에 침략무력을 들이밀어 군사적으로 강점하였다. 일제는 아시아에서 군사전략적으로 중요한 위치에 있는 조선을 발판으로, 군사교두보로 삼고 아시아와 나아가서 전 세계에 대한 지배야망을 실현하기 위하여 일찍부터 무력으로 조선을 정복할 데 대한 악명 높은 ≪정한론≫을 제창하면서 우리나라에 대한 군사적 침략에 미쳐 날뛰었다. 일제는 ≪쇄국양이≫정책으로 문호를 굳게 닫아 매고 있던 대원군정권이 무너진 이후인 1875년 로골적으로 ≪운양≫호사건을 조작하고 우리나라에 대한 군사적 도발을 감행하였다. ≪운양≫호사건은 조선에 대한 일본군국주의자들의 본격적인 무력침공의 서막이었으며 근대국제관계사상 가장 악명 높은 도발사건의 하나였다. 일제는 1882년 임오군인폭동이 일어났을 때에는 ≪거류민보호≫의 구실밑에 우리나라에 침략무력을 들이밀었으[57]며 1894년 갑오농민전쟁이 일어났을 때에도 청나라의 조선출병에 앞서 먼저 우리나라를 타고 앉기 위하여 수천 명의 대병력을 조선에 불법침입시키는 범죄행위를 감행하였다. 그리고는 로일전쟁을 계기로 또다시 방대한 무력을 조선에 끌어들여 로씨야를 제거하고 우리나라를 군사적으로 강점하였다.

이것은 다른 나라의 정치적 독립을 침해하지 않을 데 대한 국제법의 원칙과 규범에 대한 파렴치한 도전이며 란폭한 범죄행위이다. 모든 국가는 독립에 대한 권리를 가지며 그 어느 나라에 의해서도 침해당할 수 없다는 것은 국제법의 공인된 원칙이다. 독립권은 다른 나라의 승인에 관계없이 자기의 존재를 유지하며 그 누구에게도 예속되거나 복종되지 않고 국제관계에서 평등한 지위를 차지할 권리로서 국가가 가지는 권리 중에서 가장 중요한 권리로 된다. 따라서 세계 모든 나라들에 의하여 확증된 국제법의 일반규범은 그 어떠한 나라에도 다른 나라의 독립권을 침해하며 무력을 행사하는 것을 허용하지 않고 있다. ≪국가의 권리와 의무에 관한 선언≫에서는 매개 민족은 ≪독립에 관한 권리≫를 가지며 모든 국가는 ≪다른 나라의 영토완정과 정치적 독립을 반대≫하여 무력을 행사하지 않을 의무를 진다는 것을 명백히 규정하였다. 국제법의 이러한 규범이 무시되고 엄격히 준수되지 않는다면 건전하고 정상적인 국제관계발전이란 있을 수 없으며 국가의 자주권과 안전, 세계의 평화, 정의를 지향하는 모든 나라들은 침략과 그에 대한 승인을 금지하는 국제법규범에 기초하여 국제관계를 맺어왔고 전쟁과 침략을 본성으로 하는 제국주의나라들도 이 규범을 공식적으로는 부인하지 못하고 형식상으로나마 그를 인정하는 척하였다. 세계 대다수 제국주의나라들이 참가하여 만들어낸 국제련맹규약에서는 ≪련맹국의 령토보존 및 현재의 정치적 독립을 존중하며 또 외국의 침략으로부터 이를 옹호할 것을 약속한다.≫고 규정하였다. 이것은 국제련맹을 주도한 영국, 프랑스를 비롯한 제국주의나라들도 공식적으로는 매개 나라들의 정치적 독립을 존중하고 침략을 반대하지 않을 수 없다는 것을 말해준다. 그러나 파렴치성에 있어서 다른 모든 제국주의를 릉가하는 일제는 저들의 세계제패야망을 실현하기 위하여 이러한 국제법의 원칙과 규범을 위반하고 조선을 군사적으로 강점하는 범죄행위를 감행하였던 것이다. 그리고도 교활하고 음흉한 일제는 그 어떤 조약체결 능력도 없는 리완용허수아비내각을 내세워 ≪한일합병≫조약을 날조해냄으로써 저들의 범죄적인 군사적 강점을 국제조약에 의한 ≪합법적인≫것으로 ≪정당화≫하려고 하였다. 무력에 의한 일제의 조선강점이 불법무도한 범죄행위라는 것이 명백한 이상 그것은 그 무엇으로써도 정당화할 수 없으며 설사 그 어떤 오그랑수[14]를 써서 그것을 ≪정당화≫한다면 그것은 엄중한 범죄로 될 것이다. 1974년 12월 14일 유엔총회 제29차 회의에서 채택된 ≪침략에 관한 정의≫에서는 ≪병력에 의한 다른 나라 령토의 침입≫과 그 결과로 인한 ≪군사적 강점≫을 침략으로 락인하고 ≪그 무엇으로도 침략을 정당화≫할 수 없다고 명백히 규정하고 있다. 이처럼 ≪한일합병≫조약은 조선을 군사적으로 강점한 저들의 국제법적 범죄해위를 ≪합법화≫하기 위하여 일제가 날조해낸 범죄적인 ≪조약≫이다.

　　≪한일합병≫조약이 범죄적인 ≪조약≫으로 되는 것은 둘째로, 이 ≪조약≫이 국제조약체결

---

14) 편집자주: 오그랑수란 겉과 속이 다른 말이나 행동으로 부정적인 일을 꾸미거나 남을 속여 넘기려는 수법을 말한다. 통일부〈www.unikorea.go.kr〉, 북한용어사전.

에 관한 국제법의 기본원칙과 국제조약법규범을 위반하고 일제에 의해 강도적인 방법으로 ≪체결≫되었기 때문이다. 국제조약이 국가들의 합의를 통하여 이루어지는 만큼 국제조약체결의 방법상 문제라고 할 때 그것은 체약국들의 합의가 어떤 방법으로 진행되는가 하는 문제이다. 국제관례와 국제법분야에서는 이러한 조약체결의 방법상 문제에 심중한 주의를 돌리고 있다. 그것은 이 문제가 조약체결에서 체약국들의 자주권과 평등권이 보장되는가 못되는가 하는 것을 결정적으로 좌우하기 때문이다. 국가들 사이에 령토의 크기나 인구수, 경제발전수준에서 일정한 차이는 있을 수 있지만 모든 국가는 국제법상 다같이 평등하며 자주적이다. 따라서 법률상 평등하고 자주적인 국가들 사이에 맺는 조약체결에서는 체약국들의 자주권과 평등권이 철저히 보장되어야 하며 만일 그것이 보장되지 않는다면 국가주권에 대한 유린으로서 엄중한 국제법적 범죄로 된다.

[58]고금동서의 국제법실천에서는 국제조약을 체결할 때 모든 국가들이 례외 없이 합의의 자유원칙을 철저히 준수할 것을 요구하고 있다. 합의의 자유원칙이란 국제조약의 체결이 그 어떤 강박이나 사기와 같은 외적요인의 제약을 받음이 없이 체약국들의 자원적인 의사에 기초하여 이루어진 합의로 되어야 한다는 것이다. 합의의 자유원칙이 엄격히 준수되어야 국제조약체결에서 체약국들의 자주권과 평등권을 철저히 보장할 수 있다. 만약 국제조약체결에서 이 원칙을 무시하고 어느 일방의 위협이나 기만, 매수와 같은 외적 요인의 작용을 허용한다면 체약국들의 자주적 권리와 평등한 지위가 침해유린되게 된다. 1969년 유엔조약법회의가 채택한 선언과 결의에서는 ≪어떠한 국가를 막론하고 조약체결과 관련된 이런 또는 저런 행위를 감행할 것을 다른 국가에 강요할 목적으로 국가의 자주적 평등권과 의사표시의 원칙을 위반하여 임의의 형태의 위협이나 또는 군사적, 정치적, 경제적 압력을 적용하는 것을 엄숙히 단죄한다.≫고 하였으며 ≪한일합병≫조약 날조 당시의 ≪만국공법≫제409장에서도 ≪만일 다른 사람의 협박을 받아 자유가 없이 한 것이면 다 폐지할 수 있다.≫고 명백히 규정하였다. ≪한일합병≫조약은 이러한 국제법의 공인된 원칙들과 규범들을 위반하고 일제가 폭력에 의한 위협과 친일주구들에 대한 매수를 통한 방법으로 날조해낸 범죄적인 ≪조약≫이다. 일제는 1909년 7월 6일 내각에서 ≪한국병합에 관한 결정≫을 채택하고 이를 실현하기 위해 1910년 5월 30일 륙군대신 데라우찌를 제3대 통감으로 임명하여 ≪한일합병≫조약을 조작할 데 대한 임무를 ≪전적으로 위임≫하였다. 데라우찌로 말하면 죠슈군벌출신으로서 당시 일본≪정계≫에서 가장 악명 높은 군국주의자였다. 일본반동정부 총리 가쯔라는 데라우찌에게 ≪현재 일본에서 조선문제에 림하여 능히 그를 해결할 수 있는 사람은 오직 두 사람밖에 없다. 귀하가 가느냐, 내가 가느냐

이다. 만약 귀하가 이 대임을 사양한다면 수상의 지위를 양보하고 내가 가는 수밖에 없다.≫라고 떠벌이었다. 이것은 일제가 ≪합병≫에 얼마나 중요한 의의를 부여하였는가를 보여주는 동시에 ≪한일합병≫조약을 폭력에 의한 위협의 방법으로 날조해낼 것을 시초부터 계획하고 있었다는 것을 말해준다. 일제는 이러한 계획에 따라 조선의 경찰권을 장악하고 800명에 지나지 않던 헌병을 2,000명으로 늘이었으며 헌병보조원 4,000명, 일본인경찰관 2,000명으로 새로운 경찰폭압체계를 세웠다. 일제는 헌병경찰력량을 이렇게 늘이고도 안심치 않아 1910년 7월 초에는 일본본토로부터 3개 대대의 침략군을 조선에 더 끌어들였으며 지방에 주둔하고 있던 2개 련대의 병력을 서울에 집결시키고 8월 7일에는 조선주둔 일본군에 경계태세를 최대로 강화할 것을 명령하였다. 이와 함께 각지 수비대에서 인원을 뽑아 의병토벌이라는 명목으로 방대한 무력을 룡산에 집결시켰으며 8월 12일에는 ≪병합≫발표에 따르는 조선인민의 반항에 대처할 회의를 소집하였다. 일제는 이미 7월부터 모든 집회를 엄금하고 신문, 잡지에 대해서는 철저한 보도관제를 실시하였으며 ≪조약≫이 ≪체결≫된 8월 22일에는 무장한 헌병대가 15분 간격으로 서울거리를 순찰하도록 하였다. 이때 폭력에 의한 일제의 경계가 얼마나 살벌하였던지 당시 조선에 체류하고 있던 일본언론인 샤꾸오조차 ≪지옥에 있는 느낌이었다.≫고 회고할 정도였다.

국제조약체결에서 폭력에 의한 위협이 있어서는 안 된다는 것은 당시 일본에서도 공인하고 있던 국제법적 규범이다. 일본에서 1875년에 출판되어 ≪한일합병≫당시까지 적용되어 오던 ≪국제법≫에는 ≪위력에 의거하여 강박으로 체결시킨 조약은 그 효력이 없다. 위력에 의거하여 강박으로 체결한 것은 자유로운 의사에 의하여 체결한 조약으로 볼 수 없다.≫고 서술되어 있다. 그러나 일제는 조선을 기어이 식민지로 만들기 위하여 저들도 인정하여 오던 국제법규범에도 아랑곳함이 없이 전고미문의 강도적 행위를 감행하였던 것이다. 일제는 이러한 폭력의 위협아래 저들이 매수한 리완용을 비롯한 친일매국노들을 리용하여 ≪한일합병≫조약을 날조해냈다.

국제조약체결에서 매수란 체약일방이 타방의 국가대표를 금전이나 직위, 명예 등으로 유혹하여 그가 국가적 요구와는 다른 의사, 매[59]수하려는 자들의 의사를 표명하게 하는 것을 의미한다. 국제조약은 그 어떤 개인이나 단체들 사이의 의사합의가 아니라 국가들 사이의 의사합의이기 때문에 매개 국가는 자기의 국가적 의사를 대변할 수 있는 대표를 선출하여 조약을 체결하도록 한다. 만일 국가대표가 협상국에 의해 금전이나 명예 등에 의하여 매수된다면 그는 벌써 타방의 의사를 대변하게 되는 것으로써 자국의 의사를 대표할 수 있는 권리를 상실하게 되며 따라서 어떠한 조약도 체결할 수 없다. 국제조약법에 관한 원협약 제50조에서는 ≪조약에 구속될 데 대한 국가의 동의가 다른 협상국에 의한 상기 국가대표의 직접적 또는 간접적인 매수를 통하여 표시되였다면 이 국가는 그러한 매수를 조약에 구속될 데 대한 동의를 무효로 하는 근거로 리용할 수 있다.≫고 규정하고 있다. 그러나 일제는 이미 전에 매수한 리완용을 내세워 마치 리조봉건국가의 국가적 의사에 따라 ≪한일합병≫조약을 ≪체결≫하는 듯이 저들의 범죄행위를 ≪정당화≫하려고 하였던 것이다. 리완용은 원래 1905년 ≪을사5조약≫의 조작 때부터 친일파로 전락된 매국노로서 1907년 5월 24일 통감 이또가 씌워준 ≪총리대신≫이라는 감투에 매수된 권력의 노예였다. 이런 것으로 하여 일제는 1910년 7월 29일 전해에 애국렬사 리재명의 칼에 맞은 후과로 온양에서 료양 중이던 리완용을 ≪합병≫의 도구로 써먹기 위해 총리대신으로 재임시켰다.

리완용의 매국노로서의 기질은 조약 ≪체결≫과정에 그대로 나타났다. 리완용은 8월 16일 데라우찌가 던져준 ≪한일합병≫조약안과 ≪합병≫에 관한 각서를 그대로 받아물고 18일 내각회의에 제출하였다. ≪한일합병≫에 대하여 리완용이 찬부를 묻자 다른 매국대신들은 다 찬성하였으나 학부대신 리용직은 ≪이러한 망국안에는 목이 날아나도 찬성할 수 없다.≫고 강경하게 반대해 나섰다. 그리하여 이날 대신회의에서는 ≪한일합병≫문제를 결정하지 못하였다. 친일매국노 리완용은 데라우찌에게 리용직을 수해피난위문의 특파대신으로 일본에 파견하도록 하는 한편 21일 밤 왕궁에 찾아가 황제에게 ≪합병≫에 동의해줄 것을 요구하였다. 그리고는 8월 22일 오후 1시 리용직이 병을 구실로 일본에 가지 않고 자택에 있었으나 그에게는 어전회의가 있다는 것을 알리지도 않고 친일매국노들만 참가시켜 ≪한일합병≫문제를 그대로 통과시키고 데라우찌를 찾아가 ≪한일합병≫조약에 제멋대로 ≪조인≫하였다.

사실이 보여주는 바와 같이 일제에게 매수된 리완용이 비록 조약체결권자로 나섰으나 그의 행위는 리조봉건국가의 의사를 대변하지도 않았으며 또 대표할 수도 없었다는 것은 더 론의할 여지도 없다. 이처럼 ≪한일합병≫조약은 국제조약체결에 관한 국제법의 원칙과 규범들을 란폭하게 위반하고 일제군경의 총칼의 위협과 매수에 의해 날조된 범죄적인 ≪조약≫이다.

≪한일합병≫조약이 범죄적인 ≪조약≫으로 되는 것은 셋째로, 이 ≪조약≫이 조선을 완전히 강점하는 범죄적인 내용으로 일관되여 있기 때문이다. 국제조약은 국가들의 관계를 법적인 관계, 즉 권리와 의무의 관계로 고착시키는 수단으로서 체약국들이 지니게 되는 권리와 의무를 자기의 규제내용으로 한다. 국제조약은 국가들에게 일정한 권리를 부여하고 의무를 지우는 방법으로 체약국들의 민족적 리익을 도모하고 건전한 국제관계발전에 이바지하는 것을 기본사

명으로 한다. 국제조약의 이러한 사명은 그 내용이 적법적일 때에만 비로소 실현될 수 있다. 국제조약의 내용이 적법적이라는 것은 국가들의 권리, 의무가 국가자주권존중의 원칙과 평등, 호혜의 원칙을 비롯한 국제법의 기본원칙에 부합되며 세계 모든 나라들이 인정하고 국제법실천에서 적용하고 있는 국제관례에 따라 규제되어야 한다는 것이다. 다시 말하며 나라와 민족의 합법적 지위와 존엄을 서로 존중하고 그의 자주적 권리를 침해하지 않으며 주권국가들 사이에 온갖 불평등하고 예속적인 관계를 허용하지 않는 원칙에서 국가들의 권리, 의무가 규제되어야 한다는 것이다. 만약 이러한 국제법의 기본원칙과 국제관례에 어긋나게 국제조약이 체결되는 경우 나라와 민족의 리익을 해치게 되고 다른 나라들과의 관계도 발전시켜나갈 수 없으며 나아가서 전반적인 국제관계발전에 지장을 주게 된다. ≪한일합병≫조약 날조당시의 국제법규범인 ≪만국공법≫제415장에서는 ≪약정한 사항이 나라를 망하게 하거나 압제하며 쇠약하게 하고 발전하지 못하게 하는 것이라[60]면 폐기해도 된다.≫고 규정하고 있다. 그러나 ≪한일합병≫조약은 조선을 완전히 멸망시키는 범죄적인 내용으로 일관되어 있다. 8개 조문으로 구성되어 있는 ≪한일합병≫조약의 제1조에서는 ≪한국황제페하는 한국 전부에 관한 일체 통치권을 완전히 또 영구히 일본국황제에게 양여≫한다고 하였으며 제2조에서는 일본국황제는 1조에서 지적한 ≪양여를 수락하며 한국을 일본정부에 병합할 것을 승낙≫한다고 하였다. 1조에서 지적된 ≪한국 전부에 관한 일체 통치권≫이란 리조봉건국가의 주민과 령토에 관한 정치적 지배권을 의미한다. 국가는 사회에 대한 정치적 지배를 실현하는 권력기관으로 발생하였으며 정치적으로 지배할 대상은 사람, 주민들이다. 사람, 주민들이 없다면 정치가 진행될 수 없으며 따라서 정치의 실현수단인 국가도 존재할 수 없다. 사람은 일정한 령토를 떠나서는 살 수 없다. 령토가 없다면 사람, 주민들이 정착되어 살지도 못할 것이며 일정한 령토 우에 사는 주민들이 존재하지 않는다면 국가도 존재할 수 없다. 따라서 주민과 령토는 국가존립의 필수적 조건이며 주민과 령토에 대한 통치권이 없는 국가란 존재할 수도 없다. 바로 이러한 주민과 령토에 대한 통치권을 ≪완전히 또 영구히 양여≫한다는 것은 리조봉건국가를 완전히 멸망시키고 다시는 존재하지 못하게 하는 것으로서 도저히 용납할 수 없는 국제법적 범죄이다. 교활한 일제는 제2조에서 일본국황제가 ≪양여를 승낙한다.≫고 함으로써 저들의 범죄행위를 마치 ≪요청≫에 의한 것으로 ≪합법화≫하려고 하였다. 지배계급의 정치적 지배를 실현하기 위한 권력기구로 발생하고 존재하는 국가가 그 지배권을 타국에 양여한다는 그 자체가 말도 되지 않으며 평등한 국가들 사이에 체결되는 조약에서 어느 일방이 타방의 요청을 받아들여 체약일방을 지배한다는 것은 어불성설이 아닐 수 없다.

일제는 《조약》의 제5조와 7조에서 《훈공 있는 한국인》에 대한 《표창》과 《충실히 신제도를 존중하는 한국인으로서 자격을 가진 자를 한국에 있어서의 제국관리로 임명》할 것이라고 규정하였다. 조문에서 말하는 《훈공》이나 《합당한 자격》은 일제에게 얼마나 충실하며 저들의 식민지통치를 실시하는 데 얼마나 《쓸모》가 있는가 하는 것이다. 일제는 이 조문을 박아 넣음으로써 친일주구들을 끌어당겨 식민지통치의 사회적 지반을 강화하며 저들의 요구에 불복하는 조선인민을 마음대로 처형할 수 있는 《법률적 기초》를 마련하였다. 즉 악랄한 식민지통치를 실시할 수 있는 범죄의 《기초》를 마련하였던 것이다. 그럼에도 불구하고 일제는 《조약》의 서문에서 《한일합병》이 《동양에서 공고한 평화를 유지하기 위한 것》이라고 거짓말을 엮어대면서 저들의 범죄를 미화하였으며 제3조와 4조에서 조선황제의 황실에 대한 대우문제를 규정하고 제6조에서는 《한국인의 신변 및 재산에 대한 충분한 보호》를 규정함으로써 침략자, 략탈자로서의 저들의 정체를 가리려고 하였다. 참으로 간악무도하고 교활무쌍한 일본군국주의 무리들만이 고안해낼 수 있는 《조문》들이었다.

이처럼 《한일합병》조약은 국제법의 기본원칙을 무시하고 조선을 영원한 식민지로 삼켜버리는 내용으로 일관된 범죄적인 《조약》이다. 《한일합병》조약의 침략성과 범죄성에 대하여 일제도 감히 부정할 수 없었기 때문에 8월 22일에 《체결》한 《조약》을 한 주일 후인 29일에 가서야 공포하였으며 공포 당일에는 조선인민의 반항이 두려워 헌병, 순사를 서울거리의 약 27m에 한 명씩 배치하여 삼엄한 경계망을 폈던 것이다. 그럼에도 불구하고 현 일본반동들은 범죄적인 《한일합병》조약을 내걸고 저들의 정체를 《조선진보의 공헌자》의 탈로 가리고 《일본은 조선에서 좋은 일도 하였다.》느니 뭐니 하면서 조일평양선언의 기본정신인 과거청산을 회피하려고 하고 있다. 그러나 일본이 조선인민앞에 저지른 과거죄악은 절대로 덮어버리거나 지워버릴 수 없으며 어물쩍해 넘겨버릴 수도 없다. 우리 인민은 세월이 흐르고 세기가 바뀌어도 일제가 감행한 범죄적 만행에 대하여 어느 하나도 잊지 않을 것이며 그 값을 반드시 받아내고야 말 것이다.

일본이 범죄로 얼룩진 과거를 청산하고 우리나라와의 관계를 가선하는 것은 아시아와 세계평화에는 물론 일본자체의 안전을 위해서도 좋을 것이다.

22. ≪가쯔라-타프트협정≫과 ≪영일동맹조약≫의
조선에 관한 규정의 범죄성[15]

오 용 국

　[55]미영제국주의자들은 일본군국주의자들을 사촉하여 조선강점을 위한 ≪청일강화조약≫과 ≪로일강화조약≫을 체결하게 하였을 뿐만 아니라 ≪가쯔라-타프트협정≫과 ≪영일동맹조약≫을 체결하여 일제에게 조선강점의 ≪국제적 담보≫를 제공한 조선강점의 공모자였다. 미영제국주의자들의 적극적인 비호와 사촉밑에서 체결된 ≪가쯔라-타프트협정≫과 ≪영일동맹조약≫의 조선에 관한 규정은 국제법과 국제관계를 완전히 무시한 범죄적인 문서였다. 미제국주의자들은 ≪가쯔라-타프트협정≫의 체결을 통하여 일본침략자들에게 조선완전강점의 국제적 담보를 주려고 책동하였다.

　위대한 수령 김일성동지께서는 회고록에서 다음과 같이 쓰시였다. **≪20세기 초엽에 벌써 〈가쯔라-타프트협정〉으로 일본의 조선침략을 〈승인〉한 미제가 조선의 독립을 지원할 리는 만무하였다.≫**(≪세기와 더불어≫제1권, 41페지)

　미제가 ≪가쯔라-타프트협정≫으로 일제의 조선지배를 ≪승인≫한 목적은 극동에서 저들의 식민지지배를 안전하게 유지하며 동북아세아 특히 중국동북지방에 대한 침략야망을 일제의 힘을 빌려 실현하려는 데 있었다. 로일전쟁을 전후한 시기 미제의 대아세아정책은 이 지역에 이미 확보해놓은 식민지를 유지공고화하며 중국대륙 특히 만주지방에 대한 침략을 강화하는 것이였다. 20세기 초 미제는 아세아침략정책실현을 아직 무력으로 담보할 만한 군사적 준비가 되어 있지 못하였다. 미제는 이런 조건에서 일본군국주의를 리용하는 방법으로 아세아침략목적을 쉽게 달성하려고 꾀하였다. 이로부터 미제는 일제의 조선침략을 적극 지지하는 한편 ≪문호개방≫, ≪기회균등≫정책을 부르짖으면서 구라파렬강들의 중국침략에 저희들도 한몫 끼우려고 별의별 책동을 다하였다. 미제는 그 한 고리로서 조선에 대한 일본침략자들의 요구를 충족시켜 당시 아세아에서 위험한 침략국가로 등장하고 있던 일본으로부터 저들의 식민지를 건드리지 않겠다는 담보를 받아내 다음 로일전쟁 후 만주에 대한 ≪양보≫도 얻으려고 하였다. 미제는 제놈들의 이러한 침략적 요구를 실현하기 위하여 1905년 7월 륙군장관 ≪타프트≫를 일본에 파견

---

15) 출처: 김일성종합대학출판사, 『김일성종합대학학보: 력사법학』, 제44권 제1호(1998), 55-60쪽.

하여 일본총리대신 ≪가쯔라≫와 비밀모의를 벌리도록 하였다. 일본은 미국의 제안에 적극 응하였다. 일본은 아직 구미렬강들에 비해 국제적 지위도 매우 약하였으며 해외침략에서 다른 렬강들이 간섭하는 경우 그를 제지시킬 수 있는 능력도 없었다. 이로부터 일본은 미국과 같은 해외침략국가를 등에 업고 제놈들의 침략야망을 실현하는 길에 나서게 되었던 것이다.

1905년 7월 29일에 있은 비밀모의에서 가쯔라는 필리핀에 대한 미제의 지배권을 ≪승인≫한 후 타프트에게 로일전쟁 후에 조선을 방임하여 두면 조선이 ≪다른 나라와 협약이나 조약을 체결하고 전쟁 전에 존재하였던 것과 같은 국제분쟁을 다시 일으킬 수 있기 때문에≫ 일본정부는 ≪일본이 다시 대외전쟁에 말려 들어가지 않기 위하여 그 어떤 결정적 수단을 단연 취하지 않을 수 없다≫고 하였다. 이것은 가쯔라가 미국의 필리핀지배를 인정한 대신 조선을 마음대로 처리하겠다는 것을 로골적으로 암시한 것이었다. [56]타프트는 가쯔라의 ≪의견≫이 현 정세에서 ≪가장 정당한 처사≫로 된다고 하면서 미국정부는 일본정부가 조선에 대하여 취하는 이러한 조치에 ≪동의할 것≫이라고 전적인 지지를 표시하였다. 이 비밀모의에서 체결된 ≪가쯔라-타프트협정≫에서는 일본이 미국의 필리핀지배를 인정하는 대신 미국은 일본의 조선지배를 인정한다는 조항을 설정하였다. 미일 두 제국주의는 제국주의도 등장한 초기부터 우리나라와 아세아인민들의 리익을 제멋대로 흥정하여 서로 나누어먹으려고 꾀하였던 것이다. 특히 일본침략자들은 다른 나라에 대한 침략의 발자욱을 떼기 시작한 순간부터 미국이나 영국과 같은 큰 나라들을 등에 업고 자기들의 더러운 침략야망을 실현하려고 하였다.

≪가쯔라-타프트협정≫은 미제와 일본침략자들의 이러한 해외침략정책을 반영한 것으로 하여 그렇듯 쉽게 성사될 수 있었다. 미일제국주의자들은 이 침략적인 흥정이 세상에 드러나 세계 진보적 인류의 규탄과 비난을 받는 것이 두려워 1925년까지 엄격한 비밀에 붙여두었다. 이 비밀협정은 루즈벨트가 죽은 후 그의 개인서류 안에서 발견되어 세상에 알려지게 되었다.

미국이 ≪가쯔라-타프트협정≫으로 조선을 일본에 팔아먹은 데 대하여서는 미국인들도 숨길 수 없었다. 조선전쟁시기 유엔군사령관이었던 릿치웨이는 자기의 회상록에서 다음과 같이 썼다. ≪우리의 조선포기정책은 1905년의 타프트-가쯔라협약에 의하여 공식화되었다. 미국은 이 협약에서 일본이 우리의 극동의 새로운 식민지인 필리핀에 대한 침략적 의도를 포기하는 대가로 조선에 대한 일본의 보호권에 동의하였다.≫ 릿치웨이가 조선포기정책이라고 쓴 것은 물론 미국이 조선에 대한 침략을 포기한 것이 아니라 조선을 일본에 넘기는 데 동의하였다는 의미였다. 미국은 릿치웨이가 표현한 것처럼 ≪조선포기정책≫을 공식화한 것이 아니라 자기의 당면한 리익을 고수하고 일본을 아세아침략의 ≪돌격대≫로 써먹기 위하여 조선에 대한 침략을 일시 뒤로 미룬 것이었다.

미국이 일제의 조선지배를 국가적으로 공식승인한 것은 《가쯔라-타프트협정》이 체결되던 1095년 후반기였지만 정부의 공식인문들을 내세워 일본이 조선을 차지해야 한다고 떠들어댄 것은 훨씬 이전부터였다. 미국은 일본이 로일전쟁에 조선의 인적 및 물적 자원을 깡그리 동원하기 위하여 1904년 8월 22일 리조봉건정부에 《한일협정서》를 강요하였을 때 그것을 적극 지지하였으며 일본이 조선을 완전히 강점해도 좋다는 의사를 로골적으로 드러내였다. 당시 일본주재 미국공사 그리스콤은 《미국은 조선의 운명을 일본에 맡길 준비가 되여 있다》고 하였으며 대통령 루즈벨트는 《우리는 일본을 반대하고 조선을 원조하는 간섭에 나설 수 없다》고 하였다. 이것은 미국이 조선을 일본에 팔아먹겠다는 의사가 벌써 아세아침략의 초기에 굳어져 있었다는 것을 말해주는 것이다.

미국대통령 루즈벨트(1858~1919)는 일본의 조선침략을 인정하는 립장을 더욱 로골화하여 미국주재 일본공사에게 1905년에 《나는 일본이 려순을 령유할 수 있는 권리뿐 아니라 조선도 일본의 세력권 내에 둘 권리가 있다고 믿는다》고 하였으며 그해 2월에는 로씨야주재 미국공사에게 《일본이 한국을 지배하는 것은 당연하다》고 하였다. 루즈벨트의 이 망발들은 미국반동지배층의 견해를 대변한 것으로서 일제침략자들에게 더없는 만족을 주었다. 일본군국주의괴수들은 《로일전쟁의 발발 이래 루즈벨트대통령의 일본에 대한 태도는 동맹국의 립장과 다름이 없이 우[57]호적이다》, 《일본정부와 일본사람들은 우리의 립장을 성실히 리해하고 도움을 주고 있는 루즈벨트대통령에게 감사의 박수를 보내야 한다》고 하면서 기뻐날뛰였다.

미국은 일본의 조선지배를 말로써뿐 아니라 실천적으로 적극 지지하였다. 1904년 8월 일본이 조선에서 《외교고문정치》를 실시할 목적으로 원조를 청하였을 때 미국은 친일적 인물인 스티븐스를 조선정부의 《외교고문》으로 파견하여 일본의 조선침략을 현지에서 적극 협력하게 하였다. 스티븐스는 일본이 《을사5조약》을 날조하여 조선을 완전강점하는 데서 더없이 중요한 역할을 하였다. 그에 대하여 일본군국주의자들이 스티븐스를 일본인보다 일본의 리익을 더 생각하는 미국인이라고 평가한 것만 보아도 그가 일본의 조선강점을 실현시키기 위하여 얼마나 발벗고 날뛰였는가를 알 수 있었다. 조선인민앞에 저지른 씻을 수 없는 죄악의 대가로 스티븐스는 우리나라 애국렬사 장인환으로부터 응당한 징벌을 받았다.

미국은 1905년 3월 조선주재 미국공사 알렌이 일본의 조선침략정책에 적극적으로 나서지 않는다고 하여 해임시키고 그 자리에 전형적인 친일분자를 임명하였으며 그에게 일본과 밀접한 관계를 가지고 일본의 조선침략정책집행에 적극 협력할 데 대한 지령을 주었다. 또한 독일주재 미국공사에게 친일정책을 실시하며 독일주재 각국 공사들과 독일황제에게도 친일적인 영향을 주라고 특별히 지시하였다. 이것은 조선에 대한 일본의 지배를 미국만이 인정하는 데 그치는 것이 아니라 다른 나라들도 인정하도록 외교적 압력을 가하는 행위였으며 일본의 조선지배에 구라파렬강들까지 끌어들이는 파렴치한 행위였다. 미국은 로일강화회담 때에 로씨야에 압력을 가하였을 뿐 아니라 영국, 프랑스, 독일도 로씨야황제에게 압력을 가하게 함으로써 로씨야로 하여금 일본의 조선지배에 동의하지 않을 수 없게 하였다. 미국의 이러한 모든 행위는 조선과 한 약속에 완전히 어긋나는 파렴치한 배신행위였다.

1882년에 체결된 ≪조미조약≫에 의하여 미국은 제3국이 조선의 리익을 침해하는 경우 그를 반대하는 효과적인 조치를 취할 의무를 지니고 있었다. 조선황제 고종은 1904년 12월 주일조선공사를 통해 미국이 조미조약의 의무를 리행하여 조선독립을 위해 힘써줄 것을 요구하는 밀서를 미 국무장관에게 보냈으며 1905년 6월에는 전중의원의 관리계환을 미국에 특파하여 ≪앞으로 있을 로일강화담판에서 한국의 주권이 일본의 롱간에 의해 침해되지 않도록 힘써주기 바란다≫는 내용의 밀서를 루즈벨트에게 전하였다. 이 밀서는 체약상대국 수반이 보낸 국가적 문건임에도 불구하고 미국은 오만무례하게도 그것을 공식문서가 아니기 때문에 접수할 수 없다고 하였으며 밀서의 내용을 일본에 통보까지 해주는 비렬한 배신행위를 감행하였다.

미제야말로 저들의 침략적 리해관계에 부합되는 것이라면 동맹국도 그 어떤 국제적인 공약도 서슴없이 줴버리는 가장 추악하고 더러운 배신자이라는 것을 세계의 면전에서 똑똑히 보여주었다. 이러한 배신행위에 대해서는 후세의 미국반동정치가들까지도 비난적인 태도를 취하지 않을 수 없었다. 조선전쟁시기 유엔군사령관이였던 릿치웨이는 ≪미국은 1882년 조선과의 조약에서 제3국에 의한〈비법적인 취급〉을 받을 경우〈호상원조〉하기로 하였으나 미국은 조선에 대하여 무역협정을 지키도록 촉구하였을 뿐이고 다른 나라가 이 고요한 아침의 나라를 점령하고 착취하려고 할 때 그것을 제지시키기 위[58]한 노력은 전혀 하지 않았다≫고 하였다. 이것은 미국이 다른 나라들과 체결한 조약의 기본목적이 무엇인가 하는 것을 집중적으로 보여주는 실례이다.

국제조약은 둘 또는 그 이상의 나라들 사이에 이루어지는 합의로서 조약에 참가하는 체약국들은 권리와 함께 반드시 의무도 지니게 된다. 그러나 미국은 우리나라에 대하여 권리만을 행사하였을 뿐 자기가 지닌 의무는 전혀 리행하지 않았다. 미제가 ≪가쯔라-타프트협정≫에서 일제의 조선강점을 승인한 것은 침략적인 ≪강화도조약≫을 전후로 결탁되기 시작한 조선에 대한 미일 사이의 침략적인 공모가 이 시기에 들어와 조선을 완전히 먹어치우려는 위험한 계선에까지 이르렀기 때문이다. 이 협정을 담보로 하여 일제는 조선완전강점을 위한 ≪을사5조약≫을 날조하는 범죄적인 길에 들어섰던 것이다.

영국도 일제의 조선침략을 적극적으로 도와준 범죄를 저질렀다. 영제국주의자들은 1885년에 우리나라 남해의 거문도를 1887년까지 거의 2년 동안이나 비법적으로 점령하였으며 구미렬강들의 조선침략에 편승하여 침략을 감행하여왔다. 영제국주의자들은 청일전쟁(1984~1895) 후 일제가 대륙팽창정책으로 로씨야와 정면으로 대립하게 되자 일본을 ≪돌격대≫로 내세워 로씨야를 견제하기 위한 대아세아전략구상을 추구하기 시작하였다. 당시 영제국주의자들은 일본군국주의를 ≪돌격대≫로 내세워 다음과 같은 목적을 달성하려고 하였다.

그것은 첫째로, 일본의 대륙팽창을 지지하여 로씨야와 충돌시켜 그를 견제하며 둘째로, 로씨야와 일본이 서로 다투는 기회를 리용하여 만주에 세력권을 확대하며 셋째로, 일본을 지지하는 대가로 동남아세아와 중국남부에서 영국의 리권을 보호하며 넷째로, 이 시기에 들어와 강화되어 가고 있는 미국의 만주와 아세아에 대한 침략을 견제하자는 것이었다. 영제국주의자들은 저들의 이와 같은 침략적 목적 실현에 일본을 효과적으로 리용하자면 일본군국주의자들이 쉽게 받아들일 수 있는 ≪미끼≫를 던져주어야 한다고 타산하였다. 이로부터 영국은 여러 가지 타산끝에 일본군국주의자들이 가장 큰 리해관계를 가지고 달라붙고 있는 조선을 희생시키는 것이 무엇보다도 좋은 방도로 될 것이라고 간주하였다. 결국 조선은 영일제국주의자들의 흥정대상으로 상정되게 되었던 것이다.

1902년 1월 30일 영국외상 렌스다운과 영국주재 일본공사 하야시 사이에 제1차 ≪영일동맹조약≫이 체결되었다. 이 조약에서는 청나라와 조선의 독립을 ≪승인≫한다고 위선적으로 지적한 후 영국은 청나라에서 특별한 리익을 가지며 일본은 ≪청나라에서의 리익에 더하여 조선에서 정치, 상업, 공업상의 각별한 리익≫을 가진다고 규정하였다. 또한 청나라와 조선에서 체약국들의 리익이 침해되는 경우 쌍방은 서로 그것을 제거하기 위한 효과적인 조치를 취할 수 있다는 것을 지적하였다. 이 조약체결로 영국은 일본을 ≪돌격대≫로 리용하여 만주에서의 리권을 얻으며 로씨야에 대처하는 동맹을 형성하는 목적을 달성하려고 하였고 일본은 로씨야를 견제하는 동맹을 형성함으로써 조선을 완전지배하기 위한 외교적 환경을 마련하여 렬강들 속에서 국제적 지위를 높이려고 하였다. 당시 일본은 로씨야와의 관계에서 갈림길에 놓여 있었다. 하나는 군사적으로 압도하여 로씨야를 조선과 만주에서 밀어내는 것이고 다른 하나는 로씨야와 타협하여 조선과 만주에서 서로 리권을 분할하는 것이었다. 일본은 로씨야를 조선과 만주에서 밀어제끼고 이 지역을 독차지하는 것이 자기에게 훨씬 유리하였으나 아직 군사경제적으로 로씨야에 대항할 만한 준비가 [59]되지 못한 조건에서 두 길 가운데서 어느 길을 택할 것인가 하는 문제를 놓고 골머리를 앓고 있었다. 이로부터 일본반동정부는 영국과도 접촉하고 로씨야와도 흥정하며 량다리외교를 하고 있었다. 만약 일본이 로씨야와 손을 잡는 경우에는 동맹국인 영국의 대아세아정책이 파탄되는 것은 물론 구라파에서도 프랑스나 독일로부터 공격을 받을 수 있는 위험한 상태가 조성될 수 있었다. 특히 당시 독일이 구라파에서 영국의 위험한 적수로 등장하였다. 프랑스-프로씨아전쟁 후 독일은 경제력을 급속히 발전시키면서 그에 기초하여 강력한 함대를 건설하기 시작하였다. 이것은 세계도처에 널려 있는 식민지들을 함대로 보위하고 있던 영국에 직접적인 위험으로 되었다.

영국은 독일을 비롯한 구라파의 적수들을 견제하며 구라파 하상에서 전통적으로 견지해오던 ≪제해권≫을 고수하자면 새로운 함대를 건설하며 이 지역에 강력한 해상무력을 보유하고 있어야 하였다. 이와 함께 영국은 로씨야가 ≪남하정책≫을 추진시키면서 조선이나 그 이남지역에서 극동함대의 정기적인 출항을 보장할 수 있는 부동항을 얻으려 하는 조건에서 동양에도 함대를 파견하지 않으면 안 되었다. 영국 앞에 제기된 이러한 과제는 매우 아름찬[16] 것이었으며 여기에서 벗어나는 길은 일본을 바싹 끌어당겨 리용하는 것이었다. 일본을 아세아침략의 돌격대고 내세운다면 그의 함대로 로씨야해군을 견제할 수 있고 영국함대는 분산됨이 없이 구파라해상을 타고 앉아 이 해역에서 ≪제해권≫을 계속 고수할 수 있을 것이었다. 이러한 타산 밑에 영국은 로씨야가 일본에 접근하려는 움직임을 보이자 1901년부터 끌어오던 일본과의 회담을 부랴부랴 결속 짓고 급기야 제1차 ≪영일동맹조약≫을 체결하였던 것이다. 영국은 이 조약을 체결한 후부터 일본의 대륙침략 특히 조선침략을 일관하게 적극 지지하였으며 다른 렬강들도 그렇게 하도록 압력을 가하였다.

일본의 조선침략행위에 대한 영국의 지지는 1904년 1월 영국외교관 헨리트만이 미 국무장관 루트에게 조선을 강점하려는 일본의 립장을 찬양하면서 영국은 그것을 환영한다고 한 데서도 여실히 드러났다. 영국은 로일전쟁이 결속단계로 들어선 1905년 8월 12일 제2차 ≪영일동맹조약≫을 체결하여 일제의 조선지배를 승인함으로써 포츠머스강화담판에서 로씨야가 조선에 대한 일본의 지배를 인정하도록 하는 데 큰 영향을 주었다.

제2차 ≪영일동맹조약≫ 제3조에는 ≪일본은 조선에서 정치, 군사 및 경제상의 간절한 리익을 가지기 때문에 영국은 일본이 그 리익을 옹호증진하기 위하여 정당하며 필요하다고 인정되는 지도, 감리, 보호의 조치를 조선에서 집행하는 것을 승인함. 다만 이러한 조치는 렬국의 상

---

16) 편집자주: '아름차다'란 '(임무나 과업이) 힘에 겹다, 과분하다, 벅차다'란 의미이다. 사회과학출판사, 『조선말대사전 2』(평양: 사회과학출판사, 1992), 1328쪽.

공업에 대한 기회균등주의에 위반되지 않음을 요구한다≫고 규정되어 있다. 조약에서 볼 수 있는 바와 같이 영국은 제1차 동맹조약에서 일본이 조선에서 정치, 상업, 공업상의 각별한 리익을 인정한다고 한 조항을 2차 조약에서 지도감리, 보호할 수 있다고 규정하였다. 이것은 일본이 조선을 마음대로 처분하여도 좋다는 것이다.

영제국주의는 조선을 일본에 내맡긴 대신 저들의 식민지지배를 인정받았다. 본 조약 제4조에는 ≪일본은 영국의 인도국경의 안전에 관계되는 일체의 사항에 대하여 특별한 리익을 가지고 있으므로 인도국경부근에서 인도령지를 옹호하기 위하여 필요하다고 인정하는 조치를 취할 권리를 승인한다≫고 규정되어 있다. 두 침략국가들은 조약에서 조선과 인도를 각각 삼켜먹으려고만 하였을 뿐 이 나라들이 독립국가로 되어야 한다는 데 [60]대하여서는 형식상으로도 규정하지 않았다. 조약체결 후 영일 두 나라가 취한 행동은 그들의 이러한 립장을 잘 보여주고 있다.

조약체결이 끝난 다음 영국외상 렌스다운은 미국에 ≪영일동맹조약≫의 갱신을 통보하면서 ≪조선은 일본제국에 보다 접근되어 있고 자치능력이 없으므로 일본의 통치권 내에 포함되어야 한다≫고 하였다. 조선민족을 심히 모독한 영국외상의 이 망발은 제국주의자들이야말로 약소민족, 후진국가 인민들을 어떻게 대하고 있는가 하는 것을 집중적으로 보여주고 있다. 영제국주의자들은 미국에는 조약갱신을 통보하면서도 조약에 직접적 리해관계를 가지고 있는 우리나라에는 알려주지 조차 않았다. 미국은 ≪영일동맹조약≫의 체결과 갱신에 대하여 이 동맹이 아세아에서 미국의 권익에 침해를 가져올 수 있다고 타산하면서 달가워하지 않았다. 그러나 미국은 일본을 아세아침략의 돌격대로 리용하려는 데로부터 형식상으로는 지지하는 립장을 취하였다. 일본은 리조봉건정부의 외부에 통보하면서 ≪조약체결은 동양평화와 량제국의 행복≫이라고 하였다. 조선외부는 일본에 조약의 무효성을 주장하고 영국에 대하여서는 영국주재 조선공사에게 영국정부에 항의하게 하는 동시에 서울주재 영국공사에게 조약 제3조가 이미 체결된 ≪조영조약≫에 대한 위반이기 때문에 수정할 것을 요구하는 각서를 제출하게 하였다. 그러나 리조봉건정부의 이러한 항의가 일본, 영국침략자들에게 통할 리 만무하였다.

조선을 무력으로 병합하기 위하여 청일, 로일, 두 전쟁을 일으킨 일제나 저들의 식민지지배에 유리한 환경을 조성하기 위해서라면 약소국가는 물론 동맹국도 서슴없이 팔아먹는 영제국주의자들은 리조봉건정부의 항의에는 귀도 기울이지 않았다. 오히려 일본군국주의자들은 그것을 실현하기 위한 실천적 행동들을 취하기 시작하였다. 런던주재 조선공사 리한응이 1905년 4월 영국은 조선과 수호조약을 체결한 나라이기 때문에 일본의 조선침략을 허용해서는 안 된다는 항의각서를 제출하자 영국은 공개적으로 그것을 거부하였다. 조선공사가 ≪조영수호조약≫

을 근거로 영국정부의 친일접근과 조선침략에 대한 승인이 만국공법상 위반이라는 것을 재차 강조하고 런던주재 각국 외교사절들에게 그에 대한 동정과 지지를 얻으려고 하자 영국정부는 각국 정부들에 영국정부의 립장을 통보하고 조선에 대하여 공동보조를 취할 것을 요구하였다. 런던주재 조선공사 리한웅은 1905년 5월 12일 죽음으로써 제2차 ≪영일동맹조약≫체결을 막고 조국을 구원할 목적으로 각국 외교사절들과 조국동포들에게 보내는 유서를 남긴 후 만 리 이 국땅에서 31살을 일기로 음독자살하였다.

　　력사적 사실이 보여주는 바와 같이 영제국주의자들은 미국과 함께 일제의 조선침략을 그 준비시기부터 적극 지지사촉하고 협력하여 준 조선침략의 공범자이다. 미영제국주의자들은 일본침략자들의 조선침략을 적극 지지하여 우리 인민에게 헤아릴 수 없는 불행을 강요한 데 대한 국제법적 책임을 져야 한다.

23. ≪행정협정≫은 민족의 존엄을 해치는 현대판노예문서[17]

민주조선

　　남조선에는 민족적 수치의 상징으로 되는 굴욕적인 문서들이 적지 않다. 그중의 하나가 1966년 7월 9일에 체결된 남조선미국≪행정협정≫이다. 미제는 ≪행정협정≫을 구실로 남조선에 대한 식민지군사기지화를 강화하고 있다.

　　위대한 령도자 김정일동지께서는 다음과 같이 지적하시였다. ≪**미국은 남조선을 강점하고 저들의 침략적 핵군사기지로 전변시킴으로써 우리나라의 통일을 가로막고 있을 뿐 아니라 조선반도에서 새 전쟁의 위험을 조성하고 아세아와 세계의 평화와 안전을 위협하고 있습니다.**≫

　　미제의 대조선정책에서 중요한 내용을 이루는 것은 우리나라의 통일을 가로막고 남조선을 저들의 식민지로, 군사기지로 영원히 틀어쥐는 것이다. 이것은 미제의 세계제패야망의 산물이다. 오래전부터 미제는 세계를 제패하려면 아시아를 정복해야 하며 그러자면 동북아시아지역의 관문인 조선반도를 타고앉아야 한다고 공공연히 떠들어 왔다. 미제의 세계제패야망실현에서 조선반

---

17) 출처: 민주조선, 2006년 7월 11일.

도는 이처럼 매우 중요한 군사전략적 요충지로 간주되어 왔다. 미제가 백수십년 전부터 우리나라에 침략의 마수를 뻗친 것은 결코 우연한 것이 아니다.

조선반도를 발판으로 삼아 동북아시아지역을 정복하고 세계를 제패하려고 꾀하던 미제는 제2차 세계대전에서의 일제의 패망을 계기로 남조선을 비법적으로 강점하였다. 그리고는 남조선을 전조선과 대륙침략을 위한 군사기지로 만들기 위한 책동에 광분하였다. 여기서 미제가 커다란 의의를 부여한 것은 남조선에 대한 영구적인 군사적 강점과 군사기지화였다. 다른 나라에 대한 제국주의자들의 식민지지배와 예속은 강점군의 주둔을 전제로 하며 그에 토대하여 이루어진다. 일정한 지역과 시설을 가진 군사기지를 거점으로 한 강점군의 주둔은 제국주의자들이 다른 나라들을 식민지로 틀어쥐고 지배, 예속하는데서 기본수단으로 된다. 남조선에 대한 미제의 식민지군사기지화정책도 군사적 강점에 토대하여 추진되고 있다. 미제의 이러한 식민지군사기지화정책을 문서화한 것이 바로 남조선미국≪행정협정≫이다. ≪행정협정≫은 남조선미국≪호상방위조약≫을 재확인한 데 기초하여 조작되었다. 남조선미국≪호상방위조약≫은 제4조에 미국의 륙해공군을 남조선 령토와 그 부근에 배치할 권리를 남조선이 ≪허용≫하고 미국이 ≪수락≫한다고 규정하고 제6조에 ≪본 조약은 무기한 유효하다≫고 못 박았다. 미제는 이처럼 ≪호상방위조약≫을 통해서 남조선을 군사기지화하는 길을 닦아놓았다.

그런데 미제는 이것으로도 성차지 않아 남조선에 대한 군사기지화에 더욱더 박차를 가하기 위해 ≪행정협정≫을 꾸며냈다. ≪행정협정≫제12조에 미국이 남조선 전역과 그 령해에 ≪선박 및 항공기의 운행보조시설을 설치, 건립 및 유지하는 권한을 가진다≫고 쪼아 박은 것은 그 뚜렷한 표현이다. 실제로 미제는 이 조항을 코에 걸고 남조선전역에 군사기지와 시설들을 제멋대로 설치하고 민간비행장과 항만, 토지, 건물들까지 마음대로 징발리용하고 있다. 그것이 어느 정도인가 하는 것은 2005년 현재 미제가 남조선에 설치한 100여 개의 미군기지면적이 7,320여만 평에 달한다는 사실이 말해준다. 서울만 보더라도 그 한복판에 82만 평을 가진 룡산미군기지가 둥지를 틀고 있다. 미제는 이처럼 ≪행정협정≫을 빗대고 서울시의 근 절반, 여의도의 30배에 달하는 많은 땅을 기한도 없이 군사기지로 리용하고 있다. 결과 남조선강점 미군이 차지하는 1인당 면적은 남조선주민 1인당 면적의 8배 이상에 달하고 있다. 그럼에도 불구하고 미제는 룡산미군기지 82만 평 중 78만 평을 ≪반환≫하겠다고 하면서 오산과 평택지역에 그보다 4배 이상 되는 349만 평의 부지를 내라고 강짜를 부리고 있다.

엄중한 것은 미제가 남조선에서 숱한 군사기지들을 리용하면서도 ≪행정협정≫을 내걸고 사용료를 한 푼도 물지 않고 있는 것이다. 알려진 바와 같이 미제는 미군의 주둔을 허용한 다른 나라들에는 대체로 기지사용료의 100%를 물고 있으며 적게 내는 경우에도 절반 이상을 지불하고 있다. 그런데 유독 남조선에서만은 기지사용료를 한 푼도 내지 않을 뿐 아니라 도리어 엄청난 규모의 미군유지비를 받아내고 있다. 미군유지를 위해 남조선이 매해 부담한 직접비는 4억~5억 US$이며 간접비는 그보다 훨씬 더 많다고 한다. 남조선당국이 내는 미군유지비가 남조선인민들의 혈세라는 것은 두말할 것 없다.

미제는 미군유지비만이 아니라 미군기지이전비용까지 남조선에 부담시키고 있다. 룡산미군기지이전문제가 상정된 후 미제가 남조선에 내리먹이는 기지이전비용은 계속 늘어나고 있다. 그것은 1991년 초의 17억 US$로부터 그 다음해에는 95억 US$로 껑충 뛰어올랐으며 21세기에 들어와서 더욱더 높아지고 있다. 최근에는 남조선이 부담해야 할 룡산미군기지이전비용이 종전에 알려진 것보다 훨씬 많다는 것이 드러나 물의를 일으키고 있다.

굴욕적인 ≪행정협정≫을 그대로 두고서는 남조선을 식민지군사기지로 틀어쥐고 전조선과 동북아시아를 집어삼키려는 미제의 새 전쟁도발책동을 막을 수 없다는 것은 불 보듯 명백하다.

미제는 ≪행정협정≫을 내걸고 남조선강점 미군의 인권유린행위를 합리화하고 있다. ≪행정협정≫에는 남조선강점 미군에 대한 ≪형사재판관할권≫을 규정한 조항이 있다. 이 조항에 의하면 미군범죄에 대한 수사권과 구속권, 재판권은 전적으로 미군측이 가지게 되어 있다. ≪공무집행 중≫에 범죄를 저지른 미군에 대해서는 남조선당국이 수사도 구속도 처벌도 할 수 없다는 것이다. 남조선측에 차례진 ≪1차관할권≫은 단지 ≪비공무 중≫의 미군범죄뿐이다. 거기에도 미군범죄가 ≪공무집행 중≫에 일어났는가 ≪비공무 중≫에 벌어졌는가 하는 ≪판결≫은 미군측이 하며 ≪비공무중≫의 범죄라도 미국이 요청하면 남조선측이 ≪1차관할권≫을 ≪포기≫한다는 꼬리표가 붙어 있다. 때문에 남조선강점 미군은 남조선인민들을 대상으로 아무리 엄중한 범죄를 저질러도 그 어떤 처벌도 받지 않게 되었다. 미군에 일방적인 권한을 준 불평등한 ≪행정협정≫이 ≪효력≫을 발생한 1967년 2월부터 그 다음해 1월 말까지 미군이 감행한 범죄건수가 그 이전의 같은 기간에 비해 무려 6배로 늘어나고 1963년에 비해서는 9배나 늘어난 것은 결코 우연치 않다.

하지만 미제는 ≪행정협정≫을 내걸고 미군범죄자들을 보호하고 있다. 대낮에 길 가던 두 녀학생을 장갑차로 무참히 깔아 죽인 미군살인마들을 처벌하라는 남조선인민들의 강력한 투쟁에도 불구하고 미제가 ≪공무집행≫ 중의 ≪우발적인 사고≫라고 우기면서 저들끼리 벌린 형식적인 재판놀음에서 살인마들에게 ≪무죄≫를 선고하고 본국으로 빼돌린 것은 그 단적인 실례이다. 미군범죄자들에 대한 이러한 보호는 사실상 새로운 범죄행위에로 부추기는 선동행위나 다름없다. 실제로 남조선강점 미군은 두 녀학생살인사건 이후에도 ≪행정협정≫을 등대고 온갖 범죄행위를 마음대로 감행하고 있다. 특히 녀성들을 대상으로 하는 미군의 인권유린행위는 인간의 상상을 초월하는 야만적인 것이다. 대낮에 녀성을 릉욕하고 죽도록 때려 실신시킨 뒤 국부에 병을 틀어박고 홍문에 우산대까지 꽂아 넣은 마이클이나 전지나 려성과 리보비 어린이를 죽이고 시체마저 불태워버린 제임스 퍼민과 같은 미군호색광, 미군살인마들을 일일이 들자면 끝이 없다. 이런 호색광, 살인마들에 의해 2만~3만 명의 남조선녀성들이 미군기지에 끌려가 정조를 유린당하고 목숨까지 빼앗기고 있다. 이와 같이 ≪행정협정≫은 남조선강점 미군에 있어서 ≪강간허가증≫, ≪살인허가증≫으로 되고 있다.

하지만 남조선당국은 ≪행정협정≫에 손발이 묶이어 미군범죄자들에게 아무런 처벌도 하지 못하고 있다. 남조선강점 미군이 저지르는 범죄행위는 하루평균 5건으로서 지금까지 세상에 드러난 것만 해도 무려 27만 건에 달한다고 한다. 그중 남조선당국이 미군범죄자들에게 형벌을 가한 것은 1%도 되나마나하다. 이것은 ≪나토≫에 가입한 나라들에서의 32%와 필리핀의 21.2%에 비하면 너무도 대조적이다. ≪행정협정≫이 존속되는 한 남조선인민들의 인권이 계속 무참히 유린당하리라는 것은 의심할 바 없다.

미제는 ≪행정협정≫을 구실로 남조선에서 생태환경을 파괴하는 범죄행위를 거리낌 없이 감행하고 있다. ≪행정협정≫의 제4조1항은 미국이 남조선에 반환하는 미군기지를 ≪원상회복해야 할 의무를 지지 않는다≫고 규정하고 있다. ≪행정협정≫은 이렇게 미제가 미군기지의 환경파괴오염에 대해 아무런 책임도 지지 않도록 꾸며졌다. 미제는 이것을 악용하여 미군기지들과 그 주변의 생태환경을 마구 파괴하고 있다. 미제가 남조선에 끌어들인 1,000여 개의 핵무기와 렬화우라니움탄에 의해서만도 미군기지주변의 땅과 바다, 강하천들이 심히 오염되고 황폐화되었다. 서울과 포항, 대전 등 일부 미군기지의 주변지역들을 조사한 데 의하면 일반지역들에 비해 납은 24배, 카드미움은 7배나 검출되었다고 한다. 미군기지들에서 흘러나오는 유독성 폐유와 독극물들로 말미암아 기지주변일대는 원상회복이 불가능한 사람 못살 불모지로 되고 있다. 평택미군기지의 경우 주변의 하천들은 불을 달면 하루 종일 탈 정도라고 한다. 또 오산 미공군비행장에서 매일 5,000t에 달하는 기름과 오폐수를 내버리는 지위천과 황구지천 린근의 다리들은 30여 년 전부터 ≪석유다리≫라고 불리고 있다. 인천시 연수구의 미군여유창에서 흘러나오는 기름으로 43만 평의 논밭이 못쓰게 되었고 경기도 하남시 하산곡동의 미군기지에서 내보내는 오염물질 때문에 1만여 평의 논밭이 농작물을 심을 수도 없는 지경에 이르렀다. 미군기지주변이 이런 판이니 미군기지 내의 실태는 더 말할 것도 없다.

그런데 미제는 ≪행정협정≫을 구실로 저들이 불모지로 만든 미군기지들을 원상회복하는 데

드는 비용을 모두 남조선에 넘겨씌우고 있다. 올해 2월 미군지기의 환경오염정화비용부담과 관련한 ≪협상≫에서는 복구비용의 대부분을 남조선이 부담하기로 하였다. 그에 의하면 앞으로 미제가 넘겨주기로 한 62개 미군기지의 환경복구에서 남조선이 부담하는 비용은 무려 5,000억 US$에 달한다고 한다.

미제의 환경파괴행위는 북침전쟁연습들에 의해 더욱더 심해지고 있다. 미제는 남조선을 강점한 첫날부터 하늘과 땅, 바다에서 각종 명목의 전쟁연습을 그칠 새 없이 벌리면서 살림집과 수원지, 산림과 어장들을 파괴하고 있다. 경기도 화성군 매향리 앞바다에 있던 바위섬이 미군전투폭격기들의 폭탄투하연습에 의해 형체도 없이 날아나 지도상에서 아예 사라진 것은 그 대표적 실례이다. 미군의 북침전쟁연습과정에 오폭으로 말미암아 수십만 명의 남조선인민들이 억울하게 죽거나 상하였다. 미군사격장주변의 주민들은 소음성난청과 고혈압 등 각종 질병에 걸려 고통을 겪고 있으나 치료도 제대로 받지 못하고 있다.

미제의 환경파괴행위는 미군기지와 그 주변지역들에만 국한되지 않는다. 미제가 군사분계선일대에 국제적으로 그 사용이 엄격히 금지된 고엽제를 7,000여 도람이나 살포했다는 것은 이미 알려진 사실이다. 결과 군사분계선일대에서 동식물이 살 수 없는 것은 물론이고 당시 고엽제살포에 동원되었던 남조선국 사병들과 그 후대들이 오늘도 죽음의 병마에서 시달리고 있다. 미제는 이처럼 극심한 환경파괴행위로 남조선인민들에게 커다란 불행과 고통을 들씌우면서도 그에 대한 아무런 보상도 하지 않고 있다.

보는 바와 같이 남조선미국≪행정협정≫은 남조선을 무력으로 강점하고 인민들의 인권을 야수적으로 유린하며 남조선 전역을 황폐화시키는 미제의 온갖 범죄행위들을 ≪합법화≫해주는 도구로 되고 있다. 현대판노예문서인 이 ≪행정협정≫에 의해 남조선인민들은 민족의 존엄과 자주권을 여지없이 짓밟히고 있다. ≪행정협정≫의 간판을 내걸고 감행하는 미제의 군사기지화책동으로 말미암아 인민들은 선조들이 물려준 토지를 강탈당하고 피땀 흘려 일떠세운 살림집들을 헐리운 채 고향에서 쫓겨나고 있다. 요행 토지와 살림집을 떼우지 않은 사람들도 극도의 환경파괴오염과 북침전쟁연습에 의한 피해를 입고 있다. 더욱이 살인과 폭행, 강단 등 온갖 범죄행위를 일삼는 미군 때문에 인민들이 항시적인 불안과 공포에서 벗어나지 못하고 있다.

남조선인민들이 현대판노예문서인 ≪행정협정≫을 철폐하기 위한 투쟁에 한결같이 일떠서는 것은 너무도 정당하다. 남조선인민들은 민족의 존엄을 지키고 사회의 자주화를 실현하기 위하여 ≪행정협정≫철폐투쟁을 더욱더 강화할 것이다.

24. 국제기구의 본질과 그것이 갖추어야 할 조건[1)]

한 영 서

[66]20세기를 넘어 21세기에 들어서는 오늘 국제무대에서는 평화와 안전을 비롯하여 경제와 문화, 군사 등 국제사회생활의 여러 분야에서 전 세기에는 있어 보지 못한 국제적 문제들이 수많이 제기되고 있으며 큰 나라, 작은 나라, 큰 민족 작은 민족 할 것 없이 자주성을 지향하는 모든 나라, 모든 민족들이 국제적인 교류와 협조를 통하여 자주적인 발전을 이룩하고 있다.

국가들 사이, 민족들 사이의 호상간 교류와 협조가 더욱더 활발해지는 속에서 여러 민족들, 국가들 간에 공동으로 해결하여야 할 국제적 문제들이 수많이 제기되고 있으며 이것을 공동으로 해결하기 위하여 수많은 국제기구들이 조직되어 운영되고 있다. 오늘 지구상에는 유엔과 같이 전 세계적 범위에서 평화와 안전을 비롯한 경제, 사회, 문화, 인권 등 문제들을 조정, 협조하기 위한 국제기구와 지역적인 문제들을 조정, 협조하기 위한 국제기구들, 경제, 교육, 문화, 체육, 철도운수, 금융 등 전문분야들에서 협조를 실현하기 위한 국제기구를 비롯한 정부 및 비정부기구들이 만수천 개나 조직되어 운영되고 있다.

위대한 수령 김일성동지께서는 다음과 같이 교시하시였다. ≪신흥세력나라들은 국제무대에서 제국주의자들의 온갖 전횡을 끝장내고 불합리한 모든 국제기구들을 세계인민들의 리익을 위하여 복무하는 참다운 평화와 진보의 기구로 전변시키기 위하여 투쟁하여야 할 것입니다.≫(≪김일성

---

1) 출처: 김일성종합대학출판사, 『김일성종합대학학보: 력사법학』, 제46권 제2호(2000), 66-70쪽.

저작집≫ 제35권, 364페지)

제국주의자들의 온갖 전횡에 의하여 움직이는 불합리한 모든 국제기구들을 세계인민들의 리익과 진정한 평화와 안전을 위하여 복무하는 진보적 국제기구로 전변시켜야 한다. 수많은 국제기구들 가운데서 세계평화와 안전, 세계인민들의 자주적 요구와 리익을 위하여 복무하는 진보적 국제기구들이 과반수를 차지하는 것만큼 바로 이러한 진브적 국제기구들에 기본을 두고 국제기구의 본질에 대하여 론하게 된다.

자주적인 국가들을 자기 구성성원으로 하는 정부적 국제기구들과 여러 국가기관, 사회단체, 자연인 등 기타 성원들을 구성성원으로 하는 비정부적 국제기구들은 국제관계의 국제법률적 조정에서 커다란 역할을 놀고 있다. 지구상에 존재하는 만수천 개의 국제기구들이 현시기 국제관계에서 적지 않은 역할을 수행하는 것만큼 국제기구의 본질을 옳게 리해하는 것은 국제기구법 분야에서 리론적으로나 실천적으로 매우 중요한 의의를 가진다.

국제기구에 대한 본질을 옳게 리해하는 것은 우선 국제기구를 현시대의 자주적 지향에 맞게 창설하거나 변화발전시키는 데서 관건적인 문제로 나선다. 오늘 자주성을 자기의 제일생명으로 하고 있는 나라와 민족은 대외관계에서 자주적 권리를 철저히 행사하며 그것이 침해당하는 것을 허용하지 않는다. 국제기구를 조직하는 당사자와 그 구성성원들 과반수가 자주성을 생명으로 하는 민족, 국가들로 이루어져있는 것만큼 응당 그 국제기구는 시대의 요구를 반영하여 조직되고 운영되어야 한다. 그리고 이미 존재하여 온 국제기구들도 마땅히 매개 민족, 국가들의 자주권을 존중하는 국제기구로 변화발전시켜야 한다. 이러한 시대의 요구를 반영하여 오늘 세계의 많은 국제기구들이 지난날 력사와 시대의 자주적 발전을 억제하거나 방해하는 도구로 리용하던 데로부터 그것을 추동하고 발전시키는 국제조직체로 전환되고 있다. 특히 현시기 국제사회의 자주적 지향을 실현하며 국가들의 자주적 권리를 옹호보장하는 국제기구들이 새롭게 창설되고 발전하고 있다.

국제기구의 본질에 대하여 옳게 리해하는 것은 또한 국제기구를 통한 국제관[67]계의 건전한 발전을 이룩하기 위하여 중요한 의의를 가진다. 오늘 세계의 백수십여 개의 나라들과 여러 민족들이 국제기구를 통하여 국제관계에서 제기되는 문제들과 자기 민족, 자기 나라의 발전에 필요한 경제, 과학, 기술, 문화, 환경, 교육, 체육, 예술 등 분야에서 제기되는 문제들을 교류와 협조를 통하여 해결하고 있다. 그런데 국제기구에는 각이한 사회제도와 발전수준, 그 요구가 같지 않은 세계 대소국가들을 비롯한 성원들이 참가한다. 모든 국제기구 당사자들이 국제기구를 자주권존중의 원칙에서 교류와 협조, 조정을 위한 국제적 조직체, 협력체로 리해한다면 각이한 사회제도와 각이한 발전수준, 각이한 환경에 처해있는 여러 민족, 국가들의 관계가 인민대중의 자주위업실현을 위한 방향으로 발전하게 되며 그렇지 못한 경우에 국제기구는 민족, 국가들의 자주권을 침해하는 수단으로, 도구로 리용되게 된다. 결국 자주성을 유린하는 국제기구는 세계평화와 안전, 교류와 협조 등 국제관계의 건전한 발전에 엄중한 난관을 조성하게 된다. 지난 시기 꼬쏘보사태를 둘러싸고 유고슬라비아에 대한 미국주도하의 ≪나토≫의 군사적 간섭으로 인하여 세계평화와 안전에 엄중한 사태를 조성하고 있는 것이 그 뚜렷한 실례로 되고 있다.

국제기구의 본질에 대한 옳바른 리해를 가지는 것은 또한 국제기구를 당사자들의 자주권존중의 원칙에 기초하여 조직운영해 나가는 데서 중요한 의의를 가진다. 국제기구를 창설할 때 그 당사자들은 구체적인 의사합의에 따라 사명과 목적을 내세우며 그것을 실현하기 위한 활동원칙, 사업절차를 제정하고 구체적인 내부기관을 조직하여 운영하게 된다.

국제기구에 참가하려는 당사자들의 목적이 공통성을 가지고 있다 하더라도 그들의 요구와 리해관계에서 서로 일정한 차이가 있을 수 있다. 이러한 조건에서 당사자들이 자주권존중의 원칙에 기초할 때만이 서로 협의를 통하여 합의점에 도달하여 있을 수 있는 차이점들을 극복해 나갈 수 있게 되며 모든 당사자들에게 합당한 목적, 사업원칙, 절차, 내부기관조직 등 국제기구의 조직운영과 관련한 전반 문제들이 옳바르게 헌장에 규제되고 그에 따라 기구가 운영되어 나가게 된다. 국제기구를 당사자들의 조종과 협력을 위한 국제적 조직체로 리해하지 않는다면 기구의 목적과 사업원칙이 옳바로 세워지지 못할 뿐 아니라 조직운영에서도 불일치가 생기고 전횡과 강권이 작용하게 된다. 이런 경우에 국제기구들은 자주권을 지향하는 여러 민족, 국가들의 리익에 맞게 옳바로 운영되지 못하게 하며 종당에 그러한 국제기구는 자기의 존재자체를 마치게 된다. 지난날의 ≪국제련맹≫의 해산이나 ≪중앙아시아조약기구≫, ≪동남아시아조약기구≫의 해산이 그 뚜렷한 실례로 된다.

국제기구의 본질을 옳게 리행하는 것은 현시기 제국주의자들과 그 어용가들이 국제기구의 본질을 외곡하여 그것을 국가 우에 서있는 초국가적, 세계정부적 기능을 수행하는 ≪초국가기구≫, ≪세계정부기구≫로 만들려는 반동적 책동을 발가놓는 데서 중요한 의의를 가진다. 국제기구라는 것은 어디까지나 국가, 민족들 사이에 제기되는 국제적 문제들을 당사자들의 요구와 리익에 맞게 교류와 협력을 통해 해결하기 위하여 조직되는 국제적 협력체이다. 국제기구에 부여되는 기능, 권능, 의사는 국가에서처럼 독자적이며 권력적인 것으로 그리고 국가의 존재와 함께 영원히 존재하는 것이 아니라 그 국제기구 내 당사자들의 의사합의에 기초하여 파생적으로 형성되고 일정한 범위와 령역에서 작용하며 영원한 것이 아니라 없어지기도 하고 변경되기고 한다. 사실상 국제기구가 권력적이며 독자적인 권능, 기능, 의사를 가진다면 그것은 벌써 국제적 협력체인 것이 아니라 어떤 부류의 성원들 혹은 특정한 성원들[68]의 리익과 요구를 실현하기 위한 강제적 수단으로 밖에 되지 않는다. 그러므로 국제기구들은 국가에서처럼 권력적이며 독자적인 권한과 권능을 가질 수 없으며 그 어떤 강제기관으로 될 수도 없다.

우에서 고찰한 데 기초하여 국제기구를 다음과 같이 정의할 수 있다. 국제기구는(국제정부적 및 비정부적 기구를 포괄하여) 국제관계의 여러 분야에서 제기되는 문제들을 셋 이상의 당사자들의 요구와 리익에 맞게 집단적으로 해결하기 위하여 조직하는 국제적 조직체를 말한다. 국제기구는 당사자 혹은 성원들의 자원적인 의사합의에 기초를 두고 있으며 그들의 요구와 리익을 관철하기 위하여 다무적인 협상과 협력, 교류를 조직적으도 실현하는 것을 근본사명으로 하는 국제적 협력기구에 지나지 않는다. 때문에 국제기구에는 일부 성원에게 부여하는 그 무슨 특권이란 있을 수 없다.

국제기구에 대한 옳바른 리해를 가지자면 국제기구가 갖추어야 할 조건들을 정확히 인식하는 것이 중요하다. 국제기구가 갖추어야 할 조건은 나라와 민족들의 자주성을 옹호하며 성원들의 의사합의에 따라 맺어지는 국제조약을 기초로 하며 기구를 조직운영할 수 있는 조직법규와 내적구조(내부기관)를 가지고 있으며 기구의 활동이 국제법의 공인된 원칙과 규범들에 철저히 부합되는 것이다. 국제기구가 반드시 이러한 일반적이며 본질적인 조건들을 갖추어야만 국제관계의 공정한 발전에 이바지할 수 있다.

국제기구가 갖추어야 할 조건은 무엇보다 먼저 나라와 민족의 자주성을 옹호하는 것이다. 이것은 국제기구의 기본적이며 본질적인 조건으로 된다. 현시대는 자주성의 시대이다. 지구상의 절대다수의 나라와 민족들이 자주성을 자기의 생명으로 하고 있으며 그것을 침해당하는 것을 허용하지 않으며 자기의 자주권을 지키기 위하여 투쟁하고 있다. 매개 나라와 민족들이 자주성을 서로 존중할 때 국제관계에서 공정하고 건전한 발전을 이룩할 수 있으며 진실로 자주적이고 평화적이고 친선적인 새 세계를 건설할 수 있다.

시대의 추세에 따라 자주성을 자기의 생명으로 하고 그것을 지키며 대외관계에서 자주적 권리를 철저히 행사할 것을 요구하는 나라와 민족들을 자기의 구성성원으로 하는 국제기구는 마땅히 자주성을 옹호하는 기구로, 자주적 권리를 보장하는 기구로, 자주적인 국제기구로 되어야 한다. 현시대의 국제기구들은 이미 있던 국제기구이건 새로 창설할 국제기구이건 나라와 민족의 자주성을 옹호하는 기구로 되어야 세계 여러 나라 민족들의 지지를 받을 수 있으며 자기의 존재자체도 유지할 수 있다. 만약 국제기구가 나라와 민족의 자주성을 짓밟고 그들의 자주적 권리를 침해하게 된다면 력사의 전진, 시대의 요구에 역행하는 작용을 하게 되며 나중에는 기구자체의 파멸을 면치 못하게 된다.

나라와 민족의 자주성을 옹호하는 것은 국제기구의 가장 본질적이며 기본적인 조건이다. 그것은 우선 이 조건이 국제기구의 성격을 특징짓는 기준으로, 그 운명을 결정하는 근본기준으로 되기 때문이다. 나라와 민족의 자주성을 옹호하는가 하지 않는가 하는 데 따라 그 국제기구가 력사와 시대의 발전을 추동하는가 아니면 제동을 거는가 하는 것이 결정되게 된다. 력사와 시대의 발전, 인민대중의 자주적 발전에 도움을 주는 국제기구라면 그 성원들과 세계인민들의 지지와 찬동을 받는 진보적인 성격을 가진 기구로 되게 되며 력사와 시대의 요구에 도전하고 나라와 민족의 자주성을 침해하는 국제기구라면 그것은 반동적, 침략적, 략탈적 성격을 가진 기구로 되게 된다. 진보적인가 반동적인가 하는 데 따라 그 국제기구가 국제관계의 공정한 발전에 이바지하는가 못하는가 하는 것이 결정되며 따라서 그 국제기구를 변화발전시켜야 하겠는가 아니면 없애버려야 하겠는가 하는 것이 결정되게 된다.

그것은 또한 이 조건은 국제기구가 [69]갖추어야 할 다른 조건들의 기초로, 출발점으로 되기 때문이다. 나라와 민족들은 자주성을 제일성명으로 하는 것만큼 그들은 자기들의 자주성을 침해당하는 데 대하여 절대로 허용하지 않는다. 한편 나라와 민족들의 자주성을 옹호보장하지 않고서는 진실하고 공정한 국제관계가 수립될 수 없다. 나라와 민족들은 많은 경우 국제관계에서 제기되는 문제들을 국제무대에서 공정하게 공동으로 해결할 것을 요구하게 되며 이로부터 리해관계가 있는 여러 당사자들이 한자리에 모여 국제기구를 조직하고 운영하게 된다. 그런데 국제기구를 조직하고 운영하자면 그에 필요한 공동행동준칙인 법전을 만들고 기구의 운영을 위한 내부기관들을 조직할 데 대한 의견들이 합의되어야 한다. 그리고 그 기구가 추구하는 목적과 모든 활동이 국제법적 원칙에 부합되어야 한다.

우의 이러한 모든 문제들은 반드시 매개 나라와 민족들의 자주성을 옹호하고 존중할 때만이 해결될 수 있으며 국제기구로서 완전한 체모를 갖출 수 있다.

국제기구가 갖추어야 할 조건은 다음으로 그것이 당사자들의 의사합의에 기초하여야 하는 것이다. 국제기구를 창설하는 경우에는 그 성원들이 반드시 달성하려는 목적을 전제로 하게 된다. 당사자들은 일정한 목적을 실현하기 위하여 한자리에 모여 국제적인 회의를 진행하게 된다. 그런데 이러한 목적을 달성하기 위하여 회합하는 과정에 당사자들의 리익과 요구가 각이하므로 의견불일치가 생길 수 있다. 이러한 의견불일치를 좁히기 위하여 호상 견해들을 교환하고 존중하면서 하나의 합의점에 도달하게 되며 그것을 하나의 헌장 또는 규정에 종합체계화하여 국제기구창설에 필요한 다방조약을 체결하게 된다. 따라서 어느 일방의 요구나 리익의 표현인 의사 또는 견해에 의하여 국제기구가 창설된다는 것은 도저히 불가능한 일이다. 만일 어떤 일방이나 개별적인 성원의 요구나 리익권한에 기초를 두고 국제기구가 창설되였다면 그 것은 사실상 국제기구라고 볼 수 없으며 그 어떤 일방의 요구나 리익을 충족시키는 도구, 수 단으로밖에 달리는 될 수 없다. 국제적 협조, 협력, 조정을 목적으로 하는 국제기구는 반드시 셋 이상의 당사자들의 의사합의에 기초한 다방조약을 체결하여 창설할 때만이 그것을 국제기 구라고 인정할 수 있다.

국제기구가 갖추어야 할 조건은 다음으로 그것이 자기의 조직법규와 내적구조(내부기관)를 가지는 것이다. 우선 국제기구는 당사자들의 의사를 하나로 통일시켜 일치한 행동으로 구성성원 들 전체의 요구와 리익을 관철하기 위한 행동준칙, 활동원칙과 방법 등 세부화된 규정들을 가지 고 있어야 한다. 그것이 바로 그 기구의 헌장, 규정, 원칙, 조약, 세칙 등으로 표현된 조직법규이 다. 기구성원들의 의사합의에 기초하여 채택된 다방조약은 모두 성문화된 법문건으로서 국제기 구의 창립문건으로 되는 동시에 기구의 조직법규로 된다. 그것은 다방조약인 국제기구의 조직법 규에는 기구의 창설, 목적과 과업, 활동원칙, 운영절차, 내부기관의 조직원칙, 재정 등 기구의 조 직운영과 관련되는 내용들이 명백하게 구체적으로 밝혀져 있기 때문이다. 국제기구는 이러한 조 직법규, 즉 활동기준에 의하여 성원들의 활동을 조절통제하며 협조와 협력을 실현하게 된다.

또한 국제기구는 자기가 내세운 목적을 실현하기 위하여 성원들 사이의 활동을 조정하기 위 한 내적구조, 내부기관을 가지게 된다. 국제기구 내 성원들은 기구의 활동을 원활하게 진행하 기 위하여 총회, 리사회, 사무국과 기타 필요한 국, 과, 위원회, 연구소 등의 형태로 내부기관 을 조직한다. 이러한 내부기관들은 철저히 다방조약인 조직법규나 추가로 합의된 보조문건들 에 기초하여 조직되게 된다. 국제기구의 내부기관들은 기구가 내세운 목적 및 과업들을 실현 하기 위한 심의, 조정 및 통제, 협조방법의 선택[70] 등을 조직집행하는 기구의 최고기관과 그 집행기관, 보조기관으로 되어 있다. 여기에서 말하는 기구의 최고기관이란 의미는 순수 ≪웃기관≫이라는 의미에서 쓰이는 것이며 결코 국가의 최고기관과 동일한 의미에서 쓰이는 것이 아니다. 국제기구의 활동은 그 내부기관들에 의하여 구체화되며 이 내부기관들의 조직운 영을 통하여 이 기구의 총적목적이 달성되게 된다. 국제기구는 자기의 조직법규와 내부기관을 가지고 있어야 자기의 체모를 갖출 수 있으며 활동을 원활하게 진행할 수 있다.

국제기구가 갖추어야 할 조건은 다음으로 그것이 국제법의 공인된 원칙과 규범에 완전히 부 합되어야 하는 것이다. 국제적인 범위에서 당사자들의 자주적 요구와 리익을 협력, 조정하기 위하여 복무하는 국제적 조직체, 국제기구로 되자면 그것이 국제법적으로 완전히 합법성을 띠여야 한다. 즉 국제기구의 목적 및 활동원칙과 활동내용이 국제법의 공인된 원칙과 규범에 맞아야 한다. 국제법의 공인된 원칙이란 자주권존중, 내정불간섭, 평등과 호혜, 령토완정, 불가침의 원칙이다. 국제기구에 참가하는 나라와 민족들은 물론이고 국가기관, 사회단체, 자연인들까지 모두 다 이러한 공인된 국제법적 원칙에서 서로 국제관계를 맺고 교류와 협조, 조정을 진행할 것을 요구하고 있다. 국제기구의 조직과 활동이 국제법의 공인된 원칙과 규범에 어긋날 때에는 그 기구가 내세운 목적과 사명, 활동내용과 거기에서 채택되는 결정들과 결의들은 모두 다 국제법적으로 비법적인 것으로 된다. 이러한 경우에 그 국제기구들은 세계인민들의 규탄과 배격의 대상으로, 시대의 요구에 역행하는 력사발전의 걸림돌로 버림을 받게 된다.

국제기구가 자기의 사명과 목적, 역할을 다하며 세계인민들의 지지와 찬동 속에서 발전하려면 반드시 세계인민들이 인정하고 지켜온 국제법의 공인된 원칙과 규범에 맞게 조직운영되어야 한다. 력사발전과 인민대중의 자주적 요구에 따라 국가 및 민족 호상간 쌍무적 국제관계와 함께 국제기구를 통한 다무적 협조가 더욱 발전하고 있다. 자주시대의 요구에 따라 국제무대에서 강대국들에 의하여 조정되는 불합리한 국제기구들이 세계 진보적 인민들의 리익을 위하여 복무하는 기구로 전변되고 있으며 새로운 국제기구들이 창설되고 있다.

세계 진보적인 나라와 민족들은 국제기구의 본질과 그 조건들에 대한 옳바른 리해를 가지고 지구상의 만수천 개의 국제기구들을 국제관계의 공정한 발전에 적극 이바지하는 국제조직체로 만들며 그것들을 자주시대의 요구에 맞게 조직운영하여 나감으로써 진실로 자주적이고 평화적이며 친선적인 새 세계를 건설하는 데 참답게 이바지하도록 하여야 할 것이다.

25. 국제기구에서의 표결권분배와 표결방식[2]

한 영 서

[58]국제질서는 국가들이 자기의 요구를 대외적으로 실현하는 데서 호상 충돌과 혼란을 피하기 위하여 국가들의 합의에 의하여 세워지는 질서이다. 위대한 수령 김일성동지께서는 다음

---

2) 출처: 김일성종합대학출판사, 『김일성종합대학학보: 력사법학』, 제48권 제2호(2002), 58-62쪽.

과 같이 교시하시였다. ≪낡은 국제질서를 없애고 공정한 새 국제질서를 세워 제국주의자들이 더는 국제무대에서 전횡을 부리지 못하게 하여야 하며 다른 나라의 자주권을 유린하고 부원을 마음대로 략탈할 수 없게 하여야 한다.≫(≪김일성저작집≫ 제30권. 680페지)

지난날 제국주의자들에 의하여 만들어진 낡은 국제질서는 국제무대에서 그들의 특권과 전횡을 허용하고 국제문제들을 저들의 리익에 맞게 처리하며 다른 나라의 자주권을 유린하고 부원을 마음대로 략탈할 수 있게 하는 불공평하고 불합리한 국제질서이다. 이러한 낡은 국제질서들을 없애고 새로운 국제질서를 세우는 것은 자주시대의 절박한 요구이다.

국제기구에서 표결권의 분배와 표결방식은 국제질서를 세우는 데서 매우 중요한 문제의 하나이다. 국제기구들에서는 국제적으로 중요한 정치적 문제들과 경제, 문화적 및 군사적 법률적 문제들을 토의결정하며 그것을 조약, 공약, 규칙 등의 형식으로 법화한다. 국제기구들에서 내는 모든 공약, 조약, 규칙들은 표결을 통하여 최종적으로 결정하게 된다. 국제기구에서의 표결은 제기된 국제문제의 처리를 어떻게 하는가를 결정하는 기준으로 될 뿐만 아니라 나아가서 국제문제의 운명을 결정하는 중요한 공간으로 된다. 동시에 표결권의 분배와 표결의 구체적인 형식과 방법은 매개 국제기구에 망라된 성원국들과 일부 경우 비성원국들의 자주권을 어떻게 대하는가 하는 중요한 척도로 된다. 따라서 국제기구들에서 민족, 국가들의 자주권을 존중하고 평등을 보장하며 국제문제들을 올바로 처리하려면 반드시 가장 원칙적이고 합리적인 표결제도를 확립하여야 한다. 오늘 모든 국제기구들에 유일한 합리적인 표결제도가 서있지 못한 것은 지난 시기 몇몇 렬강들, 대국들에 의하여 수립된 표결제도의 낡은 잔재가 의연히 존재하고 있기 때문이다.

국제기구의 표결제도에서 기본으로 되는 것은 표결권의 분배와 표결방식이다. 국제기구에서 적용되고 있는 표결권분배와 표결방법에는 무엇보다 먼저 1국1표일치동의방식이 있다. 1국1표일치동의방식은 주권평등의 원칙에 기초하여 매 성원국들에 하나의 투표권을 주고 표결에서 성원국전체가 찬성하여야 토론에서 합의된 문제를 결정하는 표결제도이다. 1국1표일치동의표결제도는 매개 성원국들의 국가주권평등의 원칙을 충분하게 보장하며 모든 성원국들의 의사를 하나로 통일시켜 그들의 공동리익을 보호할 수 있게 한다는 의미에서는 리상적인 표결제도라고 말할 수 있다. 그러나 이 제도는 어떤 국제기구에서든지 기구 안의 매 성원국들이 처해 있는 환경과 실정이 서로 다르고 그들의 요구와 리해관계의 일치가 좀처럼 쉽게 이루어질 수 없는 현실적 조건을 가지고 있다.

매 성원국들의 구체적인 실정과 리해관계를 전혀 고려하지 않고 주관적으로 일치동의표결을 적용하면 이미 토론에서 합의된 문제라 하더라도 그중 극히 일부 또는 한 개의 성원국이 자기의 리해관계를 전면에 내세우면서 반대표를 던지는 경우 그것은 통과될 수 없게 되어 있다. 결국 1국1표일치동의표결제도를 적용하는 국제기구는 국제적 협조와 협력의 기구로서의 자기의 사명과 목적을 원만히 수행할 수 없게 된다. [59]이러한 결함은 지난 시기 국제련맹에서 명백히 드러났다. 국제련맹에서는 표결에서 1국1표일치동의제도를 적용함으로써 소위 ≪각국의 자주권을 존중한다≫는 환상만을 조성하고 사실상 세계평화와 안전에 아무런 기여도 하지 못하였다. 특히 1923년 그리스에 대한 이딸리아의 폭격, 1931년 일본의 중국동북3성에 대한 침략, 1935년 이딸리아의 알바니아에 대한 침략, 1938년, 1939년 도이췰란드의 오스트리아, 체스꼬슬로벤스꼬, 리뜨바에 대한 강점과 같은 엄중한 문제들에 대하여 그 어떤 효과적인 결정을 채택할 수 없었으며 그것을 비호, 묵인하는 결과를 빚어냈다. 비현실적인 1국1표일치동의표결제도로 말미암아 국제련맹은 무능한 기구로 존재하다가 그 후 제2차 세계대전의 발발에 아무런 제동적 작용도 하지 못하고 해산되었다. 모든 국제기구들이 사회제도와 리해관계가 서로 다른 성원국들을 망라하고 있는 조건에서 중요한 정치, 경제, 군사적 문제들을 일치동의로 결정한다는 것은 현실적으로 거의나 불가능한 일로 되고 있다.

국제기구에서 적용되는 표결권분배와 표결방법에는 다음으로 1국1표다수표결방식이 있다. 1국1표다수표결방식은 기구 안의 매 성원국들에 하나의 표결권을 주고 표결에서 성원국의 일정한 다수의 찬성을 받으면 토론에서 합의된 문제들을 결정하게 되는 표결제도이다. 1국1표다수표결제도는 단순다수표결제도와 특정다수표결제도로 나누게 된다.

단순다수표결제도에서는 기구 내 성원국들의 50% 이상이 찬성하면 결정이 채택되며 특정다수표결제도에서는 전체 성원국의 3분의 2, 4분의 3, 5분의 4의 다수로 찬성하여야 결정이 채택되게 된다. 여기에서 다수의 결정은 토의되는 문제의 성격에 따라 서로 다르게 정해지게 된다. 실례로 유엔총회 수속절차규정 제15편 ≪투표≫ 제80조에서는 제81조에 규정된 내용을 제외한 문제는 단순다수로, 제81조에서는 새 성원국의 유엔가입, 성원국들의 비준을 요구하는 국제조약의 채택, 헌장의 수정, 기구예산토의 등은 3분의 2 다수로 결정한다고 규정하였다. 그리고 유엔해양법협정 제150조 8항에는 기구의 활동과 관련한 절차상 문제는 단순다수로, 중요한 문제는 3분의 2 다수로, 지위와 관련된 문제는 4분의 3 다수로 결정한다고 규정하였다.

1국1표다수표결제도는 실천에서 일정한 긍정적 측면이 있다. 1국1표다수표결제도에서는 우선 국제기구 내 모든 성원국들의 자주권평등이 보장되고 있다는 데 있다. 1국1표다수표결제도에서는 국제기구 안의 모든 성원국들에 대하여 나라의 크기나 발전정도, 인구수 기타 조건에 관계없이 한 개의 투표권을 주게 되며 그것을 성원국들 자체의 결심에 따라 행사하게 한다. 1 국1표다수표결제도에서는 또한 국제기구 내 매개 성원국들의 의사를 존중하며 충분히 발양시 킬 수 있게 한다는 데 있다. 이 제도를 적용하면 투표에서 매 성원국들은 자기의 요구와 리해 관계에 따라 자기의 립장을 표현하고 행사하기 때문에 일치동의제도에서처럼 강제적 요구가 통하지 않게 되어 있다. 그리고 매 성원국의 의사가 자기 요구대로 표시될 수 있게 되어 있다. 1국1표다수표결제도에서는 또한 결의안의 통과에 유리한 조건을 지어 줌으로써 기구활동의 효 률성을 높일 수 있게 한다. 이 제도를 적용하면 상정된 문제에 대하여 몇몇 성원국들이 반대 투표를 하였다 하더라도 일정한 한계 내에서 그것이 결의안의 채택에 결정적 영향을 미치지 못하게 되어 있으므로 표결의 효률성을 높일 수 있게 한다.

1국1표다수표결제도는 일정한 제한성도 가지고 있다. 그것은 우선 정치, 경제, 군사분야에서 의 리해관계에 따라 국제기구 안에서 성[60]원국들이 여러 집단으로 갈라져 서로 대립하며 그러한 력량관계에 따라 결의안의 내용과 성격, 나아가서는 그 운명이 좌지우지되게 하는 것 이다. 구체적으로 말하여 국제기구 내에서 자주성을 요구하고 세계의 공고한 평화와 안전, 국 제사회의 건전한 발전을 요구하는 세력이 우세할 때에는 그에 닿는 진보적인 결정들이 채택되 게 되며 반대로 제국주의, 지배주의세력이 우세할 때에는 지배적이며 략탈적이며 침략적인 결 정들이 채택될 수 있다. 이것은 국제기구 내에서 다수파와 소수파 간의 대립을 더욱 격화시키 게 된다. 바로 랭전시기 유엔총회에서 일련의 정치적 문제들이 토의결정될 때 다수파는 소수 파의 의견과 리익을 배제하고 투표수의 우세로 소수파를 압제하군 하였다. 이에 도전하여 소 수 반대파들은 기구의 결의를 준수하지 않거나 그와 반대로 행동하면서 국제적 협조와 협력에 난관을 조성하는 데로 나갔으며 그 과정에 비법적인 결정들이 채택되기도 하였다. 지난 시기 유엔에서 미제국주의자들이 저들의 《거수기》를 발동하여 조선문제를 비법적으로 유엔에 상 정시켜 《유엔한국통일부흥위원단》을 조작한 것, 조선의 내정에 간섭하는 비법적인 결의들을 낸 것, 조선전쟁도발과 그 수행을 합법화하는 결의안을 채택한 것, 조선의 통일에 엄중한 난관 을 조성하는 결의안들을 수없이 만들어 낸 것 등이 그 뚜렷한 실례로 된다.

그것은 또한 결의내용의 질을 높이지 못하고 있는 것이다. 1국1표다수표결제도에서는 표결수 만 중시하고 결의내용이 차요시되는 데로부터[3] 응당 포함되어야 할 긍정적인 내용들이 반영되 지 못하고 특히 미제를 비롯한 제국주의자들의 내정간섭과 전쟁책동, 략탈책동, 인권침해책동을 규탄하는 내용들이 결의안에 뚜렷이 밝혀지지 못하게 되는 결함을 가지고 있다. 이러한 문제는

---

3) 편집자주: '차요시(次要視)하다'란 '부차적인 것으로 여기다'는 뜻이다. 통일부〈www.unikorea.go.kr〉, 북한용어사전.

단순히 다수통과라는 표결방식만으로는 해결될 수 없는 문제이다.

그것은 또한 결의안의 집행에서 제약을 받는 것이다. 1국1표다수표결제도에서는 결의안이 채택된다고 하더라도 반대한 나라에는 법률적 구속력이 미치지 못하며 따라서 그 나라가 집행하지 않아도 그에 대하여 해당한 책임을 지울 수 없게 되어있다.

이상과 같은 제한성이 있으나 현시기 이 제도가 많이 장려되고 있다. 특히 신흥세력나라들은 비롯한 자주성을 요구하는 성원국들이 절대다수를 이루는 조건에서 1국1표다수표결제도는 그중 현실성 있는 제도로 되고 있다.

국제기구에서 적용되는 표결권분배와 표결방법에는 다음으로 1국여러표가중표결방식이 있다. 이 표결방식은 제국주의자들과 부유한 나라들의 리익만을 전제로 한 불합리한 낡은 표결제도이다. 이 제도는 총 투표권을 기본투표권과 가중투표권 두 부분으로 나누고 기본투표권은 매 성원국들에 평등하게 평균분배하며 가중투표권은 기구에서 개별적 성원국들이 노는 역할과 기여하는 정도에 따라 투표권을 더 주게 된다.

현재 국제통화기금과 국제부흥개발은행에서는 기본투표권을 250개로 정하고 그것을 매개 성원국들에 평등하게 분배하는 한편 기여한 기금 10만 미 딸라당 1개씩의 투표권을 더 주고 있는 것을 실례로 들 수 있다. 이러한 투표권분배로 말미암아 국제통화기금과 국제부흥개발은행의 총투표권 중에서 기본투표권은 11% 밖에 안 되지만 가중투표권은 89%나 된다. 그리고 이 총투표권 중에서 미국의 투표권수는 22.74%로서 이것은 제일 작은 나라에 비하여 250배에 달하고 있다. 아시아개발은행에서도 일본과 미국은 총투표권의 17.7%를 차지하고 있는데 이것은 투표권이 제일 작은 나라의 24배에 달하는 것이다.

우의 실례에서 보여주는 바와 같이 국제금융기구들에서 미국, 일본을 비롯한 몇 개의 부유한 나라들이 총투표권수의 거의 모두를 차지하고 있기 때문에 표결[61]에서 항상 주도적 지위에 놓여 있게 된다.

오늘 일련의 국제금융기구들에서는 총투표권에서 기본투표권의 비중을 50% 이상으로 높임으로써 표결에서 대부국들과 재정적 토대가 빈약한 나라들 사이의 격차를 줄이고 있다. 실례로 아프리카개발은행에서 기본투표권을 50% 계선으로 함으로써 에짚트가 총투표권의 8.7%(돈을 가장 많이 낸다)를 차지하는데 이것은 돈을 제일 적게 내는 통가의 5배에 지나지 않는다.

1국여러표가중투표권방식에는 우의 형식과는 어느 정도 다르게 하는 경우도 있다. 실례로 국제농업발전기금에서는 성원국을 발전된 나라집단, 석유수출국국가집단, 발전도상나라집단(돈을 대부받는 집단)으로 구분하고 매개 국가집단에 동등하게 각각 600표의 총투표권을 주었다.

이것을 돈을 내는 집단인 발전된 나라와 석유수출국국가집단에서는 600표 중에서 기본투표권 105표, 가중투표권 495표로 나누어 분배하였으며 돈을 대부받는 집단은 600표를 기본투표권으로 각각 평균배분하였다. 결과 이 기금에서도 자금제공국가들의 수가 적은데도 불과하고 총투표권(1800표) 중의 3분의 2를 차지하고 있으나 대부받는 나라들은 수가 많지만 3분의 1 밖에 차지하지 못하므로 투표에서는 언제나 자금제공국들인 부유한 나라들이 결정권을 독차지하게 되어 있다.

1국여러표가중투표권방식에는 이외에도 상품협정방식, 유럽동맹형식 등 여러 가지가 있다. 그 형식과 방법이 어떻든지 간에 이 방식은 미제국주의자들을 비롯한 발전된 부유한 나라들의 리익만을 고려한 것으로서 발전도상나라들, 빈곤한 나라들의 처지를 더욱더 어렵게만 하는 불평등하고 불합리한 표결제도이다. 현실적으로 이 방식을 적용한 국제기구들에서 발전된 나라와 발전도상나라들 사이의 대립과 모순이 더욱더 커가고 있으며 발전도상나라들이 착취와 략탈의 대상에서 벗어날 수 없게 하고 있다는 것을 보여주고 있다. 때문에 이 방식이 세상에 나오자 그것은 국가주권평등과 국제법을 위반한 불합리한 제도라는 비난과 규탄을 받게 되었으며 합리적으로 개혁할 데 대한 요구가 강력히 제기되었다.

국제기구에서 적용되고 있는 표결방식에는 다음으로 협상일치제도가 있다. 일명 콘쎈써스(consensus)라고 하는 이 제도는 원칙상 투표권에 의거한 표결제도는 아니다. 이 방식은 1960년대부터 국제기구들에서 적용되어 왔다. 이 방식을 적용하게 된 목적은 국제문제의 결정에서 가장 빠른 타협을 이루어보자는 것이었다. 국제기구에서는 제기된 문제에 대한 토론과정에 일정한 합의에 도달하여 다른 의견이 없으면 회의 의장이 표결 없이 해당 문제의 결정을 선포하게 되는데 이것이 바로 협상일치통과제도이다.

이 방식은 성원국가들의 자주권평등과 그 활동에서의 민주주의를 보장하며 제안의 순조로운 통과를 보장한다는 측면에서는 어느 정도 긍정적이다. 그러나 많은 측면에서 제한성을 가지고 있다. 그것은 우선 결정된 결의안의 집행에서 정확성이 보장되지 못하고 있는 것이다. 협상일치로 통과된 결의안에는 그 내용의 전부 또는 일부에 대하여 성원국들이 자기에게 유리하게 해석하거나 반대 또는 거절, 부인할 수 있는 여지가 있다. 그리고 협상일치로 통과된 결의안들은 대다수 법률적 구속력을 가지지 못하고 건의적 및 권고적 성격을 띠게 되므로 성원국들에 의무적으로 집행할 것을 요구할 수 없게 되어 있다. 그것은 또한 국제기구의 조직운영에서 복잡성을 조성한다. 이 방식은 협상일치의 규칙이 구체적으로 규정된 것이 없기 때문에 협상일치를 이룩하는 데서 오랜 시간이 필요하며 여러 가지 형태의 교섭이 반복되는 과정에 그 효률이 대단히 낮아지고 일련의 경우[62]에는 협상에서 끝내 일치를 이루지 못하여 나중에는 다수가결방식을 적용하지 않으면 안 되는 지경에 이를 때도 있다. 이와 같은 제한성으로 하여 최근 국제기구 실천에서는 이 방식을 극히 부분적으로 적용하고 있다.

합리적이고 원칙적인 표결제도는 국제기구의 활동에서 결정적 의의를 가지는 문제이다. 따라서 옳바른 표결제도를 확립하자면 몇몇 렬강들, 대국들에 의하여 만들어진 지난날의 대국일변도적인 불공평하고 낡은 표결제도를 없애버려야 하며 여러 가지 표결제도에서 우점을 살리면서 그것을 합리적으로 개혁해야 한다. 그러자면 우선 평등한 표결권분배를 보장해야 하며 표결에서 성원국들의 자주권을 충분히 보장하고 매 성원국들의 자주적 의사가 정확히 반영되도록 해야 한다. 이와 함께 표결에서 강권과 전횡을 없애고 민주주의가 발양되게 해야 한다. 또한 결의안의 내용이 철저히 세계평화와 안전, 국제사회의 건전한 발전에 이바지되도록 하여야 하며 모든 성원국들의 자주적 립장과 국제법적 원칙을 존중하도록 하여야 한다.

26. 유엔안전보장리사회 상임리사국 지위를 획득하기 위한 일본반동들의 책동4)

김 창 혁

[45]위대한 수령 김일성동지께서는 다음과 같이 교시하시였다. ≪**일본군국주의의 침략적 본성은 변하지 않았으며 결코 변하지 않을 것입니다.**≫(≪김일성저작집≫ 제45권, 220페지)

최근 일본반동들은 강력한 경제력과 군사력이 안받침 되어 있는 조건에서 일본은 응당 유엔안보리사회 상임리사국이 되어야 한다고 주장하면서 그 실현책동에 미쳐 날뛰고 있다. 유엔안보리사회 상임리사국의 지위를 획득하는 것은 일본반동들의 정치대국화의 선결조건이며 대외정책의 최우선과제이다. 일본반동들이 상임리사국의 지위를 기어이 차지하려는 데는 음흉한 목적이 들어있다. 그것은 우선 일본반동들이 정치대국의 지위를 획득함으로써 국제무대에서 저들의 발언권과 영향력을 행사하여 정치세력권을 확대하자는 데 있다. 정치대국이 됨으로써

---

4) 출처: 김일성종합대학출판사, 『김일성종합대학학보: 력사법학』, 제52권 제2호(2006), 45-49쪽.

세계정치무대에서 지도적 지위를 차지하고 영향력을 행사하여 국제문제들을 저들의 리해관계에 부합되게 처리하려는 것은 일본반동지배층의 외교전략이다.

제2차 세계대전을 전후로 하여 오랜 기간의 침략전쟁으로 말미암아 ≪힘≫이 약하여 당시의 조건에서 목적을 실현할 수 없었던 일본은 미제의 비호밑에 도살아나 자본주의세계의 경제대국으로 장성하여 세계 여러 지역과 나라들에 자기의 경제권을 확대하였으며 방대한 무력과 현대적 군사장비를 보유한 군사대국으로 등장하였다. 이와 함께 랭전이 종식됨으로써 초대국들의 지위가 현저히 약화되었고 국제적으로 유엔의 민주화를 요구하는 기운이 날로 높아가고 있는 변화된 대외정세는 저들이 어떻게 하나 상임리사국이 됨으로써 국제무대에서 정치적 발언권과 영향력을 행사하려는 일본반동들의 어리석은 망상을 더한층 돋워 주었다. 일본반동지배층은 일본이 거부권을 가진 상임리사국이 되어 ≪유엔안전보장리사회결정채택에 항시적으로 참가해야 한다≫느니, ≪일본은 세계의 주요렬강으로서 〈지도력을 발휘〉해야 하며 이를 위해서 상임리사국이 되어야 한다≫고 지껄이고 있다. 이러한 현실은 일본이 상임리사국이 됨으로써 ≪세계정치≫를 좌우하는 지배세력으로 군림하려고 한다는 것을 보여주고 있다.

그것은 또한 일본이 상임리사국이 됨으로써 저들에게 유리한 ≪세계경제질서≫를 세우려는데 있다. 오늘 일본은 경제가 팽창되어 시장확대와 원료원천지의 확보를 절실히 요구하고 있다. 일본은 이미 세계 여러 지역들과 나라들에 침투하여 시장을 확대하였고 해마다 막대한 해외투자를 하고 있다. 일본독점체들의 적극적인 해외팽창과 시장확대, 해외직접투자는 발전도상나라들과 자본주의렬강들 사이의 강한 모순을 산생시켰다. 지금 발전도상나라들은 자립적 민족경제를 건설하는 방향으로 나가면서 자본주의나라들과 제국주의독점체들의 경제적 침투를 막고 나라의 경제를 자립적으로 발전시키기 위하여 경제협조를 긴밀히 하며 자연부원을 공동으로 개발리용하고 있다. 한편 미국과 유럽동맹국들을 비롯한 발전된 나라들에서 일본상품에 대한 관세장벽을 쌓고 지역경제권을 형성하고 있는 것으로 하여 일본독점자본의 해외진출이 커다란 장애를 받고 있다. 이러한 환경에서 일본반동들은 상임리사국이 되어 세계정치무대에서 저들의 영향력을 합법적으로 행사함으로써 일본독점자본의 해외팽창을 보다 손쉽게 실현하려고 책동하였다.

그것은 또한 일본이 상임리사국이 됨으로써 군사대국화에 유리한 조건을 마련하자는 데 있다. 군사대국화를 실현하여 정치, 경제적 지배권을 담보하려는 것은 일본반동들의 변함없는 야망이다. 일본반동들은 세계정치무대에서 발언권을 높이자면 이를 뒷받침[46]하는 군사력이 있어야 한다고 하면서 정치대국화를 전면에 내걸고 군사대국화를 실현하려고 교활하게 책동하여 왔다. 1980년 5월 일본외상 오끼다 사부로는 ≪외교의 자유로움을 얻기 위해서는 방위력이 필요하지 않는가. 이것을 누구도 말해주지 않기 때문에 내가 말하려고 한다≫고 하면서 일본외무성이 군사력을 배경으로 하는 외교에로 전환할 것을 제기하였다. 또한 전 일본수상 미야자와는 ≪자위대≫열병식에서 한 연설에서 랭전 후 일본에는 ≪새 세계질서를 수립할 의무≫가 부과되어 있으며 그를 위하여 국방력을 강화해야 한다고 력설하였다.

일본반동들의 군사대국화책동은 21세기에 들어서면서 더욱 로골화되었다. 일본반동들은 방위청의 ≪성≫승격문제를 일정에 올리었는데 그것은 저들의 군사대국화, 해외팽창을 원만히 보장하기 위한 새로운 군사기구체계를 갖추자는 데 그 목적이 있었다. 한편 그에 필요한 군비확장과 무력증강을 더욱 다그치기 위해 놈들은 ≪중기방위력정비계획≫(2001－2005년)에 따라 5년 동안에 군사비로 2,000억 US$를 탕진할 것을 계획하였다. 그리고 저들이 보유하고 있는 전투기들에 공중급유기를 도입하고 전자체계와 레이다체계를 여러 척의 최신예 ≪이지스≫함에 새로 도입하였다. 이와 함께 해상 ≪자위대≫는 새 ≪중기방위력정비계획≫ 기간에 2척의 항공모함형함선까지 건조하려 하고 있다. 군비확장을 위하여 2004년 12월 일본정부는 새 ≪방위계획대강≫에서 ≪무기수출3원칙≫을 완화하기로 하였다.

일본내각관방장관 호소다는 새 ≪방위계획대강≫결정과 ≪무기수출3원칙≫완화와 관련하여 발표한 담화에서 ≪일본경제단체련합회는〈무기수출3원칙〉때문에 해외기업과의 기술대화가 제한을 받거나 일본의 군수산업이 세계적인 장비 및 기술발전의 뒷전에 밀려나지 않겠는가 하는 위기감에서 완화를 요구≫하였다고 하였으며 ≪테로≫와 ≪해적행위≫에 대한 ≪대응조치≫로 발전도상나라들의 함정에 이르기까지의 무기수출을 진행할 것이라고 하였다. 이 모든 사실들은 군사대국화를 실현하려는 일본반동들의 검은 속심을 잘 보여준다.

일본반동들은 일본이 상임리사국의 대렬에 들어섬으로써 자기들의 핵무장화를 합법화하려 하고 있다. 현재 상임리사국들은 모두 핵무기보유국들이며 핵보유가 합법화되어 있고 핵사찰도 면제되어 있다. 일본반동들은 유엔안전보장리사회 상임리사국에 들어감으로써 핵무장화에 대한 내외여론을 무마시키고 다른 성원국들과 똑같은 핵무기보유국의 지위를 합법적으로 차지하려 하고 있다. 일본반동들은 유엔에서 핵무기사용금지결의안이 상정될 때마다 계통적으로 반대하거나 기권하여 왔다. 1994년에 일본정부는 국제사법재판소에 제출한 공식문건에서 핵무기사용이 국제법에 위반되지 않는다고 공공연히 주장하였다. 이것은 일본반동들이 지배주의적 야망실현을 위해서는 인류에게 핵재난을 들씌우는 것도 서슴지 않으려 하고 있다는 것을 보여준다. 이러한 목적으로부터 일본반동들은 유엔안전보장리사회 상임리사국의 지위를 차지하는 것을 선결조건으로 내세우고 그 실현을 위해 본격적인 외교공세를 벌리고 있다.

일본반동정부는 오래전부터 유엔안전보장리사회 상임리사국의 지위를 차지하기 위하여 책동하여왔다. 1970년 유엔창립 25돐기념총회에서 일본외상 아이찌 기이찌는 ≪국제평화를 이룩하는 데서 군사력이 아니라 경제과학기술의 힘이 중요한 역할을 한다≫고 주장하면서 ≪안보리사회 상임리사국 구성은 이러한 점을 고려하여 재검토되어야 할 필요가 있다≫고 하였다. 이 주장은 자본주의세계의 경제대국으로 장성한 일본이 마땅히 상임리사국이 될 수 있다는 것이다. 최근 일본반동정부는 유엔창립 60돐이 되는 해에 유엔개혁을 요구하는 세계적인 흐름을 타고 어떻게 하나 유엔안전보장리사회 상임리사국 대렬에 들어서기 위하여 맹활동을 벌리었다. 일본반동들은 유엔안전보장리사회 상임리사국이 되기 위하여 무엇보다 먼저 유엔본부[47]와 그 산하기구들에서 일본의 활동을 강화함으로써 국제무대에서 일본의 합법적 지위를 높이려고 책동하였다.

일본반동지배층은 우선 유엔안전보장리사회와 유엔산하기구들에서 영향력을 강화하여 저들의 음흉한 목적을 실현하기 위한 책동을 강화하였다. 놈들은 앞으로 상임리사국이 될 수 있는 유리한 환경을 마련하기 위하여 1980~1981년, 1986~1987년, 1992~1993년 기간에 비상임리사국으로 활동하면서 유엔무대에서 저들의 영향력을 강화하려고 책동하였다. 일본반동지배층은 또한 유엔기구들의 활동에 적극 참가하여 자기들의 영향력과 발언권을 높이기 위하여 교묘하게 책동하였다. 일본반동정부는 여러 차례에 걸쳐 18개국 군비축소위원회 대표들이었던 이전 쏘련과 미국에 일본이 위원회에 들어갈 데 대하여 제기하고 그 실현을 위하여 적극적으로 활동하였다. 그리고 유엔전문기구들인 유엔교육과학문화기구, 국제로동기구, 세계보건기구, 국제통화기금, 유엔식량 및 농업기구 등 국제기구들에 가입하여 적극적인 활동을 벌림으로써 자기의 국제적 권위와 위신을 높이려고 하였다.

일본반동들은 유엔안전보장리사회 상임리사국이 되기 위하여 다음으로 금전외교공세를 강화하고 있다. 일본반동들은 랭전종식 후 경제대국뿐 아니라 정치대국이 되는 것을 총적목표로 삼고 적극적인 활동을 벌리고 있다. 일본반동들은 경제대국으로서의 위력을 시위하면서 돈이면 모든 것을 다할 수 있다는 관념밑에 상임리사국진출을 위한 금전외교공세를 본격적으로 벌리었다. 유엔안전보장리사회는 세계평화와 안전을 보장하는 데서 커다란 책임을 지니고 있는 중요한 국제기구이다. 유엔안전보장리사회 상임리사국으로 되는 문제는 돈이 있다고 해서 해결되는 것도 아니다. 그러나 일본반동들은 돈주머니를 내흔들면서 구걸외교에 분주히 돌아치고 있다. 전 일본외상 오노 요테이는 1995년 ≪외교연단≫신년호에 기고한 ≪일본외교의 진로≫라는 제목의 론문에서 이른바 ≪공존공영의 지향≫을 일본외교의 리념으로 제시하면서 ≪전 지구적인 협력이라는 일본의 외교의 큰 좌표축을 확립하기 위해서도 일본은 상임리사국이 되어야 한다≫고 주장하였다. 한편 일본외무성 종합외교정책국장은 일본의 유엔비용부담문제를 운운하면서 ≪일본의 납세자들이 아무런 발언권도 가지지 않고 평화유지활동비용을 지불하는 데 대해 동의하지 않을 것이기 때문에 일본에 상임리사국 의석이 필요≫하며 ≪거부권을 가지고 유엔안전보장리사회 결정채택에 항시적으로 참가하여야 한다≫고 말하였다. 일본반동지배층은 일본이 유엔에 바치는 지불액에 대하여 특별히 강조하면서 응당 이것만으로도 유엔에서 상임리사국이 될 수 있다고 주장하고 있다. 현재 일본은 해마다 유엔에 두 번째로 많은 돈을 지불하고 있으니 상임리사국이 될 자격이 충분하다고 하고 있다. 유엔에 련이어 파견되는 일본대표단은 유엔분담금과 상임리사국 가입문제를 놓고 막후교섭을 맹렬히 벌리고 있다. 1993년 유엔총회개막날 ≪유엔평화유지작전≫에 얼마간의 자금을 기증하기로 결정한 일본반동정부는 앞으로도 상임리사국이 되면 그와 같은 결정을 채택할 수 있다고 떠들어대였다. 최근 일본반동지배층은 유엔안전보장리사회 상임리사국가입을 위한 지지표를 더 많이 긁어모으기 위해 관계 국회의니, 전화협의니, 개별접촉이니 하며 돈주머니를 흔들면서 분주탕을 피우고 있다. 보는 바와 같이 일본반동지배층은 상임리사국이 되기 위하여 갖은 감언리설을 다 돌리는 한편 금전외교공세를 더욱 강화하고 있다.

일본반동들은 유엔안전보장리사회 상임리사국이 되기 위하여 다음으로 상임리사국거부권을 획득하며 유엔헌장에서 ≪적대국≫의 조항을 없애기 위한 책동을 맹렬히 벌리고 있는 한편 ≪유엔평화유지활동≫을 통하여 군사적 해외진출과 간섭을 합법화하려 하고 있다. 일본반동정부는 1991년에 유엔안전보장리사회를 개혁할 데 대하여 요구하면서 거부권을 가진 현재의 5개 상임리사국의 존재를 그[48]대로 두고 거부권이 없는 상임리사국을 새로 4개나라 정도 더 내오도록 할 데 대한 제안을 유엔에 제출하였다. 일본의 속심은 상임리사국이 되려는 저들의 주장이 5개상임리사국들의 비위에 거슬리지 않게 하면서도 유엔을 개혁할 데 대한 발전도상나라들의 요구를 일정하게 반영하는 것처럼 교활한 방법으로 저들의 목적을 성취하려는 데 있었다. 지난 시기 ≪준상임리사국≫지위를 노리던 일본반동지배층은 1990년대 후반기부터 거부권을 요구하면서 당당한 상임리사국으로 진출하려고 온갖 책동을 다하였다. 일본이 거부권을 탐내는 데는 국제적 군사행동에 참가하여 ≪자위대≫의 해외출동을 기정사실화하려는 데 있었다. 일본반동들은 지난날의 ≪대동아공영권≫을 꿈꾸던 지역보다 더 넓은 지역에 자기의 세력권을 뻗치려고 하고 있다. 여기에서 급선무로 제기되는 것이 무력행사를 금지하는 헌법의 제약을 허물어버리는 것이었다.

일본반동들은 바로 상임리사국에 진출하여 유엔의 군사적 의무를 리행한다는 구실밑에 자체의 해외팽창을 위한 군사행동을 합법화하려 하고 있다. 일본이 거부권을 요구하는 것은 세계지배권쟁탈을 위한 대결에서 자기주장을 내세우는 수단으로 그것을 행사하자는 것이다. 일본반동정부는 한편 유엔헌장에 규정된 ≪적대국≫조항을 삭제하기 위한 책동을 더욱 강화되고 있다. 1994년 4월 유엔주재 일본부대표는 유엔헌장에서 일본을 ≪적대국≫으로 규정한 조항을 삭제할 것을 정식 요구하였다. 일본반동들은 유엔헌장의 ≪적대국≫조항을 없애기 위하여 ≪적대국≫조항이 낡았다고 하면서 조항삭제를 위한 가장 적합한 법률적 조치를 취하도록 ≪권고≫하며 조항삭제에 대한 국제적 지지를 얻기 위한 ≪외교공세≫를 강화하고 있다. 그러나 유엔헌장에서 ≪적대국≫조항을 없애려는 일본반동지배층의 교활한 책동은 내외인민들의 항의와 규탄을 받았다. 일본은 세계적으로 과거죄행을 인정하지 않고 사죄와 보상도 하지 않은 유일한 전범국이다. 또한 일본이 ≪적대국≫의 오명을 받고 있는 조건에서 상임리사국의 지위를 차지함으로써 정치대국, 군사대국이 되어 세계적인 지배권쟁탈전에 뛰어들려는 불순한 목적을 추구하고 있는 것으로 하여 세계인민들의 분노를 자아내고 있다.

지금 일본반동들은 ≪유엔평화유지활동≫에 적극 참가하여 본격적인 군사적 해외진출과 간섭을 합법화하려고 하는 한편 유엔안전보장리사회 상임리사국의 지위를 합법적으로 차지하려고 책동하고 있다. 일본반동들은 일본이 ≪유엔중심주의≫의 외교정책을 실시하는 조건에서 유엔의 ≪평화유지활동≫에 협력하기 위하여 ≪자위대≫를 해외에 파병하는 것은 헌법정신에 어긋나지 않는다고 하면서 그것을 정당화하려 하고 있다.

일본반동들은 쏘련이 붕괴되고 일본국내에서 공산당을 비롯한 좌익세력들의 영향력이 약화된 것을 리용하여 유엔의 간판을 들고 ≪자위대≫의 해외파병을 법제화하기 위하여 악랄하게 책동하였다. 사회적으로 커다란 물의를 일으켰던 일본의 ≪유엔평화유지활동법안≫은 일본인민들과 세폐평화애호인민들의 반대에도 불구하고 1992년 6월 15일 중의원 본회의에서 통과되어 해외파병법으로 성립되었다. ≪유엔평화유지활동법안≫이 채택발표됨으로써 일본≪자위대≫의 해외파견이 합법화되었으며 ≪유엔평화유지활동≫에 적극 참가하는 방법으로 상임리사국의 지위를 차지하려는 일본반동들의 책동은 전례 없이 강화되었다.

2001년 10월 29일 일본반동지배층은 아프가니스탄에 대한 미국의 군사보복잔전을 ≪지원≫한다는 간판밑에 ≪자위대≫해외파병법과 ≪테로대책특별조치법안≫을 국회에서 통과시키는 범죄행위를 감행하였다. 이 법안들이 국회에서 정식 통과됨으로써 군대보유와 전쟁의 포기를 선언한 일본헌법 제9조는 아무런 의미도 없게 되었으며 일본≪자위대≫는 다른 나라들을 반대하는 침략전쟁에 임의의 순간에 뛰어들 수 있게 되었다. 더욱 엄중한 것은 2003년 5월 일본국회가 ≪무력공격사태대처법안≫, ≪자위대법개정안≫, ≪안전보장회의설치법개정안≫을 통과시킨 것[49]이다. 유사시를 가상한 이 3개 법안들은 조선반도를 비롯하여 다른 나라들에서 전쟁이 일어나는 경우 일본≪자위대≫의 전쟁참가를 합법화하고 전쟁수행에 민간인들까지 강제동원시킬 수 있도록 규제된 것이다. 이 ≪유사시≫관련법안들은 그 성격과 내용에 있어서 일제때의 ≪국가총동원법≫과 류사하다. 이것은 일본반동들이 일제시기에 존재하였던 파쑈적이고 호전적인 법률들을 로골적으로 되살리고 있다는 것을 보여준다.

제반 사실들은 일본반동들이 상임리사국이 됨으로써 저들의 군사대국화실현에 유리한 조건을 마련하여 지난 시기 이루지 못한 ≪대동아공영권≫의 옛 꿈을 기어코 실현해 보려고 미쳐날뛰고 있다는 것을 보여주고 있다. 일본반동들의 유엔안전보장리사회 상임리사국진출책동은 국제사회계의 커다란 환멸과 경계심을 자아내고 있다. 그것은 유엔에 ≪적대국≫으로 등록되어 있는 일본이 과거범죄를 씻지 않은 채 상임리사국지위를 차지한다면 인류는 또 한 차례의 세계적인 참화를 당하게 될 것이기 때문이다. 일본은 지난 시기 세계인민앞에 너무나도 많은 죄를 지은 범죄국가이다. 일본은 태평양전쟁시기 ≪대동아공영권≫의 구호를 부르짖으면서 다른 나라들을 침략하여 강점지역 인민들을 대량학살하고 노예살이를 강요하였으며 수많은 물질적 자원을 략탈하여 저들의 배를 불린 범죄국가이다.

지금 세계의 많은 나라 인민들은 일본이 과거의 침략적이며 범죄적인 행위에 대하여 인류앞에 사죄하고 보상할 것을 요구하고 있다. 그러나 아직까지도 일본반동지배층은 력사 앞에 저지른 죄행을 외면하면서 뻔뻔스럽게도 국제무대에 진출하려고 철면피하게 행동하고 있다. 과거범죄행위에 대해 성근하게 반성도 보상도 하지 않고 해외팽창의 길로 줄달음치는 일본이 세계평화와 안전문제를 다루는 유엔안전보장리사회 상임리사국이 된다는 것은 천만부당한 처사이다. 만일 일본이 정치대국으로 등장하여 유엔안전보장리사회 상임리사국의 지위를 차지하게 된다면 유엔은 자기의 기능과 역할을 원만히 수행하지 못하게 될 뿐 아니라 조선인민을 비롯한 세계인민들 앞에 또다시 커다란 불행과 재난을 안겨주게 될 것이며 세계의 평화위업은 커다란 위협을 받게 될 것이다.

이러한 요인으로 하여 아시아인민들을 비롯한 전 세계혁명적 인민들과 진보적 세력들은 일본의 유엔안전보장리사회 상임리사국지위획득을 위한 책동을 완강히 반대하여 나서고 있다. 일본반동들의 이러한 책동은 미국을 비롯한 자본주의세계에서도 우려를 자아내고 있다. 이것은 일본반동들의 정치대국화책동에 대한 응당한 타격으로 된다.

　오늘 아시아인민들을 비롯한 전 세계혁명적 인민들은 일본반동들의 정치대국화를 위한 책동을 저지파탄시키기 위하여 그 어느 때보다 힘찬 투쟁을 벌이고 있다. 우리 인민은 지난날과 마찬가지로 앞으로도 선군의 기치를 더욱 높이 추켜들고 일본군국주의의 재생재무장을 저지파탄시키며 인류의 평화위업을 이룩하기 위한 투쟁에서 전 세계혁명적 인민들과 전투적 단결과 반제공동전선을 더욱 강화해 나갈 것이다.

제7장 개인: 국제인권법, 범죄인인도법

27. 인권을 위한 국제적 투쟁과 국제인권법전[1]

박 영 수

[63]친해하는 지도자 김정일동지께서는 다음과 같이 지적하시였다. ≪**지금 제국주의자들과 반동들이 〈인권옹호자〉로 자처하면서 사회주의를 헐뜯고 있지만 진짜 인권유린자는 제국주의자들과 반동들입니다.**≫(≪인민대중중심의 우리 식 사회주의는 필승불패이다≫, 단행본, 20페지).

지금 제국주의자들은 마치도 저들이 ≪인권재판관≫이나 되는 듯이 인권문제를 들고 사회주의나라들을 헐뜯고 있으며 국제반동들은 이에 맞장구를 치면서 사회주의나라들을 악랄하게 비방중상하고 있다. 원래 사회주의국가에 있어서는 인권문제란 제기될 수 없다. 사회주의사회는 근로인민대중이 국가주권과 생산수단의 주인으로 되고 있으며 인민대중의 인권은 국가주권과 사회주의법에 의하여 철저히 담보되고 보장되는 사회이다. 제국주의자들과 국제반동들이 ≪인권≫소동을 벌리면서 사회주의를 헐뜯고 비방중상하는 것은 저들의 인권유린책동을 은폐하며 사회주의나라 인민들을 ≪자유≫와 ≪인권≫ 바람으로 끌어당겨 자본주의길로 돌려 세우려는 데 음흉하고 비렬한 목적이 있다.

오늘 지구상에 사회적 불평등이 가장 심하고 인민대중에 대한 억압과 인권유린이 가장 혹심한 나라는 바로 제국주의나라들이며 그의 괴뢰국가들이다. 제국주의자들의 인권유린책동을 반

대하고 인민들의 인권을 옹호보장하기 위한 인민대중의 꾸준한 투쟁에 의하여 오늘 국제사회에는 여러 부분의 인권에 관한 문건들과 포괄적인 국제인권법전이 채택되고 국제인권기구들이 정연하게 조직운영되고 있다. 인권문제의 발생을 주체적 립장에서 분석평가하고 국제인권법전의 내용을 정확히 해명하는 것은 제국주의자들의 인권유린행위의 범죄성을 폭로단죄하며 인권을 위한 인민대중의 투쟁의 합법성을 론증하는 데서 커다란 의의를 가진다.

인권은 사회적 존재인 사람이 사회생활의 모든 분야에서 마땅히 가지고 행사하여야 할 자주적 권리이다. 사람은 그 누구에게도 예속되지 않으며 그 누구의 구속이나 착취와 압박도 받음이 없이 자유롭게, 평등하게 살며 발전하려는 요구를 가지고 있다. 이 요구는 그 누구에 의하여 부여되거나 빼앗기지 않으며 사람이라면 누구나 마땅히 가지게 되는 본성적 요구이다. 이 본성적 요구를 구현한 권리가 바로 인권이다. 인권문제라고 할 때 그것은 사람들의 이 본성적 요구를 옹호고수하며 실현하기 위한 문제이다. 이런 의미에서 인권문제는 인간에 대한 억압과 착취와 같은 사람의 자주성을 유린하는 행위가 발생하면서부터 제기되었으며 인권을 위한 투쟁은 자주성을 위한 투쟁과 밀착되어 진행되어 왔다. 그러나 인권문제는 봉건시기까지만 하여도 하나의 독자적인 사회정치적 범주로 제기되지 못하고 기껏해야 자유와 평등에 관한 문제로서만 론의되었을 뿐이다.

인권문제가 독자적인 하나의 사회정치적 범주로 제기된 것은 자본주의의 발생과 관련되어 있다. 봉건사회에서 봉건적 전제주의와 신분적 차별, 권리불평등은 피압박근로대중의 리익뿐 아니라 사적소유의 절대적 보호, 자유로운 경제활동, 무제한한 자본축적 등을 요구하는 신흥부르죠아계급의 리해관계와도 날카롭게 모순되었다. 그리하여 신흥부르죠아계급은 소유, 자유, 평등에 관한 권리를 제창하면서 자주성을 옹호하여 일떠선 피압박근로대중의 반봉건투쟁에 편승하여 인민대중의 힘을 빌려 봉건제도를 전복하고 지배권을 확립하였다.

부르죠아지들은 인권을 위한 인민대중의 투쟁을 무마시키고 부르죠아독재체제를 유지공고화하기 위하여 기만적인 ≪인권옹호≫, ≪권리평등≫을 ≪국가정책≫으로 공식화하는 인권에 관한 각양각색의 부르죠아적인 선언문서들을 발표하였다. 대표적으로 1679년의 ≪인신보호법≫, 1689년의 ≪권리장전≫, 1789년의 ≪인간 및 시민의 권리선언≫ 등을 들 수 있다. 선언들에서는 봉건적 신분제도의 폐지, [64] 평등, 자유, 행복, 소유권, 생존권 등을 선포하였다. 그러나 이 모든 자유와 권리는 부르죠아지들의 자유와 권리를 의미하였다. 피압박인민대중에게 있어서는 지배와 예속, 착취와 압박자가 봉건지배층으로부터 부르죠아지로 바뀌었을 뿐 그들의 처지에서는 달라진 것이란 아무것도 없었다. 자주성을 위한 투쟁과정을 통하여 점차 각성된 피압박근로대중은 인권을 위한 투쟁에서 보다 새로운 요구를 제기하고 그 실현을 위하여 국제적인 범위에서 련대성운동을 힘 있게 벌리었다.

인권에 대한 인민대중의 관심의 급속한 증대는 국제관계발전에도 일정한 영향을 미치었다. 개별적 국가들에서 실시하는 노예제도, 대량살륙, 국제테로, 민족적 및 인종적 차별을 비롯한 인권유린정책은 국가들 사이에 분쟁을 야기하고 정상적인 국제관계발전에 부정적 영향을 주게 되었다. 이로부터 국가들에 자기 관할권 안에 있는 사람들의 인권을 보장하도록 일정한 의무를 부과하는 일련의 국제적 조치들이 취해지게 되었다. 이리하여 노예제도, 노예매매, 노예무역, 강제로동, 테로행위, 대량학살, 매음행위 등 인권유린행위들을 금지시키며 인권유린범죄자들을 처벌할 데 대한 협약들이 체결되었다.

노예는 사람의 존엄과 인간으로서의 가치를 완전히 무시당한 이른바 ≪말하는 도구≫, ≪말하는 짐승≫으로 취급당하였다. 노예제, 노예무역, 노예매매는 가장 포악무도한 인권유린행위로서 국제적인 저주와 규탄의 대상으로 되었다. 1815년 원대회에서 노예제와 노예무역, 범죄와 투쟁할 데 관한 협약이 체결되었다. 이 협약은 노예제와 노예무역을 금지시킨 최초의 협약인 동시에 력사상 처음으로 인권문제를 규제한 협약이다. 그 후 노예제와 노예무역, 노예매매를 금지할 데 대하여 규제한 협약들로서 1841년 런던조약, 1885년 베를린조약, 1890년 브류셀조약, 1919년 쌍제르망조약, 1921년, 1926년, 1956년 제네바협약이 체결되었다. 이 협약들에는 임의의 수단과 방법으로 노예제, 노예무역, 노예매매와 그와 류사한 행위를 감행하였을 경우에는 실행자, 기도한 자, 방조자, 공모자와 그러한 행위를 장려, 고무, 설교한 자는 국제법상 범죄자로 인정되며 매개 국가는 자기 나라 령역 내에서 노예제, 노예무역, 노예매매와 그와 류사한 제도나 관습을 없애기 위한 립법적, 사법적, 행정적 조치를 취하며 녀성들과 어린이 매매를 금지시키며 노예매매범죄자들을 색출하여 그의 국적과 거주지에 관계없이 체포, 인도하여 형사적 처벌을 가할 의무를 지닌다는 것을 규정하고 있다. 그러나 오늘 자본주의나라들에서는 녀성들과 어린이들을 팔고 사는 인간매매행위가 계속되고 있으며 돈 없는 사람들은 노예처럼 취급당하고 있다. 특히 남조선괴뢰들은 ≪해외이민법≫이라는 노예매매법을 조작하고 ≪이민≫, ≪인력수출≫, ≪국제립양≫의 명목으로 남조선인민들을 구미 자본가들과 농장주들에게 대량적으로 팔아넘기는 현대판 노예매매행위를 공공연히 감행하는 범죄적 책동을 계속하고 있다. 일련의 자본주의나라들이 이 협약들에 서명하게 된 것은 우선 노예제, 노예매매, 노예무역행위를 반대하는 인민대중의 투쟁이 국제적 성격을 띠고 대중적으로 벌어졌으며 이 투쟁은 단순한 인권옹호투쟁이 아니라 자본주의체제 자체를 위협하는 투쟁으로 벌어질 수 있다는 것을 우려하고 이 투쟁을 무마시키려는 데 있었으며 다음으로 영국을 비롯한 일련의 구라파 자본주의나라들이 저들의 노예들이 다른 대륙에로 류출되는 것을 방지함으로써 아프리카흑인노예들에 대한 독점적 지배권을 확보하려는 데 있었다.

마약과 환각제, 범죄와 투쟁하는 것은 인권보호의 중요한 문제의 하나이다. 마약과 환각제는 인간의 가치를 상실케 하고 정신과 육체의 불구화를 가져올 뿐 아니라 각종 사회적 범죄를 낳게 하는 극히 유해로운 물질이다. 따라서 마약범죄는 엄중한 인권유린범죄로 된다. 20세기 초부터 아편, 헤로인, 코카인, 하쉬미 등 마약의 비법적 생산과 보급, 수송을 막기 위한 국제적 조치들이 취해지기 시작하였다. 1925년 부분적 마약생산을 제한할 데 대한 첫 조약이 체결된 이후 1931년과 1936년 마약의 비법적 제조와 보급을 금지할 데 대[65]한 제네바협약, 1961년 마약범죄에 대한 단일협약, 1971년 환각제에 관한 원협약과 그에 대한 보충협약이 체결되었으며 1987년 윈에서 열린 중독 및 마약장사를 금지하기 위한 세계대회에서 일련의 문건들이 채택되었다. 협약들에는 마약 및 환각제를 비법적으로 생산하거나 밀매하는 행위를 전쟁범죄와 같이 엄중한 국제법상 범죄로 인정하고 모든 국가는 형사적 처벌을 예견하는 립법적, 사법적, 행정적 조치를 취하며 마약범죄자에 대하여서는 국적과 사회적 직급에 관계없이 체포하여 국제적 인도범죄자로 취급하며 마약밀매자와 마약범죄조직들을 색출하기 위한 대책을 세우며 이 분야에서 국가들의 협조를 강화할 데 대하여 규제하고 있다. 그러나 제국주의자들이 이 협약상 의무를 철저히 리행하지 않기 때문에 오늘 자본주의나라들에서 마약 및 환각제 밀수행위가 범람하고 있으며 마약중독자 대렬은 줄어들지 않고 있다. 지금 미국에서는 주민의 75%가 각종 마약을 사용하고 있으며 마약중독자는 무려 3,000만 명에 이르고 있다. 미국을 비롯한 자본주의나라들에서 총격사건을 포함한 강력범죄의 50%는 마약과 관련된 것들이다. 이것은 자본주의가 낳은 사회악의 필연적 산물이다.

국제테로는 어떠한 정치적 야심의 실현을 목적으로 인간육체를 제거 또는 구속하기 위하여 감행되는 국제폭력행위로서 인권을 유린하는 엄중한 범죄의 하나이다. 국제테로는 국가들의 정상적 관계발전에 부정적 영향을 주며 국제분쟁을 야기하는 동기로도 된다. 일련의 국가들은 국제테로행위를 저지파탄시키고 국제테로범죄자들을 엄격히 처벌할 데 대한 문제를 토의하고 국제협약들을 체결하였다. 1937년 ≪테로의 저지 및 처벌에 관한 협약≫과 1977년, 1983년 반테로협약들은 그의 대표적 실례이다. 협약들에는 우선 국제테로범죄 구성요건이 규정되어 있다. 국제테로범죄는 다른 나라 국가 및 정부 수반을 비롯하여 국제적 보호를 받는 인물들의 생명과 존엄, 자유를 침해공격하는 행위와 이러한 인물들을 랍치, 억류, 인질로 하여 정계, 사회계 인사들을 공격하는 행위 그리고 다른 나라의 건물과 재산을 파괴하거나 손상을 주는 행위를 국제테로행위로 규정하고 있다. 협약들에는 또한 체약국들은 일체 테로행위를 금지시키며 국제테로행위를 사전에 저지파탄시키기 위한 대책을 세우며 국제테로분자들을 형사재판을 통하여 엄격히 처벌하거나 피해 국가에 인도하여 처벌하도록 하는 데 필요한 립법적, 사법적 조치를 취하며 이 분야에서 호상 협조를 강화할 국가의 의무를 규정하고 있다. 그러나 미제를 비롯한 제국주의자들은 국제테로를 저들의 반인민적 독재체제를 유지공고화하며 다른 나라의 국가체제전복을 위한 비렬한 목적을 실현하기 위한 수단으로 삼고 있다. 오늘 미국은 국제테로의 왕초이다. 미행정부는 국제테로를 국가정책으로 삼고 있으며 ≪3케이단≫, ≪마피아≫, ≪미니트맨≫ 등 수많은 국제테로단까지 조직운영하면서 진보적으로 나아가는 나라들의 국가수반과 정계, 사회계 인사들에 대한 테로행위를 악랄하게 감행하고 있다. 최근 년간에 감행된 리비아대통령궁전에 대한 기습폭격, 꾸바국가수반에 대한 거듭되는 암살기도, 빠나마국가수반 랍치 등 국제테로행위는 모두 미국에 의하여 감행되었다.

인종차별, 인종격리는 개별적인 인간이 아니라 일정한 인종집단전체의 인권을 침해하는 엄중한 인권유린행위로서 현대국제법에 의하여 엄격히 금지되어 있다. 인종차별은 사회생활의 모든 분야에서 인종, 피부색, 혈통, 국적, 출신에 따라 사람들은 차별배척하거나 우대하는 것을 말하며 인종격리는 일정한 인종을 사람들이 살지 못할 일정한 곳에 집단수용하는 행위를 말한다. 인종차별과 인종격리는 가장 악독한 ≪인간증오≫사상과 ≪인종우렬론≫에 기초를 두고 있는 엄중한 인권유린이다. 인종차별과 인종격리를 반대하기 위한 인민들의 투쟁에 의하여 1965년 ≪온갖 형태의 인종차별을 청산할 데 대한 협약≫과 1973년 ≪인종격리범죄의 방지 및 범죄자 처벌에 관한 협약≫ 등 여러 가지 국제적 협약[66]들이 체결되고 국제적 문건들이 채택되었다. 협약들에는 온갖 형태의 인종차별과 인종격리행위를 무조건 금지하며 인종차별, 인종격리범죄행위를 직접 감행한 자는 물론 조직자, 선동자까지 거주지에 관계없이 국내재판소 혹은 국제사법재판소에 기소하여 엄격히 처벌할 데 대한 국가들의 의무를 규제하고 있다. 그러나 미국과 인종주의자들은 국제조약상 의무를 란폭하게 유린하고 인종차별과 인종격리범죄행위를 로골적으로 감행하고 있다. 원래 원주민의 피바다 위에 백인인종주의자들에 의하여 건립된 미국은 사회생활의 모든 분야에서 백인과 흑인을 갈라놓고 혹심하게 차별하고 있다. 백인과 흑인의 거주지역을 따로따로 구분하고 흑인은 백인거주지역이나 식당, 공원에 들어갈 수 없으며 이것을 어기였을 경우에는 마구 쏴죽이거나 때려죽이기까지 한다. 이리하여 미국식인종들에 의하여 백인거주지역의 식당, 공원, 거리에서 해마다 300명 이상의 흑인들이 무참히 살해되고 있다. 오늘

원주민들은 미국이 정해준 메마른 반사막지대와 산악지대에 있는 266개 지역에 갇히어 인간 이하의 천대와 멸시 속에서 살고 있다. 남아프리카인종주의자들은 심한 인종차별정책을 실시하는 한편 흑인들을 토지가 척박한 산간벽지에 몰아넣고 있으며 그들이 백인구역에 한번 나와 보려면 수십 가지의 증명서를 가질 것을 강요하고 있으며 이스라엘 역시 당국의 묵인하에 인종주의 범죄를 계속 감행하고 있다.

집단살해는 전쟁시기나 평화시기를 막론하고 일정한 민족이나 인종의 전부 또는 일부를 소멸할 목적으로 무고한 인민들을 대량살륙하는 행위이다. 집단살해는 개별적 사람이 아니라 어떠한 민족, 인종, 종교적 집단의 일부 또는 전부를 전멸시킬 목적으로 감행되는 살해행위인 것으로 하여 더욱더 엄중한 인권유린범죄로 된다. 미국식인종들에 의한 인디안의 살해, 히틀러파 쏘도당에 의한 구라파인민들의 살해, 조선강점시기 일제에 의한 조선인민의 살해행위, 일시적 후퇴시기 북반부에서의 미제의 대량살륙만행 등은 그의 대표적 실례이다. 제국주의자들의 집단살행행위를 반대하는 인민들의 투쟁에 의하여 1948년에 ≪집단살해방지 및 그 범죄자처벌에 관한 조약≫이 체결되었다. 조약은 민족 및 인종집단을 소멸할 목적으로 감행되는 직접적 살인행위, 과중한 육체적 또는 정신적 가해행위, 불리한 생활조건의 강요, 출생을 막는 행위, 일정한 집단의 어린이들을 다른 집단에 강제로 옮기는 행위들은 집단살해죄를 구성하며 이러한 행위를 직접 감행한 자, 공모자, 추긴자, 미수자에 이르기까지 그 직위에 관계없이 엄격히 처벌하기 위한 립법적 조치를 취할 체약국들의 의무를 규정하고 있다.

사람의 인권을 보호하기 위한 국제협약들에는 이외에도 법집행기관들에서의 인권유린금지 및 처벌에 관한 국제법적 문건들과 녀성들과 어린이들, 전쟁피해자, 소수민족, 토착민, 외국인, 늙은이, 불구자들의 인권을 보호하기 위한 국제적 문건이 있으며 일련의 국제인권보장제도가 있다. 이러한 협약들과 국제적 문건들은 일련의 부족점을 가지고 있으나 제국주의자들과 그 추종국가들의 인권유린의 범죄성을 폭로단죄하는 국제법적 근거로서, 인권을 위한 인민대중의 투쟁의 합법성을 근거 짓는 법적 수단으로서 커다란 의의를 가진다.

자주성을 위한 인민대중의 투쟁이 심화발전되는 것과 함께 인권을 위한 투쟁에서도 새로운 변화들이 일어났다. 인권투쟁을 통하여 각성된 인민들은 인권의 그 어떤 개별적인 분야가 아니라 사람의 인권과 관련한 전반문제를 포괄하여 규제하는 새로운 인권법전의 채택을 요구하였다. 인민대중의 인권투쟁에서 새로운 변화를 가져오게 하고 포괄적인 인권법전의 채택을 요구하게 된 요인은 첫째로, 위대한 주체사상에 의하여 인권의 본질과 내용이 과학리론적으로 새롭게 명확히 밝혀진 것이다. 위대한 주체사상은 사람은 자주성을 본질적 속성으로 하고 있는 사회적 존재라는 것을 과학적으로 해명한 데 기초하여 인간으로서의 권리, 인간답게 살 권리, 즉 인권은 본질에 있어서 사람의 자주적 권리라는 것을 력사상 처음으로 밝히었다. 주체사상이 밝힌 사람의 자주적 권리는 선[67]거할 권리와 선거받을 권리, 언론, 출판, 집회, 시위, 결사의 자유, 인신보호 등 자주적인 정치생활분야의 권리와 소유권, 경영권, 분배권, 로동조건 등 자주적인 경제적 권리, 사상과 문화의 자유, 교육과 치료받을 권리 등 자주적인 사회문화적 권리를 포괄한다. 이 권리들은 사람의 본질적 속성인 자주성, 창조성, 의식성을 구현하기 위한 필요불가결의 권리로서 사람이라면 마땅히 평등하게 가지는 권리이다. 주체사상에 의하여 인권의 본질과 내용이 과학적으로 새롭게 해명됨으로써 인민들의 인권투쟁은 단순히 생명, 건강, 자유, 평등을 위한 데 있는 것이 아니라 정치, 경제, 문화 등 사회생활의 모든 분야에서 사람의 자주성을 옹호하고 실현하기 위한 투쟁으로 되어야 한다는 것이 밝혀졌다.

그 요인은 둘째로, 세계적 범위에서 광범한 피압박인민대중이 인권을 위한 투쟁에 일떠섰으며 이 투쟁의 선두에 로동계급이 선 것이다. 우리 시대에 이르러 지난날 천대받고 억압받던 수억만 피압박인민대중이 력사와 자기 운명의 주인으로 등장하여 자주성을 짓밟는 온갖 낡은 질서와 체계를 허물어버리고 인민대중의 자주적 요구를 실현할 수 있는 새로운 질서와 체계를 세우기 위한 투쟁에 과감히 일떠섰다. 지난 시기에는 인권을 위한 투쟁이 주로 구미자본주의나라들을 무대로 벌어졌다면 오늘은 아세아, 아프리카, 라틴아메리카, 구라파 등 세계 모든 대륙을 포괄하고 있으며 이 투쟁에 사회주의나라들, 신흥세력나라 인민들을 비롯한 세계 진보적 인민들이 참가하고 있다. 오늘 자주세력이 급속히 장성강화되어 인권문제를 비롯한 국제적 문제들은 제국주의자들의 뜻대로가 아니라 자주성을 옹호하는 인민들, 자주세력의 리해관계와 요구에 맞게 해결되고 있다.

력사상 처음으로 인권리념을 내걸고 인권투쟁을 주도한 세력은 부르죠아지였다면 오늘 이들은 진보적 인류가 벌리는 인권투쟁의 대상으로 되었다. 오늘 인권리념의 기치는 로동계급의 수중으로 넘어왔으며 인권투쟁의 선두에 로동계급이 서있다. 로동계급은 자기 계급의 리해관계일 뿐 아니라 농민, 근로지식인 등 각계각층의 광범한 군중의 리익도 옹호하는 가장 선진적이며 혁명적인 계급이다. 로동계급의 요구는 사회적 진보에 리행관계를 가지는 모든 계급과 계층의 요구와 일치하기 때문에 로동계급이 주도하는 인권투쟁만이 부르죠아적, 기회주의적 인권리념을 철저히 배격하고 로동계급과 전체 근로인민대중의 리해관계와 요구를 실현하는 참다운 인권투쟁으로 된다. 바로 여기에 인권투쟁의 성격과 내용에서 근본적인 전환을 가져오게 한 중요한 요인이 있다.

그 요인은 셋째로, 부르죠아지들이 제창한 ≪인권옹호≫의 구호가 기만적이며 위선적이라는 것이 더욱더 명백해지고 오늘 제국주의자들과 그가 만들어놓은 괴뢰국가들의 인권유린책동이 극치에 달하고 있는 데 있다. 한때 부르죠아지들이 들고 나온 ≪인권옹호≫, ≪자유≫, ≪평등≫ 은 부르죠아지들을 위한 인권옹호, 자유, 평등이었으며 피압박근로인민대중의 인권과는 아무런 관련도 없다는 것이 백일하에 드러났다. 오늘 제국주의자들은 형식상 들고 나왔던 ≪인권옹호≫ 의 구호마저 완전히 줴버리고 인민대중의 인권을 공공연하고 파렴치하게 여지없이 유린말살하 고 있다. 각성된 인민들은 인민대중의 인권을 보장하기 위한 유일한 길은 인권유린의 장본인 인 인종주의와 식민주의, 제국주의를 반대하는 데 있다는 것을 깨닫고 인권투쟁에서 보다 높 은 요구를 제기하고 그의 실현을 위한 투쟁에 일떠섰다.

이상과 같은 요인들이 인권을 위한 인민대중의 투쟁에서 근본적인 변화를 가져오게 한 중요 한 요인이다. 이러한 요인에 의하여 인권을 보호할 데 대한 국제적 관심이 더욱더 높아지고 인권을 위한 인민대중의 투쟁은 국제적 성격을 띠고 더욱 줄기차게 벌어지게 되었다. 이리하 여 제2차 세계대전 후 지금까지 근 20개에 달하는 국제인권기구들이 조직되었으며 60여 개에 달하는 국제인권협약과 국제인권문건들이 채택되었다. 그 가운데서 국제인권법전의 채택은 국 제인권투쟁에서 [68]중요한 의의를 가진다. 국제인권법전은 세계인권선언과 함께 인권에 관한 2개의 국제규약과 선택의정서로 이루어져 있다. 세계인권선언은 인권분야에서 ≪모든 인민들 과 국가들이 성취하여야 할 공동의 기준≫으로서 1948년 12월 10일 유엔총회에서 채택선포되 었다. 선언은 서문과 본문 30개 조항으로 되어 있다. 선언은 ≪모든 인간은 자유롭고 평등한 존엄과 권리를 가지고 태여났다.≫고 선언하면서 모든 사람은 인권선언에 규정된 권리와 자유 향유에서 평등권, 인신불가침권, 누구에게도 예속되거나 노예로 되지 않을 권리, 고문, 참혹하 고 비인간적인 대우나 차별을 받지 않을 권리, 법앞에서의 평등권, 임의로 체포구금, 추방되지 않을 권리, 재판에서의 변호권, 가정생활주택, 서신의 불가침권, 거주지선택과 자유이주의 권 리, 출국과 귀국의 권리, 비호를 받을 권리, 국적고수의 권리, 결혼과 가정의 보호권리, 재산소 유권, 사상, 량심, 신념, 종교의 자유에 대한 권리, 집회와 결사의 자유, 참정권, 선거할 권리, 사회보장권리, 로동과 직업선택의 권리, 휴가에 대한 권리, 모성과 어린이들의 특별배려권리, 교육에 대한 권리, 자유로운 과학, 문학예술 활동의 자유 등 정치생활, 경제생활, 문화생활 분 야의 일련의 권리와 자유를 규정하고 있다. 이와 같이 세계인권선언은 사회생활의 모든 분야 에서 인간이 가져야 할 자주적 권리를 포괄적으로 규제하고 있다.

선언은 일련의 부족점을 가지고 있다. 부족점은 우선 사람이 마땅히 가지고 행사하여야 할 중요한 권리들이 포함되지 못하였거나 포함되었다고 하더라도 구체화되지 못하고 있는 것이다. 선언에는 사람의 중요한 정치적 권리의 하나인 선거받을 권리가 예견되어 있지 않고 있으며 제국주의자들의 인권유린의 중요 형태인 인종격리가 규제되어 있지 않고 있다. 선언의 부족점은 다음으로 사람들의 일련의 권리를 선언하고 있을 뿐 권리를 보장하기 위한 방도가 뚜렷하지 못하며 선언된 권리를 보장할 데 대한 국가적 의무를 리행하지 않았을 경우에 그에 대한 책임문제에 대하여서도 규제하지 못하고 있는 것이다. 이러한 부족점을 가지고 있지만 력사상 처음으로 사람의 정치적, 경제적, 문화적 권리를 포괄적으로 규제한 법적 문건으로서 사람의 인권을 국제법적으로 담보하는 기준법문건으로서의 커다란 의의를 가진다.

세계인권선언이 채택된 후 세계진보적 인민들은 즉시 그에 담겨진 내용들을 하나의 포괄협약으로 법전화하기 위한 투쟁을 줄기차게 벌였다. 그러나 미국을 비롯한 제국주의자들이 민족자결권, 인종차별금지, 사회보장권, 취업권 등 인권의 본질적 측면을 이루는 내용들을 규제하는 것을 한사코 반대하여 나서기 때문에 포괄협약을 채택하는 문제는 지연되어 세계인권선언이 발표된 때로부터 18년이 지난 1966년 12월 16일에야 ≪경제, 사회, 문화적 권리에 관한 국제규약≫과 ≪공민 및 정치적 권리에 관한 국제규약≫과 그에 따르는 ≪선택의정서≫가 채택되었다. 1987년 현재 서문과 5장 31조로 구성된 ≪경제, 사회 및 문화적 권리에 관한 국제규약≫에는 90개국이, 서문과 본문 6장 53조로 구성된 ≪공민 및 정치적 권리에 관한 국제규약≫에는 86개국이, ≪선택의정서≫에는 38국이 비준 또는 승인하였다. 우리나라는 1981년에 두 개의 국제규약에 가입하였으나 ≪선택의정서≫에는 인권문제를 구실로 다른 나라의 내정에 간섭할 수 있는 본질적 약점이 있는 것으로 하여 가입하지 않았다.

≪공민 및 정치적 권리에 관한 국제규약≫은 모든 사람의 자결권, 법앞에서의 평등권, 공정한 재판권, 사생활에 대한 법적 보호권, 사상, 량심, 종교, 신념, 집회, 결사의 자유권, 평등한 선거참가권, 공무참가권, 남녀평등권, 결혼, 가정을 이룰 권리 등 일련의 사회정치적 권리를 규정하면서 모든 사람들의 인권을 보호하고 보장하여야 할 국가의 법률적 책임을 명백히 하고 자기 령토에 있는 사람들의 인권을 보호하기 위한 필요한 립법적 및 기타 대책을 취할 국가의 의무를 규정하고 있다. 특히 국가는 어린이들과 소수민족을 보호하기 위한 조치를 취하며 전쟁선전과 인종적 및 민족적 종교적 적대감의 고취를 [69]법으로 제지시킬 의무를 지닌다는 것을 밝혔다.

≪경제, 사회, 문화적 권리에 관한 국제규약≫은 이 분야에서 인민들의 자결권을 규정하고 직업선택과 로동의 권리, 로동조합조직권, 공정한 분배권, 안전한 로동조건보장, 휴식, 사회보험, 식의주보장, 건강에 대한 보장권, 교육, 과학, 문화 활동의 자유를 규정하고 있다. 국제규약

에는 또한 규약에 규정된 사람의 권리와 자유가 실현되도록 립법적 조치를 포함한 적절한 수단과 방법을 취할 체약국의 의무를 명백히 규정하고 있다.

이와 같이 2개의 규약은 자주적 인간으로서 사람이 마땅히 가져야 할 정치적 권리, 경제적 권리, 사회문화적 권리를 포괄적으로 규제하고 그를 보장할 데 대한 력사적인 인권문건이다. 그러나 이 국제규약들은 일련의 본질적 약점을 가지고 있다. 그것은 우선 사람들의 경제, 사회문화적 권리에 대한 국가의 의무를 규정함에 있어서 ≪적절한 대책을 취할≫것이라든가 ≪점차적으로 성취≫라는 등 법적 구속력이 철저하지 못한 조항들이 적지 않은 것이다. 그것은 또한 인권보장방도가 명백히 규정되어 있지 않으며 특히 인권을 보장하기 위한 국가적 의무를 위반한 데 대한 책임문제가 뚜렷이 규정되어 있지 못한 것이다. 국제인권법전은 이러한 약점을 가지고 있으나 법전의 채택은 인간에 의한 인간의 착취와 억압을 철폐하고 온갖 민족적 억압과 인종차별, 근로인민들에 대한 천대와 멸시를 반대하고 인권을 위한 세계 진보적 인민들의 투쟁에서 확고한 국제법적 무기를 가지게 되었다는 데 큰 의의를 가진다.

인권보장문제는 본질에 있어서 정치, 경제, 문화 등 사회생활의 모든 분야에서 자유와 권리를 충분히 행사, 향유하며 자기의 창조력을 마음껏 발휘하려는 세상에서 가장 귀중한 존재인 인간의 요구를 충족시키기 위한 문제이다. 그런 것만큼 매개 국가는 자기 공민들의 인권을 책임지고 지켜줄 뿐 아니라 끊임없이 향상시켜 나가는 원칙에서 정치도 인간의 존엄을 지켜주기 위한 정치를 실시하고 물질적 부를 비롯한 사회의 모든 것도 인간을 위하여 복무하도록 하며 인간관계도 반목질시가 아니라 호상협조로 되도록 할 때 그 나라 인민들의 인권이 충분히 보장될 수 있다.

현단계에서 국제적 범위에서 인권문제가 순조롭게 해결되자면 우선 인권문제해결에서 그 어떤 정치적 목적을 추구하는 ≪2중기준≫의 적용현상을 절대로 허용하지 말며 ≪인권보호≫를 구실로 다른 나라의 내정에 간섭하거나 정치적으로 압력을 가하며 경제적으로 봉쇄하지 말아야 하며 인권분야의 국제적 협조에서 자주권이 존중되어야 한다. 다음으로 인간의 권리와 기본자유가 단순히 법률적으로 규제보호되는 데 그치지 말고 그것이 실질적으로 행사, 향유되도록 하는 대책을 취하여야 한다. 다음으로 인권문제해결에서 매개 지역, 매개 나라의 력사, 문화적 특성과 발전단계에 맞게 그 목표와 방도를 설정해야 한다. 끝으로 매개 나라와 국제사회에서 진정한 민주주의가 실현되어야 한다.

인민대중은 인권을 옹호보장하기 위한 투쟁을 자주성을 위한 투쟁과 밀접히 결부시켜 꾸준히 진행함으로써 온갖 지배와 예속, 착취와 압박이 없는 자유롭고 평화로운 세계에서 살 그날을 앞당겨나가야 할 것이다.

28. 인권의 본질에 대한 주체적 리해2)

김 억 락

[42]인권은 인류가 발생한 이래 사람들의 사회생활에서 매우 중요하게 제기된 문제이다. 사회적 존재인 인간이 어떤 사회적 활동을 자유롭게 할 수 있으며 그 활동을 통하여 어떻게 살며 발전할 수 있는가 하는 데 깊은 관심을 가지지 않을 수 없었다. 오랜 세월 정치가들과 사상리론가들은 인권문제에 연구의 초점을 두고 이러저러한 견해를 내놓았으나 그 과학적 해명에 이르지 못하였다. 그것은 그들이 사람의 본질적 속성에 대한 정확한 리론적 해답을 종내 찾지 못하였기 때문이다.

주체의 인권론은 력사상 처음으로 사람의 본질적 속성에 대한 과학적 해명에 기초하여 인권에 관한 심오한 사상리론을 정립하였다. 주체의 인권론이 창시됨으로써 종래의 진부한 인권론에 종지부가 찍어지고 인권에 관한 새로운 과학적인 사상리론이 정연하게 체계화되게 되었다. 주체의 인권론은 인권문제에서 기초적이며 관건적인 인권의 본질에 대하여 가장 과학적인 해명을 주고 있다. 위대한 령도자 김정일동지께서는 다음과 같이 지적하시였다. ≪**인권은 자주적으로, 창조적으로 살며 발전하려는 사회적 인간의 신성한 권리입니다.**≫(≪우리 인민정권의 우월성을 더욱 높이 발양시키자≫, 단행본, 32페지).

자주적으로, 창조적으로 살며 발전하려는 사회적 인간의 신성한 권리라는 바로 여기에 인류가 그처럼 오랜 세월 암중모색하여 바라마지 않던 인권의 참된 본질이 있다. 인권은 우선 자주적으로 살며 발전하려는 사회적 인간의 권리라는 데 그 본질적 측면의 하나가 있다. 인간은 그 어떤 예속과 구속도 없이 자주적으로 살려는 사회적 존재이다. 자주성은 인간의 가장 본질적 속성이며 생명이다. 인간은 인간에 의한 인간의 착취와 억압, 사회적 예속과 불평등, 자연의 구속과 낡은 사회의 유물의 구속 등 온갖 예속과 구속에서 벗어날 것을 본성적으로 요구한다. 이러한 요구로부터 인간은 사회생활의 모든 분야에서 참다운 삶을 누려나갈 수 있는 자주적인 생활을 지향하게 된다.

자주적인 생활은 인간이 자기 운명을 자기 손에 튼튼히 틀어쥐고 자기의 의사와 지향에 맞게 자연과 사회를 개조해나가는 가장 보람찬 생활이다. 이 생활과정에서 인간자체도 자기 운

---

2) 출처: 김일성종합대학출판사, 『김일성종합대학학보: 력사법학』, 제43권 제4호(1997), 42-47쪽.

명의 주인으로서 자주적인 사상의식을 가진 사회적 존재로 발전하게 된다. 인간은 자기 운명의 주인은 어디까지나 자기자신이라는 주인 된 자각과 자기의 의사와 지향에 맞게 자연과 사회를 개조변혁하려는 높은 사상적 각오를 가지게 된다. 인간은 돈에 의하여 인간의 운명을 희롱하는 낡은 사회를 변혁하고 사람이 모든 것의 주인으로 되고 모든 것이 사람을 위하여 복무하는 사회를 건설하는 데 절실한 리해관계를 가지고 자연과 사회를 개조변혁하여 자기 운명을 개척해나가는 자주적 존재로 끊임없이 발전해나간다. 자주적 존재인 인간은 자기의 의사와 리익을 실현하는 사회활동의 자유를 요구한다. 이것은 사회적 인간이 권리를 마땅히 가져야 한다는 것을 의미한다. 사회적 인간이 자기의 생명인 자주성을 실현하는 권리인 자주적 권리는 인권에서 기본을 이루게 된다.

인권은 또한 창조적으로 살며 발전하려는 사회적 인간의 권리라는 데 다른 하나의 본질적 측면이 있다. 인간은 자기 운명을 자기 힘으로 개척해나가는 창조적 존재이다. 인간은 세상에서 가장 지혜롭고 힘 있는 존재이므로 자기 운명을 자기 손으로 개척해나갈 수 있는 창조적 능력을 가지고 있다. 인간은 자기의 지식과 기술, 지혜와 경험을 가지고 자연을 정복하고 사회를 변혁할 수 있는 무궁무진한 인식능력과 실천능력을 [43]끊임없이 발양하게 된다. 인간은 창조적 능력에 의하여 자기 운명을 신이나 구세주와 같은 외세의 힘에 의해서가 아니라 전적으로 자기 힘에 의거하여 개척해나가게 된다. 이리하여 인간은 그 어떤 예속과 구속도 없이 사회생활의 모든 분야에서 주인다운 창조적인 생활을 누리게 된다. 인간은 사회를 변혁하고 자연을 개조해나가는 투쟁 속에서 더욱 힘 있고 지혜로운 존재로 발전하게 된다. 사회적 변혁과 자연개조는 인간의 지혜와 힘에 의하여 진행되는 과정이므로 이 과정을 통하여 인간의 창조적 능력도 끊임없이 키워지고 발양하게 된다. 인간이 자기 운명을 자기 손에 틀어쥐고 자기 힘으로 개척해나가는 창조적인 활동의 자유를 실현하는 데 인권의 본질적 측면의 하나가 있다.

인권은 사회적 인간의 신성한 권리라는 데 그 본질적인 다른 측면의 하나가 있다. 종래 인권론에서는 인간의 권리를 론의하면서 주로 개별적인 인간을 등장시키고 그의 권리에 대하여 이러저러한 견해를 내놓았다. 그러나 인간은 고립적인 존재로서 개별적으로 활동하는 것이 아니라 사회적 존재이므로 활동하는 것이 어디까지나 사회적 집단 속에서 생활하며 활동하게 된다. 인간은 사람들의 공고한 집단인 사회의 한 성원으로서 다른 사람과 관계를 맺고 사회적 협력과 투쟁 속에서 자연과 사회를 개조변혁하게 된다. 따라서 사회성원들의 권리는 개별적으로 실현될 수 없으며 오직 사회적 집단 속에서만 실현되고 보장되는 사회적 인간의 권리로 되지 않을 수 없다. 사회적 인간의 권리는 그들의 생명인 자주성을 옹호하고 창조성을 발양하며 더없이 귀중히 여기기에 그 어떤 침해도 허용하지 않는 가장 신성한 권리이다. 이 신성한 권리를 지켜 사람들은 인권을 유린한 낡은 착취사회를 변혁하기 위하여 오랫동안 굴함 없이 싸워왔으며 오늘은 《인권옹호》를 걸고 사회주의를 암살하려는 제국주의자들의 갖은 모략책동을 걸음마다 짓부셔버리는 투쟁을 과감히 벌이고 있다.

실로 인권은 자주적으로, 창조적으로 살며 발전하려는 사회적 인간의 신성한 권리라는 데 그 진정한 본질이 있다. 주체의 인권론은 인권의 진정한 본질을 과학적으로 해명하였을 뿐 아니라 그 근거에 대하여서도 전면적으로 밝혀주고 있다. 인권이 자주적으로, 창조적으로 살며 발전하려는 사회적 인간의 권리로 되게 되는 것은 무엇보다 먼저 그것이 인간의 고귀한 사회정치적 생명을 빛낼 수 있게 하기 때문이다. 인권이 사람들의 정치적 생명을 빛낼 수 있게 하는 것은 그것이 정치분야에서 사람들의 사회정치활동의 자유로 실현되며 이 정치활동과정에서 사람들의 사회정치적 생명이 빛내어나가기 때문이다. 물론 인간에게 있어서 육체적 생명이 중요한 것은 사실이다. 때문에 종래 인권론은 인간의 육체적 생명을 유지하는 것을 가장 중요한 문제로 제기하였던 것이다. 여기에서는 인간의 생명. 건강과 관련한 인신상 권리에 대하여 제 나름으로 각이한 해설을 가하였다. 종래 로동계급의 리론도 인권문제에서 이 리론적 한계를 벗어나지 못하고 그 계급적 성격에 대하여서만 강조하였을 뿐이다. 인간에게 있어서 육체적 생명보다 한없이 귀중하고 고귀한 생명은 사회정치적 생명이다. 사회적 존재인 인간은 그 본질적 속성인 자주성을 생명으로 하는 데로부터 육체적 생명보다도 사회정치적 생명을 더 귀중히 여긴다. 인간은 비록 목숨은 붙어 있어도 사회정치적 생명을 잃어버리면 사회적 인간으로서는 죽은 몸이나 다름없다. 하기에 사람들은 자주성을 실현하는 투쟁에서 영생하는 사회정치적 생명을 위하여 육체적 생명을 서슴없이 바치게 된다. 인권이 사람들로 하여금 사회정치적 생명을 가지게 하는 것은 사회정치적 생명이 사람들의 사회정치적 활동과정에서 가지게 되는 생명이라는 사정과 관련된다. 인간은 자연의 구속뿐 아니라 사회적 예속에서 벗어나 그 주인으로 될 것을 지향하므로 단순히 육체적 생명을 유지하기 위한 활동만을 벌리는 것이 아니라 보다 [44]중요하게는 사회정치적으로 자주성을 실현하고 옹호하기 위한 투쟁을 벌이게 된다. 사회정치적 자주성을 실현하기 위한 혁명투쟁은 곧 인간의 정치적 권리를 전취하고 향유하기 위한 과정이며 이 투쟁 속에서 사람들은 사회정치적 생명을 지니게 된다.

인권은 사람들의 자주적이며 창조적인 정치활동을 통하여 사회정치적 생명을 귀중히 간직하도록 한다. 사회정치적 생명은 개인의 리익이나 향락이 아니라 조국과 인민. 혁명의 리익을 위한 정치활동을 통하여 간직되는 생명이며 이 정치활동은 다름 아닌 사람들의 정치적 권리와 자유를 실현하는 과정이다. 따라서 인권은 사람들로 하여금 사회와 집단을 위한 정치활동에 적극 참가하는 데서 삶의 보람을 찾고 육체적 생명보다 사회정치적 생명을 더 귀중히 여기게 된다.

인권은 사람들의 사회정치적 생명을 간직하게 할 뿐 아니라 그것을 영원히 빛낼 수 있게 한다. 인간의 사회정치적 생명은 사람들이 일정한 혁명조직에 망라되어 조직생활을 하는 과정을 통하여 끊임없이 빛내어나갈 수 있다. 다시 말하여 사람들은 혁명조직에 망라되어 정치활동을 벌려야 조직과 집단을 위하여 가장 보람 있게 살 수 있으며 자주성을 위한 성스러운 위업실현에서 사회정치적 생명을 빛낼 수 있게 된다.

인권은 사람들에게 사회정치적 활동의 자유를 보장함으로써 그들이 혁명적 조직생활을 강화하고 사회정치활동을 널리 벌려 자기의 사회정치적 생명을 귀중히 간직하고 빛낼 수 있게 한다.

인권이 자주적으로, 창조적으로 살며 발전하려는 사회적 인간의 권리로 되는 것은 다음으로 그것이 사회생활에서 사람들의 주인 된 지위를 확고히 보장하기 때문이다.

종래 인권론은 착취사회에서 인민대중의 무권리를 천부적인 것으로, 생득적인 것으로 합리화하고 굴욕적인 의무의 부담을 감수할 것을 력설하였으며 인권행사에서 불평등과 차별을 없애는 것을 진보적 견해의 척도로 삼는 데 불과하였다.

주체의 인권론은 인권행사에서 불평등과 차별을 없애는 것은 물론이고 인권을 단순한 사람들의 권리행사문제로서가 아니라 사람들이 사회에서 차지하는 주인의 지위와 직접 관련된 문제로 과학적으로 정립하고 있다.

사람들이 사회에서 어떤 권리를 행사하는가에 따라 그들이 사회에서 차지하는 지위가 나타나게 된다. 사람들이 사회생활의 모든 분야에서 광범한 권리를 행사하게 되면 그들이 사회에서 주인의 지위를 차지한다는 것을 의미하며 아무러한 권리도 행사하지 못하면 노예적 처지에 있다는 것을 직접적으로 보여주게 된다.

사람들이 사회에서 차지하는 지위는 구체적으로 어떠한 권리를 가지는가 하는 문제와 그 권리를 어떻게 행사하는가 하는 문제와 관련되어 있다.

인권이 사람들에게 사회생활에서 주인의 지위를 보장하는 것은 우선 그것이 사람들에게 주인으로서 활동할 수 있는 가능성을 주기 때문이다. 사람들에 대한 권리부여는 국가와 사회의 주인으로서 차지하는 사람들의 지위를 보장하는 데서 선결조건으로 나선다. 따라서 국가는 나라의 기본법인 헌법을 통하여 사회성원들에게 공민으로서의 법적 지위를 공식적으로 인정하고 그들에게 국가주권의 주인으로서의 기본권리를 부여하게 된다. 헌법에 의하여 사람들이 국가의 공민으로서의 지위를 차지하게 되면 사회생활의 모든 분야에 걸쳐 주인으로서 자유롭게 활동할 수 가능성을 가지게 된다. 이것은 나라의 기본법에 의한 사람들의 권리부여는 다름 아닌 국가와 사회의 주인으로서의 사람들의 지위를 전 사회적으로 확고하게 한다는 것을 의미한다. 사람들에게 헌법상 권리가 부여되면 사회생활의 모든 분야에서 그들의 주인으로서의 자유로운 활동이 공식적으로 인정받게 될 뿐 아니라 그것이 국가권력에 의하여 철저히 보호되게 된다. 헌법상 사람들에 대한 권리부여는 지구상에 인권을 공공연히 유린하는 사회세력이 존재하는 조건에서 그 철저한 보호를 떠나서 생각할 수 없다.

[45]국가와 사회의 주인으로서의 사람들의 지위는 그들의 권리평등에서 중요하게 표현된다. 사람은 그 어떤 구속이나 예속이 없이 자기 의사와 요구대로 살아가려는 자주적 존재이다. 여기로부터 사람들은 사회의 주인으로서 동일한 지위를 본성적으로 요구한다. 사회의 주인으로서의 사람의 동일한 사회적 지위는 그들에 대한 권리평등을 전제로 한다. 사람들에게 그 어떤 차별과 제한조건이 없이 똑같은 권리를 부여하여야 그들이 사회에 동일한 지위를 차지하게 된다.

지난 시기 봉건제도를 반대한 부르죠아자연법학자들에 의하여 사람들의 자연적 평등에 관한 사상이 제기되었다. 그들은 사회가 형성되기 이전의 소위 ≪자연적 상태≫의 ≪자연법≫이 ≪영원한 정의≫를 구현하여 ≪인간의 자유와 평등≫, ≪재산의 불가침≫을 그 중요원칙으로 하게 되었다고 주장하였다. 이러한 자유와 평등이 사람들의 기본인권으로 선언되고 부르죠아 기본법에서 헌법상 원칙으로 규정되었다. 그러나 부르죠아헌법이 규정한 자유와 평등은 실제상 사적 소유자들의 자유, 자본에 의한 고용로동의 착취의 자유, 법앞에서의 형식적인 평등에 지나지 않는다는 것을 자본주의나라들의 엄연한 현실이 그대로 실증하여 주고 있다.

사람들은 사회경제적 처지와 목적과 리해관계의 공통성을 가지는 사회주의사회에서만 평등한 사회성원으로서 동등한 권리를 가지게 된다. 사람들의 권리평등은 공식적인 법률상 평등권에서뿐 아니라 사회정치적 권리의 평등, 물질생활의 고르로운 향상, 남녀평등권 등에서 나타난다. 이러한 권리평등에 의하여 사람들은 사회에서 평등한 주인의 지위를 차지하게 된다.

사람들이 국가와 사회의 주인으로서의 지위를 차지하려면 그들에게 주인으로서의 권리가 부여될 뿐 아니라 그것을 실제적으로 행사하여야 한다.

인권이 사람들의 주인된 지위를 보장하게 되는 것은 또한 사람들이 사회생활의 모든 분야에서 광범한 권력을 실제적으로 행사하는 것과 관련된다.

사람들의 광범한 권리의 행사는 인권의 가장 중요한 내용을 이루며 사회의 주인으로서의 사람들의 지위를 실제적으로 표현하는 기본공간이다.

인권은 무엇보다도 정치적 권리로 표현되며 정치적 권리의 행사는 정치분야에서 사람들의 주인의 지위를 보장하게 된다. 그런데 정치적 권리는 사회의 주인인 사람들의 권리 가운데서 가장 중요한 자리를 차지하게 된다. 그것은 정치적 권리가 사람들의 사회적 지위를 집중적으로 반영하며 다른 분야의 권리를 행사하는 데서 결정적 의의를 가지기 때문이다. 정치가 사회생활에서 주도적 지위를 차지하고 결정적 역할을 하는 데로부터 정치적 권리는 사람들의 권리를 대표하며 다른 권리를 실현하기 위한 선결조건으로 중요한 담보로 되게 된다.

정치적 권리는 사람들로 하여금 국가와 사회의 진정한 주인으로서 국가관리와 사회정치생활에 일상적으로 직접 참가하게 하며 정치조직들에 망라되어 사회정치적 생명을 빛내면서 자주적인 생활을 누리게 한다. 이것은 정치적 권리의 행사가 그 어떤 법적 권리의 행사가 아니라 국가와 사회의 주인으로서의 사람들의 정치생활을 실제적으로 보장한다는 것을 의미한다.

정치적 권리에서 중요한 것은 국가주권의 주인으로서의 사람들의 선거할 권리와 선거받을 권리를 행사하는 것이다. 이 권리에 의하여 사람들은 자기의 진정한 대표기관인 각급 주권기관들을 선거하며 인민의 주권기관들을 통하여 주권을 직접 행사하게 된다. 언론, 출판, 집회, 시위의 자유는 사람들이 사회정치생활에서 행사되는 중요한 권리이다. 언론, 출판, 집회, 시위의 자유는 사람들이 나라의 정치생활에 적극 참가하며 사회정치활동을 자유롭게 벌려나갈 수 있게 한다. 이러한 권리의 행사는 사람들로 하여금 사회정치적 자주성을 실현하며 사회정치생활의 주인으로서의 지위를 확고히 보장할 수 있게 한다.

인권은 정치적 권리뿐 아니라 경제문화적 [46]권리로 표현되며 이 권리의 행사를 통하여 사람들은 경제문화분야에서도 주인으로서의 지위를 차지하게 된다. 사람들에게 경제생활분야에서 주인의 지위를 보장하는 것은 무엇보다 생산수단에 대한 사회주의적 소유권이다. 생산수단은 국가주권과 함께 사람들의 사회적 지위를 규정하는 중요한 요인인 것만큼 생산수단에 대한 사회주의적 소유권은 곧 생산수단에 대한 사람들의 주인 된 지위를 물질적으로 보장하게 된다. 사람들은 생산수단의 주인으로 되어야 경제생활의 모든 분야에서 주인으로서의 권리를 광범히 행사하게 된다. 생산수단에 대한 사회주의적 소유권은 동시에 생산된 물질적 재부를 점유, 리용, 처분할 수 있게 함으로써 사람들로 하여금 경제생활에서 주인으로서의 역할을 원만히 할 수 있게 한다. 사람들은 로동에 대한 권리뿐 아니라 휴식에 대한 권리, 무상치료 및 물질적 방조를 받을 권리들을 행사한다. 사람들이 경제분야에서 광범한 권리를 행사함으로써 풍요한 물질생활을 끊임없이 높여나가게 된다. 사람들은 문화분야에서도 주인으로서의 권리를 누리게 된다. 사람들은 인류가 수천 년 동안 창조한 문화적 재부를 향유할 수 있는 교육의 권리를 실현하게 된다. 사람들은 교육에 대한 권리 이외에 과학과 문학예술활동의 자유를 누리며 창의고안자와 발명가들에 대한 배려 저작권과 발명권의 법적 보호를 받으면서 자기들의 창조적 재능을 활짝 꽃피우게 된다. 이처럼 경제문화분야에서 사람들의 권리행사는 그들로 하여금 사회경제문화생활에 주인답게 참가시킴으로써 자기들의 무궁무진한 힘과 지혜를 남김없이 발휘하게 하며 사회의 물질문화적 재부를 마음껏 향유할 수 있게 한다.

사람들의 권리행사는 그 실제적인 담보를 떠나서 생각할 수 없다. 그것은 사람들의 권리가 활동의 가능성인 것만큼 그 실현의 담보가 없이는 현실성으로 될 수 없으며 또 인권의 행사가 일정한 사회제도와 밀접히 련관되어 있기 때문이다. 인권은 력사의 주체이며 사회발전의 기본동력인 근로인민대중이 국가화 사회의 어엿한 주인으로 된 사회주의사회에서만 실제적으로 그 실현이 담보되게 된다. 인간의 본성적 요구를 구현한 가장 선진적인 사회주의사회에서 사람들의 권리의 행사는 사회주의헌법에서 법적으로 보장될 뿐 아니라 사회주의제도와 자립적 민족경제에 의하여 확고히 담보된다. 사회주의헌법은 근로인민대중으로 하여금 사회생활의 모든 분야에서 주인으로서 활동할 수 있는 기본권리를 전면적으로 규정한다. 나라의 기본법인 사회주의헌법에 기초한 부문법들은 사회생활의 모든 부문과 단위들에서 사람들의 권리행사를 구체적으로 규정한다. 사람들의 권리행사는 사회주의정치경제제도에 의하여 실제상 담보된다. 국가주권과 생산수단이 근로인민대중에게 속하고 사회의 모든 재부가 인민대중을 위하여 복무하며 국가가 인민들의 생활을 전적으로 책임진 사회주의제도에 의하여 확고히 담보된다. 사람들의 권리행사는 자립적 민족경제에 의하여서도 물질적으로 담보된다. 사회주의물질기술적 토대를 튼튼히 마련하며 인민들의 물질생활을 끊임없이 높이는 자립적 민족경제는 인권을 원만히 실현할 수 있는 확고한 물질적 담보로 된다.

사회주의사회에는 사회제도의 본성과 조건으로 인하여 인권이 실현될 수 있는 담보가 있으나 자본주의사회에는 근로인민대중의 인권이 실현될 수 있는 담보가 전혀 없다. 부르죠아헌법에서는 사회성원들의 이러저러한 권리에 대하여 규정하고 있으나 국가주권과 생산수단이 착취계급에게만 속하여 있기 때문에 근로인민대중은 아무러한 권리도 실현할 수 없게 된다. 인권을 요란하게 떠드는 미국헌법은 단지 피부색이 다르다는 리유로 ≪유색[47]인종≫을 무권리와 기아선상에 몰아넣고 수천만의 인디안을 멸족시키는 인간살륙행위를 합법화하였다. 그럼에도 불구하고 미제국주의자들은 오늘 ≪인권옹호≫를 코에 걸고 사회주의를 암살하기 위한 무모한 책동을 집요하게 추구하고 있다. 그러나 자주성을 지향하는 세계 진보적 인민들의 정의의 투쟁에 의하여 미제국주의자들의 인권유린의 반동적 정체가 여지없이 드러나고 놈들의 음흉한 인권소동이 걸음마다 분쇄되고 있다.

참으로 주체의 인권론은 인권의 진정한 본질을 력사상 처음으로 밝히고 인권리론을 새로운 과학적 토대 우에서 전면적으로 체계화하여 최상의 경지에 이르게 한데 그의 인류사상사적 불멸의 공적이 있다.

경애하는 장군님의 현명한 령도밑에 사람들이 사회생활의 모든 분야에서 인권을 실제적으로 실현하여 가장 존엄 있고 보람찬 자주적이며 창조적인 생활을 마음껏 누리는 우리식 사회주의의 비할 바 없는 우월성과 불패의 위력은 력사의 힘찬 전진과 함께 더욱 힘 있게 과시될 것이다.

29. 재일조선인에 대한 인권유린책동의 반동성[3)]

박 삼 석

[66]민족의 주체성을 억제하며 다른 민족을 말살하고 동화시키려는 제국주의자들의 책동은 대외적으로뿐 아니라 국내의 소수민족과 외국인거주자들에게도 미치고 있다. 지난 시기 가장 악랄한 식민지통치와 민족말살정책으로 조선민족에게 헤아릴 수 없는 재난과 고통을 들씌운 이론제국주의자들은 오늘 재일조선인의 인권을 유린하고 그들을 동화시키기 위하여 악랄하게 책동하고 있다.

위대한 령도자 김정일동지께서는 다음과 같이 지적하시였다. **≪지난 시기 가장 악랄한 식민지통치와 민족말살정책으로 조선민족에게 헤아릴 수 없는 재난과 고통을 들씌운 일본제국주의자들이 오늘 재일조선인들의 민족적 권리를 억누르고 그들의 민족의식을 말살하려고 미쳐 날뛰며 재일조선인들을 저들에게 동화시키려고 집요하게 책동하고 있는 것은 그 대표적 실례로 된다.≫** (≪혁명과 전선에서 주체성과 민족성을 고수할 데 대하여≫, 단행본, 33～34페지)

지난날 조선을 강점한 일본제국주의자들의 악랄한 식민지통치로 인하여 수많은 조선사람들이 정든 고향을 떠나 산 설고 물 설은 이역 땅인 일본으로 끌려가게 되었다. 재일조선인들은 나라를 잃고 조국을 떠나 망국노의 비참한 생활을 강요당하면서 온갖 민족적 멸시와 천대 속

3) 출처: 김일성종합대학출판사, 『김일성종합대학학보: 력사법학』, 제44권 제1호(1998), 66-71쪽.

에서 초보적인 권리마저 무참히 짓밟히게 되었다. 우리 조국이 광복된 이후에도 일본당국자들은 재일조선인의 민주주의적 민족권리를 보장하여야 할 국제법상 의무와 력사도덕적인 책임을 회피하고 그들을 외국인으로서 응당하게 대우할 대신에 억압하고 차별하는 정책을 계속 실시하였다. 오늘 일본당국자들은 공화국적대시정책과 ≪두 개 조선≫정책으로부터 출발하여 재일조선인에 대한 인권탄압정책을 집요하게 추구하고 있다.

재일조선인의 인권을 유린하는 일본당국자들의 책동의 반동성은 무엇보다 먼저 그들의 인권을 법적으로 억누르는 데 있다. 일본당국자들은 재일조선인문제를 인권문제로 보는 것이 아니라 ≪치안문제≫로 보는 데로부터 재일조선인에 대한 정책의 기본을 탄압과 동화에 두고 일련의 법률을 통하여 인권을 합법적으로 침해하고 있다. 소위 ≪외국인등록법≫과 ≪출입국관리 및 난민인정법≫, ≪파괴활동방지법≫은 재일조선인을 비롯한 외국인의 인권을 침해하는 3대 탄압법이라고 말할 수 있다.

≪외국인등록법≫에서 가장 반동적인 조항인 지문날인의무는 총련과 재일조선인의 인권옹호 투쟁과 일본인민들의 공정한 여론에 의하여 이미 폐지되었다. 그러나 ≪외국인등록법≫에 규제되어 있는 외국인등록증의 상시적인 휴대 외 벌칙규정은 그대로 재일조선인에게 적용되고 있다. 이것은 ≪외국인등록법≫이 재일조선인에 대한 치안립법으로서의 법이며 인권에 관한 국제법규에 어긋나는 비법적인 법이라는 것을 보여준다. 외국인등록증을 상시적으로 휴대하도록 한 의무조항은 일본을 오가는 단기려행자와 엄연히 구별되는 재일조선인에게 등록증을 언제나 휴대하여야 한다는 정신적 부담과 고통을 주고 활동의 자유를 침해할 뿐 아니라 등록증을 휴대하지 못한 리유만으로도 경찰의 심문을 당하게 되어있다. 등록증을 항시적으로 휴대할 의무 조항은 이동, 거주의 자유와 사생활의 자유를 규정하고 법 앞에서 사람들은 평등하며 차별하지 말아야 한다고 한 국제인권규약에 어긋나는 비법적인 규범이다. 이러한 규범은 일본인의 거주관계, 신분관계를 규제한 일본법에도 어긋나는 규정인데 일본의 주민기본대장법과 호적법에는 증명서를 항시적으로 휴[67]대하여야 한다는 제도가 설정되어 있지 않다. ≪외국인등록법≫을 위반하는 경우에 재일조선인에게 형벌을 가하는 데서 그 반동성이 집중적으로 나타나고 있다. 이 법을 위반하는 경우에 1년 이하의 징역 혹은 금고형에 처하며 또는 20만 엔 이하의 벌금을 부과한다고 규정되어 있다. 재일조선인에게 ≪외국인등록법≫의 위반으로 형벌을 가하는 것은 법 앞에서 사람들의 평등과 인권실현의 의무를 규정한 국제인권규약에 어긋나는 처사이며 일본법에도 저촉되는 비법적인 책동이다. ≪외국인등록법≫의 벌칙에 정해진 징역 1년은 일본형법의 도박죄나 과실치사죄보다 더 무거운 형벌로 되어 있다. 20만 엔 이하의 벌금

도 일본의 주민기본대장법과 호적법에 규정된 벌금액수보다 훨씬 높이 설정되어 있으니 주민 기본대장법과 호적법의 위반은 민사법상, 행정법상 죄로 되지만 《외국인등록법》의 위반은 형사상 범죄로 인정되어 있다. 이 벌칙만 보아도 《외국인등록법》이 재일조선인을 차별시하고 그들의 인권을 여지없이 유린하는 반동적인 규범이라는 것을 잘 알 수 있다.

재일조선인의 인권을 유린하는 비법적인 법규범으로서는 《출입국관리 및 난민인정법》도 있다. 이 법은 외국인의 출입국관리와 난민의 인정 등을 규정하고 있는데 그 반동성은 재일조선인에게 강제퇴거의 규정을 그대로 적용하는 데 있다. 재일조선인에게 《출입국관리 및 난민인정법》을 적용하여 강제퇴거의 대상으로 인정한 것은 그들의 재류권을 침해하며 안정된 생활조건을 마련할 수 없게 한다. 재일조선인이 강제퇴거의 대상으로 되면 가족리산의 위험도 동반하게 되며 사회보장의 권리를 포함한 생활권에 대한 침해를 허용하게 된다. 재일조선인에 대한 강제퇴거의 적용은 법 앞에서의 사람들의 평등과 가족의 보호에 대한 국제인권규약에 어긋날 뿐 아니라 거주의 자유를 규정한 일본헌법조항도 무시하는 비법적인 책동이다.

재일조선인의 인권을 유린하는 법에는 또한 《파괴활동방지법》이 있다. 《파괴활동방지법》은 재일조선인과 그 조직을 《대상용의단체》, 《조사지정단체》로 인정하는 데서 그 반동성이 뚜렷하게 나타나고 있다. 《폭력주의적 파괴활동을 한 단체에 대한 국제조치를 정하는 것과 함께 폭력주의적 파괴활동에 관한 형벌규정을 정비함으로써 공공의 안전확보에 기여할 것을 목적으로 한다》는 이 법은 일본의 진보적 단체들과 함께 총련을 부당하게도 《조사지정단체》로 정하고 그에 대한 계통적이고 일상적인 감시, 미행, 수사활동을 벌리도록 보장하고 있다. 재일조선인과 그 단체인 총련에 대하여 《조사용의단체》, 《조사지정단체》라고 지정하는 것은 결사의 자유와 집회, 표현의 자유를 규정한 국제인권규약을 비롯한 국제법에 완전히 배치되는 것이다. 《파괴활동방지법》은 국제법규에 어긋나고 있을 뿐 아니라 일본법에도 저촉되는 비법적 규범이다. 이 법이 채택될 때부터 《헌법에 위반되는 치안립법》이라는 규탄을 받았다. 이 법은 《정치적예방주의》를 기본사명으로 하기 때문에 일본당국의 비렬한 정보수집활동의 법적 근거로 리용되고 있다. 《파괴활동방지법》은 공안조사권을 발동하여 총련에 대하여 정보수집활동을 벌리도록 담보하는데 이것은 집회, 시위, 표현의 자유를 규정한 일본헌법에도 위반되는 비법적인 문건이다.

이처럼 일본당국자들은 《외국인등록법》, 《출입국관리 및 난민인정법》, 《파괴활동방지법》을 통하여 재일조선인의 인권을 무참히 유린하고 있다.

재일조선인의 인권을 유린하는 일본당국자들의 책동의 반동성은 다음으로 사회생활의 모든 분야에서 재일조선인의 민주주의적 민족권리를 실제적으로 유린하는 데 있다. **[68]**위대한 령도자 김정일동지께서는 다음과 같이 지적하시였다. **≪지난 기간 총련과 재일동포들의 완강한 투쟁에 의하여 민주주의적 민족권리를 옹호하는 사업에서 큰 성과들이 이룩되었으나 아직도 재일동포들은 마땅히 행사하여야 할 민족적 권리를 적지 않게 침해당하고 있습니다. 이것은 지난 시기 우리 민족에게 헤아릴 수 없는 재난과 고통을 들씌운 일본제국주의식민지통치의 유물이며 우리 공화국과 총련에 대한 일본당국의 적대시정책의 산물입니다.≫**(≪재일조선인운동을 새로운 높은 단계에로 발전시킬 데 대하여≫, 단행본, 9페지)

재일조선인은 영광스러운 조국, 조선민주주의인민공화국의 당당한 해외공민으로서 국제법과 국제관례에 따라 응당 민주주의적 민족권리를 행사하여야 한다. 나라와 민족은 사람들의 삶의 터전이고 행복의 보금자리이며 운명개척의 기본단위이다. 매개 민족은 자기 운명을 자주적으로 창조적으로 개척하며 어디에서나 민족적 존엄을 지켜야 할 응당한 권리를 가진다. 해외교포들이 자기의 민족성을 수호하고 자기 조국과 민족을 사랑하고 옹호하는 것은 자주적 민족의 한 성원으로서, 자주독립국가의 해외공민으로서 가지는 합법적 권리이다. 해외교포들의 민주주의적 민족권리는 국제법적으로 철저히 보장되어야 하며 그 누구에 의하여서도 침해될 수 없는 신성한 권리이다. 그러나 일본당국은 재일조선인의 민주주의적 민족권리를 보장하여야 할 국제법상 의무를 버리고 오히려 그것을 침해하고 있다.

재일조선인의 민주주의적 민족권리에 대한 일본당국의 침해행위의 반동성은 우선 총련조직에 대한 가혹한 탄압에 있다. 일본당국은 재일조선인의 의사와 권익을 대표하는 총련에 대하여 탄압의 검은 마수를 뻗치고 있다. 총련이 결성된 이래 그를 ≪파괴활동방지법≫의 ≪대상용의단체≫로 정하고 그 활동을 일일이 미행 감시하면서 악랄하게 탄압하고 있다. 최근 년간에 일본당국은 반공화국책동의 일환으로 총련에 대한 전대미문의 정치적 탄압을 로골적으로 감행하여 나서고 있다. 일본당국의 정치적 탄압의 배경에는 있지도 않는 ≪북의 남침≫을 구실로 미, 일, 남조선 당국의 정치군사적 결탁을 강화하고 공화국에 대한 적대시정책을 일층 로골화하는 데 있으며 일본의 ≪유사시법체제≫확립을 노리는 책동의 일환으로서 총련에 대한 탄압계획을 실천단계에 옮기려는 데 있다.

재일조선인에 대한 정치적 탄압의 전형적인 사실은 총련 오사까와 교또 조직에 대한 탄압사건이다. 일본 오사까부 경찰당국은 1994년 4월 25일에 이른바 ≪위력업무방해≫라는 구실로 방대한 기동대차량과 경관들을 동원하여 총련 오사까부 본부를 비롯하여 산하 8개소에 대한 강제수색을 감행하였다. 일본경찰당국은 특히 총련본부에 수백 명의 경찰을 풀어 총련일군들의 출입을 차단하고 본부주변에 수십 대의 장갑차량을 배비[4])하여 놓고 장시간에 걸쳐 강제수색을 하였으며 소위 ≪용의≫와 전혀 관계없는 자료들을 무턱대고 압수하여 갔다.

한편 일본 교또부 경찰당국은 1994년 6월 6일에 ≪국토일용계획법위반≫이라는 부당한 구실 밑에 수많은 경찰을 동원하여 총련 교또부 본부사무소와 27개소를 어마어마한 분위기 속에서 대대적으로 강제수색하는 폭거를 감행하였다. 총련 오사까조직과 교또조직에 대한 일본당국의 직접적이고 대대적인 탄압행위는 총련결성 이래 처음 당하는 사건이며 이 사건을 통하여 총련에 대한 탄압이 그 어떤 수단과 방법도 가리지 않고 닥치는 대로 강권을 발동하는 엄중한 단계에 이르렀다는 것을 여실히 보여주고 있다.

총련 오사까조직과 교또조직에 대한 강제수색은 용납할 수 없는 반동적인 정치적 탄압이다. 총련 오사까조직에 대한 수색의 구실로 한 ≪위력업무방해용의≫는 지난 시기 일본로동운동에 대한 탄압의 구실로 써먹던 상투적 수법이다. 일[69]본 당국이 이 ≪용의≫를 구실로 오사까조직을 강제수색하였으나 경찰당국이 압수하여 간 서류들은 ≪위력업무방해≫와는 하등의 인연도 없는 서류들이었다. 당시 경찰당국의 강제수색령장의 내용에는 ≪피의자불상≫이라고 쓰여 있었고 차압장소도 특정되어 있지 않았다. 이처럼 경찰당국의 강제수색이 다름 아닌 총련의 내부정보수집과 총련에 대한 정치적 탄압을 그 중요한 목적으로 하고 있었다는 것을 명백히 보여주었다.

총련교또조직에 대한 일본당국의 강제수색의 구실은 교또조선학원의 이전계획에 따르는 토지거래에서 ≪국토리용계획법≫의 위반이 있었다는 것이다. 그런데 경찰당국이 강제수색을 한 바로 그날에 ≪토지거래에서 아무러한 문제도 없었다≫는 것을 인정하지 않으면 안 되었다. ≪국토리용계획법≫위반을 근거로 한 총련교또조직에 대한 수색은 일본법과 국제법에도 배치되는 비법적인 폭거였다. 경찰당국이 교또조선학원의 토지거래를 트집 잡아 그것을 억지로 총련교또조직과 결부하여 강권을 발동한 그 자체가 비법적인 처사이다. 그것은 경찰당국이 문제시한 ≪용의사실≫은 전혀 존재하지 않았으며 그와 관련한 증거를 제시하지 못하였기 때문이다. 총련 교또조직에 대한 수색을 위한 령장은 그 내용도 제대로 갖추지 못한 비법적인 문건이었다. 일본헌법과 형사소송법에서는 령장이 정당한 리유에 근거하여 발부되어야 하며 거기에는 수색하는 장소와 압수하는 물건 등이 명기되어야 한다고 규정하고 있으나 교또조직에 대한 수색 시 령장에는 그런 것이 전혀 기록되어 있지 않았다. 때문에 경찰당국은 ≪피의사실≫과 아무런 관련이 없는 장소와 물건까지 여러 시간에 걸쳐 수색하는 소동을 벌리었다. 더욱이 ≪국토리용계획법≫에 저촉되는 경우에는 행정당국에 신고수속과 관련한 행정업무로 처리하게

---

4) 편집자주: '배비(配備)'란 '갖추거나 마련하여 배치하는 것'을 말한다. 사회과학출판사, 『조선말대사전 1』(평양: 사회과학출판사, 1992), 1582쪽.

되어 있으나 총련 교또조직에 대해 강권을 발동하여 비법적으로 강제수색한 것은 란폭한 정치적 탄압이었다. 총련조직에 대한 일본당국의 이러한 정치적 탄압은 결사의 자유와 정치활동의 자유를 규정한 국제법규에 완전히 배치되는 범죄행위이며 재일조선인의 합법적인 권익옹호단체를 파괴하려는 용납 못할 인권침해행위이다.

재일조선인의 민주주의적 민족권리에 대한 일본당국의 침해행위의 반동성은 또한 그들의 기업권과 생활권을 유린하는 데 있다. 일본당국이 재일조선인에 대한 민족차별정책을 집요하게 추구해온 결과 재일조선인의 경제생활에서는 인권침해현상이 지속되고 있다. 최근 년간 재일조선인에게 가해지고 있는 기업권에 대한 침해의 중요한 특징은 반공화국, 반총련 책동의 일환으로서 재일조선인의 활동의 경제적 지반을 허물려는 시도들이 로골화되고 있으며 재일조선인의 경제활동을 이른바 공화국에 대한 ≪송금문제≫날조와 결부하여 그 기업권을 제한하며 각종 명색으로 억압을 가하는 데 있다.

재일조선인에 대한 기업권침해는 공동사업의 지명업자를 선정하는 데서 배제하며 금융, 세금면에서 차별시하고 시중은행의 융좌상 차별이 엄연히 남아 있는 데서 나타나고 있다. 특히 1980년대부터 재일조선인의 기업권, 재산권에 대한 침해와 차별정책이 더욱 로골적으로 감행되고 있다. 이 시기부터 재일조선인을 대상으로 직접적인 법적 규제를 하던 종래 방법과 달리 법의 적용과정에서 재일조선인을 차별적으로 취급하거나 강권을 발동하여 부당하게 탄압하는 것이 중요한 수법으로 되고 있다. 실례로 재일조선상공인들에 대한 세무조사건수가 최근 년간에 급격히 증가하고 있으며 세무조사과정에서도 인권침해, 민족적 차별, 부당한 간섭이 실시되고 있다. 이러한 경향은 재일조선상공련합회와 일본국세국 사이에 세금신고는 조선상공회를 통하여 진행된다는 5가지 항목의 합의를 사실상 백지화하려는 움직임에서[70]도 나타나고 있다.

일본당국은 ≪풍속영업 등의 규제 및 업무의 적정화 등에 관한 법률≫을 통하여 재일조선인의 기업권을 침해하고 있다. 소위 ≪풍영법≫은 경찰이 강권을 가지고 풍속영업활동을 억제함으로써 재일조선인의 영업활동의 자유를 구속하게 하는 탄압법이다. ≪풍영법≫은 재일조선인의 풍속영업관계에서 대상 업종의 기업활동에 대한 경찰의 개입을 허용하는 부당한 법이다. 그것은 이 법이 범죄만을 취급할 수 있는 사법경찰에게 사실상의 자유재량권을 주어 애매한 영업자들도 마음대로 취급할 수 있게 하기 때문이다. ≪풍영법≫은 경찰관이 점방에 자유로이 드나들고 정보와 서류 등을 검사하고 그 관계자들을 심문할 수 있게 규정하고 있다. 이 법에 따라 경찰관은 재일조선인의 영업장소에 마음대로 드나들고 자그마한 문제라도 시비질하며 자기의 비위에 약간만 거슬려도 영업허가를 취소하거나 영업을 즉시 중지시킬 수 있게 되어 있다. ≪풍영법≫은 경제토대가 원래 미약하고 일본기업가들보다 매우 불리한 조건에서 겨우 생계나 유지하기 위하여 영업활동을 하는 재일조선인의 경제활동을 심히 억제하고 있다. 이것은 ≪풍영법≫이 국제인권규약이 규정한 로동의 권리에 대한 침해로 되며 일본헌법과 민법에서 규정된 영업활동의 자유와 재산권의 보장에 어긋나는 비법적인 법이라는 것을 실제적으로 보여주고 있다.

재일조선인의 생활권에 대한 일본당국의 침해에서 전형적인 것은 ≪국민년금차별≫이다. 일본당국은 력사도덕적 견지에서 응당 보호하여야 할 재일조선인 로인과 피해자들에게 국민년금제도에 필요한 조치를 취하지 않고 무년금상태에 두고 있다. 국민년금제도에서 심한 민족적 차별정책으로 인하여 수많은 재일조선인의 로인과 피해자들이 아무러한 생활조건도 법적으로 보장받지 못하고 있다. 재일조선인의 로인과 피해자들을 보호하는 것은 과거 악독한 일본제국주의의 식민지통치의 후과로 산생된 문제이기에 일본당국이 력사도덕적 견지에서나 국제법상 공인된 원칙에서 보아도 결코 책임을 회피할 수 없다. 그럼에도 불구하고 일본당국은 공화국에 대한 적대시정책을 집요하게 추구하면서 국민년금제도에서 민족적 차별을 그대로 두고 있다. 재일조선인에게 납세에는 소위 ≪국민≫취급을 하고는 년로보장과 사회보장에서는 ≪외국인≫으로 취급하는 데서 국민년금제도의 불공평성이 집중적으로 나타나고 있다. 이처럼 국민년금제도만을 보더라도 재일조선인의 생활권이 심히 침해되고 있다는 것을 단적으로 보여주고 있다.

재일조선인의 민주주의적 민족권리에 대한 일본당국의 침해행위의 반동성은 또한 그들의 민족교육에 대한 권리를 유린하는 데 있다. 재일조선인이 해외에 거주하는 조건에서 민족성을 고수하기 위한 기본 공간은 교육이다. 재일조선인자녀들을 조국의 참된 아들딸로 키우기 위하여서는 재일조선인에 대한 교육의 권리를 보장하여야 한다. 그러나 일본당국은 재일조선인의 교육의 권리를 침해할 뿐 아니라 동화교육정책을 악랄하게 추구하고 있다.

일본당국은 재일조선인의 민족성을 말살하기 위하여 동화교육정책을 로골적으로 표명한 두 개의 교육관계법문건을 발포하였다. 이 문건들에서 조선인학교를 각종 학교로 인정해서는 안 된다는 것과 일본학교에 재학하는 재일조선인 자녀들을 일본학생과 똑같이 취급하여야 한다는 것을 규정하고 있다. 이 문건들은 재일조선인자녀들에 대한 민족교육을 부인하고 동화교육을 합법화한 것이다. 일본당국의 동화교육정책은 지난 시기 일본제국주의자들이 조선사람의 성과 이름, 말까지 빼앗아 저들에게 동화시키려던 식민지통치의 연장이다.

일본당국은 조선고급학교졸업생들과 조선대학교 졸업생들이 일본국립대학 및 대학원에 입학할 자격을 부인하고 있다. 조선고급학교 졸업생들의 대다수가 민족교육[71]의 최고전당인 조선대학교에 입학하고 있으나 조선대학교에 없는 일본대학의 전문학부들에 입학할 것을 지망하는 학생들도 있다. 그런데 일본국립대학은 이들의 수험자격을 인정하지 않는 민족적 차별조치를 공공연히 실시하고 있다.

일본당국은 조선인학교들에 대한 교육조성금도 지불하지 않고 있다. 조선학교는 법적으로 학교교육법의 ≪각종학교≫로 되어 있기에 조선학교에 응당 교육조성금이 지불되어야 한다. 조선학교에 대한 교육조성금이 지불되어야 할 법적 근거는 구체적으로 ≪사립학교법≫, ≪사립학교진흥조성법≫과 ≪지방자치법≫에 있다. 이러한 법적 근거와 재일조선인이 막대한 자금을 일본인들과 똑같이 납세하는 조건에서 조선인학교에 대한 교육조성금을 지불하지 않는 것은 교육에서 로골적인 민족적 차별이다.

일본당국은 또한 조선고급학교 학생들과 조선중학교 학생들이 전국고등학교체육련맹과 전국중학교체육련맹에 정식 가맹하는 것을 ≪조선학교는 각종학교≫라는 단 한 가지 리유로 거부하고 있다. 일본당국은 조선학교에 대한 제재의 기회를 항상 노리면서 각종 구실을 붙여 직접적인 탄압행위를 서슴없이 감행하고 있다. 1990년에 일본경찰이 외국인등록법의 주소변경위반을 구실로 도꾜조선고급학교를 강제수색한 것은 반인권적인 민족교육탄압행위였다.

일본당국은 일본학교에 재학하는 조선인자녀들에 대한 민족교육의 조치를 전혀 취하지 않고 있을 뿐 아니라 그들에 대한 동화교육을 실시하고 있다. 일본당국은 일본학교에서 ≪민족학급≫ 등의 형식을 통하여 민족교육을 실시할 데 대한 학부형들의 일치한 요구도 무시하고 조선인자녀의 교육에 대하여 ≪일본인 자제와 구별함이 없이 특별한 취급을 해서는 안 된다≫는 립장을 고집하면서 동화교육을 강요하고 있다.

일본당국은 조선인자녀들에 대한 민족교육을 실시하지는 못할망정 인신상 권리마저 무참히 유린하고 있다. 그 대표적 실례가 일본당국의 묵인하에 감행된 ≪치마저고리≫사건이다. ≪치마저고리≫사건이란 조선학교에 다니는 학생들에 대하여 폭언, 폭행, 상해를 가하는 인신침해행위를 말한다. 치마저고리를 입고 통학하는 녀학생들을 겨냥삼아 때리거나 옷을 찢거나 머리카락을 잡아 뜯는 범죄행위들이 백주에 감행되고 있다. 이러한 인신침해는 우발적인 범죄행위가 아니라 재일조선인에 대한 일본당국의 탄압정책의 필연적 산물이다.

보는 바와 같이 일본당국은 사회생활의 모든 분야에서 재일조선인의 민주주의적 민족권리를 말살하기 위한 민족차별정책과 탄압정책을 악랄하게 계속 감행하고 있다. 그러므로 우리는 재일조선인의 인권을 유린하는 일본당국의 반동적인 탄압정책을 분쇄하고 재일조선인들의 민주주의적 민족권리를 철저히 옹호하기 위한 투쟁을 힘차게 벌려나가야 할 것이다.

30. 범죄자인도제도의 발생변천5)

황 금 철

[63]위대한 령도자 김정일동지께서는 다음과 같이 지적하시였다. ≪**정치에서 자주성을 보장하기 위하여서는 대외관계에서 완전한 자주권과 평등권을 행사하여야 합니다. 당과 국가의 자주성은 결국 대외관계에서 표현됩니다.**≫(≪김정일선집≫제7권, 180페지)

정치에서 자주성을 보장하기 위해서는 대외관계에서 완전한 자주권과 평등권을 행사하여야 한다. 우리 국가는 정치에서 자주성을 확고히 보장할 데 대한 우리 당의 확고부동한 원칙으로부터 출발하여 범죄자인도문제해결을 위한 국제관계에서 우리 혁명과 인민의 리익에 맞게 완전한 자주권과 평등권을 행사하고 있다.

범죄자인도에 관한 문제는 국제적 성격의 범죄와의 공동투쟁을 목적으로 해당 국가들이 호상성의 원칙에서 내세우고 있는 국제형법상의 중요한 문제의 하나이다. 범죄자인도에 관한 리해를 바로 가져야 국제범죄를 비롯한 국제적 성격의 범죄와의 투쟁에서 매개 국가들이 자주권존중의 원칙을 견지하면서 그와의 공동투쟁에 철저히 대처해나갈 수 있다. 범죄자인도문제는 국제적 범죄와의 투쟁에서 국가들 사이의 법률상 방조와 협조를 실현하기 위한 국제법상의 문제이다. 물론 매개 나라에서 범죄와의 투쟁은 그 나라 내정에 속하는 문제이며 해당 주권국가의 자주권실현과 관련되어 있다. 매개 주권 국가는 자기 나라 형법에 근거하여 범죄자들에 대하여 형사책임을 추궁하며 해당한 형벌을 가하게 된다. 그러나 범죄와의 투쟁을 진행하는 과정에는 국가들 사이에 법률상 협조를 진행할 필요성이 제기된다. 말하자면 국제적 성격의 범죄와의 투쟁문제가 제기되게 된다. 그것은 주로 자기 나라 령역 안에서 엄중한 범죄행위를 감행하고 외국으로 도주한 범죄자를 처벌하거나 외국에서 감행된 범죄사실을 조사심의하게 되는 경우 그리고 외국인범죄자를 그의 본국 혹은 범죄를 범한 나라에 넘겨주어야 할 사정 등이 제기되는 경우가 있기 때문이다. 이로부터 해당 국가들은 형사법분야에서 범죄와의 국제적인 공동투쟁을 목적으로 국가들 사이의 법률상 방조를 진행할 데 대한 조약을 체결하고 그에 기초하여 국제적 성격의 범죄투쟁에서 행동일치와 협조를 보장하기 위한 국제법적 조치들을 취하게 된다. 바로 범죄와의 투쟁과 관련한 국가들 사이의 법률상 방조에서 중요하게 제기되는 국

5) 출처: 김일성종합대학출판사, 『김일성종합대학학보: 력사법학』, 제52권 제3호(2006), 63-66쪽.

제형법상의 중요한 문제의 하나가 범죄자인도문제이다.

범죄자인도제도의 발생변천문제는 국제법상의 중요한 제도의 하나인 국제적 범죄와의 투쟁과 관련한 범죄자인도제도의 성격과 그 내용을 옳바로 리해하게 하는 데서 출발적 기초로, 선결조건으로 된다. 국제법상의 학술적 견해에 의하면 범죄자인도제도의 발생변천문제는 크게 두 측면에서 고찰하고 있다.

그 하나는 마르텐스라고 하는 국제법학자에 의하여 주장되고 있는 견해이다. 그에 의하면 범죄자인도의 발생변천력사를 크게 세 단계로 구분하여 보는 것이다. 즉 첫 단계는 고대로부터 17세기 말까지의 시기인데 이 시기에는 범죄자인도문제가 대체로 드물게 제기되었으며 제기되는 경우에도 중요하게는 정치범인, 이단자, 정치망명자에 해당한 것이었다. 둘째 단계는 18세기부터 19세기 전반기까지의 시기인데 이 시기에는 조약체결이 추진되었으나 인도의 주되는 대상자는 주로 탈주병에 해당한 것이다. 셋째 단계는 1840년 이후 시기인데 이 시기에는 여러 나라가 범죄를 범하고 달아난 도주범죄자에 대한 련합전선을 펼친 시기라는 것이다. 마르텐스에 의한 범인인도제도의 발생변천에 관한 시기적 구분은 적절한 자료에 근거한 것으로서 일정한 의의는 있으나 시기적 제한과 력사적 자료의 빈약성을 내포하고 있다.

다른 하나는 돈뉴드 더 와불이 주장하는 견해이다. 그에 의하면 범죄자인도제도의 발전단계를 세 단계로 나누어 그 근거를 주장하고 있다. [64]첫 단계는 고대로부터 18세기 중엽까지의 시기인데 행정협정단계로 불리우는 이 시기에는 범인인도가 오직 행정권의 유관사항으로 되었다는 것이다. 둘째 단계는 18세기 중엽부터 1930년경까지의 시기인데 립법단계라고 불리우는 이 시기에는 여러 나라에서 범죄자인도에 관한 립법이 련이어 진행되었다는 것이다. 그 전형적인 것은 최초의 근대적 범죄자인도법으로 불리우는 1833년 10월 1일에 채택된 벨지끄범죄인도법이다. 이 법은 3권분립원칙을 관철하는 립장으로부터 인도에 관한 권한을 행정권과 사법권에 분할하였다. 이러한 립법적 태도는 그 후 여러 나라들의 립법에 영향을 주었다는 것이다. 셋째 단계는 1930년 중엽부터 오늘까지의 시기인데 ≪국제적 단계≫로 특징지어지는 이 시기에는 인도에 관한 중요한 권한이 사법권에 속하는 시기라는 것이다. 즉 이 시기가 ≪국제적 단계≫로 불리우는 것은 여러 나라의 범죄자인도법이 국제적으로 대체로 공통적 내용으로 일관되었기 때문이라는 것이다.

범죄자인도의 발생변천에 관한 이들의 견해를 종합해보면 범죄자인도력사는 고대노예시기에는 주로 쌍방조약의 형식으로 범죄자인도문제가 론의되고 진행되었다면 18세기 근대시기에 들어와서는 국제적인 다방조약에 기초한 국제범죄인도문제로 제도화되었다는 것을 알 수 있다.

즉 근대시기에 들어와서 범죄자인도문제는 하나의 국제적 문제로서 여러 나라들에 적지 않은 영향을 주고 광범히 진행되었으며 그에 따라 범죄자인도문제는 국제법상의 제도로서 더욱 공고화되기 시작하였다는 것을 보여주고 있다.

자료에 기초하여 범죄자인도제도의 발생변천력사를 고찰해보면 국제적으로 형사법부문에서 범죄자인도문제가 제기되기 시작한 것은 이미 오래전부터였다. 범죄자인도의 기원은 지금으로부터 3,000년 전이라고 할 수 있다. 자료에 의하면 B.C. 1280년경 에짚트의 람세스2세와 헤트의 왕자 하뚜씰리3세 사이에 체결된 평화조약 속에 타방에 도망친 범죄자를 인도한다는 취지의 조항이 규정되어 있었다. 례하면 ≪에짚트(헤트)의 관리로서 도망하여 헤트(에짚트)에 온 자를 노예로 만들지 않고 에짚트(헤트)에 송환한다.≫고 한 조항이다. 물론 이와 같은 규정은 그리스와 고대로마 사이에 체결된 여러 조약들에도 있었다. 즉 본 조약들에는 도망한 관리를 인도하는 조약이 있었다.

고대시기의 범죄자인도는 정치범에 대하여서만 진행되었다. 그것은 정치적 권력자들인 군주들에게 있어서 자국의 정치체제의 변혁을 기도하는 정치범이야말로 가장 위험한 존재였기 때문이다. 당시 정치범이란 노예나 자유민을 의미한 것이 아니라 해당 나라에서 ≪관리≫이었던 자들을 의미한다. 이것은 해당 조약들에서 인도대상자를 ≪관리≫로 명백히 규정한 데서 찾아볼 수 있다. 자료적으로 보면 대체로 18세기 이전에는 일반범죄의 범죄자인도와 관련한 조약은 극히 일부에 지나지 않았다. 실례로 1174년부터 1794년까지의 기간에 영국이 체결한 범죄자인도조약은 불과 5개뿐이었으며 실지로 범죄자인도와 관련한 조약은 대다수가 정치범의 인도와 관련한 조약이었다.

범죄자인도문제가 단순히 정치범의 범위를 벗어나 일반범죄에 이르기까지의 그 범위를 넓히기 시작한 것은 18세기에 이르러서였다. 18세기에 이르러 일반범죄의 범죄자인도문제는 일부 나라들에서의 법률상 중요한 내용으로 제기되게 되었다. 대표적으로 근대이전 프랑스의 정치제도하에서 정치범죄는 가장 중대한 범죄로 인정되었으며 범인은 특별히 무거운 형을 받았다. 이로부터 프랑스에서는 다른 나라에 도망친 정치범에 대한 범죄자인도문제가 중요하게 제기되게 되었다. 그러나 1797년 프랑스혁명은 낡은 견해와 제도를 근본적으로 타파하였다. 즉 정치범에 대한 관용적인 ≪자유로운≫견해가 등장한 것은 1830년 7월혁명과 1848년 2월혁명의 결과였다. 혁명과 반혁명이 련이어 뒤바뀐 프랑스에서 정치범은 때때로 다음 정권하에서 ≪영웅≫으로까지 등장하게 되었다. 바로 이것으로 하여 프랑스혁명은 봉건적 전제정치를 실시한 가까운 린접의 여러 나라들에 큰 충격을 주었다. 그러한 나라들은 혁명의 파급이 무서워 정치제도의 근본적 변[65]혁을 시도하는 자를 탄압하였기 때문에 결국 많은 정치범들이 프랑스에 도망치게 되었다. 그러나 이러한 정치범들은 프랑스에 있어서는 존경해야 할 ≪자유전사≫이었으며 비호해야 할 사람들이었다. 이로부터 정치범불인도의 원칙이 생겨났으며 범인인도의 기본문제는 일반범죄의 범인인도를 내용으로 하는 일반적 성격의 문제로 변화되게 되었다. 물론 그 이전 시기는 범죄자인도가 본격적인 조약체결로 이루어진 것이 아니라 단편적인 조약의 체결로 되었을 뿐이다. 제2차 세계대전 전에 체결된 다국간 조약으로서는 1889년의 몬떼비데오국제형법조약(1940년 수정), 1928년의 부스따만떼법전, 1933년의 몬떼비데오범죄자인도조약 등이 알려져 있다.

　범죄자인도와 관련한 조약체결이 국제적 범위에서 급속히 확대되기 시작한 것은 제2차 세계대전 이후 시기이다. 제2차 세계대전 후 여러 나라들 사이에는 범죄자인도조약을 체결하는 움직임이 세계적 규모에서 더욱 높아졌다. 그중에서 가장 중요한 의의를 가지는 것이 1957년 12월 13일 빠리에서 체결된 《유럽범죄자인도조약》(1960년 4월 18일 발효)이다. 이 조약은 유럽평의회(1949년 서유럽의 정치적, 경제적 통합을 지향한 국제적 협의기관으로 설립되어 구성국은 처음에 10개 나라, 2002년 8월 현재 44개 나라이다. 본부는 프랑스의 스트라스부르그에 있다. 유럽평의회는 《유럽공동체》나 《유럽주련합》과도 다르다.)의 구성국 간에 국제형사사법협력에 관한 최초의 조약으로 체결되었다. 이 조약은 체약국들의 공통적 리해를 믿는다는 견지로부터 기본적으로는 범죄자인도법의 여러 원칙을 채용하고 있다. 이 조약의 기본적 의의는 이 조약이 체약국 간에 이전에 체결되었던 쌍방 또는 다국간 범죄자인도조약을 폐지한 점에 있다. 본 조약의 규정을 보충하기 위해 또는 본 조약에 포함되어 있는 제 원칙의 적용을 성실히 하며 새로운 2개국 또는 다국간조약을 체결할 수 없다고 하고 있다. 이 취지에 따라 1962년 베네룩스범죄자인도 및 형사사법공조조약, 1972년의 《유럽인도조약을 보충하는 도이췰란드-오스트리아조약》 등이 체결되었다.

　다음으로 범죄자인도조약의 발전에서 특이한 것은 1990년에 꾸바의 아바나에서 열린 제8차 유엔범죄방지회의에서 체결된 유엔의 《범죄자인도에 관한 모범조약》이다. 이 조약은 범죄자인도에 관한 쌍방조약을 체결한 나라들에 도움을 주기 위해 작성된 모범조약이며 처음부터 어떠한 구속력도 없다. 그러나 그중에는 간단한 수속에 의해서 조기해결을 가능하게 하는 여러 규정 외에도 새로운 시대적 조건에 따르는 여러 규정들도 적지 않았다. 오늘 세계의 여러 나라가 이 모범조약을 모체로 하여 쌍방 간 또는 다방 간 범죄자인도조약을 체결하려는 움직임을 보이면서 국제적인 인도조약의 통일성을 지향하고 있다.

　현재 유럽동맹(EU)은 1996년 9월 27일 15개 나라가 서명한 《가맹국 간의 범죄자인도조약》을 체결하였다. 이 조약은 체결국 간의 기존조약들의 적용을 보충하며 유럽동맹(EU)가맹국 간에서의 범죄자인도를 용이하게 할 것을 목적으로 하며 정치범불인도원칙의 부정, 자국민도

인도하는 원칙의 수립. 구체적 쌍벌주의의 완화. 특정주의의 완화 등 법적용에 ≪유리한≫ 많은 규정들을 주고 있다.

이처럼 범죄자인도제도의 확립과 그 변천발전과정은 오랜 력사적 근원을 가지고 세계적 범위에서 새로운 국제법질서를 확립하였다. 그러나 범죄자인도제도는 단순히 국제적인 형법상제도인 것이 아니라 매개 주권국가들의 자주권행사와 관련된 심중한 정치적 성격의 문제이다. 그런 것만큼 매개 주권국가들은 자기의 자주권을 지키고 국제적 범죄와의 투쟁에서 공동의 관심을 도모하는 립장에서 범죄자인도와 관련한 국제적 협조와 방조를 실현해나가야 한다. 우리나라는 지난 기간 국제범죄와의 공동투쟁을 목적으로 중국, 로씨야를 비롯한 적지 않은 나라들과 범죄자인도와 관련한 국제적 협정들을 체결하고 국제범죄와의 투쟁에 공동으로 협조하고 방조하였다.

오늘 국가들 사이의 범죄자인도와 관련한 형사법률상의 문제는 자주권존중, 내정불간섭, 평등과 호혜에 기초한 국제법의 기본원칙에 준하여 진행되는 것이 하나의 국제적 관[66]례로 되고 있다. 그러나 오늘 형사범과의 투쟁에서 국가들 사이의 협조에 관한 국제법제도는 국제무대에서 유엔을 리용한 미제를 비롯한 제국주의자들의 전횡과 강권, 비법적인 주장과 란폭한 위반행위로 하여 제대로 준수되지 못하고 심히 유린되고 있다. 미제가 오늘 국제법상 요구를 위반하고 수많은 국제범죄조직과 범죄자들을 비호하고 안식처를 제공하고 이것을 통하여 다른 나라 내정에 간섭하고 있는 사실은 미국이야말로 국제범죄의 왕초라는 것을 낱낱이 보여주고 있다. 미제가 국제법상 범죄자인도제도를 란폭하게 위반하고 있는 사실은 꾸바에 대한 테로행위를 감행한 테로분자들을 비호하고 피신처를 제공하면서 해당 국가의 범죄자인도요구를 외면하는 데서 집중적으로 나타나고 있다. 일본도 범죄를 범한 자들을 해당 국가에 넘겨줄 데 대한 국제법상의 요구를 위반하고 범죄자들을 비호하는 저들의 정체를 감출 수 없다. 일본은 우리 공화국 공민에 대한 유괴랍치범죄를 감행한 범죄자들과 범죄조직을 비호하는 행위를 하지 말고 우리의 요구대로 범죄자들을 인도하고 국제법상의 요구를 철저히 지켜야 한다.

모든 진보적인 주권국가들은 나라의 자주권을 지키고 국제관계에서의 공정한 련대성을 강화하며 범죄자인도와 관련한 자본주의나라들의 그릇된 견해와 주장, 국제형사법제도와 질서를 위반하는 부당한 행위를 반대하여 적극 투쟁해 나가야 한다.

제8장 국제경제 · 금융 · 투자법

31. 국제경제법에 대한 일반적 리해[1]

강 정 남

[71]위대한 령도자 김정일동지께서는 다음과 같이 지적하시였다. ≪우리는 나라의 경제가 빨리 발전하는 데 따라 다른 나라들과의 경제적 련계를 넓혀나가야 합니다.≫

나라들 사이의 경제적 련계는 국제경제법에 기초하여 전개되고 구체화된다. 이것은 국제경제법에 대한 옳바른 리해가 나라의 경제발전속도에 맞게 세계 여러 나라들과의 경제적 련계를 확대발전시켜 나가는 데서 중요한 문제의 하나로 나선다는 것을 의미한다. 국제경제법은 국제경제관계를 규제하는 법규범의 총체이다. 다시 말하여 국제경제활동과 관련하여 당사자들이 지니게 되는 권리와 의무관계를 규제한 법규범들을 총칭하여 국제경제법이라고 한다. 이것은 법률관계의 당사자와 법의 규제대상 및 법원천의 측면에서 고찰한 국제경제법에 대한 개념이다.

국제경제법의 당사자란 국제경제법률관계의 담당자를 말한다. 다시 말하여 국제경제활동에서 일정한 권리를 가지고 의무를 지니게 되는 당사자를 국제경제법의 당사자라고 한다. 국제경제법의 당사자는 국가, 국제경제기구, 법인, 자연인이다.

국가는 사회적 집단이 사회에 대한 정치적 지배를 실현하기 위하여 조직된 가장 포괄적인 정치조직으로서 정치와 경제, 문화, 국방, 외교의 기능을 수행할 수 있는 정연한 국가기구들을 가

---

1) 출처: 김일성종합대학출판사, 『김일성종합대학학보: 력사법학』, 제45권 제3호(1999), 71-76쪽.

지고 있다. 이것은 국가가 자기의 이름으로 국제경제법률관계의 당사자로 나설 수 있다는 것을 의미한다. 자연부원의 공동개발, 국제신용대부와 같은 국제경제관계의 당사자로 국가가 나서는 것이 그 대표적 실례이다. 국제경제기구는 국가들 사이의 조약에 기초하여 설립되어 국제경제 활동에 참가하는 국제적인 조직으로서 여기에는 세계적 경제기구와 지역적 경제기구가 있다. ≪국제통화기금≫, ≪세계은행집단≫과 같은 것이 세계적 경제기구에 속하며 ≪아시아개발은행≫, ≪유럽경제공동체≫ 같은 것이 지역적 경제기구에 속한다. 국제경제기구는 설립기초인 조약에 서 규정된 범위 안에서 국제경제활동에 적극 참가하고 있다.

법인은 대외적으로 민사상 권리와 의무의 담당자로 나설 수 있는 전일적인 조직기구와 자기의 이름으로 재산을 차지하거나 리용하며 또 처분할 수 있는 재산상 독자성을 가지고 있는 조 직체이다. 나라들 사이의 상품매매, 공동투자에 의한 새로운 기업의 설립 등 국제경제거래의 대부분은 법인을 통하여 이루어진다. 이것은 법인이 국제경제관계의 가장 대표적인 당사자로 된다는 것을 의미한다. 국제경제관계의 당사자로서 법인의 지위는 국제경제거래가 확대발전되 는 데 따라 더욱 높아지고 있다.

자연인은 민사법률관계의 담당자로 되는 개별적 사람이다. 사적 소유에 기초하고 있는 자본 주의사회에서는 개별적인 사람도 국내경제거래뿐 아니라 국제경제거래에도 참가하고 있다. 국 내외에 새로 설립되는 기업에 현금이라든가 현물 같은 것을 투자하는 것이 그 대표적 실례로 된다.

국제경제법의 규제대상은 국제경제관계이다. 국제경제관계는 당사자들이 지니게 되는 권리, 의무관계이다. 다시 말하여 한 나라의 령역을 벗어나 진행되는 경제활동과 관련하여 국가, 국 제경제기구, 법인, 자연인들이 지니게 되는 권리, 의무관계를 총칭하여 국제경제관계라고 한다.

국제경제관계와 대외경제관계는 서로 구별된다. 대외경제관계는 자기 나라와 다른 나라 사 이의 경제관계이다. 우리나라와 다른 나라 사이 정부급에서 체결한 ≪무역 및 지불협정≫이나 ≪투자 보호 및 장려 협정≫, 그리고 회사급에서 체결한 ≪상품매매계약≫이나 ≪합영계약≫, ≪수송계약≫ 등으로부터 발생하는 권리의무관계와 같은 것이 대외경제관계에 속한다. 국제경 제관계는 자기 나라와 다른 나[72]라 사이의 경제관계만이 아니라 국가, 국제경제기구, 법인, 자연인들 사이의 다면적인 경제관계를 포괄한다. 이것은 국제경제관계가 대외경제관계에 비하 여 그 범위가 훨씬 넓다는 것을 의미한다.

국제경제관계는 민사법률관계와 서로 다르다. 민사법률관계는 법인, 자연인들 사이의 경제적 류통관계이다. 다시 말하여 재산거래관계 및 그와 관련된 인적 관계가 민사법률관계이다. 그러나 국제경제관계는 상품, 화폐, 기술, 로동 등이 한 나라의 범위를 벗어나면서 이루어지는 종합적인 경제관계이다. 이것은 국제경제관계가 포괄하는 범위가 민사법률관계의 포괄범위를 훨씬 초과한다는 것을 의미한다.

국제경제관계는 횡적 관계, 종적 관계, 복합관계의 세 가지 관계를 포함한다. 횡적 관계는 국가, 국제경제기구, 법인, 자연인 호상간의 국제적 류통관계이다. 이 관계는 평등, 호혜에 기초한 관계이며 등가유상을 내용으로 하는 관계이다. 종적 관계는 국가가 국제경제활동을 제약하는 관계이다. 다시 말하여 당사자들이 국제경제활동을 진행하도록 하는 관계를 종적 관계라고 한다. 이 관계는 국가기관의 행정적 요구와 그에 대한 당사자들의 무조건적인 집행을 내용으로 하는 관계이다. 복합관계는 각국 간의 총체적인 경제관계이다. 북남관계, 남남관계, 북북관계와 같은 지역들 사이의 경제협력 및 교류관계라든가 쌍무적 또는 다무적 조약에 의하여 설정된 나라들 사이의 경제협력 및 교류관계와 같은 것이 여기에 속한다.

국제경제법은 국제경제관계 당사자들의 권리와 의무를 직접 규제한다. 이런 의미에서 국제경제법규범을 ≪저촉규범≫이 아니라 실체법규범이라고 하는 것이다. 저촉규범은 대외민사관계 당사자들의 권리와 의무를 간접적으로 규제한다. 다시 말하여 국내법규범과 국제법규범 중에서 어느 법규범을 적용하여 대외민사관계 당사자들의 권리와 의무를 확정하도록 하겠는가 하는 법규범을 저촉규범이라고 한다.

국제경제법규범은 국제경제류통관계 당사자들의 호상관계(횡적 관계)를 규제하는 법규범(국제조약, 국제관례), 국가가 국제경제활동에 참가하는 당사자(법인, 자연인, 기타 경제조직)들의 권리와 의무관계(종적 관계)를 규제하는 법규범(대외경제관계법), 각국 간의 총체적인 경제관계(복합관계)를 규제하는 법규범(례≪새로운 국제경제확립에 관한 선언≫, ≪새로운 국제경제질서의 수립을 위한 행동강령≫)을 포함하고 있다.

국제경제법의 당사자는 국제법이나 국제사법의 당사자와 다르다. 국제법의 당사자는 국가이다. 물론 일정한 조건하에서는 국제기구나 민족해방투쟁단체도 국제법의 당사자로 나선다. 이와는 반대로 국제사법의 당사자는 국가가 아니라 법적용지역이 서로 다른 법인이나 자연인이다. 그런데 국제경제법의 당사자는 국가, 국제경제기구, 법인, 자연인이다. 이것은 국가, 경제기구, 민족해방투쟁단체만이 당사자로 나서는 국제법이나 법적용지역이 서로 다른 법인이나 자연인만이 당사자로 나서는 국제사법에 비하여 국제경제법의 당사자범위가 훨씬 넓다는 것을 말하여 준다.

국제경제법의 규제대상과 국제법의 규제대상은 서로 같지 않다. 국제법의 규제대상은 국가들 사이의 정치, 경제, 문화, 군사 관계이다. 그러나 국제경제법은 어느 한 나라의 범위에서가 아니라 국제적 범위에서 이루어지는 횡적 관계, 종적 관계, 복합관계라는 총체적인 국제경제관계를 규제한다.

국제경제법규범은 국제법이나 국제사법, 국내법규범과 구별되면서도 련관되어 있다. 이것은 국제경제법규범이 어떤 특정한 범주의 법규범에 국한되지 않는다는 것을 의미한다. 국제경제관계를 규제하는 법규범에는 ≪공법≫규범이나 ≪사법≫규범은 물론 국제법규범이나 국내법규범들을 포함하게 된다. 그것은 하나의 거래에 국내 민법 및 상법규범, 무역관리 및 무역관계 공법규범, 국제조약과 관례, 관습법규범이 동시에 적용되는 국제무역거래관계 하나만 놓고 보아도 잘 알 수 있다.

국제경제법의 원천[2]이란 국제경제관계를 [73]규제하는 법규범들이 어떤 법문건에 포함되어 있는가 하는가를 말한다. 국제경제법규범은 두 가지 형식으로 존재한다. 하나는 국내법적규범이며 다른 하나는 국제법적 규범이다. 국내법적 규범에는 규범적 문건과 일부 나라들에서 인정하고 있는 판례법규범이 속하며 국제법적 규범에는 국제조약이나 국제관습, 국제기구의 결정 같은 것이 속한다.

국내법규범에서 기본은 규범적 문건이다. 그것은 규범적 문건이 국가로부터 권한을 부여받은 국가기관이 낸 문건이기 때문이다. 우리나라에서 규범적 문건들로는 사회주의헌법, 최고인민회의법령, 국방위원회 결정과 명령, 최고인민회의 상임위원회의 정령, 내각의 결정, 위원회, 성의 결정, 지시, 지방인민회의 결정, 지방인민위원회의 결정, 지시 등이 있다. ≪조선민주주의인민공화국 경제무역지대법≫(최고인민회의법령으로 승인), ≪조선민주주의인민공화국 대외경제계약법≫(최고인민회의 상임위원회결정으로 채택), ≪외국기술도입규정≫(내각결정으로 승인)과 같은 것이 규범적 문건에 속한다. 다른 나라들에도 국제경제법의 원천으로 되는 규범적 문건들이 수없이 많다. 중국의 ≪중외합작경영기업법≫, 미국의 ≪관세법≫, 일본의 ≪환자관리법≫, 영국의 ≪동산매매법≫, 도이췰란드의 ≪대외경제법≫, 메히꼬의 ≪기술양도법≫ 같은 것이 그 대표적 실례로 된다.

판례법은 개별적 사건에 대한 국가기관 특히 재판기관의 결정이나 판결에 국가가 법적 효력을 부여한 것이다. 국제재판소의 판례와 이름 있는 국제중재기관의 재결, 그리고 각국 중재기관의 재결도 국제경제법의 원천으로 된다고 인정하고 있다. 이와 같은 견해는 영미법계통의 나라들에서 매우 강하다. 영미법계통나라의 법학연구기관이나 변호사협회 등 많은 단체들이 법을

---

2) 편집자주: 북한에서는 법의 '연원'을 '원천'이라고 한다.

해석하는 책이나 판례집을 출판하고 그것을 같은 성질의 사건을 처리하는 데 적용하도록 하고 있다. 미국의 상공회의소와 대외무역리사회가 공동으로 출판한 ≪미국대외무역분쟁판례집≫ 같은 것이 그 대표적 실례로 된다.

국제조약은 각국의 권리와 의무관계를 규제한 나라들 사이의 합의로서 그것은 조약이나 협정, 의정서, 공동성명, 공동선언, 각서 등 여러 가지 명칭으로 체결된다. 국제조약에는 두 나라 사이에 체결된 쌍방조약과 세계 여러 나라들 사이에 체결된 다방조약이 있다. 우리나라가 다른 나라들과 체결한 ≪무역 및 지불협정≫, ≪차관협정≫, ≪투자보호 및 장려협정≫, ≪2중과세방지협정≫과 같은 것이 쌍방조약에 속한다. 그리고 ≪국제상품매매에 관한 유엔조약≫, ≪투자분쟁해결에 관한 조약≫, ≪배짐증권에 관한 통일협약≫, ≪공업소유권보호에 관한 빠리동맹조약≫, ≪외국중재판단의 승인 및 집행에 관한 유엔조약≫과 같은 것이 다방조약에 속한다. 다방조약에는 세계적 성격의 다방조약과 지역적 성격의 다방조약이 있다. 국제경제관계를 규제하는 조약은 수없이 많다. 그것을 내용에 따라 다음과 같이 구분할 수 있다. 첫째로, 국제상품류통과 관련되는 조약이 있다. ≪국제상품매매에 관한 유엔조약≫과 같은 세계적 성격의 조약과 ≪유럽관세동맹≫과 같은 지역적 성격의 조약이 여기에 속한다. 둘째로 국제자본투자와 관련되는 조약이 있다. ≪투자분쟁해결에 관한 조약≫과 같은 세계적 성격의 조약과 ≪안디스외국투자협정≫과 같은 지역적 성격의 조약이 여기에 속한다. 셋째로 국제상품수송과 관련되는 조약이 있다. 여기에서 기본을 이루는 것은 해상, 항공, 철도 수송에 관한 국제조약이다. 해상수송과 관련한 조약에는 ≪배짐증권에 관한 통일협약≫(헤그협약), ≪웨위스비규칙≫, ≪유엔해상화물수송협약≫ 등이 있으며 항공수송과 관계되는 조약에는 ≪국제항공운수에 관한 일부 규칙의 통일을 위한 협약≫, ≪헤그의정서≫ 등이 있다. 그리고 철도수송과 관계되는 조약에는 ≪베른국제철도화물수송조약≫, [74]≪국제철도화물수송협정≫ 등이 있다. 넷째로 지적소유권보호와 관련되는 조약이 있다. 세계적 성격의 조약에는 ≪공업소유권보호에 관한 빠리동맹조약≫, ≪문학예술작품보호에 관한 빠리조약≫, ≪상표등록에 관한 마드리드협정≫, ≪세계지적소유권보호에 관한 조약≫, ≪특허등록조약≫, ≪세계저작권조약≫, ≪상표등록조약≫ 등이 있으며 지역적 성격의 조약에는 ≪유럽특허조약≫, ≪아프리카공업소유권협정≫, ≪아프리카지적소유권협정≫ 등이 있다. 다섯째로 국제과학기술협조 및 기술이전과 관련되는 조약이 있다. 여기에서 기본을 이루는 것은 지역적 성격의 조약들이다. 그것은 효력을 발생한 세계적 성격의 조약이 아직 없기 때문이다. 대표적인 것이 안디스 성원국들 사이에 체결한 ≪외국인 투자, 상표, 특허에 관한 허가증 발급 및 비용할인 규칙≫, 유럽경제공동체성원국들 사이에 체결한

≪독점금지에 관한 규칙≫ 등이다. 여섯째로 국제상사중재와 관련되는 조약이 있다. 세계적 성격의 조약에는 ≪중재조항에 관한 제네바의정서≫, ≪유엔국제무역거래법위원회 중재규칙≫ 등이 있으며 지역적 성격의 조약에는 ≪국제상사중재에 관한 유럽조약≫, ≪중재법의 통일규칙에 관한 유럽조약≫, ≪유엔 아시아 및 원동위원회 중재규칙≫, ≪아메리카주상사중재위원회 중재규칙≫ 등이 있다. 이 밖에도 국제화폐관계, 국제세무관계 등 여러 가지 국제경제관계를 규제하는 조약들이 있다.

국제관습은 나라들 사이 경제거래과정에 반복리용되면서 형성된 국제질서이다. 국제적으로 통용되고 있는 국제관습에는 유럽지역에서 통용되고 있는 관습, 영련방나라들에서 통용되고 있는 관습, 아메리카지역에서 통용되고 있는 관습, 인디아와 그 주변 나라들에서 통용되고 있는 관습, 세계적 범위에서 통용되고 있는 관습이 있다. 국제경제관계가 수송 및 통신수단, 과학기술의 발전과 함께 더욱 활성화되면서 불문형식으로 존재하던 국제관습은 지역적 범위를 벗어나 통일화되는 추이를 보이면서 성문법형식을 취하고 있다. 대표적인 것이 국제상업회의소가 제정한 ≪국제무역거래조건≫(인코텀즈)과 ≪상업신용장에 관한 통일규칙≫, 그리고 국제법협회와 국제상업회의소가 서로 협력하여 제정한 ≪와르샤와-옥스포드규칙≫, 국제해운법협회(국제해운회의)가 제정한 ≪요크-안트워프규칙≫ 등이다. 국제관습이 성문법형식을 취한다고 하여 그것이 곧 당사자들에게 법적 구속력을 가지는 것은 아니다. 왜냐하면 그것은 나라들 사이의 국가적 또는 정부적 합의가 아니기 때문이다. 다만 당사자들이 국제관습 중 어느 항목을 적용한다고 합의한 경우에만 그들에게 법적구속력을 가진다. 이런 의미에서 국제관습을 ≪임의적 관습≫이라고 한다.

국제기구란 국제적 범위에서 조직된 기구를 말한다. 경제분야에서 서로의 관심사로 되는 문제들을 토의해결하며 국가들 사이의 협조를 실현하기 위하여 창설된 국제기구를 국제경제기구라고 한다. 국제법원리에 의하여 국제기구는 립법권이 없다. 이것은 국제기구에서 채택한 결정이 당사자들에게 법적 구속력을 미치지 못한다는 것을 의미한다. 때문에 국가의 비준이나 승인을 거친 것으로 하여 법적 구속력을 가지는 국제조약과 다르다고 하는 것이다. 그런데 국제기구가 채택한 결정이 법적 구속력을 가지는 경우도 있다. 대표적 실례가 새로운 국제경제질서 수립 및 개발, 협조에 관한 유엔총회 제6차, 제7차 특별회의 결정이다. 결정에는 자연부원과 경제적 명맥에 대한 각국의 영구주권고착문제, 국제무역문제, 개발자금양도 및 국제통화체계 개혁문제, 과학기술협조문제, 공업화문제, 식량 및 농업문제, 발전도상나라들의 협조문제 등 여러 가지 문제들이 포함되어 있다. 결정은 유엔성원국들에 대하여 법적 구속력을 가진다. 이와 같은 의미에서 국제기구의 결정이 국제경제법의 존재형식으로 된다고 말하는 것이다.

[75]국제경제법이 국제경제발전의 객관적 요구를 반영하여 지구상에 새롭게 출현한 것만큼 그에 대한 견해는 아직도 통일되어 있지 못하다. 국제경제법에 대한 각국의 견해를 종합해보면 크게 두 가지로 구분된다. 하나는 국제경제법이 국제공법의 한 부문이라는 것이며 다른 하나는 국제경제법이 하나의 독자적인 법률부문이라는 것이다.

국제경제법의 당사자로 되는 국가, 국제경제기구는 국제공법의 당사자이며 국제경제법의 규제대상인 국제경제관계는 국제공법의 규제대상인 정치, 경제, 문화, 군사 관계들 중에서 경제적 측면에 속한다. 그리고 국제경제법의 원천으로 되는 국제조약이나 국제관례, 국제기구의 결정도 국제공법의 원천이다. 그러므로 국제경제법은 국제공법의 한 부문으로 된다. 이 주장의 대표적 인물은 영국의 슈와찐베지, 일본의 가나자와요시오, 요도가와신, 프랑스의 카리, 쥬리아 등이다. 국제기구법과 국제항공법, 국제로동법, 국제경제법이 국제공법의 한 부문이라고 주장하는 슈와찐베지는 《국제경제법의 원칙과 표준》이라는 책에서 《국제경제법은 국제공법의 한 부문으로서 자연부원의 점유 및 리용, 상표의 생산과 분배, 경제적 및 재정적 성질을 가진 무형의 국제계약, 신용대부와 재정, 봉사업 등에 종사하는 당사자들의 권리, 의무관계를 규제하는 법》이라고 하면서 국내법은 국제경제법에 포함될 수 없다고 주장하였다. 그 리유는 국내법이 다른 나라에 영향을 미치지 못하기 때문이라는 것이다. 가나자와요시오는 《국제경제법은 국제경제활동과정에 종합되고 형성된 각종 조약의 총체로서 여기에는 국가들 사이, 국제기구들 사이, 국가와 국제기구들 사이의 쌍방 또는 다방조약이 포함되는데 〈관세 및 무역에 관한 일반협정〉, 〈국제통화기금협정〉, 〈유엔헌장〉과 같은 것이 그 대표적 실례로 된다》고 주장하였다. 요도가와신, 카리, 쥬리아의 견해도 이와 비슷하다. 이와 같이 슈와찐베리, 가나자와요시오, 요도가오신, 카리, 쥬리아는 국제법과 국내법, 《공법》과 《사법》의 한계를 엄수하면서 순수한 리론 및 개념으로부터 출발하여 국제경제법을 《경제의 국제법》, 《경제적 성질을 가진 국제법규범》으로 해석하였다.

국제경제법은 국제경제관계를 규제하는 법이다. 그러므로 국제경제법은 당사자로는 국가, 국제경제기구만이 아니라 법인, 자연인도 나서며 규제대상도 대외경제관계를 포함한 모든 국제경제관계가 된다. 그리고 국제법과 국제관례, 국제기구의 결정뿐 아니라 국내법과 판례법도 국제경제법의 원천으로 된다. 이것은 국제경제법이 국제공법의 한 부문이 아니라 독자적인 하나의 법률부문으로 된다는 것을 말하여 준다. 이 주장의 대표적 인물은 도이췰란드의 함스, 거울커, 일러, 일본의 다나자, 미국의 죠세프, 카쯔, 풀로우스터, 라운펙드, 영국의 미내어 등이다.

함스는 ≪국제경제법은 국제경제활동을 규제하는 국제법규범으로서의 세계경제법과 대외경제활동을 규제하는 국내법규범으로서의 대외경제법을 포괄하는 법≫이라고 주장하였으며 거울커와 일러는 ≪한 나라의 범위를 벗어나 이루어지는 경제활동에 대하여 규제하는 모든 행위규범은 국제경제법≫이라고 주장하였다. 죠세프는 ≪다국적법≫이라는 책에서 ≪국경을 넘어 발생하는 사건과 행위를 규제하는 모든 법규범은 〈다국적법〉에 속한다≫고 주장하였으며 카쯔와 풀로우스터는 ≪국제교역관계법은 국제경제관계를 규제하는 법규범의 총체로서 여기에는 두 가지 종류의 법규범이 포함된다. 하나는 대외관계법인 국내법(공법, 사법)과 국제사법, 량국간조약이며 다른 하나는 국제행정법인 다국간조약이다.≫라고 주장하였다. 다나자, 라운펙드, 미내어의 견해도 이와 비슷하다. 종합적인 각도에서 실제적인 법률문제를 연구하고 해결하려는 이와 같은 주장은 현대국제경제관계발전의 요구를 반영한 것으로서 세계 많은 나라 학자들의 [76]지지를 받고 있다. 그리하여 오늘 국제경제법은 아직 해결하여야 할 리론상의 문제들이 많지만 하나의 독자적인 법률부문으로 인정하고 연구하는 것이 새로운 시대적 추세로 되었다.

우리는 나라의 대외경제관계가 비상히 확대발전하고 있는 현실적 요구에 맞게 국제경제법에 대한 리해를 바로 가지고 그에 대한 연구를 심화시켜 나감으로써 국제 및 대외 경제관계에서 제기되는 모든 법률적 문제들을 우리 당의 정책적 요구에 맞게 능숙히 풀어나갈 수 있는 능력을 소유하여야 할 것이다.

32. 세계무역기구의 설립과정에 대한 일반적 리해3)

박 경 일

[37]위대한 령도자 김정일동지께서는 다음과 같이 지적하시였다. ≪대외경제사업분야에서 일을 잘하자면 다른 나라 경제만이 아니라 주요국제경제기구들과 그 기능, 국제결제와 국제금융관계 같은 지식도 소유하여야 합니다.≫

오늘 국제경제는 지난날과 달리 세계경제무대에 새롭게 등장한 세계무역기구를 중심으로 빠

---

3) 출처: 과학백과사전출판사, 『정치법률연구』, 2005년 제3호(누계 제11호), 37 - 39쪽.

른 속도로 발전하고 있다. 세계의 거의 모든 나라들이 이 기구에 가입하여 국제경제거래를 진행하고 있으며 이러한 거래관계는 이 기구의 주요 무역협정들과 규칙들의 규제를 받고 있다. 현실은 국제무역관계를 규제하고 있는 세계무역기구에 대한 정확한 리해를 가져야 한다는 것을 보여주고 있다.

세계무역기구에 대한 정확한 리해를 가지는 데서 나서는 중요한 문제는 이 기구의 설립과정에 대한 리해를 바로 하는 것이다. 세계무역기구설립은 미국이 국제무역기구설립을 제안하면서 시작되었다고 볼 수 있다. 당시 미국이 국제무역기구설립을 제안하게 된 것은 이것을 통하여 국제무역거래에서 저들이 독점적 지위를 차지하기 위해서였다. 1929~1933년 사이에 일어난 세계경제공황으로 인하여 자본주의경제는 심각한 위기에 빠졌으며 국제무역관계에서 자본주의국가들 사이에 국내경제를 보호하기 위한 조치로서 관세를 경쟁적으로 높이었다. 이로 하여 국제무역에서 높은 관세장벽이 형성되었다. 한편 1930년대에 영국과 프랑스를 비롯한 자본주의나라들은 ≪통화지대≫, ≪관세지대≫와 같은 각종 폐쇄적인 경제지대를 만들어놓고 식민지나라들에 대한 착취를 더욱 강화하였다. 이것은 자본주의세계에서 독점적 지위를 차지하려던 미국에 있어서 일정한 장애로 되었다. 이로부터 미국은 1944년 11월 세계 무역 및 고용의 확대를 위한 제안을 내놓았으며 1946년 2월 유엔경제사회리사회는 이 제안을 기초로 상품의 생산, 교환, 소비의 증가를 위한 무역 및 고용에 관한 국제회의를 개최할 것을 제안하였다. 이와 함께 유엔경제사회리사회는 국제무역기구설립의 초안을 작성하기 위한 준비위원회를 결성하였으며 이 위원회가 1946년 상품의 생산, 교환, 소비의 증가를 내용으로 하는 런던초안을 작성하였다. 그 후 여러 차례 수정된 이 초안에 기초하여 1948년 꾸바의 수도 아바나에서 진행된 ≪무역 및 고용에 관한 유엔회의≫(일명 아바나회의)에서 53개 나라가 서명한 ≪국제무역기구헌장≫을 체결하였다. 이 헌장의 서문에는 기구의 목적이 다각적이며 무차별적인 ≪자유무역≫을 실현하며 체약국들에서 ≪완전고용을 달성하고 유지≫하며 전패국의 경제를 부흥시키고 후진국의 경제발전을 도와준다고 규제하였다.

이것은 결국 제2차 세계대전 후 미국이 국제경제무대에서 독점적인 지위를 차지하려는 침략적이며 략탈적인 목적을 반영한 것에 불과하였다. 미국은 다각적이며 무차별적인 ≪자유무역≫을 실현한다는 미명하에 지난시기 자본주의나라들 사이에 벌어졌던 ≪관세전쟁≫을 막고 관세장벽을 낮춤으로써 저들의 잉여상품수출에 유리한 환경을 만들려 하였으며 체약국들 사이에 ≪완전고용의 달성 및 유지≫라는 간판밑에 자본주의나라들에서 로동운동의 혁명적 진출을 막고 자본주의적 착취제도를 세계적 규모로 확대하려 하였다. 전패국의 경제를 부흥시킨다는 것은 본질에 있어서 제2차 세계대전으로 약화된 제국주의렬강들의 경제력을 빨리 회복시켜 세계적 판도에서 급격히 강화되고 있던 식민지민족해방투쟁을 막아보려는 데 그 목적이 있었으며 후진국의 경제를 도와준다는 것은 제국주의식민지지배로 말미암아 경제가 락후한 나라들에 대하여 ≪원조≫를 제공함으로써 이 나라들에 대한 경제적 지배를 그대로 유지하려는 데 목적이 있었다. [38]이와 같이 ≪국제무역기구헌장≫에 대하여 여러 국가들이 합의하여 서명하였으나 당시의 국제적 환경과 조건에 부합되지 않은 것으로 하여 결국 효력을 발생하지 못하였으므로 국제무역기구는 설립되지 못하였다.

국제무역기구가 설립되지 못한 원인은 우선 세계적 범위에서 일어난 식민지민족해방투쟁으로 제국주의식민지지배체계가 허물어진 데 있었다. 제2차 세계대전 후 사회주의가 막을 수 없는 시대적 흐름으로 되고 수많은 식민지나라들이 민족해방투쟁을 벌려 독립을 이룩함에 따라 제국주의식민지배체계가 급격히 붕괴되기 시작하였다. 이로 하여 국제무역기구가 설립될 수 없었다. 국제무역기구가 설립되지 못한 원인은 또한 헌장의 직접적인 발기자였던 미국정부가 ≪국제무역기구헌장≫에 대한 비준을 국회에 제출하지 않은 데 있었다. 미국은 전통적으로 보호무역주의를 고수하여 왔던 것만큼 개별적 체약국들의 경제발전 및 무역에 관한 정책, 경제 제한적인 무역통제, 개별적 국가들 사이의 상품협정과 기타 사항 등에 대한 심사 및 감독권한을 가질 수 있는 국제무역기구의 창설은 다른 나라들과의 경제관계문제에 대한 국회의 권한을 약화시킬 수 있었다. 특히 기구의 분쟁해결절차는 협상으로부터 중재 및 국제소송 등에 이르기까지 매우 엄격하였다. 이것은 제2차 세계대전 후 자본주의경제에서 주도적 지위를 차지하게 된 미국의 대독점자본세력에게 있어서 장애물로 될 수 있었다. 이로부터 이 기구의 직접적 발기자였던 미국의 대독점자본가들은 기구설립에 대하여 부정적인 태도를 취하였으며 결국 미국정부는 1950년 12월 ≪국제무역기구헌장≫의 비준을 국회에 제출하지 않기로 발표하였다. 국제무역기구가 설립되지 못한 원인은 또한 미국 밖의 자본주의렬강들도 ≪국제무역기구헌장≫에 부정적인 태도를 취한 데 있었다. 영국을 비롯한 제국주의렬강들은 제2차 세계대전의 후과로부터 빨리 벗어나기 위해 자국경제를 보호하고 다른 나라들과의 무역관계에서 높은 관세장벽을 유지하려는 목적으로부터 이 기구헌장에 비준하지 않았다. 더욱이 ≪국제무역기구헌장≫의 직접적인 발기자였던 미국에서 국회비준이 이루어지지 못하자 다른 자본주의나라들도 헌장에 대한 국회비준을 보류하였다. 결국 오스트랄리아와 리베리아만이 이 헌장에 비준하였을 뿐 나머지 체약국들은 비준하지 않은 것으로 하여 국제무역기구는 설립되지 못하였다.

한편 미국은 ≪국제무역기구헌장≫의 작성과 함께 이 헌장의 부속협정으로서 관세 및 무역장벽을 제거하기 위한 포괄적인 무역협상을 진행할 것을 제안하였다. 이에 따라 1947년 10월 스위스의 제네바에서 미국, 영국, 프랑스를 비롯한 23개 나라들 사이에 관세인하를 위한 협상이 진행되었으며 같은 해 10월 30일 ≪관세 및 무역에 관한 일반협정≫(일명 ≪가트≫.)이 체결되어 1948년 1월 1일부터 효력을 발생하였다. ≪가트≫의 체결목적은 체약국들 호상간 관세를 삭감하고 무역장벽을 제거하며 국제무역관계에서 차별대우를 없애는 것이었다. ≪가트≫는 잠정적으로 적용하기 위한 협정으로서 체결 당시 협정의 리행을 위한 실무적인 사업은 국제무역기구가 수행할 것으로 예견되어 있었다. 그러나 국제무역기구가 설립되지 못한 것으로 하여 ≪가트≫는 기구의 실무적인 사업을 수행하는 국제기구로 발전하게 되었다. ≪가트≫는 원래 법인자격을 가진 국제기구로 창설된 것이 아니었으며 국제기구가 갖추어야 할 성원국들의 의사합의에 따라 확립되는 조직규칙이나 성원국들의 활동을 구체적으로 조절통제하는 내부기관들은 갖추지 못하였다. 그럼에도 불구하고 ≪가트≫는 세계무역기구가 설립될 때까지 거의 50년 동안 하나의 국제기구처럼 존재하여 왔다.

≪가트≫가 국제무역관계를 규제하는 국제기구로 될 수 있은 것은 국제기구로서의 제도적 틀거리가 마련되어 있었기 때문이다. ≪가트≫에는 국제기구로서의 제도적인 틀거리를 마련하는 조항이 있었다. 국제기구를 조직하는 데서 나서는 중요한 문제는 기구로서의 법인자격을 갖추는 것이다. ≪가트≫는 다른 국가 및 국제기구들과의 관계에서 국제기구로서의 법인자격을 갖추기 위하여 체약국들의 공동행동을 규제한 이 협정 제25조를 적용하였다. 이 규정에 따라 ≪가트≫는 상무국과 그 산하위원회를 조직하였으며 특히 ≪가트≫기구 내에서 분쟁해결을 위한 기관을 조직하고 분쟁해결절차를 규제하였다. 또한 유엔과 유엔전문기구로서의 협정은 체결하지는 못하였지만 유엔사무총장과 ≪가트≫사무총장 사이[39]의 1952년 교환서한에 의거하여 정보교환을 비롯한 다양한 실무협정을 합의하였다. 1960년에는 ≪가트≫총회의 중요기관으로서 ≪가트≫리사회가 설치되었으며 1977년에는 ≪유엔의 특권 및 면제에 관한 일반협약≫에 규제된 것과 비슷한 특권 및 면제권을 ≪가트≫에도 적용할 데 대한 협정이 ≪가트≫와 스위스정부 간에 체결되었다.

이와 같이 ≪가트≫는 체결 당시의 목적과는 다르게 기구로서의 체모를 갖추고 관세 및 비관세장벽제거를 위한 여러 차례의 다국간무역협상을 진행하였다. 그러나 ≪가트≫는 제7차 다방협상 이후 1980년대에 들어서면서부터 국제무역관계를 규제하는 데서 커다란 제한을 받게 되었다. 우선 발전된 자본주의나라들이 무역활동에서 또다시 보호무역주의를 실시한 것으로 하여 제한을 받게 되었다. 1970년대에 들어서면서 2차례에 걸치는 석유위기로 인하여 세계경제는 심각한 침체상태에 빠졌으며 이에 따라 대다수 자본주의나라들에서는 실업률이 높아지게 되었고 국제수지불균형이 생기면서 발전된 자본주의나라들 사이에 무역불균형이 확대되어 자본주의경제가 심각한 위기에 처하게 되었다. 그리하여 발전된 자본주의나라들은 무역활동에서 보호무역주의를 실시하게 되었다.

또한 ≪가트≫협정자체의 부족점으로 인하여 제한을 받게 되었다. ≪가트≫는 상품무역에서 중요한 분야인 농산물무역과 섬유무역을 규제하지 못하였다. 여러 차례에 걸치는 다방무역협상을 통하여 많은 상품무역분야들이 ≪가트≫에 의해 규제되었지만 농업과 섬유업분야는 20세기 말까지도 규제되지 못하였다. 섬유업분야에서는 다자간 섬유협정에 따라 무역활동에서 많은 수량의 제한을 받고 농업분야에서는 ≪가트≫협정에 부합되지 않는 정책들을 적용한 것으로 하여 복잡성이 조성되었다.

또한 ≪가트≫는 국제무역의 발전추세에 따라가지 못한 결함으로 하여 제한을 받게 되었다. 20세기 후반에 들어서면서 상품무역과 함께 국제경제거래의 주요 구성부분으로 급속히 발전한 봉사무역과 지적제품거래에 관한 규정을 규제하지 못하였다. 실례로 1980년대 이후 국제적으로 봉사무역이 빠른 속도로 발전하여 국제무역의 한 부분으로 되었으며 이 분야의 무역활동범위가 상품무역의 4분의 1을 차지하게 되었다. 그럼에도 불구하고 봉사무역에 관한 국제적으로 통일적인 조약이나 협정이 없었으므로 나라들 사이의 봉사무역분야는 일부 나라와 지역적인 범위 안에서의 쌍무적 혹은 다무적 협상에 의하여 규제되었다. 지적제품거래분야에서도 지적소유권보호에 관한 규정이 나라마다 각이한 것으로 하여 그 보호와 관련한 분쟁이 적지 않게 발생하였다.

이러한 제한성을 극복하기 위하여 ≪가트≫는 1986년 9월부터 새로운 제8차 다방무역협상을 진행하였는데 이 협상이 우루과이에서 시작된 것으로 하여 일명 ≪우루과이라운드≫라고 불리우고 있다. 이 협상에서 상품무역분야에서는 광업 및 공업제품무역과 함께 지난시기 ≪가트≫가 규제하지 못하였던 농산물과 피복제품무역 등과 같은 상품무역분야에 대한 새로운 규정들이 합의되었으며 봉사무역분야에서는 금융, 항공, 체신, 해운 등과 같은 15개의 봉사분야를 통일적으로 취급하는 공통규정들이 새롭게 합의되었다. 또한 무역관련지적재산권분야에서는 저작권, 상표권, 특허권과 같은 지적소유권과 관련한 규정들이 새롭게 합의되었다. 특히 협상에서는 ≪가트≫체제가 상품무역, 봉사무역, 지적소유권분야를 포괄적으로 규제하기에는 불합리하다는 것이 론의되고 ≪가트≫체제를 대신할 수 있는 새로운 국제경제기구를 설립할 데 대하여 합의되었다. 1994년 4월 우루과이협상의 최종회의에서 새로운 국제경제기구로서의 세계무역기구설립에 관한 협정이 서명되었으며 이 협정이 1995년 1월 1일부터 효력을 발생함으로써 세계무역기구가 정식 설립되었다. 이와 같이 세계무역기구는 ≪가트≫를 전신으로 ≪가트≫체제를 완전히 대신하는 국제경제기구이다.

우리는 세계무역기구의 설립에 대하여 바로 알고 대외경제거래를 확대발전시켜 나가는 데서 나서는 모든 문제를 당정책적 요구와 국가적 리익을 철저히 견지하는 원칙에서 풀어나가야 할 것이다.

33. 국제금융기구의 분류와 일반적 특징[4]

김 성 호

[36]위대한 령도자 김정일동지께서는 다음과 같이 지적하시였다. ≪대외경제사업분야에서 일을 잘하자면 다른 나라 경제만이 아니라 주요국제경제기구들과 그 기능, 국제결제와 국제금융관계 같은 지식도 소유하여야 합니다.≫

국제금융기구는 국제금융분야에서 나라들 사이의 합작과 협조의 산물로서 국제금융관계의 한 당사자이며 국제경제기구의 중요한 구성부문이다. 국제금융기구는 일정한 기준에 따라 서로 구분되지만 다같이 공통적인 특징을 가지고 있다. 국제금융기구의 분류와 일반적 특징을 파악하는 것은 국제금융기구에 대한 리해를 보다 깊이하고 그에 주동적으로 대처하기 위한 사업의 일환이며 선결조건이다. 국제금융기구는 둘 또는 그 이상의 국가나 국적이 다른 민간단체들이 공동의 경제금융적 목적을 달성하기 위하여 체결한 조약이나 협정에 의하여 설립된 일정한 금융직능을 가진 상설적인 국제기구이다. 국제금융기구는 좁은 의미에서는 둘 또는 그 이상의 국가정부가 공동으로 체결한 금융조약에 의하여 설립된 상설적인 금융기구, 즉 정부가 국제금융기구를 말한다. 그러나 넓은 의미에서 국제금융기구에는 각종 민간급 국제금융기구들이 다 포괄된다.

국제금융기구는 국제금융과 관련한 사무의 협조 및 관리에 종사하며 지역적 및 세계적 범위

---

4) 출처: 과학백과사전출판사, 『정치법률연구』, 2006년 제2호(누계 14호), 36－37쪽.

에서 경제의 안정과 발전을 위하여 금융업무를 진행한다. 국제금융기구는 20세기에 출현하였다. 20세기는 국제금융기구뿐 아니라 각종 국제기구들이 수많이 창설된 ≪국제기구의 세기≫라고도 할 수 있다. 국제금융기구들은 ≪기금≫, ≪협회≫, ≪은행≫, ≪공사≫ 등 각이한 이름으로 불리운다.

국제금융기구는 무엇보다 먼저 그 성원자격개방정도의 차이에 따라 세계적 국제금융기구와 지역적 국제금융기구로 구분할 수 있다. 세계적 국제금융기구는 세계적 범위에서 금융사무를 책임지고 관리하며 협조하는 기구이다. 세계적 국제금융기구의 성원자격은 세계 각국에 개방되어 있다. 매개 국가들은 기구의 협정이나 규정에 지적된 조건에 따라 세계적 국제금융기구에 가입신청을 할 수 있다. 국제금융분야에서 가장 영향력 있는 세계적 국제금융기구는 국제통화기금과 세계은행이다. 지역적 국제금융기구는 몇 개 국가의 정부기구 또는 단체가 지역범위, 경제발전수준, 정치경제제도, 문화전통 등의 요소들에 기초하여 창설한 국제금융기구들이다. 지역적 국제금융기구는 크게 대륙범위의 국제금융기구와 국부지역 국제금융기구로 분류하여 볼 수 있다. 지역적 국제금융기구의 성원자격은 일반적으로 특정된 지역의 국가들에 개방된다. 그러나 세계적 규모에서 경제적 련계가 깊어지는 추세에 따라 점차 많은 지역적 국제금융기구들이 그 성원자격에서 개방형방향으로 발전하고 있다. 례를 들어 아시아개발은행은 아시아나라들만이 아니라 그 밖의 다른 지역에 있는 발전된 자본주의나라들도 가입할 수 있게 하고 있다. 현재 아시아개발은행에는 아시아지역나라가 아닌 미국, 카나다, 영국, 도이췰란드, 프랑스 등 서방자본주의나라들도 성원국으로 가입되어 있다. 적지 않은 지역적 국제금융기구들은 그 성원을 받아들이는 데서 자기 지역 국가나 단체를 초월할 뿐만 아니라 일련의 금융정책이나 조치 등에서도 기타 지역에 대한 배타성을 늦추고 있다.

국제금융기구는 다음으로 그가 내세우고 있는 목적에 따라 여러 가지로 구분할 수 있다. 우선 화폐합작의 촉진과 국제수지조절을 주요목적으로 하는 국제금융기구가 있다. 례를 들어 국제통화기금과 아랍통화기금 등은 여러 가지 통화금융정책과 조치를 실시하고 금융업무활동을 벌리지만 그 주되는 목적은 성원국 사이의 화폐합작을 촉진하고 국제수지의 균형을 보장하는 데 있다. 또한 자원개발과 대상투자를 촉진할 것을 주요목적으로 하는 국제금융기구가 있다. 례를 들어 국제부흥개발은행, 국제금융공사, 국제개발협회들은 자원개발과 대상투자를 촉진할 것을 주되는 목적으로 하는 국제금융기구이다. 또한 성원국중앙은행 사이의 합작을 강화하고 자유로운 다방국제결제를 실현할 것을 주요 목적으로 하는 기구가 있다. 국제결제은행이나 아시아청산결제동맹 등은 이와 같은 목적에서 활동하고 있다. 이 밖에도 라틴아메리카수출은행이나 아랍－라틴아메리카은행 등과 같이 무역융자제공이나 성원국들의 무역발전촉진을 주요목적으로 하는 기구가 있으며 바젤은행감독위원회, 아랍은행감독관리위원회, 동부 및 남[37]부아프리카은행감독기구, 서부 및 중부 아프리카은행감독기구, 중서아시아은행감독기구 등과 같이 은행 및 국제금융업에 대한 감독통제를 강화할 것을 목적으로 하는 기구도 있다.

국제금융기구는 일정한 기준에 따라 구분되며 그러한 구분은 상대성을 가진다. 국제금융기구들은 상대적으로 각이한 직능을 가지고 여러 국제금융업무를 전개하고 있으며 최근에는 업무종합화의 발전추세를 보이고 있다.

국제금융기구들은 일정한 기준에 따라 여러 부류로 구분되지만 다같이 국제기구로서의 일반적인 성격과 금융기구로서의 공통적, 일반적 특징을 가지고 있다. 국제금융기구는 국제기구의 구성부분으로서 국제기구의 일반적인 성격인 국제적, 상설적, 법률적 성격을 가진다.

국제금융기구는 우선 국제적 성격을 가진다. 국제금융기구는 나라들 사이에 이루어지는 금융분야에서의 교류와 합작의 주요형식이며 매개 국가가 자기의 대외금융정책을 실현하는 수단의 하나이다. 국제금융기구에 의하여 나라들 사이의 경제금융적 의존도와 리익의 일치가 나날이 제고되게 된다. 국제금융기구의 국제적 성격은 기구성원의 구성과 기구의 직능, 기구의 자금원천과 운영질서, 기구의 법적 지위 등 여러 측면에서 뚜렷이 나타난다.

국제금융기구는 또한 상설적인 성격을 가진다. 국제금융기구는 림시적인 기구가 아니라 상설적인 국제기구이다. 국제금융기구는 고정된 기구형태로 존재하며 일정한 장소에 본부나 상설기구를 두고 각 성원국들과 항시적인 련계를 가진다. 국제금융기구는 안전성과 련속성을 가지는 일종의 제도화된 성원국들의 활동장소이다.

국제금융기구는 또한 법률적 성격을 가진다. 국제금융기구는 국제금융합작의 유효한 법률형식이다. 국제금융기구의 창설과 그 발전은 국제법 및 국제경제법 특히 국제기구법의 내용을 풍부하게 하고 보다 완성하는 데 일정한 영향을 준다. 국제금융기구를 창설할 데 대한 다방국제조약, 기구의 활동에 적용할 유관국제조약과 국제관례, 기구내부의 여러 가지 관계를 규제하기 위한 기구내부규칙, 기구의 주요결의 등은 하나의 독특한 국제기구법제도를 형성한다.

이와 같이 국제금융기구는 국제기구로서 지녀야 할 일반적인 성격을 가지고 있다. 국제금융기구는 다른 국제기구들과 구별되는 자기의 고유한 일반적 특징을 가지고 있다. 국제금융기구는 다른 국제기구들과 구별되는 자기의 고유한 일반적 특징을 가지고 있다.

국제금융기구의 특징은 우선 그것들이 모두 화폐자금융통을 자기의 직능으로 하고 있는 데 있다. 국제금융기구는 국제적인 금융사무를 관리하는 전문기구로서 특정한 화폐자금융통직능을 가지고 있다. 국제적인 화폐체계를 수립하고 환률을 안정시키며 나라들 사이의 금융분야에서의 편리를 보장하고 국제적인 결제수단을 보존할 뿐 아니라 금융분야에 대한 감독관리를 실시하는 것 등은 국제금융기구들만이 가지고 있는 고유한 직능이며 활동이다.

국제금융기구의 특징은 또한 국제금융기구가 설립형식, 관리형식, 업무방식 등에서 기업적 성격을 띤다는 데 있다. 국제금융기구는 주식회사와 류사하다. 국제금융기구의 설립형식은 주주, 주식의 양도와 매매, 주식에 해당한 화폐종류에서 차이가 있을 뿐 주식회사와 같다고 말할 수 있다. 주식회사에서는 주주가 일반적으로 법인 또는 자연인이며 주식은 자유로 매매되고 양도될 수 있다. 그리고 주식에 해당되는 자금을 본국화폐로 문다. 국제금융기구에서의 주주는 주요하게 각 성원국정부이며 주식은 일정한 표준에 따라 심사결정되며 성원국들 사이에 자유로 이전될 수 없다. 그리고 주식자금은 환정된 비례에 따라 전환성화폐나 본국화폐로 문다. 주식회사와 국제금융기구는 일부 구체적인 내용에서 이상과 같은 차이가 있을 뿐 그 설립형식이 같다고 할 수 있다. 국제금융기구는 관리형식에서도 주식회사와 매우 류사하다. 국제금융기구의 총회가 리사회를 선거하고 리사회가 총재나 총경리를 선거하는 절차는 주식회사의 주주대회사 리사회를 선거하고 리사회가 총경리를 초빙하여 임명하는 방법과 류사하다. 그 밖에 국제금융기구가 신용대부업무를 진행하는 리치도 금융기업과 기본상 같다. 국제금융기구의 특징은 또한 그의 투표제도의 특수성에 있다. 일반적으로 국제기구의 투표제에는 1국1표제, 집단투표제, 가중투표제 등의 형식이 있다. 국제금융기구는 일반적으로 가중투표제(weighted voting system)를 실시한다. 가중투표제는 성원국의 출자금이나 기구에 대한 공헌, 책임 등을 기준으로 하여 각 성원국에 서로 다른 수의 투표권을 주는 투표제도이다. 례를 들어 국제통화기금의 가중투표제는 다음과 같다. 국제통화기금협정에 따라 매개 성원국은 다같이 250표의 기본표를 가진다. 여기에 성원국이 기구에 내는 출자금 매 10만SDR당 1표씩 증가된다. 그리고 기구일반자금돈자리에서 자기나라 화폐를 판매한 성원국은 판매액 40만SDR당 1표씩을 더 받으며 다른 나라 화폐를 구매한 성원국은 구매액 40만SDR당 1표씩을 감소받는다. 가중의 기준과 정도가 서로 다른 데로부터 가중투표제의 구체적 내용들을 기구마다 서로 다를 수 있지만 가중투표제는 국제금융기구에서 스스로 적용되기 시작한 것이다. 가중투표제는 오늘 업무형국제경제기구들에서도 적용되고 있다.

우리는 국제금융기구에 대한 보다 풍부한 지식을 소유함으로써 대외경제사업에서의 성과를 담보하는 실무적 자질을 갖추어나가야 할 것이다.

34. 국제금융법이 규제하는 국제금융관계의 본질적 특징5)

김 성 호

[84]위대한 령도자 김정일동지께서는 다음과 같이 지적하시였다. ≪대외경제사업분야에서 일을 잘하자면 다른 나라 경제만이 아니라 주요국제경제기구들과 그 기능, 국제결제와 국제금융관계같은 지식도 소유하여야 합니다.≫

대외경제사업분야에서 일을 잘하자면 국제금융관계에 대한 지식도 소유하여야 합니다. 국제금융법이 규제하는 국제금융관계의 본질적 특징을 밝히는 문제는 국제금융관계에 대한 깊은 지식을 주는 데서 중요한 의의를 가진다. 해당 사회관계에 대한 깊은 지식은 그의 본질적 특징을 전면적으로 파악할 때 이루어지며 부문법의 본질적 특징도 그의 규제대상인 해당 사회관계의 본질적 특징을 밝힘으로써 해명되게 된다.

국제금융관계는 은행을 비롯한 금융기관을 매개로 하여 화폐자금을 국제적으로 융통시키는 사람들 사이의 관계이다. 원래 금융이라는 말은 은행을 비롯한 금융기관을 통한 화폐자금의 융통이라는 뜻이다. 이러한 화폐자금의 융통이 한 나라의 범위를 벗어나 국제적으로 이루어지는 것이 국제금융이다. 국제금융관계는 은행을 비롯한 전문적인 금융기관들을 통하여 이루어지는 국제적인 화폐자금융통관계이다.

사람들 사이의 경제관계가 상품화폐관계에 밀접히 련관되어 있는 오늘 화폐자금의 융통과 관련되어 있지 않는 경제분야, 경제관계는 거의 없다. 그렇다고 하여 모든 국제경제관계가 다 국제금융관계인 것은 아니다. 국제금융관계는 국제무역관계를 비롯한 기타 경제관계들과 밀접한 련관 속에 있으면서도 그것들과는 구별되는 독자적인 경제관계이다.

국제금융관계의 본질적 특징은 첫째로, 그것이 화폐자금을 국제적으로 융통시키는 사람들 사이의 관계라는 것이다. 국제금융관계는 화폐자금을 국제적으로 융통시키는 사회관계라는데 다른 국제무역관계나 국내금융관계와 구별되는 본질적 특징이 있다.

국제금융관계는 우선 국제무역관계와 구별된다. 국제금융관계에서의 화폐자금은 화폐는 물론 그를 대신하는 여러 유가증권들을 포괄하는 개념이다. 화폐는 가장 일반적인 등가물로서 모든 상품의 가치를 측정하여 주는 가치척도의 기능을 수행하는 특수한 상품이다. 여기에는

---

5) 출처: 김일성종합대학출판사, 『김일성종합대학학보: 력사법학』, 제51권 제1호(2005), 84-88쪽.

금과 은 그를 대신하는 은행권, 지폐 등이 포함된다. 현재 화폐자금이라고 할 때 여기에는 금과 은 은행권뿐만 아니라 증권화되고 계약화된 유가증권들이 포함된다. 국제금융거래에서 이러한 화폐자금은 외화로 통칭된다. 그러나 아직까지 국제적으로 화폐자금(외화)에 대한 통일적인 정의는 없으며 매개 나라들의 법에서 규정하고 있을 뿐이다. 우리나라에서는 ≪조선민주주의인민공화국 외화관리법≫제3조에서 외화에 대하여 규정하고 있다. 그에 의하면 외화에는 전환성 있는 외국화폐(은행권), 국가채권, 전환가능회사채권을 비롯한 유가증권, 수형,[6] 행표,[7] 양도성예금증서를 비롯한 외화지불수단, 기타 외화자금과 장식품이 아닌 금, 은, 백금과 국제금융시장에서 거래되는 금화, 은화 같은 귀금속이 속한다. 국제금융관계는 이러한 화폐자금자체를 국제적으로 융통시키는 경제관계이다. 국제무역관계도 화폐자금의 국제적인 융통과 떼여놓고 생각할 수 없다. 원래 화폐의 출현은 상품의 출현과 동반되었으며 국제적으로 이루어지는 상품교환인 국제무역은 외화의 수입과 지출, 화폐자금의 융통을 동반하게 된다. 그리고 국제금융시장의 환률과 리자률의 변동은 국제무역에 영향을 주면서 호상 작용한다. 그러나 국제무역은 화폐자금자체의 직접적인 융통이 아니라 상품이나 기술의 교환이며 단지 그 과정에 화폐자금의 융통이 동반되고 그 영향을 받을 따름이다. 그러므로 국제무역에서는 화폐자금의 융통이 상품이나 기술을 교환하기 위한 수단으로 될 뿐이[85]지 그 자체가 직접적인 거래내용으로 되는 것은 아니다. 국제무역관계는 바로 상품이나 기술의 국제적인 교환을 둘러싸고 맺어지는 사람들 사이의 관계이며 국제금융관계는 상품이나 기술의 교환이 아니라 화폐자금자체를 직접적으로 융통시키는 사람들 사이의 관계이다.

국제금융관계는 또한 국내금융관계와 구별된다. 국내금융관계와 국제금융관계는 다같이 은행을 비롯한 금융기관을 매개로 하여 화폐자금을 융통시키는 사회관계이다. 그러나 국내금융관계와 국제금융관계는 화폐자금 및 그것을 유통시키는 범위에서 서로 구별된다. 국내금융관계는 한 나라 안에서의 화폐자금융통관계이다. 따라서 국내금융관계에서는 화폐자금이 외화가 아니라 해당 나라의 내화이며 그 류통은 그 나라의 범위를 벗어나지 못한다. 국제금융관계에서는 화폐자금이 한 나라의 내화가 아니라 전환성외화이며 그 류통은 국적이 서로 다른 각이한 거래당사자들에 의하여 한 나라의 범위를 벗어나 국제적으로 이루어지게 된다.

---

6) 편집자주: 수형(手形)이란 발행자가 일정한 금액을 지불할 것을 타인에게 위탁하거나 자기가 지불할 것을 약속하고 서명한 일정한 형식의 유가증권을 말한다. 사회과학원 법학연구소, 『민사법사전(평양: 사회안전부출판사, 1997)』, 410쪽. 우리의 어음에 해당한다고 볼 수 있다.

7) 편집자주: 행표란 기관·기업소, 개인이 은행돈자리(계좌)에 맡긴 돈을 지불받기 위한 결제문서를 말한다. 사회과학원 법학연구소, 『민사법사전』, 707쪽. 우리의 수표와 유사하다고 볼 수 있다.

국제금융관계의 본질적 특징은 둘째로, 그것이 현재의 합법적인 화폐자금리용권을 둘러싸고 국제적으로 맺어지는 사람들 사이의 관계라는 데 있다. 국제금융사업은 국제적 규모에서 여러 분야들에 화폐자금의 리용권을 제공하는 사업이라고 말할 수 있다. 국제금융사업은 은행을 비롯한 금융기관들이 국제적 범위에서 각이한 단위와 사람들로부터 예금으로 받아들인 유휴화폐자금을 가지고 당장 화폐자금을 필요로 하는 각이한 분야들에 그것을 융자함으로써 그에 대한 합법적인 리용권을 제공하는 사업이다.

국제금융관계는 사람들이 국제적 범위에서 화폐자금에 대한 현재의 리용권에 관심하면서 맺는 경제관계이다. 일반적으로 금융의 특징은 사람들이 화폐자금의 시간가치에 관심하면서 벌리는 사업이라는 데 있다. 다시 말하여 화폐자금에 대한 소유권에 관계없이 그것을 리용할 현재의 합법적 권리에 관심하면서 진행하는 특수한 경제사업이라는 데 금융의 특징이 있다.

금융업은 각이한 자금수요자들에게 화폐자금리용권을 제공하고 그 대가로 리자를 받을 것을 목적한다. 금융은 화폐자금을 어디에 돌려 얼마만한 리자를 얻겠는가 하는 데 관심을 두고 시간적으로, 상대적으로 보다 리익이 될 분야에 그것을 융통시키는 거래라고 할 수 있다. 즉 금융은 현재의 합법적인 화폐자금리용권을 팔고 사는 거래라고 말할 수 있다.

국제무역관계와 상대하여 본다면 국제무역관계는 나라들 사이에 상품과 기술이 류동되는 경제관계로서 그것은 사람들이 생산물과 기술의 사용가치에 관심을 두고 가지는 국제거래관계이다. 국제무역에서는 부족하거나 쓸모가 있는 상품 및 기술에 대한 수요와 공급관계에 기초하여 그 가격편차에 따라 리익을 얻을 목적밑에 거래관계가 이루어진다. 그러나 국제금융관계는 한 나라의 범위를 초월하여 각이한 임의의 분야에서 화폐자금을 리용할 현재의 합법적 권리를 취득하기 위한 각이한 임의의 분야에 그러한 권리를 제공하는 국제경제거래관계이다.

국제금융관계의 본질적 특징은 셋째로, 국제적 범위에서 그것이 화폐자금이 리용되는 분야의 구체적인 경영과정에 관계하지 않고 직접 리자를 목적으로 하는 경제관계라는 데 있다. 국제금융관계에서 화폐자금을 국제적으로 류통시키는 목적은 직접적인 리자획득에 있다. 일반적으로 금융에서 화폐자금을 류통시키는 목적은 리자를 얻자는 데 있으며 그 리자를 위한 수단은 화폐자금의 류통이다. 물론 화폐자금을 리자를 목적으로 하여 류통시키는 과정에는 실지 여러 경제분야들이 관계되게 된다. 다시 말하여 화폐자금이 류통되어 원금과 함께 리자가 되돌려지는 과정에는 공업, 농업, 상업 등 여러 경제분야들이 관계되게 된다. 이러한 경제분야들에서 화폐자금은 생산과 판매 등의 구체적인 [86]경영과정과 직접 련결되어 류통된다.

금융은 화폐자금이 류통되는 매 경제분야들의 구체적인 경영과정과 결과에 관계하지 않고 화페자금류통 그 자체만으로 직접 리자를 가져오게 하는 독자적인 경제분야이다. 금융은 각 경제분야에 대하여 융자를 하는 사업이지만 그 경제분야들의 구체적인 경영과정과는 직접적으로 관계하지 않는다. 금융은 융통되는 화폐자금이 어디에서 어떤 목적을 위하여 어떻게 리용되는 가에는 직접 관계하지 않으면서 그 화폐자금이 리자와 함께 일정한 기간이 되면 되돌려질 것을 목적으로 하는 경제분야이다. 례를 들어 은행이 대부계약에 따라 어떤 기업에 일정한 기간 대부를 주었을 때 그 대부자금이 기업의 생산과 경영 및 판매과정에 어떻게 리용되었든 관계없이 해당한 기간만 되면 원금과 함께 리자가 은행에 되돌려지는 것이 전형적인 금융이다. 대부자금의 융통뿐 아니라 화폐자금의 리용목적과 그 과정에 관계없이 직접적인 리자를 목적으로 한 은행 및 금융기관을 통한 여러 형태의 화폐자금융통은 다 금융으로 된다. 직접적인 리자를 목적으로 하지 않거나 다른 경제분야들의 구체적인 과정과 직접적으로 련결된 화폐자금의 융통은 금융관계가 아니다. 례를 들어 은행으로부터 어느 기업에로의 화폐자금융통이 해당 기업의 경영관리, 생산 및 생산품류통과 직접적으로 련결된다면 이때 금융기관인 은행은 융자사업을 하는 봉사기관이 아니라 기업을 경영하거나 그에 직접 관여하는 기업으로 되게 되며 그 관계는 벌써 금융관계가 아니다.

금융관계는 은행을 비롯한 금융기관들을 통한 자금융통 그 자체로 직접 리자를 추구하는 특수한 경제관계이며 그러한 화폐자금융통관계가 한 나라의 범위를 벗어나 국제적으로 이루어지는 것이 국제금융관계이다. 화폐자금을 국제적으로 류통시키는 국제경제거래에서 국제금융과 가장 류사한 것은 국제투자(국제직접투자)이다. 국제금융이나 국제투자는 다같이 화폐자금을 국제적으로 류통시키는 거래라고 말할 수 있다. 넓은 의미에서는 국제금융이 국제투자의 범주에 속하여 국제간접투자로 불리우고 있다. 그런가 하면 국제적인 화폐자금의 융통이라는 의미에서 국제투자가 국제금융의 범주에 넣어지기도 한다. 그러나 국제금융과 국제투자는 고유한 의미에서 서로 구별되는 차이를 가진다. 우선 국제투자는 사적기능자본의 국제적인 류동이지만 국제금융은 사적 및 공적 대부자본의 국제적인 류동이다. 국제금융은 사적 및 공적 대부, 국제증권의 발행 및 류통, 국제대상융자 등의 여러 형식을 포괄한다. 또한 국제투자는 자본이 투자된 대상에 대한 기업경영관리권과 통제조정권을 동반한다. 국제투자는 한 나라의 자본소유자가 해외에서 각종 기업을 직접 경영한다든가 국제합작생산에 직접 종사하는 등의 형식으로 진행하는 국제경제활동이다. 그러므로 국제투자에서의 화폐자금류통은 상품의 생산 및 류통과정과 직접 관통되어 있다. 그러나 국제금융은 화폐자금이 쓰이는 분야에 대한 기업경영권과 통제조정권을 동반하지 않으며 그에 직접 관여하지 않는 국제경제분야이다. 국제금융은 화폐자금이 쓰이는 분야의 구체적인 경영과정에 관계하지 않고 국제적 범위에서 자본의 취득과 배치에 간섭함으로써 류통되는 화폐자금이 정해진 기간만 되면 직접 리자와 함께 반환될 것을 목적으로 추구한다.

국제금융을 통한 화폐자금의 류통은 사회제도에 따라 그 목적이 근본적으로 다르다. 집단주의에 기초하고 있는 사회주의사회에서 화폐자금류통의 목적은 전체 인민의 자주적이며 창조적인 물질문화생활을 보다 향상시키며 인민대중중심의 우월한 사회경제제도를 보다 튼튼히 하는데 있다. 개인주의에 기초하고 있는 자본주의사회에서 국제금융을 통한 화폐자금의 류통은 그 과정에 결과가 다 대외적 착취와 략탈, 변태적인 생활추구를 위한 것이다. 제국주의자들은 국제금융을 통하여 다른 나라들에 대한 침략과 략탈, 간섭을 더욱 강화하며 그를 통하여 치부한 자금을 침략전쟁 및 그 준비에 탕진하고 있다. 국제금융관계에 참가하는 자본주의금융업체들과 금리생활자들도 례외 없이 다 대외적인 [87]착취자들이며 기생충들이다.

국제금융관계의 본질적 특징은 넷째로, 그것이 국제적 범위에서 각이한 당사자들로 이루어지는 대단히 폭넓은 경제관계라는 데 있다. 국제금융관계는 매우 폭이 넓은 경제관계이다. 원래 국제금융은 나라들 사이 또는 서로 다른 나라의 개별적 거래당사자들 사이의 자금융통이라는 뜻으로서 고유한 의미에서의 국제금융관계는 신용에 기초한 대부자금을 국제적으로 융통시키는 사람들 사이의 관계를 말한다. 그러나 오늘 국제금융관계는 은행 및 전문적인 금융기관들을 통하여 서로 다른 나라의 각이한 거래자들 사이에 직접적인 리자를 예견하고 이루어지는 모든 화폐자금의 융통과 관련한 사회관계를 포괄한다.

이로부터 국제금융관계에는 국제적인 대차관계뿐만 아니라 국제환률 및 화폐합작관계, 국제결제 및 지불관계, 국제증권융자관계, 국제보험관계, 국제금융에서의 담보관계, 국제금융감독관리합작관계 등이 포괄된다. 이러한 국제경제관계들은 상대적으로 서로 구별되는 독자적인 사회관계라고 할 수 있지만 다같이 화폐자금의 직접적인 리자를 목적으로 하여 은행을 비롯한 금융기관들을 매개로 화폐자금을 국제적으로 융통시키는 사람들 사이의 관계이다. 국제환률 및 화폐합작관계, 국제결제 및 지불관계, 국제증권융자관계, 국제보험관계들은 화폐자금이 리용되는 목적이나 형태로부터 구분되는 사회관계이지만 다같이 화폐자금을 융통시키는 당사자들이 그 화폐자금리용의 구체적 과정에 직접 관계하지 않으면서 리자를 추구하는 경제관계들이다. 국제금융에서의 담보관계, 국제금융감독관리합작관계는 화폐자금리용의 구체적 과정에 관계하지 않으면서 직접 리자를 추구하는 국제적인 화폐자금융통이 보다 순조롭고 원만하게 진행되도록 하기 위한 분야들로서 국제금융관계에 포함되게 된다. 따라서 대단히 폭이 넓은 국제금융관계는 각이한 당사자들로 이루어지는 국제경제관계로 되게 된다.

국제적으로 화폐자금을 융통시키는 국가, 국가기관, 국제기구, 법인, 개인들은 다 국제금융관계의 당사자로 나설 수 있다. 그러므로 국제금융관계는 그 당사자의 견지에서 보면 국제적인 화폐자금의 융통을 둘러싼 국가와 국가 사이의 관계, 국가기관과 국가기관 사이의 관계, 국가 및 국가기관과 법인 또는 개인 사이의 관계, 국제기구와 국가 사이의 관계, 국제기구와 법인 또는 개인 사이의 관계, 서로 다른 국적을 가진 법인들 사이나 개인들 사이의 관계, 법인과 개인들 사이의 관계 등을 다 포괄한다.

국제환률 및 화폐합작관계의 당사자들은 주로 국가나 국제기구들이며 국제대차 및 담보관계, 국제증권융자관계, 국제보험관계, 국제지불관계의 당사자들은 많은 경우 법인이나 개인들이지만 국가, 국제기구, 국가기관들도 당사자로 나선다. 국제금융감독관리합작관계의 당사자들은 주로 은행감독관리기관으로서의 국가기관이나 국제기구들이다.

서로 다른 나라의 각이한 금융거래당사자들 사이의 관계는 채권채무관계로서 종당에는 나라들 사이의 채권채무관계로 나타나게 된다. 그것은 국제금융거래관계당사자들이 국제적 성격을 띠는 국가은행을 비롯한 금융기관들을 매개로 하여 국제금융거래를 하는 사정과 관련된다. 그러나 각이한 국제금융거래관계의 당사자들은 독자적인 법률관계당사자로서의 법적 권리와 의무를 지게 된다.

이상에서 보는 바와 같이 국제금융관계는 자기의 고유한 특징을 가지고 각이하고 폭넓은 국제적인 화폐자금융통관계를 포괄하고 있는 독자적인 국제경제관계의 하나이다. 각이한 거래형태로 화폐자금을 국제적으로 융통시키면서도 다같이 공통된 자기의 고유한 본질적 특징을 가지고 있는 사회관계인 국제금융관계를 규제하는 법규범들이 전일적인 체계를 이루고 있는 것이 국제금융법이다. 이로부터 국제금융법은 국제화폐제도, 국제은행제도, 국제대부 및 담보제도, 국제증권제도, 국제보험제도 등을 자기의 구성체계로 하게 되며 국제금융에 관한 국제조약과 국제관례, 매개 나라들의 금융립법과 그 판례들을 자기의 원천, 존재형식으로 하게 된다.

국제금융법은 화폐자금을 국제적으로 융[88]통시키는 각이한 거래당사자들이 의무적으로 지켜야 할 공통적인 행동준칙, 법규범의 총체로서 나라들 사이의 금융관계가 질서 있게 유지 및 발전되게 하고 세계적인 범위에서 금융안전이 보장되도록 법적으로 담보하는 데 이바지하여야 한다.

오늘 국제금융분야에서는 제국주의자들의 전횡과 독단이 허용되는 낡은 국제경제질서가 가장 많이 남아 있다. 자주성을 지향하는 세계 진보적 인민들은 국제금융분야에서 새로운 국제경제질서를 수립하기 위한 투쟁을 계속 힘 있게 벌림으로써 국제금융관계를 자주성과 평등, 호혜의 원칙에서 건전하게 발전시킬 수 있는 법적 담보를 마련하여야 한다.

35. 국제은행경영관리에 관한 국제법적 제도의 본질적 특징[8]

리 광 범

[40]위대한 령도자 김정일동지께서는 다음과 같이 지적하시였다. ≪재정은행일군들은 재정관리지식을 비롯한 여러 가지 경제지식을 소유하며 재정은행실무에 정통하여야 합니다.≫(≪김정일선집≫10권, 194페지)

재정은행일군들은 특히 대외거래업무에 종사하는 재정은행일군들이 국제은행경영관리에 관한 국제법적 제도에 대하여 옳바른 리해를 가지는 것은 오늘 국제금융관계에서 제기되는 리론실천적 문제들을 현실발전의 요구에 맞게 풀어나가기 위한 필수적 전제이다. 국제은행경영관리에 관한 국제법적 제도를 잘 알고 그에 부합되게 국제은행경영관리를 진행하여야 해당 은행의 수지균형은 물론 나라의 전반적 국제수지균형을 보장하고 은행들이 더 많은 경제적 리익을 얻을 수 있다. 국제은행경영관리에 관한 국제법적 제도는 전반적 국제금융의 안전을 담보하기 위하여 수립된 제도로서 국제금융기구가 국제은행들의 효과적인 경영관리에 관하여 발표한 법적 문건들의 총체로 이루어졌다.

국제은행경영관리에 관한 국제법적 제도의 본질적 특징은 우선 그것이 전반적 국제금융의 안정을 보장하기 위한 법적 수단이라는 데 있다. 국제금융의 안정성은 국제금융시장에서 자금융통이 원활하게 이루어지는 상태, 국제금융관계에서 자금수요와 공급의 균형이 보장되는 상태이다. 금융이 은행을 매개로 하여 이루어지는 자금융통인 것으로 하여 금융안정은 구체적으로는 그 매개물인 개별적 은행들의 안정성으로 표현된다. 국제은행들의 안정성에는 그들의 재산상태, 일정한 지역이나 령역의 금융실태, 무역, 투자와 같은 다른 경제관계, 매개 나라의 환률 및 화폐정책, 시장과 은행에 대한 감독통제수준 등 많은 요인들이 영향을 줄 수 있지만 기본적인 요인은 해당 금융관계에 관한 법제도와 질서이다. 이 법제도와 질서에 의하여 국제금융관계참가자들 특히 국제은행들이 표준화된 기준과 절차, 방법대로 영리활동을 해나가게 함으로써 국제은행 및 국제금융의 안정을 파괴할 수 있는 기타 요인들이 미연에 방지되게 되고 설사 위기가 조성되어도 그것에 능동적으로 대처할 수 있게 된다.

국제은행경영관리에 관한 국제법적 제도는 국제은행들의 경영관리에 관한 질서와 방법의 국

---

8) 출처: 과학백과사전출판사, 『정치법률연구』, 2006년 제2호(누계 14호), 40쪽, 43쪽.

제적 표준으로서 국제은행들로 하여금 국제금융안정의 기초로 되는 개별적 은행의 안정을 위해 재산상태와 지불능력을 정상적으로 관리하게 하며 자금류통상태의 악화, 자금부족난과 같은 위기에 개별적으로 혹은 집단적으로 대처할 수 있게 하는 기준을 준다. 국제은행경영관리에 관한 국제법적 제도는 또한 국제은행들의 자금관리, 류동성관리, 수익성관리 등과 같은 경영관리에 관한 표준이 원만히 집행되도록 조사, 감독, 통제하는 기준을 제시함으로써 국제은행들과 은행거래자들, 기타 련관기관들의 리익과 전반적 국제금융의 안정을 보장하고 보호한다.

국제은행경영관리에 대한 국제법적 제도의 본질적 특징은 다음으로 그것이 국제은행의 효과적인 경영관리방법에 대한 규제를 내용으로 하는 법제도라는 데 있다. 은행경영관리방법은 일반기업경영방법과는 달리 자금관리방법이다. 일반적으로 기업경영관리방법에는 생산 및 기술지도방법, 자재구입 및 제품판매와 관련한 방법, 재산관리방법 등이 속한다. 기업관리는 로력과 생산수단을 리용한 생산 및 판매활동에 대한 관리이기 때문에 여기에서는 로력, 설비, 자재관리가 기본이고 재산관리는 보조적이며 종합적인 관리로 된다. 그러나 은행의 경우에는 영업내용이 자금융통업무이기 때문에 그 경영관리에서 기본은 자금관리로 된다.

매개 나라의 국제은행들을 국제적 범위에서 업무를 전개하면서 서로 련계를 가지지만 은행업종, 은행활동의 복잡성, 은행의 규모와 활동범위, 은행의 경력 등에 기초한 그들의 경영관리기술수준의 정도는 서로 다르며 그에 따라 그 관리전략과 방법도 서로 차이난다. 또한 나라들마다 화폐 및 금융정책이 다르고 지역마다 금융발전수준정도가 각이한 데로부터 개별적 은행들의 관리기술정도, 은행경영관리전략과 방법에서는 차이들이 있다. 이것은 관리수준이 높은 은행들에 있어서 더 많은 리익을 얻을 수 있는 공간으로 되지만 관리수준이 낮은 은행들에 있어서는 혹심한 재정적 곤난과 지어 파산까지 초래시키는 난점으로 된다. 이러한 폐단을 극복하기 위해서는 국제금융업무에 종사하는 은행들의 능력과 수준, 합리적인 자금관리방법의 최저수준을 정하고 모든 국제은행들이 그 수준에 도달하도록 법적으로 규제하는 것이 필수적 요구로 나선다.

국제은행경영관리에 관한 국제법적 제도는 세계 각국의 수많은 은행들의 경영관리방법들을 종합분석한 데 기초하여 그중에서 가장 합리적이고 효과적인 관리방[43]법을 기본원리로, 관리표준으로 규제한 법제도이다. 이 제도는 은행들이 재산상 질적 및 량적 균형을 항시적으로 보장하고 국제류동성을 제고하여 제기되는 자금수요에 신속성 있게 대처함으로써 각종 신용위험, 리자률위험, 시장위험 등 전체적인 위험들을 주동적으로 관리하게 하는 효과적인 방법을 준다. 그러면서도 이 제도는 국제대부, 은행표외업무, 돈세척방지 등과 관련한 구체적이며 합리적인 경영관리제도도 제시한다.

 국제은행경영관리에 관한 국제법적 제도는 다음으로 그것이 주요 국제금융기구가 발표한 법문건으로서 세계적 규모에서 건의적 성격을 띤다는 데 있다. 국제기구들의 조약이나 협정은 국가들 사이의 합의로서 기구성원국이나 조약가입국들에 절대적인 법적 구속력을 미친다. 따라서 성원국들은 해당 조약이나 협정의 규제내용대로 그 권리와 의무를 성실히 리행해야 할 국제법적 책임을 진다. 이것은 기구성원국들이나 조약가입국들이 그 규정의 요구를 어김없이 준수하도록 강제적으로, 권력적으로 담보하는 데서 표현된다. 그러나 국제은행경영관리에 관한 국제법적 제도는 조약이나 협정으로 이루어지는 것이 아니라 건의적 성격을 띠는 약속성법의 총체로 이루어졌다. 건의적 성격을 띠는 약속성법이란 그것을 발표하는 기구성원국들에게는 그것이 국제협정으로서 구속력을 가지지만 비성원국들에게는 건의적 성격을 가지는 국제법적 문건을 말한다. 국제기구가 내는 법문건이 건의적 성격을 띤다는 것은 그 문건이 해당 국가나 개별적인 당사자에게 강제적인 구속력을 미치는 것이 아니라 그 문건의 요구를 반영한 법제정을 통하여 그 문건의 내용이 국내법규범들에 구현되도록 권고한다는 것이다. 이러한 건의적 성격의 문건이 일단 임의의 국가에서 접수되고 국내법규범에 반영되면 그것은 해당 국가에 대해 의무적 성격을 띠게 된다. 그러므로 건의적 성격의 문건으로 수립된 국제은행경경관리에 관한 국제법적 제도는 종당에 법적 효력에 있어서 의무적, 강행적 성격을 띠게 된다.

 건의적 법문건에 대한 접수정도는 그 건의문건을 발표하는 국제금융기구의 공인된 권위, 은행감독에 대한 각국의 리해관계, 건의내용의 과학성과 효과성 등에 관계된다. 바젤은행감독관리위원회가 발표한 은행감독에 관한 문건들은 건의적 성격의 문건으로서 세계 100여 개 나라들에서 접수되어 법적 구속력을 가지고 은행경영관리 및 그 감독관리에 적용되고 있다. 바젤은행감독관리문건들은 오늘 거의 모든 나라들에서 은행감독관리에 관한 법규작성에서 내용과 형식의 립법적 기초로, 법제정기술실무의 관례화된 원칙으로 되고 있다. 바젤위원회가 발표한 문건들은 바젤체계를 구성하고 세계적 범위에서 가장 보편화되고 공인된 국제은행감독관리제도로 인정되고 있다. 그것은 바젤체계가 은행감독관리분야에서 진행한 국제적인 합작과 협조의 산물로서 30년에 걸쳐 바젤문건으로 발표되고 확립된 은행감독관리에 관한 합리적이고 효율적인 원칙, 규칙, 표준을 내용으로 하는 건의들의 총체이기 때문이다. 국제은행경영관리에 관한 국제법적 제도는 바젤체계를 기본내용으로 하는 은행감독관리제도의 하나이라고 할 수 있다.

 모든 실무일군들은 국제은행경영관리에 관한 국제법적 제도의 본질적 특징을 잘 알고 외화관리에 관한 우리 당의 정책적 요구에 맞게 국제은행경영관리에 구현해 나가야 한다.

36. 국제투자분쟁해결제도의 본질과 특징[9]

김 운 남

[64] 위대한 령도자 김정일동지께서는 다음과 같이 지적하시였다. ≪**공화국정권은 완전한 평등과 호혜의 원칙에서 대외무역을 발전시키고 다른 나라와의 경제거래를 우리 인민의 리익과 공화국법의 요구에 맞게 진행하여 자립적 민족경제를 보호하도록 하여야 합니다.**≫(≪김정일선집≫ 제13권. 272페지)

나라의 대외관계가 더욱 확대되는 데 맞게 다른 나라와의 경제거래에서 우리의 자립적 민족경제를 보호하기 위하여서는 국제투자분쟁해결제도에 대한 옳은 인식을 가지고 이 제도를 효과적으로 리용하여야 한다. 국제투자분쟁해결제도는 국제투자활동과정에 민간직접투자와 관련하여 발생하는 투자분쟁을 신속정확하고 공정하게 해결하기 위하여 법적으로 규제된 절차와 방법들의 체계이다. 국제투자는 일정한 경제적 리윤을 목적으로 하여 투자가가 다른 나라에 자기의 자본을 투자하는 경제적 활동으로서 국제경제관계에서 중요한 자리를 차지한다.

오늘 국제투자분야에서 기본을 이루는 것은 국제적인 직접투자이다. 직접투자에는 자본수입국 및 자본수출국의 정부, 해외에 자본을 투자하는 민간투자가와 자본수입국의 국내투자가 등이 참가하며 이들 사이에 민간직접투자와 관련하여 이루어지는 권리, 의무관계는 국제투자관계법에 의하여 규제되게 된다. 국제적인 민간직접투자법률관계는 외국투자가와 자본수입국의 국가기관 또는 국내투자가 사이에 민간직접투자와 관련하여 이루어지는 권리, 의무관계이다. 국제투자분쟁은 이러한 국제적인 민간직접투자법률관계의 당사자들 사이에 민간직접투자와 관련하여 발생한다. 국제적인 민간직접투자활동과정에 투자분쟁이 있게 되는 것은 우선 국제직접투자관계를 규제하는 매개 나라 법의 내용이 다르기 때문이다.

법은 정치의 한 표현형식으로서 해당 사회 지배계급의 요구와 리해관계를 반영하여 제정되게 된다. 투자관계법도 역시 매개 나라의 지배계급의 의사와 요구를 반영하여 제정되게 되는 것으로 하여 그 규제내용은 나라마다 서로 다르다. 이로부터 자본수입국과 외국투자가 사이에 외국투자관계법에 대한 해석상 차이가 생기게 되며 따라서 투자분쟁이 발생할 수 있다. 그것은 또한 국제직접투자활동과정에 투자법률관계, 당사자들 사이의 리해관계가 다른 것으로 하

---

9) 출처: 김일성종합대학출판사, 『김일성종합대학학보: 력사법학』, 제46권 제3호(2000), 64-68쪽.

여 분쟁을 일으킬 수 있는 여러 가지 형태의 위험이 있기 때문이다.

국제직접투자는 높은 경제적 리윤을 목적으로 하여 진행되는 경제적 활동이기 때문에 투자가와 투자를 받아들이는 당사자들 사이에 리해관계가 서로 다르다. 더욱이 한 푼의 리윤이라도 더 얻기 위해서라면 그 무엇도 서슴지 않는 자본자들에게 있어서 해외투자는 오직 자본의 증식과 치부의 수단이다. 때문에 직접투자와 관련한 법률관계당사자들 사이의 리해관계의 대립은 불가피하다. 이로부터 외국투자기업에 의하여 경제발전과 사회질서, 환경보호 등의 분야에서 자본수입국이 피해를 입을 수 있으며 반대로 자본수입국에서의 금융위기, 경제위기나 정부의 국유화조치 또는 전쟁 등으로 인하여 외국투자가가 경제적 손해를 당할 수 있다. 이러한 요인들로부터 국제직접투자활동과정에는 투자분쟁이 자주 발생하게 된다.

국제투자분쟁은 일반적으로 투자계약과 관련하여 발생하거나 투자계약과 관계없이 발생한다. 투자계약과 관련한 분쟁은 직접투자관계의 당사자들 사이에 해당 계약의 해석, 리행, 수정 또는 페기 등과 관련하여 발생하게 된다. 투자계약과 관계없이 발생하는 분쟁은 자본수입국의 국가권력의 행사 또는 기타 정치적 요인들로부터 투자가가 경제적 [65]손실을 입는 것과 관련하여 발생하게 된다. 이러한 분쟁은 자본수입국에 의한 국유화 또는 외화통제, 세금인상, 기업의 경영활동에 대한 간섭 등의 행정적 행위로 인하여 발생하거나 자본수입국에서의 정치적 동란, 전쟁 등의 정치적 사변에 의하여서도 일어나게 된다. 이러한 분쟁은 대체로 자본수입국의 해당 국가기관과 외국민간투자가 사이에 발생하는 것으로서 계약상 권리, 의무와 관련한 문제인 것이 아니라 기본은 국가적인 책임문제이다.

국제적인 민간직접투자법률관계에서 자주 발생하는 국제투자분쟁의 합리적이고 공정한 해결을 위한 방법 및 절차들을 법적으로 규제하는 것은 필수적이다. 그것은 첫째로 국제투자분쟁해결제도가 확립되어야 국제투자관계법제도가 전면적으로 완비될 수 있기 때문이다. 국제투자관계법제도는 제2차 세계대전 이후에 비로소 출현하였다. 새로운 국제경제질서의 요구에 맞는 공정한 국제투자관계법제도가 확립되어야 나라들 사이 국제경제관계가 투자분야에서도 공정하게 이루어질 수 있으며 더욱이 해외직접투자를 다른 나라에 대한 경제적 지배의 실현수단으로 리용하려는 제국주의자들의 신식민지적 지배책동을 파탄시킬 수 있다. 국제투자관계법은 다른 부문법들과 마찬가지로 직접투자법률관계의 발생, 변경, 소멸관계를 규제하는 실체법상 규범들과 실체법상의 권리, 의무의 실현과 관련된 분쟁을 해결하기 위한 방법 및 절차들을 규제하는 수속법적 규범들로 이루어진다. 국제투자분쟁해결제도는 바로 민간직접투자법률관계에서 발생하는 분쟁을 해결하기 위한 수속법적 제도인 것으로 하여 국제투자관계법의 중요구성부분을 이루며 이 제도의 확립은 곧 투자관계법제도의 완비를 위하여 필수적인 것이다.

그것은 둘째로 국제투자분쟁해결제도를 확립하는 것이 투자분쟁을 빠른 시일 내에 순조롭게 해결하기 위한 중요한 담보로 되기 때문이다. 국제투자분쟁은 일반 무역분쟁과는 달리 자본수입국의 국가기관도 당사자로 나서게 되는 것만큼 그 해결이 특별히 복잡하고 어렵다. 때문에 분쟁해결방법과 절차가 미리 확립되어 있다면 일단 분쟁이 발생하는 경우에 분쟁당사자들이 제때에 이미 규정된 방법과 절차에 따라 해결하도록 함으로써 분쟁해결에서 복잡성을 피하고 분쟁이 순조롭게 해결될 수 있다. 이러한 필요성으로부터 국제직접투자의 확대발전과 더불어 국제투자분쟁해결제도가 확립되게 되었다.

국제투자분쟁의 해결방법에는 크게 화해나 조정, 중재 또는 재판 등 법률적 방법들과 자본수입국에서의 행정적 절차를 통한 방법, 자본수출국에 의한 외교보호와 같은 정치적 방법 등이 있다. 화해는 투자분쟁당사자들이 직접적인 접촉과 협상을 통하여 자원성의 원칙에서 호상 일정한 양보를 함으로써 분쟁을 해결하는 방법이다. 조정은 투자분쟁당사자들이 공정한 제3자의 주관밑에 호상 양보하는 데 기초하여 합의를 보고 분쟁을 해결하는 방법이며 중재는 분쟁당사자들이 선정한 재결원에 의거하여 분쟁을 해결하는 방법이다. 재판의 방법은 국제직접투자와 관련하여 발생하는 분쟁을 유관국가의 사법권에 의하여 해결하는 방법이다. 이러한 법률적 방법들 가운데서 가장 보편적인 것은 조정과 중재에 의거한 방법으로서 현시기 국제투자분쟁해결제도에서 기본을 이루고 있다. 그것은 조정 또는 중재에 의한 국제투자분쟁의 해결이 다른 분쟁해결방법들에 비하여 매우 효과적이고 공정하기 때문이다. 조정이나 중재의 방법은 다같이 공정한 제3자의 주관밑에 분쟁을 해결하는 공통점을 가지는 것으로서 해결기간이 매우 짧고 비용이 적게 들며 기업비밀이 보장되는 등의 많은 우월성들을 가지고 있다. 특히 중재는 분쟁당사자들이 재결원의 재결을 최종적이며 구속력 있는 것으로 합의한 데 기초해서 진행되는 것으로 하여 투자분쟁의 해결에서 그 효과성이 대단히 높다. [66] 이로부터 오늘 국제투자분쟁해결제도에서 조정이나 중재의 방법이 기본을 이루고 있다.

국제투자분쟁은 이러한 법률적 방법들뿐 아니라 자본수입국에서의 행정적 절차를 통해서도 해결될 수 있다. 국제투자분쟁은 국제적인 민간직접투자와 관련하여 발생하는 것으로서 자본수입국이 여기에 밀접한 리해관계를 가지게 된다. 그것은 국제직접투자가 자본수입국의 경제발전에 직접적인 영향을 미치기 때문이다. 국제직접투자는 현지에서 기업을 창설하거나 현지에 있는 기업을 매수 또는 통제권을 장악하는 방법으로 진행되며 이러한 직접투자에 의하여 창설운영되는 외국투자기업들은 일반적으로 자본수입국의 법인으로 인정되어 해당 기업들의 생산이 자본수입국의 국내경제발전에 일정한 영향을 미치게 된다. 더욱이 투자기업이 자본수입국의 경제발전과 사회질서, 환경보호 등에 침해를 주는 경우에 자본수입국이 직접적인 리해관계를 가지게 된다. 때문에 대다수 자본수입국들은 외국직접투자와 관련한 분쟁을 법률적 수단을 통하여 해결할 뿐만 아니라 행정적 절차에 따라 해결하기도 한다. 이것을 ≪현지구제원칙≫이라고 한다.

자본수입국의 현지구제에서 행정적 절차를 통한 해결방법은 중요한 내용을 이룬다. 일반적으로 이 방법은 외국투자가가 자본수입국정부의 행정적 결정에 복종하지 않는 것과 관련하여 발생하는 분쟁의 해결에 적용되는 것으로서 투자가의 신소청원에 의하여 한 급 높은 국가기관이 분쟁의 원인으로 되는 하급기관의 결정에 대하여 심의하고 그 효력을 재확인하거나 무효로 선포한다. 이러한 방법은 주로 자본수입국 특히 발전도상나라들에 유리한 것으로서 해당 국가기관의 행정적 조치로 인하여 발생하는 투자분쟁의 해결에 적합하다.

국제투자분쟁은 일련의 경우에 외국투자가의 본국, 즉 자본수출국이 개입하여 해결하기도 한다. 자본수출국 특히 발전된 자본주의나라들은 대체로 자국공민이 해외에서 직접투자활동과정에 자본수입국에 의하여 경제적 손실을 당한 경우 그 나라의 국내법적 및 행정적 절차에 따라 해결하지 못하면 외교적 경로를 통하여 해당 분쟁을 해결해야 한다고 주장하고 있다. 이러한 해결방법을 일명 ≪외교보호≫라고 한다. 외교보호는 국제투자분쟁을 국가들 사이의 분쟁으로까지 확대시켜 국제법적 수준에서 해결하는 것으로서 자본수출국의 대외정책적 요구에 따라 분쟁해결이 좌우되기 때문에 그 적용이 극히 드물다.

현시기 대부분의 국제투자분쟁들은 투자와 직접 련관이 있는 나라의 권한 있는 사법기관이나 투자분쟁해결국제쎈터 또는 기타 국제상사중재기구와 특별중재재판소들에 의하여 조정이나 중재의 방법으로 해결되고 있다.

국제투자분쟁해결제도는 크게 국내법적 규범들과 국제법적 규범들로 이루어진다. 국내법적 규범들은 외국투자와 관련한 분쟁의 해결을 직접적으로 규제하는 자본수입국의 부문법과 기타 투자관계법들의 유관조항으로 구성된다. 자본수입국은 국제투자분쟁의 해결에 대하여 직접적인 리해관계를 가지기 때문에 외국투자관계법제도를 확립함에 있어서 국제투자분쟁을 해결하기 위한 전문적인 부문법들도 제정하게 된다. 우리나라에서는 주체 83(1994)년에 수정보충된 ≪조선민주주의인민공화국 민사소송법≫과 주체 88(1999)년에 채택된 ≪대외경제중재법≫, 외국인투자법 제22조, 외국인 기업법 제31조, 합영법 제47조, 합작법 제21조 등이 유관 투자관계법들의 분쟁해결방법을 규제한 조항들로 국내법적 제도가 상당히 완비되었다.

국제법적 규범들은 쌍방투자협정의 유관조항들과 투자분쟁의 해결을 위한 국제협약 및 규정들로 구성되고 있다. 쌍방투자협정은 일반적으로 투자의 호상 촉진 및 보호와 관련하여 체결되는 것으로서 체약국가들 사이에 발생하는 투자분쟁의 해결방법에 관한 규정들을 담고 있다. 오늘 대다수 쌍방투자협정들은 [67]투자분쟁을 분쟁당사자들 사이에 우선적으로 화해를 이룩하며 그것이 불가능한 경우에 투자와 직접 관련 있는 국가의 권한 있는 사법기관 또는 국제투자분쟁해결쎈터나 기타 국제상사중재와 관련한 협정들에 따라 설립되는 특별중재재판소 등에 의거하여 해결한다고 규정하고 있다. 우리나라는 이미 수많은 나라들과 투자의 호상 촉진 및 보호에 관한 협정들을 체결하였으며 이 협정들에서는 우와 같은 분쟁해결방법들이 규제되어 있다. 스위스 투자촉진 및 호상보호에 관한 표준협정 제8조에는 화해의 방법으로 분쟁을 해결하며 그것이 효과를 보지 못하는 경우 또는 분쟁당사자들이 서면으로 동의하는 경우에 투자분쟁해결국제쎈터에 의거하여 분쟁을 해결한다고 규정되어 있다.

쌍방투자협정들에서 투자분쟁의 해결방법에 대하여 규정하는 것은 바로 국제투자분쟁이 외국투자에 대한 자본수입국의 대우 및 보호와 관련하여 매우 중요한 법률적 문제의 하나이기 때문이다. 국제투자분쟁의 해결과 관련하여 가장 보편적으로 인정되고 있는 국제협약은 1965년에 체결된 투자분쟁해결국제쎈터설립협약이다. 이 협약은 외국민간투자가와 자본수입국정부 사이에 발생하는 투자분쟁을 조정 또는 중재의 방법으로 신속하고 공정하게 해결하기 위하여 체결되었으며 오늘날 이 쎈터에 의하여 많은 분쟁문제들이 해결되고 있다. 유엔 국제무역법위원회 중재규정과 국제상업회의소 조정 및 중재규정 역시 국제투자분쟁의 해결에 널리 적용되고 있는 국제법적 규범들이다. 이 규정들은 일반적으로 외국투자가와 자본수입국의 국내투자가들 사이에 발생하는 투자분쟁의 해결에 적용된다.

국제투자분쟁해결제도는 국제직접투자와 관련하여 발생하는 투자분쟁의 해결관계를 규제하는 제도로서 국제무역중재나 해사중재제도들과 구별되는 일련의 특징을 가진다. 그것은 첫째로, 국제투자분쟁해결제도는 국제무역중재 또는 해사중재제도들에 비하여 절차가 더 복잡하고 포괄범위가 더 크다는 것이다. 국제무역중재나 해사중재제도는 국제무역분쟁 또는 해사분쟁을 중재의 방법으로 해결하기 위하여 수립된 전문적인 중재제도들이다. 국제투자분쟁해결제도는 조정 또는 중재뿐 아니라 자본수입국에서의 행정적 절차를 통한 해결방법이나 자본수출국에 의한 외교보호와 같은 정치적인 해결방법도 포괄하고 있다. 이것은 국제투자관계와 그로부터 발생하는 국제투자분쟁의 특성과 관련된다. 국제적인 민간직접투자관계는 해당 나라에 자본을 투자하는 외국민간투자가와 자본수입국의 기관, 기업소, 단체 또는 개인 사이에 이루어지며 자본수입국의 국가기관도 당사자로 나서게 된다. 외국투자가의 투자에 대하여 자본수입국의 해당 기관이 강제조치를 취하는 경우 외국민간투자가는 행정적 절차를 통하여 해결받아야 한다. 그러나 자본수입국에서의 분쟁해결이 자국민투자가의 권리를 침해한다는 근거로 자본수출국이 외교보호권을 발동할 수 있으며 이러한 경우에 외교보호와 같은 정치적인 해결방법이 적용될 수도 있다.

그것은 둘째로, 국제투자분쟁해결제도는 국제무역중재 또는 국제해사중재제도에 비하여 그 발생발전과정이 상대적으로 짧은 반면에 규제내용이 더 완비된 것이다. 무역중재나 해사중재제도들은 다같이 오랜 력사적 과정을 거쳐 완비되어 왔다. 국제무역은 고대시기부터 나라들 사이 국제적인 경제관계의 기초를 이루고 확대발전하여 왔으며 이 과정에 발생하는 분쟁들을 신속하고 합리적으로 해결하기 위한 분쟁해결제도들이 끊임없이 발전되어 왔다. 국제무역중재나 해사중재제도들은 다같이 이러한 국제무역과 해상수송의 발전과 더불어 완비되어 왔다. 이와 반면에 국제투자분쟁해결제도는 제2차 세계대전 이후 시기부터 비로소 급속히 확대발전하였으며 그 발전력사는 상대적으로 매우 짧다고 말할 수 있다. [68]그것은 국제투자 특히 국제투자법의 기본규제대상인 국제적인 민간직접투자관계가 제2차 세계대전 이후에야 비로소 급속히 확대발전하였기 때문이다.

이로부터 투자와 관련한 매개 나라 국내법은 1950년대 초에 극히 일부 나라들에서 수립되었을 뿐 대다수 나라들의 외국투자관계법은 1960년대 이후부터 비로소 수립되기 시작하였으며 이 과정에 국제투자분쟁의 해결관계를 규제하는 국내법적 규범들이 제정되어 왔다. 1965년에 투자분쟁해결국제쎈터(ICSID)설립협약이 체결된 후 1970년대 후반기부터 국제투자분쟁의 해결관계를 규제하는 국제조약 및 협정들이 수많이 체결되었다.

투자분쟁은 외국직접투자와 관련하여 발생하는 것으로서 매개 나라에서 이 문제의 정확한 해결은 국내민족산업을 보호하고 경제적 리익을 지키기 위하여 나서는 중요한 문제의 하나로 된다. 때문에 국제투자분쟁해결제도는 그 발생발전과정이 길지 않지만 국제무역중재나 해사중재제도에 비하여 국내법적으로나 국제법적으로 더 완비되게 되었다.

그것은 셋째로, 국제투자분쟁해결제도는 국제적인 민간직접투자와 관련하여 발생하는 분쟁의 해결관계만을 규제한다는 데 있다. 이것은 국제투자법의 특성과 관련된다. 국제투자는 투자의 성격과 형식의 측면에서 볼 때 직접투자와 간접투자의 형태로 이루어진다. 국제간접투자는 현지에서 직접 기업을 창설하거나 매수하여 운영하는 국제직접투자와는 달리 리자나 배당금과 같은 자본리득을 목적으로 하여 이루어지는 국제투자의 한 형태이다. 이로부터 국제간접투자

는 각국의 일반 민사법, 상법, 회사법, 수형법 등의 부문법들과 유관 법규범들의 규제를 받게
되며 국제투자법의 규제대상으로는 되지 못한다. 때문에 국제간접투자와 관련하여 발생하는
분쟁은 분쟁이 발생한 국가의 국내사법권에 따라 해결되게 된다. 국가들 사이 또는 국제경제
기구에 의한 투자관계는 해당 국가들 사이 차관협정이나 유관 국제경제기구의 조약 또는 규정
에 기초하여 이루어지기 때문에 국제투자법의 규제대상으로는 되지 못한다. 이처럼 국제투자
법이 국제적인 민간직접투자관계만을 규제대상으로 하기 때문에 국제투자법상의 권리, 의무의
실현과 관련하여 발생하는 분쟁을 해결하기 위한 수속법으로서의 국제투자분쟁해결제도는 오
직 국제적인 민간직접투자와 관련하여 발생하는 분쟁의 해결관계만을 규제하게 되는 것이다.

우리는 국제투자분쟁해결제도의 본질과 특징을 잘 알고 우리 혁명의 리익의 견지에서 국제투
자분쟁과 관련하여 제기되는 문제들을 옳게 해결함으로써 나라의 자립적 민족경제를 철저히 보
호하는 데 이바지하여야 할 것이다.

37. 조선민주주의인민공화국 환경보호법의 본질과 사명[1]

신 분 진

[46]환경보호법의 본질과 사명을 정확히 밝히는 것은 환경보호법 리론과 실천에서 나서는 가장 중요한 문제의 하나이다. 그것은 이 문제가 환경보호법이 어떠한 법이며 그것이 어디에 이바지하는가 하는 문제로서 환경보호법의 전반내용을 파악하는 데서 기초적인 문제로 되기 때문이다. 환경보호법의 본질과 사명문제가 정확히 밝혀져야 거기에 담겨진 당과 국가의 환경보호정책을 정확히 파악하고 그것을 철저히 집행해 나갈 수 있다. 경애하는 수령 김일성동지께서와 위대한 령도자 김정일동지께서는 사람중심의 철학적 원리에 기초하시여 조선민주주의인민공화국 환경보호법의 본질을 과학적으로 밝혀주시었다.

조선민주주의인민공화국 환경보호법은 인간의 생존과 발전을 위한 필수적 조건인 자연환경을 보호, 건설, 관리하는 것과 관련한 원칙과 질서를 규제함으로써 인간의 자주성 실현에 이바지하는 법이라는 데 그 본질이 있다.

위대한 수령 김일성동지께서는 다음과 같이 교시하시였다. ≪**조선민주주의인민공화국 환경보호법은 대기와 물, 토양, 생물을 비롯한 자연환경을 보호관리하는 사업의 원칙과 방도를 새롭게 규제하였습니다.**≫(≪김일성저작집≫ 제39권, 376페지).

---

1) 출처: 김일성종합대학출판사, 『김일성종합대학학보: 력사법학』, 제41권 제4호(1995), 46-50쪽.

환경보호법의 규제대상에는 사람의 주위를 둘러싸고 있는 공기와 물을 비롯한 자연환경을 보존하며 그 질을 개선하기 위한 인간의 자연개조활동을 포괄한다. 다시 말하여 환경보호법은 사람의 생존과 활동에 유리한 자연환경을 유지하고 보존하며 불리한 자연환경을 유리한 자연환경으로 개조하는 것과 같은 자연개조활동을 그 법적 규제의 대상으로 하게 된다. 반동적인 부르죠아법학자들은 환경과 사람의 관계를 규제하는 것이 환경보호법의 규제대상으로 된다고 주장한다. 그러나 이것은 사람을 환경에 순응하는 수동적인 존재로 보는 비과학적인 견해로서 환경보호법의 본질을 외곡하고 인민대중을 기만하는 반동적인 주장이다. 물론 환경보호법이라 할 때에는 사람과 그를 둘러싼 환경을 규제하게 된다. 그러나 여기서 환경과 사람과의 관계는 환경보호법의 규제를 위한 전제에 불과하며 그 직접적인 대상으로는 되지 않는다. 환경보호법은 바로 사람과 환경 간의 관계를 규제하는 것이 아니라 환경과 관련하여 이루어지는 사람들의 활동을 규제한다.

환경보호법에 의하여 보호되는 자연환경은 인간의 생존과 발전을 위한 필수적 조건이다. 사람은 다양한 자연환경 속에서 살고 있으며 자연환경을 떠나서는 인간의 생활에 대하여 생각할 수 없다. 사람들은 자연환경에 의거하여 인간생활의 필수적 조건인 식의주문제를 해결해 나가면서 인간의 생명활동의 필수적 요소들인 공기, 물을 비롯한 여러 가지 영양원소들을 공급받는다. 따라서 환경이 보호되고 유지되는가 또는 파괴되는가 하는 것은 인간이 생존하는가, 생존하지 못하는가 하는 초미의 문제이다.

환경자체는 자연적인 물질적 존재이기는 하나 인간의 외부적인 작용이 없이는 인간에게 유리하게 복무할 수 없다. 때문에 근로인민대중은 인류발전의 초기부터 환경을 자기에게 유익하게 만들기 위하여 장구한 기간 투쟁하였다. 환경을 길들여 인간생활에 유익하게 만들기 위한 인민대중의 투쟁은 거듭되는 계급투쟁과 사회교체과정에 부단히 발전하여 왔다. 이 과정에 환경은 자연과 사회의 주인인 인민대중에게 더욱더 유리하게 개조변혁되었다.

조선민주주의인민공화국 환경보호법은 이처럼 인간생활의 필수적 요소인 자연환경을 더 잘 보호, 건설, 관리하는 것과 관련한 원칙과 질서를 법적규제대상으로 삼고 그것을 인간에게 유리하게 개조변혁해 나가[47]는 데서 원칙적 문제들을 법화하고 있다. 선행한 로동계급의 법리론에서는 환경보호에 관한 법적규제문제가 거의나 론의되지 않았다.

지난 시기에 맑스와 엥겔스는 자본주의착취제도와 로동계급의 건강문제와의 관계를 분석하면서 로동계급 속에서 결핵과 같은 오랜 질병이 퍼지는 원인을 자본주의생산방식에서 찾았다. 그들은 잉여로동에 대한 착취자들의 무제한한 착취는 로동자들에게서 신선한 공기와 해빛을 리용하는 데 필요한 시간을 빼앗아낸다고 하면서 바로 이것으로 하여 로동자들은 생명을 단축한다고 하였다. 맑스와 엥겔스는 자본주의적 생산방식의 근절은 로동계급의 처지를 근본적으로 변화시키며 근로자들에게 진정한 생활환경을 마련해주기 위한 첫째가는 조건으로 된다는 것을 지적함으로써 착취사회에서의 자연환경에 미치는 사회적 조건을 밝히고 로동계급이 질병에서 벗어나는 길을 사회주의혁명과 결부시키는 데 그쳤다. 레닌은 자연환경에 미치는 사회적 조건에 관한 맑스와 엥겔스의 견해를 창조적으로 발전풍부화시키면서 자연환경문제를 물질적부의 일정한 생산방식, 경제발전법칙과 련관시켰다. 그는 자본주의조건에서는 ≪공기도 물도 땅도 부자들에 의하여 점령되었다.≫고 하면서 ≪현대제도에서 로동자들은 비위생적인 로동조건과 생활환경에 의하여 조기에 사망하게 된다.≫고 하였다. 그리고 이러한 엄중한 처지로부터 근로자들의 유일한 출로는 프로레타리아혁명에 의한 자본주의적 생산방식의 청산이며 사회주의제도하에서만이 로동조건을 더욱더 위생적인 것으로 되게 하며 수백만의 로동자들을 연기, 먼지, 오물로부터 구제하면서 오염되고 악취풍기는 공장들을 깨끗하고 밝게 하여 사람들에게 적당한 자연환경을 보장해줄 수 있다고 하였다.

이와 같이 로동계급의 선행리론에서는 환경보호의 사회경제적 기초에 대하여 분석하고 자연환경의 영향으로부터 근로자들의 건강을 보호하기 위한 일련의 문제를 제기하였으나 근로인민을 자연환경의 구속에서 완전히 해방할 데 대한 사상을 밝히지 못하였다.

주체의 환경보호법리론은 종래의 환경보호리론과는 달리 사람, 근로인민대중을 중심에 놓고 인간의 생존과 발전의 필수적 조건인 자연환경을 더 잘 보호, 관리하는 데서 나서는 모든 리론실천적 문제들을 전면적으로 밝혔다. 주체의 환경보호법리론을 구현하고 있는 조선민주주의인민공화국 환경보호법은 력사상 처음으로 근로인민대중을 자연환경의 주인으로 내세우고 대기와 물, 토양, 생물을 비롯한 자연환경의 모든 요소들이 근로인민의 복리증진을 위해 더 잘 복무할 수 있도록 환경보호에서 나서는 모든 문제들을 전면적으로 규제하고 있는 환경보호강령이다.

조선민주주의인민공화국 환경보호법은 자연환경과 관련하여 이루어지는 사람들의 활동을 규제함에 있어서 다른 부문법들과는 구별되는 일정한 특성을 가진다.

우선 규제대상에서 토지법과 구별된다. 토지법은 환경보호법에서 취급하는 토지를 자기의 규제대상으로 삼고 있다. 토지법은 밭갈이하는 땅과 강하천, 산림, 도로, 간석지 같은 것을 다 포괄하여 토지에 대한 개념을 설정하고 그를 보호관리, 건설하는 질서를 규제한다. 토지법에서는 토지를 주로 생산적 목적에 맞게 보호, 관리하고 효과적으로 리용하기 위한 제도와 질서를 규제한다면 환경보호법에서는 토지를 사람들의 생활환경의 견지에서 고찰하고 그를 보존하고 인간생활에 더욱 유리하게 하기 위한 원칙과 질서를 규제한다.

다음으로 환경보호법은 규제범위에서 사회주의로동법과 구별된다. 사회주의로동법은 국가기관, 기업소, 사회협동단체 성원들의 로동생활을 규정하면서 안전한 로동환경과 조건을 잘 지어주기 위한 질서를 규정한다. 로동이 사람들의 창조적 생활에서 가장 중요한 내용을 이루는 것만큼 로동환경은 사람들의 생활환경의 불가분의 필수적 구성부분을 이루게 된다. 그러나 로동법에서 [48]규제하는 로동환경보호는 극히 부분적인 측면에 국한된다. 사회주의로동법은 로동보호를 비롯한 근로자들의 로동생활에서 생명과 건강에 유해로운 요소를 철저히 없애고 로동환경조건을 근로자들의 생명과 건강에 유리하게 보존, 조성하도록 법적으로 담보하고 있다. 그러나 환경보호법은 대기, 물, 토양, 생물의 손상, 파괴, 오염을 막기 위한 원칙과 파업들을 규제함으로써 로동환경을 비롯하여 사람들의 생활환경을 보호하는 것과 관련한 전반적인 문제들을 다 포괄하여 규제한다.

다음으로 환경보호법은 규제방법에서도 다른 부문법과 구별된다. 사람들의 생활환경을 보호하는 문제는 형법에서도 규정하고 있다. 환경보호에 대한 형사법적 규제는 환경보호질서를 엄중하게 어긴 현상에 대하여 형사적 책임을 묻고 형벌을 주는 방법으로 규제한다면 환경보호법에서는 주로 자연환경의 보존과 조성, 환경오염방지를 위한 과학기술적 및 생산적 대책을 세우며 환경보호사업을 조직지도하고 감독하는 행정적 조치들을 규제한다. 다시 말하여 환경보호와 관련하여 형법은 환경보호질서를 위반한 현상을 문제로 삼는다면 환경보호법은 환경보호를 위한 질서를 문제로 삼으며 형법에서는 형사적 처리의 방법으로 환경보호질서를 보장한다면 환경보호법에서는 주로 자연환경과 생활환경을 꾸리고 보호관리하는 대책을 규제하는 것으로서 환경보호질서를 세운다.

조선민주주의인민공화국 환경보호법의 본질로부터 그의 사명이 흘러나온다. 일반적으로 법의 사명이란 법이 자기의 복무적 작용을 통하여 종국적으로 이룩해야 할 최종목표이며 법건설의 전 기간에 걸쳐 일관하게 틀어쥐고 해결하여야 할 기본임무를 말한다. 법의 사명에 법발전의 합법칙적 과정, 법의 복무적 작용의 기본방향이 규정되게 되며 법건설의 제반원칙과 방도들이 세워지게 된다.

위대한 수령 김일성동지께서는 력사상 처음으로 사람을 중심으로 사회주의환경보호법의 사명에 대한 과학적인 해명을 주시였다. 위대한 수령 김일성동지께서는 다음과 같이 교시하시였다. ≪**환경보호법이 채택됨으로써 환경보호분야에서 이미 이룩한 성과를 법적으로 공고히 하고**

우리 인민들에게 자주적이며 창조적인 생활을 누릴 수 있는 보다 훌륭한 자연환경을 보장하여 주며 후대들에게 더욱 아름다운 조국강산을 물려줄 수 있는 법적 담보가 마련되게 되였습니다.≫ (≪김일성저작집≫ 제39권, 376페지).

조선민주주의인민공화국 환경보호법의 사명은 무엇보다 먼저 우리 인민들에게 자주적이며 창조적인 생활환경을 보장하여 주는 법적수단이라는 데 있다. 조선민주주의인민공화국 환경보호법이 인민들에게 자주적이며 창조적인 생활환경을 마련하여 주는 법적 수단으로 되는 것은 우선 그것이 환경보호사업을 최상의 수준에서 전개해나갈 수 있도록 환경보호사업의 내용을 규제함으로써 근로자들에게 가장 문화적이고 표준적인 생활환경을 마련해주기 때문이다. 공화국환경보호법은 구성체계와 규제내용이 환경보호사업을 가장 높은 수준에서 진행할 수 있도록 환경보호 및 건설과 관련한 제반문제들을 종합적으로 폭넓게 규제하고 있으며 표준적인 환경보호수준을 보장할 수 있는 제반 대책들을 규제하고 있다. 공화국환경보호법은 환경보호에서 견지하여야 할 기본원칙들을 전면적으로 뚜렷이 법화하고 자연환경의 보존과 조성에 대한 문제들을 새롭게 전개하여 규정하고 있으며 단순히 공해문제에 국한하지 않고 환경오염방지전반을 규제하고 환경보호에 대한 국가적 지도관리문제까지 규정하고 있다. 뿐만 아니라 환경보호와 건설을 위한 매 분야에서 나서는 원칙과 요구, 구체적인 과업과 방도들을 깊이 있게 규정함으로써 자연환경의 질을 가장 높은 수준에서 보장할 수 있게 한다. 실로 공화국환경보호법은 자연환경의 면모를 보존하고 더 훌륭히 꾸리며 환경오염을 방지하는 데서 나서는 모든 문제들을 전면적으로 규제하고 있는 것으로 하여 인민대중이 가장 좋은 자연환경에서 자주적이며 창조적인 생활을 마음껏 누릴 수 있게 담보해주고 있다. 이것은 우리나라 환경보호법의 우월성을 보여주는 기본척도로 된다.

조선민주주의인민공화국 환경보호법이 인[49]민들에게 자주적이며 창조적인 자연환경을 마련하여 주는 법적 수단으로 되는 것은 또한 그것이 근로자들의 생명과 건강을 증진시키는 데 이바지하는 수단으로 되기 때문이다. 사람들은 예로부터 무병장수를 념원하여 왔다. 병 없이 오래오래 살려는 사람들의 념원을 실현하는 데서 환경보호사업은 매우 중요한 의의를 가진다. 물론 사람이 병 없이 오래 살려면 보건사업을 발전시켜 예방치료사업을 잘하여야 한다. 사람들이 병에 걸리지 않고 오래 살도록 하려면 보건사업을 발전시키는 것과 함께 환경보호사업을 잘하여야 한다. 환경보호사업을 잘하여 사람들에게 문화위생적인 환경을 마련해주는 것은 무병장수를 보장하기 위한 중요한 조건의 하나이다. 사람들은 누구나 다 훌륭한 자연환경과 조건 속에서 생활할 것을 념원한다. 비위생적인 자연환경과 조건은 사람들의 자주적이며 창조적인 생활을 구속하는 중요한 요인의 하나이다. 오염된 대기와 물 그리고 오염된 자연환경은 질병을 발생시키는 근본요인으로서 사람들의 생명과 건강을 단축시키며 침해한다. 자본주의사회에서 자연환경에 대한 관점은 어디까지나 자본가들의 최대한의 리윤추구에 있는 것만큼 리윤만 얻을 수 있다면 자연환경이 파괴되고 손상되는 데 대해서는 아랑곳하지 않으며 자본가들의 영리적 목적에 필요하다면 그것이 아무리 근로자들의 생명과 건강을 침해한다고 하여도 온갖 비인간적인 수단과 방법을 가리지 않고 자기의 치부를 최대한으로 보장하려고 한다. 이와는 정반대로 조선민주주의인민공화국 환경보호법은 사람을 중심으로 자연환경을 대하고 사람들의 생명과 건강에 유익한 자연환경을 마련해주는 것을 자기의 고유한 사명으로 간주하는 데로부터 생산도, 건설도 사람의 건강에 유리하게 꾸려나가도록 법적으로 담보하고 있다. 생산과 건설을 순수 경제적 리익의 견지에서만 조직하며 자연환경을 비롯한 외부환경조건을 사람과 결부시켜 꾸려나가지 않는다면 그것은 실지 사람들의 자주적이며 창조적인 생활에 이바지할 수 없다. 오늘 우리나라에서는 하나의 공장, 기업소를 건설하고 도시를 형성하며 거리와 공원, 유원지를 꾸리는데서 무엇보다 먼저 사람들의 건강문제부터 고려하여 건강에 유리하게 또 자연환경을 파괴하지 않는 원칙에서 진행하고 있다. 자연환경을 파괴하거나 사람의 건강에 불리하다면 하나밖에 없는 원철로도 폭파해버리는 것이 오늘 우리 당의 환경보호시책이며 산업시설이 사람들의 건강에 유해롭다면 다른 곳으로 옮겨놓게 하는 것도 그리고 아무리 금이 많이 매장되어 있는 광산이라 해도 자연환경을 손상, 파괴한다면 폐광시키는 것이 우리 당의 환경보호정책이다. 조선민주주의인민공화국 환경보호법은 굴뚝에서 나오는 한줄기 연기도 공장에서 나오는 오수와 폐수도 다 정화하여 내보내도록 규제함으로써 환경에 의한 사람의 건강과 생명의 피해를 종국적으로 없애도록 법적으로 담보해주고 있다. 이처럼 조선민주주의인민공화국 환경보호법은 자연환경을 근로인민대중에게 유익하게 조성하게 함으로써 근로자들의 가장 문명한 자연환경에서 건강과 장수를 누리며 행복하게 살도록 하는 데 이바지하는 인민적인 법이다.

조선민주주의인민공화국 환경보호법의 사명은 다음으로 자연환경을 공산주의사회에 상응하게 개조, 변혁하여 후대들에게 아름다운 조국강산을 물려줄 수 있게 하는 위력한 법적 수단이라는 데 있다. 조선민주주의인민공화국 환경보호법이 자연환경을 공산주의사회에 상응하게 개조, 변혁하여 후대들에게 아름다운 조국강산을 물려줄 수 있게 하는 법적 담보로 되는 것은 우선 공산주의자들의 본성적 요구와 관련된다. 환경보호사업을 잘하여 환경을 공산주의사회에 상응하게 개조, 변혁하는 것은 공산주의자들 앞에 나서는 숭고한 의무이다. 근로인민대중이 자주적이며 창조적인 생활을 마음껏 누리는 사회주의, 공산주의 사회를 건설하려면 그에 맞는 사회적 환경과 함께 자연환경을 마련하여야 한다. 사회주의, 공산주의 사회의 요구에 맞는 훌륭한 자연환경을 마련하는 것은 환경보호사업을 통하여 실현되게 된다.

공화국환경보호법은 환경오염방지와 관련한 문제들을 전면적으로 규제함으로써 [50]인위적인 요인에 의하여 생활환경의 질이 나빠지는 것을 막게 한다. 이와 함께 자연환경보호구와 특별보호구를 잘 선정하고 관리하며 자연풍치의 손상, 파괴를 방지할 데 대한 문제, 명승지, 관광지, 휴양지와 그 주위환경, 천연기념물과 명승고적을 원상태로 보존하기 위한 대책, 지하자원개발이나 지하건설 시 땅이 꺼져 환경이 파괴되지 않도록 하는 데서 나서는 모든 문제를 법적으로 규제함으로써 자연환경을 보존하고 보다 표준적인 자연조건을 구비하기 위한 공산주의자들의 투쟁에 위력한 법적 담보를 마련해 주고 있다.

환경보호사업을 잘하여 후대들에게 아름다운 조국강산을 물려주는 것은 공산주의자들의 본성적 요구이다. 공산주의자들은 자신뿐만 아니라 후대들을 위하여 투쟁하는 사람들인 것만큼 그들에게 아름다운 국토와 풍만한 자원을 물려주어야 한다. 특히 사회주의, 공산주의 건설의 력사적 위업이 한 세대에 끝나는 것이 아니라 여러 세대에 걸쳐 진행되는 장기적인 사업인 것만큼 후대들에게 표준적인 자연환경을 물려주는 것은 바로 인민대중의 자주성을 실현하기 위한 혁명위업수행에서 중요한 내용을 이룬다. 자연환경을 잘 보존하고 조성하여 대기와 물, 토양의 신성도와 정결도가 확고히 보장된 표준적인 환경보호수준을 후대들에게 넘겨주어야 환경보호분야에서 공산주의자들이 자기의 의무를 다했다고 말할 수 있다. 공화국환경보호법은 리로운 동식물과 수중생물을 적극 보호증식시키며 공원과 유원지를 비롯하여 문화휴식터를 곳곳에 꾸리며 빈 땅이나 공동리용장소들에 나무와 잔디를 심어 록지면적을 늘이며 전 인민적 운동으로 향토꾸리기사업을 진행할 데 대하여 규정함으로써 리상적인 자연환경 속에서 후손만대의 행복을 누리며 오래 살려는 인민들의 념원을 실현하며 후대들에게 아름다운 조국강산을 마련해주기 위한 공산주의자들의 투쟁에 위력한 법적 담보를 마련해주고 있다.

조선민주주의인민공화국 환경보호법이 자연환경을 공산주의사회에 상응하게 개조변혁하며 후대들에게 아름다운 조국강산을 물려줄 수 있게 하는 법적 담보로 되는 것은 또한 사회주의법이 담고 있는 정치적 내용과 권력적 속성과도 관련된다. 사회주의법은 당정책의 한 표현형식으로서 그것을 정치적 내용으로 하고 있으며 그를 구체화한 국가적 시책을 사람들의 행동준칙으로 규범화한다. 사회주의사회의 법인 조선민주주의인민공화국 환경보호법은 우리 당의 환경보호정책을 매우 표준적이면서도 구체적으로, 다면적이면서도 확정적으로 표현한다. 다시 말하여 환경보호법은 환경을 보호, 조성하기 위한 당의 정책적 요구를 폭넓게 반영하여 그것을 구체적이며 확정적인 행동준칙의 형식으로 고착시킨다. 그리하여 환경보호법은 과학성과 현실성, 명확성, 포괄성을 가지고 환경보호와 관련한 당의 정책과 국가적 시책을 가장 훌륭히 표현하게 되며 그 관철에서 커다란 작용을 놀게 된다.

우리 당의 환경보호정책실현의 무기로서 환경보호법의 사명은 그 정치적 내용으로부터 흘러나올 뿐 아니라 그것이 가지고 있는 권력적 속성과도 관련된다. 사회주의법은 일반적 의무성을 띠는 전반적인 규범이다. 법에 의하여 부과되는 의무는 그 집행에 대한 무조건적인 요구를 제기하며 필요한 경우에는 강제집행을 전제로 한다. 조선민주주의인민공화국 환경보호법은 모든 국가기관, 기업소, 단체 및 공민들에게 당의 환경보호정책을 관철하기 위한 일반의무적인 사업준칙과 활동규범을 전반적으로 제시해주며 그 집행에 대한 강한 요구를 제기한다. 또한 당의 환경보호정책을 내용으로 하는 환경보호법을 어기거나 그 집행에서 주인답지 못하고 무규률적인 현상에 대해서는 엄격한 법적 추궁과 제재를 예견함으로써 모든 기관, 기업소, 단체 및 공민들이 우리 당의 환경보호정책을 철저히 관철할 수 있게 법적으로 담보해주고 있다.

위대한 수령 김일성동지와 위대한 령도자 김정일동지께서 조선민주주의인민공화국 환경보호법의 본질과 사명을 명확히 밝혀주심으로써 오늘 우리는 환경보호사업을 그 본질과 사명에 맞게 편향 없이 목적지향성 있게 밀고나갈 수 있는 근본지침을 가질 수 있게 되었다.

38. 조선민주주의인민공화국 환경보호법의 우월성[2)]

신 분 진

[48]위대한 수령 김일성동지와 위대한 령도자 김정일동지께서 마련해주신 조선민주주의인민공화국 환경보호법은 로동계급의 환경보호발전에서 새로운 경지를 개척한 독창적인 법이며 환경의 완전한 주인으로 되려는 근로인민대중의 의사와 요구를 반영하여 환경의 모든 요소들이 인민을 위하여 복무하도록 규제되고 있는 우월한 법이다. ≪이민위천≫을 좌우명으로 삼으신 어버이수령님과 위대한 령도자 김정일동지께서는 아름다운 조국강산을 살기 좋은 인민의

---

2) 출처: 김일성종합대학출판사, 『김일성종합대학학보: 력사법학』, 제42권 제2호(1996), 48-52쪽.

락원으로 전변시킬 원대한 구상밑에 인민에 대한 끝없는 사랑의 정치를 펼치시어 우리나라를 세상 사람들이 부러워하는 ≪공해없는 나라≫로 전변시키시었다. 오늘 우리 인민이 누리는 이 행복은 세상에서 사람을 가장 귀중이 여기며 사람을 위하여 모든 것을 다 바치신 어버이수령님과 수령님의 ≪이민위천≫사상을 이 땅 우에 꽃피우시기 위하여 심혈을 기울이시는 위대한 장군님의 배려의 결과이며 가장 우월한 조선민주주의인민공화국 환경보호법이 가져온 빛나는 결실이다.

위대한 수령 김일성동지께서는 다음과 같이 교시하시였다. **≪인민을 사랑하고 인민을 위하여 복무하는 우리 당과 공화국정부의 옳바른 정책과 우월한 사회주의제도가 없다면 우리가 조국의 무궁한 번영과 인민의 영원한 행복을 담보하는 환경보호법과 같은 훌륭한 법을 가질 수 없을 것입니다.≫**(≪김일성저작집≫ 제39권, 376페지)

조선민주주의인민공화국 환경보호법의 우월성은 첫째로, 그것이 사람을 기본으로 하여 환경보호에서 나서는 모든 문제를 독창적으로 해결한 우월한 법이라는 데 있다. 우리나라 환경보호법의 전 체계와 내용은 인민을 사랑하고 인민을 위하여 복무하는 인민대중중심의 관점과 립장에 기초하여 전개되고 있다. 환경보호문제를 어떤 관점과 립장을 가지고 대하는가 하는 것은 환경보호법의 성격과 복무적 사명, 그 진보성과 반동성을 가르는 출발적 기준으로 된다.

자본주의사회에서 자연환경과 생활환경에 대한 근본관점은 어디까지나 자본가들의 최대한의 리윤추구를 중심으로 환경을 대하는 것이다. 자본주의사회에서는 리윤만 얻을 수 있다면 자연환경이 파괴되고 손상되는 데 대해서는 아랑곳하지 않으며 자본가들의 영리적 목적에 필요한 한에서만 환경보호문제가 상정되고 다루어지게 된다. 그러므로 자본주의사회에서 환경관계법은 철두철미 극소수 착취계급의 치부를 위한 데 목적을 두고 체계와 내용이 엮어지고 있다. 이와는 정반대로 우리나라에서는 인민대중이 자연과 사회의 주인이라는 데로부터 출발하여 인민대중의 리익의 견지에서 환경을 대하여 자연환경과 생활환경을 보호하고 관리하는 모든 사업을 인민들에게 자주적이며 창조적인 생활조건을 보장해주는 데 철저히 복종시켜 진행하도록 하고 있다.

조선민주주의인민공화국 환경보호법은 바로 주체사상의 근본원리에 기초하여 환경보호에서 나서는 모든 문제들이 인민대중을 위하여 복무하도록 하는 관점과 립장에서 규제하고 있다. 력사적으로 볼 때 환경보호문제는 현시대에 와서 산업과 사람들의 물질문화생활이 현대적 과학기술적 토대 우에서 급격히 발전함에 따라 보다 중요하게 제기된 문제로서 그에 대한 법적규제문제는 많은 법률가들에 의하여 적지 않게 론의되고 있는 문제이다. 그러나 그들은 환경보호문제를 단순히 자연환경 그 자체를 보호하거나 물질적 부를 늘이는 측면에서만 론의하였다. 이 경우에도 환경변화현상을 사람과의 밀접한 련관 속에서 보지 못한 데로부터 그의 옳바른 해결책을 찾지 못하였다.

사회주의사회에서 환경보호법에 관한 체계정연하고 완성된 리론은 오직 위대한 수령님께서 영생불멸의 주체사상에 기초하여 환경보호법에 관한 과학적인 사상과 리[49]론을 전면적으로 새롭게 밝히심으로써 비로소 빛나는 해결을 보게 되었다. 위대한 수령 김일성동지께서는 환경의 주인은 사람이며 따라서 환경보호의 근본목적은 인민대중에게 자주적이며 창조적인 생활환경을 마련해주는 데 있으며 그를 위해서는 자연환경을 보호하는 것과 함께 인간에게 유리하게 조성하며 인간의 활동결과에 초래되는 환경오염까지 막을 데 대한 독창적인 사상과 리론을 내놓으시고 그의 법적 규제에서 나서는 모든 문제들을 구체적으로 밝혀주시었다. 환경보호법에 관한 위대한 수령님의 독창적인 사상과 리론은 인민에 대한 끝없는 사랑과 믿음에 그 뿌리를 두고 있다.

우리나라 환경보호법은 그 구성체계와 규제내용에서 환경보호사업을 최상의 수준에서 진행해 나갈 수 있도록 포괄적이고 깊이 있게 꾸려져 있다. 환경보호법의 폭과 심도는 그의 면모와 우월성을 평가하는 중요척도이며 본질적 표징의 하나이다. 우리나라 환경보호법은 환경보호 및 건설과 관련한 제반 사업들을 종합적으로 폭넓게 규제하고 있으며 리상적인 환경보호수준을 보장할 수 있는 모든 대책들을 구체적으로 규제하고 있다.

우리나라 환경보호법은 환경보호에서 견지하여야 할 기본원칙들을 전면적으로 뚜렷이 법화하고 있으며 자연환경의 보존과 조성에 관한 문제들을 새롭게 전개하여 규정하고 있다. 특히 환경보호법은 단순히 공해방지문제에 국한하지 않고 환경오염방지전반을 규제하고 환경보호에 대한 국가적 지도관리문제까지 규정하고 있다. 뿐만 아니라 환경보호와 건설을 위한 매 분야에서 나서는 원칙과 요구, 구체적인 과업과 방도들을 깊이 있게 규정함으로써 자연환경과 생활환경의 신성도와 정결도를 가장 높은 수준에서 보장할 수 있도록 하고 있다. 실로 우리나라 환경보호법은 사람을 기본으로 하여 자연환경의 면모를 보존하고 더 훌륭히 꾸리며 환경오염을 막는 데서 나서는 모든 문제들을 전면적으로 규제함으로써 근로인민대중이 가장 좋은 환경에서 자주적이며 창조적인 생활을 마음껏 누릴 수 있게 담보해주는 우월한 법이다.

조선민주주의인민공화국 환경보호법의 우월성은 둘째로, 그것이 우리 조국의 무궁한 번영과 인민의 영원한 해복을 담보하는 인민적인 법이라는 데 있다. 법의 우월성은 그의 본질과 사명, 그의 복무적 역할에 의하여 규정된다. 그것은 법의 본질과 사명에 그의 계급적 성격과 사회정치적 의의가 가장 집중적으로 표현되며 법의 복무적 역할에 의하여 그의 사명이 성과적으로 수행될 수 있기 때문이다. 조선민주주의인민공화국 환경보호법이 조국의 무궁한 번영과 인민의 영원한 행복을 담보하는 우월한 법으로 되는 것은 우선 그것이 생활환경을 사람의 요구에 맞게 보호하고 조성하는 데서 나서는 모든 문제들을 규제함으로써 인민들에게 보다 자주적이며 창조적인 생활을 누릴 수 있는 훌륭한 생활환경을 보장하여 주며 후대들에게 아름다운 조국강산을 물려줄 수 있게 하는 데 이바지하고 있기 때문이다. 대기, 물, 토양을 비롯한 생활환경 그 자체는 자연적인 존재이기는 하나 그의 가치는 전적으로 사람을 위하여 어떻게 복무하는가 하는 데 따라 규정된다. 사람은 환경을 떠나서는 존재할 수도, 발전할 수도 없다. 환경을 보호하고 조성하는 문제는 인간의 존재와 발전을 규제하는 중요한 문제로 된다. 조선민주주의인민공화국 환경보호법은 환경보호와 조성에서 나서는 모든 문제들을 법적으로 규제함으로써 환경이 전적으로 인민대중을 위하여 복무하도록 하고 있다.

국가주권과 생산수단이 자본가들의 수중에 장악되어 있는 자본주의사회에서 환경보호관계법은 극소수 착취계급의 치부와 영달을 위한 것이므로 자연환경, 생활환경이 끊임없이 손상, 파괴, 오염되고 있다. 그럼에도 불구하고 현대부르죠아변론자들은 자본주의사회에서 자연환경의 파괴, 손상 및 오염은 과학과 기술, 현대산업의 발전에 의하여 불가피적으로 야기되는 자연적 현상이라고 외곡묘사하고 있다. 그러나 이것은 결코 자연적 현상이 아니며 자본주의사회제도의 반동성, 부패성이 가져온 필연적인 사회적 현상이다.

조선민주주의인민공화국 환경보호법은 [50]환경을 보호하기 위하여 자연환경보호구와 특별보호구를 두며 국토관리기관과 자연보호과학기관, 지방정권기관은 자연환경보호구와 특별보호구에서 동식물의 변화, 지형과 수질의 변화, 기후변동을 비롯한 자연환경의 변화상태를 체계적으로 조사하여 등록하며 필요한 보호관리대책들을 세울 데 대하여 규제하고 있다. 이와 함께 도시와 마을, 도로와 철길주변, 호숫가와 강변의 풍치림을 베거나 자연풍치를 손상, 파괴하지 말며 환경보호에 지장을 주는 건물과 시설물들을 짓는 것과 같은 행위를 하지 말 데 대하여 규제함으로써 나라의 자연환경을 원상대로 보존할 수 있는 법적 담보를 주고 있다.

조선민주주의인민공화국 환경보호법은 환경조성에 필요되는 날짐승과 길짐승을 잡을 수 없으며 우리나라에만 있거나 리로운 야생동물과 수중생물을 환경보호감독기관의 허가 없이 잡거나 뜯을 수 없으며 야생동물과 수중생물의 서식환경을 못쓰게 만들거나 희귀한 식물을 마구 캐어 생물계의 균형을 변화시켜 근로자들의 문화정서생활에 지장을 주는 행위를 하지 말 데 대하여 규제하고 있다. 이와 함께 도시관리기관과 지방행정 및 경제지도기관은 공원과 유원지

를 비롯한 문화휴식터를 곳곳에 꾸리며 도로, 철길, 건물주변과 그 구획 안에 빈 땅이나 공동
리용장소에 나무나 잔디를 심어 록지면적을 늘이며 향토꾸리는 사업을 전 인민적 운동으로 벌
릴 데 대하여 규제함으로써 나라의 자연환경을 보다 더 훌륭하게 만드는 데 이바지한다. 조선
민주주의인민공화국 환경보호법이 조국의 무궁한 번영과 인민의 영원한 행복을 담보하는 우월
한 법으로 되는 것은 또한 그것이 인민들의 생활환경을 이루는 대기, 물, 토양 등의 오염과 공
해현상을 미리 막음으로써 인민들의 생명과 건강을 보호증진시키는 데 이바지하기 때문이다.

환경오염은 인간생활에 직접 또는 간접으로 부정적인 영향을 미친다. 즉 자연환경을 어지럽
히고 지구의 생물자원을 파괴하며 특히 사람들의 생명과 건강에 막대한 후과를 미치고 있다.
대기오염과 물오염은 사람들에게 여러 가지 질병과 중독증상을 나타내게 하며 토양오염 역시
사람과 생물체의 생존에 영향을 준다. 공해현상도 역시 환경오염이 극히 심하여진 결과로서
사람의 생명과 건강에 막대한 후과를 미친다. 따라서 환경오염과 공해문제를 옳게 해결하는
것은 사람들의 생활환경을 보호하고 잘 꾸리는데서와 그들의 생명과 건강을 증진시키는 데서
중요한 문제로 나선다. 매개 나라의 환경보호법의 선진성 정도도 결국은 환경오염과 공해문제
를 어떻게 법적으로 규제하고 해결하는가 하는 데 따라 주로 평가된다.

조선민주주의인민공화국 환경보호법에서는 대기오염을 막기 위하여 해당 기관, 공장, 기업소
들에서 가스, 먼지잡이장치를 갖추며 가스, 연기를 기준보다 더 내보내는 기계설비 그리고 소
음과 진동을 일으킬 수 있는 륜전기재와 기계설비의 가동을 중지 또는 조절할 데 대하여 규제
함으로써 근로자들이 늘 맑고 신선한 공기를 마시며 건강과 장수를 누리도록 담보한다. 또한
물오염을 막기 위한 침전지와 정화시설을 갖추고 생활오수와 여러 가지 버릴물을 정화하여 리
용하며 인민들의 먹는 물을 잘 려과소독하여 공급할 데 대하여 규제하고 있다. 이와 함께 배
들의 운항 혹은 정박 시 바다를 오염시킬 수 있는 여러 가지 행위들을 하지 말 데 대하여 규
제하고 있다.

조선민주주의인민공화국 환경보호법에서는 농약과 방사성물질에 의한 오염을 미리 막기 위
하여 대기, 물, 토양을 오염시키거나 인체에 해를 줄 수 있는 국제적으로 금지된 농약은 생산
하거나 수입할 수 없으며 농약을 쓰는 기관, 기업소, 단체 및 공민들이 지켜야 할 질서들을 규
제함으로써 근로자들이 언제나 오염되지 않는 환경에서 건강과 장수를 누리며 행복하게 살도
록 하는 데 이바지한다. 이와 함께 공해방지대책을 앞세우는 것을 생산과 건설에서 하나의 원
칙으로 내세울 데 대하여, 기관, 기업소들에서 공해현상을 방지할 수 있는 모든 시설들을 현대
적으로 갖추어 놓으며 공해현상을 일으킬 수 있는 설비와 기술은 수입하거나 생산에 받아들일

수 없다는 데 대하여 규정하고 있다. 뿐만 아니라 주민들의 건강에 해를 주는 공장, 기업소들을 도[51]시 밖으로 화물수송도로와 철길은 주민지역 밖으로 돌리거나 지하에 넣으며 공해를 일으킬 수 있거나 물동량이 많은 공장, 기업소들을 도시중심에 건설할 수 없다고 규정함으로써 우리 인민들이 공해가 없는 살기 좋은 락원에서 건강과 장수를 누리도록 법적으로 담보하고 있다.

조선민주주의인민공화국 환경보호법의 우월성은 셋째로, 그것이 인류의 자주위업수행에 이바지하는 혁명적인 법이라는 데 있다. 조선민주주의인민공화국 환경보호법에서는 핵무기, 화학무기의 개발과 시험, 사용을 금지할 데 대하여 규정함으로써 인류의 미래를 영원히 담보한다.

위대한 수령 김일성동지께서는 다음과 같이 교시하시였다. **≪우리 행성에 핵무기가 있는 한 핵전쟁의 위험은 가셔질 수 없으며 인류는 항시적인 핵위협에서 벗어날 수 없습니다. 그러므로 핵무기의 시험과 생산, 배치를 금지하고 지금 있는 여러 가지 핵무기들을 축감하며 나아가서 모든 핵무기를 완전히 없애버려야 합니다. 오직 이렇게 할 때에만 인류는 핵참화의 위험에서 종국적으로 벗어날 수 있으며 세계평화는 공고한 기초 우에서 유지될 수 있습니다.≫**(≪김일성저작집≫ 제9권, 461~462페지)

핵무기, 화학무기의 개발과 시험, 사용을 금지하는 것은 우리 당의 일관한 정책이다. 오늘 침략의 괴수이며 평화의 교란자인 미제를 두목으로 하는 제국주의자들에 의하여 개발, 시험되고 사용되는 핵무기와 화학무기는 사람을 포함한 모든 생명체를 전멸시키고 건물, 시설물을 모조리 파괴하며 자연환경을 전면적으로 오염시키고 황폐화시킨다. 미제가 1945년 7월 미국의 뉴멕시코주의 한 사막에서 첫 핵시험을 시작한 때부터 근 반세기 동안 제국주의자들이 감행한 핵무기의 개발과 시험, 사용은 인류에게 커다란 재난과 불행을 가져다주었다. 이로부터 인류는 핵참화의 위험에 처한 사람과 그들의 생활환경을 보호하기 위하여 핵무기, 화학무기의 개발과 시험, 사용을 금지하는 문제를 필수적인 과제로 제기하고 있다. 핵무기, 화학무기의 개발과 시험, 사용은 환경의 손상, 파괴, 오염의 주되는 근원이며 그로 인한 환경피해는 그 범위와 깊이, 후과에 있어서 공해로 인한 환경피해와는 대비조차 할 수 없는 매우 혹심한 결과를 가져온다. 이로부터 핵무기, 화학무기의 개발과 시험, 사용을 금지하고 그로 인한 환경피해를 미리 막을 데 대한 환경보호법의 규제는 인류와 인류의 생활환경을 핵참화의 위기에서 구원할 수 있게 하는 확고한 법적 담보로 된다.

조선민주주의인민공화국 환경보호법에서는 또한 환경보호분야에서 국제적인 교류와 협조를 발전시킬 데 대하여 규제함으로써 인류의 자주화위업실현에 복무한다. 환경보호사업은 그 특성으로부터 어느 한 민족국가의 노력만으로는 해결할 수 없으며 세계공동의 노력을 기울일 때만이 성과적으로 해결될 수 있다. 현실적으로 세계 혁명적 인민들의 요구와 노력으로 세계 여러 나라들에서 환경을 보호하기 위한 여러 가지 대책들이 적극 취해지고 있지만 자본주의나라들에서 환경오염과 파괴행위들에 의하여 지구의 환경이 더욱더 엄중한 단계에 이르고 있다. 조선민주주의인민공화국 환경보호법은 우리나라를 우호적으로 대하는 모든 나라들과 환경보호분야에서 과학기술 교류와 협조를 발전시킬 것을 규제함으로써 국가들 간의 국제주의적 친선과 단결을 도모할 뿐 아니라 지구의 환경을 더욱더 인간생활에 유리하게 개변해나갈 수 있게 함으로써 온 세계의 자주화위업실현에 복무한다.

조선민주주의인민공화국 환경보호법의 우월성은 넷째로, 그것이 인민대중의 창조력과 과학기술에 의하여 담보되는 과학적인 법이라는 데 있다. 환경보호사업은 대상과 규모가 방대하고 장기적인 사업이므로 전문일군들의 노력만으로는 성과를 거둘 수 없으며 과학기술이 안받침되지 않고서는 자기의 목적을 달성할 수 없다. 조선민주주의인민공화국 환경보호법에서는 전인민적인 환경보호관리체계를 세우며 환경을 보호하고 관리하는 것을 전체 인민[52]의 신성한 의무로 규제함으로써 인민대중의 자각적 열성과 창조적 적극성에 의하여 환경을 더 잘 보호하고 조성해나갈 수 있는 법적 담보를 주고 있다. 특히 조선민주주의인민공화국 환경보호법에서는 근로자들 속에서 사회주의애국주의교양을 강화하여 그들이 조국의 강산과 향토를 사랑하며 나라의 환경을 더 잘 보호관리하는 사업에 자각적으로 참가하도록 규제함으로써 그들이 환경을 보호, 조성하는 사업을 법적 의무로 간주하도록 담보하고 있다.

조선민주주의인민공화국 환경보호법에서는 또한 환경보호사업을 과학화할 데 대하여 규정하고 있다. 환경보호사업의 과학화는 환경보호기관들의 기능과 역할을 높여 현대적인 과학기술에 의거하여 환경보호사업을 성과적으로 진행해 나갈 수 있게 하는 데서 중요한 의의를 가진다. 조선민주주의인민공화국 환경보호법은 당의 환경보호정책과 현실적 조건을 정확히 구현한 과학적인 계획에 근거하여 환경보호, 조성사업을 합리적으로 조직할 데 대하여 그리고 환경을 공해로부터 보호하기 위한 과학연구사업을 발전시키며 환경보호과학기관들을 튼튼히 꾸리고 그에 대한 지도를 강화할 데 대하여 규정함으로써 환경보호사업의 과학화를 실현할 수 있는 확고한 법적 담보를 주고 있다.

오늘 우리나라에서는 환경보호법이 철저히 관철됨으로써 우리 인민들의 건강증진과 문화정서생활에 유리하게 자연환경이 꾸려지고 있다. 우리나라에서는 수리화가 완성되고 조림사업이 대대적으로 벌어지고 있으며 환경보호를 위한 시설들이 전국도처에 건설됨으로써 세기를 두고 버림을 받으며 외래제국주의자들에 의하여 극도로 황폐화되었던 자연환경과 생활환경이 짧은 기간에 그 면모를 일신하게 되었다. 또한 환경보호대칙이 여러 분야와 대상들에서 2중 3중으로 광범히 취해짐으로써 환경보호의 질적 수준이 비상히 높아지고 그에 따라 환경을 이루는 공기, 물, 토양을 비롯한 주요지표들의 위생학적 기준수치가 세계적인 선진수준에 이르고 있다 하여 해방 전에 그처럼 심하던 온갖 전염병과 질병이 완전히 가셔지고 인민들의 평균수명은 74.5살로써 해방 전에 비하여 36.5살이나 늘어났으며 옛 선조들이 한갓 꿈으로만 생각하던 ≪장생불로의 락원≫이 산 현실로 펼쳐지고 있다. 맑은 하늘과 청신한 공기, 20리 날바우에 거창하게 일떠선 대규모의 서해갑문과 언제들,[3] 규모 있게 건설된 도시와 마을, 공원과 유원지, 바다 가운데 형성된 풍치림과 보호림, 산에 가면 사슴, 노루, 꿩을 비롯한 유용동물들이 그대로 자연풍치를 돋구고 강과 바다, 호수에 가면 물고기 떼가 욱실거리는 이것이 그대로 우리가 사는 내 나라, 내 조국의 모습이며 환경보호법이 담보하고 있는 우리 조국의 현실이다. 참으로 우월한 환경보호법을 가지고 있는 것은 대를 이어 수령복, 당복을 누리면서 주체의 사회주의 조국에서 살며 일하는 우리 인민들만이 받아들일 수 있는 크나큰 행복이며 특전이다. 우리는 이 행복을 가슴깊이 간직하고 우리식 사회주의제도를 목숨으로 옹호고수해나가야 할 것이다.

39. 국제환경보호질서를 수립하는 것은 자주성을 옹호하는 세계인민들의 사활적인 요구[4]

박 영 수

[46]국제환경보호질서수립문제는 오늘 중요한 국제적 문제의 하나이다. 국제환경보호질서는 사람들의 주의를 둘러싸고 있는 자연환경을 보호하고 그 길을 개선하는 것과 관련한 국제법규범에 의하여 이루어진 국가들 간의 정연하고 공고한 체계이다. 일반적으로 자연환경에는 대기,

---

3) 편집자주: 언제(堰堤)란 제언(堤堰)이라고도 하는데 물을 가두어두기 위하여 하천이나 골짜기 등에 쌓은 둑을 말한다.

4) 출처: 김일성종합대학출판사, 『김일성종합대학학보: 력사법학』, 제42권 제4호(1996), 46-50쪽.

물. 토양을 비롯한 자연적 대상과 환경의 길을 조건짓거나 그에 영향을 주는 요소들이 포함된다. 환경을 보호하는 문제는 인간의 생존과 관련되는 사활적인 문제이다. 사람은 다양한 환경속에서 살고 있으며 자연환경은 사람의 생존과 활동에 커다란 영향을 미치고 있다. 자연환경을 떠나서는 인간의 생활에 대하여 생각할 수 없다. 환경을 보호한다는 것은 사람의 생존과활동에 유리한 자연환경을 유지하고 보존하며 불리한 자연환경을 유리한 자연환경으로 개조하는 것을 말한다.

위대한 령도자 김정일동지께서는 다음과 같이 지적하시였다. ≪**공기와 물을 비롯한 환경을 보호하기 위한 연구사업도 강화하여야 합니다.**≫(≪국토관리사업을 개선강화할 데 대하여≫, 단행본, 19페지)

공기와 물을 비롯한 환경은 인간생존의 필수적 요소이며 사람의 자주적이며 창조적 생활과활동의 전제이다. 각종 오염으로부터 환경을 보호하고 그의 질을 개선하는 것은 사람들의 건강과 생명을 보호하고 그들의 자주적이며 창조적인 생활과 활동 조건을 마련해주는 데서 매우중요한 의의를 가진다. 오늘 우리나라에서는 우리 당의 정확한 환경보호정책에 의하여 환경보호연구사업이 날을 따라 더욱 심화되고 있으며 여러 가지 립법적 조치를 취하면서 우리 인민들에게 보다 문명하고 건전한 환경을 원만히 마련해주고 있다. 그러나 미제를 비롯한 제국주의자들의 광란적인 핵무기와 화학무기의 생산과 시험, 군수산업의 확장과 자본가들의 최대한의 리윤추구를 목적으로 벌리는 공해산업으로 인하여 인간생존의 자연환경은 심히 파괴되고 있고 그것으로 하여 세계의 모든 나라들의 사회경제전반에 커다란 부정적 영향을 주고 있으며 지구 우의 모든 생명체의 존재에 엄중한 위협을 주고 있다. 자연의 파괴와 환경오염으로 인하여 인류에게 들씌워질 파국적 후과는 그 어떤 개별적 나라나 개별적 지역에만 미치는 것이 아니라 우리 행성에서 사는 모든 생명체에 미치게 된다. 제국주의자들이 벌리는 전쟁연습과 공해산업으로 하여 지구의 지붕이라고 불리우는 오존층이 파괴되고 핵폐기물과 유독성 물질을 마구 버려환경을 오염시키고 있으며 핵무기의 시험으로 치명적인 방사능재가 뿌려져 지구 우의 모든 생명체에 심중한 위협을 조성하고 있다.

오늘 환경을 보호하고 그 질을 개선하는 문제는 어느 한 민족국가의 범위를 벗어난 중요한국제적 문제로 제기되고 있다. 환경보호문제가 중요한 국제적 문제로 국가들의 관심을 불러일으킨 것은 1960년대부터이다. 그것은 이 시기 미제를 비롯한 제국주의자들이 자연을 파괴하고환경을 오염시키는 핵시험을 비롯한 군사활동과 공해산업활동을 그 어느 때보다 강화함으로써지구환경전반에 엄중한 위험이 조성된 것과 관련된다. 오늘 세계인민들은 환경을 오염시키고 파괴하는 모든 행위들을 제한, 금지시키고 환경을 보호하기 위한 국제환경보호질서의 수립을 더욱 절박하게 요구하고 있다.

위대한 수령 김일성동지께서는 다음과 같이 교시하시였다. ≪**오늘 세계 많은 나라들에서는 인민들이 〈공해산업을 없애라〉, 〈푸른 하늘을 내놓으라!〉는 구호를 웨치며 공해를 반대하는 [47]투쟁을 벌리고 있습니다.**≫(≪김일성저작집≫제39권, 380페지)

자본주의나라들에서는 자본가들이 최대한의 리윤을 짜내려는 목적에서 환경보호대책을 세우지 않고 공업을 발전시키기 때문에 생태환경이 파괴되고 공해가 심하여 그것이 심각한 사회적 문제로 제기되고 있다. 최근 년간 세계적으로 산림의 사막화가 촉진되고 물과 대기, 토양이 오염되어 공해현상이 심하게 나타나고 있다. 남조선의 력대통치배들은 미국과 일본을 비롯한 자본주의나라들에서 ≪오물단지≫로 배척받고 있는 공해산업을 마구 끌어들여 자연환경을 파괴하고 인민들의 생명과 건강에 커다란 피해를 주고 있다.

자본주의나라들과 제국주의반동들에 의하여 빚어지는 공해를 반대하며 ≪공해산업≫을 없애며 푸른 하늘을 요구하는 세계인민들의 한결같은 요구를 반영하여 환경보호를 위한 국제기구들이 조직되었으며 국제회의들에서 환경보호문제를 주요한 국제적 문제로 상정토의하고 환경보호와 관련한 일련의 국제협약들을 체결하였다. 1963년 8월 5일 ≪대기, 우주공간 및 수중에서의 핵무기시험을 중지할 데 대한 조약≫과 1977년 5월 18일 ≪자연환경변경수단을 군사적 혹은 기타 적대적 목적에 리용함을 금지할 데 대한 협약≫을 비롯하여 여러 협약들이 체결되었다. 이 협약들은 군축을 실현하기 위한 문제로 론의되고 체결되었으나 본질에 있어서는 인간의 생명과 자연환경을 보호하기 위한 데 있었다. 그러나 환경오염문제가 군사적 활동에 의해서뿐 아니라 사회경제활동과 관련해서도 제기되는 것만큼 우와 같은 협약들로서는 환경보호문제를 포괄적으로 해결할 수 없다. 이로부터 1972년 6월 5일부터 16일까지 스웨리예[5]의 스톡홀름에서 114개 나라 정부대표들과 250개의 국제기구대표들이 참가한 가운데 제1차 유엔인간환경회의가 소집되었다. 회의에서는 미제를 비롯한 제국주의자들의 방해책동을 물리치고 현시대의 요구에 맞는 세계환경보호질서를 세우기 위한 문제가 토의되었으며 사회주의나라들과 신흥세력나라들의 완강한 투쟁의 결과로 일련의 국제적 문건들이 채택되게 되었다.

회의에서는 우선 환경보호의 목적과 원칙 그리고 환경보호와 관련한 국가들의 의무를 규정한 인간환경선언의 채택되었다. 선언은 7개 조항의 서문과 25개 조항의 원칙으로 구성되었다. 선언은 모든 인간은 자유, 평등 및 훌륭한 생활조건에 대한 권리를 가지며 자연부원은 미래세

---

5) 편집자주: 스웨덴을 말한다.

대들의 리익을 고려하여 계획화되고 수요에 맞게 정확히 관리보존되어야 하며 재생시킬 수 없는 자원은 급속한 고갈을 초래할 정도로 채취하지 말아야 한다는 것을 지적하고 사람들의 건강에 해를 끼치는 오염을 방지할 것을 호소하였다. 선언은 또한 환경과 관련한 국가정책들이 발전도상나라들에 해를 주지 않아야 하며 다른 나라에 피해를 끼친 경우에는 그에 대한 보상책임을 져야 한다고 지적하고 있다. 선언은 또한 국가들은 환경보호와 개선에서 효과적인 역할을 놀도록 국제기구들과 협조해야 하며 환경에 대한 위협을 해소하기 위하여서는 과학과 기술에 의거하는 것이 절실하며 환경보호와 관련한 교육과 통보, 양성을 장려하여야 한다고 지적하였다.

회의에서는 다음으로 환경보호와 관련하여 정부 및 국제기구들이 제출한 109개의 권고안을 담은 행동계획을 채택하였다. 행동계획에는 유엔체계 내에서의 활동방향이 규정되어 있다. 즉 주민지역의 계획화와 자연환경의 질을 개선하기 위한 조정, 자연부원 리용에서 환경보호문제에 대한 조정, 국제적으로 중요한 의의를 가지는 오염물질의 규정과 그 조정, 환경문제의 종합적인 통보, 환경문제와 관련한 사회적 및 문화적 활동문제들이 규정되어 있다.

회의에서는 다음으로 환경문제에 관한 유엔강령을 실현하기 위한 결정서가 채택되었다. 결정서에는 국가와 국가단체들이 인류와 후대들의 복리를 위하여 주위환경을 보호하고 개선하기 위한 효과적인 조치를 하루빨리 취해야 할 필요성을 강조하면서 이러한 조치를 취할 책임은 우선 매개 국가 정부들이 져야 하며 그 첫 단계로서 국가적, [48]지역적 단위에서 실현할 것을 호소하였다. 또한 결정서에는 ≪주위환경문제가 유엔의 권능에 속한다≫고 밝힘으로써 환경문제에 대한 유엔의 의무를 규정하였다.

제1차 유엔인간환경회의에서 채택된 국제적 문건들은 국제환경보호질서를 세우기 위한 시발로 된다. 제1차 유엔인간환경회의가 있은 후 ≪페설물과 기타 물질의 버림에 의한 바다오염방지에 관한 협약≫(1972년)과 ≪전세계적인 문화유산과 자연보호에 관한 협약≫(1972년), ≪국경을 넘는 장거리대기오염에 관한 협약≫(1979년), ≪남극바다생물자원보호에 관한 협약≫(1980년), ≪오존층보호에 관한 윈협약≫(1985년), ≪유독성페기물반출금지에 관한 협약≫(1989년) 등 다방조약들이 수많이 체결되었다. 이 협약들은 미제를 비롯한 제국주의자들의 방해책동으로 환경보호에 관한 현시대의 요구를 충분히 반영하지 못한 부족점을 가지고 있으나 국제환경보호질서의 법적 기초로서 일정한 의의를 가진다.

국제환경보호질서의 중요한 내용은 대기환경보호와 해양환경보호이다. 이 문제는 제국주의자들이 감행하는 핵무기와 유독성화학무기의 생산과 시험, 공해산업과 유독성페기물질의 반출입,

바다에로의 기름류출 등에 의한 대기와 바다오염을 방지하기 위한 효과적인 법적 규제조치들이 취해짐으로써만 해결될 수 있다.

국제환경보호질서의 중요한 내용의 하나는 대기환경보호문제이다. 대기는 지구를 뒤덮고 있는 공기층이다. 대기는 인간생존과 그의 자주적이며 창조적 활동의 필수적 요소의 하나이다. 그런데 오늘 화산의 분출, 지진, 폭풍, 산불, 먼지 등과 같은 자연적 원인과 핵 및 화학 무기의 생산과 시험, 화력발전소들과 공공기업소들의 운영, 운수수단의 리용, 농업생산을 비롯한 인간활동에 의하여 대기의 물리화학적 변화가 일어나고 있으며 그로 인하여 대기가 오염되어 인간의 생존과 동식물의 성장에 지장을 주고 있다.

대기의 오염은 개별적 나라들에서 일어나지만 대기운동에 의하여 오염물질이 수백 심지어 수천 키로메터 떨어진 다른 곳으로 이동하여 광범한 범위의 지역에 피해를 주게 된다. 이로부터 오염으로부터 대기를 보호하고 대기의 물리화학적 요소들을 보존하는 문제는 중요한 국제적 문제로 제기된다. 대기의 오염은 류산염, 질산암모니아 등 성분이 포함되어 있는 《산성비》를 내리게 하여 인명과 농업, 건물에 커다란 손실을 주며 지구의 온난화현상을 초래케 하여 남극과 북극의 얼음을 녹여 바다수면을 높여 대양연안지역을 물에 잠기게 하며 대기의 오존층을 파괴하여 인체에 유해로운 자외선을 막아내지 못하게 하여 사람과 모든 생명체에 엄중한 후과를 미치게 한다. 따라서 대기의 오염을 방지하고 건전하고 깨끗한 대기를 보존하고 보호하는 것은 인류 앞에 나서는 공동의 과업이며 국제사회가 해결하여야 할 초미의 문제의 하나로 된다. 여기서 중요한 문제는 국제사회의 공동노력으로 국제무대에 대기의 물리화학적 요소를 보존하고 건전한 대기조건을 보호하기 위한 국제환경보호질서를 세우고 모든 국가들이 그것을 철저히 지키도록 하는 것이다.

현시기 대기의 오염을 방지하고 대기환경을 보호하는 데서 국제적으로 주목을 돌려야 할 문제는 오존층에 대한 국제적 보호이다. 오존층은 태양에서 내려 쪼이는 빛 가운데서 인체에 주는 해로운 자외선을 흡수함으로써 지구의 모든 생명체를 보호하는 역할을 한다. 오존층파괴의 원인은 국가들의 공업생산에서 불활성화학물질, 즉 불화탄화수소와 프레온가스를 많이 쓰고 있는 데 있다. 특히 오존층파괴의 위험성은 미제국주의자들이 벌리는 핵폭발과 오존층을 의도적으로 파괴하는 수단을 연구개발하고 있는 것과 관련하여 더욱 커가고 있다. 이와 같이 오존층파괴현상은 세계 인민들과 사회계의 관심을 크게 불러일으켰으며 오존층을 보호하기 위한 대책을 세울 것을 절실하게 요구하고 있다.

최근 년간 오존층을 보호할 데 대한 세계의 관심과 요구가 높아짐에 따라 개별적 나라들에서 오존층을 파괴하는 물질생산을 제한하며 그 리용수준을 낮추기 위한 조치[49]들과 대책을 일정하게나마 취하지 않을 수 없게 하였으나 이러한 조치와 대책으로서는 세계적인 공동노력을 요구하는 오존층보호문제를 원만히 해결할 수 없다. 오존층보호문제는 폭넓고 다방면적인 국제적 협조를 통해서만 해결될 수 있다.

지난 시기 오존층을 보호하기 위한 문제해결에서 국제환경보호기구는 일정한 역할을 놀았다. 국제환경보호기구인 유엔환경계획은 1977년부터 오존층보호를 자기 활동의 중요한 내용으로 규정하였으며 기구 안에 오존층조정위원회를 창설하고 오존층에 대한 행동계획을 작성발표하는 등 오존층을 보호하기 위한 활동을 적극적으로 벌려 왔다. 특히 유엔환경계획은 매개 나라들에서 오존층파괴의 요소인 클로로불화탄소의 생산을 확대하지 말며 그의 리용을 대폭적으로 축감할 데 대한 결의를 채택하고 세계적 범위에서 오존층을 보호하기 위한 국가들의 활동을 조정하고 통제할 수 있는 국제조약을 체결하기 위한 사업을 추진시켰다.

유엔환경계획은 1981년 5월 오존층보호에 관한 국제조약초안을 작성할 것을 목적으로 하는 법 및 기술전문가그루빠를 조직하였다. 이 전문가그루빠는 3년간의 진지한 토론을 걸쳐 협약초안을 작성하였다. 유엔환경계획은 이 협약초안을 채택하기 위하여 1985년 3월 오지리의 원에서 오존층보호에 관한 세계대회를 소집하였다. 대회에는 37개 나라 대표, 7개 나라 옵써버대표 그 밖에 국제기구대표들이 참가하였다. 대회에서는 ≪오존층보호에 관한 협약≫과 ≪클로로불화탄소에 대한 의정서와 관련한 결의≫를 채택하였다.

≪오존층보호에 관한 협약≫은 우선 오존층보호가 가지는 의의와 필요성을 지적하고 오존층을 변화시키거나 변화시킬 수 있는 인간활동의 결과로 초래되는 좋지 못한 후과로부터 인간의 건강과 주위환경을 보호하기 위한 대책을 취할 국가들의 의무를 규정하였다. 협약은 또한 오존층을 보호하기 위한 국가들의 의무에 따르는 체약국들의 과업을 규정하였다. 그 과업은 첫째로 오존층변화와 그 후과가 인간과 자연환경에 미치는 영향을 더 잘 알고 정확히 평가하기 위한 규칙적인 관찰과 연구사업을 강화하고 수집된 자료들을 서로 교환하는 것이다. 이렇게 규정함으로써 오존층과 관련한 과학적인 자료들은 지난 시기 발전된 일부 나라들에서만 교환되고 연구되던 것을 이에 대한 연구사업에 세계적인 범위에서 많은 나라들이 참가할 수 있게 하였다. 그 과업은 둘째로 앞으로 유엔환경계획 내에서 오존층보호와 관련한 효과적인 법적 또는 행정적 조치를 취하는 것과 함께 체약국들 내에서 오존층을 변화시키거나 변화시킬 수 있는 사람들의 활동을 제한, 통제, 감소, 방지하기 위한 조치를 취하는 데 서로 협조를 실현하는 것이다. 이렇게 규정함으로써 오존층보호분야에서 국가들과 국제기구들 사이에 호상협조를

강화하는 것을 국가들의 의무로 되게 하였다. 이와 같이 ≪오존층보호에 관한 협약≫은 오존층을 보호하는 것을 국가들의 의무로 규정함으로써 이 분야에서 국제적인 조정을 위한 국제법적 기초가 마련되었다.

≪클로로불화탄소에 대한 의정서와 관련한 결의≫에서는 1987년까지 클로로불화탄소폐기물처리를 제한 또는 축감할 데 대한 의정서초안을 작성할 것을 유엔환경계획에 위임한다고 지적하였다. 대회의 결의에 따라 유엔환경계획은 이 사업을 적극적으로 추진시켜 왔으며 1987년 9월에 카나다의 몬뜨리올에서 오존층을 파괴하는 클로로불화탄소의 제한 및 금지와 오존층보호에 관한 의정서를 채택하기 위한 세계대회를 소집하였다. 회의에는 55개 나라 대표들과 6개 나라 옵써버대표, 21개의 국제기구대표들의 참가하였다. 회의에서는 오존층보호를 위한 몬뜨리올의정서에 관한 결의, 기술공보교환에 관한 결의, 자료보고에 관한 결의들이 채택되고 선언이 발표되었다.

오존층에 관한 몬뜨리올의정서는 1989년 1월 1일부터 효력이 발생되었다. 의정서는 오존층을 파괴하는 통제물질을 규정하고 통제물질의 소비량을 단계별로 축감할 데 대해서와 그 축감목표를 규정하고 있다. 또한 체약국들은 체약국이 아닌 나라들과의 통제물질의 수송과 수출입을 할 [50]수 없다고 규정하고 있다. 의정서 제4조에는 ≪체약국은 비체약국에 통제물질을 생산하고 리용할 수 있는 장비, 설비, 기술을 넘겨줄 수 없으며 원조도 제공해 줄 수 없다≫고 규정하고 있다. 의정서는 오존층을 파괴하는 물질들을 국제적으로 규정하고 그 생산과 소비를 제한하고 그의 수출입을 금지시킨 것으로 하여 다국적기업을 통하여 세계도처에서 오존층을 파괴하는 물질들을 대량 생산소비하는 미제를 비롯한 제국주의자들의 환경파괴행위를 제한, 통제할 수 있는 기초가 마련되게 되었다. 그러나 오존층보호에 관한 원협약과 몬뜨리올의정서는 일련의 부족점을 가지고 있다. 그 결함은 우선 유엔환경계획의 우유부단한 태도로 하여 이 협약과 의정서에 세계적 범위에서 많은 나라들이 참가하지 못하고 있는 것이며 또한 협약과 의정서에 규정된 체약국들의 의무가 통제물질의 기본생산국들인 발전된 자본주의나라들의 리익에 저촉되지 않은 한계 내에서 일반적으로 규정하고 있는 것이며 또한 미제를 비롯한 제국주의자들이 군사적 목적에서 인위적으로 오존층을 파괴하고 있는 행위를 금지시킬 데 대한 문제를 언급하지 않은 것이며 끝으로 오존층을 파괴하는 통제물질의 생산, 소비, 수출행위에 대한 국제적인 엄격한 통제체계를 세우지 못하고 그러한 행위에 대한 제재조치도 언급되지 않고 있는 것이다. 이러한 부족점을 가지고 있으나 원협약과 몬뜨리올의정서는 오존층을 파괴하는 물질들의 생산과 그 리용을 제한, 금지해야 할 필요성을 국제적으로 인정시키고 그러한 물질들을 대신하는 무해물질의 생산과 리용에서 쌍무적 또는 다무적 협조의 실현을 담보해줌으로써 이 분야에서의 국제질서수립에 일정한 의의를 가진다.

오늘 자연환경을 보호하기 위한 투쟁이 전 세계적 범위에서 벌어지고 있지만 자본주의나라들에서는 공해문제를 해결할 수 없다. 공해현상을 없애고 사람들에게 좋은 자연환경을 마련하여 주는 문제는 오직 근로인민이 나라의 주인으로 되고 있으며 모든 것이 근로인민대중의 리익을 위하여 복무하는 사회주의사회에서만 원만히 해결될 수 있다.

우리나라에서는 위대한 수령 김일성동지와 경애하는 김정일동지께서 밝혀주신 환경보호사상과 리론을 구현한 주체적인 ≪환경보호법≫이 채택됨으로써 환경보호분야에서 이미 이룩한 성과를 법적으로 공고히 하고 우리 인민들에게 자주적이며 창조적인 생활을 누릴 수 있는 보다 훌륭한 자연환경을 보장해주며 후대들에게 더욱 아름다운 조국강산을 물려줄 수 있는 법적 담보가 마련되게 되었다.

오늘 자주성을 옹호하는 나라들 앞에는 공해를 일으키는 온갖 행위를 규제하는 공정하고 합리적인 국제환경보호질서를 세우고 그것을 더욱 공고발전시켜 나감으로써 진보적 인류가 그처럼 갈망하는 공해가 없는 세계를 건설하여야 할 절박한 과업이 나서고 있다. 자주성을 옹호하는 나라들은 환경보호분야에서 국제적 교류와 협조를 강화하며 국제환경보호질서를 수립하는 데 이바지해야 할 것이다.

40. 국제해양환경보호질서의 규제내용에 대하여[6]

박 영 수

[55]해양환경보호문제는 국제환경보호질서의 중요한 내용의 하나이다. 바다는 지구표면의 71%를 차지하고 있으면서 대륙을 둘러싸고 있다. 이렇게 넓은 면적을 차지하는 바다에서 온갖 오염을 막고 사람의 건강과 생명을 보호하며 바다자원의 보호증식에 유리한 조건을 보존하고 보호하는 것은 지구 우의 전반적 환경을 보호하기 위한 데서 중요한 자리를 차지한다.

---

6) 출처: 김일성종합대학출판사, 『김일성종합대학학보: 력사법학』, 제43권 제2호(1997), 55-60쪽.

위대한 수령 김일성동지께서는 다음과 같이 교시하시였다. ≪**바다가 공기는 사람들의 몸에 아주 좋습니다. 연안, 령해를 잘 보호관리하여 바다가 오염되지 않도록 하여야 합니다.**≫(≪김일성저작집≫제39권, 384페지)

바다환경을 보호하고 보존하는 것은 사람의 건강과 생명을 보호할 뿐 아니라 방대한 바다생물자원을 보호증식하고 적극 리용하게 함으로써 사람들의 자주적이며 창조적인 생활을 보장하는데 실로 중요한 의의를 가진다. 오늘 우리나라에서는 우리 당의 현명한 환경보호정책에 의하여 물과 바다환경이 철저히 보호되고 있다. 특히 위대한 수령님과 경애하는 장군님께서 마련하여주신 환경보호법에 의하여 공화국령수를 오염시키는 모든 행위를 법적으로 엄격히 금지시킴으로써 인민들에게 보다 깨끗한 물을 보장하고 그들의 생명과 건강을 철저히 보호하고 있을 뿐 아니라 바다생물자원을 적극 보호증식시켜 인민들의 복리증진에 이바지하도록 하고 있다. 그러나 제국주의, 자본주의 국가들의 반인민적 책동에 의하여 오늘 해양환경은 심히 오염되어 사람의 생명과 건강은 물론 모든 생명체의 존재와 발전에 엄중한 위협을 주고 있다.

해양환경을 보호하고 보존하는 것은 현시기 국제적인 관심사로 되는 중대한 문제의 하나이다. 그것은 1960년대부터 자본주의, 제국주의 국가들에서 미친 듯이 벌리는 공해산업과 바다에서의 핵무기시험, 유독성폐기물의 바다에로의 버림과 바다에서 국가들의 유전개발과 채취 등으로 하여 바다생태계에 심중한 변화를 가져왔으며 그것으로 하여 바다생물자원에 막대한 손실을 주고 있으며 바다에서 고기잡이를 하는 사람들과 바다를 항행하는 선원들의 건강과 생명에 커다란 위협을 주고 있기 때문이다. 이리하여 바다오염을 방지하고 해양환경을 보호하고 보존하는 문제가 국제사회의 중대한 문제로, 인류가 공동으로 해결하여야 할 초미의 과제로 되고 있다.

세계적으로 오늘 해양환경은 여러 가지 폐기물들과 오염물로 하여 심히 오염되고 있다. 우선 공장, 기업소들에서 나오는 폐기물과 도시들에서 나오는 생활오수들이 륙지로부터 바다에 흘러들어가 바다환경을 오염시키고 있다. 특히 발전된 자본주의나라들에서 처리곤난으로 쌓여있는 공업폐기물들을 의식적으로 바다에 마구 버리고 있으며 심지어 핵폐기물까지 거리낌 없이 바다에 쏟아 붓는 행위로 하여 바다오염상태는 더욱 엄중한 단계에 이르렀다. 얼마 전에도 로씨야, 일본, 남조선괴뢰들이 조선동해 해역에 막대한 핵폐기물을 몰래 버리는 범죄행위를 감행하여 국제적 무리를 일으켰다. 최근 일본의 해상보안청은 년례보고에서 지난해 바다에 버린 여러 가지 폐설물의 량은 총 4,322만 톤에 달한다고 실토하였다. 미국의 주요 만과 해안지역도 심한 오염상태에 있는데 2010년에 가서는 이 지역의 오염비률은 약 75%에 이를 것으로 예측

된다고 한다.

해양환경은 또한 석유에 의하여 크게 오염되고 있다. 일부 나라들에서는 낡은 배를 제때에 수리하지 않거나 배를 대양의 특성을 고려하여 기술적 요구에 맞게 건조하지 않아 항해도중 많은 량의 기름을 바다에 흘러들게 하고 있으며 또한 일부 불가항력적인 자연재해로 인한 선박사고로 많은 량의 기름이 바다에 흘러들어가 바다를 오염시키고 있다. 그리고 적지 않은 나라들에는 초대형 유조선들을 댈 부두가 없어 바다 가운데서 가벽설비를 리용하여 원유의 상하선작업을 하고 있는 것과 관련하여 바다에 적지 않은 원유가 흘러들어가고 있다. 또한 도시와 공장들에서 나오는 석유가 적지 않게 포함된 폐수가 증발되었[56]다가 결국 빗물에 섞이어 바다에 떨어지고 있다.

해양환경은 또한 해저광물자원의 탐사와 개발, 채취과정에 나오는 오물과 오수에 의하여 오염되고 있다. 바다 및 해저광물자원을 채취하기 위해 바다에 설치한 여러 가지 설비로부터 각종 오물과 오수들이 바다에 흘러들며 시추와 굴진, 채광 시 진흙과 돌조각, 류동액, 시추폐기물들을 바다에 그냥 버리는 것과 관련하여 바다가 오염되고 있다.

해양환경은 또한 제국주의자들이 벌리는 대양에서의 핵시험과정에 오염되고 있다. 제국주의자들이 감행하는 수중, 수면에서의 핵시험은 많은 방사성침전물들을 해양에 떨어뜨려 해양환경을 심히 오염시키고 있다.

이처럼 해양환경은 여러 가지 요인에 의하여 심히 오염되고 있을 뿐 아니라 한 수역의 오염은 바닷물의 류동으로 쉽게 퍼져 넓은 수역을 오염시키고 있다.

제반사실은 해양환경을 보존하고 보호하는 문제는 어느 개별적 나라나 그 어떤 지역에 국한되는 것이 아니라 전 인류가 공동으로 관심을 돌리고 노력해야 할 중요한 문제라는 것을 보여준다. 이로부터 1982년 유엔3차 해양법회의를 비롯한 여러 국제회의들에서 해양환경보호와 보존문제를 심중히 토의하고 해당한 국제적 문건들을 채택하였다. 대표적인 국제적 문건들은 1982년 12월 10일 조인하고 1994년 11월 16일 효력을 발생한 ≪유엔해양법협약≫의 해양환경보호에 관한 조항들과 1954년 5월 12일에 체결한 ≪기름에 의한 오염방지를 위한 협약≫, 1972년 12월 29일에 체결한 ≪폐기물과 기타 물질을 버림으로써 해양이 오염되는 것을 방지할 데 대한 협약≫, 1973년 11월 2일에 체결한 ≪배에 의한 오염방지국제협약≫, 1969년 11월 29일에 체결한 ≪기름오염피해에 대한 민사책임에 관한 국제협약≫, 1976년에 체결한 ≪군함에 의한 대양오염을 방지할 데 관한 협정≫, 1976에 체결한 ≪발뜨해 수역의 바다환경을 보호할 데 대한 협정≫ 등이다. 이 협약과 협정들에는 바다를 리용하는 국가, 법인, 자연인들이 해양환경보호와 보존을 위하여 지켜야 할 행동기준이 설정되어 있다.

그 기준은 첫째로, 모든 체약국들은 강바닥과 물속에 설치되는 구조물, 송유관, 하수용구조물, 대륙붕 및 구역자원개발을 위한 시설물과 구조물, 인공섬, 각종 배와 부선, 비행기 등에서 나오는 폐설물에 의한 오염을 방지 또는 감소시키며 그것을 통제하기 위한 국내법과 규정들을 제정실시하며 해양환경오염을 일으킬 수 있는 사고를 미리 방지하기 위한 정보전달체계를 세우는 것이다. 국가가 제정하는 법과 규정들은 어떤 경우에도 해당 국제기구 혹은 외교관회의에서 권고된 방안이나 관례보다 덜 효과적이어서는 안 된다. 그리고 국가들은 법과 규정들을 대외적으로 공포하여야 하며 해당 국제기구에 통보하여야 한다.

그 기준은 둘째로, 모든 국가는 해양환경오염을 방지 및 감소시키기 위한 실천적 조치를 취하는 것이다. 국가들은 자기 나라 기발을 달거나 자기 나라에 등록할 배, 비행기, 해양에 설치할 인공시설물과 설비, 설계, 건조, 설치, 장비, 인원배치를 그와 관련한 국제기준에 맞게 하여야 하며 만약 국제기준에 맞지 않는 경우에는 도입 또는 가동을 허용하지 말아야 한다.

그 기준은 셋째로, 체약국들은 해양환경의 보존과 보호에 유해로운 행위들이 발생한 경우 그를 조사확인하고 그에 대한 책임 있는 당사자에게 제재를 가하는 방법으로 해양환경파괴행위들이 일어나지 않게 하는 것이다. 국가는 외국선박이나 시설들이 해양환경의 오염을 방지하기 위한 자기 나라의 법과 규정 그리고 그와 관련한 국제기준을 심히 위반했다는 확실한 증거가 있을 경우에는 벌금을 물릴 수 있다.

매개 국가들은 해양환경을 보호하고 보존할 데 대한 국제적 의무를 성실히 리행할 데 대한 책임을 진다. 그러므로 국가는 자기 관할하에 있는 법인, 자연인들이 해양환경을 오염시켰을 경우에는 그에 대한 책임을 져야 한다. 국제조약으로 고착[7]된 국가들의 이 행동기준은 국제해양환경보호질서의 법적기초로서 일정한 의의를 가진다.

[57]해양환경보호질서의 규제에서 중요한 것은 첫째로, 원유에 의한 바다오염행위를 규제한 것이다. 해양환경오염에서 원유에 의한 바다오염이 제일 많은 비중을 차지한다. 기름에 의한 바다오염이 날을 따라 더욱 우심해지고 있는 것과 관련하여 국제적으로 1954년 ≪기름에 의한 바다오염방지를 위한 협약≫, 1973년 ≪배에 의한 오염방지국제협약≫, 1982년 유엔해양법협약의 원유에 의한 해양환경오염방지규칙 등 협약들이 체결되었다. 협약과 규칙들에서는 우선 바다오염을 방지하기 위하여 총톤수 150톤 이상의 모든 유조선과 총톤수 400톤 이상의 모든 배

---

7) 편집자주: 고착이란 ① 자리를 옮기지 않고 한곳에 들어붙어 있는 것, ② 한 자리나 한 가지 직업에 오래 그대로 있는 것, ③ (성과나 경험을) 일반화하고 그것이 변동이 없도록 굳건히 하는 것을 말한다. 사회과학출판사, 『조선말대사전 1』, 231쪽.

들은 기름류출상태에 대한 안정성검사를 받고 해당한 증명서를 가지고 있어야 한다는 것을 규정하고 있다. 그리고 모든 배들은 배의 구조, 설비재료의 안정성을 검사하는 배무이 검사를 받고 출항하여야 하며 운영되는 배들은 30개월을 넘지 않은 기간 안에 배의 설비의 안정성을 검사하는 중간검사와 5년을 주기로 진행되는 주기적인 검사를 받고 행정당국으로부터 ≪원유에 의한 오염방지국제증명서≫를 받아야 운영할 수 있다고 규정하고 있다.

협약과 규칙들에서는 또한 모든 배들은 바다에 원유나 원유혼합물을 버릴 수 없다는 것을 규정하고 있다. 이 협약과 규칙에 의하여 모든 배들은 가공하지 않은 원유, 중유, 원유침전물, 원유찌꺼기, 정제된 원유제품을 포함한 임의의 상태의 원유를 바다에 버릴 수 없게 되어 있다. 특히 국제적으로 특수구역으로 정해진 수역에서 항행하거나 조업 또는 정박하고 있는 모든 배들은 원유찌꺼기와 침전물, 어지러운 발라스트의 썩은 물은 반드시 배에 보관하였다가 접수장치에 넘겨주게 되어 있다.

협약과 규칙들에는 또한 체약국 항들과 배들은 바다오염방지에 필요한 설비를 갖추어야 한다는 것을 규정하고 있다. 총적재톤수 150톤 이상 되는 모든 유조선에는 한 개의 침정탕크를, 총적재톤수 7,000톤 이상 되는 배에는 2개 이상의 침정탕크를 설치하여야 하며 총등록톤수 400톤 이상 되는 배에는 원유혼합물 분리설비와 원유려과계통을 갖추며 총등록톤수 1만 톤 이상 되는 배는 원유버림자동측정 및 검정계통과 원유분리설비를 갖추어야 한다. 그리고 원유와 관련한 작업을 하였을 경우에는 작업기록부에 기록하여야 한다. 총등록톤수 150톤 이상 되는 모든 유조선과 총등록톤수 400톤 이상 되는 모든 배들은 작업기록부에 원유의 신고 부리기 작업, 항행 중 원유의 옮기기, 심탕크씻기, 침정탕크 안의 고인물빼기, 찌꺼기버림, 기관실에 고인 원유섞임물빼기 등 작업진행상태를 구체적으로 기록하고 선장과 작업책임자가 수표하여야 한다. 모든 배들을 기름에 의하여 바다를 오염시켰을 경우에는 민사상 책임을 지고 손실을 보상하여야 한다.

해양환경보호질서에서 중요한 것은 둘째로, 버림물질, 오물, 위험물질에 의한 바다오염행위를 규제한 것이다. 바다는 여러 가지 버림물질과 오물, 위험물질에 의하여 심히 오염되고 있다. 이를 방지하기 위하여 1972년 12월 ≪폐기물과 기타 물질을 버림으로써 해양이 오염되는 것을 방지할 데 대한 협약≫을 체결하였으며 유엔해양법협약에서 버림물질과 오물에 의한 바다오염방지규칙을 제정하고 있다. 규칙에 의하면 우선 버림물질에 의한 바다오염행위를 규제하고 있다. 규칙은 원유를 포함하여 탄화수소와 그 폐기물, 배, 비행기, 부선, 바다에 건설된 인공구조물을 운영할 때 생기는 폐기물, 핵에네르기설비들에서 나오는 방사성오염물질, 화학 및 생물물질, 해저광물자원탐사개발에서 나오는 폐기물에 의한 해양환경오염을 방지하기 위한 적절한 대책을 세울 국가의 의무를 규정하고 있다. 국가들은 이러한 의무로부터 자기 나라에 등록된 배, 비행기, 부선들이 폐기물질을 바다에 버리지 못하게 행정적 및 법적 통제를 하며 해난사고를 비롯한 불가항력적 사유에 의하여 폐기물을 바다에 버릴 경우에는 그로 인하여 피해를 입을 수 있는 국가들과 국제원자력기구와 협의하고 국제적 기준을 넘지 않는 범위 내에서 버리도록 허가하여야 한다.

[58]규칙은 또한 오물에 의한 바다오염행위금지방안을 규제하고 있다. 체약국은 배들과 바다에서 가동하는 모든 설비들로부터 나오는 오물에 의한 바다오염을 최소한 줄이기 위하여 최선을 다할 의무를 규정하고 있다. 모든 배들과 바다시설물들에서 합성섬유바줄, 합성섬유고기그물을 비롯한 합성수지제품을 바다에 버릴 수 없으며 독성이 없는 오물은 해안으로부터 규정된 거리 밖에 버려야 한다. 즉 뜨는 껍질, 포장감 등은 해안으로부터 25마일 밖에 그리고 종이, 누데기, 유리, 금속병, 사기쪼각, 식료찌끼들은 해안으로부터 12마일 밖에 버려야 한다. 그러나 국제적으로 특수수역으로 설정된 수역에서는 해안으로부터 12마일 밖의 수역에서도 종이, 누데기, 유리, 금속병, 사기제품, 포장감 등을 버릴 수 없다.

규칙은 또한 유해물질에 의한 바다오염을 방지할 국가의 책임을 규정하고 있다. 유해물질을 수송하는 배들의 해난사고로 많은 유해물질이 바다에 뿌려져 바다를 심히 오염시킬 수 있다. 이 경우에 국가들은 조난당한 배의 선장으로 하여금 유해물질에 의한 바다오염을 신속히 가시기 위한 대책을 세우도록 하는 것과 함께 유해물질류출정형[8]을 관계국가들에 즉시 통보해주도록 할 의무를 지닌다. 조난당한 배가 행방불명되었거나 선장의 통보가 구체적인 것이 되지 못하였을 경우에는 배임자, 용선자, 배의 운영기관, 배관리자가 즉시 해당 관계국가에 통보하고 바다오염을 가시기 위한 대책을 세우도록 국가가 통제하여야 한다.

버림물질에 의한 바다오염을 방지하는 데서 나서는 중요한 문제는 유독성핵폐기물을 바다에 처리하는 행위를 저지시키는 것이다. 지금 미국과 자본주의나라들에서는 유독성폐기물인 원자로폐기물, 방사성폐수, 우라니움광재 기타 유독성물질들이 매년 수천만 톤씩 나오고 있다. 자본가들이 이 유해폐기물들을 바다와 섬들에 마구 버리는 것으로 하여 해양환경과 바다자원에

8) 편집자주: 북한에서 정형이란 ① 구체적인 형편이나 상태(情形), ② 일정하게 정해진 정형(定型), ③ 바른 형태나 형상 또는 바른 모습(正形), ④ 형벌을 가하는 것(定刑), ⑤ 정치계의 형편, ⑥ 결정의 형태, ⑦ 일정한 모양 또는 고정된 형태 등 여러 가지 의미로 사용되고 있는데 여기서의 정형이란 구체적인 형편 또는 상태를 말하는 것으로 이해된다. 사회과학출판사, 『조선말대사전 2』, 214쪽: 연합뉴스, 『북한어휘사전』(서울: 연합뉴스, 2002), 378-379쪽.

커다란 손실을 주고 있다. 제국주의자들의 이러한 범죄적 책동을 반대하는 세계인민들의 줄기찬 투쟁에 의하여 1971년 ≪핵물질의 수송분야에서 민사상 책임에 관한 협약≫과 1973년 ≪핵폐기물과 기타 물질의 버림으로 해양을 오염시키는 것을 방지할 데 대한 협약≫이 체결되었다. 특히 세계적인 범위에서 유독성폐기물들의 비법적인 반출로 초래되는 엄중한 후과와 그를 막기 위한 구체적인 조치를 취할 데 대한 발전도상나라들의 요구에 의하여 1989년 3월에 스위스의 바젤에서 ≪유독성폐기물의 반출과 그 처리에 관한 세계대회≫가 소집되고 바젤협약이 체결되었다. 이 협약에는 우리나라를 비롯하여 118개 나라가 참가하였다. 협약에는 유독성폐기물들의 량이 늘어나고 그 반출이 강화되는 것은 인간의 건강과 주위환경에 큰 위험을 주게 된다는 것을 인정하고 그 유독성폐기물들의 후과로부터 인간과 자연환경을 구원하기 위하여 유독성폐기물들의 생산량을 최대한으로 줄이고 그 반출을 최소한으로 제한할 데 대한 국가들의 의무와 그 방도를 규정하고 있다. 매 체약국은 자기 령역 내에서 유독성폐기물의 생산을 최대한으로 줄이기 위한 적절한 조치를 취하며 그에 대한 통제를 강화할 의무와 유독성폐기물을 반출할 때 인간의 생명과 건강을 보호한다는 것을 담보하며 그러한 물질의 수출수입을 하지 않을 의무 그리고 유독성폐기물들의 비법적인 밀매행위를 금지시키기기 위한 법적 및 행정적 조치를 취할 의무를 지닌다고 규정하고 있다. 그러나 협약은 일련의 부족점을 가지고 있다. 그것은 유독성폐기물질의 반출입을 완전히 금지시키지 못하고 있으며 유독성폐기물질의 수출입과 관련하여 끼친 손실에 대한 책임문제를 명백히 규정하지 못하고 있는 것이다. 이러한 부족점을 가지고 있으나 협약은 앞으로 세계적 범위에서 유독성폐기물의 생산과 반출을 완전히 금지시키기 위한 다무적 협정을 체결할 수 있는 기틀을 마련한 것으로서 국제환경보호질서수립에 이바지할 수 있다.

해양환경보호질서에서 중요한 것은 셋째[59]로, 오수에 의한 바다오염행위를 방지하기 위한 규제조치를 설정한 것이다. 배에서 바다에 흘러들어가는 여러 가지 오수도 해양환경을 오염시키는 중요한 원인의 하나이다.

배에서 바다에 흘러들어가는 여러 가지 오수로부터 해양환경을 보호할 목적에서 ≪오수에 의한 바다오염방지규정≫이 채택되었다. 이에 의하면 총등록톤수 200만 톤 이상의 모든 배와 사람이 10명 이상 타는 배들은 오수에 의한 오염방지규정에 따라 운영하여야 한다는 것을 규정하고 있다. 우선 모든 배들은 오수에 의한 바다오염상태에 대한 검사를 의무적으로 받아야 한다. 검사는 오수처리장치, 오수탕크능력, 오수를 접수장치에 넘겨주기 위한 설비들이 국제기준대로 되어 있는가 하는 배무이검사와 5년을 주기로 하여 배의 설비, 장치, 기구, 재료의 안정성여부를 검사하는 주기검사를 받아야 하며 ≪배의 오수에 의한 오염방지국제증서≫를 받은 조건에서 운영할 수 있다. 또한 모든 배들은 정박, 항행, 조업과정에 오수처리와 관련한 국제규칙을 엄격히 지킬 의무를 지닌다. 배들은 해양환경을 오염시킬 수 있는 오수를 일체 바다에 버리지 말고 항에 설치된 접수장치에 넘겨주어야 한다. 그러나 분쇄되고 소독된 오물은 해안으로부터 4마일 밖의 수역에, 오염도가 국제기준보다 낮은 분쇄되지 않고 소독되지 않은 오물은 해안으로부터 12마일 밖의 수역에 4놋트 이하의 저속으로 항행하면서 바다에 버릴 수 있다.

이상과 같이 국제무대에서는 해양환경을 보호할 데 대한 국제기준이 설정되고 그에 기초하여 국제해양환경보호질서가 수립되고 있다. 그러나 해양환경을 전 인류의 공동의 복리증진에 더 잘 이바지할 수 있게 철저히 보호하고 보존할 데 대한 국제사회계의 요구에 비추어볼 때 협약들은 일련의 부족점을 가지고 있다. 그것은 우선 제국주의자들의 책동에 의하여 군함을 비롯한 일부 선박들은 해양환경보호와 보존에 대한 현존규정과 규칙의 통제에서 벗어나게 된 것이다. 오늘 미제를 우두머리로 하는 제국주의자들은 매일과 같이 바다에서 침략적인 군사연습과 군사작전으로 수많은 군함들이 돌아치게 하고 있으며 이 군함들에 의한 해양환경오염이 엄중한 단계에 이르고 있다. 특히 핵에네르기를 동력으로 하는 함선들과 바다밑에 건설하는 핵저장고로부터 나오는 방사성물질로 인하여 바다가 심히 오염되고 있다. 그러나 이러한 군함들과 시설물에 의한 바다오염에 대해서는 현존환경보호규정과 규칙으로 제어할 수 없으며 그로부터 발생하는 피해에 대한 책임에서도 벗어날 수 있게 되어 있다.

현시기 국제해양보호질서규제에서 중요한 것은 넷째로, 대양에서의 핵무기시험행위를 저지시킬 데 대한 조치를 규제한 것이다. 미제는 1945년부터 1995년 현재까지 무려 1000여 회의 범죄적인 핵시험을 진행하였는데 적지 않은 핵무기시험은 바다에서 진행하였다. 미제를 비롯한 현대국들이 진행한 핵시험은 주위환경의 모든 요소들에 파괴적인 작용을 하여 사람의 건강과 생명은 물론 모든 생명체의 존재와 성장에 엄중히 위협하고 있다. 인류 앞에는 핵참화로부터 인류와 세계를 구원하며 자연환경을 보호하기 위하여 핵시험을 금지시키는 것을 선차적인 필수적 과제로 제기하고 있다. 이로부터 1958년 공해에 관한 제네바협약에는 방사성물질을 리용하는 온갖 활동의 결과 초래될 바다와 대기오염을 방지할 대책을 취하는데 국가들로 하여금 권한 있는 국제기구들과 협력하는 것을 자기의 의무로 간주할 데 대한 조항을 삽입하게 되었다. 1959년 남극에 관한 조약에는 남극에서 임의의 핵폭발과 이 지역에서의 방사능재의 방출을 비법적인 것으로 선언한다고 지적하였다. 1963년 ≪대기, 우주공간 및 수중에서 핵시험을 금지할 데 대한 조약≫이 체결되었다. 조약에는 100여 개 나라가 가입하고 있다. 조약에는 방사능재에 의한 인간을 둘[60]러싼 환경오염의 종식에 대하여 지적하고 체약국들은 자기 관할권 안에 있거나 통제밑에 있는 대기, 우주공간, 수면, 수중 그 어느 곳에서도 핵폭발을 금지하며 자기 나라 령역 밖으로 침전물이 방출되는 핵시험을 금지할 것을 요구하였다. 그러나 이 조약은 본질적 제한성을 가지고 있다. 그것은 지하 핵시험의 금지를 규정하지 않은 것으로 하여 이미 지상과 바다에서의 핵시험을 충분히 진행한 제국주의자들이 지하 핵시험을 마음대로 할 수 있게 함으로써 핵전쟁위험을 더욱 증대시키고 있는 것이다. 또한 조약에 방사능재가 다른 나라 령역에 넘어가지 않은 조건에서 지하핵시험을 할 수 있다는 것을 규제함으로써 제국주의자들의 핵시험을 조금도 구속하지 못하고 있는 것이다. 결국 조약은 제국주의자들이 새로운 핵무기를 개발하여 핵우위를 차지할 수 있는 여지를 법적으로 인정한 데 그 본질적 약점이 있는 것이다.

지금까지 해양환경을 보호하며 보존하기 위한 여러 국제적 문건들이 채택되고 그에 기초하여 국제해양환경보호와 보존질서가 수립되고 있지만 이 국제적 문건들에는 미제를 비롯한 제국주의자들의 책동으로 자주성을 옹호하는 나라와 인민들의 요구를 충분히 반영하지 못하고 있다. 그러나 이 협약들은 국제해양환경보호질서의 법적 기초를 마련하는 데서는 일정한 의의를 가진다. 국제해양환경보호질서를 세우는 문제는 환경을 오염시키는 제국주의자들과의 치렬한 투쟁을 동반하는 문제이며 전 인류가 공동의 노력으로 국제다방조약을 체결하며 매개 국가들이 해양환경을 철저히 보호하고 보존하는 실질적이며 효과적인 법적 조치를 취함으로써만 해결될 수 있는 문제이다.

세계 혁명적 나라들 앞에는 제국주의자들의 방해책동을 짓부시고 자주성과 평등, 호혜의 원칙에 기초하여 공정하고 문명한[9] 국제해양환경보호질서를 세워 인민들에게 보다 자주적이며 창조적인 생활을 할 수 있는 해양환경을 마련해야 할 것이다.

---

9) 편집자주: '문명하다'란 사회가 발전하고 물질적, 문화적 수준이 높은 것을 의미한다. 사회과학출판사, 『조선말대사전 1』, 1179쪽.

제10장 분쟁의 평화적 해결

41. 국제분쟁의 평화적 해결에 관한 국제법적 제도에 대한 리해[1]

한 영 서

[74]국제분쟁을 어떻게 처리해결하는가 하는 것은 오늘 국제사회에서 매우 중요한 문제로 제기되고 있다. 원래 국제분쟁(international dispute)은 정치적 및 경제적 대립과 국제위법행위로 하여 발생하는 것이 적지 않다. 특히 20세기 중엽부터 현시기에 이르기까지 미제국주의자들을 비롯한 제국주의식민주의자들의 식민지통치후과와 분렬기간책동, 내정간섭책동으로 하여 신흥세력나라들을 비롯한 세계 여러 나라들에서 각이한 분쟁이 끊임없이 꼬리를 물고 일어나고 있으며 심지어 일부 분쟁들은 전쟁으로까지 번져지는 경우가 적지 않다.

국제분쟁에는 정치적 분쟁, 경제적 분쟁, 국경 및 령토분쟁, 외국인 및 외교관의 법적 지위와 관련한 분쟁, 국가의 명예훼손과 관련한 분쟁, 종족 및 민족문제와 관련한 분쟁, 종교와 관련한 분쟁 등 여러 가지 형태가 있다. 국제사회 특히 국제법 분야에서는 우의 이러한 여러 가지 형태의 국제분쟁을 어떻게 처리하며 그 해결방법을 어떻게 하겠는가 하는 것이 매우 중요한 과제의 하나로 제기되어 왔다. 지금까지의 국제분쟁의 처리방법에 대하여 고찰하여 보면 강제적 처리방법과 평화적 처리방법으로 나누어 진행되었다고 볼 수 있다. 19세기 말 20세기 초까지는 국제분쟁을 보복(복수)이나 전쟁이라는 강제적 방법으로 처리하는 것으로 인정되어

---

1) 출처: 김일성종합대학출판사, 『김일성종합대학학보: 력사법학』, 제51권 제2호(2005), 74-79쪽.

왔다. 보복이라는 것은 상대국가의 위법행위에 의하여 발생한 손해에 대하여 피해국가가 그에 해당한 정도의 일정한 조치를 취하여 보상 또는 원상회복하게 하는 형식이다. 례하면 어느 한 나라가 봉쇄조치를 취하거나 혹은 통상조약을 위반한 경우 그로 인하여 손해를 받은 국가는 자기 나라 항에 들어와 있는 가해자국가의 선박을 출항하지 못하도록 조치를 취하는 것 등의 형식이 보복으로 된다. 전쟁은 국제분쟁을 발생시킨 국가를 굴복시키기 위하여 이른바 국제법이 허용하는 범위 내에서 피해받은 국가가 무력행사를 하여 손해를 주는 형식이다. 보복(복수)이나 전쟁은 다같이 강제력에 의거하여 상대를 억제굴복시키는 방법이라고 말할 수 있다. 이처럼 상대를 억제 혹은 굴복시키는 강력조치는 분쟁의 평화적 해결방법이 아니며 국제적 제재조치의 일환으로 되는 것이다. 보복(복수)이나 전쟁과 같은 강제적 제재조치를 취하여 저들의 요구를 실현하였다고 하여 분쟁이 일단 해소되고 해결된 것처럼 나타날 수는 없다. 그러나 그것으로서 분쟁이 진정으로 공고하게 해결되었다고 말할 수는 없다.

오늘 세계 여러 나라 지역들에서 일어나고 있는 각종 분쟁들이 해결되지 못하고 수십여 년 간 지속되고 그것이 전쟁으로까지 확대되고 있는 현실은 바로 국제분쟁을 무력을 비롯한 강제력에 의거하여 해결하는 방식을 취한다면 공고하고 완전하게 해결될 수 없다는 것을 증명하여 주고 있다.

위대한 수령 김일성동지께서는 다음과 같이 교시하시였다. **≪우리 당은 신흥세력나라들 사이의 분쟁문제를 쌍방의 리익과 세계의 평화위업에 맞게 당사자들이 협상의 방법으로 해결할 것을 주장합니다.≫**(≪김일성저작집≫ 제35권, 368페지)

국제분쟁은 어디까지나 분쟁당사자들 사이의 협상을 통하여 평화적으로 해결하여야 그것이 가장 합리적이고 공고한 해결로 된다. 국제분쟁을 당사자들 사이의 협상을 통하여 평화적으로 해결하는 것은 우선 그것이 오늘 전 세계 평화애호인민들의 일치한 념원이고 요구이기 때문이다. 19세기 말부터 21세기에 이르는 전 기간 2차례의 세계대전과 여러 차례의 국부전쟁, 수백여 차례의 국내전쟁과 각종 형태의 분쟁은 인류에게 헤아릴 수 없는 재난을 주었다. 세계 절대다수의 평화애호인민들은 이러한 쓰[75]라린 체험을 통하여 전쟁에 대하여 환멸을 느끼고 있었으며 다시는 그러한 비참한 참상을 가져다주는 전쟁과 분쟁을 끝장내고 서로 화합하고 협조하면서 평화로운 세계에서 살아갈 것을 간절히 희망하고 요구하고 있다.

국제분쟁을 당사자들 사이의 협상을 통하여 평화적으로 해결하는 것은 또한 그것이 나라들 사이의 평화우호관계를 유지공고화하고 세계평화와 안전을 보장할 수 있게 하는 중요한 담보로 되기 때문이다. 앞에서 본 바와 같이 국제분쟁을 보복(복수)이나 전쟁의 방법으로 해결한다면 반드시 여기에는 나라들 사이의 힘의 관계가 작용하게 될 것이며 힘이 약한 나라들은 힘이 강한 나라들의 요구를 받아들이지 않으면 안 되는 약육강식이 작용하게 될 것이다. 이러한 방법으로는 분쟁을 공고하게 해결할 수 없으며 어느 때든지 반드시 복수당하였거나 전쟁에서 패한 나라들은 그에 대한 보복이나 전쟁에 나서게 된다. 이렇게 되면 결국 나라들 사이의 평화관계를 유지하고 세계평화와 안전을 영원히 담보할 수 없게 될 것이다.

국제분쟁을 당사자들 사이의 협상을 통하여 평화적으로 해결하는 것은 미제국주의자들이 국제분쟁문제에 끼어들어 분쟁당사자들의 내정에 간섭하면서 분쟁을 더욱 야기하고 확대하여 제놈들의 전쟁정책실현에 교모하게 리용하고 있을 뿐만 아니라 나아가서 소위 분쟁해결을 구실로 힘의 우위를 시위하면서 세계평화와 안전을 파괴하고 다른 나라들에 대한 군사적 침략을 공공연하게 감행하고 있는 조건에서 더욱 절실한 문제로 제기되고 있다. 국제분쟁을 당사자들 사이의 협상을 통하여 평화적으로 해결하여야 미제국주의자들을 비롯한 제국주의자들의 간섭책동을 제때에 저지파탄시킬 수 있으며 놈들의 전쟁책동을 미연에 방지할 수 있다. 현시기 국제사회앞에는 국제적 분쟁이 발생하는 경우에 세계평화와 안전을 유지하고 국제관계의 평화적 질서를 수립하기 위하여 분쟁을 평화적 방법으로 실효적으로 처리하는 것이 매우 중요한 문제로 제기되어 왔다.

지금까지 국제법분야에서는 국제분쟁을 평화적으로 해결하기 위한 방법을 체계화, 제도화하기 위하여 꾸준히 노력하여 왔다. 19세기 말부터 시작하여 특히 제1차, 제2차 세계대전을 계기로 전쟁의 위법화, 무력행사의 억제 및 금지체계는 아직까지 완전무결하게 제도화되어 있지 못하고 있다. 현시기 국제사회에서는 모든 분쟁의 평화적 해결을 실천적으로 담보할 수 있는 보다 완비된 국제법적 제도를 수립하고 모든 나라들이 분쟁의 평화적 해결원칙을 공고하게 준수할 것을 강하게 요구하고 있다. 국제분쟁의 평화적 해결에 관한 문제는 1899년 제1차 헤그평화회의에서 채택된 ≪국제분쟁의 평화적 해결에 관한 조약≫(1907년 갱신)에서 체약국들은 국제분쟁의 평화적 해결에 전력을 다할 것을 제1조에서 약속하고 그 구체적인 방법과 절차들을 규정하였다. 그러나 이것은 국제적 문건으로서 약속한 데 그치고 말았다. 제1차 세계대전후 국제련맹규약에서는 ≪국교단절에 이르는 분쟁≫이 발생한 경우 직접 전쟁에 호소하지 않고 국제재판 또는 련맹리사회에 제기하여 해결할 것을 규정하였다(제12조). 그러나 이것으로서도 전쟁을 완전히 막을 수는 없었으며 국제분쟁의 평화적 해결을 국제적으로 의무화하는 데서는 매우 불철저하였다. 그 후 1928년 8월 빠리에서 체결된 부전조약(일명 부리안케록크조약, 혹은 빠리조약이라고 부름)에서 체약국들은 분쟁을 전쟁의 방법으로 해결할 것이 아니라 그의 성격, 원인여하를 불문하고 평화적 방법으로 해결하며 국가정책실현수단으로서의 전쟁을 포기할 데 대하여 선언하였다. 그런데 이것 역시 분쟁을 평화적으로 해결하기 위한 실행절차와 방식에 대한 구체적인 수속규정이 없었으며 그 내용자체도 매우 불충분하였다. 제2차 세계대전후 유엔헌장에서는 ≪모든 성원국들은 국제분쟁을 평화적 수단에 의하여 세계평화와 안전, 정의를 위태롭게 하지 않도록 해결하여야 한다≫라고 규정함으로써 분쟁의 평화적 해결의무를 확정하였다. 특히 1970년 10월 24일 유엔총회 제25차 회의 결의(2625호 XXV)≪유엔헌장에 기초한 국가[76]들 간의 국제법적 원칙에 관한 선언≫(우호관계선언이라고도 부름)에서는 무력불사용과 분쟁의 평화적 해결을 모든 국가의 의무로서 확정하였으며 1982년 11월 15일 유엔총회 제37차 회의에서 채택된 ≪국제분쟁의 평화적 해결에 관한 마닐라선언≫서문에서도 국가들 사이의 충돌과 분쟁을 평화적 방법으로 해결하여 세계평화와 안전을 유지하는 데 이바지할 목적으로 마닐라선언을 채택한다고 밝히고 국제분쟁을 평화적 방법으로 해결할 데 대하여 다시금 강조하였다. 그리고 그 절차와 방법을 규정함으로써 분쟁의 평화적 해결과 의무의 준수와 리행에 대하여 구체화하였다. 이와 같이 현대국제법에서는 전쟁이나 무력행사에 의하여 국제분쟁을 해결하는 것은 위법으로 되어 있으며 그것을 평화적 수단을 리용하여 해결할 데 대한 문제가 매개 국가들의 국제법상 의무로 확정되어 있다.

국제분쟁을 평화적으로 해결하기 위한 방법에는 크게 외교적 방법과 국제재판으로 나누어 볼 수 있다. 국제분쟁을 해결하기 위한 외교적 방법에는 직접협상(외교교섭), 주선과 중개, 심사와 조정이 있다.

분쟁의 평화적 해결방법에는 무엇보다도 당사자들 사이의 직접협상이 있다. 주선과 중개, 심사와 조정은 직접 협상을 촉진시키는 보조적 수단에 불과하다. 당사국들 사이의 협상이란 분쟁당사국들 호상간 외교수속에 의하여 직접 쌍방 간의 주의주장을 해결처리하는 분쟁해결방법이다. 분쟁당사국들 사이의 직접협상의 방법은 오늘 국제적으로 국제분쟁해결의 가장 합리적이고 효과적인 방법으로 인정되고 있다. 직접협상의 방법이 가장 합리적이고 효과적인 분쟁해결방법으로 인정되는 것은 우선 그것이 분쟁당사국들 호상간 자기의 견해와 주장을 직접 교환하고 분쟁해결을 위한 구체적인 조치들을 당사국들의 진지한 토의와 합의에 기초하여 제때에 빨리 취할 수 있게 하기 때문이다. 분쟁해결의 주인은 어디까지나 분쟁당사자들이며 분쟁의 발생원인과 그 해결방도에 대하여 가장 잘 알고 현실적으로 설정할 수 있는 것도 그리고 그 직접적 집행자도 그들 자신이다. 직접협상의 방법이 가장 합리적이고 효과적인 분쟁해결방법으로 되는 것은 또한 그것이 제3국의 간섭과 개입을 방지함으로써 분쟁의 확대를 막고 분쟁당사국들의 리익에 맞게 분쟁을 해결할 수 있게 하는 방법이기 때문이다. 협상자체가 쌍방의 리해를 전제로 하는 것만큼 사실상 제3국의 간섭과 개입은 허용될 수 없다. 각이한 리해관계를 가지고 있는 제3국이 간섭하고 개입한다면 분쟁당사국들의 리익과 맞지 않는 안도 제기될 것이며 결국 분쟁은 쌍방 간으로부터 다른 데로 확대되거나 문제해결에 복잡성을 조성할 우려가 적지 않다. 협상에서는 어느 일방이 자기의 요구를 절대화하는 것은 절대로 허용될 수 없으며 국제적 정의와 평등의 원칙에서 서로 존중하고 협력하며 인류공동의 번영을 위하여 다같이 노력하는 립장에서 분쟁쌍방이 리해를 합쳐야 그들의 리익이 다같이 합리적으로 공정하게 보장될 수 있다. 국제분쟁의 평화적 처리조약과 수많은 국제조약들에서는 다른 평화적 처리방법에 들어가기 전에 먼저 분쟁당사국들 사이의 직접협상을 진행할 것을 전제조건으로 하고 있으며 최근의 여러 국제조약들에서는 국제분쟁을 국제사법재판소에 제기하여 판결하기 전이라도 ≪협상에 들어갈 의무≫, ≪성실하게 협상할 의무≫ 등의 형식으로 협상에 의한 국제분쟁해결의무를 규정하고 있으며 그 밖에도 협상의 유효성에 대하여 여러 가지 형식으로 인정하고 있다.

분쟁의 평화적 해결방법에는 다음으로 주선과 중개가 있다. 주선과 중개는 분쟁당사국들이 직접협상에 의하여 분쟁이 해결되지 않는 경우에 제3국 혹은 제3자의 개입에 의하여 협상의 파탄을 타개하는 방법으로 쌍방의 분쟁해결을 촉진시키는 방법이다. 주선과 중개는 이미 국제적으로 오래전부터 적용되어 온 방법이다. 이 방법은 분쟁당사국들과 리해관계가 있는 제3국 혹은 제3자가 자기의 특수한 리해관계 또는 정치적 영향력을 배경으로 하여 분쟁당사국 쌍방 간[77]의 주의주장이 합의점에 도달하도록 촉진적 역할을 한다는 데 그 특징이 있다. 주선과 중개는 제3국 또는 제3자의 개입정도에 따라서 구분되게 된다. 주선은 제3국 또는 제3자가 분쟁의 내용에는 관계하지 않고 협상을 위한 장소를 제공하거나 외부에서 당사국 쌍방협상의 편의를 도모해주는 형식이다. 중개는 주선에서 진행하는 행위뿐만이 아니라 일정하게 분쟁의 내용에 개입하여 당사국들이 내세운 주장에 대하여 조정하거나 분쟁해결을 위한 합리적인 안을 제시하는 등의 행위에 의하여 분쟁쌍방 간의 리행을 촉진시키는 형식이다. 주선이나 중개는 제3국의 발기 또는 분쟁당사국의 요청에 의하여 진행되게 된다. 국제분쟁의 평화적 처리조약 제2조, 제3조에서는 분쟁당사국은 사정이 허용하는 범위 내에서 우호국에 주선 또는 중개를 의뢰할 수 있으며 조약당사국도 자발적으로 주선이나 중개를 분쟁당사국에 제공할 의향에 대하여 제기할 수 있다고 규정하였다. 이러한 주선과 중개는 그 기능의 측면에서 고찰하여 볼 때 본질적으로는 분쟁당사자로 하여금 쌍방 간의 직접협상이 추진되도록 보조적 및 촉매역할을 수행하는 방법이다.

　　분쟁의 평화적 해결방법에는 다음으로 심사와 조정이 있다. 심사나 조정은 분쟁해결에 개입하는 제3자가 분쟁당사국과는 독자적으로 객관적인 립장에서 분쟁에 관한 사실이나 법률문제를 심사하고 그 해결조건도 제기할 수 있도록 하는 형식이다. 심사나 조정을 진행하는 경우 국제심사위원회나 국제조정위원회를 구성하게 된다. 그런데 이 위원회들의 판단은 사실상 분쟁당사국을 구속할 수 없으며 오직 분쟁당사국들 간의 화해를 촉진시키는 데 참고되는 역할밖에 없다. 심사는 국제분쟁의 평화적 처리조약 제9조에서 처음으로 설정된 제도이다. 국제심사는 분쟁쌍방의 사실상 견해의 차이로부터 발생되는 분쟁에 대하여 개인자격으로 선출된 위원으로 구성된 비정치적, 중립적인 심사위원회에서 사실을 심사하고 그것을 명확히 확정해줌으로써 당사국들 간의 리해를 촉진시키는 방법이다. 국제분쟁은 제기된 문제에 대한 당사국들 간의 견해의 차이로부터 발생되게 되며 그것으로 하여 분쟁해결에 난관이 조성되는 경우가 적지 않다. 따라서 이러한 견해의 차이를 객관적으로 명백하게 하는 것이 필요하였으며 이로부터 국제심사방법이 제도화되게 되었다. 국제심사위원회는 분쟁당사국들 사이의 특별조약에 의하여 구성되게 된다(국제분쟁의 평화적 처리조약 제10조). 국제심사위원회에 분쟁을 제기하는 경우 국가의 명예나 중대리익에 해당되는 분쟁은 제외된다(우의 조약 제9조). 국제심사위원회는 심사가 끝난 후 보고서를 작성하고 그것을 다수가결로 결정한다(우의 조약 제30조, 31조). 이러한 결정은 오직 사실의 인정에 그치게 되며 판결의 성질을 띠지 않는다. 이 결정에 어떠한 효력을 부여하는가 하는 것은 당사국들의 자유에 맡기게 되어 있다(우의 조약 제35조). 이와 같이 국제심사위원회의 보고는 분쟁당사국을 구속할 수는 없으나 당사국들이 제3자의 객관적인 사실판단을 인정하고 존중하여 그것을 기준으로 하여 쌍방 간의 구체적인 분쟁해결이 이루어진다는데 이 제도의 의의가 인정되고 있다. 국제조정은 개인의 자격으로 선출된 위원으로 구성되는 비정치적, 중립적인 국제조정위원회를 구성하고 이 위원회가 국제분쟁을 모든 측면에서 객관적으로 심사하고 그에 기초하여 분쟁당사국들의 리탈된 견해를 접근시키며 필요한 경우 적당하다고 인정되는 해결조건을 당사국들에 권고하여 분쟁을 해결하는 방법이다.

　　국제조정제도는 1920년 스웨리예와 칠레 사이의 조약에서 처음으로 적용되었다. 그 후 1922년 국제련맹총회는 조정제조의 유효성을 인정하고 조정조약의 기준안을 제시하였으며 그에 기초하여 2개국간 국제조정위원회를 설치할 것을 권고하였다. 이 권고에 따라 조정조약들이 급격히 늘어나 1925년에는 프랑스와 스위스 사이에 조정조약이 체결[78]되었으며 도이췰란드, 벨지끄, 프랑스, 체스꼬슬로벤스꼬, 네데를란드 사이에 로카루노조약이 체결되었다. 그 후 1928년 9월 26일에는 조정과 재판과의 유기적인 결합을 위하여 일반조약들을 한데 묶어서 국제분쟁의 평화적 처리에 관한 일반의정서가 채택되었으며 그것이 1949년 4월 28일 유엔총회 제4차 회의에서 국제분쟁의 평화적 처리개정일반의정서로 개칭되었다. 제2차 세계대전까지의 기간에 약 200여 개의 조정조약이 체결되었으며 상설적으로 존재한 조정위원회만도 100여 개나 되었다. 그 후 조약법에 관한 원협약의 부록, 아메리카나라들 간의 평화적 처리에 관한 보고따조약, 유엔해양법협약의 부록 등에서 국제조정제도를 인정하고 그 조직운영에 대하여 자세하게 규정하였다.

국제조정제도의 조직운영내용을 보면 대체로 다음과 같다. 국제조정위원회는 원칙적으로 5명으로 구성되어 2개국 사이에 상설적으로 설치되게 된다. 각 당사국은 자기측 대표들을 각기 1명 또는 2명씩 선출하고 나머지 3명 또는 1명은 당사국들의 합의에 의하여 제3국의 법률전문가들 가운데서 선출하는 방식으로 국제조정위원회를 구성한다. 제3국의 법률전문가들은 당사국의 령역에 거주하고 있지 말아야 하며 당사국에 근무하고 있어서는 안 된다. 당사국은 이 1명 또는 3명의 대표 가운데서 의장이 임명되게 된다. 국제조정위원회는 일반적으로 당사국 쌍방의 합의에 의하여 분쟁을 제기받게 되며 만일 당사국들이 합의를 보지 못하는 경우 어느 한 당사국의 일반적인 청구에 따라 조정에 착수할 수도 있다. 국제조정위원회는 사실문제뿐만 아니라 법률문제도 심사할 수 있으며 그 밖에 당사국들의 동의에 기초하여 어떠한 분쟁도 다 제기받아 심사할 수 있다. 그리고 필요한 경우 적당하다고 인정되는 분쟁해결조건을 제시할 수도 있다. 국제조정위원회는 사실심리와 기타 방법에 의하여 분쟁문제를 취급하고 당사국들 간의 리해를 촉진시키며 최종적으로는 그 해결조건을 포함한 보고서를 작성하여 당사국들에 제시한다. 그러나 이 보고서는 당사국을 법적으로 구속할 수 없으며 다만 당사국들이 그에 근거하여 분쟁을 자체로 해결하도록 맡기는 역할만 한다. 분쟁당사국들은 국제조정위원회가 분쟁조정수속을 진행하는 기간에는 분쟁을 악화 또는 확대시키는 어떠한 행위도 하여서는 안 된다는 것을 의무로 하고 있다.

이와 같은 국제조정위원회의 조정제도는 제1차 세계대전 후 제기되었으나 사실상 실제로 활용된 례는 극히 적었다. 조정제도가 이렇게 활용되는 례가 적었던 것은 비정치적이며 개인적인 자격으로 선출된 위원으로 구성되어 있는 국제조정위원회에 여러 나라들이 정치적 성격을 띤 분쟁문제를 제기하는 것을 주저하고 있었기 때문이다. 그러나 제2차 세계대전 후에도 국제조정위원회의 유효성이 더욱 중시되어 왔다. 조약법조약이나 유엔해양법조약에서 규정된 조정수속에서 보는 바와 같이 의무적 재판권이 일반적으로 승인되어 있지 않은 현실적 조건에서 조정에 의한 분쟁해결에 여러 나라들의 관심이 높은 데 맞게 국제조정을 분쟁해결수속의 하나로 인정하고 있다. 조약법조약에서는 조약의 무효, 종결, 운용정지에 관한 규정에서 강행규범에 관계되는 것을 제외한 다른 규정의 해석적용에서 제기되는 분쟁은 어느 당사국이라도 유엔사무총장에게 요청하여 부속서에서 규정한 조정수속을 진행할 수 있다(조약법조약 제66조 b항)고 규정하고 있다. 국제조정위원회는 5명의 조정위원으로 구성되는데 그중 분쟁당사국이 각각 2명의 위원을 임명하고 이 4명의 위원이 합의하여 의장으로 될 나머지 1명을 제3국에서 임명한다. 국제조정위원회는 분쟁이 우호적으로 용이하게 해결되도록 할 수 있는 조치에 대하여 당사국들에 주의를 환기시키며 분쟁을 공정하게 해결하도록 하기 위하여 분쟁당사국으로부터 의견을 청취하고 그들의 의견 및 주장을 심리하며 합리적인 안을 제출하기로 한다. 국제조정위원회는 설치된 날로부터 12개[79]월 이내에 보고서를 작성하여야 하며 이 보고서는 즉시 유엔사무총장과 분쟁당사국에 제출, 발송하여야 한다. 이 위원회가 사실문제, 법률문제와 관련하여 제출한 보고서에서 내린 결론은 분쟁당사국들에 구속력이 없으며 그들이 오직 이 결론을 기초로 하여 분쟁을 해결하도록 권고하는 성질밖에 없다. 유엔해양법협약에서는 이 조약의 해석 또는 적용과 관련하여 발생한 분쟁을 그 당사국들의 동의에 기초하여 부속서 V에서 규정한 조정위원회에 제기할 수 있다(284조)고 규정하고 있다. 이 조정위원회의 구성도 조약법조약에서 규정한 방식과 같다. 조정위원회는 분쟁당사국 간의 호상리해를 촉진시키기 위하여 주의를 환기시키며 서로 리해하고 접수할 수 있는 합리적인 안을 제시해 주기도 한다(부속서 V 5조, 6조). 조정위원회는 설치된 후 12개월 이내에 도달한 모든 합의 또는 합의되지 않은 경우 분쟁문제에 관한 사실문제, 법률문제에 대한 결론이나 호상 리해에 적당하다고 인정되는 안을 내용으로 하는 보고서를 작성하여 유엔사무총장에게 제출하며 사무총장은 그것을 즉시 분쟁당사국들에 발송한다. 조정위원회가 제출한 보고서는 분쟁당사국을 구속할 수 없다. 조정위원회의 임무는 해당 분쟁이 해결되었을 때 또는 분쟁당사국이 보고서의 권고를 접수하였을 때 그리고 분쟁당사국이 보고서의 권고를 거부하거나 또는 분쟁당사국에 보고서로 발송하였을 때 그로부터 3개월이 지난 후 끝난다. 유엔해양법협약에서는 분쟁당사국의 어느 일방의 제기에 의하여 조정수속이 개시되는 의무적 조정이 제도화된 것이 특징이다. 즉 유엔해양법조약 제15부 3절과 부속서 V의 제2절에 따라 분쟁을 제기하려고 하는 당사국은 다른 당사국에 서면통보를 하고 조정수속을 개시할 수 있으며 그 통보를 접수한 당사국은 여기에 응할 것을 의무로 하였다. 이와 같은 조정수속의 의무화는 분쟁당사국 어느 일방의 제기에 의하여 수속이 자동적으로 개시된다는 점에서는 일정한 특징이 있으나 그 자체가 강제적 조정수속으로 제도화된 것은 아니다.

국제분쟁의 평화적 해결방법에는 그 밖에도 국제기구 또는 국제재판에 의한 분쟁해결방법이 있다. 이와 같이 국제법에서는 무력행사 및 전쟁은 철저히 비법화되어 있고 국제분쟁의 평화적 해결을 모든 국가들의 의무로 하고 있다. 그럼에도 불구하고 미제를 비롯한 제국주의자들은 주권국가들에 대하여 공공연히 무력행사를 하고 있으며 분쟁의 평화적 해결원칙을 엄중히 위반하는 국제범죄를 저지르고 있다. 미제국주의자들의 이러한 무분별한 전쟁행위는 엄격히 국제전쟁범죄로서 국제사회와 국제법 앞에서 심판을 받고 처형되어야 한다.

국제사회의 모든 주권국가들은 해당 국제분쟁문제들이 당사자들의 리익과 동시에 세계평화위업에 맞게 어디까지나 공정한 립장에서 해결되도록 도와주는 원칙을 견지하여야 하며 분쟁문제를 군사적 충돌이나 전쟁에로 이끌어가는 행동을 하지 말아야 한다. 그리고 분쟁문제에서 어느 한편을 지지하거나 반대하는 일을 하지 말고 공정한 립장에 서서 분쟁당사자들 사이에 협상의 방법으로 해결하도록 적극 도와주어야 하며 분쟁쌍방의 민족적 리익과 세계평화애호인민들의 전반적 리익에 맞게 해결하도록 적극 노력하여야 할 것이다.

42. 국제중재합의대상의 최근추세[2]

리 영 희

[35]위대한 령도자 김정일동지께서는 다음과 같이 지적하시였다. ≪공화국정권은 우리나라를 우호적으로 대하는 모든 나라들과 완전한 평등과 자주성, 호상존중과 내정불간섭, 호혜의 원칙에서 국가적 관계를 맺거나 정치, 경제, 문화적 련계를 맺고 그것을 강화발전시켜나가야 합니다.≫ (≪김정일선집≫ 제13권, 271~272페지)

오늘 나라의 경제가 빨리 발전하는 데 따라 다른 나라들과의 경제적 련계도 넓어지고 있다. 그 과정에 분쟁도 적지 않게 발생하고 있으며 분쟁의 대부분은 국제중재의 방법으로 처리되고 있다. 이와 같은 현실은 우리들로 하여금 국제중재에 대한 리해를 바로 할 것을 요구하고 있다. 국제중재에 대한 리해에서 중요한 문제의 하나가 국제중재합의대상의 최근 추세에 관한

---

2) 출처: 과학백과사전출판사, 『정치법률연구』, 2005년 제3호(누계 제11호), 35-36쪽.

문제이다.

　국제중재합의대상은 분쟁당사국들이 국제중재의 방법으로 해결하기로 합의할 수 있는 국제거래분쟁이다. 국제중재합의대상에 원칙적으로 사법상의 분쟁이 속한다. 사법상의 분쟁이란 동등한 자격 또는 그와 같은 지위에 있는 당사자들 사이 거래과정에 발생한 분쟁을 말한다. 서로 다른 법이 적용되는 지역에 있는 당사자들 사이 상품거래, 기술거래, 자본거래과정에 발생한 분쟁같은 것이 실례로 된다. 그러나 최근 국제중재합의대상에는 공법상의 분쟁들인 특허권과 관련한 분쟁, 독점금지법과 관련한 분쟁, 증권거래와 관련한 분쟁들도 속한다.

　최근 세계의 많은 나라들에서는 폭넓게 발전하는 국제경제거래의 특성에 맞게 국제중재합의대상에 대한 내용을 새롭게 수정보충하는 법적 조치들을 취하고 있다. 이러한 법적 조치들은 종전에 원칙적으로 인정되어 오던 국제중재합의의 대상에 공법과 관련한 분쟁도 포함시킬 수 있는가 하는 문제를 제기한다. 지난 시기와 달리 오늘날에 와서는 공법과 관련한 분쟁도 제한된 범위 내에서 국제중재합의대상으로 인정될 수 있다. 공법상의 분쟁이 국제중재합의의 대상으로 인정되게 되는 것은 국제경제거래범위가 종전의 상품이동으로부터 기술이전 및 자본거래 등으로 날을 따라 확대됨으로써 분쟁발생률이 많아지고 그 해결에서 복잡성이 조성되기 때문이다. 동시에 이러한 분쟁은 중재의 방법으로 신속히 해결해줄 데 대한 요구도 높아가고 있기 때문이다. 공법상의 분쟁은 원래 공개된 재판법정에서 해결하도록 되어 있다. 그러나 이 분쟁들을 재판의 방법으로 해결한다면 분쟁해결절차가 복잡하고 비용이 많이 들게 되며 더욱이 분쟁해결의 직접적 담당자인 판사가 해당 분쟁과 관련한 전문지식이 부족하다면 정확한 분쟁해결을 기대하기 어렵다. 만일 이 분쟁들을 중재의 방법으로 해결한다면 분쟁해결절차가 간편하고 비용이 적게 들며 당사자들 자신이 직접 해당 분쟁과 관련한 충분한 지식을 가지고 있는 전문가를 분쟁해결인으로 선정할 수 있다. 분쟁당사자들도 거래의 빠른 속도를 보장하며 더 많은 리익을 얻기 위하여 신속한 분쟁해결을 요구한다. 이와 같은 사실은 국제거래분쟁의 정확하고도 신속한 해결을 목적으로 출현한 국제중재의 발생경위와 특성을 고려해볼 때 공법상의 분쟁도 국제중재합의대상으로 인정될 수 있는 가능성을 가지고 있다는 것을 말하여 준다. 따라서 국제중재합의의 대상에는 당사자가 처분할 수 있는 사법상의 분쟁뿐 아니라 공법상의 분쟁도 포함될 수 있다. 그러나 공법상의 분쟁 모두가 국제중재합의의 대상으로 인정되는 것이 아니라 제한된 범위에서만 인정된다. 그것은 국제중재기관의 권한이 국가권력에 기초하고 있는 재판소의 권한보다 더 방대해지는 결과가 발생될 수 있기 때문이다. 이로부터 많은 나라들에서 국제중재합의대상에 속하는 공법상의 분쟁의 범위를 특허권과 관련한 분쟁, 독점금지법과 관련한 분쟁, 증권거래와 관련한 분쟁으로 제한시키고 있다.

최근 국제중재합의대상에는 첫째로, 특허권과 관련한 분쟁이 속한다. 특허권과 관련한 분쟁에는 특허권의 유효성에 관한 분쟁, 특허권의 침해에 관한 분쟁, 특허료금의 계산과 관련한 분쟁 등이 있다. 원래 특허권과 관련한 분쟁을 국제중재의 방법으[36]로 해결하는 것은 공공질서에 위반되는 것으로 인정되어 왔다. 그것은 특허권 그 자체가 일정한 기간 특허권자의 독점을 인정하는 것이므로 특허권의 유효성과 침해에 관한 분쟁은 공개된 법정에서 심리해야 하며 비공개적인 중재에 의하여 해결하는 것은 공공질서에 위반된다고 보았기 때문이다. 다만 특허료금의 계산과 관련한 분쟁에 대해서만 경우에 따라 국제중재의 방법으로 해결할 수 있다고 인정하여 왔다. 그러나 1980년대 이후부터 적지 않은 나라의 법들에 특허권의 유효성 및 특허권침해에 관한 중재를 인정하는 규정이 보충됨으로써 오늘날에는 특허권과 관련한 모든 분쟁이 국제중재합의의 대상으로 되고 있다. 이 분쟁이 국제중재합의의 대상으로 되는 것은 기술의 국제적 이전이 국제거래의 중요한 내용의 하나로 되고 있다는 점을 고려하여 국제기술양도계약으로부터 발생하는 특허분쟁을 중재에 의하여 해결할 필요성이 더욱더 절실하게 제기되고 있기 때문이다.

최근 국제중재합의대상에는 둘째로, 독점금지와 관련한 분쟁이 속한다. 독점금지와 관련한 법은 독점규제법에서 중요한 내용의 하나로 된다. 최근시기에 들어와 특허권과 관련한 분쟁과 함께 국제중재합의의 대상으로 론의되고 있는 독점금지법과 같은 기업활동에 관한 강행법규와 관련한 분쟁이다. 독점금지법과 관련한 분쟁이 중재합의의 대상으로 되는가 안 되는가 하는 문제는 국제거래실천에서 국내법으로서의 독점금지법과 관련한 분쟁이 제기되는가, 안 되는가 하는 문제해결을 전제로 한다. 따라서 각국의 독점과 관련한 법을 국제거래관계에도 적용할 수 있는가 하는 독점규제법의 역외적용문제를 먼저 해결하여야 한다. 독점규제법의 역외적용이라는 것은 외국에서 진행한 행위라 하더라도 그것이 자국 내에 영향을 미치는 경우에는 국내법인 독점규제법을 적용함으로써 국내재판소가 그에 대한 관할권을 행사한다는 것을 의미한다. 국내법의 적용범위는 원칙적으로 한 나라의 령토 안에 한정된다. 따라서 국내법으로서의 독점규제법은 국제거래관계에 적용될 수 없으며 이와 관련한 분쟁이 국제거래실천에서 제기될 수 없는 것은 당연하다. 그러나 일련의 자본주의나라들에서 독점규제법의 역외적용원칙을 인정하면서부터 국제거래실천에서 독점금지와 관련한 분쟁이 발생하게 되었다. 독점자본주의나라들에서 독점규제법의 역외적용원칙을 인정한 근본목적은 모든 나라들은 국내에서의 리익뿐 아니라 다른 나라에서의 리익까지도 ≪보호≫하여야 한다는 명목하에 다른 나라들의 자주성을

유린하고 자유로운 경제발전을 억제시켜 세계경제무대에서 저들의 자의와 전횡을 합법화하려
는 데 있었다.

오늘날 세계경제무대에서 차지하는 발전도상나라들의 지위와 역할이 비할 바 없이 강화된 결
과 독점규제범의 역외적용원칙의 목적에서도 변화가 일어났다. 제2차 세계대전 이후 새로 독립
한 나라들이 자립적 민족경제토대를 강화하였으며 이에 기초하여 점차 국제적인 규모에서 기업
활동을 조직하고 운영할 수 있게 되었다. 국내법의 적용범위는 한 나라의 령토 안에 한정되는
것이 원칙이다. 이 원칙대로 하면 국제화된 기업활동을 고려할 때 국내질서의 유지조차 불가능
해질 수 있다. 이로부터 발전도상 나라들은 국제적인 기업활동을 조직운영함에 있어서 독점자본
주의나라들의 자의와 전횡을 막기 위한 수단의 하나로서 독점규제법의 역외적용원칙을 인정하기
시작하였다.

독점규제법의 역외적용원칙이 아직 전 세계적 범위에서 확립되지 않은 것으로 하여 독점금지와
관련한 분쟁의 중재적용가능성은 판례로서만 인정되고 있다. 독점금지와 관련한 분쟁이 국제중재
합의대상으로 될 수 있다고 인정한 첫 판례는 1985년에 출현하였으며 그 후 이와 같은 판례들이
여러 건 나왔다.

최근 국제중재합의대상에는 셋째로, 증권거래와 관련한 분쟁이 속한다. 최근 시기에 들어와
특허권과 관련한 분쟁, 독점금지와 관련한 분쟁과 함께 국제중재합의대상으로 론의되고 있는
것은 증권거래와 관련한 분쟁이다. 증권거래법은 원래 증권거래의 안전과 증권투자가의 보호
를 위하여 제정된 것이다. 증권투자가를 보호하려는 립법적 목적은 증권거래로 인한 분쟁을
중재로 해결할 수 있는 가능성을 배제하였다. 이로부터 국제중재합의의 대상으로 인정되지 못
하고 있었다. 증권거래와 관련한 분쟁이 국제중재합의의 대상으로 될 수 있다고 인정하기 시
작한 것은 1970년대 중엽 이와 관련한 판례가 출현한 때부터이다. 이처럼 국제중재합의대상은
종전에는 사법상의 분쟁만을 의미하였지만 여기에 특허권과 관련한 분쟁, 독점금지와 관련한
분쟁, 증권거래와 관련한 분쟁까지 포함시켜 국제경제거래의 발전특성에 맞게 더욱더 확대되
는 추세를 보이고 있다.

우리는 세계경제관계발전의 추이를 잘 알고 국제중재합의대상에 대한 리해를 넓혀나감으로
써 자본주의시장침투를 위한 실무실천능력을 갖추고 대외경제관계를 확대발전시켜 강성대국건
설위업에 적극 이바지해야 한다.

43. 국제중재합의의 성립요건3)

리 영 희

[28]위대한 령도자 김정일동지께서는 다음과 같이 지적하시였다. ≪나라들 사이의 무역거래
에서는 일단 합의가 되면 쌍방이 서로 일정한 권리와 의무를 지니게 됩니다. 이러한 권리와 의
무를 제대로 수행하지 않고서는 무역거래가 이루어질 수 없습니다.≫

위대한 령도자 김정일동지께서 지적하신 바와 같이 국제거래에서는 일단 합의가 되면 쌍방
이 서로 일정한 권리와 의무를 지니게 되며 그것을 성실하게 집행하여야 한다. 이로부터 국제
거래실천에서는 일정한 권리와 의무를 발생시키는 합의를 정확하게 잘 체결하여야 할 필요성
이 제기된다. 국제중재합의 역시 국제거래과정에 발생한 분쟁을 국제중재의 방법으로 해결할
데 대한 당사자들 사이의 합의로서 법과 규정의 요구에 맞게 정확히 작성되어야 한다. 그러자
면 국제중재합의의 성립요건에 대하여 잘 알아야 한다. 국제중재합의의 성립요건이라고 할 때
그것은 국제중재합의가 법적 효력을 가질 수 있게 하는 요소를 말한다. 국제중재합의가 유효
한 합의로 되자면 무엇보다 먼저 형식상의 요건을 갖추어야 한다.

국제중재합의는 일련의 형식을 갖추어야 한다. 국제중재합의의 형식은 당사자들이 국제중재
합의과정에 갖추어야 할 격식이다. 국제중재합의가 형식상의 요건을 갖추어야 하는 것은 국제
중재합의가 국제중재의 기초로 된다는 사정과 관련된다. 국제중재합의는 국제중재재판소의 관
할권과 국제중재수속절차, 국제중재판단의 적법성을 규정짓는 기초로 된다. 국제중재합의가 차
지하는 이와 같은 중요성으로 하여 국제중재실천에서는 당사자들이 국제중재합의과정에 일정
한 형식을 갖출 것을 요구하고 있다.

국제중재합의의 형식은 서면성으로 표현된다. 이것은 당사자들이 국제거래과정에 발생한 분
쟁을 중재의 방법으로 해결하겠다는 합의를 반드시 서면으로 하여야 한다는 것을 의미한다.
만일 국제중재합의가 서면화되어 있지 않으면 그 합의는 유효한 합의로 인정되지 않으며 따라
서 그에 기초하여 진행된 모든 국제중재수속절차와 국제중재판단은 무효로 되게 된다. 세계의
대부분 나라들에서 국제중재합의를 서면화할 것을 요구하고 있는데 그 방식에는 약간씩 차이
가 있다. 대표적인 것이 국제중재합의를 서면으로 하도록 하는 경우와 당사자들 사이의 서면

---

3) 출처: 과학백과사전출판사, 『정치법률연구』, 2005년 제4호(누계 제12호), 28-30쪽.

에 의한 국제중재합의를 승인하도록 하는 경우이다. 전자는 국제중재합의에서 당사자들의 자원적 의사합의를 절대적으로 인정한 방식이며 후자는 당사자들의 자원적 의사합의를 기본으로 하면서 제3자의 개입을 허용한 방식이다. 후자의 방식이 당사자들의 자원적인 의사합의를 우선시하는 국제중재의 원칙에 어긋나지 않는가 하는 데 대하여 의문을 가질 수 있다. 국제중재합의의 서면성에 관한 문제에서 제3자의 개입을 일정한 정도로 허용한 것은 중재합의에 대한 간섭적인 측면보다도 중재의 대상으로 될 수 없는 문제에 대한 합의가 무효로 되는 일이 없도록 함으로써 중재합의당사자들에게 편의를 보장해주자는 데 그 목적이 있다. ≪유엔국제무역거래법위원회 표준중재법≫에서도 국제중재합의를 서면화할 것을 요구하고 있다.

국제중재합의의 서면성에서 문제로 되는 것은 텔렉스나 팍스에 의한 국제중재합의문제이다. 텔렉스나 팍스는 당사자들 사이에 직접 오고간 것이므로 그에 대한 국제중재합의가 명백한 서면근거로 된다는 데 대하여서는 의심할 바 없다. 그런데 텔[29]렉스나 팍스는 다른 서면문건들과는 달리 위조 및 변색의 가능성이 매우 크다. 이것은 시간의 흐름에 따라 텔렉스나 팍스에 의한 국제중재합의의 서면성이 희박해질 수 있다는 것을 말하여 준다. 이로부터 국제중재 실천에서는 텔렉스나 팍스에 의한 국제중재합의를 서면화된 국제중재합의로 인정할 수 있는가 없는가 하는 것이 론점으로 되고 있다. 이 론점에 대한 답변이 ≪외국중재판단의 승인 및 집행에 관한 뉴욕협약≫에 밝혀져 있다. 협약에서는 국제중재합의의 서면성에 대하여 ≪당사자들이 서면으로 작성수표하고 도장을 찍은 서류, 계약서에 중재조항이 기재되어 있거나 교환된 서신 또는 전보에 중재조항이 기재된 것≫이라고 규정하고 있다. 여기에서 ≪교환된 서신이나 전보≫라는 표현에 텔렉스(Telex)나 팍스(Fax)까지도 포함된다고 보는 것이 오늘 세계 각국의 공통된 견해이다. 그러나 국제거래환경이 부단히 변화하고 통신수단이 고도로 발전하고 있는 데로부터 ≪서신이나 전보≫와 같은 표현을 적중한 표현으로 보는 현상이 일부 나타나고 있다.

국제중재합의의 유효한 합의로 되자면 다음으로 내용상의 요건을 갖추어야 한다. 국제중재합의내용은 당사자들이 분쟁을 국제중재의 방법으로 해결하는 것과 관련하여 약속한 내용이다. 국제중재합의가 내용상의 요건을 갖추어야 하는 것은 국제중재합의내용이 국제중재합의의 효력을 규정짓는 기초로 되기 때문이다. 당사자들 사이 분쟁을 제3자의 판단에 맡긴다는 의사가 서면으로 합의되면 그것이 국제중재합의로서 만족한가 아니면 이러한 서면합의에 국제중재기관, 국제중재장소, 준거법 같은 것까지 밝혀야 하는가 하는 국제중재합의의 내용상의 문제가 제기된다. 그것은 서면으로 된 국제중재합의의 국제중재기관이나 국제중재장소, 준거법과 같은 합의내용이 없는 경우 그것이 무효로 되거나 효력을 상실할 수 있기 때문이다. 물론 분쟁을 국제중재의 방법으로 해결할 데 대한 서면합의로도 국제중재합의가 성립된 것으로 보는 경우도 있다. ≪외국중재판단의 승인 및 집행에 관한 유엔조약≫에서는 ≪중재합의는 분쟁을 중재에 맡길 데 대한 당사자들 사이의 서면합의로서 충분하다. 중재장소나 중재기관 및 준거법까지 서면중재합의에 지적하는 것을 중재합의의 요건으로 하지 않는다.≫라고 규정하고 있다. 그럼에도 불구하고 국제중재실천에서 국제중재합의내용상의 요건을 강조하는 것은 분쟁을 국제중재의 방법으로 해결한다는 의사합의만 가지고서는 분쟁을 원만히 해결할 수 없는 경우가 있기 때문이다. 보험증권이나 배짐증권의 중재조항을 기초로 분쟁을 국제중재의 방법으로 해결하는 경우가 그 실례로 된다. 그 어떤 사유로 수송도중의 화물에 대한 손해가 발생하면 당사자들 사이 분쟁이 발생하고 손해입은 당사자는 그 손해를 보상받기 위하여 A국제중재재판소에 청구하게 될 것이다. 이 경우 청구의 상대방은 A국제중재재판소가 본 사건에 대한 관할권을 가지지 못한다는 것을 항변의 근거로 할 수 있다. 그것은 보험증권이나 배짐증권의 중재조항이 당사자들이 물품의 수송 또는 위험과 관련하여 발생하는 분쟁을 국제중재의 방법으로 해결하겠다는 서면중재합의로는 될 수 있지만 그 분쟁을 A국제중재재판소에서 해결하겠다는 서면중재합의로는 볼 수 없기 때문이다. 결국 국제중재합의에 따르는 국제중재청구가 기각당할 수 있다. 이것으로 하여 국제중재실천에서는 국제중재합의가 형식상의 요건뿐만 아니라 내용상의 요건까지 갖추어야 한다고 요구하는 것이다.

국제중재합의의 내용에는 우선 국제중재대상을 명확히 지적하여야 한다. 국제중재대상에 대하여 합의하여야 하는 것은 그것이 국제중재판단의 집행력과 관련되어 있기 때문이다. 국제중재대상으로서는 일반적으로 국제중재가 진행되는 나라의 법이 허용하는 범위로 한정한다. 구체적으로는 국제중재의 방법으로 해결할 수 있는 분쟁을 국제중재합의대상으로 한정시켜야 한다.

국제중재합의의 내용에는 또한 준거법을 정확히 밝혀야 한다. 준거법에 대하여 합의하여야 하는 것은 국제중재판단의 실체법에 대한 선택권을 재결원의 결심에 맡기는 경우 각국의 강행법규범들에 위반될 가능성이 있기 때문이다. 이와 같은 가능성은 분쟁당사자들이 중재조항 속에 중재판정에 대한 준거법을 지적하면 없어지게 될 것이다.

국제중재합의의 내용에는 또한 재결원협의회의 구성을 정확히 밝혀야 한다. 재결원협의회의 구성원에 대하여 합의하여야 하는 것은 그것이 분쟁해결의 직접적 담당자에 관한 문제[30]이기 때문이다. 재결원협의회의 구성에 대하여서는 재결원수와 재결원선정방법에 대하여 합의해야 한다. 재결원수에 대하여서는 단독재결원으로 할 것인지 아니면 3명의 재결원으로 하겠는지 하는 것을 합의해야 하며 선정방법에 대하여서는 분쟁당사자들 자신이 선정하겠는지 아니면 국제중재 재판소에 맡기겠는지 하는 것을 합의해야 한다.

국제중재합의의 내용에는 또한 국제중재장소를 정확히 지적하여야 한다. 국제중재장소에 대하여 합의하여야 하는 것은 그것이 국제중재수속절차를 비롯한 각종 준거법을 결정하는 요소로 되기 때문이다. 국제중재장소에 대하여서는 일반적으로 국제중재재판소가 있는 지역 또는 재결원들이 있는 지역으로 합의한다. 필요한 경우 제3국을 국제중재장소로 합의할 수도 있으나 이 경우에는 비용이 많이 들 수 있다는 것을 고려해야 할 것이다.

국제중재합의의 내용에는 또한 국제중재수속절차에 대하여 지적하여야 한다. 국제중재수속절차에 대하여 합의하여야 하는 것은 그것이 국제중재의 신속성과 공정성을 보장하는 요소로 되기 때문이다. 국제중재수속절차에 대하여서는 특정된 나라의 국내법절차에 의거할 것인가 아니면 그 어떤 특정한 상설적인 국제중개기관의 중재규칙에 따를 것인가, 국제중재가 진행되는 나라의 법에 의거할 것인가, 재결원협의회에 국제중재장소에 대한 선택권을 위임할 것인가 하는 것을 명백히 합의하여야 한다.

국제중재합의의 내용에는 이외에도 재결원의 권한에 관한 문제, 국제중재에서 사용하게 될 언어문제, 국제중재와 관련한 분쟁당사자들의 내용부담문제, 국제중재판단에 대한 사법적 구제가능성 및 항변포기와 같은 문제들을 합의하여 지적할 수도 있다. 중재합의내용상의 성립요건들은 국제거래분쟁을 해결하는 중재의 방법에 따라 중재합의에서 일부 혹은 전부가 지적되어야 한다.

일반적으로 국제중재는 국제중재합의에 기초하여 제도적 중재와 림시적 중재의 두 가지 방법으로 진행된다. 제도적 중재란 상설적인 국제중재기관에서 분쟁을 해결하는 중재를 말하며 림시적 중재란 비상설적인 중재기관 혹은 중재인을 통하여 분쟁을 해결하는 중재를 말한다. 상설적인 국제중재기관들은 대체로 자체의 중재수속절차를 가지고 있다. 그러므로 제도적 중재의 방법으로 분쟁을 해결하려는 경우 분쟁당사자들은 중재수속절차에 관한 문제를 특별히 합의할 필요가 없다. 그러나 당사자들이 분쟁을 림시적 중재에 부탁하는 경우 필요한 성립요건들을 모두 지적해 주어야 한다. 이 경우에는 국제중재수속절차 전반에 대한 당사자들 사이의 합의가 있어야 하며 국제중재에 적용해야 할 법규범들에 대한 합의도 있어야 한다. 다시 말하여 재결원의 수와 선정방법, 국제중재장소, 국제중재수속절차규칙, 준거법과 같은 모든 문제들에 대하여 합의하여야 한다.

국제중재합의가 유효한 합의로 되자면 이 밖에도 상설적인 국제중재기관들에서 요구하고 있는 당사자들 사이의 평등보장요건도 갖추어야 한다. 당사자들 사이의 평등에 관한 문제는 대체로 경제력이 강한 당사자가 제기한 표준계약에 따라 계약을 체결할 때에 많이 제기된다. 그것은 표준계약서에 포함되어 있는 중재조항을 경제력이 약한 당사자가 대체로 수정 없이 받아들이고 있다는 사정과 관련된다. 국제중재를 어느 장소에서 어떤 규칙에 따라 진행하는가 하는 것이 당사자들의 리해관계와 밀접히 련관되어 있다고 볼 때 경제적으로 강한 당사자가 제시한 표준계약서에 따라 계약을 체결하는 것은 경제력이 약한 당사자에게 있어서 매우 불리한 조건으로 될 수 있다. 이것은 국제거래실천에서 상설적인 국제중재기관들에서 일반적으로 요구하고 있는 국제중재합의에서의 당사자평등보장에 관한 요건이 일정한 제한을 받을 수 있다는 것을 말하여 준다.

이상에서 보는 바와 같이 국제중재합의가 효력을 가지자면 형식상의 성립요건과 내용상의 성립요건, 당사자평등보장을 갖추어야 한다. 대외경제부문일군들은 국제중재합의의 성립요건을 잘 알고 그에 맞게 국제중재합의를 체결함으로써 국제중재합의의 무효 또는 효력상실 등으로 인하여 우리 국가의 권리와 리익이 침해당하는 현상을 철저히 막고 국제중재를 통한 대외경제적 협력과 교류를 더욱 확대강화해 나가야 한다.

44. 국제중재에 대한 재판소개입과 관련한 법률적 문제[4]

김 운 남

[79]위대한 수령 김일성동지께서는 다음과 같이 교시하시였다. ≪…… **중재사업을 강화하는 것은 당의 경제정책을 강화하는 데서 매우 중요한 문제로 나서고 있습니다.**≫(≪김일성전집≫ 제21권, 113페지)

경애하는 장군님의 선군혁명령도에 의하여 오늘 사회주의강성대국을 건설하기 위한 투쟁에서는 커다란 전변이 일어나고 인민경제를 재건현대화하기 위한 투쟁이 힘차게 벌어지고 있다. 이와 함께 나라의 대외경제관계도 비상히 확대강화되고 대외경제거래규모도 보다 커지고 있

---

4) 출처: 김일성종합대학출판사, 『김일성종합대학학보: 력사법학』, 제52권 제4호(2006), 79-84쪽.

다. 자본주의시장을 대상으로 하는 대외경제거래과정에서는 사회경제제도의 차이나 법률 및 문화적 차이 등으로 하여 일정한 분쟁문제들이 발생하게 되는 것은 불가피하며 현시기 다른 나라들과의 경제거래과정에서는 여러 가지 분쟁문제들이 제기되고 있다. 이러한 현실은 당의 경제정책을 철저히 관철하자면 대외경제거래과정에 발생하는 분쟁문제들을 제때에 그리고 우리 혁명의 리익의 견지에서 정확히 해결할 것을 절박하게 요구하고 있다.

우리나라에서 국내기관, 기업소들 사이의 인민경제계획수행과 관련한 계획적 계약의 리행과정에 발생하는 분쟁문제들은 그것을 전문으로 해결하기 위한 국가중재의 방법으로 해결되고 있으며 다른 나라 무역회사들과의 대외경제거래관계에서 발생하는 분쟁문제들은 대부분 국제무역중재의 방법으로 해결되고 있다. 이로부터 현시기 당의 경제정책을 관철하기 위하여 중재사업을 강화하는 데서 나서는 선차적인 문제의 하나는 국제무역중재제도를 강화하는 것이다.

국제무역중재에 의한 분쟁해결에서 중요한 문제의 하나는 국제중재에 대한 재판소의 개입에 대하여 잘 알고 중재사업에서 나타나고 있는 일부 편향들을 극복하는 것이다. 그것은 국제중재수속절차에 대하여 재판소가 지나치게 간섭하는 경우 중재수속절차가 원만히 진행될 수 없으며 반대로 재판소의 협조가 전혀 보장되지 않는 경우에는 국제중재재판정의 리행이 담보되지 못함으로써 국제중재를 통한 대외거래분쟁의 신속한 해결이 불가능하게 될 수 있기 때문이다. 그러므로 국제중재에 대한 재판소의 개입과 관련하여 제기되는 법률적 문제들에 대하여 잘 알아야 이러저러한 편향들을 극복하고 대외거래분쟁문제들을 당의 경제정책을 철저히 관철하는 방향에서 국제무역중재의 방법으로 신속하게 해결해나갈 수 있다.

국제중재에 대한 재판소의 개입과 관련하여 제기되는 법률적 문제들에 대하여 정확히 파악하자면 무엇보다도 국제중재에서 재판소가 개입하여야 할 필요성에 대하여 잘 알아야 한다. 일반적으로 국제중재수속절차는 분쟁당사자들 자신이 선택하는 것이 원칙으로 인정되고 있다. 그것은 국제중재가 공정한 제3자의 판단에 따라 분쟁문제를 종국적으로 해결하기 위한 분쟁해결방법인 것으로 하여 국가적인 소송제도와 달리 당사자자치가 기본원칙으로 되게 되었으며 오늘날 세계의 거의 모든 나라들이 국제중재수속절차에 대한 당사자자치의 원칙을 인정하고 있기 때문이다. 그러나 많은 경우 분쟁당사자들은 법률적인 수속절차에 대하여 정확한 파악을 하지 못하는 조건에서 그리고 국제적으로 통일적인 국제중재법이 없는 사정으로 하여 분쟁사건을 직접 취급하는 국제중재기관들의 중재수속절차를 선택하게 된다. 결국 분쟁당사자들은 국제중재가 진행되는 나라의 법의 규제를 받게 되며 국제중재에 대한 재판소의 개입이 불가피하게 제기되게 된다.

국제중재에서 재판소가 개입하게 되는 것은 첫째로, 국제중재제도가 일련의 제한적인 측면들을 가지고 있기 때문이다. 국제중재는 분쟁해결에서의 신속성과 공정성, 비용 효과성, 비공개성 등의 원인들로 [80]하여 국제무역거래과정에 발생하는 분쟁문제들을 해결하기 위한 국제거래분쟁해결수단과 방법들 가운데서 가장 보편적으로 리용되고 있는 분쟁해결방법이지만 일련의 제한적인 측면들도 가지고 있다.

국제중재는 우선 중재합의의 적법성문제와 관련하여 제한성을 가지고 있다. 국제중재합의는 현재 발생하였거나 앞으로 발생하게 될 분쟁문제들을 국제중재의 방법으로 해결할 데 대한 국제무역거래당사자들 사이의 합의로서 그 대상에 대한 규제는 나라마다 일정하게 차이가 있다. 일반적으로 대다수 나라들에서는 중재합의대상을 주로 민사법상의 분쟁으로 한정하여 규제하고 있으며 공법상의 분쟁이나 공공정책과 관련한 분쟁문제들에 대하여서는 대체로 사법재판소에서만 취급처리하도록 규제하고 있다. 그러나 나라마다 민사법상의 분쟁과 공법상의 분쟁을 가르는 기준에서 일정한 차이가 있으며 일부 나라들에서는 독점금지법상의 분쟁문제를 비롯한 일련의 공법상의 분쟁문제까지도 국제중재합의대상으로 규제하고 있다. 민간적인 성격을 띠는 국제중재기관들이 중재합의의 적법성여부를 심사결정할 수 없는 것으로 하여 결국 해당 나라의 재판소가 개입하게 되는 것이다.

국제중재는 또한 중재수속절차의 확정과 관련하여 제한성을 가지고 있다. 국제중재수속절차는 국제중재를 진행하는 형식과 방법으로서 국제중재를 선택하는 국제거래당사자들에 의하여 또는 개별적인 국제중재기관들에 의하여 정해지게 된다. 국제거래분쟁을 해결하기 위한 국제소송인 경우에는 어느 나라에서 소송이 진행되는가에 따라 각국의 소송법제도의 차이에 따르는 불일치가 제기되게 되지만 수속절차를 규제하는 소송법자체가 존재하기 때문에 소송절차상의 불명확성은 거의나 없다. 그러나 당사자자치의 원칙이 적용되는 국제중재에서는 국제거래계약을 체결하는 시점에서 계약당사자들은 계약리행과정에 반드시 분쟁이 발생한다고 예측할 수는 없으므로 국제중재합의를 할 때 중재수속절차를 상세하게 결정하지는 않는다. 이로부터 국제중재의 경우에는 수속절차상 불명확한 측면들이 적지 않으며 수속절차의 확정과 관련한 분쟁이 발생할 수 있는 가능성이 적지 않다. 특히 국제중재의 승패에 직접적인 영향을 주는 재결원의 선정이나 중재장소의 선정과 같은 중요한 문제들에 대하여서는 당사자들 사이의 의견상이가 심각하게 제기되는 경우 복잡성이 조성되게 된다. 이와 함께 일부 나라들에서는 국제중재법제도가 완비되지 못한 것으로 하여 불가피하게 수속절차의 확정과 관련한 준거법의 선택문제가 제기될 수도 있다. 이러한 문제들은 국가권력기관인 재판소에 의해서만 정확히 해결될 수 있다.

국제중재는 또한 국제중재재결의 리유기재나 취소사유 등과 관련한 일련의 문제들로 하여 제한성을 가지고 있다. 국제중재재결은 국제중재합의의 당사자들이 부탁한 분쟁의 해결을 위하여 재결원이 내리는 최종적인 결론으로서 나라마다 재결의 리유기재나 재결취소사유의 범위 등에 대하여 달리 규제하고 있다. 실례로 일부 영미법계나라들에서는 재결문에 재결의 리유를 기재할 것을 요구하지 않고 있으나 대다수의 대륙법계나라들에서는 재결문에 재결의 리유를 기재하는 않는 경우에는 해당 재결의 집행이 취소될 뿐 아니라 재판소에서 그에 대한 승인 및 집행이 거부될 수도 있다. 그리고 나라마다 재결의 취소사유에 대한 법적 규제가 서로 다르며 재결이 취소된 경우 해당 분쟁문제를 또 다른 중재수속절차의 재개에 의하여 해결할 것인가 아니면 재판소에 소송을 제기하는 방법으로 해결할 것인가 하는 데 대하여서도 서로 달리 규제하고 있다.

국제중재는 또한 외국중재재결의 승인 및 집행문제와 관련하여서도 제한성을 가지고 있다. 외국중재재결의 승인 및 집행문제는 개별적 나라의 재판소가 외국의 중재기관에서 내려진 재결을 자기 나라에서 집행할 수 있는 것이라고 확인하고 그 집행을 허가하는 것과 관련하여 제기되는 문제로서 이 문제를 해결하기 위한 국제적으로 통일적인 기준이 [81]없다. 국제중재는 국제거래과정에 발생하는 분쟁을 국가권력기관인 재판소에 의거하지 않고 분쟁당사자들이 직접 선정하는 민간인들에 의하여 해결할 것을 목적으로 하는 것만큼 공정한 제3자인 재결원에 의하여 재결이 내려진다고 하여도 분쟁대상이 다른 나라에 있는 경우에는 해당 나라들에서 그 재결을 승인하고 집행해 주어야 실제적으로 효과를 볼 수 있다. 그러나 외국중재재결을 국내 중재법에 따라 승인하고 집행하는 나라도 있고 국내민사소송법상의 외국판결의 승인 및 집행 조건에 따라 승인하고 집행하는 나라도 있기 때문에 나라마다 외국중재재결의 승인 및 집행제도가 각이하다. 특히 외국중재재결의 승인 및 집행에 관한 국제조약에서도 가입국들이 서로 다른 조건으로 보류선언을 할 수 있도록 규제하고 있는 것으로 하여 재판소의 개입은 불가피하게 제기되게 된다.

국제중재에서 재판소가 개입하게 되는 것은 둘째로, 국제중재수속절차에서 해결하기 힘든 일부 문제들이 제기되기 때문이다. 우선 중재수속절차상 재결원배제문제가 제기되는 경우에 재판소의 개입문제가 제기될 수 있다. 일반적으로 국제중재재결원은 분쟁당사자들의 의사에 따라 선정되게 된다. 그러나 국제중재실천에서는 분쟁당사자들에 의하여 선정된 재결원이 재결원으로서의 자격을 가지고 있지 못하거나 능력이 부족한 경우 또는 분쟁의 일방 당사자와 일정한 리해관계를 가지고 있는 것으로 하여 국제중재가 공정하게 진행될 수 없는 경우가 발생할 수 있다. 이러한 경우 분쟁당사자들은 재결원배제신청을 하게 된다. 여기서 문제로 되는 것은 분쟁당사자들이 재결원배제신청권을 정당하게 행사하였음에도 불구하고 국제중재기관이나 해당 사건을 취급하는 중재판정부(일명 재결원협의회)가 당사자들의 주장을 거부하는 경우가 발생할 수 있다는 것이다. 결국 분쟁당사자들의 적법적인 리익을 위하여 재결원배제문제에 부득이하게 재판소가 개입할 수 있다.

또한 중재수속절차상 증거보존조치 및 증거조사문제가 제기되는 경우에도 재판소의 개입이 제기되게 된다. 국제중재실천에서는 중재진행과정에 분쟁의 어느 일방 당사자가 분쟁대상에 대한 보존조치를 요구하는 경우가 자주 제기되고 있다. 그것은 자본주의나라들에서 사회제도 자체의 모순으로 인하여 일부 무역업자들이 경영상태의 악화나 채무불리행의 사태에 직면하는 경우에는 서슴없이 재산을 처분하고 도피하는 현상들이 적지 않게 발생하고 있기 때문이다. 이로부터 국제무역거래분쟁당사자들은 많은 경우 분쟁대상에 대한 차압신청을 제기하고 있다. 이러한 경우 해당 재산에 대한 강제적인 차압조치를 국제중재기관이 직접 실현한다는 것은 불가능하다. 그것은 국제중재기관이 권력적 성격을 가지고 국가기관인 것이 아니라 사회적 성격을 띤 민간기구이기 때문이다. 그러므로 분쟁대상에 대한 차압문제가 제기되는 경우 해당 차압신청을 국제중재기관이 아니라 재판소에 하는 경우가 많다. 증거조사와 관련하여서도 재결원들이 할 수 없는 증거조사가 적지 않다. 실례로 계약일방이 은행에 계약담보금을 세운 경우 대방이 은행과 공모하여 그것을 사기한 경우에는 해당 은행의 사기행위에 대하여서는 중재판정부의 직권으로는 조사할 수 없다. 이로부터 재산담보처분이나 증거조사 등의 문제와 관련하여 재판소가 개입하게 되는 것이다.

국제중재에서 재판소가 개입하게 되는 것은 셋째로, 중재판정의 취소 및 집행에 대한 담보문제가 제기되기 때문이다. 우선 국제중재판정의 취소 및 집행거부와 관련하여 재판소의 개입이 필수적으로 제기되게 된다. 국제중재제도에는 재판소송제도와 달리 상소제도가 없다. 그것은 국제중재가 공정한 제3자에 의하여 분쟁을 최종적으로 해결하기 위한 분쟁해결방법이기 때문이다. 이로부터 국제중재실천에서는 해당 사건을 취급하는 재결원들이 편견적이고도 부당한 판정을 하는 경우에는 재판소송제도에서와 같은 2심절차가 없기 때문에 어느 일방의 적법적 리[82]익이 침해당할 수 있는 가능성이 있다. 이로부터 많은 나라들에서는 재판소가 부당한 중재판정을 취소하거나 그 집행을 거부할 수 있도록 규제하고 있다. 또한 재결의 성과적인 집행과 관련하여 재판소의 개입이 필수적으로 제기되게 된다. 일반적으로 중재심리에서 패한 일방 당사자가 재결을 자발적으로 리행하지 않는 경우에는 민간적인 성격을 가지는 국제중재기관이 강제집행을 실현할 수는 없다. 더욱이 국제중재재결이 해당 재결이 내려진 중재장소가 아닌 나라에서 승인되고 집행되는 경우에는 더욱 중요한 문제로 제기되게 된다. 국제중재결의 승인 및 집행제도가 수립되지 못한다면 결국 국제중재자체가 유명무실한 것으로 되게 되며 국제거래분쟁해결에서 심각한 문제들이 발생할 수 있다. 이와 관련하여 세계 거의 모든 나라들이 자기 나라의 재판소에서 외국중재의 승인 및 집행을 담보하도록 하기 위하여 다방국제중재조약에 가입하거나 쌍방국제중재조약을 체결하고 있다. 이러한 요인들로 하여 국제중재재결의 승인 및 집행에는 매개 나라의 재판소가 가입하게 되는 것이다.

국제중재에 대한 재판소의 개입과 관련하여 제기되는 법률적 문제들에 대하여 정확히 파악하자면 다음으로 국제중재에 대한 재판소개입에서 나서는 원칙적 문제들에 대하여 잘 알아야 한다. 국제중재에 대한 재판소의 개입문제는 매우 중요하고도 복잡한 문제이다. 그것은 국제중재판정부가 국가권력기관인 재판소와 같은 집행력을 행사할 수 없는 민간기관인 것으로 하여 재판소의 협조가 없이는 국제중재제도 자체의 효과성이 충분히 담보될 수 없기 때문이다. 반면에 재판소의 지나친 개입은 중재제도자체의 효과성을 제한하고 국제거래분쟁의 신속하고도 효과적인 해결을 불가능하게 만들 수 있다. 이로부터 국제중재에 대한 재판소의 개입범위를 정확히 확정하자면 분쟁당사자나 재결원들과 재판소 사이의 의견차이가 생길 수 있는 개인범위에 대한 정확한 기준. 즉 재판소의 개입원칙을 설정하여야 한다.

국제중재에 대한 재판소개입에서 나서는 원칙적 문제는 우선 국제중재에 대한 재판소의 개입을 최대한으로 제한하는 것이다. 국제중재에 대한 재판소의 개입을 최대한으로 제한하는 것은 국제중재자체의 특성과 련관되어 있다. 국제중재는 분쟁해결에서 당사자들의 의사를 존중하고 당사자자치를 주요원칙으로 적용하는 분쟁해결방법이다. 그러므로 일단 분쟁당사자들이 분쟁을 국제중재의 방법으로 해결하기로 합의하였다면 재판소의 개입을 최대한 제한하는 것이 합리적이다. 이로부터 오늘 대다수 나라들에서 국제중재에 대한 재판소의 개입범위를 최대한 제한하는 원칙을 내세우고 있다. 이것을 국제중재실천에서는 일명 국제중재에 대한 재판소의 개입원칙이라고도 규정하고 있다. 많은 나라들에서 국제중재에 대한 재판소의 개입원칙을 명백하게 규정하고 있으며 국제적인 중재조약들에서도 이러한 기준을 규제하고 있다. 실례로 현시기 세계적으로 널리 인정되고 있는 ≪유엔국제무역법위원회 표준중재법≫에는 어떤 재판소든지 이 법에 의하여 규제되는 사항에 대하여 개입하여서는 안 된다고 규제되어 있다.

국제중재에 대한 재판소개입에서 나서는 원칙적 문제는 또한 분쟁당사자들 사이의 중재합의를 존중하는 것이다. 국제중재에 대하여 재판소가 개입하는 데서 분쟁당사자들 사이의 중재합의를 존중하는 것은 매우 중요한 문제이다. 국제중재합의는 국제중재에 의거한 분쟁해결을 위한 선차적인 조건으로서 그에 따라 해당 분쟁사건에 대한 재판소의 관할권이 배제되고 국제중재기관의 관할권이 확정되게 된다. 이로부터 재판소들은 분쟁당사자들이 합의한 중재수속절차의 조건이나 준거법 등을 존중하여야 한다.

국제중재에 대한 재판소의 개입과 관련하여 제기되는 법률적 문제들에 대하여 정확히 파악하자면 다음으로 국제중재에 대한 재판소의 개입범위에 대하여 잘 알아야 한다. 국제중재에 대한 재판소의 개입범위는 개별적인 중재사건이 가지고 있는 특성에 따라 [83]결정되며 그에 따라 재판소의 개입범위에서도 일정한 차이가 발생하게 된다. 국제중재에 대한 재판소의 개입범위는 세 가지로 구분할 수 있다.

첫째로, 국제중재수속상의 문제에 대하여 개입할 수 있다. 일반적으로 재판소는 국제중재수속상의 문제에 개입한다. 즉 국제중재수속의 시작단계에서는 중재합의의 유효성에 대판 판정이나 재결원협의회의 구성과 관련하여 개입하며 중간단계에서는 증거조사나 재결원의 자격 등과 관련하여 개입하게 된다. 국제적으로는 재판소가 국제중재합의의 존재 및 그 유효성과 증거조사에 대한 협조와 관련하여 개입할 수 있으며 자기 의무를 성실하게 리행하지 않거나 더 이상 의무를 리행할 수 없는 재결원의 직무를 종결시킬 수 있다는 것이 인정되고 있다. 이러한 규정들은 유엔국제무역법위원회 표준중재법의 일부 조항들(실례로 제8조, 14조, 27조)에도 반영되어 있다.

둘째로, 국제중재재결의 리행을 위한 담보문제와 관련하여 개입할 수 있다. 재판소는 분쟁대상에 대한 잠정적인 보존조치를 취하는 것을 통하여 그리고 중재판정의 리행을 담보하기 위하여 국제중재에 개입하게 된다. 그러나 이러한 잠정적인 보존조치는 재판고사 중재수속절차에 직접적으로 개입하여 취하는 조치인 것이 아니라 다만 재결결과에 대하여 책임 있는 당사자가 그 리행을 거부하거나 리행할 수 없는 경우를 예견하여 취하는 조치에 불과하다.

셋째로, 국제중재재결의 집행문제와 관련하여 개입할 수 있다. 재결원이 중재수속절차상의 요구를 어긴 경우 또는 재결이 법률적 조건이나 사회공공질서에 어긋나는 경우에는 재판소가 해당 재결을 취소할 뿐 아니라 그에 대한 승인 또는 집행을 거부하고 있다. 현시기 일부 나라들에서는 주권면제와 관련한 문제와 분쟁당사자들과 재결원 또는 국제중재재판소 사이의 계약관계 같은 문제에 대해서도 재판소의 개입이 필요하다고 론의되고 있다.

국제중재에 대한 재판소의 개입과 관련하여 제기되는 법률적 문제들에 대하여 정확히 파악하자면 다음으로 중재합의의 효력에 따르는 소송금지에 관한 문제에 대하여 잘 알아야 한다. 중재합의가 있는 경우 분쟁당사자들은 재판소에 소송을 제기할 수 없다. 즉 중재합의가 있는 경우 당사자들은 반드시 재결원의 중재판정에 따라야 하며 중재합의대상에 대하여 재판소에 소송을 제기하지 말아야 한다. 만일 중재합의가 존재하고 있음에도 불구하고 일방 당사자가 재판소에 소송을 제기한 경우 상대방 당사자는 그에 대한 항변을 주장할 수 있다.

소송금지제도는 중재합의가 효력을 가지지 못하거나 그 리행이 불가능하다고 인정되는 경우를 제외하고는 중재합의가 있는 분쟁에 대하여 재판소에 소송을 제기하지 못하도록 하는 제도로서 일반적으로 중재합의의 효력이 인정되는 경우 재판소의 관할권이 배제되게 된다. 소송금지제도와 관련하여 국제경제거래계약서에 중재조항을 삽입하거나 이미 발생한 분쟁을 중재의 방법으로 해결할 데 대한 중재합의가 있는 경우 어느 일방 당사자가 이것을 무시하고 재판소에 소송을 제기한다면 중재합의는 어떠한 효력을 가지며 재판소는 이 문제를 어떻게 처리해야 하는가 하는 문제가 제기되게 된다.

소송금지제도와 관련하여 국제적으로는 두 가지 형식이 존재하고 있다. 하나는 소송의 제기를 정면으로 막고 일단 소송이 제기되면 중재합의를 근거로 하여 소송을 기각시키도록 하는 형식이며 다른 하나는 소송의 제기는 적법적인 것으로 인정하지만 재결이 내려지거나 중재가 불가능하다는 것이 확정될 때까지 소송의 진행을 정지하는 형식이다.

첫 번째 형식은 대체로 대륙법계나라들에서 적용되고 있다. 대다수 대륙법계나라들에서 국제중재합의는 해당 분쟁에 대한 국제중재기관의 관할권을 발생시키는 동시에 그 분쟁에 대한 재판소의 관할권을 소멸시키는 법률적 효과를 [84]가지는 것으로 인정되고 있다. 그러므로 국제중재합의가 존재하는 경우에는 재판소관할을 배제한다는 당사자들의 서면의사표시의 존재여부에 관계없이 해당 분쟁에 대하여 재판소에 소송을 제기하는 것은 금지된다. 이에 대하여서는 ≪외국중재재결의 승인 및 집행에 관한 뉴욕조약≫에서도 류사하게 규제되어 있다. 즉 이 협약에는 체약국의 재판소는 분쟁당사자들 사이에 체결된 중재합의가 무효이거나 리행불가능이라고 인정되는 경우를 제외하고는 당사자 일방의 요구가 있으면 그 요구가 중재재판소에 회부되어야 한다는 것을 명령하여야 한다고 규제되어 있다.

두 번째 형식은 보통 영미법계나라들에서 적용되고 있다. 이러한 형식의 적용근거는 계약당사자들이 국제중재뿐 아니라 국제경제거래의 복잡성과 다양성에 따르는 신속하고도 효과적인 분쟁해결수단을 찾아야 한다는 리론에 근거하고 있다. 즉 중재합의의 존재는 재판소관할권은 부정하지만 이것을 리유로 재판소에 소송을 제기하는 것을 금지한다면 분쟁대상에 대한 보존조치와 관련한 재판소의 관할도 당연히 배제되어야 하지만 국제중재수속절차상 보존조치와 관련한 재판소의 개입이 필수적이므로 최종적인 재판관할권을 인정해야 한다는 것이다.

그러나 이러한 소송금지문제는 사실상 분쟁사건에 대한 재판소의 관할권을 부정하는 문제로서 재판소의 보존조치와 소송금지문제는 서로 다른 별개의 문제이다. 그것은 중재합의에 의한 관할권이 존재하고 있음에도 불구하고 재판소에 소송을 제기하는 것을 인정한다면 동일한 사건에 대한 소송병합과 같은 문제가 발생할 수 있기 때문이다. 재판소의 보존조치는 다만 중재제도의 한계점을 극복하기 위한 재판소의 협조조치에 불과하다. 이로부터 분쟁의 어느 일방이 재판소에 보존조치를 신청한다고 하여도 그것은 국제중재에 대한 권리를 포기하는 것은 아니며 재판소가 분쟁대상에 대한 보존조치를 취한다고 하여도 그것은 중재합의에 위반되지 않는다.

소송금지와 관련하여 공화국대외경제중재법에서는 중재의 방법으로 해결할 것을 합의한 대외경제중재사건이나 재결된 사건에 대하여 당사자 일방이 민사소송을 제기한 경우 재판기관은 해당 문건을 소송제기자에게 돌려주어야 한다고 규제하고 있다. 이와 함께 재판소의 보존조치와 관련하여 분쟁당사자가 중재위원회에 증거보존이나 재산담보처분과 관련한 의견을 제기할 수 있으며 중재위원회는 제기된 내용을 확인하고 해당 재판기관에 의뢰하여야 한다고 규제하였다.

이상에서 고찰한 바와 같이 국제중재에 대한 재판소의 개입과 관련하여서는 여러 가지 복잡한 문제들이 제기될 수 있다. 우리는 대외경제분쟁해결에서 우리 혁명의 리익을 철저히 견지하고 당의 경제정책을 성과적으로 집행해 나가는 데 적극 이바지하여야 할 것이다.

45. 미군의 남조선강점은 국제법에 위반되는 엄중한 범죄행위[1]

박 영 수

[72]미제는 1866년 ≪샤만≫호의 침입으로부터 시작하여 근 100년 동안 끊임없이 우리나라를 침략하려고 호시탐탐 노려오다가 1945년 8월 일제가 패망한 기회에 이른바 ≪해방자≫의 가면을 쓰고 일본군의 ≪무장해제≫라는 미명하에 1945년 9월 8일 남조선의 인천항에 제놈들의 침략군을 상륙시킨 때로부터 오늘에 이르기까지 장장 반세기가 넘도록 공화국남반부를 군사적으로 강점하고 악명 높은 식민지통치를 실시하고 있다. 이로 말미암아 5천여 년을 한 강토에서 한 민족으로 단란하게 살아오던 우리 민족은 국토량단과 민족분단의 불행과 고통의 비극을 겪게 되었다.

위대한 수령 김일성동지께서는 다음과 같이 교시하시였다. ≪**미국은 자기의 군대를 남조선에 주둔시킬 아무런 근거도 없으며 구실도 없습니다.**≫(≪김일성저작집≫ 제19권, 42페지)

미제국주의자들은 미군의 남조선강점을 어리석게도 일본군의 ≪무장해제≫, ≪유엔결의≫, 남조선괴뢰들과 조작한 ≪호상방위조약≫, 그 누구의 ≪침략≫에 대처한 그 무슨 ≪전쟁억제력≫에 대하여 떠벌이면서 ≪합법화≫, ≪합리화≫하였으며 앞으로도 남조선을 영구히 강점하기 위한 계책을 꾸미고 있다. 그러나 미제침략군의 남조선강점은 그 어떤 궤변과 계책으로써도

---

1) 출처: 김일성종합대학출판사, 『김일성종합대학학보: 력사법학』, 제44권 제4호(1998), 72－77쪽.

≪정당화≫할 수 없다. 미제침략군의 남조선강점은 현대 국제법의 공인된 규범과 원칙에 어긋나는 국제법적 범죄행위이며 외국군대의 철수와 외국군사기지의 철폐가 하나의 세계적 추세로 되고 있는 시대적 흐름에 역행하는 파렴치한 도전행위이다.

미제는 우선 ≪해방자≫의 탈을 쓰고 일본군의 ≪무장해제≫의 구실하에 남조선에 자기의 침략군을 상륙시킨 자체가 현대 국제법의 공인된 원칙과 규범에 어긋나는 날강도적 침략행위이며 초보적인 군사작전상식에도 맞지 않는 범죄행위이다. 현대 국제법은 매개 민족은 독립과 자주적 권리를 가지며 이 권리는 그 어떤 국가에 의해서도 침해되지 않는다는 것을 인정하면서 이 권리를 침해하는 모든 행위를 엄중한 침략행위로 규정하고 있다. 1933년 12월 26일 우루과이 수도 몬떼비데오에서 채택된 ≪국가의 권리와 의무에 관한 선언≫에는 모든 국가는 다른 나라의 승인에 관계없이 정치적 존재를 유지하며 나라의 독립을 보존 및 옹호할 권리를 가지며 국가령역은 불가침이라는 것을 규정하고 있다. 그리고 1949년 유엔총회에 제출된 국제법위원회보고 ≪국가의 권리와 의무에 관한 선언≫에서도 매개 민족은 ≪독립에 대한 권리를 가지≫며 ≪국가통치형태의 선택을 포함한 일체 자기의 법적 권리를 자유로 행사할 데 대한 권리를 가진≫다는 것을 재확인하면서 매개 국가는 ≪다른 나라의 령토완정과 정치적 독립을 반대≫하여 무력을 행사하지 않을 의무를 진다는 것을 명백히 규정하고 있다.

미제침략군의 남조선상륙과 강점은 국제법적 문건들에 규정된 조선인민의 정치적 독립과 자주적 권리를 유린하는 범죄행위이다. 미제는 자기의 침략군을 남조선에 상륙시킬 그 어떤 타당성도 명분도 없다. 절세의 애국자이시며 민족해방의 구성이신 위대한 김일성장군님께서는 일찍이 1930년대부터 조선인민혁명군을 핵심으로 하는 조선인민의 모든 반일애국력량을 현명하게 조직령도하시여 20여 성상 강도일제군경들과 맞서 피어린 투쟁을 벌이시었으며 드디어 1945년 8월 조국땅에서 일제를 종국적으로 몰아내고 조국광복의 위업을 성취하기 위한 총공격을 개시하시였다. 조선인민혁명군부대들은 조선의 북부국경일대와 조선의 북부근해에서 일제군경들을 소탕하는 드[73]센 공격작전을 벌이었으며 일제의 완전격멸과 조선의 해방은 목전에 이르렀다. 그러나 대일전쟁에 참가한 미군은 이 시기 겨우 조선으로부터 600마일이나 먼 오끼나와전선에서 대일작전을 벌리고 있었다. 이러한 정황은 일제의 패망 후 손쉽게 조선을 강점하려던 미제에게 있어서 커다란 불안과 초조감을 가지지 않을 수 없게 하였다. 그리하여 미제의 살인두목 트루맨의 지시에 따라 일제의 완전괴멸의 시각이 박두한 1945년 8월 10일 조선의 절반땅이라도 강점하려는 음흉한 목적을 추구하여 미국무성, 미륙군성, 미해군성의 ≪3성조정위원회≫를 벌려놓고 조선의 ≪북위38도≫선을 일본군의 ≪무장해제≫경계선으로 설정하였으며 1945년 9월 2일 일본군의 ≪무장해제≫를 위하여 미군이 남조선에 상륙할 데 대한 맥아더의 ≪일반명령 제1호≫를 발포케 하였다. 이 ≪명령≫에 따라 미제침략군 4만5천 명이 일제가 무조건항복을 선언한 후 23일 만인 1945년 9월 8일에 그 어떤 저항력도 없는 얼마간의 일제의 패잔병들의 ≪무장해제≫를 위하여 피 한 방울 흘리지 않고 남조선에 기어들었다.

≪북위 38도≫선이나 미군의 남조선상륙문제에 대해서는 대일전승국인 조선인민의 그 누구와도 협의된 일이 없으며 어느 국제회담에서 토의한 일이 없다. 이 모든 것들은 우리 인민의 정치적 독립과 자주권을 유린말살하고 조선을 식민지로 만들기 위하여 미제가 일방적으로 고안해낸 것들이다. 전쟁시기 교전국 군대들 사이의 공방전 끝에 적측으로부터 지역적 항복 또는 완전항복을 받거나 적군무장해제를 위하여 적국 령토에 상륙하였거나 일시적으로 점령하게 되는 경우가 있을 수 있다. 이 경우를 예견하여 1907년 10월 18일에 헤그에서 체결된 ≪륙전법규와 관례에 관한 조약≫에 군사점령제도를 규정하고 있다. 그러나 어느 전쟁법규에도 같은 적을 대상하여 싸워 이긴 전승국 령토에 전패국군대의 무장해제라는 명목하에 그 전승국의 승인도 받음이 없이 다른 전승국군대가 상륙하고 점령할 수 있다는 조항은 없다. 우리 인민은 자기 힘으로 강도 일제를 격멸시키고 조국광복을 이룩한 인민이며 따라서 우리나라는 대일전쟁의 존엄 있는 전승국이다. 대일전쟁에 참가한 그 어느 나라 군대도 조선인민의 승인 없이 전승국인 우리나라 령토에 한 발자국도 발을 들여놓을 수 없다.

미제침략군의 남조선 상륙과 강점은 1933년 7월 3일 런던에서 체결된 ≪침략의 정의에 관한 조약≫과 그것을 구체화하여 1974년 12월 14일 유엔총회 제29차 회의에서 채택된 ≪침략에 관한 정의≫에 관한 결의에 비추어보아도 명백히 침략행위이다. 이 국제적 문건들에는 ≪병력에 의한 다른 나라 령토의 침입≫과 그 결과로 인한 ≪군사적 강점≫을 침략으로 락인하고 ≪그것이 정치, 경제, 군사 혹은 다른 어떤 사실에 관계되는 문제라도 그 무엇으로도 침략을 정당화≫할 수 없다고 규정되어 있다.

미제는 남조선에 침략의 검은 구두발을 들여놓자 남조선에서 조선인민의 진정한 의사에 따라 자기 손으로 창설한 인민위원회들을 강제로 해산시키고 마치 전패국에 적용하는 것과 같은 악명 높은 군정을 실시하였으며 유엔≪거수기≫를 발동하여 조작한 ≪유엔조선림시위원단≫의 감시하에 단독선거를 단행하고 저들이 길러낸 조선인민의 민족반역자들을 긁어모아 남조선괴뢰정권을 조작하였다.

미제의 이러한 모든 행위는 국제법에 공인된 불가침원칙과 국가제도와 정치형태를 자유로 선택할 조선인민의 자주적 권리와 자주독립에 대한 권리를 유린한 범죄행위이다.

미제침략군의 남조선강점은 다음으로 조선반도로부터 모든 외국군대의 철거를 예견한 조선정전협정에 대한 란폭한 유린이다. 현대 국제법은 전쟁이 끝난 다음 교전국군대는 자기 나라로 돌아가는 것을 하나의 국제법상 원칙으로 인정하고 있다. [74]이 원칙에 따라 대일전쟁에 참가하였던 이전 쏘련 붉은군대는 대일전쟁이 끝난 후 1948년 말까지 전부 자기 나라로 철수하였으며 1950년 항미원조보가위국의 기치밑에 조선전쟁에 참가했던 중국인민지원군도 조선정전협정이 체결된 후 1958년에 자기 나라로 완전히 철수하였다. 미제의 강요에 의하여 ≪유엔군≫모자를 쓰고 조선전쟁에 참가하였던 다른 나라들도 자기의 군대를 남조선에서 철수시켰으며 그중 많은 나라들은 조선민주주의인민공화국과 외교관계를 맺고 선린관계를 발전시키고 있다. 미국도 다른 지역에서 군사행동에 참가하였던 자기 군대를 대체로 철수하군 하였다.

그런데 미제는 유독 남조선에서만 자기의 군대를 계속 주둔시키고 있으면서 우리와 적대관계, 교전관계를 유지하고 있다. 이것은 국제법에서 공인된 일반원칙에 대한 위반일 뿐만 아니라 조선정전협정에 대한 란폭한 유린이다. 1953년 7월 27일 미제가 우리 인민앞에 무릎을 꿇고 도장을 찍음으로써 성립된 조선정전협정 제4조 60항에는 조선정전협정이 조인된 후 3개월 이내에 ≪…… 쌍방의 한 급 높은 정치회의를 소집하고 조선으로부터의 평화적 해결 등 문제를 협의한다≫는 것을 규정하였다. 이 조항에 따라 조선민주주의인민공화국정부는 한 급 높은 정치회의를 소집하기 위한 예비회담을 진행할 것을 제기하였다. 공화국정부의 정당한 요구와 세계인민들의 공정한 여론에 못 이겨 1953년 10월에 예비회담장에 끌려나온 미제는 회의소집과 관련한 절차상 문제를 놓고 부당한 요구조건을 내걸고 시간을 질질 끌면서 회담의 전진에 인위적인 장애를 조성하던 끝에 회담장소에서 일방적으로 퇴장하는 회담례의에 어긋나는 무뢰한 행동을 함으로써 예비회담을 결렬시켰다. 그 후 미제는 1954년 4월 제네바에서 소집된 조선문제의 평화적 조정을 위한 유관국외교부장회의에서도 전 조선지역에서 이른바 ≪유엔감시하의 선거≫를 실시하여 통일조선정부가 수립되기 전에는 미군을 남조선에서 철수시킬 수 없다는 잠꼬대 같은 주장을 하다가 그것이 부결되자 일방적인 회의정지선언을 발표하는 망동을 부렸다. 이와 같이 미제의 파렴치한 행동에 의하여 정전협정 제60항은 더는 리행할 수 없는 조항으로 남게 되었다. 이것은 미제야말로 제놈들이 어제는 어떻게 하겠다고 약속하고 오늘은 뒤집어엎는 철면피한들이며 국제외교례의도 모르는 무뢰한들이라는 것을 증명해주고 있다.

조선으로부터 모든 외국군대의 철수를 예견한 조선정전협정 제60항에 전면 도전해 나선 미제는 정전협정 자체를 뒤집어엎고 전후에 응당 제기된 조선으로부터 일체 외국군대의 철거에 대한 정당한 요구를 거부하고 제놈들의 남조선영구강점의 ≪법률적 기초≫를 마련하기 위하여 정전협정에 서명한 잉크도 마르기전인 1953년 8월 8일에 남조선괴뢰들과 정전협정에 완전히 저촉되게 미제침략군의 남조선 장기주둔을 규제한 이른바 ≪호상방위조약≫을 조작하였다. 조선정전협정은 조선에서 적대적 군사행동을 정지하며 미제침략군에 의한 전쟁재발을 방지하며 조선에서 모든 외국군대의 철거를 예견한 협정이다. 그러나 ≪호상방위조약≫은 남조선이 미제침략군의 장기주둔과 공화국북반부에 대한 침략 그리고 북침전쟁에 남조선의 인적, 물적 자원을 깡그리 동원할 것을 예견하는 ≪조약≫으로서 조선정전협정에 완전히 배치되는 강도적 침략문건이다. 미제는 1970년부터 남조선에서 미군철수여론이 높아지게 되자 교활하게도 미군의 남조선주둔은 ≪호상방위조약≫에 기초한 그 누구의 요청에 의한 ≪주둔군≫이요 ≪조약≫상 권리로 ≪합법화≫하였다. 그러나 이것이 새빨간 거짓말이라는 것을 미제 자신이 인정하였다. 1994년 12월 미국회조사국의 보고서에는 남조선에서 미군은 ≪호상방위조약≫에 구속받지 않는 것이라고 밝혔다. 이것을 통해서도 미군의 남조선주둔이 그 무슨 ≪조약≫에 따르는 ≪권리≫라느니 그 누구의 ≪요청≫에 의한 것이라느니 [75]하는 것은 하나의 구실에 지나지 않는다는 것을 알 수 있다.

미제침략군의 남조선강점은 다음으로 유엔헌장과 유엔총회결의에 모순되는 범죄행위이다. 유엔은 세계 평화와 안전을 유지하며 평등권과 자주권존중의 원칙에서 나라와 민족들 간의 우호관계의 발전을 도모하기 위하여 조직된 세계적인 정부적 국제기구이다. 미국은 유엔의 발기국의 하나이며 초기성원국으로서 그 어느 나라보다 유엔헌장에 충실해야 하며 유엔결의들을 성실히 리행해야 할 법적, 도의적 의무를 지니고 있다. 그러나 미제는 유엔창설 후 오늘까지 유엔창설목적과 유엔활동원칙에 어긋나게 행동하였으며 세계의 진보적 인민들의 정당한 의사가 반영된 유엔총회결의에 도전적으로 나오면서 그 리행을 태공[2]하였다.

미제침략군의 남조선강점은 유엔의 활동원칙에 모순된다. 유엔활동원칙을 규정한 유엔헌장 제2조에는 ≪모든 성원국들은 그의 국제관계에 있어서 어떤 나라의 령역불가침이나 정치적 독립을 반대하여 …… 힘으로 위협하거나 또는 힘을 행사하는 것을 삼가≫하며 ≪어떤 국가의 국내관할권에 속하는 사업에 대하여 간섭할 권한을 유엔에 부여하지 않≫는다고 규정되어 있다. 그러나 미제는 유엔의 활동원칙을 위반하고 해방 후 지금까지 계속 힘의 정책에 매달려 공화국남반부를 군사적으로 강점하고 있으며 공화국북반부까지 식민지화하기 위하여 미제침략군은 물론 15개 추종국가군대까지 내몰아 침략전쟁을 도발하였으며 방대한 군사무력을 남조선에 배치하고 군사적 힘으로 공화국을 압살하려고 발악하고 있다.

또한 미제는 조선인민의 내부문제인 조국의 자주적 평화통일을 백방으로 방해하고 있다. 남

---

2) 편집자주: 태공(怠工)이란 일을 게을리 하는 것을 말한다. 통일부⟨www.unikorea.go.kr⟩, 북한용어 사전.

조선강점 미제침략군은 조선반도에서의 평화와 안전을 엄중히 위반하는 기본세력이다. 조선반도에서 전쟁위험이 가셔지지 않고 조선반도가 세계 최대의 열점지역으로 되고 있는 것은 미제침략군이 남조선을 강점하고 있으면서 남조선전역을 전쟁화약고로 전변시켰으며 공화국을 반대하는 무장도발과 침략전쟁연습을 끊임없이 벌리고 있는 데 기인된다.

미제는 남조선에서 미제침략군이 철수하면 당장이라도 전쟁이 일어날 것처럼 떠들어대지만 사실은 조선에서의 전쟁위험은 미제침략군의 남조선강점에 있다. 미제는 전후 조선정전협정을 체계적으로 파괴유린하고 조선반도에서 군비경쟁을 강화하고 남조선을 병참기지로 만들었으며 공화국에 대한 적대적 대치상태를 더욱 심화시켰다.

미제는 1957년 6월 조선경외로부터 작전물자의 반입을 금지하고 그 리행을 중립국감독위원회와 중립국시찰소가 감시하도록 규제한 정전협정 제13항 조목의 파기를 일방적으로 선포하고 아무런 제한도 받음이 없이 1,000여 개의 핵무기와 원자포, 작전비행기를 비롯한 현대적인 군사장비들과 작전물자들을 남조선에 끌어들이었다. 미제는 또한 공화국북반부를 반대하는 각종 군사연습과 무장도발책동을 끊임없이 감행하면서 정세를 계속 격화시키고 공화국의 안전을 항시적으로 위협하고 있다.

미제는 1976년부터 매해 북침을 가상한 ≪팀스피리트≫합동군사연습을 벌리고 조선반도에서 전면전쟁을 일으키기 위한 준비를 완성하였으며 1968년 1월 무장간첩선 ≪푸에블로호≫사건, 1969년 4월 대형간첩비행기 ≪이씨-121≫사건, 1976년 8월 판문점사건, 1994년 12월 직승기사건 등을 도발하여 조선반도정세를 전쟁접경으로 이끌어갔다. 미제의 이러한 책동으로 말미암아 조선반도에는 일촉즉발의 엄중한 사태가 조성되었다.

조선반도의 정세는 아세아정세와 직결되어 있으며 조선반도에서의 평화와 안전문제는 아세아의 평화와 안전과 관계되는 문제이다. 따라서 미제침략군의 남조선강점은 조선반도의 평화와 안전에 대한 위협으로 [76]될 뿐 아니라 아세아 더 나아가서 세계평화와 안전에 대한 위협으로 된다. 이런 의미에서 미제침략군의 남조선강점은 유엔의 목적과 사명에 맞지 않는 행위라고 말할 수 있다.

미제침략군의 남조선강점은 유엔총회결의에도 전적으로 배치된다. 지난날 유엔은 강대국들의 지배밑에서 좌지우지되었으며 특히 미제국주의자들이 강권정치를 실시하면서 지휘봉을 휘둘렀기 때문에 자기 헌장의 원칙을 제대로 지키지 못하였다. 실로 지난날 유엔의 력사는 다른 나라에 대한 미제의 침략과 간섭의 도구의 력사였으며 특히 유엔을 조선침략전쟁에 관여함으로써 유엔력사에 씻을 수 없는 오점을 남겨놓았다. 최근 년간 국제무대에서 혁명력량과 반혁명력량과의 근본적인 변화는 유엔무대에도 그대로 반영되고 있다. 자주성을 옹호하는 많은 나라들이 유엔성원국으로 되었으며 유엔무대에서의 그들의 발언권과 결정권이 높아지게 되었다. 지난날에는 미제를 우두머리로 하는 제국주의자들의 책동에 의하여 조선문제가 부당하게 취급되었다면 지금은 조선문제가 토의될 때 조선민주주의인민공화국 대표가 참가하여 자기의 주장을 발표할 수 있게 되었으며 자주성을 옹호하는 나라들의 절대적인 지지와 찬동 속에 조선문제가 긍정적으로 토의되고 있다.

유엔총회 제28차 회의에서는 미제와 남조선괴뢰들이 들고 나온 ≪두 개 조선≫조작음모가 규탄되고 남조선에 도사리고 있던 미제의 침략도구인 ≪유엔한국통일부흥위원단≫을 해체할 데 대한 결의가 채택되었다. 유엔총회 제30차 회의에서는 ≪조선에서 정전을 공고한 평화에로 전환시키며 조선의 자주적 평화통일을 촉진시키는데 유리한 조건을 조성할 데 대하여≫라는 결의(3390B)가 채택되었다. 결의(3390B)에는 남조선에 틀고 앉아 있는 ≪유엔군사령부≫를 해체하며 유엔의 기발밑에 남조선에 있는 모든 외국군대를 철거시킨다는 것, 조선군사정전협정을 평화협정으로 바꾼다는 것, 상대방을 반대하는 무력행사를 하지 않을 것을 담보하는 실제적 조치를 취해야 한다는 것 등이 규제되어 있다. 이 결의는 조선반도에서 긴장상태를 해소하고 공고한 평화를 유지하며 나라의 자주적 평화통일을 촉진시키기 위한 담보를 마련하는 것으로서 전체 조선인민의 리익과 요구에 전적으로 맞을 뿐 아니라 조선문제의 공정한 해결을 바라는 전세계 진보적 인민들의 념원에도 완전히 부합되는 정당한 결의이다. 그러나 미제국주의자들은 이 결의를 외면하면서 그 집행을 고의적으로 태공하고 있다. 미제는 이 결의가 채택된 지 근 30년이 되어 오는 오늘까지 ≪유엔군사령부≫해체, 남조선에서 미군철거, 정전협정을 평화협정으로 바꾸는 문제 등 그 어느 한 조항도 실천하지 않았다. 미제가 제출한 결의(3390A)에는 조선반도에서 평화보장을 위한 대안이 마련되는 데 따라 미군이 남조선에서 철수하도록 예견되어 있다.

1992년 2월 19일 ≪북남 사이의 화해와 불가침 및 협력, 교류에 관한 합의서≫가 채택발효되고 1994년 10월 21일 조미기본합의문이 채택되었으며 정전협정을 대신하는 평화협정체결을 목적으로 한 ≪4자회담≫도 진행되게 되는 조건에서 이제는 미국측의 결의에 따르는 대안이 충분히 마련되었다고 볼 수 있다. 이와 같이 그 근거가 충분히 마련되었음에도 불구하고 미제는 아직까지 자기의 침략군을 남조선에서 철수시키지 않고 있다. 미제침략군의 남조선강점은 그 무엇으로써도 정당화될 수 없다. 미제는 이른바 ≪쏘련의 남하≫니 ≪북의 남침≫이니 하면서 남조선강점미군은 그에 대한 ≪억제력≫으로써 ≪평화수호≫에 기여하고 있는 듯이 광고하여 왔다. 그러나 랭전이 종식된 오늘에 와서 랭전시대의 론리를 가지고서는 미제침략[77]군의 남조선강점을 ≪합리화≫할 수 없다.

이전 쏘련이 붕괴된 지금에 와서 그 누구의 남하를 막기 위하여 미군을 남조선에 주둔시킨다는 론리는 더는 통할 수 없게 되었다. 미제는 우리 무력이 ≪공격형으로 전진배치≫되어 있는 것이 문제라고 하면서 남조선주둔 미군을 우리의 ≪침략≫을 막기 위한 그 무슨 ≪전쟁억제력≫으로 묘사하고 있다. 우리나라는 면적상 작은 나라로서 종심이 따로 없는 조건에서 ≪전진배치≫니 ≪후진배치≫니 하는 것은 말도 되지 않는다. ≪전진배치≫에 대하여 말한다면 그것은 미국본토로부터 수천마일이나 떨어진 남조선에 배치된 미제침략군이야말로 공격형으로 전진배치된 무력이다.

우리는 남침할 의사가 없다는 데 대하여 한두 번만 천명하지 않았다. 공화국은 대화와 협상을 통하여 정세를 완화시키고 나라의 통일을 자주적으로 평화적으로 이룩하려는 일관한 립장을 견지하고 있다. 1990년대에 들어서면서 완화과정이 가속화되고 있으며 다른 나라에 주둔해 있던 군대를 철수시키고 외국군사기지를 철폐하는 것이 하나의 국제적 추세로 되고 있다. 미제는 시대적 흐름에 역행하여 미군강점정책을 추구하지 말고 남조선에서 자기의 침략군을 지체 없이 철수시켜야 하며 더는 조선인민의 조국통일위업실현을 방해하지 말아야 할 것이다. 이렇게 하는 것이 때늦게나마 미국이 조선인민앞에 저지른 죄과를 다소라도 뉘우치는 길이며 자기의 체면도 유지하는 길일 것이다.

46. 조선을 분렬시킨 미제의 죄행과 그에 대한 국제법적 책임[3]

림 동 춘

[60]우리 민족이 남북으로 갈라져 헤아릴 수 없는 불행과 고통을 안고 살아온 지도 60여 년이 지나갔다. 조선민족에게 들씌워진 이 비극은 미국이 남조선을 강점하고 조선반도를 분렬시킨 데 근본원인이 있다. 위대한 수령 김일성동지께서는 다음과 같이 교시하시였다. ≪제2차 세계대전이 끝난 다음 조선문제가 우리 민족의 자주적 요구와 의사에 배치되게 렬강들의 리해관계

---

3) 출처: 김일성종합대학출판사, 『김일성종합대학학보: 력사법학』, 제52권 제1호(2006), 60-65쪽.

에 따라 처리되고 미국이 남조선을 강점한 결과 우리나라는 북과 남으로 갈라지게 되었습니다.≫
(≪김일성저작집≫제43권, 166페지)

　미제는 제2차 세계대전 말기에 들어와 조선침략야망을 실천적인 단계에서 추진시키기 위하여 더욱 미쳐 날뛰었다. 이 시기 미제의 조선침략야망은 1943년 12월 1일 미국이 주도하여 발표한 ≪까히라선언≫에서 집중적으로 표현되었다. 선언에서는 ≪조선문제≫에 대하여 ≪조선인민의 노예상태에 류의하고 적절한 절차를 밟아서 조선을 자유독립되게 할 결의를 가진다.≫고 하였다. 조선을≪자유독립≫국가로 만들되 ≪적절한 절차를 밟아≫야 한다는 바로 여기에 조선에 대한 미제의 침략적인 흉모가 집중적으로 담겨져 있다. 원래 선언문초안에 ≪조선을 될수록 빠른 시기에≫독립시킨다고 되어 있던 것을 루즈벨트가 ≪적당한 시기에≫라고 수정하였으며 선언문초안을 토의할 때 쳐칠이 그것을 ≪적절한 절차를 밟아서≫라고 고치자고 하였다.

　쳐칠의 수정안은 루즈벨트를 더없이 흡족하게 하였다. 조선을 식민지로 차지하려는 미국에 있어서 ≪조선을 될수록 빠른 시기≫에 독립시킨다는 것은 결코 허용될 수 없는 것이며 ≪적당한 시기≫는 조선독립의 주체적 력량이 마련되고 조선인민이 독립을 요구하는 시기라고 세상 사람들이 리해할 수 있는 것이어서 미국의 대조선정책의 견지에서 볼 때 적중한 표현이라고 할 수 없는 것이다. 그런데 쳐칠의 수정안은 시간적 개념을 완전히 떠난 것으로서 조선을 완전한 식민지로 만들고 영원히 강점하려는 미제의 침략적 본성을 실현할 수 있는 가장 적합한 것이었다. 일반적으로 국가독립의 ≪적절한 절차≫란 과거에도 없었고 현재도 없으며 앞으로도 없는 것일 뿐 아니라 그에 대한 확정적인 해석을 그 누구도 할 수 없는 참으로 애매모호한 것이었다.

　미제는 ≪까히라선언≫의 요구대로 일제를 대신하여 조선을 통째로 삼키려 하였으나 제2차 세계대전 말기에 조성된 정세는 그것을 허용하지 않았다. 이로부터 미제는 조선의 절반땅이라도 강점하기 위하여 북위 38°선을 만들어 놓았다. 38°선은 이전 쏘련과 미국 사이의 전시협정에 따라 규정된 림시적인 작전분담선이었으나 미제는 이 분담선을 고안할 때부터 그것을 림시적인 것이 아니라 조선의 영구분렬선으로 확정하였다. 미제는 조선을 분렬시키려고 책동하면서 다음과 같이 타산하였다.

　첫째로, 미제는 조선을 분렬시키고 동아시아가 사회주의길로 나아가는 것을 막으려고 타산하였다. 미제는 조선반도전역에 조선인민혁명군과 쏘련군이 진주하는 경우 조선에 공산정권이 서게 될 것은 명백하다고 인정하였다. 조선에 공산정권이 서게 되면 중국과 일본에도 큰 영향을 주게 되며 동아시아가 적색화될 수 있다고 보았다. 따라서 조선전역에 공산체제가 수립되는 것을 막자면 조선반도절반이라도 미군이 점령하여야 하며 미군이 점령하려면 경계선을 명백히 그어야 한다고 타산하였다.

둘째로, 미제는 조선을 분렬시키고 남조선을 아시아대륙과 쏘련을 침략하기 위한 군사기지로 만들려고 타산하였다. 미제는 세계제패전략실현에서 조선반도가 차지하는 군사전략적 위치를 매우 중시하고 있었다. 공군작전의 견지에서만 보아도 조선반도에 전술공군기지를 설치한다면 거기에서 출격하는 비행대들은 극동의 전 지역에서 행동할 수 있으며 중요하게는 울라지보수또크에 기지를 둔 쏘련태평양함대를 제어할 수 [61]있었다.

셋째로, 미제는 조선의 분렬을 저들의 일본에 대한 단독점령실현의 정치적 미끼로 리용하려고 타산하였다. 미국은 세계제패전략실현을 위해 전후 일본을 재생시켜 아시아침략의 돌격대, 반공보루로 만들려고 하였으며 그러자면 미국이 일본을 단독으로 점령해야 한다고 보았다. 그런데 쏘련은 이를 인정하지 않고 있었으며 미국의 의도를 반대할 충분한 근거와 권리를 가지고 있었다. 쏘련은 도이췰란드를 격파하는 데서 가장 큰 역할을 하고 막대한 희생을 냈지만 미국, 영국, 프랑스와 도이췰란드를 분할점령하였다. 따라서 일본도 련합국측이 분할점령하여야 한다는 것은 기정사실로 인정되고 있었다. 이로부터 미국은 쏘련이 저들의 일본단독점령을 반대하는 경우 전 조선반도에 쏘련군이 진주하는 것을 허용하고 조선을 저들의 일본단독점령의 흥정물로 리용하려고 하였다.

1945년 8월 10일 미제는 조선반도에 대한 정치적 목적을 추구하면서 일본군의 무장해제분담을 38°선 이북의 조선과 만주, 싸할린과 꾸릴렬도는 쏘련군의 작전지역으로, 38°선 이남의 조선과 일본본토 및 그 주변섬들, 팽호렬도와 필리핀을 미군의 작전지역으로 하자는 것을 쏘련에 제의하였다. 사실 이때 미군은 조선반도에서 군사작전을 할 형편에 있지 못하였다. 8월 10일 현재 미군이 조선반도에 가장 가까지 접근해 있다는 부대는 600mile 밖에 있었고 주력은 1,500~2,000mile이나 떨어진 태평양상에서 우물거리고 있었다. 미군이 조선반도에서 군사작전을 진행하려면 일본군의 저항이 전혀 없는 상태에서도 15일간이나 북상하여야 하였다.

전쟁 말기의 이러한 국면에서 미국은 쏘련군의 역할로 일본을 격멸하면서도 저들이 많은 령토를 차지하기 위하여 조선반도를 갈라놓는 38°선을 고안해내고 그를 쏘련에 제의하였다. 쏘련은 투입된 병력에 비해볼 때 작전지역이 매우 협소하였으나 미국의 제안을 접수하고 합의된 작전지역에서만 행동하였으며 서울까지 진격하였던 부대를 38°선 이북으로 철수시켰다. 이런 유리한 정황에서 미국은 일본이 항복하고 조선이 해방된 지 거의 한 달이 되는 9월 8일에 일본국의 아무러한 저항도 받지 않고 인천과 부산에 상륙하였으며 9월 9일에는 서울에 침입하였다. 상륙한 미군은 남조선에서 해방자로서가 아니라 점령군으로 행동하기 시작하였으며 미국 지배층은 38°선을 조선반도를 둘로 가르는 영구분렬선으로 고착시키기 위한 음모를 꾸미기 시작하였다.

미제의 조선분렬책동은 남조선에 친미적인 반공괴뢰정권을 세우는 것으로부터 시작되었다. 미제는 친미괴뢰정권조작에 유리한 정치적 환경을 조성하기 위하여 당분간 일제의 식민지통치를 그대로 유지하고 일제경찰과 군대로 그대로 보존하게 하며 인민들의 창의에 의하여 수립된 인민위원회들을 강제로 해산시키기 위하여 미쳐 날뛰었다. 미제가 남조선에서 인민위원회들을 강제해산시키기 위하여 발악한 것은 인민위원회들을 그대로 두고서는 반공친미적인 정치적 지반을 마련할 수 없었으며 나아가서 괴뢰정권을 조작할 수 없었기 때문이었다. 1945년 8월 31일 현재 남조선에는 군급인민위원회 145개, 면, 리 인민위원회 2,000여 개나 조직되어 있었다. 인민위원회들은 일제의 무장을 해제하고 자위조직을 내왔으며 일제독점기업들을 접수하고 친일파, 민족반역자들을 숙청하는 등 인민적이며 민주주의적인 활동을 활발히 벌리면서 민주주의적인 자주독립국가건설의 지반을 닦아나가기 시작하였다.

미제는 인민위원회가 민주주의적인 자주독립국가건설을 지향해나가자 그를 막기 위하여 군사깡패들로 미군정청이라는 것을 조작하고 그것을 남조선의 유일한 ≪정부≫라고 선포하였으며 1945년 10월부터 인민위원회를 무력으로 강제해산시키는 책동을 감행하였다. 미제는 미군과 경찰들을 내몰아 1945년 11월 남조선의 25개 시와 195개 군에서 선출된 650명의 림시중앙정부수립을 위한 대표자회의를 해산시키고 대표자들을 체포투옥하였으며 인민위원회 사무실들을 습격, 파괴, 방화하는 만행을 감행하였다. 이리하여 남조선인민들이 력사상 처음으로 자기의 의사에 따라 조직한 인민위원회들은 1945년 말에 와서 전부 강제해산되고 말았다.

미국기자 마크 제인은 ≪우리는 해방군이 아니었다. 우리는 상륙 첫날부터 조선인민의 **[62]** 적으로서 행동하였다.≫고 실토하였으며 ≪우리들이 인민공화국(인민위원회를 말함)에 빨갱이 딱지를 붙여 그것을 지하에 몰아넣는데 옹근 2개월이라는 시간을 쓸모없이 보내버렸다.≫고 개탄하였다. 미제는 인민위원회들을 강제로 해산한 다음 친미괴뢰정권조작에 장애로 되는 애국적이며 민주주의적인 정당, 단체들과 인민들을 탄압하는 데 달라붙었다. 당시 남조선에는 민주를 지향하는 70여 개의 정치조직들이 있었다. 이 조직들은 민주를 지향하는 광범한 대중을 묶어세우면서 남조선의 정치정세발전에서 주도권을 장악하고 있었다.

미제는 민주세력을 짓눌러버리지 않고서는 남조선에 친미괴뢰정권을 조작할 수 없으며 식민지예속화정책을 실현할 수 없다고 타산하고 민주세력을 탄합하는 것을 급선무로 내세웠다. 미제는 1946년 2월 파쑈악법인 ≪정당등록법≫과 ≪군정위반에 관한 범죄≫를 조작하고 공산당을 비롯한 민주주의적인 정당들을 무자비하게 탄압하였으며 지어 애국적인 종교단체들의 활동까지도 금지시키는 횡포한 만행을 감행하였다. 미제는 민주세력탄압에 중무기까지 동원하였으며 집단학살도 서슴지 않았다. 1946년 8월 15일 1,000여 명의 화순탄광로동자들의 시위투쟁을 진압하기 위하여 미제는 전차와 비행기까지 동원하였으며 100여 명의 로동자들을 살해하였다. 그리고 1946년 9월 총파업과 10월인민항쟁을 비행기, 전차, 화학무기로 무장한 수만 명의 미군과 경찰을 내몰아 야수적으로 탄압하였으며 2만 5,000명을 학살하는 범죄를 저질렀다. 미제가 남조선의 민주력량에 대한 탄압에 얼마나 미쳐 날뛰었는가 하는 것은 당시의 미국출판물들이 ≪우리들이 조선을 점령하여 얻은 것 중에서 가장 중요한 것의 하나는 우리가 여기에서 혁명을 저지시킨 것이다.≫라고 인정한 데서도 잘 알 수 있다.

미제는 진보적인 민주력량을 무자비하게 탄압하는 한편 식민지통치의 정치적 지반을 꾸리는 데 적극 달라붙었다. 미제는 민주세력의 강력한 진출로 하여 기를 못 펴고 정치적 존재를 드러내지 못하고 있는 남조선의 토착반동들에게 입김을 불어넣는 한편 품들이여 길러온 친미반공매국노들을 비롯한 해외의 우익세력을 시급히 남조선에 끌어들이었다. 미제는 1945년 10월 16일 미국의 특등주구인 리승만을 군용기로 날라 왔으며 11월 4일에는 리승만계렬의 ≪조선위원회≫무리를 끌어들였고 11월 23일에는 당시 반공을 떠들던 김구, 김규식을 비롯한 인물들을 비행기로 실어 들였다. 그러나 해외에 있는 진보적이며 민주주의적인 조선사람들의 귀국은 허용하지 않았다.

미제는 해외에서 끌어들인 반동들을 ≪민주주의사상의 소유자≫라고 선전하였으며 그들로 반동단체를 조작하기 시작하였으며 국내에 있던 친일파, 민족반역자, 예속자본가, 대지주 등 극반동인물들을 규합하여 ≪한국민주당≫을 만들어내고 ≪민족청년단≫, ≪서북청년회≫ 등 테로단체들도 조작하였다. 미제의 이러한 반동정책은 조선의 자주독립을 ≪원조≫하겠다는 미국의 공약에 기대를 걸고 있던 민족주의자들까지도 미제의 침략적 본성을 깨닫고 놈들을 증오하게 만들었다. 려운형, 김규식, 김구를 비롯한 민족주의자들은 미국의 친미괴뢰정권조작책동을 반대하면서 위대한 수령님의 품을 찾아 북남협상의 길에 올랐다. 민주세력의 광범한 진출로 극도의 궁지에 몰리게 된 미국은 새로운 대응책을 찾기 위하여 아시아≪전문가≫이며 ≪랭전정책≫의 철저한 추종자인 웨드마이어를 남조선에 급파하였다. 웨드마이어는 남조선을 돌아보고 미국의 군벌들과 독점재벌들을 상대로 장시간 모의를 벌린끝에 장문의 특별보고서를 작성하여 1947년 9월 19일 트루맨에게 제출하였다. 보고서에서는 미군이 철수하면 남조선이 ≪적화≫되어 조선반도가 쏘련의 위성국으로 되고 일본 역시 ≪적화≫의 위험에 놓이게 된다. 때문에 조선문제를 유엔에 상정시켜야 하며 유엔에서 해결 못하면 미국이 단독으로 처리해서라도 절대로 포기해서는 안 된다고 하였다. 이 안은 미국독점재벌들의 요구와 의사를 반영한 것으로 하여 다른 모든 견해를 누르고 미국의 대조선정책으로 채택되었다. 이에 따라 미제는 그 성격으로 보아 유엔에 상정시킬 수 없는 조선문제를 1947년 9월 17일에 유엔에 상정시켰다. 미제는 조선문제를 유엔에서 토의하는 것이 현 상황에서 가장 적절한 방도로 된다고 고집하였으나 쏘련을 [63]비롯한 민주주의적인 나라들은 조선문제는 유엔헌장의 요구에 비추어보나 그 성격으로 보아 유엔에서 토의하는 것은 비법적이라고 하였다. 쏘련대표단 단장 위신스끼는 조선문제는 이미 1945년 12월 모스크바 3국외무상 회의에서 국제협약으로 그 해결방도가 규정되어 있기 때문에 ≪조선문제와 같은 전후조정문제들은 국제협약이 존재하고 있는 이상 유엔총회의 심의안건으로 될 수 없다.≫고 하였다.

쏘련과 뽈스까, 체스꼬슬로벤스꼬, 유고슬라비아를 비롯한 인민민주주의적인 나라들이 조선문제의 유엔상정을 한결같이 반대하였음에도 불구하고 미제는 유엔이 저들의 손탁에서 놀아나고 있는 유리한 조건을 리용하여 기만과 회유, 압력과 위협 등 갖은 권모술수를 다하여 1947년 11월 14일 유엔총회 112차 전원회의에서 10개 나라로 된 ≪유엔조선림시위원단≫을 조작하며 그의 감시하에 1948년 3월 31일전으로 선거를 실시하고 중앙정부를 구성한다는 ≪결의안≫을 채택하게 하였다. 그러나 전체 조선인민들은 ≪유엔림시조선위원단≫조작과 그 ≪활동≫에 대하여 반대하였다. 북반주의 정당, 사회단체들은 련일 군중대회를 열고 성명과 호소문을 채택하였으며 우리 인민자신의 손으로 정부를 수립할 결의를 표명하였다. 남조선의 인민당을 비롯한 중립적인 정당들은 유엔의 조선문제에 대한 개입자체를 반대하였으며 농민동맹, 민주녀성동맹, 민주주의애국청년동맹 등 사회단체들도 ≪유엔림시조선위원단≫의 조선문제에 대한 개입을 반대하였다. 지어 우익 정당들까지도 분단을 우려하면서 유엔의 ≪결의≫를 반대해 나섰다.

전체 조선인민이 반대한 결과 ≪위원단≫은 단독선거에 대한 결정을 하지 못하고 유엔총회에서 그에 대한 결의를 채택할 것을 요구하였다. 미제는 쏘련의 거부권행사로 유엔안전보장리사회에서 조선문제를 론의할 수 없게 되자 유엔헌장에도 예견되어 있지 않는 ≪소총회≫라는 비법적인 기구를 꾸며내고 거기에서 저들의 요구에 맞게 ≪조선문제≫를 처리하게 하였다. 이에 대하여 민주주의적 나라 대표들은 물론 ≪유엔림시조선위원단≫성원국의 대표들까지도 반대하였다. 오스트랄리아대표는 ≪선거가 극우익파를 제외하고는 조선의 모든 당들에 의하여 배격될 것≫이기 때문에 반대한다고 하였으며 카나다는 ≪남조선에서만 단독선거를 실시하는 것은 유엔헌장에 위반될 뿐 아니라 유엔총회결의에도 맞지 않는다.≫고 하면서 반대하였다.

인디아, 스웨리예를 비롯한 많은 나라들이 반대하였음에도 불구하고 미제는 1948년 2월 19일 ≪유엔소총회≫에서 ≪유엔림시조선위원단≫이 들어갈 수 있는 조선의 지역안에서 단독선거를 집행한다는 ≪결의≫를 강압통과시켰다. 미국의 독단에 의해 채택된 이 ≪결의≫는 전체 조선인민과 전 세계 진보적 인민들의 강력한 반대에 부딪쳤다. 북남조선의 56개 정당, 사회단체련석회의가 공동성명을 발표하여 이를 반대하였으며 북반부에서는 련일 대규모적인 군중시위가 벌어지고 남반부 200만의 로동자들은 총파업을 단행하고 제주도에서는 25만 명의 주민들이 봉기에 참가하였다. ≪유엔림시조선위원단≫성원국 8개 나라 중 4개 나라만 단독선거를 찬성하였다. 50%의 찬성밖에 받지 못한 단독선거에 대한 가결은 사실상 부결된 것이나 같은 것이었다. 그러나 미국은 ≪선거법≫을 꾸며내고 ≪유엔림시조선위원단≫과의 합의도 없이 선거날짜를 제정공포하였으며 5월 10일 조선과 세계인민들이 그토록 반대하는 단독선거를 막무가내로 감행하였다.

미제는 선거에 순향함 ≪로페카≫호, 구축함≪브링클리≫호를 비롯한 함선들을 조선해역에 출동시키고 남조선주둔 모든 미군과 6만여 명의 괴뢰경찰, 테로단을 동원하고 서울에는 계엄상태를 폈다. 이에 대하여 미국 UPI통신사 제임스 로이피는 ≪미군정찰기는 상공을 비행하였으며 선거장들은 야구봉을 가진 〈향보단〉에 의하여 엄중히 경호되어 있었고 분위기는 계엄령하의 도시와 같았다.≫고 하였으며 일본학자 데라오 고로는 ≪5월 10일에 진행된 단독선거에까지 이른 과정은 조선〈병합〉을 위하여 일본이 감행한 폭력행사를 초월한 말 그대로의 테로, 학살, 고문, 방화, 협박의 련속이었다.≫고 평가하였다. 극히 축소된 미국무성의 기록에 의하더라도 단선을 반대한 남조선인민 416명이 살해되고 758명이 부상당하였으며 선거 전 **[64]**4일간에는 5만 425명이 체포되었다. 미제는 이와 같은 총칼의 칼부림 속에서 ≪선거≫를 감행하고 그에 기초하여 ≪대한민국≫의 설립을 선포하였으며 1948년 12월 6일에는 유엔안전보장리사회에서 남조선의 괴뢰정부가 조선반도의 ≪유일한 합법적 정부≫라는 결의를 날조해냈다. 결과 조선의 분렬은 고착되었으며 우리 민족은 장장 60여 년간이나 분렬의 비극과 고통을 겪지 않으면 안 되게 되었다.

한 지맥의 조선강토를 동강내고 5천년 력사국에서 화목하게 살아오던 우리 인민에게 민족분렬의 헤아릴 수 없는 재난과 불행을 강요한 미국은 국제범죄자로서 마땅히 국제법상의 책임을 져야 한다. 미국은 무엇보다도 우리나라의 자주권을 침해하고 우리 인민을 대량학살한 데 대한 정치도덕적, 법적 책임을 져야 한다. 국제법상 정치적 책임은 침략전쟁의 도발, 식민지통치의 실시, 내정간섭, 군사적 점령 등 다른 국가의 자주권을 침해하였을 경우 지우는 책임이다. 우선 미제가 해방 후 비법적으로 남조선을 강점하고 친미괴뢰정권을 강제로 조작한 행위는 우리나라의 자주권에 대한 엄중한 침해로서 정치적 책임을 져야 할 국제법적 범죄로 된다.

미군의 남조선강점은 국제법상 그 어떤 타당성도 없는 비법적인 행위이다. 1907년 륙상전투에 관한 헤그협약에는 합법적인 군사적 점령의 가장 주요한 조건은 점령지역이 ≪적국≫령토이어야 하며 ≪적국≫령토가 아닌 지역에 대한 점령은 비법적인 군사적 점령으로 취급되며 그러한 행위를 한 국가는 국제범죄자로서의 책임을 져야 한다고 규정되어 있다. 미군이 남조선에 상륙하던 1945년 당시 우리나라는 련합국의 ≪적국≫이 아니라 ≪적국≫인 일본에서 해방되어야 할 나라, 일본에 선전포고를 한 나라였다. 따라서 미군이 남조선에 상륙할 그 어떤 구실도 명분도 없었다. 그러나 미제는 저들의 세계제패전략에 따라 남조선을 비법적으로 강점하고 인민들의 자주적 요구에 의하여 조직된 인민위원회들을 강제로 해산하고 친미반공지반을 닦기 시작하였으며 안정된 질서를 완전히 파괴하였다. 미제의 남조선강점행위는 국제법의 기본원칙과 규범을 위반한 비법적인 군사적 점령행위로서 명백히 국제적 범죄를 이룬다.

또한 미제는 인민의 참다운 정권을 세우려는 우리 인민의 정치적 요구를 무참히 짓밟아버린 데 대한 정치적 책임을 져야 한다. 어떤 사회제도와 정권을 세우는가 하는 것은 매개 민족의 자결권에 속하는 문제로서 외부세력은 그에 대하여 간섭할 권리가 없다. ≪국가들의 권리와 의무에 관한 선언≫제1조에는 ≪매개 국가는 독립에 대한 권리를 가진다. 때문에 어떤 다른 국가로부터의 강요가 없이 국가통치형태의 선정권을 포함한 일체 자기의 법적 권리를 자유로이 실현할 수 있는 권리를 가진다.≫고 규정되어 있다.

또한 미국은 국제법의 원칙에 위반되게 남조선에서 인민들이 요구하는 인민위원회를 비법적인 단체로 선포하고 총칼을 휘둘러 해산하였으며 인민들이 반대하는 군정을 실시함으로써 남조선인민들의 최대의 정치적 권리를 유린하였을 뿐만 아니라 친미반공괴뢰정권을 조작하여 조선의 분렬을 고착시킨 데 대한 정치적 책임을 져야 한다.

세계인권선언 제21조 3항에는 ≪인민의 의사는 정권의 기초로 되어야 한다. 이 의사는 일반적이며 평등한 선거권에 의하여 비밀투표 혹은 이와 동등한 자유로운 투표절차에 의한 정기적이며 공정한 선거로 표명되어야 한다.≫라고 규정되어 있다. 모든 공민들이 평등한 자격으로 선거할 권리와 선거받을 권리를 가진다는 것은 세계 모든 나라의 헌법에 규정되어 있는 보편적인 정치적 권리이며 정권이 자유로운 선거, 공명정대한 선거에 의하여 수립되어야 합법적인 것으로 된다는 것은 세계가 공인하고 있는 정권건설원칙이다. 그러나 미제는 정권건설원칙과 조선인민의 의사를 무시하고 유엔거수기들을 발동하여 남조선 《단독선거결의》를 날조하고 수만 명의 군경들과 테로단, 미함대까지 동원하여 《선거》를 강행하였으며 사기와 협잡의 방법으로 남조선괴뢰정권의 날조행위는 유엔헌장과 《국가의 권리와 의무에 관한 선언》, 《세계인권선언》 등 국제법을 란폭하게 위반한 행위로서 마땅히 정치적, 법적 제재를 받아야 [65] 할 국제적 범죄로 된다.

또한 미제는 우리 인민에 대한 가혹한 탄압과 무자비한 살육만행을 감행한 데 대한 법적 책임을 져야 한다. 미제는 1946년 10월 항쟁에 일떠선 남조선인민 2만 5,000여 명과 1948년 《단선》을 반대하는 제주도의 애국자 7천여 명을 학살하고 남조선유격대를 《토벌》한다는 구실 밑에 11만 명의 무고한 인민들을 학살한 것을 비롯하여 수십만 명의 인민들을 학살하고 20만 호 이상의 가옥을 불살라 100여만 명 이상의 인민들이 굶어죽고 얼어 죽게 하였다.

미제가 남조선에서 감행한 이러한 범죄는 국제법상 시효가 적용되지 않으며 따라서 세월이 아무리 흘러도 책임 있는 자들은 해당한 형사적 처벌을 받아야 한다. 미국은 남조선을 비법적으로 강점하고 괴뢰정권을 조작하여 우리나라의 분렬을 고착시켰으며 조선인민을 야수적으로 학살한 범죄행위에 대하여 인정하고 그에 해당한 정치도덕적, 범적 책임을 지기 위한 실천적인 대책을 취해야 한다. 미국은 조선인민앞에 저지른 범죄를 국가적으로 인정하는 국회결의를 채택하고 북남정부에 공식적으로 사죄하며 유엔총회를 비롯한 국제회의들에서 자기의 범죄행위를 공개하고 죄과에 대하여 성실하게 반성하여야 한다.

미제는 다음으로 우리나라의 경제와 문화를 파괴하고 략탈한 데 대한 물질적 책임을 져야 한다. 미국은 《우리가 해야 할 일이란 남조선을 파괴시키는 것이다. 그러나 그것을 미국이 한 것처럼 보이지 않게 해야 한다.》는 정책을 내세우고 남조선의 경제와 문화를 의도적으로 파괴략탈하였다.

우선 미제는 남조선경제를 강도적으로 략탈하기 위하여 미쳐 날뛰었다. 미제는 1945년 9월 《적산에 관한 건》, 《조선 내 소재 일본인재산 취득에 관한 건》을 발표하여 남조선주식회사 총자본의 91%, 공업총투자액의 94%에 해당하는 공장, 기업소들을 강탈하여 미국경제에 예속시켰으며 낡아빠진 무기, 변질된 식료품, 남조선의 토질에 맞지 않는 비료를 《원조》의 명목으로 들이밀어 막대한 리윤을 짜내었다. 1947년 3월에는 《소사업기관처분에 관한 건》 등 여러 가지의 악법들을 조작하여 이 해에만도 당시 물가로 146억 원에 해당한 주택, 선박, 기업소들을 모리간상배들에게 팔아넘기었다. 그리고 1946년 2월 《신한공사》를 조작하여 농경지 28만 6,000정보를 강탈하였으며 봉건적인 고률소작료로 27억 1,465만 원의 막대한 금액을 남조선농민들로부터 짜내었다. 미국의 략탈행위로 남조선의 쌀생산은 1947년까지 년평균 472만 석이나 줄어들고 목화생산량은 1944년에 비해 1946년에는 42.9% 감소되었으며 남조선인민들은 일제 때보다도 더 비참한 처지에서 헤매게 되었다.

또한 미제는 남조선의 문화를 야수적으로 파괴하고 그 발전의 길을 막는 범죄행위도 감행하였다. 미제는 1946년 서울대학교 규장각의 수많은 도서를 훔쳐갔으며 1947년 4월에는 경복궁의 정원을 파괴하고 병영을 설치하였으며 1948 - 1949년 기간에는 서울중앙박물관에 있던 신라의 금관과 구슬, 목걸이, 팔찌, 금반지들을 훔쳐갔다.

미제가 우리나라의 경제와 문화를 파괴략탈한 자료는 사실의 일부에 지나지 않는 것이지만 알려진 것만 계산하여도 그 액수는 실로 천문학적 수자에 달한다. 미국은 우리나라에서 감행한 경제문화에 대한 파괴략탈상을 세부항목에 이르기까지 구체적으로 밝히고 략탈해간 모든 것을 반환하며 손해의 전액을 배상해야 한다.

조선인민에게 끼친 정치, 경제, 문화적 피해를 사실 그대로 인정하고 진심으로 사죄하며 철저하게 보상하는 것은 유일≪초대국≫으로 자처하는 미국이 세계 앞에서 자기의 체모를 유지하는 가장 좋은 방도이다.

47. ≪유엔군사령부≫는 국제법에 어긋나는 강도적인 침략≪기구≫4)

림 동 춘

[55]남조선강점 ≪유엔군≫과 ≪유엔군사령부≫는 조선전쟁시기부터 오늘에 이르는 반세기 이상이나 유엔헌장과 국제법의 기본원칙들을 위반하면서 조선인민에게 헤아릴 수 없는 고통과 불행을 들씌워 왔다.

위대한 수령 김일성동지께서는 다음과 같이 교시하시였다. ≪…… **원래 유엔은 세계 평화와 안전 및 나라들과의 경제문화교류를 도모할 목적으로 창설된 국제기구입니다. 〈유엔헌장〉에 의하면 유엔성원국들은 다른 나라의 령토완정과 정치적 독립을 반대하여 위협과 무력행사를 절대**

---

4) 출처: 김일성종합대학출판사, 『김일성종합대학학보: 력사법학』, 제52권 제2호(2006), 55 - 59쪽.

로 할 수 없습니다.》(《김일성선집》제12권, 398~399페지)

　남조선에 주둔하고 있는 《유엔군》과 《유엔군사령부》가 유엔이 파견한 군대가 아니라 미국이 파견한 미군이라는 것은 세상이 다 알고 있는 사실이다. 미국은 지난 반세기 이상이나 남조선주둔 미군에 《유엔》의 모자를 씌워 우리 민족에게 모진 고통과 불행을 들씌워 온 것도 모자라 이 침략적이며 강도적인 《유엔군사령부》의 역할을 강화하려는 기도를 로골적으로 드러내고 있다. 남조선강점 미군사령관 라포트는 2005년 3월 8일 미국회청문회에서 《조선전쟁참전국들의 역할을 확대》하여 《유엔군사령부를 구성하고 있는 동맹국의 힘을 결속할 수 있는 다국적 참모진을 구성할 것》이라느니, 《유엔군사령부 본부에 더 많은 인원이 참가하기를 희망》한다느니, 《올해 동맹국들의 합동군사훈련참여확대를 모색하고 있다.》느니 하면서 남조선주둔 《유엔군사령부》의 역할을 강화할 데 대하여 떠벌였다. 라포트는 2004년 9월에도 《만일 정전협정이 깨지고 적대행위가 재개된다면 16개 구성국들은 련합을 위해 재편성될 것》이며 《유엔안보리사회가 임무종결을 선언할 때까지 유엔평화유지군으로서의 역할을 계속 수행할 것》이라고 하였다. 남조선강점 미군의 다른 고위관계자들도 《유엔군사령부》의 역할강화는 《유사시 국제사회가 유엔군사령부를 통해 조선반도문제에 더욱 자연스럽게 참여할 수 있는 바탕을 제공》할 것이라고 라포트의 망발에 맞장구를 쳤다. 뿐만 아니라 2004년 말 미국은 《한미련합사령부》부사령관을 비롯한 괴뢰군부의 고위인물들을 일본에 불러들여 처음으로 《유엔군사령부》에 소속된 후방기지들과 군사기지들을 시찰하게 하였다.

　《유엔군사령부》를 강화하려는 미군부 고위계층들의 이러한 움직임은 조미핵문제의 평화적 해결의 길을 가로막고 우리 공화국을 군사적으로 압살하려는 부쉬호전세력의 립장을 대변한 것으로서 사실상 조선전쟁을 도발하고 유엔의 이름을 도용하여 다국적군을 투입한 지난 세기 50년대의 침략수법을 그대로 재현시키려는 범죄적 흉계의 발로라고밖에는 달리 볼 수 없다. 미국이 유명무실해진 《유엔군사령부》를 최근 시기에 들어와 더 강화하려는 것은 6자회담을 파탄에로 몰아가다가 그 책임을 우리에게 넘겨씌우는 것과 동시에 핵문제를 유엔에 상정시켜 반공화국 《제재》조치를 발동하게 하며 《유엔군》의 모자를 쓴 다국적 무력을 자동적으로 개입시켜 공화국을 반대하는 전면전쟁을 도발하자는 데 그 목적이 있다.

　미국이 그 역할을 강화하려고 하는 《유엔군사령부》는 지난 조선전쟁시기 북침야망을 실현하기 위해 유엔을 조종하여 강도적으로 조작해낸 국제법상 그 어떠한 효력도 가지지 못하는 침략적인 《기구》이다. 《유엔군사령부》는 그 조작경위로 보나 사명과 역할의 견지에서 볼 때 유엔헌장과 국제법의 기본원칙에 완전히 어긋나는 미국의 조선침략《기구》이다.

≪유엔군사령부≫가 국제법에 어긋나는 강도적인 침략≪기구≫로 되는 것은 첫째로, 이 ≪기구≫가 유엔헌장을 완전히 무시하고 미국의 일방적인 요구와 조종에 의하여 날조되었기 때문이다. [56]국제법상 국제기구는 국제법의 기본원칙과 해당 국제기구의 창설과 운영에 관한 규범에 따라 조직되어야만 합법적인 국제기구로 인정되며 그러한 국제기구만이 국제관계에서 합법적인 국제법의 당사자로서 권리를 행사하게 된다. 그러나 ≪유엔군사령부≫는 유엔헌장에 규제된 결정채택절차와 유엔군의 조직과 파견에 관한 헌장의 규범에 완전히 배치되게 조작되었을 뿐 아니라 유엔≪결의≫그 자체도 외곡하여 설치된 국제법상 아무러한 효력도 가질 수 없는 불법무효한 미국의 조선침략≪기구≫이다.

≪유엔군사령부≫는 우선 유엔헌장에 규제된 표결절차와 당사자를 참가시킬 데 대한 규범을 완전히 무시하고 조선침략을 위한 미국의 일방적인 요구에 의해 조작된 비법적인 ≪기구≫이다. 국제기구에서 규제하고 있는 절차상의 문제들을 단순한 공정상의 문제인 것이 아니라 그 자체가 모든 나라들이 반드시 지켜야 할 국제법적 문건이다. 따라서 기구에서 규제한 절차상의 규범에 부합되지 않게 결정된 그 어떤 문제도 법적 효력을 가질 수 없다. 때문에 모든 국가들은 이것을 엄격히 지켜왔으며 국제관례로 공인하여 왔다. 유엔헌장은 유엔성원국들은 물론 성원국이 아닌 나라들도 반드시 지켜야 할 국제법적 규범이다. 그러나 미국이 ≪유엔군사령부≫가 유엔의 합법적인 결정에 의하여 조직된 것이라고 내대고 있는 1950년 7월 7일부 유엔안전보장리사회결의 84호는 유엔헌장에 규제된 표결절차를 완전히 어기고 ≪채택≫된 비법적인 문건이다. 미국은 안전보장리사회결의 제84호가 ≪유엔군≫과 ≪유엔군사령부≫조직을 결정하였기 때문에 이 결의에 따라 조직된 ≪유엔군사령부≫는 ≪합법적≫인 것이라고 우겨대고 있다.

유엔헌장 제27조 3항에는 절차상의 문제들을 제외한 모든 문제들에 대한 ≪안전보장리사회의 결정들은 상임리사국을 포함하는 9개 리사국(당시는 7개 리사국)들의 찬성투표에 의하여 채택된다.≫고 규정되어 있다. 그런데 안전보장리사회결의 제84호를 토의하는 안전보장리사회 회의에 5개 상임리사국들 가운데서 이전 쏘련과 중국은 참가하지 않았다. 따라서 두 개의 상임리사국이 참가하지 않은 유엔안전보장리사회결의 제84호는 그 어떤 법적 효력도 가질 수 없다. 이전 쏘련은 안전보장리사회 회의에 참가하지 않았을 뿐만 아니라 결의채택과 관련하여 명백한 반대립장을 표명하였다. 당시 쏘련외무상이었던 그로믜꼬는 유엔사무총장에게 보낸 전보들에서 ≪안전보장리사회결의 제84(1950)호는 5개 상임리사국을 포함한 7개 리사국들의 찬성을 받아야하나 쏘련과 새 중국의 참가 없이 채택되었으므로 법적 효력이 없으며 유엔헌장에 대한 엄중한 침해로 된다. 안전보장리사회결의는 유엔기발을 조선인민을 반대하는 미국의 침략적인 군사작전을 가리는 허울로 도용하도록 하고 있다. 따라서 쏘련정부는 안전보장리사회결의가 첫째로는 비법적이고 둘째로는 조선인민을 반대하는 무력침략에 대한 직접적인 지원으로 된다고 선언한다.≫고 밝히면서 안전보장리사회 결의 제84호에 대한 거부권을 행사하였다. 쏘련정부의 이름으로 된 외무상의 이러한 전보들은 유엔안전보장리사회결의 제84호가 두 개의 상임리사국이 참가하지 않았고 쏘련이 거부권을 행사하였기 때문에 비법이며 세계평화와 안전을 보장하기 위하여 창설된 유엔군이 자기의 목적과 사명에 배치되게 조선인민을 반대하는 무력침략에 참가하기 때문에 당연히 비법적인 결의로 된다는 주장이 강하게 담겨져 있다. 유엔≪결의≫가 비법적인 것이라는 것은 전 프랑스대통령이었던 드골이 조선전쟁에 대한 유엔의 군사적 간섭과 관련한 유엔 ≪결의≫가 ≪유엔의 본래의 성격과 기능이 한도를 넘어서서 헌장원칙을 벗어나게 된 것으로 알고 있다.≫고 실토한 사실에서도 잘 알 수 있다.

유엔안전보장리사회결의 제84호는 안전보장리사회의 표결절차를 완전히 무시하고 있을 뿐 아니라 분쟁의 당사자를 참가시킬 데 대한 유엔헌장의 규범에도 전적으로 배치되는 비법적인 문건이다. [57]유엔헌장 제32조에는 ≪유엔성원국이나 유엔성원국이 아닌 임의의 국가는 안보리사회가 심의하는 분쟁의 당사국인 경우 이 분쟁과 관련한 문제토의에 투표권 없이 참가하도록 초청된다.≫고 규정되어 있다. 그러나 유엔안전보장리사회결의 제84호 채택 시는 물론 그에 앞서 진행한 회의들에도 분쟁의 당사국이며 직접적인 피해국인 조선민주주의인민공화국을 대표하는 대표는 참가할 데 대한 초청도 받지 못하였다.

원래 국제법의 일반원칙의 견지에서 볼 때 쌍방조약이나 다방조약에 관계없이 해당 조약에 참가하지 않은 국가의 문제에 대해서는 론의할 수 없으며 설사 3국과 관련된 문제가 결정된다고 하여도 그 어떤 효력도 가질 수 없다. 유엔결의는 9개 리사국들의 찬성에 의하여 이루어지는 것만큼 거기에서 결정되는 문제가 관계국가들에 리행의무를 지우자면 반드시 당사자를 참가시켜야 한다. 때문에 유엔헌장에서는 이에 대하여 유엔성원국은 말할 것도 없고 유엔성원국이 아닌 나라들도 분쟁의 당사국으로 되는 경우 반드시 참가하도록 초청된다는 것을 명백히 조문화하여 규정하고 있는 것이다. 그러나 미국은 저들의 조선침략목적을 달성하기 위하여 유엔헌장의 규정도 집어던지고 비법적으로 동맹국과 추종국들의 거수기들을 발동하여 부당한 ≪결의≫를 날조해내였다.

≪유엔군사령부≫는 또한 미국의 독단과 전횡에 의하여 ≪채택≫된 ≪유엔결의≫까지도 외곡날조하여 설치한 비법적인 ≪기구≫이다. 미국은 ≪유엔군사령부≫가 합법적이라는 법률적

근거로 1950년 7월 7일부 유엔안전보장리사회결의 제84호와 1950년 7월 17일에 채택된 유엔안전보장리사회≪권고안≫s/1588을 들고 있다. 그런데 미국이 법률적 근거로 내대고 있는 유엔≪결의≫와 ≪권고안≫에는 ≪유엔군≫을 조작한다거나 ≪유엔군사령부≫를 설치한다고 지적한 것이 없다. 유엔안전보장리사회결의 제84호에는 ≪유엔군사령부≫를 조직할 데 대한 문구가 그 어디에도 없으며 다만 미군지휘하의 ≪통합사령부≫가 15개 국가들이 제공하는 군대와 기타 원조를 사용하도록 권고한다는 내용만 있을 뿐이다. 하지만 미국은 안전보장리사회결의 제84호를 외곡하여 ≪통합사령부≫를 일방적으로 ≪유엔군사령부≫로 개칭하였을 뿐 아니라 유엔헌장을 무시하고 미군과 추종국가 고용병들을 ≪유엔군≫으로 둔갑시켜 조선전쟁에 들이밀었던 것이다.

≪유엔군사령부≫가 유엔결의에 배치되는 미국의 날조품이라는 데 대해서는 이전 유엔 사무총장 부투루스 부투루스 갈리가 남조선주둔 ≪유엔군사령부≫를 해체하는 문제와 관련하여 조선민주주의인민공화국 외교부장에게 보낸 1994년 6월 24일부 서한에서 ≪1950년 7월 7일부 안전보장리사회결의 제84(1950)호 3항에 의하면 안전보장리사회는 자기의 관할하의 보조기관으로서 통합사령부를 조직한 것이 아니라 그러한 사령부를 내올 데 대하여 순수 권고만을 하면서 그것이 미국의 권한하에 있다고 밝혔을 뿐이다.≫라고 하면서 남조선주둔≪유엔군사령부≫는 유엔과 아무런 관계도 없다고 지적한 데서도 여실히 드러났다. 갈리가 명백히 밝힌 것처럼 안보리사회결의 제84호는 ≪유엔군사령부≫나 ≪통합사령부≫를 조직할 데 대하여 그 어떤 결정도 한 것이 없으며 다만 그러한 사령부를 조직할 데 대하여 순수 권고만을 하였다. 그런데 미국은 이 ≪결의≫를 저들의 조선침략목적실현에 맞게 확장외곡해석하여 ≪유엔군사령부≫를 조작하고 그것이 유엔 ≪결의≫에 따른 것이기 때문에 ≪합법적≫이라고 우겨대였던 것이다.

≪유엔군사령부≫가 미국의 날조품이라는 것은 안전보장리사회결의 제84호가 채택되기 1주일 전인 1950년 6월 30일 11시 트루맨이 ≪의회지도자≫들과의 련석회의에서 미륙군의 조선전선투입이 유엔≪결의≫의 지지를 받은 것인가라는 코넬리위원의 질문에 대한 대답에서도 명백히 알 수 있다. 트루맨은 대답에서 ≪미국의 행동은 모두가 유엔기구의 범위 안에서 취한 조치이며 맥아더는 미극동군사령관인 동시에 유엔군사령관이다.≫라고 [58]하였으며 ≪미국은 곧 유엔이며 자기들이 하는 일은 곧 유엔의 결정이다.≫라고 날강도적인 망발을 내뱉었다. 트루맨의 이 파렴치한 대답에 대하여 미제를 두둔해주던 부르죠아출판물들까지도 미국지배층의 더할 나위 없는 파렴치한 행동에 낯을 붉히면서 유엔안보리사회 7월 7일 ≪결의≫를 유엔결정이 아니라 ≪미국의 결정≫이며 ≪트루맨의 결정≫이라고 락인찍었던 것이다.

갈리와 트루맨, 부르죠아출판물들의 이러한 평가는 미국이 고집하는 것처럼 《유엔군사령부》가 유엔《결의》에 의한 합법적인 기구인 것이 아니라 미국의 독단과 전횡에 의하여 설치된 국제법상 그 어떠한 효력도 가질 수 없는 비법적인 《기구》라는 것을 말해준다.

미국이 《유엔군사령부》가 《합법적》이라고 내대고 있는 또 하나의 법률적 근거는 1950년 7월 17일부 유엔안보리사회《권고안》s / 1588이다. 그러나 이 권고안에서도 유엔군을 조직한다거나 유엔군사령부를 설치한다는 표현조차 없다. 그럼에도 불구하고 미국이 저들의 주도하에 있는 침략군사령부에 유엔의 이름을 붙인 것은 이 권고안의 내용을 외곡하여 미군의 침략행위를 유엔의 이름으로 합법화하려는 데 그 목적이 있었다.

미국이 《유엔군사령부》조작의 《합법적》인 근거라고 내대고 있는 유엔안전보장리사회의 《결의》와 《권고안》이 비법적이라는 것은 이전 쏘련이 리사회활동에 다시 참가한 후 유엔안전보장리사회가 1951년 1월 31일 자기의 토의의정목록에서 《대한민국을 반대하는 침략에 대한 제소》라는 의정을 철회하는 결의 90호를 채택하고 그 후부터는 조선문제를 토의하지 않은 사실에서도 명백히 알 수 있다.

제반 사실들은 《유엔군사령부》란 유엔헌장과 국제법을 란폭하게 위반하고 조선침략을 위하여 미국이 날조해낸 그 어떤 법적효력도 없는 비법적인 기구라는 것을 보여준다.

《유엔군사령부》가 국제법에 어긋나는 강도적인 침략《기구》로 되는 것은 둘째로, 이 기구가 유엔군의 사명과 역할을 수행할 데 대한 유엔헌장의 규범을 란폭하게 위반하고 미국의 조선침략목적실현에만 리용되고 있기 때문이다. 《유엔군사령부》는 우선 세계평화와 안전을 보장할 데 대한 유엔헌장의 규범을 무시하고 미국의 조선침략에만 리용된 비법적인 《기구》이다. 유엔헌장 제1조 1항에서는 《국제적 평화와 안전을 유지하며 이를 위하여 평화에 대한 위협을 방지, 제거하기 위한 집단적 조치를 취하는 것이 유엔의 목적》이며 제2조 4항에서는 《모든 성원국들은 국제관계에서 그 어떤 국가의 령토완정이나 정치적 독립에 대하여 유엔의 목적에 부합되지 않는 그 어떤 방식으로 위협하거나 힘을 사용하지 않는다.》는 것이 유엔의 활동원칙이라고 명백히 규정하고 있다.

유엔헌장에는 유엔군의 사명과 역할도 바로 이러한 유엔의 목적과 활동원칙을 실현하는 것으로 되어야 한다고 조문화하고 있다. 유엔헌장 제42조에는 유엔안전보장리사회가 《국제적 평화와 안정을 유지 또는 회복시키는 데 필요한 행동을 륙해공군에 의거하여 취할 수 있다.》고 규정하고 있다. 유엔헌장에 규정되어 있는 것처럼 유엔군의 사명과 역할은 국제적 평화와 안전을 보장하는 것이며 이것과 배치되는 유엔군의 사명과 역할은 더 론의할 여지없이 헌장에 대한 위반으로 되며 따라서 국제법상 그 어떤 효력도 가질 수 없다.

그러나 《유엔군》의 이름으로 그리고 《유엔군사령부》의 지휘밑에 조선전쟁에 가담한 미군과 15개 추종국가군대들은 조선반도의 평화와 안전을 보장하기 위한 활동을 한 것이 아니라 우리 공화국에 대한 무력침공을 감행하였으며 강점지역들에서 무고한 주민들을 대량적으로 학살하는 살인만행을 저질렀다. 미군과 추종국가군대들은 유엔군의 사명과 역할에 배치되는 전쟁범죄를 감행함으로써 저들의 군사행동이 유엔군으로서의 활동이 아니라 미국의 조선침략목적실현에 있다는 것을 스스로 드러내놓았다.

《유엔군사령부》는 또한 유엔군의 조직과 파견, 지휘에 관한 유엔헌장의 규범도 완전히 무시하고 미국의 지령에만 움직여온 [59]미국의 조선침략《기구》이다. 유엔헌장 제46조와 제47조에는 유엔군의 병력사용과 지휘는 유엔안전보장리사회 상임리사국의 군참모장들로 구성된 군사참모위원회의 방조와 지원을 받아 안전보장리사회가 맡아 수행한다고 규정되어 있다. 그러나 조선전쟁에 참가한 미군과 15개 추종국가의 군대들은 유엔안전보장리사회의 관할하에 있지 않았으며 더구나 군사참모위원회는 한번도 운영되지 않았고 오직 미국의 지령에만 복종하여왔다. 이에 대하여서는 미국인들 자체가 인정하였을 뿐 아니라 영국을 비롯한 동맹국들과 추종국가들까지도 인정하였다. 조선전쟁말기에 《유엔군사령관》이었던 클라크는 1967년 3월 20일 기자회견에서 《나는 조선주둔 유엔군사령관이었지만 전쟁기간 유엔으로부터 도대체 무슨 지시를 받은 것이 있었던지 생각나지 않는다.》고 고백하였으며 영국의 로이터통신은 《미국과 남조선이 보통 유엔군사령부라고 하는 것은 실제에 있어서 미국장군과 참모를 가진 미국통제하의 기구였다.》라고 폭로하였다.

《유엔군사령부》는 세계의 많은 나라들로부터 강한 배격과 비난을 받았다. 뽈스까는 1950년 7월 유엔안전보장리사회《결의》가 유엔헌장과 규범에 어긋나는 비법적인 것이라고 폭로하였으며 체스꼬슬로벤스꼬 외무상 역시 이에 항거하는 전문을 유엔에 보냈다. 인디아의 네루수상은 1950년 7월 유엔《결의》가 비법이기 때문에 조선에 군대를 파견할 수 없다고 공식 언명하였으며 만마, 수리아, 이라크 등 아시아 12개 나라들도 이를 일치하게 반대하여 나섰다.

《유엔군사령부》가 미국의 날조품이며 미국을 위해서만 움직이는 비법적인 《기구》라는데 대해서는 조선전쟁 이후 시기에도 세계 여러 나라들과 유엔에 의하여 재확인되었다. 유엔총회 제28차 회의에서는 많은 나라들이 미국이 조선에서의 침략전쟁을 합리화하기 위해 《유엔군》과 《유엔군사령부》를 조작해냈다고 하면서 유엔안전보장리사회가 책임지지 않는 《미군사령부》를 《유엔군사령부》로 부르는 것은 비법행위라고 규탄하였다.

≪유엔군사령부≫는 또한 그를 해체할 데 대한 유엔총회결의까지도 무시하고 조선침략을 위한 미국의 일방적인 요구에 의하여 존재하고 있는 비법적인 ≪기구≫이다. 1975년 제30차 유엔총회에서는 세계 진보적 나라들의 일치한 요구에 의하여 결의 제3390(XXX)B호를 채택하여 남조선에 있는 ≪유엔군사령부≫를 해체하며 남조선으로부터 모든 외국군대를 철거시킬 데 대하여 결정하였다. 유엔≪결의≫에 따라 조직되었기 때문에 ≪합법적≫이라고 하는 ≪유엔군사령부≫는 유엔총회에서 결정한 대로 즉시에 해체하여야 미국이 주장하는 론리에 부합될 것이다. 왜냐하면 ≪유엔군사령부≫는 미국의 요구에 의해서가 아니라 유엔의 결정에 의해서 조직되었다고 고집하고 있는 나라가 다름 아닌 미국이기 때문이다. 해체선고를 받은 지 30년이 지난 오늘까지 그 존재를 유지해온 ≪유엔군사령부≫를 해체할 대신 오히려 더 강화하겠다는 미국이야말로 국제법과 유엔헌장의 란폭한 유린자라는 것을 더욱 똑똑히 보여주고 있다.

이 모든 사실들은 미국이 강화하겠다고 떠들어대는 ≪유엔군사령부≫란 국제법과 유엔헌장에 비추어볼 때 아무런 적법성도 유효성도 없는 불법무효한 침략기구이라는 것을 실증해주고 있다.

48. 일본반동들은 군국화와 해외팽창을 위한
헌법개악책동을 당장 중지하여야 한다[5]

조선법률가위원회 백서

오래전부터 음으로 양으로 감행되어 온 왜나라의 군국화와 해외팽창책동이 아베내각발족 후 극도로 위험한 단계에 이르고 있다. 그것은 일본반동들이 제2차 세계대전 후 채택되어 지금까지 시행되어 온 ≪평화헌법≫을 전쟁헌법으로 뜯어고쳐 군국화와 해외팽창의 ≪법적 기초≫를 기어이 완비해보려고 광분하고 있는 사실이 잘 말해주고 있다.

얼마 전 왜나라수상 아베는 현행헌법이 60년이 지난 오늘의 시대에는 맞지 않으며 새로운 시대에 맞는 헌법을 저들의 손으로 제정해야 한다고 하면서 헌법개악을 자기의 주요정책적 과제

---

5) 출처: 로동신문, 2007년 1월 26일.

로 내외에 공식선포하였다. 한편 섬나라의 집권자민당 내에서는 헌법개악의 필요성과 새 헌법에 담을 내용들을 조사심의하는 전문부서인 ≪헌법조사회≫를 ≪헌법심의회≫로 그 지위를 높이는 놀음도 벌어졌다. 더욱이 왜나라에서는 새해에 들어와 방위청이 방위성으로 승격되는 등 ≪평화헌법≫의 핵심적 사항들을 뜯어고치기 위한 준비가 최종 단계에서 완성되어 가고 있다.

≪21세기에 맞는 헌법을 만든다≫는 미명하에 감행되는 섬나라의 헌법개악놀음은 단순히 한 나라의 내정에 국한되는 문제가 아니라 조선반도는 물론 동북아시아와 나아가서 세계의 평화와 안전을 위태롭게 하는 매우 심각한 문제이다. 제2차 세계대전 후 륙해공군무력과 기타 전쟁능력, 교전권을 가지고 있지 못하게 되어 있는 패전국, 전범국으로서의 지위를 망각하고 ≪전후체제에서의 탈피≫와 ≪정상국가로서의 체모≫를 운운하며 군국화와 해외침략야망을 실현해보려고 무분별하게 날뛰는 왜나라 반동들의 교활하고 집요한 헌법개악책동은 평화와 안전에 대한 엄중한 도전이며 추호도 용납할 수 없는 범죄행위이다.

조선법률가위원회는 지금껏 형식상으로나마 남아 있던 ≪평화국가≫의 허울마저 벗어던지고 공공연히 군국화와 해외침략을 합법화하려는 섬나라 반동들의 헌법개악책동의 반동성과 비법성을 국제사회앞에 폭로단죄하기 위해 이 백서를 발표한다.

왜나라의 헌법개악책동은 국제법상의무에 대한 란폭한 위반이다

군국화와 해외침략을 합법화하려는 왜나라 반동들의 헌법개악책동은 무엇보다도 전범국, 패전국으로서의 섬나라의 지위를 규정한 국제협약들에 로골적으로 도전하는 범죄행위이다. 제2차 세계대전 이후 국제사회는 인류에게 헤아릴 수 없는 재난을 가져단 준 왜나라가 두 번 다시 침략과 전쟁을 감행할 수 없도록 하기 위해 전후 섬나라의 법적 지위를 규정한 일련의 국제법적 문건들을 채택하였다. 그러한 대표적인 문건들로서는 ≪포츠담선언≫과 유엔헌장을 들 수 있다.

1945년 7월 26일에 조인된 ≪포츠담선언≫에서는 일본군대를 완전히 무장해제하며 군인들은 각기 자기의 집으로 돌아가 평화적인 생활을 하도록 할 데 대한 문제(제9항), 일본정부가 국내에서 민주주의적인 모든 조치들을 취할 데 대한 문제(제10항), 일본이 전쟁을 위한 재무장을 할 수 있게 하는 산업을 가지지 말 데 대한 문제(제11항), 일본정부가 전 일본군대의 무조건항복을 즉시 선언하고 그것을 리행하기 위하여 성의를 가지고 노력할 데 대한 문제(제13항) 등을 규정하였다. 이와 같이 ≪포츠담선언≫은 패망 후 섬나라의 장래문제, 법적 지위문제를

밝힌 국제법적 문건이다. 1945년 8월 14일 왜나라가 련합국에 보낸 ≪포츠담선언수락통고≫에
는 왜왕이 ≪포츠담선언≫의 조항들을 수락하며 ≪포츠담선언≫의 제규정을 리행하기 위해 모
든 일본군대가 전투행위를 끝내고 련합군측에 무기를 넘겨준다는 데 대하여 지적되여 있으며
1945년 9월 2일 섬나라가 서명한 ≪일본항복문서≫에서도 일본군대가 무조건항복을 선포한다
는 것, ≪포츠담선언≫의 조항들을 성실히 리행할 것이라는 것, 왜왕과 왜나라 정부가 련합국
이 취하는 모든 조치들을 집행한다는 것 등을 명백히 하였다. 이처럼 패망 후 섬나라가 공식
수락한 ≪포츠담선언≫은 앞으로 해외침략과 군국주의를 부활시키지 않으며 영원히 ≪평화국
가≫로서 책임을 다하겠다는 것을 국제사회앞에 공약한 법적 증거물이다.

왜나라 반동들의 헌법개악책동은 유엔헌장에도 철저히 배치되는 행위이다. 지금 섬나라 반
동들은 유엔헌장에 규제된 ≪집단적 자위권≫의 행사가 매개 나라의 합법적 권리에 속하는 것
이라고 주장하면서 저들의 헌법개악놀음에 그 무슨 국제법적 타당성을 부여해보려고 어리석게
책동하고 있다. 유엔헌장에 규제된 ≪집단적 자위권≫이 매개 국가의 합법적 권리로 되는 것
은 명백하지만 왜나라의 경우에는 례외로 된다. 유엔헌장 제107조에는 ≪헌장의 어느 한 조항
도 제2차 세계대전기간 이 헌장서명국의 적국이였던 나라에 대하여 취한 …… 행동을 무효로
하거나 배제하지 않는다.≫고 규제되여 있다.

유엔헌장이 명백히 밝힌 바와 같이 섬나라 정부는 저들도 공식수락한 국제법적 문건인 ≪포
츠담선언≫의 결정 다시 말하여 다른 나라들에 대한 무력행사와 군사적 행동을 금지하고 평화
국가로서의 법적 지위를 준수할 데 대한 국제적 의무를 지니고 있다. 이런 의무로부터 섬나라
는 1946년 11월에 ≪① 일본국민은 …… 국제평화를 성실히 희망하며 국가권력의 발동으로서
의 전쟁과 무력에 의한 위협 또는 무력행사를 국제분쟁해결수단으로서 영원히 포기한다. ②
앞항의 목적을 달성하기 위하여 륙해공군과 기타의 전쟁능력을 가지지 않는다. 나라의 교전권
은 인정하지 않는다.≫고 규정한 제9조 등의 중요조항들을 핵심으로 하는 ≪평화헌법≫을 제
정하고 1947년 5월부터 시행하지 않으면 안 되게 되였다.

제2차 세계대전의 전범국으로서 섬나라는 향유하여야 할 권리보다 리행하여야 할 국제법적
의무를 너무나도 많이 지니고 있는 ≪국제법채무국가≫이다. 인류에게 헤아릴 수 없는 불행과
고통을 들씌운 왜나라가 침략전쟁범죄에 대한 성근한 반성도 깨끗한 청산도 하지 않고 있으며
더욱이 유엔헌장에 아직도 적국으로 남아 있는 주제에 그 무슨 ≪국제평화와 안전에 대한 기
여≫를 론하며 국제법상의 ≪집단적 자위권≫에 부합되는 권리행사를 주장하는 것은 오직 파
렴치성과 교활성으로 체질화된 섬나라 반동들만이 고안해낼 수 있는 철면피한 국제법 남용행

위이다. 이처럼 ≪평화헌법≫을 전쟁헌법으로 뜯어고치려는 왜나라 반동들의 책동은 공인된 국제법규범과 저들의 공약은 어떻게 되든 기어이 군사대국화와 해외팽창의 ≪법적 기초≫를 완비하고 또다시 재침의 길로 나가려는 극히 위험천만한 행위이다. 왜나라의 헌법개악책동은 세계의 평화와 안전을 위협하는 위험한 범죄행위이다

국가의 헌법은 해당 국가의 성격과 지위, 발전방향을 규정하는 국가의 기본법으로서 평화와 안정보장에 대하여 규제하는 것을 원칙으로 하고 있다. 그러나 섬나라 반동들은 군국화와 해외팽창목적을 실현하기 위하여 헌법제정의 원칙을 무시하고 전쟁헌법조작에 분별없이 날뛰고 있다. 현행헌법을 뜯어고쳐야 한다는 왜나라 반동들의 개악의 리유와 목적은 부당하기 그지없다. 이미 발표된 바와 같이 렬도의 당국자 아베는 지난해 10월 31일에 있은 기자회견이라는 데서 헌법개악의 리유에 대하여 첫째, 현재의 헌법이 독립전에 작성되었고 둘째, 현행헌법에 60년이라는 세월이 흘러 시대에 맞지 않는 조문이 있으며 셋째, 제손으로 헌법을 작성하려는 정신이 새로운 시대를 개척해간다는 세 가지 점을 들면서 자기의 임기 중에 헌법 9조를 포함한 개헌을 기어이 실현시키겠다고 력설하였다.

결국 일정한 세월이 흐르면 개헌해야 한다는 것이 아베가 주요하게 내세우는 헌법개악의 기본리유이다. 그러나 이 리유는 그 누구도 납득시킬 수 없는 궤변에 불과하다. 일반적으로 법은 국가의 평화와 안정, 사회적 정의와 평등 그리고 경제와 문화의 정상적인 발전을 보장하기 위해 필요한 것이다. 더욱이 섬나라의 현행헌법을 놓고 볼 때 그것은 이 나라가 제2차 세계대전의 전패국으로서 다시는 군국화와 침략의 길로가 아니라 오직 영원한 평화의 길로만 나가겠다는 것을 국제사회앞에 법률적으로 공약한 것이며 바로 이 ≪평화헌법≫의 덕에 왜나라는 지금껏 안전과 치부, 경제발전을 누릴 수 있었다. 그럼에도 불구하고 왜나라의 현당국자와 집권여당이 세월이 흘렀기 때문에 헌법이 낡았다는 리유 아닌 리유를 내세우며 또다시 침략을 지향하고 전쟁을 합법화하는 군국주의적 헌법을 제정하려 하는 것은 어떤 경우에도 용납될 수 없는 범죄행위가 아닐 수 없다.

섬나라 당국자가 말하는 60년이라는 세월이 흐른 결과 헌법이 시대에 맞지 않는 조문이 있다는 것은 두말할 것 없이 군사대국으로 자라난 섬나라가 무력사용을 금지하고 있는 현행헌법 때문에 해외침략의 길로 나갈 수 없게 되어 있다는 것이다. 원래 ≪평화헌법≫은 침략성, 호전성이 체질화되어 있는 왜나라 족속들의 진의도가 선택이 아니었다. 때문에 왜나라 반동들은 ≪평화헌법≫이 제정된 후에도 줄곧 그에 불만을 가지고 언제이건 ≪때만 오면≫그것을 수정하여 헌법상 ≪군대를 가질 수 있는 나라≫, ≪전쟁을 할 수 있는 나라≫를 만들려고 각방으

로 책동하여 왔다. 벌써 1958년에 ≪다른 수단이 없을 경우 그냥 앉아서 죽기를 기다리는 것은 헌법의 취지가 아니≫라는 정부적 립장을 밝힌 바 있는 섬나라 반동들은 기회가 있을 때마다 ≪헌법의 개정≫에 대하여 거듭 력설하여 왔다. 전쟁과 무력행사의 영구포기를 명기한 ≪평화헌법≫을 ≪개정해야 한다≫는 우익보수세력들의 끈질긴 주장 속에서 최근 년간에는 집권자민당에 의하여 ≪개헌안≫이라는 것이 작성되고 그것이 새로 발족한 아베정권의 집권기간 달성해야 할 총적목표로까지 설정되어 본격적인 실천단계에 들어서고 있다.

헌법개악이 군국주의일본을 되살리려는 데 그 목적이 있다는 것은 지금 현 정부와 여당 내에서 론의되는 ≪개헌안≫의 내용을 놓고 봐도 잘 알 수 있다. 헌법개악초안은 왜왕을 ≪국가원수≫로 명기하고 현행헌법에서 금지하고 있는 ≪집단적 자위권≫행사를 허용하는 한편 이를 위해 ≪자위대≫를 대신하는 ≪자위군≫을 보유하며 수상에게 ≪국가긴급사태≫시 비상사태명령에 대한 발동권을 주고 국민에게 ≪국가방위≫의 의무를 부여하며 국제협력활동에서 무력사용을 허용하는 등 호전적인 내용으로 일관되어 있다.

섬나라 당국자가 우와 같은 ≪개헌안≫을 자기 임기 내에 기어이 국회에 제출하여 통과시키겠다고 언명함으로써 사실상 현행 ≪평화헌법≫은 정치적 사형선고를 받은 것이나 같다. 이것은 오늘 군국주의부활과 해외침략야망을 실현하기 위한 헌법개악책동이 얼마나 엄중한 단계에 들어섰는가 하는 것을 보여주고 있다.

제2차 세계대전의 패망으로 박탈당한 교전권을 부활시키며 ≪자위대≫를 세계적인 정예무력으로 전변시켜 해외침략을 합법화하는 것. 이것이 바로 헌법개악을 통하여 왜나라 반동들이 노리는 주요한 목적이다.

이렇듯 그 리유나 추구하는 목적 이 철두철미 침략성, 호전성을 띠고 있는 것으로 하여 왜나라의 헌법개악책동은 헌법제정의 일반원칙에 전적으로 배치되는 것이다. 국내법제정의 일반원칙의 하나는 철저히 헌법이 먼저 제정되고 그 헌법의 원칙과 요구에 엄격히 준하여 부문법들을 비롯한 법규범과 규정을 제정하는 것이다. 이것은 세계의 모든 나라들에서 다 공인하고 있는 하나의 굳어진 관례이며 ≪법치국가≫라고 자칭하는 왜나라의 경우에도 결코 례외로 될 수 없다. 그러나 섬나라 반동들은 ≪평화헌법≫에 모순되는 전쟁관련법들을 이미 수많이 만들어놓았으며 그를 근거로 헌법을 개악해보려고 책동하여왔다. 최근 10여 년간만 놓고 보더라도 왜나라에서는 ≪유엔평화유지활동협력법≫, ≪주변유사시법안≫, ≪테로대책특별조치법≫, ≪유사시관련법안≫ 등이 제정공포되었다. 이 법들은 명칭이 어떠하든지 모두가 이러저러한 구실밑에 ≪자위대≫의 해외파병을 합법화하고 해외침략야망실현을 위한 침략법, 전쟁법들로서 ≪평화헌법≫에 근본적으로 배치되는 것들이다.

원래 섬나라의 ≪평화헌법≫에는 국가의 최고법조항들에 위반되는 법률, 명령 등의 효력을 인정하지 않으며(98조 1항) 왜왕을 비롯한 정부와 국회, 공무원들은 이 최고법을 존중하고 옹호하여야 할 의무를 진다(99조)고 규제되어 있다. 그럼에도 불구하고 렬도에서 전시법이 먼저 제정되고 ≪평화헌법≫개악소동이 오늘날에 와서 본격화되고 있는 것은 결코 왜나라 반동들이 국내법제정의 일반원칙을 몰라서가 아니라 군국화와 재무장화를 반대하는 세계와 국내인민들의 항의를 무마시키고 어떻게 하나 전쟁헌법을 제정해서 해외파병의 길을 열어보려는 왜족특유의 교활한 타산으로부터 빚어진 것이다. 이처럼 섬나라에서 광기를 띠고 벌어지고 있는 헌법개악 책동은 단순히 문구상의 수정이나 평화적 발전을 위한 수정이 아니라 이를 통하여 기어이 군국화와 해외팽창야망을 실현해보려는 극히 위험천만한 호전행위이다.

왜나라 당국자들은 오늘의 아시아가 과거 왜적의 침략앞에 무맥하였던 어제날의 아시아가 아니며 저들의 무분별한 군국화와 해외팽창책동이 종당에는 우리나라를 비롯한 주변나라들의 강력한 전쟁억제력과 대응조치에 부딪쳐 수치스러운 파멸을 면치 못하게 될 것이라는 것을 똑똑히 알고 분별 있게 처신해야 할 것이다.

49. 국제반테로법제도와 그 제한성6)

문 철 만

[33]위대한 령도자 김정일동지께서는 다음과 같이 지적하시였다. ≪**제국주의반동세력은 세계 사회주의체계의 붕괴를 기화로 하여 반제자주력량에 대한 공세를 강화하였으며 특히 세계유일초대국으로 대두한 미제국주의는 국제무대에서 강권과 전횡을 부리고 다른 나라들의 자주권을 란폭하게 유린하면서 세계제패의 야망을 실현해보려고 침략과 전쟁정책을 더욱 악랄하게 추구하여 나섰습니다.**≫(≪김정일선집≫15권, 345페지)

인류는 새 세기에 들어서면서 자주적이고 평화로운 세계를 더욱 갈망하고 있다. 그러나 세계

---

6) 출처: 과학백과사전출판사, 『정치법률연구』, 2006년 제1호(누계 제13호), 33-34쪽, 39쪽.

유일대국으로 자처하는 미제는 인류의 지향과 요구에 도전하여 새 세기 벽두부터 전쟁의 불구
름을 몰아왔으며 국제정치무대에서 강권과 전횡을 일삼고 있다. ≪힘의 론리≫로 일관된 ≪부
쉬교리≫와 그에 기초한 침략의 마수는 국제사회계가 세기를 거쳐 마련한 국제법적 기초를 부
정하였으며 자주성을 지향하는 여러 나라들의 국가주권과 령토완정을 여지없이 유린하였다. 현
시기 부쉬를 우두머리로 하는 미국호전세력이 세계도처에서 감행하고 있는 전쟁책동은 ≪반테
로전≫의 미명하에 감행되고 있다. 일찌기 국제사회계는 테로의 세계적인 파급과 그 위험성으
로부터 테로와의 투쟁을 위한 국제법적 제도를 마련하기 위하여 노력하여 왔다. 그러나 그 결
과로 하여 이루어진 국제반테로법제도는 일련의 제한성과 약점을 가지고 있으며 이것으로 하여
≪반테로≫의 미명하에 감행되는 미제의 전쟁책동을 지지시킬 수 없을 뿐만 아니라 오히려 미
제의 침략정책에 도용되고 있다.

지금까지 형성발전되어 온 국제반테로법제도는 크게 두 체계로 이루어져 있다. 국제반테로
법제도의 하나는 보편적인 국제다방조약의 형식으로 된 반테로규범들의 체계이다. 여기에서
대표적인 것은 1963년 9월 14일에 도꾜에서 채택된 ≪비행기 안에서 감행된 범죄와 기타 일부
의 행위에 관한 협약≫, 1979년 12월 7일에 유엔총회 제34차 회의에서 채택된 ≪인질랍치반대
를 위한 국제협약≫, 1997년 12월 15일에 채택된 ≪폭탄테로금지를 위한 국제협약≫, 1999년
12월 9일에 채택된 ≪테로자금조달금지를 위한 국제협약≫을 들 수 있다. 국제반테로법제도의
다른 하나는 대륙 및 지역적 범위에 국한되는 반테로규범들의 체계이다. 그 대표적인 것들은
아메리카국가기구, 유럽동맹, 남아시아련합, 독립국가협동체, 아랍 및 이슬람기구협의회의 반테
로관련협약들이다.

국제반테로법제도가 두 가지 체계로 형성되게 된 원인은 우선 국제테로에 관한 립장과 태도,
정치적 리해관계가 일정한 지역이나 국가, 민족들이 처한 사회정치적 조건과 환경에 따라 다른
것과 관련된다. 제국주의자들과 서방나라들은 침략적인 대외정책실현을 담보하고 자국 내 사회
정치적 안정을 보장하여 줄 수 있는 국제법적 공간을 마련하기 위하여 보편적인 성격을 가지는
국제반테로협약들에 저들의 요구를 일방적으로 반영하려고 하였다. 다른 한편 발전도상에 있거
나 민족해방, 령토완정을 위하여 투쟁하는 나라들과 민족들은 독자적인 국제반테로법제도의 형
성을 통하여 자기 활동의 합법성과 반테로투쟁의 실효성을 담보하려 하였다. 이러한 차이는 각
이한 국제반테로법체계의 형성을 촉진시켰으며 두 체계 간의 모순점을 초래하였다.

국제반테로법제도가 두 가지 체계로 형성되게 된 원인은 또한 보편적인 국제반테로법체계의
내용이 너무 일반적이고 빈약한 것과 관련되어 있다. 테로문제에 관한 국가들의 정치적 립장

과 리해관계가 서로 다른 조건에서 보편적인 국제반테로법체계의 내용은 처음부터 모호하게 규정되어 있었으며 그로 인한 취약성을 면치 못하였다. 보편적인 국제반테로법체계의 실효성이 부족한 것으로 하여 발전된 자본주의나라들까지도 자기의 특성에 맞는 지역적 규범들의 체계형성을 통하여 테로와 관련한 구체적인 제도적 공간을 마련하려고 하였다.

일반적으로 국제반테로법제도의 기본내용은 크게 테로개념에 대한 정식화, 테로범죄취급의 관할권, 반테로협약가입국들의 의무에 관한 부분으로 이루어져 있다.

국제반테로법제도의 기본내용에서 중요한 것은 무엇보다 먼저 테로개념의 정식화이다. 테로의 개념을 어떻게 정식화하겠는가 하는 것은 [34]국제반테로법제도의 내용에서 가장 예민한 정치적 문제의 하나로 인정되고 있다. 원래 ≪테로≫라는 술어는 라틴어로 ≪공포≫를 의미하며 그것이 정치적 의미로 쓰이게 된 것은 프랑스부르죠아혁명시기(1789~1794년)에 존재한 ≪공포정치시기≫부터이다. 그때부터 테로는 정치적 반대파로 하여금 일정한 행위를 수행하지 못하게 하거나 반대로 일정한 행위를 수행하도록 강요하기 위한 폭력행위로 인정되고 있다. 국제법적으로 테로의 개념은 일반적으로, 보편적으로 정식화되지 못하고 있다. 많은 조약과 협정, 협약들에서는 간접적인 방식으로, 개별적인 경우에 따라 테로의 개념을 규정하고 있다. 그 방식을 보면 첫째로, 매 주권국가들의 형사적 규제에 위임하는 방식으로 정식화하는 것이다. 많은 국제협약과 조약들에서는 나라들 간의 의견이 대립되는 조건에서 매 나라의 형법에서 테로로 규정한 행위들을 테로범죄로 인정하고 있다. 둘째로, 절대적인 보호대상자들을 규정하고 그것을 침해하는 모든 행위들을 테로로 인정하는 방식으로 정식화하고 있다. 이에 따르면 선박, 민용비행기와 비행장, 핵물질, 도시하부구조물과 같은 대상들과 외교관, 국제기구성원들을 침해하는 모든 행위들은 테로로 인정된다. 셋째로, 해당한 행위의 주관적 표징에 따라 정식화되고 있다. 실례로 살인, 중상해, 엄중한 경제적 손실을 초래시킬 의도밑에 감행되는 범죄행위, 인질랍치를 기도, 실현, 공모하는 행위 등은 테로범죄로 인정된다. 테로개념의 정식화에서 특징적인 것은 미국을 비롯한 일부 대국들의 압력의 결과 다방적 협약들에서는 개념정식화의 ≪비정치화≫를 표방한다면 일부 지역적 반테로협약들에서는 독립국가의 안전, 령토완정, 주권을 침해, 위협하는 행위, 자원과 환경, 문화전통을 침해하는 행위들로 테로범죄로 정식화하고 있는 것이다. 테로의 개념정식화에서 ≪비정치화≫란 그 정치적 동기나 목적여하를 불문하고 모든 폭력을 테로로 인정한다는 것이다. 이에 대처하여 일부 지역적 협약들에서는 외래침략과 강점으로부터 민족을 해방하고 자주권과 령토완정을 수호하기 위한 투쟁들이 국제법의 원칙에 부합하는 한 테로로 인정되지 않는다고 규정하고 있다. 이처럼 개념의 정식화가 보편화되지 못한 조건에서 국제적인 반테로활동은 통일적인 보조를 맞추지 못하고 있다.

국제반테로법제도의 내용에서 중요한 것은 다음으로 테로범죄취급의 관할권과 체약국들의 의무에 관한 문제이다. 테로범죄취급의 관할권과 관련하여서는 모든 국제협약들이 대체로 일치되고 있다. 즉 일정한 국가가 국가권력을 합법적으로 발동하여 해당 테로범죄를 실지 취급할 수 있는 현실적인 가능성이 있는 경우들에 해당 국가의 관할권을 인정한다. 실례로 일정한 국가는 자국령토에서 테로가 감행되었을 경우, 테로범죄자가 자국령토에 있을 경우, 자국 공민이나 재산을 대상으로 테로가 감행되었을 경우, 기타 류사한 경우들에 관할권을 행사할 수 있다. 반테로투쟁과 관련하여 국가들이 지니는 기본의무는 1994년 12월 9일 유엔총회결정 ≪국제테로근절조치에 관한 선언≫에 비교적 상세히 규정되어 있다. 반테로투쟁과 관련하여 모든 국가들은 다른 국가의 령토에서 테로를 조직하거나 추동, 협조하지 말아야 할 의무, 자국령토가 테로기지, 테로훈련기지로 리용되지 않도록 담보할 의무를 지닌다. 또한 테로분자들을 체포, 처벌, 인도하여야 할 의무를 지닌다. 테로분자들을 체포, 처벌, 인도하여야 할 의무와 관련하여 국가들은 범죄자를 처벌할 의사가 없을 경우에는 범죄자를 요구하는 국가에 인도하여야 한다. 그러나 만일 해당 범인이 그의 인종이나 정견, 신앙, 국적, 민족성 등을 원인으로 하여 처형될 수 있을 경우, 그의 초보적인 인권이 유린될 수 있는 경우에는 인도를 거부할 수 있다. 실례로 지난 시기 미국이 관따나모군사기지에 구금한 알카에다와 탈리반포로들의 인권을 유린하고 있는 것과 관련하여 유럽동맹리사회는 성원국들에게 테로협의자들을 미국에 인도하지 말 것을 호소한 바 있다. 이 밖에도 국가들은 반테로관련협약들에 맞게 자국법들을 수정하여야 할 의무, 망명제도가 테로에 악용되지 않도록 담보할 의무 등을 지니게 된다. 국제반테로법제도의 기본내용은 대체로 이상과 같다.

국제반테로제도는 착잡하게 얽힌 매개 나라들과 집단들의 정치적 리해관계를 반영하고 있는 것으로 하여 치명적인 제한성을 가지고 있다.

국제반테로법제도의 제한성은 첫째로 국가의 자주권과 령토완정을 존중할 데 대한 국제법의 기본원칙을 유린하는 미제와 그 추종세력들의 침략책동을 막지 못하고 있는 것이다. 국제반테로협약들에서는 협약의 그 어느 조항도 국가자주권과 령토완정을 침해하는 것으로 해석되[39]어서는 안 된다고 규정하고 있으나 이를 담보하기 위한 효과적인 조치들을 예견하지 못하고 있다. 결과 국제사회는 지난시기 미제가 ≪반테로≫의 미명하에 여러 약소국가들의 주권과 령토완정을 무력으로 유린하는 침략행위에 대하여 우려만 하였을 뿐 그에 대처한 국제법적 조치를 취할 수 없었다.

국제반테로법제도의 제한성은 둘째로 테로범죄에 대한 효과적인 국제법적 조치들을 예견하지 못하고 있는 것이다. 일반적으로 테로를 감행한 자는 반드시 개별적인 국가의 형사규범에 따라 처벌된다. 그러므로 국제테로에 대한 법적규제는 그의 국제적 성격에 맞지 않게 되며 테로범죄 취급처리에서 공정성을 담보할 수 없게 된다. 실제로 미국은 테로범죄취급과 관련하여 독단과 전횡을 부리고 있으며 이러한 만행은 국제반테로제도의 제한성, 취약성과도 주요하게 련관되어 있다. 미국이 자국에서 활개치고 있는 꾸바려객기폭파사건의 주범들을 적극 비호하면서도 국가 자주권과 민족해방을 위하여 벌어지는 투쟁들에 ≪테로≫의 루명을 씌워 침략과 전쟁을 정당화 하고 있는 것은 주지의 사실이다. 특히 미국은 세계자주화위업의 기치를 높이 들고 나가는 우리 공화국을 ≪테로지원국≫명단에 올려놓고 갖은 책동을 다하고 있다.

국제반테로법제도의 제한성과 최근시기 국제무대에서 벌어지고 있는 비정상적인 사태들은 국가자주권을 그 어떤 국제적 합의나 국제법규범 그 자체만으로는 철저히 지킬 수 없고 오직 강위력한 국방력에 의거하는 것만이 나라의 존엄과 평화를 믿음직하게 담보할 수 있다는 것을 보여주고 있다. 모든 당원들과 근로자들은 경애하는 김정일장군님의 선군혁명령도를 높이 받들고 장군님의 두리에 철통같이 굳게 뭉쳐야 민족의 존엄과 자주권을 굳건히 수호할 수 있다는 것을 깊이 자각하고 더욱 힘차게 싸워나가야 할 것이다.

50. 핵무기전파방지조약으로부터의 탈퇴는 나라와 민족의 자주권을 지키기 위한 가장 정당한 조치[7]

박 명 의

[45]공화국정부는 주체92(2003)년 1월 10일 핵무기전파방지조약으로부터의 탈퇴를 내외에 엄숙히 선포하였다. 핵무기전파방지조약으로부터의 탈퇴는 미국의 악랄한 대조선적대시정책에 의하여 우리 국가의 최고리익이 극도록 위협당하고 있는 엄중한 사태에 대처한 가장 정당한 조치로 된다. 그것은 공화국정부의 탈퇴조치가 국가와 인민의 안전과 리익을 수호하는 견지에

---

7) 출처: 김일성종합대학출판사, 『김일성종합대학학보: 력사법학』, 제49권 제4호(2003), 45-49쪽.

서 보나 국제법상 국가권리행사의 견지에서 보나 가장 올바른 합법적 조치로 되기 때문이다.

공화국정부의 탈퇴조치는 우선 나라와 민족의 최고리익과 존엄을 지키기 위한 응당한 합법적 조치이다. 위대한 령도자 김정일동지께서는 다음과 같이 지적하시였다. ≪**그 누구도 남의 자주권을 침해하지 말아야 하며 또 자기의 자주권을 침해당하지 말아야 합니다.**≫(≪김정일선집≫ 제7권, 180페지).

나라와 민족에게 있어서 자주권은 그 누구에 의하여서도 침해될 수 없는 신성한 권리이며 생명이다. 자주권과 존엄을 어떻게 지키고 고수하는가 하는 문제는 나라와 민족의 존재와 흥망성쇠를 좌우하는 중요한 문제로 된다. 자주권과 존엄을 지키지 못하고 외세에 짓밟히게 되면 나라와 민족은 노예적 굴종에서 벗어나지 못하고 생사존망의 기로에서 헤매게 된다. 자주권과 존엄을 고수하는가 고수하지 못하는가 하는 데 따라 자주적인 국가와 민족으로서의 지위를 지키는가, 아니면 외세에 예속되는가 하는 것이 결정되게 된다. 그러므로 자주권과 존엄은 그 누구도 침해할 수 없고 또 어떤 경우에나 침해당하지 말아야 하는 신성한 권리로 되며 그것을 튼튼히 지키고 고수하는 것은 어느 나라, 어느 민족에 있어서 가장 귀중한 최고의 리익으로 된다. 광복 전 우리 인민은 자주권을 빼앗기고 존엄을 무참히 짓밟힌 것으로 하여 근반세기 동안이나 상가집 개만도 못한 신세를 면할 수 없었으며 짐승과 다를 바 없는 운명을 강요당하였다. 이것은 우리 인민에게 있어서 다시는 되풀이되지 말아야 하는 피의 력사이며 교훈이다.

자주권이 나라와 민족의 생명으로 되며 그것을 고수하는 것이 국가의 최고리익으로 되기 때문에 그에 대한 침해는 가장 엄중한 국제법상의 범죄로 된다. 때문에 외세로부터 자주권과 존엄을 침해당하는 국가가 자기 나라, 자기 민족의 최고리익을 지키기 위하여 임의의 자위적 조치를 취하는 것은 국제법상의 합법적인 권리로 된다. 원래 다른 나라, 다른 민족의 자주권을 존중하고 침해하지 않는 것은 나라와 민족들 사이의 관계에서 반드시 준수되어야 하는 국제관계의 근본요구로 된다. 그것은 서로의 자주권이 존중되고 원만히 담보되는 조건에서만 국가들 사이의 모든 관계가 평등하고 공정한 관계로 설정되고 실현될 수 있기 때문이다. 현대국제법에서는 국제관계의 이러한 요구를 구현하며 국가자주권존중을 모든 나라와 민족이 의무적으로 준수집행하여야 하는 근본원칙의 하나로 성문화하고 있으며 그에 대한 침해를 가장 엄중한 국제법상의 범죄로 공인하고 있다. 그러므로 자기의 자주권과 존엄을 위협, 침해, 유린하는 데 대하여 임의의 자위적 조치를 취하는 것은 국제법상 공인된 합법적 권리로 된다.

공화국정부의 탈퇴조치는 또한 미국의 국제법적 범죄행위에 대한 단호한 자위적 조치이다. 미국의 대조선강경압살책동은 우리나라, 우리민족의 최고리익을 위협하는 엄중한 국제법적 범죄행위이다. 미국은 부쉬행정부 출현 이후 우리를 ≪악의 축≫으로 지명하여 우리제도를 거부한다는 [46]것을 국책으로 선포하였으며 우리나라를 핵선제공격대상으로 지정함으로써 우리에 대하여 공공연한 핵선전포고까지 하였다. 미국은 조미기본합의문을 체계적으로 위반해오던 끝에 그 무슨 새로운 ≪핵의혹≫을 끄집어내어 중유제공까지 중단함으로써 합의문을 여지없이 짓밟아버렸다. 더욱이 우리의 조미불가침조약체결에 대한 제안과 진지한 협상노력에 ≪봉쇄≫와 ≪군사적 응징≫위협으로 대답해나섰다. 미국이 어떻게 하나 우리를 압살하려고 하면서 공화국의 자주권과 생존권, 존엄을 위협하는 것은 우리민족의 최고리익을 침해하는 것으로서 그 무엇으로써도 정당화할 수 없는 국제법상 국가자주권존중의 원칙에 대한 가장 란폭한 위반으로 된다. 공화국정부의 핵무기전파방지조약으로부터의 탈퇴조치는 다름 아닌 미국의 이러한 범죄행위로부터 공화국의 최고리익을 지키기 위한 응당한 국제법적 권리의 행사로 된다. 여기에 공화국정부의 이번조치가 가장 정당한 자위적 조치로 되는 근거의 다른 하나가 된다.

공화국정부의 탈퇴조치는 또한 미국과 그의 조종을 받는 국제원자력기구의 심히 불공정한 처사에 대처한 가장 정당한 조치이다. 미국은 저들의 대조선적대시정책실현에 국제원자력기구까지 동원시킴으로써 우리에 대한 고립압살책동을 국제화하였다. 우리에 대한 미국의 핵소동과 고립압살책동의 국제화는 공화국이 핵무기전파방지조약에서 탈퇴하지 않으면 안 되게 된 근본조건의 하나로 된다. 미국이 국제원자력기구까지 동원하여 우리에 대한 고립압살책동을 국제화함으로써 그들의 선전포고는 실지 행동에 옮겨지기 시작하였으며 이로써 조선반도핵문제를 평화적으로 공정하게 해결할 수 있는 마지막 가능성마저 끝끝내 사라지게 되었다. 따라서 핵무기전파방지조약과 그에 따르는 국제원자력기구와의 담보협정은 우리에 대하여 그 본래의 사명을 상실한 유명무실한 것으로 되었으며 오히려 미국의 강경압살책동과 그에 추종하는 국제원자력기구의 불공정성을 합리화하는 수단으로서만 되게 되었다.

핵무기전파방지조약과 그에 따르는 담보협정의 근본사명은 핵무기의 새로운 개발, 생산과 그 전파를 금지하고 평화적 핵활동을 위한 국제적 교류와 협조를 실현하며 그 성원국들에 대한 사소한 핵위협도 방지하는 데 있다. 따라서 우리공화국이 핵무기전파방지조약에 남아 있는 조건에서는 미국이 우리 앞에서 담보한 바와 같이 우리에 대한 미국의 모든 핵위협은 철저히 근절되어야 하며 이것은 핵무기전파방지조약 성원국으로서의 우리공화국의 당당한 권리였다. 그러나 이러한 요구와는 달리 미국의 대조선고립압살책동으로 말미암아 핵위협은 근절되는 것이 아니라 날을 따라 더욱 심화되었으며 이로 하여 우리공화국의 권리는 무참히 유린되고 오히려 국제원자력기구에 의한 천만부당한 ≪결의≫의 리행과 핵사찰의 의무만이 강요되었다.

2002년 11월 29일에 이어 2003년 1월 6일 미국의 사촉을 받은 국제원자력기구는 저들의 이른 바 ≪결의≫들에서 미국이 떠드는 조선반도핵문제의 본질과 핵무기전파방지조약 탈퇴효력발생을 림시정지시킨 우리 공화국의 특수지위를 무시하고 우리를 ≪죄인≫취급하면서 그 무슨 ≪핵계획≫을 검증가능한 방법으로 즉시 포기하라고 강박하였으며 이 ≪결의≫를 리행하지 않으면 유엔안전보장리사회에 넘겨 제재를 가할 것이라는 최후통첩까지 하는 망동을 부렸다.

사실 지금까지 국제원자력기구는 우리의 ≪핵문제≫와 관련하여 많은 ≪결의≫들을 람발하였다. 이러한 ≪결의≫들은 공정성에 기초한 기구의 그 어떤 독자적인 판단이나 결심에 의해서가 아니라 전적으로 미국의 각본과 조종에 따라 연출된 꼭두각시놀음이었다. 1993년 2월 기구관리리사회가 우리나라에서 핵활동과 아무런 관련이 없는 ≪두 개 장소≫에 대한 사찰을 강요하여 채택한 ≪결의≫는 그 대표적 실례의 하나이다. [47]기구가 떠든 ≪두 개 장소≫라는 것은 핵활동과는 전혀 인연이 없는 군사대상들로서 우리가 그곳을 기구에 보여주어야 할 아무런 근거도 없었다. 그럼에도 불구하고 기구는 핵시설이 아닌 두 개의 군사대상을 사찰하겠다는 요구를 제기하여 나섰다.

원래 두 개의 군사대상 가운데 하나는 이미 그 전해에 기구총국장의 제기에 우리가 아량과 성의를 표시하여 보여준 바 있는 대상이었다. 그런데 저들이 직접 확인하여 보았음에도 불구하고 우리의 교전일방인 미국의 정보에 근거하여 국제원자력기구는 그곳을 다시 보자고 하였으며 지어 다른 군사대상까지 더 뒤지겠다고 요구하여 나섰다. 이것은 명백히 미국의 정탐행위를 합법적으로 대신해주겠다는 같은 것이었다. 따라서 우리는 우리의 자존심을 건드리는 이 오만무례한 요구를 단호히 거부하였다. 이에 대하여 기구측은 기구사찰에 대한 우리의 ≪불성실성≫을 운운하며 여론을 오도하는 한편 미국과 함께 우리에 대한 압력분위기를 고취하기 시작하였다. 1992년 말과 1993년 초 미중앙정보국을 비롯한 미국의 강경보수세력들과 긴밀한 련계밑에 기구는 미국이 ≪특별사찰≫, ≪기습사찰≫을 위한 압력을 우리에게 가할 데 대해 사촉하자 1993년 2월 25일 미국의 요구를 담은 ≪결의≫를 만들어냈던 것이다.

이 밖에도 국제원자력기구 제37차 총회에서 조작한 ≪결의≫와 1994년 6월 10일에 있은 기구의 ≪결의≫채택놀음은 미국의 하수인, 꼭두각시로서의 국제원자력기구의 추악한 몰골을 그대로 드러낸 것이었다. 국제원자력기구는 저들의 이른바 ≪결의≫들에서 우리의 ≪핵문제≫를 걸고 군사대상들을 개방할 것을 강요하였으며 저들의 요구가 실현되지 않자 우리나라에 대한 ≪기구협조를 중단≫한다는 것을 발표함으로써 우리에 대한 미국의 고립압살책동을 실천행동으로 실행해나갔다. 기구의 이러한 ≪협조중단≫발표는 우리에 대한 그들의 로골적인 ≪제재≫와 ≪봉쇄≫의 선포였다. 결국 국제원자력기구는 미국의 지령에 따라 움직이는 하수인, 대리인으로서 조선반도핵위기를 몰아오는 데서 큰 몫을 담당하였던 것이다.

1992년 초 우리와 국제원자력기구 사이에 담보협정이 조인된 때로부터 시작하여 기구는 우리에 대한 사찰에서 언제나 의심부터 앞세우고 편견에 서서 위협적으로 행동하였다. 국제원자력기구는 마치 경찰이 범죄혐의자를 대하듯 색안경을 끼고 트집과 언질을 잡는 데 몰두하였다. ≪두 개 장소≫에 대한 방문 때에도 그들은 손님으로서가 아니라 범죄현장을 수색하려온 경찰관처럼 행세하면서 방마다 돌아다니며 구석구석을 수색하였다. 1992년 11월의 사찰 때에는 우리의 핵동력시설의 구체적 특성은 아랑곳하지 않고 측정결과의 ≪원칙적 불일치≫를 운운하며 핵물질을 ≪더 신고하라≫느니, ≪초기보고서를 수정할 마지막기회를 준다≫느니, ≪이번 기회를 놓치면 비극적인 후과가 뒤따른다≫느니 하면서 심히 위협적이고 귀에 거슬리는 망발을 하였다. 그리고 1993년 1월 제6차 비정기사찰 때에는 불합리한 저들의 계산기준만을 우겨대다가 우리 과학자들의 정확한 론리 앞에서 말문이 막혀 마지못해 긍정을 표시하면서 다시 계산해보겠다고 하고는 돌아가 계산도 하기 전에 두 개의 군사대상에 대한 ≪특별사찰≫을 들고 나왔다. 이에 대하여 우리가 나라의 자주권과 관련된 문제이므로 볼 수 없다고 거절하자 ≪특별사찰≫의 중요성을 운운하며 그들은 저들이 요구하는 두 개의 군사대상이 ≪핵물질과 관련되어 있다는 〈확실한 증거〉가 있다≫고 떠들어댔다. 이에 대하여 우리가 그 근거를 요구하자 제3국이 제공한 자료이기 때문에 로출시킬 수 없다고 하면서 우리에 대한 사찰에 제3국의 비과학적인 정보를 리용하고 있다는 것을 서슴없이 실토하였다. 결국 그들이 우리의 핵시설들에 대한 자료와 과학기술적 론거들은 부정하면서 저들의 이른바 ≪불일치≫문제와 ≪특별사찰≫문제를 들고 나온 것이 미국과 사전에 짜놓은 각본에 따른 것이라는 것이 명백히 드러나게 되었다. 국제원자력기구는 [48]저들의 모든 사찰활동에서 국제적 정의와 평등, 공정성을 벗어나 미국의 대조선적대시정책에 적극 가담함으로써 미국의 하수인, 대변인으로 전락되었다. 그러므로 국제원자력기구가 미국의 하수인으로서 놀아대는 한 우리에 대한 그의 불공정과 압력은 더해만지고 크게 위협을 받게 된다는 것은 불을 보듯이 명백하게 되었다. 국제원자력기구가 미국의 하수인, 대변인으로 전락되고 핵무기전파방지조약이 힘으로 우리를 무장해제시켜 우리 제도를 압살하려는 미국의 대조선적대시정책의 도구로 악용되고 있는 것은 공화국정부가 핵무기전파방지조약으로부터 탈퇴를 결정하게 된 근본조건의 하나로 되며 그 탈퇴조치가 얼마나 정당한 조치로 되는가를 그대로 말하여준다.

공화국정부의 탈퇴조치는 또한 공화국이 국제조약법에 따라 가지는 합법적 권리의 행사이다. 다방조약에서 조약에 규정된 절차에 따라 조약상 권리와 의무로부터 벗어나는 것은 조약성원국이 가지는 합법적 권리이다. 체약국이 해당 조약에서 탈퇴하는가 하지 않는가 하는 탈퇴권행사문제는 조약성원국으로 되는 주권국가의 자주권에 속하는 문제로 된다. 체약국은 해당 조약이 자기 나라 국내법에 저촉되거나 그 밖의 사유로부터 조약상 의무에 구속되는 것이 부당하다고 인정되는 경우 임의의 시각에 탈퇴할 수 있으며 이것은 1969년 ≪국제조약법에 관한 원협약≫을 비롯한 국제조약법에 의하여 국가의 공인된 권리로 된다. 핵무기전파방지조약과 조약 제3조에 따르는 국제원자력기구와의 담보협정의 구속으로부터 완전히 벗어난 것은 우리 공화국이 가지는 국제법상 공인된 탈퇴권의 행사로서 그 누구도 이에 대하여 가타부타할 수 없다. 그럼에도 불구하고 미국은 우리 공화국정부의 정당한 자위적 조치를 악의에 차서 걸고들면서 ≪경제제재≫와 ≪봉쇄≫를 떠들어대고 있다. 미국의 이러한 소동과 대조선고립압살책동은 그 무엇으로써도 정당화될 수 없다.

　원래 미국은 우리 공화국이 창건된 때부터 ≪경제제재≫몽둥이를 휘둘러대기 시작하였다. 1950년대에 ≪적성국무역법≫을 비롯한 ≪재산통제규범≫, ≪수출행정관리법≫, 1970년대에 ≪대외원조법≫에 의한 대외원조금지, ≪수출행정관리법≫에 의한 미국수출입은행의 신용대부제공금지 등을 리용하여 미국은 우리에 대한 경제제재의 폭을 넓히고 압박의 도수를 높이었다. 1980년대에 들어와서도 미국은 ≪수출입은행법≫과 ≪국제무기거래개정규정≫ 등을 발동하여 우리에게 각방으로 경제적 압력공세를 감행하였다. 1999년 9월 17일 우리나라를 ≪적국≫으로 규정하고 지난 수십 년간 일련의 경제제재조치해제를 발표하였으나 그것은 하나의 상징적인 것에 지나지 않는다. 미국의 대조선경제제재정책으로 말미암아 우리는 다른 나라들과의 무역과 금융거래에서 많은 애로와 난관을 겪었으며 이른바 ≪코레스≫라고 하는 미국딸라결제의 금융체계로 하여 가는 곳마다 피해를 보게 되었다. 미국은 랭전이 종식된 이후에도 이른바 ≪코콤≫의 후신으로 ≪와쎄나협정≫을 조작함으로써 우리에 대한 경제제재를 더욱 강화하였다.

　미국이 우리에게 가하는 경제제재와 봉쇄는 군사적 긴장성을 조성하는 방법으로도 감행되었다. ≪팀스피리트≫, ≪독수리≫, ≪림팩≫, ≪을지 포커스 렌즈≫와 같은 대규모 북침전쟁연습들과 ≪작전계획 5027≫ 등과 같은 북침전쟁계획들도 우리의 경제건설을 방해하고 억제하기 위해 얼마나 악랄하게 발광하여 왔는가 하는 것을 그대로 말하여준다. 미국이 우리에게 경제적 제재를 직접적으로 가한 것보다도 조선반도정세를 긴장시키고 군사적 대결을 격화시켜 우리의 평화적 건설에 장애를 조성함으로써 [49]경제적 피해를 준 것이 엄청나게 더 크다는 것은 두말할 필요도 없다. 미국이 북남 사이의 경제협력을 방해하고 조미기본합의문에 따라 해오던 중유제공을 중단한 것도 우리에 대한 비렬한 경제제재책동의 한 고리이다.

미국이 이처럼 우리를 경제적으로 압박하고 질식시키려고 갖은 비렬하고 악랄한 책동을 반세기 이상 집요하게 벌려왔으나 그들의 이러한 책동은 자주, 자립, 자위의 기치를 높이 들고나가는 우리에게는 사실상 통할 수 없었다. 오늘 우리 공화국은 미국의 제재와 봉쇄에도 끄떡없이 자기 할 바를 다하고 있으며 오히려 그 어느 때보다도 더욱 강력해졌다. 우리는 미국이 제재를 가하는 데 대하여 끄떡하지 않는다. 우리에게는 우리 식대로 살아가는 방식이 있으며 우리의 경제와 과학기술을 발전시켜 얼마든지 잘 살 수 있다. 위대한 장군님께서 펼치시는 군중시의 선군정치는 우리 인민의 행복한 생활과 창창한 미래를 확고히 담보하여 주고 있으며 세상에서 가장 위력한 사회주의경제강국, 강성대국건설에로 우리 인민을 힘 있게 불러일으키고 있다.

공화국정부의 핵무기전파방지조약으로부터의 탈퇴조치는 미국의 대조선고립압살책동과 그에 동조하는 국제원자력기구의 부당한 처사에 대처하여 우리 인민의 자주권을 튼튼히 지키기 위한 가장 정당한 조치이다. 공화국정부의 탈퇴조치에 대한 미국과 그 하수인들의 발악적 책동은 그 무엇으로써도 정당화될 수 없는 단말마적 발악에 지나지 않는다. 미국은 지난 50여 년간에 걸치는 대조선제제재정책의 실패와 고립압살책동의 파탄에서 심각한 교훈을 찾아야 한다. 공화국정부는 핵무기전파방지조약으로부터의 탈퇴선포를 통하여 미제와 그에 추종하는 불순세력의 강경에 또 하나의 초강경의 타격을 안기였으며 위대한 장군님의 선군령도를 받는 우리 인민의 불패의 위력을 다시금 온 세상에 과시하게 되였다. 위대한 장군님의 선군령도를 받은 우리 공화국과 인민은 주체조국의 부강번영과 더불어 언제나 필승불패할 것이다.

51. 미국은 조선반도에 ≪핵위기≫를 몰아온 장본인[8]

림 동 춘

[61]오늘 조선반도는 언제 핵전쟁이 터질지 모르는 일촉즉발의 엄중한 상황에 처하여 있다. 조선반도에 조성된 핵전쟁의 위험은 전적으로 미국의 극심한 대조선적대시정책의 결과 발생한 것이다. 위대한 령도자 김정일동지께서는 다음과 같이 지적하시였다. ≪**미국은 남조선을 강점**

---

8) 출처: 김일성종합대학출판사, 『김일성종합대학학보: 력사법학』, 제50권 제4호(2004), 61－66쪽.

하고 저들의 침략적 핵군사기지로 전변시킴으로써 우리나라의 통일을 가로막고 있을 뿐 아니라 조선반도에서 새 전쟁의 위험을 조성하고 아세아와 세계의 평화와 안전을 위협하고 있습니다.≫ (≪김정일선집≫ 제9권, 402페지)

미국은 1,000여 개 이상에 달하는 핵무기를 끌어들여 남조선을 핵군사기지로 전변시켰으며 북침핵전쟁계획을 짜놓고 그 실현을 위한 전쟁연습을 계단식으로 확대하였으며 조선반도를 비핵화할 데 대한 공화국정부의 모든 제안들을 전면적으로 거부함으로써 조선반도에 ≪핵위기≫를 몰아왔다.

미국은 조선을 아시아와 세계재패실현의 ≪사활적인 작전지역≫으로 선포하고 1950년대 중엽부터 오늘에 이르기까지 남조선의 핵기지화를 끈질기게 추구하여 왔다. 미국은 조선전쟁 직후 남조선의 핵기지화를 국가정책으로 규정하였으며 1960년대에는 ≪핵무장화 착수≫를 세계에 공식발표하고 1970년대에는 핵무기가 전개되어 있다는 것을 공공연히 암시한 ≪전선방위지역≫으로 선포하였다. 그리고 1980년대에는 남조선, 미국, 일본 ≪3각군사동맹≫조작과 공지전전략, 1990년대에는 랭전이 종식된 기회를 리용한 보복적 핵위협전략, 2000년에는 유럽중시로부터 아시아중시정책에로의 전환과 부쉬의 호전적인 ≪핵선제공격전략≫ 등을 제창하면서 핵기지화를 더욱 보강하고 완비하여 왔다.

남조선에 대한 미국의 핵기지화책동은 조선정전협정을 파기하는 것으로부터 시작되었다. 미국은 남조선에 핵무기를 끌어들이기 위한 예비조치로서 1956년 6월 9일 조선에 주재하고 있던 중립국시찰소조를 강제로 축출하였으며 1957년 6월에는 조선반도 경외로부터 일체 신형무기반입을 금지한 조선정전협정 제13항 ㄹ목을 일방적으로 파기하였다.

국제법과 국제관계를 짓밟고 조선반도의 핵기지화를 형식상이나마 제한하던 법적 장치들을 강도적으로 없애버린 미국은 1958년 1월 29일 남조선주둔 미군에 핵무기를 반입한다는 것을 정식발표하였다. 이에 따라 미국은 ≪오네스트죤≫핵미싸일, 280mm와 8인치곡사포 등으로 투발할 수 있는 핵포탄배비를 시작으로 핵무기를 대대적으로 끌어들이었다. 이 사실은 1975년 6월 미국회의원 로날즈 델럼즈가 국회 증언에서 ≪미국이 한국에서 1,000여 개의 핵무기를 반입하였으며 54대의 핵폭탄운반용 비행기를 전개해 놓았다≫라고 실토한 데서 여지없이 드러났다.

1980년대에 들어와 미국은 조선반도를 ≪힘의 대결장≫으로 공공연히 선포하고 더 많은 신형핵무기를 끌어들이었다. 미국은 1980년대 초 133발의 항공용핵폭탄을 비롯하여 새로 개발한 핵지뢰 21발을 끌어들여 군사분계선 비무장지대에 보충배치하였으며 ≪악마의 무기≫로 락인찍힌 야만적인 대량살상무기인 중성자포탄 56개와 8인치곡사포용 핵폭탄 56개, 155mm곡사포용 핵폭탄 152개를 반입배치하였다. 1980년대 중반기에는 **[62]**≪퍼싱-2≫중거리핵미싸일, ≪토마호크≫, ≪크루즈≫핵순항미싸일 등 새로운 핵무장 장비들을 끌어들였으며 1987년 2월에는 아시아지역에서 처음으로 ≪랜스≫전술핵미사일부대를 남조선주둔 미군에 추가배치하였다. 이와 함께 핵폭탄을 적재할 수 있는 ≪F-16≫전투폭격기 72대와 ≪B-52≫전략폭격기를 비롯한 핵운반수단들을 대대적으로 배치하였다. 이러한 사실들은 1981년 2월 이전 미국방장관 와인버거가 ≪새로운 중성자탄의 한국배비≫를 공언하였으며 1984년 오스트리아의 한 신문이 미국이 남조선에 수많은 중성자탄을 반입했다고 폭로한 데서 확인되었다. 일본잡지 ≪코리아리포트≫가 1983년 12월 하순호에 11월 남조선을 행각한[9) 레간이 전두환과의 ≪단독밀담≫에서 ≪괌도≫와 앤더슨기지에 배비되어 있는 〈B-52〉전략폭격기를 한국에 이전 배비할 데 관해 협의하였다고 폭로한 사실 그리고 1987년 3월 11일 미공군이 미국회 세출위원회 군사건설소위원회 비공개청문회에 제출한 자료에서 아시아에서는 유일하게 남조선에만 미국의 핵전략공군기지가 있다고 인정한 데서 더욱 명백해졌다. 이리하여 1985년 125회 ≪한국국회≫본회의 회의록 제111호에 기록되어 있는 바와 같이 핵포탄, 미싸일핵탄두, 중성자폭탄과 포탄, 핵지뢰와 핵배낭 등 남조선에 배치된 미국의 핵무기 수자는 무려 1,720여 개에 달하였다. 이것은 그 배비밀도에서 1990년 나토지역의 4배, 그 폭발력에서 히로시마에 투하된 핵폭탄의 1,000배 이상에 달하는 것이며 100㎢당 1개 이상의 핵무기가 전개된 것으로서 핵집중도에서 세계 제1위의 핵기지로 전변되었다는 것을 의미한다.

미국의 핵기지화책동은 랭전이 종식된 후 미행정부가 남조선에서의 핵무기철수를 공약하고 남조선당국이 ≪핵무기부재선언≫을 발표한 이후에도 중단 없이 계속되었다. 1995년 11월 남조선에 기여든 미국방장관 페리는 제27차 ≪한미년례안보협의회≫에서 ≪한국에 핵우산을 제공할 것≫이라는 미국의 공약을 재확인하였으며 1997년 2월에는 일본 오끼나와미군기지의 우라니움탄을 남조선의 미군기지들에 옮겨 배치하였다. 2000년 4월에는 ≪B-1≫전략핵폭격기 2대를 오산미공군기지에 추가배치하였으며 북침전용으로 개발한 지하벙커파괴용핵무기 ≪W-88≫ 360여 기를 실전배비하고 최근에는 부쉬의 지령에 따라 지하 수십m 깊이까지 뚫고 들어갈 수 있는 신형핵폭탄두개발에 열을 올리고 있다.

남조선에 배치된 핵무기는 그 수에 있어서 방대할 뿐 아니라 그 사용에서 안전장치가 풀린 상용무기와 같기 때문에 임의의 순간에 핵전쟁을 일으킬 수 있게 되어 있다. 1983년 1월 이전 미륙군참모총장 마이어는 ≪한반도에서 핵무기사용결정은 나토의 5개국 핵자문위원회와 합의

---

9) 편집자주: 행각이란 '어떤 목적을 이루려고 여기저기 돌아다니는 것'을 부정적으로 이르는 말이다. 사회과학출판사, 『조선말대사전 2』, 1057쪽.

해야 하는 유럽보다 훨씬 용이하며 그 결정권은 미국정부에 있다.≫고 공언했으며 1981년 6월 4일부 일본 ≪마이니찌신붕≫은 ≪태평양지역에서 핵무기단추를 누를 수 있는 권한은 미대통령으로부터 미태평양사령관과 각급 야전사령관들에게 이양되었다.≫는 사실을 확인하였다. 특히 호전적인 부쉬정권은 2002년의 ≪핵태세검토≫보고서에서 우리 공화국을 핵선제공격대상국으로 선정하고 공화국이 핵을 보유하지 않고 미국이 직접 핵공격을 받지 않아도 핵무기로 선제공격할 수 있다고 공공연히 선포하였다.

사실들이 보여주는 것처럼 남조선에 실전배치된 방대한 핵무기가 미국이 떠들어대고 있는 것처럼 그 누구의 공격을 막기 위한 ≪억제수단≫이 아니라 조선반도와 동북아시아지역을 불바다로 만들기 위한 위험한 공격수단이라는 것을 말해주고 있다.

미국은 또한 북침핵전쟁계획을 짜놓고 그 실행을 위한 핵전쟁연습을 계단식으로 확대하면서 공화국에 지속적인 핵위협을 가함으로써 조선반도에 ≪핵위기≫를 몰아왔다. 우리 공화국에 대한 미국의 핵전쟁계획은 조선전쟁시기에 시작되었으며 전쟁직후부터 [63]본격화되어 오늘에 이르기까지 어느 한 해도 건너지 않고 그 규모가 커지고 내용이 구체화되면서 부단히 완성되어 왔다. 미국은 1980년대부터 이미 널리 알려진 ≪9일전쟁계획≫, ≪5일전쟁계획≫, ≪3일전쟁계획≫, ≪120일전쟁계획≫, ≪작전계획5027≫과 같은 실천적인 핵전쟁계획을 짜놓고 호시탐탐 핵선제공격의 기회만을 노려왔다. 최근에는 우리 공화국을 전복한 다음 ≪점령통치≫를 어떻게 실시할 것인가 하는 것까지 박아 넣은 ≪작전계획 5027-98≫이라는 극히 위험천만한 핵전쟁계획을 짜놓고 그를 실현하기 위한 책동에 광분하고 있다. ≪작전계획 5027-98≫의 골자는 ≪핵문제≫, ≪인권문제≫를 구실로 전쟁을 도발하며 미국은 태평양지역사령부와 본토의 미군무력 60여만 명, 미제7함대의 항공모함과 함선들, 최첨단전략전술폭격기들을 동원하여 북조선의 주요중심지역들을 타격하며 ≪유사시≫선제공격과 함께 압록강. 두만강지역으로 진격한다는 것이다.

미국은 모험적인 핵전쟁계획을 작성한 데 그치지 않고 그를 실현하기 위한 핵전쟁연습을 계단식으로 확대하여 왔다. 사실상 미국의 북침핵선제공격은 핵전쟁연습을 통해 부단히 보충되고 구체화되었다고 말할 수 있다. 공식적으로 발표한 자료에 의하더라도 미국의 북침핵전쟁연습은 조선전쟁 후부터 1999년까지 큰 규모의 것만 해도 무려 1만여 건에 이르며 동원된 병력은 연 2,000만 명에 달한다. 이것은 매해 230여 건씩 전쟁연습을 한 것으로서 조선반도는 그야말로 전쟁연습과 소동으로 날이 가고 해가 바뀌었다는 것을 말해준다.

1969년의 ≪망막의 초점≫작전과 1971년의 ≪자유의 도약≫작전에 이어 1976년에 시작되어 1993년까지 계속된 ≪팀스피리트≫합동군사연습은 미국의 ≪한정핵전쟁≫구상과 ≪중심부타격≫,

≪핵선제타격론≫에 기초한 전면적인 ≪핵시험전쟁≫, ≪핵예비전쟁≫이었다. 1983년에 이전 미해군소장 라록크는 ≪팀스피리트≫연습에 대해 ≪미전략사령부도 참가하고 있는 이 훈련이 핵전쟁을 가상하고 있다≫고 증언하였고 미국의 ≪뉴 클리어트 타임스≫는 ≪미국은 이 훈련과정에 전술핵무기의 적용능력을 완성하였다≫고 폭로하였다. 이와 함께 1994년부터 ≪팀스피리트≫연습 대체용으로 전행되고 있는 ≪련합전시증원연습≫은 ≪유사시≫해외미군병력과 장비들을 신속히 실전에 인입하기 위한 북침핵전쟁연습으로서 2001년부터는 주일미군과 미태평양사령부산하 미군들까지 참가하는 대규모훈련으로 확대되었다. 1976년부터 시작된 ≪을지 포커스 렌즈≫연습은 남조선주둔 미군과 일본, 괌도, 미본토의 방대한 침략무력이 동원되는 대표적인 핵전쟁연습이었으며 1961년부터 시작된 ≪독수리≫합동군사연습도 남조선주둔 미군은 물론 태평양지역 미군무력이 참가하는 대규모야외기동훈련으로서 훈련지역이 1999년부터는 서울이북 군사분계선 부근에서 감행되었다.

부쉬가 집권한 후 북침핵전쟁연습은 더욱 광기를 띠고 벌어지고 있다. 부쉬호전집단은 2002년 3월 ≪련합전시증원연습≫과 ≪독수리≫연습을 통합한 대규모북침핵전쟁연습을 감행하였다. 여기에는 규모에서 최대였던 1989년의 ≪팀스피트≫연습의 3배가 넘는 근 70만의 대병력이 참가하였다. 2001년에 진행된 북침전쟁연습건수는 그 전해에 비해 거의 2배로 늘어났고 규모도 훨씬 커졌다.

미국은 남조선과 그 주변지역의 핵전쟁연습으로도 부족하여 극비밀리에 미국본토에서 북침핵전쟁을 가상한 ≪핵전쟁도상지휘연습≫과 미제4전투비행대 소속≪F-15E≫전투폭격기들의 핵폭탄투하 모의연습까지 감행하였다.

이와 같은 사실들은 미국의 핵전쟁계획과 그 실현을 위한 핵전쟁연습이 그 무슨 ≪억제≫나 ≪위협≫의 단계를 넘어 언제 핵전쟁의 불집을 터뜨릴지 모르는 엄중한 계선에 이르렀다는 것을 보여주고 있다.

미국은 핵전쟁계획을 작성하고 핵전쟁연[64]습을 부단히 확대하였을 뿐 아니라 로골적인 핵사용폭언을 련발함으로써 우리 공화국을 심히 자극하고 위협공갈하였다. 조선전쟁시기의 대통령이었던 트루맨으로부터 오늘의 부쉬에 이르기까지 미국의 력대대통령들과 그 하수인들치고 북침핵전쟁위협을 하지 않은 호전광은 하나도 없다. 조선전쟁시기 트루맨은 ≪미국은 한국전쟁에서 원자폭탄을 사용할 수 있다≫고 하였고 아이젠하워는 1953년 12월에 있은 처칠과의 회담에서 ≪한국전쟁이 재발될 경우 미국은 원자폭탄을 사용할 것≫이라고 공언하였다. 1975년 이전 미국방장관 슐레징거는 ≪한반도에서 전쟁이 일어나면 핵무기를 사용하여 적의 심장

부를 치겠다≫고 폭언하였으며 1983년에 레간은 ≪유사시 한반도에서의 핵무기사용도 배제하지 않는다≫고 공공연히 떠들었고 같은 해 미국방장관 와인버거는 ≪북에 대한 핵공격을 단행≫해야 한다고 력설하였다. 그리고 1994년 미합동참모부 의장 샬리 캬슈빌리와 미 제7함대 사령관 클레민스는 기자회견에서 공격용잠수함에 ≪토마호크≫순항미싸일을 탑재해 전진배치할 것이며 ≪이 잠수함들은 북을 대상으로 단독 작전임무를 수행할 것≫이라고 밝혔다. 2002년 부쉬는 우리 공화국을 ≪악의 축≫, ≪핵선제공격대상국≫으로 선정하고 북에 핵무기를 사용할 수 있다고 폭언하면서 그를 위한 새로운 소형전술핵무기개발을 지시했다. 미국의 이와 같은 핵전쟁계획과 연습, 핵공격위협은 조선반도를 비핵화하려는 공화국정부의 진지한 노력에 악랄하게 도전한 것으로서 조선반도에 ≪핵위기≫를 몰아온 중요한 원인의 하나로 된다.

미국은 또한 조선반도를 비핵지대, 평화지대로 만들 데 대한 우리 공화국의 현실적인 제안들을 전면거부함으로써 조선반도에 ≪핵위기≫를 몰아왔다. 우리 공화국은 핵무기가 없고 전쟁이 없는 평화로운 조국 땅에서 살려는 북과 남, 해외 전체 조선민족의 한결같은 요구와 의사를 반영하여 조선반도를 비핵화할 데 대한 건설적이며 현실적인 방안들을 여러 차례에 걸쳐 내놓고 그를 실현하기 위하여 꾸준한 노력을 기울여 왔다.

공화국정부는 남조선과 아시아지역을 핵기지화하려는 미국의 책동을 반대하고 조선반도를 비핵화하려는 목적으로부터 1957년 12월 5일 아시아를 비롯한 세계 모든 나라와 인민들이 반핵투쟁을 공동으로 벌릴 데 대한 현실적인 방안을 내놓았으며 1959년 4월에는 그를 더욱 구체화하여 조선을 비롯한 동북아시아지역을 핵무기가 없고 전쟁위협이 없는 평화지대로 만들 데 대하여 제안하였다. 1980년 10월에는 핵위험이 가장 우심하게 존재하고 있는 조선반도의 엄중한 상황에 대처하여 조선을 포함한 동북아시아지역을 비핵지대로 전환시킬 데 대하여 다시금 호소하였으며 1981년 3월에는 일본사회당 대표단을 초청하여 동북아시아지역을 비핵지대, 평화지대로 만들 데 대하여 합의하고 그를 확약한 공동선언까지 발표하였다. 그리고 조선반도를 비핵화하기 위한 실천적 조치로서 1985년 12월 핵무기전파방지조약에 가입하고 1991년 1월 남조선과 ≪조선반도의 비핵화에 관한 공동선언≫을 채택하였으며 미국과 일련의 조약을 체결하여 조선반도를 비핵지대로 만들 데 대하여 합의하였다. 뿐만 아니라 공화국정부는 미국을 백년숙적으로 보려하지 않는다는 새로운 립장을 세계에 공포하고 그 행동조치로서 2001년 10월 최고위급의 특사를 파견하여 미국대통령을 만나고 미국무장관과 조미관계를 정상화할 데 대한 회담을 진행하였으며 미국무장관을 초청하고 미국대통령의 평양방문을 수락하는 등 조선반도의 비핵화를 위하여 할 수 있는 모든 노력을 다하였다.

그러나 미국은 조선반도를 비핵화할 데 대한 우리 공화국의 모든 제안들을 전면적으로 거부하고 그 어느 것 하나 리행하지 않았으며 로골적으로 배신하였다. 미국은 조선반도를 비핵지대, 평화지대로 만들 데 대한 공화국 정부의 제안을 전면거부하고 그와 배치되는 행동만을 하여왔다. 핵무기와 전쟁이 없는 평화로운 향토에서 **[65]** 살려는 것은 인류공동의 숙망이다. 인류의 이 지향은 세계 이르는 곳마다에 비핵지대, 평화지대를 창설하기 위한 투쟁으로 이어지고 있으며 더욱더 구체적인 양상을 띠고 전개되고 있다.

비핵지대창설의 가장 주요한 조건은 비핵지대국가들과 핵렬강들이 서로 자기의 의무를 철저히 준수하는 것이다. 비핵지대국가들은 핵무기를 생산, 소유, 저장, 수송하지 말아야 하며 핵렬강들은 비핵지대국가들에 핵무기의 생산과 획득에서 방조를 주지 말고 비핵지대에 핵무기를 배비하지 않으며 비핵국가들의 비핵지위를 존중하고 그들을 핵무기로 위협하지 말아야 한다. 이러한 조건들이 지켜져야 비로소 비핵지대, 평화지대가 창설될 수 있다. 미국은 비핵지대창설에 관한 국제법적 요구에는 배치되게 남조선에 핵무기를 계속 끌어들이고 북반부를 핵무기로 공격하겠다고 항시적으로 위협함으로써 조선반도와 동북아시아지역의 비핵화과정을 완전히 파탄시켰다.

미국은 북남 사이에 채택된 ≪조선반도의 비핵화에 관한 공동선언≫도 무효화시키었다. 선언은 핵무기와 전쟁을 반대하는 북과 남, 해외 전체 조선민족의 지향과 념원을 반영한 것으로서 민족을 핵참화로부터 구원하려는 우리 공화국의 제의에 남조선이 응해나선 결과 채택되었다. 미국은 핵무기전파방지조약 참가국으로서, 남조선과의 ≪우방≫과 협력을 자처하는 국가로서, 우리 공화국과 조선반도의 비핵화를 공약한 국가로서 마땅히 이를 지지하고 선언의 실현에 도움이 되는 일을 하여야만 하였다. 그러나 미국은 선언의 요구와는 배치되게 남조선에 핵무기를 계속 끌어들이고 핵전쟁연습을 부단히 확대하면서 공화국북반부를 공격하겠다고 지속적인 위협을 가함으로써 북남쌍방이 선언에서 지닌 자기의 의무를 도저히 리행할 수 없게 만들었으며 궁극에는 선언이 파탄되게 하였다.

미국은 공화국정부와 체결한 조선반도를 비핵화할 데 대한 국제조약상의 의무를 한 조항도 리행하지 않고 로골적으로 배신하였다. 미국은 공화국정부와 1993년 6월 ≪조미공동성명≫에서 ≪조선반도의 비핵화, 평화와 안전을 보장≫할 것을 공약하고 1994년 10월 ≪조미기본합의문≫에서 ≪쌍방은 조선반도의 비핵화, 평화와 안전을 위하여 공동으로 노력한다≫고 다시금 확약하였으며 2000년 10월 ≪조미공동콤뮤니케≫에서 ≪조선반도의 긴장상태를 완화≫할 데 대하여 거듭 합의하였다. 두 유엔성원국들 사이에 체결된 이 조약들은 체약쌍방 중 어느 일방이 마음대로 그 리행을 포기하거나 지연시킬 수 없는 국제법적인 문건들이다. 이에 대하여서는 유엔상임리사국이며 우리 공화국과의 합의를 철저히 리행하겠다는 대통령의 담보서한까지 보내온 미국으로서는 더욱더 엄격히 리행하여야 할 것이었다.

그러나 미국은 공동성명에서 조선반도의 비핵화를 약속하고는 돌아앉아 우리 공화국을 핵선제공격으로 압살하기 위한 ≪신작전계획 5027≫이라는 핵전쟁계획을 작성하였으며 1997년에는 세계가 규탄하는 우라니움탄을 남조선에 끌어들이고 2002년에는 공화국을 ≪악의 축≫, ≪핵선제공격대상국≫으로 선정하고 북침핵공격을 로골적으로 기도해나서고 있다. 이에 대하여서는 미국인들 자신도 인정하고 있다. 미국신문 ≪워커≫최근호는 ≪핵위협은 미국으로부터 오고 있다≫라는 제목의 글에서 조선이 비밀리에 ≪핵무기계획≫을 추진함으로써 미조핵합의문을 위반하고 있다는 부쉬행정부의 억지주장이 부당하다고 까밝히면서 ≪제반 사실은 미조기본합의문의 조항들을 단 하나도 준수하지 않은 것이 미국이며 남조선을 군사화하고 핵무기로 조선인민을 계속 위협하고 있는 것은 다름 아닌 미국정부라는 것을 보여주고 있다≫라고 실토하였다.

제반 사실은 미국이야말로 수천 개의 핵무기를 끌어들여 남조선을 극동 최대의 핵군사기지로 전변시켰으며 북침핵전쟁계획을 짜놓고 그를 실현하기 위한 핵전쟁연습을 계[66]단식으로 확대하였으며 조선반도를 비핵화할 데 대한 우리 공화국의 모든 제안들을 전면거부하고 로골적으로 배신함으로써 조선반도에 ≪핵위기≫를 몰아온 장본인이라는 것을 말해주고 있다. 미국은 조선반도에 ≪핵위기≫를 몰아온 장본인으로서의 책임을 그 누구에게 넘겨씌우려 하지 말고 전체 조선민족과 세계 진보적 인민들의 한결같은 요구대로 남조선에서 핵무기를 철수하고 핵전쟁연습을 그만두며 조선반도의 ≪핵위기≫를 근원적으로 해결하기 위한 공화국 정부의 현실적인 제안에 적극 응해 나서야 할 것이다.

52. 국제범죄의 특징[1]

리 경 철

[38]위대한 수령 김일성동지께서는 다음과 같이 교시하시였다. ≪미제국주의는 멸망하여가는 자기들의 처지로부터의 출로를 국제긴장상태의 격화와 군비경쟁의 강화 그리고 새로운 침략전쟁에서 찾으려고 필사적으로 발악하고 있습니다.≫(≪김일성선집≫41권, 406페지).

오늘 미제를 비롯한 제국주의자들에 의하여 세계도처에서 감행되는 국제범죄행위들은 국제사회에 혼란과 무질서를 조성하고 사람들의 정신육체적 발전을 저애하며 화목과 단합에 불화를 조성하는 주되는 요인으로 되고 있다.

국제범죄는 국제사회의 공동의 리익을 엄중히 침해하고 국제형사관계규범들을 위반함으로써 처벌을 받아야 할 행위이다. 국제범죄는 범죄일반이 가지고 있는 공통된 특징을 가지고 있으면서도 자체의 본질적인 특징을 가지고 있다. 국제범죄의 이러한 특징은 국내범죄나 국제위법행위와의 관계 속에서 대비적으로 고찰해보면 잘 알 수 있다.

국제범죄는 국내범죄와 구별되는 일련의 특징을 가지고 있다. 국제범죄가 국내범죄와 구별되는 중요한 특징은 우선 이 범죄들에 대하여 규제한 규범적 기초가 다르다는 데 있다. 국내범죄에 대해서는 그 본질과 구체적인 형태 그리고 취급절차와 방법에 이르기까지의 모든 내용

---

1) 출처: 과학백과사전출판사, 『정치법률연구』, 2006년 제2호(누계 14호), 38-39쪽.

을 개별적 민족국가들의 형사법이 규제하지만 국제범죄는 해당한 국제기구들을 포함한 국가들 사이의 자원적인 의사합의에 의하여 체결되는 형사관계분야의 국제조약이나 협정, 협약과 같은 국제법규범에 의하여 규제된다. 국제범죄가 가지는 이러한 특징은 국제범죄를 미리 막고 없애기 위한 국가들의 활동에서 반드시 의거하고 준수해야 할 규범적 기초가 국내법이 아니라 국제법규이라는 것을 말해주고 있다. 물론 국제범죄에 대한 투쟁에서 국내법들이 전혀 적용되지 않는 것은 아니다.

지난 시기 민족국가재판소들은 국제범죄를 감행한 자들을 자기의 국내형법을 적용하여 처벌하였다. 그러나 개별적 민족국가들이 국제범죄와의 투쟁에서 자기의 국내형법을 리용한 것은 어디까지나 상설적인 처벌기구가 존재하지 않았고 또 국제범죄에 대한 구체적인 처벌수속절차를 규제하고 있는 법규범이 없었던 당시의 조건과 관련된다. 그러나 국내재판소에 의한 국제범죄처벌에서도 제1차적 의의를 가지는 규범적 기초는 어디까지나 국제법규범이라고 보아야 한다.

국제범죄가 국내범죄와 구별되는 특징은 또한 두 범죄가 성립조건으로서의 주관적 표징이 서로 다르다는 데 있다. 일반적으로 국내범죄는 범죄자의 고의 또는 과실에 의하여 수행되는 행위이지만 국제범죄는 오직 범죄자의 고의에 의해서만 수행되는 행위이다. 현대국제법에 규제된 국제범죄들은 그 결과 발생이 어떻든 간에 그것들이 범죄자들의 심리적 태도, 다시 말하여 자기 행위로 인한 위험한 결과발생을 예견하면서도 그 결과를 희망한 범죄자의 직접고의와 자기 행위로 인한 위험한 결과의 발생을 예견하고 허용하는 범죄자의 간접고의에 의하여 감행된다.

결국 국제범죄들은 모두 범죄행위들이 범죄적 고의에 의하여 수행되며 범죄적 과실에 의해서는 이 범죄가 성립되지 않는다. 국제범죄의 이러한 특징은 국제범죄가 범죄자가 자고자대하거나[2] 실수로 인하여 성립되는 것이 아니라 범죄적 목적밑에 의식적으로 감행되는 범죄라는 것을 말해준다.

국제범죄가 국내범죄와 구별되는 특징은 또한 이 범죄가 침해하는 사회관계가 국내범죄와 다르다는 데 있다. 국내범죄는 그 어떤 형태의 범죄이건 그것이 해당 국가의 국가주권이나 법질서를 침해한다면 국제범죄는 어느 한 국가의 법질서를 침해하는 것이 아니라 국제사회의 안전과 질서를 침해한다. 물론 국제범죄들이 처음부터 국제사회의 공동의 리익을 침해하는 국제범죄로 인정되어 국제조약의 금지규범으로 규정되는 것은 아니다. 국제범죄의 대부분이 처음

---

2) 편집자주: 자고자대(自高自大)란 스스로 자기를 높이 내세우며 잘난 체하고 우쭐대는 것을 말한다. 사회과학출판사, 『조선말대사전 2』, 3쪽.

에는 한 국가의 리익을 침해하는 국내범죄로 되었으나 점차 그것이 국제화되어 국제범죄로 규정되었다. 국내범죄가 국제조약에 의해 국제범죄로 인정되는 경우에는 비록 그 범죄가 침해하는 사회관계가 직접적으로는 해당 국가의 국가주권이나 법질서라고 하여도 국제사회의 안전과 질서를 침해하는 국제범죄로 인정하고 처벌하게 된다.

국제범죄가 국내범죄와 구별되는 특징은 또한 범죄의 발생지역이 한정되어 있지 않으며 처벌권한이 어느 특정한 국가로 제한되어 있지 않다는 것이다. 국내범죄는 범죄행위나 범죄결과가 대체로 한 국가의 령역 내에서 발생한다. 그러나 국제범죄는 한 국가에서 발생할 수도 있고 여러 국가들에서 발생할 수도 있으며 또한 국가에 의해 다른 국가에서 혹은 여러 국가들이 공모하여 한 국가에서, 어떤 경우에는 공해와 같이 그 어느 국가의 관할권에도 속하지 않는 지역에서 발생할 수도 있다.

또한 처벌권한의 행사범위에서 볼 때 국내범죄는 오[39]직 한 나라의 국내관할에 속하는 범죄로서 해당 국가의 법적제재를 받으며 다른 나라들은 이에 대해 처벌할 권한이 없다. 그러나 국제범죄는 보편적인 관할대상으로 되어 세계 각국이 다 관할권을 가지고 처벌할 수 있다. 다시 말하여 국제범죄는 그것이 어디에서 누구에 의하여 감행되었건 그 행위의 내용과 형태가 어떠하든 처벌할 수 있는 조건과 가능성이 비교적 충분하다고 인정되는 경우에는 어느 국가나 다 처벌할 수 있으며 경우에 따라서 범죄자를 국제형사재판소에 인도하여 처벌하게 할 수도 있다. 국제범죄자에 대한 처벌권한의 행사범위를 모든 국가들에로 확대한 것은 국제범죄에 대해서는 그 어느 민족국가도 방관시할 수 없으며 그와의 투쟁을 매개 국가들의 공동의 노력을 떠나서는 성과를 기대할 수 없기 때문이다.

국제범죄는 국제위법행위와 구별되는 일련의 특징을 가지고 있다. 국제위법행위는 국제법의 원칙과 규범들을 어긴 행위로서 국제범죄도 다같이 포괄하고 있다. 그러나 여기서 말하는 국제위법행위는 좁은 의미에서 국제법의 원칙과 규범들을 위반하였으나 그 위험성 정도로 보아 국제범죄가 아닌 행위들을 념두에 두고 있다.

국제범죄가 국제위법행위와 구별되는 특징은 원 국제범죄가 국제위법행위에 비해 국제사회에 대한 위험성이 매우 크다는 데 있다. 국제위법행위에 비해볼 때 국제사회에 대한 국제범죄의 위험성이 높은 것은 국제범죄가 국제사회의 평화와 안전을 유지보호할 데 대한 현대국제법의 기본원칙과 요구들을 엄중히 위반하는 행위이기 때문이다. 국제범죄는 그 어느 것이나 다 후과가 한 나라 또는 두 나라에 국한되어 있지 않고 또 쉽게 가셔지지도 않는다. 국제범죄를 그대로 두고서는 국가들 간의 정상적인 교류와 협력이 보장될 수 없으며 국제사회의 안정과 발전이 이루어질 수 없다. 물론 국제범죄가 아닌 국제위법행위도 국제사회의 정상적인 관계발전에 부정적 영향을 준다. 그러나 이러한 국제위법행위들은 쌍방 혹은 다방조약에 의해서 지니게 되는 조약상의무의 경미한 위반으로서 그 자체가 국제사회에 주는 위험정도는 국제범죄만큼 크지 않다.

국제범죄가 국제위법행위와 구별되는 특징은 또한 국제적 의무의 위반사건을 둘러싸고 발행하는 법률관계가 다르다는 데 있다. 국제범죄나 국제위법행위는 다같이 국제적 의무의 위반이지만 국제범죄는 피해국의 직접적 리익을 건드릴 뿐 아니라 기타 국가와 국제사회전반의 리익도 다같이 건드린다. 이로부터 국제범죄가 발생하면 가해자와 가해자 이외의 국가들 사이에는 책임문제가 제기되며 후자는 국제기구를 통하여 혹은 직접 가해자에 대해 제재를 가할 권리를 가지게 된다. 실례로 한 나라가 다른 한 나라 혹은 여러 나라들에 대해 침략전쟁을 일으킨 경우 비록 직접적 침략을 받은 것이 하나 혹은 여러 나라이어도 침략전쟁이라는 국제범죄가 침해하는 것이 침략당한 국가의 직접적 리익만이 아니라 전 인류의 생명안전과 직결되는 가장 중요한 기본원칙인 침략의 금지원칙인 것으로 하여 직접 침략을 당한 나라 이외의 모든 나라들도 간접적 피해를 받은 것으로 되며 자기의 명의로 침략국가에 대해 단독 혹은 집단적 반격을 가할 권리를 가진다. 결국 국제범죄가 발생한 경우에 법률관계는 가해자와 피해자국관계로 설정될 수도 있고 가해자와 비피해자국 혹은 가해자와 국제기구관계로 설정될 수도 있다. 그러나 국제위법행위에서는 국제법위반행위를 둘러싸고 조약위반국과 관계를 가지였던 피해자국 사이에만 법률관계가 형성되며 그 밖의 국가들은 비록 조약위반으로 간접적 영향을 받았다고 하여도 조약위반국을 상대로 직접 보상요구를 제기할 수 없다. 다시 말하여 오직 국제법위반행위에 의해 직접 손해를 입은 국가만이 국제법위반국가에 그 책임을 추궁하고 보상을 청구할 권리를 가진다.

국제범죄가 국제위법행위와 구별되는 특징은 또한 국제법위반행위에 대한 책임형태가 서로 다르다는 데 있다. 국제위법행위에 대한 책임형태는 주로 원상회복, 보상과 같은 민사적 성격이 강하며 때로는 여기에 외교적 성격을 띠는 사죄표시, 책임자처벌 등이 뒤따를 수도 있다. 국제위법행위에 대한 책임에서 1차적 요구는 원상회복이다. 그러나 원상회복이 불가능한 경우에는 국제법위반으로 권리침해를 당한 자가 입은 피해액에 해당한 보상을 하여야 한다. 이와 반면에 국제범죄에 대한 책임에서는 행위의 엄중성으로 하여 징벌적 성격이 강한 책임형태와 일반적인 국제법상의 책임형태가 다같이 적용되게 된다.

징벌적 성격이 강한 책임형태들은 범죄를 감행한 당사자의 지위에 따라 차이나며 구체적으로

범죄국가에 대해서는 군사점령, 경제봉쇄, 주권제한을 들 수 있으며 개별적 범죄자들에 대해서는 사형, 징역, 벌금과 같은 형사적 처벌을 들 수 있다. 그리고 일반적인 국제법상의 책임으로서는 국제범죄를 미연에 방지하지 못한 데 대한 잘못인정, 범인의 체포와 처벌, 피해자와 그 가족들에 대한 부양비, 치료비의 지불, 앞으로 범죄의 재발을 막기 위해 노력하겠다는 의사를 내용으로 하는 국가의 공식사죄, 원상회복, 손해배상 등을 들 수 있다. 그러나 국제범죄에 대하여 적용되는 이러한 책임형태들 중에서도 기본은 징벌적 성격을 띠는 책임형태이다. 그것은 국제범죄가 범죄자의 범죄적 목적밑에 의식적으로 감행되는 행위로서 그것이 국제사회에 끼치는 해독적 후과가 극히 엄중한 것과 관련된다. 징벌적 성격의 책임형태가 위주로 적용되는가, 민사적 성격의 책임형태가 위주로 적용되는가 하는 데 따라 국제범죄인가 국제불법행위인가 하는 것이 평가된다고 말할 수 있다.

이상에서 보는 바와 같이 국제범죄는 국내범죄, 국제위법행위와 다른 일련의 특징을 가지고 있다. 그러므로 국제범죄와의 투쟁에서는 국제범죄의 특징을 잘 알고 그에 맞게 옳은 투쟁원칙과 방법을 적용하는 것이 중요하다.

53. 일제의 ≪종군위안부≫정책과 그의 국제법적 범죄[3]

정 금 영

[71]제2차 세계대전이 종결된 때로부터 50년이 지나갔다. 대전후 전범자국가들 중에서 대부분 나라들은 자기의 과거죄행을 돌이켜보고 진심으로 되는 사죄와 배상과 보상조치를 취함으로써 새 출발의 의지를 실천으로 보여주었다. 그러나 제2차 세계대전의 주범이며 극악한 파쑈국가로서 전후 적국이라는 오명까지 쓴 일본만은 오늘까지도 죄악의 과거에 대하여 인정도 사죄도 반성도 보상도 하지 않았을 뿐 아니라 그러한 의지도 보이지 않고 있다. 일본은 오늘 유엔무대에서까지 전시인권침해사건으로 규탄받고 있는 ≪종군위안부≫범죄사건에 대하여 자기의 과거죄행을 인정할 대신에 그것을 공공연히 거부하면서 세계여론과 인류양심을 우롱하고 있다.

─────────────
3) 출처: 김일성종합대학출판사, 『김일성종합대학학보: 력사법학』, 제43권 제2호(1997), 71-76쪽.

위대한 수령 김일성동지께서는 다음과 같이 교시하시였다. ≪**일본이 그릇된 과거를 진심으로 반성하는 것은 남을 위해서보다도 자기자신을 위하여 필요한 것입니다.**≫(≪김일성저작집≫ 제43권, 71페지)

과거 일본제국주의자들의 범죄적인 계획밑에 일본군부가 태평양전쟁전과 전쟁기간에 근 20여 만에 달하는 조선과 중국, 필리핀, 인도네시아, 화란 등 여러 나라 녀성들을 ≪종군위안부≫로 끌어다가 성노예생활을 강요한 행위는 근대사와 전쟁사에 일찍이 있어 보지 못한 전무후무한 가장 극악무도한 반인륜적인 범죄행위로서 이것은 일본정부와 군부가 직접 고안하고 실현시킨 ≪종군위안부≫정책의 직접적 산물이다.

≪종군위안부≫문제에 대한 옳은 리해를 가지기 위해서는 먼저 ≪종군위안부≫란 무엇이며 또 ≪종군위안부≫범죄사건이란 어떤 사건인가 하는 것을 아는 것이 필요하다. 일본의 국어사전 ≪광사원≫에서는 ≪위안부≫를 규정하면서 ≪위안부는 전장의 부대를 따라다니면서 장병을 위안할 여자≫라고 쓰고 있다. 세계전쟁사는 군대들이 주둔하고 있는 지역들에 그들을 위한 ≪유곽≫같은 것이 존재하였다는 사실을 기록하고 있다. 일본에서 ≪위안부≫문제는 바로 1894년의 청일전쟁과 1904년 로일전쟁시기 ≪위안부≫녀성들이 구일본군을 따라다니면서 나오게 되었다. 그러나 ≪종군위안부≫범죄사건의 피해자들인 ≪종군위안부≫는 전자의 경우와 다르다. 즉 ≪종군위안부≫범죄사건의 피해자들인 ≪종군위안부≫는 일본 정부와 군부가 직접 창설하고 관리운영한 국가적인 성노예관리제도하에서 일본군에 의한 조직적인 강간과 륜간을 당한 여자들인 것이다. 그러므로 ≪종군위안부≫는 일본특유의 술어로서 일본의 ≪15년전쟁시대≫(1931-1945) 전과 주로 그 기간에 전쟁의 수행과 관련하여 일본 정부와 군부의 정책에 따라 감행된 일본군의 조직적인 집단강간과 륜간관리제도하에서 피해를 당한 여자라고 말할 수 있다. 그러나 ≪종군위안부≫라는 단어는 당시 피해자들이 매일매일 지속되는 아회강간과 심한 육체적 혹사와 같은 고통들을 다 반영할 수도 없다. 그렇기 때문에 오늘 국제무대에서 ≪종군위안부≫라는 단어보다 ≪군사적 성노예≫라는 문구가 더 적절한 표현구로 인정된다는 목소리가 자주 울리고 있는 것은 결코 우연하지 않다.

≪종군위안부≫에 대한 이러한 리해에 기초하여 본다면 ≪종군위안부≫범죄사건이란 력사에 불리우는 ≪15년전쟁시대≫(1931-1945) 전과 주로 그 기간에 전쟁의 수행과 관련하여 일본 정부와 군부가 군대 안에 ≪위안소≫들을 차려놓고 조선녀성들을 기본으로 필리핀, 중국, 대만, 인도네시아, 화란 녀성들을 강제로 끌어다가 일본장병들에게 성봉사를 제공하게 하고 그들의 대부분을 고의적으로 학살한 중대한 인권침해사건을 의미한다.

일본정부와 군부가 국가적인 정책으로 결정하고 집행한 ≪종군위안부≫정책은 다른 나라들에 대한 침략과 략탈을 위한 전쟁을 력사적 배경으로 하여 나오게 되었다. 일본 정부와 군부가 ≪종군위안부≫정책을 내놓게 된 동기는 일본군의 ≪씨비리출병≫(1918년 8월-1922년 10월)의 [72]교훈에서부터 시작되었다. 일본은 로씨야에서 ≪10월혁명≫이 승리한 이후 1917년 11월 씨비리에 대한 령토적 야망을 실현하기 위하여 6개 사단의 전투부대와 파견사령부, 헌병대, 림시전신대, 철도련대, 병참사령부 도합 7만 3000명의 병력을 씨비리에 파견하였다. 당시 일본의 매춘업자들이 매춘부를 데리고 군대를 따라 매춘업을 경영하였으나 일본군은 징병제도하에서 봉급을 매우 적게 받은 조건에서 매춘을 실현할 수 없게 되었다. 이에 대하여 불만을 가진 일본군은 주둔지 및 전장에서 로씨야녀성들에 대한 강간행위를 로골적으로 감행하게 되었으며 그 결과 성병이 만연하여 전투력이 크게 상실되었다. 례하면 ≪씨비리출병≫ 당시 전사자는 1387명, 전상자는 2066명, 기타 94명, 성병으로 인한 전투능력상실자는 2012명이었다. 보는 바와 같이 성병에 의한 전투능력상실자는 전사자보다 많았으며 전상자의 수와 맞먹었다. 이것은 일본군부로 하여금 성병의 위험성과 그것이 전투력에 미치는 영향에 대하여 고려하지 않을 수 없게 하였다. 특히 1931년 ≪9·18사변≫이 있은 다음 해에 일어난 1932년 1월 28일 ≪제1차 상해사변≫과 1937년 12월 ≪남경강간≫으로 세상에 알려진 ≪남경대학살사건≫은 ≪종군위안부≫제도를 내오게 된 직접적 동기로 되었다. 1931년 7월 만보산사건을 조작한 일제는 1931년 9월 18일 ≪류조구사건≫을 꾸밈으로써 선전포고도 없이 중국의 동북지방을 석달 동안에 강점하고 식민지괴뢰≪만주국≫을 조작하였다. 그 후 일제는 만주로부터 렬강들의 주의를 따돌리기 위하여 ≪제1차 상해사변≫을 조작하였다. 이때 일본군병사들은 현지 녀성들에 대하여 강간행위를 수많이 감행하게 되었다. 이것을 계기로 당시 파견군 참모부장이었던 오까무라는 일본 나가사끼현 지사에게 군대위안부를 보내줄 것을 요청하게 되었던 것이다. 그리하여 일본북부 규슈지방에 사는 조선인녀성들이 군장교들의 요구에 따라 나가사끼현 지사에 의하여 위안부로 끌려가게 되었다.

일제의 ≪종군위안부≫제도는 1937년 12월 ≪남경대학살사건≫을 전후하여 더욱더 파급되고 확대되었다. 력사에 널리 알려져 있는 ≪남경강간≫은 말 그대로 대규모적인 략탈과 강간을 동반한 참극적인 사변이었다. 이 사건은 중국에 커다란 피해를 가져다준 동시에 강간에 의한 성병을 발생시킴으로써 일본군의 전투력에도 커다란 손실을 가져오게 하였다. 일본병사들은 남경과 그 주변지역을 돌아다니며 많은 중국인녀성들을 강간하였다. 남경에서의 일본군의 행위는 결국 일본에 대한 국제적인 비난을 야기하고 현지 주민들 속에서는 일본에 대한 적대적

감정을 불러일으켰으며 일본군의 안전을 위태롭게 하였다. 이에 바빠맞은[4] 일본 군부와 당국은 전쟁과정에 더욱더 포악해져 살인, 략탈, 강간, 파괴 행위를 서슴지 않고 감행하고 있는 일본군병사들을 진정시키고 치안을 유지하기 위하여 ≪병사들에게 위안부들을 나누어주자≫는 시도를 하게 되었다. 그리하여 이미 1932년에 도입된 위안소설립계획이 재생되게 되었으며 상해특별지부는 1937년 말부터 상업체와의 련계밑에 보다 많은 녀성들로 군사적 성봉사를 제공하기 위한 본격적인 활동에 착수하게 되었다. 상해와 남경 사이의 지역에 설치된 위안소는 그 이후에 나온 위안소들의 모체로 되었다.

지금까지 폭로된 당시 일본의 공식문건자료들은 ≪종군위안부≫정책이 일본정부의 승인밑에 작성되고 일분군부의 지시에 의하여 집행되었으며 국가권력으로 철저히 담보되어 있었다는 것을 론박할 여지없이 확증해주고 있다. 당시 일본군으로부터 획득한 문서들과 포로의 진술에 의거하여 작성된 ≪일본군대의 생활관리시설≫의 표제를 단 1945년 2월 15일부의 련합국군총사령부의 조사보고서에는 상해지역에 있었다고 추정되는 남지구경비대본부가 제정한 남지구창영위안소 리용규칙과 운영규칙에 대하여 서술되어 있다. 련합국군 보고서는 마닐라병참지구대장교 오오니시 니까스께가 1943년 2월에 ≪현존 마닐라허가음식점위안소규칙≫의 표제밑에 발표한 마닐라위안소에 관한 규칙도 상세하게 언[73]급하고 있다. 련합국의 보고서뿐 아니라 상해, 오끼나와 기타 일본, 중국, 필리핀에 있던 위안소 규정들은 지금도 보존되어 있다. 이 문건들은 종군위안부범죄사건의 유죄를 인정하는 가장 적절한 문건의 일부로서 일본군부가 위안소에 대하여 직접적인 책임을 지고 그 조직들과 련계되어 있다는 것을 폭로해주는 좋은 자료로 될 뿐 아니라 위안소가 그 어떤 민간인에 의하여 운영된 것이 아닌 군부에 의하여 합법적으로 설치, 운영되었다는 것을 명백히 보여주고 있다.

≪종군위안부≫범죄가 철두철미 일본정부의 승인밑에 일본국가권력으로 실시되었다는 것은 다음의 자료를 통하여서도 명백히 알 수 있다. 대만주둔 일본군사령관이 수상 도죠에게 보낸 1942년 3월 12일부로 된 전시전보는 ≪남방의 군대로부터 50명의 위안부를 브루네이에 보내달라는 그곳 부대장의 요청을 받은 것과 관련하여 나는 헌병에 의해 선발된 다음의 3명의 인물을 ≪위안소≫관리인으로 파견하도록 허락해줄 것을 당신에게 요구하는 바이다.≫라고 지적하고 있다. 여기에서 보는 바와 같이 ≪위안소≫관리인들은 헌병이 직접 선발하였으며 선발된 사람들은 수상의 승인을 받아야만 정식 ≪위안소≫관리인으로 등용되었다. 이것은 도죠정부가 ≪종군위안부≫제도를 정책으로 작성하고 집행하였으며 수상이 대리인을 내세우는 방법으로

---

4) 편집자주: '바빠맞다'란 ① 몹시 급한 형편이나 상태에 놓여 있다. ② '형편이 딱하게 되어 몹시 거북하거나 급한 처지에 놓여 있다'란 의미이다. 사회과학출판사, 『조선말대사전 1』, 1280쪽.

그 운영까지 통솔하였다는 것을 말해주고 있다. 일본정부의 중추기관인 기획원이 내각결정에 따라 작성한 문건인 ≪대일공출실시요령≫에는 ≪위안소≫에 대하여 ≪적당한 시책을 강구한다.≫라고 규정되어 있다. 이것은 정부의 결정에 따라 ≪위안소≫가 설치되었으며 그 운영에 정부기관들이 관여하고 있었다는 것을 보여주고 있다.

전쟁이라는 ≪대의명분≫하에서 일제에 의하여 감행된 ≪종군위안부≫정책은 타민족말살을 적극적으로 추진시키기 위한 목적밑에 감행되었다. ≪종군위안부≫범죄사건이 감행될 당시 우리 인민은 일제에게 모든 정치적 권리와 생산수단을 빼앗기고 완전한 노예의 처지에 있었으며 일제는 조선을 영원히 일본의 땅덩어리로 만들며 나아가서는 아세아와 태평양지역의 맹주가 될 망상을 꿈꾸고 있었다. 이로부터 식민지조선에서 조선민족의 넋을 빼앗기 위한 민족동화정책이 악랄하게 실시되었고 더 많은 조선사람들을 살륙하는 한편 인구증식을 최대한 억제하기로 하였다. 일제의 ≪종군위안부≫정책은 바로 조선민족을 정신적으로뿐 아니라 육체적으로도 말살하기 위한 책동의 일환으로서 고안되었다. 일제의 이 야만적인 인간살륙정책은 ≪종군위안부≫들의 생명과 건강 그리고 그들의 생식능력을 보존하기 위한 그 어떤 법률이나 규정을 제정함이 없이 그들을 소모품처럼 마구 취급하였으며 그들의 대다수를 학살한 데서 명백히 드러났다.

1945년 8월 전쟁의 종결과 함께 일본이 패망함에 따라 일제의 조선민족말살정책도 끝장나게 되었다. 만약 전쟁이 10년 이상 계속되었더라면 조선의 젊은 녀성들은 거의나 다 ≪종군위안부≫로 끌려갔을 것이 명백하며 그렇게 되었더라면 조선민족은 장래 그 존재자체가 위기에 처하게 될 것이었다. 이에 대하여 일본잡지 ≪새까이≫는 ≪군국주의자들이 일본인처녀들을 〈위안부〉로 쓰지 않은 것은 〈생식의 성〉이 못쓰게 되는 것을 두려워했기 때문이다. 이런 계산에 기초하여 식민지에서 처녀들을 끌어 모으기로 하였다. 이렇게 하면 식민지 민중에게서 민족성을 앗애내기도 매우 좋다는 품먹인 음모적 타산이 작용하였던 것이다. 바로 여기에 민족적 차별이 있고 식민지지배의 본질이 있다≫고 썼다. 이처럼 ≪종군위안부≫범죄사건은 ≪강간과 성병의 방지≫, ≪치안의 유지≫ 등의 미명밑에 타민족말살정책을 적극적으로 추진하기 위한 목적에서 감행된 반인륜적 죄악이었다. ≪종군위안부≫범죄는 바로 녀성들의 존엄과 가치를 무참히 짓밟고 정신육체적으로 심한 고통과 피해를 주어 위안부 대부분을 희생시켰거나 불구자로, 페인으로 만든 반인륜적 범죄이며 극악한 성범죄, 노예범죄이고 전쟁범죄이다. ≪종군위안부≫범죄행위의 조직자도 집행자도 다름 아닌 일본정부이며 군부이다. 일본정[74]부는 이 엄연한 현실을 회피할 것이 아니라 깊은 죄의식을 가지고 정부적인 범위에서 ≪종군위안부≫

문제를 대처해나가야 한다.

≪종군위안부≫범죄사건은 국제법위반으로서 법적인 배상문제로 처리되어야 한다. ≪종군위안부≫범죄사건은 국제법을 란폭하게 유린한 위법행위이며 도덕적으로 풀어야 할 문제도 아니다. 이것은 어디까지나 일본의 과거죄행을 청산하는 법률문제이다. 그러나 일본정부는 반세기가 넘는 오늘까지도 법적으로 아무러한 해결책도 강구하지 않고 있다. 이 문제는 위안부들에게 얼마간의 구제금이나 원호금을 지불한다든가 유감이나 동정을 표시하는 등 도의적으로 다루어야 할 문제가 아니다. ≪종군위안부≫문제는 국제법위반으로서 정치적인 사죄와 법적인 배상과 보상의 방식으로 처리되어야 한다. 특히 이 문제가 법적으로 처리되어야 할 문제로 되는 것은 지난 50년간 이 문제의 법적 해결에서는 아무러한 전진도 없었다는 사정과 관련된다.

일본당국자들은 지금 ≪쌘프랜시스코 대일평화조약≫과 그에 기초하여 저들이 피해자국가들과 개별적으로 체결한 쌍무조약들과 공동성명들에 의하여 ≪종군위안부≫들에 대한 국가적 책임문제도 법적인 배상문제도 다 해결된 듯이 말하고 있지만 이것은 력사적 사실을 외곡하면서 저들의 법적 책임을 무마시켜 보려는 교활한 시도이다. 한마디로 말하여 일본정부의 립장은 ≪종군위안부≫정책이 국제법에 위반되지 않았으며 당시 정부가 죄를 범한 것이 아니기 때문에 국가적 보상을 할 의무가 없다는 것이다.

일본의 주장과는 달리 ≪종군위안부≫범죄사건은 국제법에 대한 란폭한 위반이다. ≪종군위안부≫범죄는 무엇보다도 국제법상 ≪인도에 대한 죄≫로 된다. 인도에 관한 죄의 구성요건은 제2차 세계대전 직후에 설립되었던 국제군사재판소 조례들에 규제되어 있다. 뉴른베르그국제군사재판소 조례 제6조 C항과 도꾜국제군사재판소 조례 제5조에는 전쟁 전 또는 전쟁 중에 모든 민간인에 대하여 감행한 학살, 섬멸, 노예화, 랍치 및 기타 비인간적 행위는 범죄를 감행한 나라의 국제법에 저촉되건 안 되건 관계없이 전쟁범죄로 된다는 것이 명기되어 있다. 이상의 조례는 1946년 12월 11일 유엔총회결의에 의해 국제법의 제 원칙으로 명기됨으로써 재확인되었다. 조례에서 말하는 전쟁 전 또는 전쟁기간이란 제2차 세계대전이 벌어지던 시기와 그것이 준비되던 시기를 말한다. 이 규정은 제2차 세계대전이 준비되던 시기와 대전기간에 주민들에게 들씌운 폭행은 인도에 관한 죄로 된다는 규정이다. 상기 조례들에서 대전전과 대전과정에 감행된 폭행을 인도에 관한 죄로 규정하게 된 것은 인류전쟁사에서 그 류례를 찾아볼 수 없이 대전을 준비하던 시기와 대전과정에 수천만 명의 평화적 주민들이 집단적으로 살해된 사정을 고려한 것이다. 조례에 비추어볼 때 ≪종군위안부≫범죄는 식민지적 략탈과 타민족말살정책에 기초하여 무고한 다른 나라 녀성들을 강제련행하여 노예화하고 그들의 거의 대다수를 섬멸한 비인도적인 행위에 해당된다.

≪종군위안부≫범죄사건은 일제가 녀성들에 대하여 감행한 학살, 섬멸, 노예화, 랍치 및 기타 비인간적 행위의 극치를 이루었다. 일제는 아세아와 일부 구라파 녀성들 20여만 명을 국가권력으로 강제로 끌어다가 조직적으로 일본군의 성노예로 만들었다. 그 가운데는 12살, 13살가량의 미성년소녀들도 있었다. 일본도 서명한 1921년의 ≪녀성 및 아동매매금지조약≫에는 21살 미만의 녀성들에 대한 매매를 금지한다는 조항이 있다. 10대의 소녀들에 대한 강제련행은 이에 대한 란폭한 위반이다. 일제는 위안부들에게 참을 수 없는 모욕과 인신적 굴욕, 억울한 죽음을 강요하였다. 얼마나 많은 녀성들이 맞아죽고 병들어 죽고 ≪황군≫의 희생물로 되었는가 하는 것은 오직 일본만이 알 수 있다. 우리나라의 경우 위안부로 끌려갔던 녀성들 가운데서 살아 돌아온 사람은 불과 얼마 되지 않는다.

일제가 근 20여만 명에 달하는 다른 나라 녀성들을 일본군성노예로 끌어간 것은 다른 민족을 멸시하고 억압하며 나[75]아가서는 타민족자체를 말살하려고 한 일본의 식민지정책의 산물이었다. 이 모든 것은 ≪종군위안부≫범죄가 국제법상 ≪인도에 대한 죄≫에서 빠져나갈 수 없는 반인륜적 행위라는 것을 더욱 뚜렷이 확증해 주고 있다.

≪종군위안부≫범죄사건은 다음으로 1930년 국제로동기구 제29호 강제로동조약에 대한 위반으로 된다. 일본이 이 조약을 비준, 등록한 것은 1932년 11월 21일이며 이것이 일본에 대하여 효력을 발생한 것은 1933년 11월 21일이다. 조약체약국은 효력이 발생한 날로부터 10년 동안 조약폐기를 금지당하게 되어 있다. 일본은 이 조약의 폐기등록을 하지 않았으며 따라서 ≪종군위안부≫범죄가 감행된 제2차 세계대전 시기는 물론 오늘까지 시종 이 조약의 구속을 받고 있으며 조약상 의무를 지니고 있다. 1930년 국제로동기구 제29호 ≪강제로동에 관한 조약≫제1조와 제2조에서는 일정한 년령범위 내에 있는 남자들만의 강제로동만 허용하고 있을 뿐 녀성의 강제로동은 일체 금지하기로 되어 있다. 이 조약 2조 1항에서는 ≪강제로동≫이란 ≪어떤 자가 처벌이라는 위협하에서 강요되고 또는 본인이 스스로 임의로 신청하지 않는 일체의 로무≫라고 지적하였다. 조약의 조문에 비추어볼 때 ≪종군위안부≫행위는 동 조항이 규정하는 ≪그 어떤 자가 처벌이라는 위협하에서 강요되고 또한 본인 스스로가 임의로 신청하지 않는 일체의 로무≫에 해당되는 것으로서 명백히 ≪강제로동조약≫에 대한 위반으로 된다. 그 근거는 우선 종군위안행위가 만약 그것을 거절하면 군사적 보복을 받는다는 협박 또는 위협하에 피해자들이 위안행위를 강요당하였으며 또한 강제매춘은 강제로동 그 자체와 다를 바 없기 때문이다. 왜냐하면 조약의 영문판 제2조 중의 문구는 ≪강제된 로동≫(forced work)만이 아니라 ≪강제

된 봉사≫(forced service)도 포함하고 있기 때문이다. 이와 같이 종군위안행위가 이 조약에 해당된다고 할 때 ≪종군위안부≫범죄사건은 일본에 의하여 강요된 국제불법행위이다. 그런데 이 조약 제1조 2(d)에는 전쟁 등 긴급한 경우에 강요된 로무는 강제로동이라고 하지 않는다는 것을 명기하고 있다. 이것을 글자의 뜻대로 해석한다면 위안행위는 전시에 강요된 로무이기 때문에 이 조약이 금지하는 강제로동에는 해당되지 않는다고 해석할 수도 있다. 그런데 강제로동에서 제외되는 것은 비상시를 벗어나기 위하여 필요한 로무에 한한다고 되어 있는데 위안행위가 과연 그러한 성격의 로무였다고는 도저히 생각할 수 없다. 위안행위는 전쟁수행에 필요한 로무였던 것이 아니라 오히려 전쟁수행과정에 정상상태에서 탈선되어 강요된 노예적 로무이다. 이처럼 ≪종군위안부≫범죄사건은 ≪강제로동조약≫을 위반한 국제법적 범죄이다.

≪종군위안부≫범죄사건은 국제법상 시효가 소멸되지 않는 중대한 인권유린대죄이다. 국제법상의 의무에는 국제법적 범죄에 대하여 시효가 적용되지 않게 되어 있다. 1968년 11월 26일 유엔총회는 전쟁범죄 및 ≪인도에 대한 죄≫에 대하여 시효를 적용하지 않을 데 대한 협약을 체결하였다. 상기 조약 제1조와 제2조에는 뉴른베르그국제군사재판소규정에 규정되고 유엔총회 1946년 2월 13일부 결의 3의 1과 1946년 12월 11일부 유엔총회결의 95의 1에 의하여 확인된 전쟁범죄와 인류를 반대하는 범죄에는 그것이 수행된 시기에 관계없이 시효에 관한 규정이 적용되지 않는다. 이 조약에서 전쟁범죄와 인류를 반대하는 범죄에 시효를 적용하지 말 데 대하여 지적한 것은 이 범죄들이 인류에게 가장 큰 재난과 불행을 가져다 준 엄중한 범죄이며 감행된 시기에 관계없이 처벌할 데 대하여 규정한 것은 전쟁범죄자와 그 장본인을 끝까지 색출처벌할 데 대한 전 인류의 의지와 요구를 반영한 것이다.

구일본정부와 군이 감행한 ≪종군위안부≫행위는 전쟁범죄, 인도에 관한 범죄로서 법적 시효에 관한 국제, 국내법적 규범에 관계되지 않으며 일본정부는 그것이 완전히 청산될 때까지 책임져야 [76]한다. 일제는 ≪종군위안부≫제도를 내오고 그것을 강행함으로써 국제법상 시효가 적용되지 않는 중대한 인권유린대죄를 저질렀다. 국제사회에는 국제법상 의무리행에서 성의를 보이고 있는 좋은 실례들이 있다. 제2차 세계대전 후 실시된 뉴른베르그국제군사재판소재판을 통하여 나치스전범자들이 처리되었지만 독일(당시 서독)은 스스로 국내법을 제정하고 나치스전범자들에 대한 처벌에 나섰다. 독일에서는 주요전범자 22명에 대한 기본재판이 끝난 후에도 재판이 12번이나 계속되었다. 당시 적지 않은 전범자들이 체포되지 않나 독일은 1969년 12월 31일 공소시효가 끝나기고 되어 있었던 법률을 개정하여 공소시효를 폐지하였다. 그리하여 오늘까지도 나치스의 범죄가 추궁되고 있다. 그러나 일본은 국제법상 범죄를 범하였음에도 불구하고 아직까지 아무런 대책도 취하지 않고 있다. 뿐만 아니라 일본반동들은 국제법적 책임을 인정조차 하지 않고 있으며 다시는 그러한 범죄를 저지르지 않으려는 의지도 가지고 있지 않다. 이것은 ≪종군위안부≫범죄사건이 ≪국제법 위반이 아니≫라느니, ≪법적으로는 해결되었다≫느니 뭐니 하면서 온갖 권모술수로 범죄의 책임에서 벗어나보려고 꾀하는 일본정부의 립장과 태도가 그것을 실증해주고 있다. 일본정부당국은 ≪인도에 대한 죄≫를 재판하는 국내법이 일본에 없고 형사사건으로서는 시효가 지났다고 떠벌이면서 력사에 전무후무한 반인륜적 대죄의 장본인들을 자체로 하나도 처벌하지 않고 있으며 비호해 주고 있다. 이것은 국제법상 의무에 대한 로골적인 회피이며 ≪종군위안부≫문제를 성실하게 해결할 것을 요구하는 국제사회계에 대한 공공연한 도전이다.

일본정부는 그 어떤 술책으로써도 과거행위를 정당화할 수 없다. ≪종군위안부≫범죄사건에 대한 일본의 책임회피는 또 하나의 반인륜적 범죄행위이다. 일본정부는 ≪종군위안부≫범죄행위에 대한 국제법적 책임을 하루빨리 인정하고 범죄진상을 조사공개하며 책임 있는 자들을 처벌하고 충분한 국가적 배상과 보상을 하여야 한다. 일본이 과거죄행을 똑바로 청산하지 않는다면 백년이고 천년이고 정의와 진보, 평화를 사랑하는 세계인민들의 규탄과 배격을 면치 못할 것이다.

54. 일본군성노예범죄는 일본의 반인륜적인 국가범죄[5]

림 동 춘

[52]위대한 수령 김일성동지께서는 다음과 같이 교시하시였다. ≪일본의 적지 않은 반동세력은 지금까지도 조선인민과 아세아의 여러 나라들을 침략하고 략탈한 죄과, 수십 수백만 사람들의 생명을 앗아간 죄행을 인정하지 않고 있으며 그에 대한 보상을 하지 않고 있습니다.≫(회고록≪세기와 더불어≫〈계승본〉제7권, 404페지)

일본군국주의자들은 1931년 ≪9·18사변≫으로부터 중일전쟁과 태평양전쟁에 이르는 기간에

---

5) 출처: 김일성종합대학출판사,『김일성종합대학학보: 력사법학』, 제52권 제3호(2006), 52-57쪽.

걸쳐 수많은 조선녀성들을 랍치련행하여 일본침략군의 성노예로 만드는 범죄행위를 감행하였다. 그러나 일본반동들은 저들의 과거범죄행위에 대하여 성근히 반성하고 사죄보상하여야 하겠으나 아직까지도 저들의 과거침략사를 찬미하면서 피해보상문제를 회피하고 있다.

일본군성노예제는 수천 년의 인류력사의 그 어느 갈피에서도 찾아볼 수 없는 범죄 중의 범죄였다. 이것은 잔악성과 횡포성에서 인류를 경악시킨 몽골의 칭기스한군대나 나치스의 히틀러군대에서도 찾아볼 수 없는 반인륜적인 국가적 범죄, 일본군대만이 저지를 수 있는 범죄였다.

일본군성노예범죄가 일본의 반인륜적인 국가적 범죄로 되는 것은 첫째로, 그것이 일본정부의 승인과 조장, 비호와 묵인하에 감행된 범죄이기 때문이다. 인류전쟁사는 침략과 략탈에 미처 날뛴 군대들의 범죄행위를 수많이 기록하였다. 침략군이 점령지부녀자들을 강간하고 겁탈한 실례는 허다하지만 일본침략군처럼 성노예제도를 정부의 승인밑에 조직적으로 확립하고 실시한 군대는 일찌기 없었다. 성노예란 일본침략군에 종속되어 강제로 끌려 다니면서 가혹한 성적강탈을 당한 녀성들을 말하며 성노예제도란 성적강탈이 정부와 군부에 의해 조직화되고 강제와 폭력에 의해 담보되고 실행되는 제도를 말한다. 성노예라는 개념은 일본침략군대와만 결부되는 술어이다. 일본에서는 얼마 전까지만 하여도 성적피해녀성들을 ≪종군위안부≫, ≪군위안부≫라고 부르거나 그저 ≪위안부≫라고 불러왔다. 이렇게 부르는 것은 사실과 맞지 않으며 너무나도 온화한 표현이다. 원래 ≪종군≫이라는 말은 일반적으로 군대를 따라 다녔다는 의미로서 종군작가, 종군기자, 종군촬영가 등과 같이 자진하여 군대와 동행하였다는 말이다. 일본군이 강제로 끌어다 가두어놓고 성적강탈을 감행한 녀성들을 ≪종군위안부≫라고 부르면 그들이 자발적으로 일본군대를 따라 다닌 것으로 그릇되게 인식할 수도 이다. 일분군성노예피해녀성들은 모두가 다 일제의 기만과 회유, 군권과 강권에 의하여 강제로 군대에 끌려 다니면서 가혹한 성적강탈을 당하였다. 일본국에 강제로 끌려갔던 모든 녀성들이 ≪강간소≫들에 감금되어 하루에도 수십 명의 군인들에게 참을 수 없는 성적강탈을 당한 피해상황에 비추어보면 ≪위안부≫라는 표현보다 성노예라는 표현이 더 적중하다.

일본군성노예제도는 일본정부의 승인과 조종, 비호와 묵인 속에서 확립되고 실행되었다. 일본군성노예제도가 일본국가의 승인과 조종, 비호와 묵인하에 확립실행되었다고 하는 것은 이 행위에 일본정부의 수반과 일본정부의 주요기관들이 직접 참가하였기 때문이다. 일본군성노예행위는 당시 일본정부의 수반인 도죠 히데끼의 직접적인 승인에 의해 감행되었다. 도죠는 당시 정부수반과 군수뇌를 겸하고 있었기 때문에 군부가 하는 일이자 곧 정부가 진행한 일로 되었다. 도죠가 군성노예행위에 직접 관여하였다는 것은 1942년 3월 12일 당시 대만주둔 일본군사령관이 도죠에게 보낸 전보에서 ≪남방의 군부로부터 50명의 〈위안부〉를 인도네시아, 브루네이에 보내달라는 요청을 받은 것과 관련하여 나는 헌병에 의해 선발된 아래의 3명의 인물을 위안소 관리인으로 파견하도록 허락해 줄 것을 당신에게 요청하는 바이[53]다.≫라고 요구한 데서 잘 알 수 있다. 일본군사령관이 위안소 관리인의 파견을 도죠에게 요구하였다는 것은 일본군성노예행위가 이미 조직화되었으며 정부의 승인과 비호밑에서 계획적으로 진행되고 있었음을 보여주는 것이었다.

일본정부가 군성노예행위를 직접 조직하고 감행하였다는 것은 1992년 당시 일본정부수상이었던 미야자와 기이찌, 외무상 와다나베, 관방장관 가또의 증언과 1943년 당시 일본 로무보국회 야마구찌현 본부 동원부장이었던 요시다 세이찌의 고백을 통해서도 여실히 알 수 있다. 1992년 1월 14일 당시 일본정부수상이었던 미야자와 기이찌는 기자회견에서 조선녀성들을 일본군의 성노예로 끌어간 사실을 인정하고 이를 진심으로 반성하고 사죄한다고 하였으며 1월 29일에는 일본국회 참의원 본 회의에서 제2차 대전시기 일본군이 조선녀성들에게 성노예노릇을 강요한 사실을 인정하고 사죄하면서 ≪일본황군이 그러한 행위를 한 데 대해 부인할 길이 없다. 조선녀성들이 형언할 수 없는 고통을 겪게 한 데 대하여 정부가 진심으로 사죄하고 량심상 가책을 느낀다.≫고 일본수상으로서 국회에서 전쟁시기 범죄를 처음으로 사죄하였다. 1992년 1월 12일 외무상 와다나베는 TV방송에서 성노예문제와 관련하여 ≪진절머리나는 문제이다. 50년 전의 일이므로 사실관계에 대해서는 잘 모르는 것이 많지만 당시 국가가 관여했던 사실은 인정하지 않을 수 없다.≫고 하였으며 그 전날에는 관방장관 가또가 기자회견에서 성노예문제에 관하여 ≪당시 군의 관여는 부정하지 못한다.≫고 실토함으로써 일본국가의 책임을 자인하였다. 1943년 당시 일본 로무보국회 야마구찌현 본부동원부장을 지내면서 ≪녀자정신대≫강제련행책임자를 하던 요시다 세이찌는 72살 나던 1992년 1월 16일 ≪한국일보≫기자와의 인터뷰에서 자기는 1943년부터 1944년까지 사이에 조선남자 징용자 5,000명, ≪위안부≫ 5,000명을 직접 강제련행하였는데 성노예는 철저하게 국가권력에 의한 범죄행위였다고 강조하고 성노예는 ≪일본군의 명령에 따라 조선총독부와 경찰, 군병력의 지원을 받아 체포해간 것이니 모집이라는 말은 부당하다.≫, ≪사람이 살지 못할 곳에 가두고 하루 몇십 명씩의 병사를 상대하게 한 것은 집단강간이다.≫라고 고백하였다.

력사적 사실과 정부수반을 비롯한 관리들의 증언과 고백은 일본군성노예제도가 다름 아닌 국가의 적극적인 지휘밑에 확립되고 실행되었다는 것을 실증해주고 있다. 일본정부가 군성노예행위에 직접 가담하였다는 것은 정부의 주요기관인 외무성, 내무성, 현지령사관, 조선 및 대만총독부들이 이 범죄를 직접 조직하고 허용하고 비호한 사실들을 통해서도 명백히 알 수 있다.

외무성은 일본군대가 ≪위안부≫들을 더 많이 보다 쉽게 련행해갈 수 있도록 매춘전문업자들과 ≪위안부≫녀성들의 출입국수속을 간편하게 하도록 하였다. 외무성은 전문매춘업자나 ≪위안부≫들에 한해서는 정식려권이 아니라 거주지 헌병대나 경찰기관이 발급한 ≪도항리유증명서≫에 의하여 도항시키거나 지어 군인들이 호송하는 경우 아무러한 증명서도 없이 도항하도록 하였다. 외무성과 현지령사관들 사이에 오고간 지시와 보고자료들을 종합분석한 데 의하면 외무성은 현지령사관들을 통해 ≪위안부≫들의 보장상태와 ≪강간소≫의 운영상태를 정기적으로 장악하고 그에 필요한 대책을 강구하였으며 군이 지정한 민간인 매춘소들에 대해서도 직접 장악통제하였다는 것을 알 수 있다.

내무성은 전문매춘업자들과 ≪위안부≫들의 도항 시 검열단속사업을 군부의 요구대로 간단히 하거나 묵인하여 그들의 출국을 적극 보장해주도록 하였다. 내무성 경보국은 1938년부터 ≪추업을 목적으로 하는 부녀자들의 도항은 현지 실정으로 볼 때 절대적으로 긴요한 것이므로 중국에로의 출국을 묵인한다.≫는 조치를 취하고 이를 실제적으로 보장하여 주었다. 이와 함께 내무성은 ≪위안부≫들을 중국에 영주시키기 위한 조치로서 1940년부터 특수부녀(≪위안부≫)들을 도항문건에 ≪정주하기 위해서≫라고 기입하도록 하였다.

조선총독부는 ≪위안부≫들의 조달과 도항에 가장 많이 그리고 가장 적극적으로 개입[54]한 기관이다. 수십만에 달하는 일본군성노예들의 절대다수는 조선녀성들이다. 20여 만에 달하는 조선녀성들을 조선총독부나 조선주둔군의 개입이 없이 군의 성노예로 만들 수 없다는 것은 너무나 명백한 사실이다. 일본정부는 ≪위안부≫조달을 법적으로 보장하기 위한 조치까지 취했다. 일본정부는 1940년 초부터 ≪녀자근로정신대≫의 명목으로 녀성들을 끌어가던 것을 법적으로 보장하기 위하여 1944년 8월 23일에 ≪녀자정신대근로령≫이라는 ≪법령≫까지 제정하였다. 이 법에 의하여 만 12살부터 40살까지의 녀성들을 징발대상으로 규정하고 임의의 시각에 끌어갈 수 있게 되었다. 일제는 이 ≪법≫을 근거로 우리나라에서 10대의 소녀들로부터 40대의 중년녀성들까지 ≪정신대≫라는 이름으로 모조리 끌어다 ≪위안부≫로 만들거나 군수공장들에서 노예로동을 강요하였다. 일제는 이 ≪법≫에서 징집나이를 12살이라고 하였지만 실지에 있어서는 소학교 1학년생인 7~8살되는 어린이들까지 끌어가는 만행을 감행하였다. 그것을 보여주는 대표적인 자료는 미국국가기록보존소에 보관되어 있는 사진 SC111-290861252의 설명문이다. 사진은 일본 하까다항구에서 수백 명의 조선의 소녀들이 ≪귀환전라북도정신대≫라는 기발을 들고 귀국선을 기다리는 장면을 찍은 것이다. 사진설명문에는 ≪전시로무자로 복무하기 위하여 일본에 끌려갔던 8살로부터 14살에 이르는 조선소녀들이 일본 하까다와 구주에서 귀국선을 기다리고 있다. 1945년 10월 19일 미군사진기자 죠반이 찍음≫이라고 씌여 있다. 조사자들은 사진에서 나오는 어린이들 중 제일 나이어린 소녀는 7살 밖에 안 되어 보인다고 증언하였다. 이처럼 일본정부는 ≪녀자정신근로령≫을 조작하고 그것을 휘둘러 7∼8살짜리 어린이들까지 끌어다 전시성노예로 만드는 천추에 용서 못할 범죄를 저질렀다.

1941년 10월 18일 당시의 일본수상이었던 도죠 히데끼는 미국기자가 질문한 일본군≪위안부≫문제에 대하여 ≪나는 한 동방인의 관념에서 녀인은 일종의 전략물자일 뿐 아니라 승리함에 있어서 없어서는 안 될 독특한 영양의 전략물자라고 본다.≫라고 망발하였다. ≪위안부≫녀성들을 일본군대의 독특한 영양의 전략물자로 본다는 일본정부수반의 이 야만적이고도 발광적인 전쟁범죄자다운 망설은 일본군성노예제도가 다름 아닌 정부의 직접적인 승인과 관여에 의해 조직적으로 감행된 중대한 국가적 범죄라는 것을 말해준다.

일본군성노예범죄가 일본의 반인륜적인 국가적 범죄로 되는 것은 둘째로, 군성노예들의 모집이 강제련행의 방법으로 일본정부와 군부의 직접적인 조직과 비호밑에 감행되었기 때문이다. 일제는 우선 군성노예모집을 정부와 군부의 직접적인 지휘밑에 비밀리에 조직적으로 감행하였다. 일제는 조선총독부와 조선주둔군사령부를 통하여 우리나라의 어리고 순진한 소녀들을 일본군 ≪위안부≫로 강제련행하였다. 력대조선총독들은 조선에서 ≪천황≫이 제시하는 ≪제반정책≫의 실시를 총괄하는 권한을 가지고 행세하였다. 조선총독은 자기 산하의 경무국과 도지사밑에 설치한 도경찰부를 통하여 경찰권까지 행사하면서 본국정부에서 결정한 일본군≪위안부≫모집을 수행하였다. ≪조선주둔군사령관≫은 ≪천황≫에게 직속되어 있으면서 군사문제는 일본군총참모장의 지시에 따라, 군정문제는 륙군대신의 지시에 따라 집행하며 헌병대까지 통솔하는 방대한 권한을 가지고 군대에서 요구하는 ≪위안부≫들을 군권을 발동하여 직접 련행하였다. 일제는 조선녀성들을 군성노예로 마음대로 끌어갈 수 있는 법적, 제도적 장치를 리용하여 군부가 요구하는 ≪위안부≫수요를 임의의 시간에 충족시킬 수 있었다. 일본군부가 조선총독부 총무국에 ≪위안부≫조달을 의뢰하면 총독부 경무국은 각 도 경찰부에 지시하고 각 도 경찰부는 각 군에 지령하였으며 각 군은 각 면에 지령을 떨구었다. 지령을 받은 면은 면장이 직접 나서거나 구장이나 촌장을 발동하여 녀성들을 끌어 내였다. 면장이나 구장, 촌장과 같은 집행자들은 경찰들의 후원밑에 불량배청년들을 앞세우고 마을들에 들이닥쳐 아무러한 리유도 없이 젊다[55]고 인정되는 녀성들을 필요한 수만큼 련행하여 갔다. 전쟁이 장기화되어 감에 따라 정부와 군부의 녀성련행은 더욱 악착한 방법으로 감행되었다. 자료에 의하면 조선총독부 경무국은 한꺼번에 800여 명이나 되는 녀성들을 일정한 곳에 연금해두었다가 일본군부대들에 이송한 사실도 있었다. 이것은 ≪위안부≫의 련행이 몇몇 개별적인 매춘업자들에 의하여서가 아니라 정부와 군부의 관여하에 관권과 군권의 발동으로만 가능한 것이었다는 것을 보여준다.

일제는 또한 성노예모집을 전문매춘업자들을 동원하여 진행하기도 하였다. 일제가 이렇게 한 것은 정부나 군부가 직접 군성노예를 모집하는 것이 조선인민의 반일감정을 야기하며 심각한 사회적 문제를 일으킬 수 있다는 것을 타산한 데 있었다. 이로부터 일제는 매춘업자들을 통하여 녀성들을 모집하는 경우에도 정부나 군부와는 관계없이 순전히 상적 목적으로부터 ≪위안부≫를 알선하는 것처럼 하기 위하여 갖은 잔꾀를 다 부리였다. 그러나 매춘업자들은 군사령부가 직접 선발하거나 현지경찰이나 군부대에 의하여 선발되었으며 파견군사령부나 그 지역에 주재하는 령사관이 발행한 허가서 또는 신분증명서를 가지고 여러 지역을 려행하고 려행과정에 소비되는 려비는 전적으로 군부에서 보장받았다. 1938년 3월 4일 일본 륙군성 법무국 법무과가 작성한 문건≪〈군위안소〉종업원모임에 관한 건≫에는 ≪〈위안부〉모집과 관련한 문제들은 파견군이 전적으로 관할통제하고 그것을 맡아야 할 인물들의 선정을 엄격히 하며 〈위안부〉모집 시에 해당 지방의 헌병이나 경찰당국과의 련계를 밀접히 할 것≫이라고 지적되어 있다. 사실상 전문매춘업자들은 목적지에 도착하면 그 지역의 행정기관이나 강제동원력을 실질적으로 발동할 수 있는 경찰서나 헌병대를 찾아가 그들의 적극적인 후원하에 ≪위안부≫모집 행위를 감행하였다.

일제는 또한 군성노예모집을 군인들을 동원하여 진행하기도 하였다. 전쟁이 장기화되고 일본군병력수가 늘어나는 데 따라 군성노예들에 대한 수요도 그만큼 높아졌다. 많은 녀성들에 대한 군의 수요는 지방당국과 매춘업자들에 의거하는 방법에 의해서는 충족시킬 수 없었다. 이로부터 일본군부는 군성노예련행에 군대를 직접 동원하였다. 군대가 동원되어 직접 끌어가는 녀성들에 한해서는 경찰과 헌병대는 개입할 수 없었고 아무러한 신원확인도 수속절차도 없이 군부가 발급한 증명서에 따라 군수품조달과 함께 우선적으로 목적지에 보내야 하였다. 군성노예들에 대한 이러한 보장체계는 1940년≪부녀인 잠정처리의 건≫에 ≪군부대로부터 특수부녀(〈위안부〉)조달을 요청받는 경우 내무성은 군부대에서 발급한 증명서를 령사관에서 발급한 증명서와 같이 인정하고 특수부녀들을 도항시킬 것≫이라고 규정한 데서도 잘 알 수 있다.

모든 사실들은 조선녀성들에 대한 련행은 모두 일본국가와 군대의 직접적인 조작과 지휘에 의하여 조직적으로 벌린 범죄행위라는 것을 보여준다. 일제는 군성노예모집을 정부와 군부의 직접 관여하에 감행하였을 뿐만 아니라 조선녀성들을 중세기적인 노예사냥수법 그대로인 가장 잔인하고 악착한 방법으로 끌어갔다. 일제가 조선녀성들을 련행한 수법들은 서로 달랐으나 그것은 모두가 본인의 요구와 의사를 완전히 무시하고 음모적이며 강제적인 방법으로 관권과 군권의 안받침하에 벌어졌다. 일제가 조선녀성들을 군성노예로 끌어간 련행수법에서 과반수를 차지하는 것은 사기의 방법이며 그중에서도 절대다수는 직업사기였다. 일제가 조선녀성련행에서 직업사기를 기본으로 하게 된 것은 당시 조선의 경제형편과 조선사람들의 생활처지로부터 직업사기의 방법으로 조선녀성들을 끌어가는 것이 가장 손쉽고 합당한 방법이라고 타산한 데 있었다. 물론 이 직업사기도 언제나 관권과 군권이 발동되어 협박의 방법으로 감행되군 하였다. 직업사기에 의한 조선녀성들의 련행이 관권과 군권의 발동으로 강행되었다는 것은 일본군 ≪륙군조병창≫이 ≪조병창간호부양성소≫라는 허위간판을 내걸고 ≪생도모집규정≫까지 발표한 사실에서도 잘 알 수 [56]있다. 이 규정에 의하면 만 15살부터 16살까지 고등녀학교를 졸업했거나 국민학교 고등과를 졸업한 소녀들은 간호부로 될 수 있다고 규정되어 있다.

일제의 군성노예모집은 랍치와 공출과 같은 강도적인 방법으로도 감행되었다. 랍치는 말 그대로 어떠한 속임수에 의거하지 않고 강제력을 행사하여 끌어간 것을 말한다. 일제의 조선녀성랍치행위는 유럽노예상인들이 아프리카에서 벌린 노예사냥과 다를 바 없었다. 다르다면 전자는 로력원천을 확보하기 위한 것이었고 후자는 군대의 성적노예원천을 얻자는 것이었다. 일제는 전쟁이 장기화되고 병력수가 증가되자 그에 따르는 군성노예들을 종전과 같이 회유기만, 사기와 같은 방법으로 충족시킬 수 없게 된 상황에서 군대와 헌병, 경찰을 풀어 낮과 밤이 따로 없이 거리와 마을, 산속까지 뒤지면서 녀성이라면 그가 소녀이건 처녀이건 유부녀이건 관계없이 마구 끌어다 성노예로 만들었다. 이러한 랍치행위는 우리나라 전국 도처에서는 말할 것도 없고 중국동북지역, 일본 등 조선녀성들이 살고 있는 모든 지역들에서 일본정부의 적극적인 조직지휘밑에 감행되었다. 일본군 ≪위안부≫녀성들의 증언에 의하면 그들은 밥을 짓다가, 소여물을 끓여주다가, 빨래를 하다가, 물을 긷다가, 나들이 갔다 오다가, 산나물을 캐다가, 김매기를 하다가, 장거리 등에서 일제군경들에게 걸려들어 부모들에게 행처도 알리지 못한 채 끌려갔다고 한다. 일제의 군성노예모집은 ≪처녀공출≫을 법화하고 그를 관권과 군권으로 강행한 데서도 여지없이 드러났다. 일제는 군성노예의 보충을 위하여 11살부터 40살까지의 모든 조선녀성들을 조사등록하고 그중 건강한 21살까지의 녀성들을 군성노예대상자로 정해놓았으며 군부가 요구할 때마다 지역별로 할당하여 ≪공출≫이라는 명목으로 녀성들을 끌어가군 하였다. ≪공출≫에 걸린 녀성들은 그것을 회피할 수도 거부할 수도 없었다. 왜냐하면 그것을 거부하고 회피하는 경우 본인은 물론 온 집안식구들이 악착한 탄압을 당하거나 생죽음을 당하게 되기 때문이었다. 이처럼 일제는 ≪공출≫이라는 미명하에 우리 인민의 모든 재부, 생활수단까지 강탈해가다 못해 전쟁시기에 들어와서는 녀성들까지 모조리 끌어갔다.

일제는 이외에도 인신매매, 빚값 등으로 우리 인민들의 빈곤한 생활처지를 악용하여 순진하고 선량한 조선녀성들을 일본군의 성노예로 끌어갔다. 인신매매와 빚값에 의한 ≪위안부≫의 조달은 민간인들이 감행한 것처럼 보였으나 이것도 사실상 관권과 군권의 뒷받침하에 감행된 것이었다. 일제는 처녀들을 유괴하여 군성노예로 팔아넘기는 개인들과 집단을 추적적발할 대신 반대로 조장하고 비호하였으며 활동의 편의까지 보장해주었다. 빚값으로 자기의 귀한 자식들을 내놓으려 하지 않은 데 대하여서는 농가별, 식구별에 따라 ≪공출≫과 ≪헌납금≫량을 도저히 바칠 수 없게 정하여 놓고 그를 바치지 못하는 경우에는 례외 없이 그 가족의 녀성들을 ≪위안부≫로 끌어가군 하였다. 이것은 인신매매와 빚에 의한 ≪위안부≫조달이 몇몇 개별적인 거간군들이나 범죄집단에 의해서가 아니라 일본정부와 군부의 직접적인 묵인과 조종에 의하여 감행되었다는 것을 말해준다.

일본군성노예범죄가 일본의 반인륜적인 국가적 범죄로 되는 것은 셋째로, 일본군강간소들의 설치와 운영이 일본정부와 군부의 적극적인 조직과 지휘에 의해 집행되었기 때문이다. ≪일본군강간소≫는 1920년대 후반기부터 비밀리에 설치되고 운영되기 시작하여 1931년 9·18사변 후부터는 중국동북지역에 주둔한 관동군부대들에서 비공식적으로 대량 설치되고 운영되었으며 1937년 7·7사변 이후부터는 전체 일본군부대들에서 공식적으로 운영되었다. 이것은 일본군강간소의 설치가 일제의 대외침략력사와 밀접히 련관되어 있고 일본군의 침략확대와 병력수의 증가에 따라 로골화되고 공식화되어 갔다는 것을 말하여 준다.

≪일본군강간소≫는 대체로 조선, 중국동북지역, 동남아시아지역나라들, 일본, 남부싸할린과 같이 일본군대들이 주둔한 지역들에 설치되었으며 태평양전쟁말기에는 남태평양상의 일본군 점령지들에도 수많이 설치되었다. [57]우리나라에 설치된 ≪일본군강간소≫는 지금까지 발굴된 자료들과 생존 ≪위안부≫들의 증언에 의하면 혜산, 경원, 청진, 인천, 서울, 부산, 대구 등 지역이었다. 그 대표적인 것이 청진시 청암구역 방진동에 설치되었던 ≪풍해루≫와 ≪은월루≫이다. 방진동에는 당시 일본군이 ≪강간소≫로 리용하던 두 채의 건물과 일본군에게 잔인하게 학살당한 조선인≪위안부≫녀성의 무덤이 있다. 일제는 1930년대 중엽 대륙침략을 위해 방진동 부근에 일본해군특별근거지를 설치하고 많은 해군병력을 집중배치하였으며 ≪풍해루≫와 ≪은월루≫라는 해군전용≪강간소≫와 ≪성병검사소≫를 비밀리에 설치하였다. 당시 그곳에서 살던 목격자 남구현은 ≪풍해루≫는 1938년 방진헌병대장과 해군부대장의 지시와 감독하에 이

전 관동군소속 군속으로 복무하던 자가 해군기지에서 건설자재를 배정받아 지었으며 ≪은월루≫는 그보다 앞서 일본건설업체인 ≪다께소또구미≫에 의하여 건설되었다고 증언하였다. ≪강간소≫의 경영은 관동군소속 군속으로 복무하던 자가 하였는데 ≪강간소≫에 대한 감시와 통제는 라진헌병대 방진분견대가 하였다. 헌병들은 ≪강간소≫주변을 상시적으로 순회하면서 시민들의 접근을 엄금하고 ≪위안부≫녀성들의 외출을 통제하였다. 강간소에는 병사, 장교들이 출입하는 시간이 규정되어 있었고 엄격한 성병검사제가 실시되었다. 매일 평균 30~40명의 군인들에게 시달림을 받은 ≪위안부≫들이 실신하는 경우가 자주 있었다. ≪위안부≫들은 병에 걸려 앓아누운 상태에서도 5~10분 간격으로 달려드는 군인들의 성적 강탈에 응해야만 하였다. 응하지 않거나 귀찮아하는 기색을 보이기만 하면 군인들의 칼부림과 구타를 당하였다.

이러한 사실들은 위안소의 설치와 운영이 철저히 군부의 직접적인 조직과 감독하에 진행되었으며 정부의 묵인하에 감행된 것이라는 것을 보여준다. 조선 이외의 중국동북지방이나 동남아시아지역 나라들의 ≪강간소≫들도 군부의 직접적인 조직과 지휘밑에 설치되었으며 정부와 군부의 승인밑에 운영되었다. 9·18사변 직후 일본군 ≪북지방면군≫참모장을 하던 오까베는 점령지부녀들에 대한 일본군의 강간행위가 군의 작전행동을 저해하기 때문에 ≪속히 성적 위안시설을 준비하라.≫고 산하 각 부대들에 지시를 하달하였다. 상해주둔군 참모장이었던 오까무라는 ≪현재 각 병단은 거의 모두〈위안부〉단을 가지고 있다. 그것이 병참부의 1분대로 되어있는 상태이다.≫고 하였으며 1939년 4월 15일부 일본륙군성 관장회보에는 ≪성병예방을 위해 병사 100명당〈위안부〉1명의 비률로 1,400~1,600명의〈위안부〉를 수입한다. 치료는 부대병원이 담당하고 검사는 주2회씩 한다.≫는 공동주둔 21군 군의부장 마쯔무라의 성병예방대책안에 대한 보고서가 실렸다. 이것은 ≪일본군강간소≫는 일본군이 주둔한 모든 지역들에 군부의 공식적인 지시에 의하여 설치운영되었다는 것을 말해주고 있다. 이러한 ≪일본군강간소≫들은 대만, 싱가포르, 만마, 필리핀, 루쏜섬, 말레이시아, 인도네시아, 일본본토, 남부싸할린 등 일본군대가 점령한 모든 지역들에 설치되었고 ≪위안부≫들의 대부분은 조선의 순진한 어린 녀성들이었다.

이처럼 ≪일본군성노예제≫는 일본국가의 조직적이며 계획적인 반인륜적 국가적 범죄이다. 그럼에도 불구하고 현 일본집권자들은 이 엄연한 력사적 사실을 부정하면서 ≪민간인매춘업자들의 돈벌이었다.≫, ≪조선녀성들이 돈을 바라고 자원봉사를 한 것이었다.≫고 파렴치한 망발을 서슴지 않고 있다. 집권계층의 철면피성은 ≪일본군〈위안부〉이었다는 자부심을 가져야 한다.≫고 하는 20대녀대학생과 같은 정신적 기형아들이 일본청년들 속에서 생겨나게 하고 있다.

자라나는 새 세대들이 정의와 진실을 부정하고 악을 숭배하게 되면 그 민족은 망하기 마련이다. 왜냐하면 새 세대는 민족의 래일이기 때문이다. 일본반동계층은 저들의 력사적 부정태도가 어떠한 결과를 빚어내고 있는가를 심각히 깨닫고 조선인민앞에 지은 죄악을 성근히 인정하고 사죄하며 철저히 배상해야 할 것이다. 오직 이렇게 하는 것만이 일본이 피로 얼룩진 수치스러운 과거를 청산하고 정치난쟁이의 락인을 벗을 수 있는 길이며 국제사회의 한 성원으로서 떳떳하게 살아나갈 수 있는 길이다.

55. 극악한 일본군 ≪위안부≫징발과 야수적 학살만행[6]

민주조선

지난날 일제가 우리나라를 비법적으로 강점하고 가혹한 식민지노예정책을 실시하면서 우리 민족에게 들씌운 불행과 고통, 재난은 헤아릴 수 없이 많다. 그중의 하나가 조선녀성들에게 성노예의 비참한 운명을 강요한 범죄만행이다. 위대한 수령 김일성동지께서는 다음과 같이 교시하시였다. ≪일본군처럼 전쟁마당에 〈위안부〉까지 끌고 다니며 남의 나라를 침략하고 사람들을 도살한 군대는 세계전쟁사에서 더는 찾아볼 수 없을 것이다.≫

지난 세기 전반기 일제는 아시아정복을 위한 대륙침략전쟁에 미쳐 날뛰면서 군인들 속에 ≪야마도민족≫의 ≪우월성≫을 고취시켰으며 동시에 다른 민족에 대한 멸시와 극단적인 배타주의를 불어넣었다. 이러한 인종주의, 민족배타주의에 깊숙이 물젖은 왜나라 사무라이들은 강점한 나라와 모든 점령지들에서 극단 한 모험과 살륙을 일삼았다. 다른 나라와 민족들에 대한 일제의 식민지노예화책동은 강점한 나라들에서 녀성들을 성노예로 만들고 그들의 존엄과 인권을 무참히 유린하고 학살하는 데서 집중적으로 나타났다. 특히 국가권력을 총발동하여 일본군≪위안부≫제도를 만들어놓은 왜나라의 사무라이들은 20만 명의 조선녀성들을 총칼의 위협이 동반된 강제랍치와 유괴의 방법으로 끌어다가 마소와 같이 취급하였으며 최전선에까지 끌고 다니며 별의별 못된 짓을 다 감행하였다.

---

6) 출처: 민주조선, 2007년 1월 19일.

조선녀성들에 대한 일본군 ≪위안부≫징발이 얼마나 악랄한 것이었는가 하는 것은 당시 ≪야마구찌로무협회≫성원으로서 여기에 동원되었던 요시다세이지의 다음과 같은 고백을 통해서도 잘 알 수 있다. ≪나는 조선인〈위안부〉를 강제련행했던 그야말로 노예사냥군이었다. 내가 직접 지휘하여 강제련행한 〈위안부〉만도 1,000명이 넘는다. 총쥔 순사의 감시 속에서 울부짖는 녀자들을 발로 차고 때리고 젖먹이는 어린이는 모두 떼여놓고 2~3살짜리 어린이가 울면서 따라오면 그들을 내동댕이치면서 강제로 차에 실었다. 마을은 온통 수라장이 되군하였다. 이렇게 하여 모은 녀성들을 화물렬차와 배에 짐짝처럼 실어서 서부군사령부에 보냈다. 분명히 해둘 것은 조선녀성들을 〈위안부〉로 모집한 것이 아니라 강제로 체포해갔다는 점이다.≫

일제는 이러한 일본군≪위안부≫징발에 강제랍치유괴와 함께 온갖 사기협잡의 방법을 다 동원하였다. 이렇게 끌어간 조선녀성들에게 강요한 ≪위안소≫의 노예생활은 동서고금에 찾아볼 수 없는 반인륜적 범죄였다. 이 시기 일제는 군을 상대로 한 ≪위안소≫를 설치하고 거기에 갇힌 조선녀성들에게 집단적 륜간이라는 몸서리치는 치욕을 강요하였다. 일본군 ≪위안소≫의 녀성들은 외부세계와 단절된 곳에서 군인들의 갖은 시중과 가혹한 성봉사를 강요당하였다. 이로 하여 그들은 육체적 불구자가 되었고 마지막 운명은 죽음이었다. 이에 대해 한 출판물은 ≪특히 군대를 상대로 한 〈위안부〉제도야말로 가장 야만적이며 치욕에 찬 것으로서 한 사람의 〈위안부〉에게 줄지어 계속 밀려오는 〈천황제〉일본병사 50명을 하루 정량으로 규정한 제도였다. 그리고 모든 전선에 〈위안부부대〉가 배치되어 있었는데 그의 80%가 강제로 련행되어 끌려온 조선녀성이었다. …… 황군이 패전하여 퇴각할 때 그들을 현지에 내버려두는 것은 오히려 좋은 편이며 하나로 모아 학살해버리는 것이 대부분이었다.≫라고 썼다.

참으로 일본군≪위안부≫징발은 조선녀성들의 꽃다운 청춘과 삶을 짓밟고 무참히 학살한 극악무도한 범죄였다. 력사의 진실은 가릴 수 없으며 지은 죄는 숨길 수 없다. 그러나 지금 왜나라 반동들은 이러한 력사적 사실 자체를 흑막 속에 덮어버리려고 비렬하게 책동하고 있다. 이것은 국제사회의 비난과 조소를 자아내고 있다. 지금 유엔인권기구와 많은 국제기구들이 왜나라정부가 일본군≪위안부≫범죄에 대하여 성근하게 반성하고 국가적인 사죄와 보상을 할 것을 강력하게 요구하고 있다.

지난해 미국회 조사국까지도 일본군≪위안부≫문제와 관련한 보고서를 발표하면서 일본정부가 과거 일본군≪위안부≫범죄사실을 부인하다가 1990년대 중반기 이후에 ≪인정≫했지만 여전히 범죄적 과거에 대한 올바른 립장과 태도를 가지고 있지 않다고 지적하였다. 그러면서 보고서는 일본이 2001년과 2005년에 각각 8개의 교과서들에서 일본군≪위안부≫내용을 삭제하고 문부과학상이 이를 지지한 사실을 폭로하였다.

왜나라 반동들이 제아무리 과거죄행을 감추기 위해 오그랑수를 써도 그것은 그들의 도덕적 저렬성을 더욱더 드러내놓는 결과밖에 가져올 것이 없다. 우리 인민은 지난날 일제가 조선녀성들에게 감행한 일본군≪위안부≫범죄를 한시도 잊지 않고 있으며 이를 반드시 천백배로 결산하고야 말 것이다.

56. 민족자주는 6·15북남공동선언의 기본정신[1]

신 분 진

[41] 위대한 령도자 김정일동지께서는 다음과 같이 지적하시였다. ≪**조국통일은 우리 민족자신의 문제이며 민족의 자주권에 관한 문제인 것만큼 우리 민족이 주인이 되여 민족의 자주적 의사와 요구에 따라 민족자체의 힘으로 이룩해 나가야 한다.**≫(≪김정일선집≫ 제14권, 349페지)

민족의 단합된 힘으로 나라의 통일을 실현하기 위한 우리 인민의 투쟁은 력사적인 6·15북남공동선언의 발표를 계기로 새로운 전환적 국면을 맞이하게 되였다. 한없이 숭고한 조국애와 민족애를 지니신 위대한 령도자 김정일동지께서는 어버이수령님의 조국통일유훈을 기어이 실현하시기 위하여 력사적인 평양상봉을 마련하시고 6·15북남공동선언을 채택하시였다. 참으로 위대한 령도자 김정일동지께서는 천리혜안의 예지, 넓은 포용력과 아량으로 지난 50여 년 동안에도 이루지 못한 거창한 위업을 몸소 이룩하시였다.

어버이수령님의 조국통일유훈을 기어이 실현하시려는 경애하는 장군님의 결심과 대용단에 의하여 마련된 북남공동선언은 민족자주통일의 밝은 전망을 활짝 열어 놓은 21세기 조국통일의 리정표이다. 위대한 령도자 김정일동지께서 력사적인 6·15북남공동선언에서 북과 남이 서로 힘을 합쳐 나라의 통일문제를 우리 민족끼리 해결할 데 대한 민족자주의 원칙을 재천명하심으

---

1) 출처: 김일성종합대학출판사, 『김일성종합대학학보: 력사법학』, 제48권 제1호(2002), 41-45쪽.

로써 북과 남은 조국통일운동을 더욱 힘 있게 밀고 나갈 수 있게 되었다. 6·15북남공동선언의 발표로 온 겨레는 조국통일문제해결에서 주인이라는 높은 자각을 가지고 통일도상에서 나서는 모든 문제를 민족자주의 원칙에서 우리 민족끼리 힘을 합쳐 해결할 나갈 수 있게 되었으며 분렬주의 세력에게 결정적 타격을 주고 통일세력의 압도적인 우세를 보장할 수 있게 되었다.

민족자주는 6·15북남공동선언의 기본정신이다. 민족자주가 6·15북남공동선언의 기본정신이라는 것은 선언이 제기하고 있는 모든 문제들의 근본바탕에 민족자주가 깔려 있다는 것이다. 6·15북남공동선언의 매 조항, 매 문구에는 민족자주성이 맥박치고 있다. 6·15북남공동선언은 자주통일의 대강으로서 여기에는 북과 남의 립장과 주장이 공평하게 반영되어 있으며 외세의 간섭이 없이 조선사람끼리 나라의 통일문제를 해결할 데 대한 민족공동의 지향과 요구가 담겨져 있다.

민족자주가 6·15북남공동선언의 기본정신으로 되는 것은 무엇보다 먼저 6·15북남공동선언이 우리 민족자체의 단결된 힘으로 조국통일의 력사적 위업을 이룩하려는 우리 인민의 자주적 립장을 반영하려 채택된 자주통일선언이기 때문이다. 조국통일을 위한 투쟁에서 자주적 립장을 견지한다는 것은 남조선에서 미제를 내쫓고 외세에 의존하거나 외세의 간섭을 받음이 없이 우리 민족의 의사와 요구에 맞게 민족자체의 힘으로 나라의 통일을 실현한다는 것을 의미한다. 조국통일을 위한 투쟁에서 자주적 립장을 견지하여야 우리 민족의 권리와 리익을 수호할 수 있으며 민족의 의사와 요구에 맞게 민족자체의 힘으로 나라의 통일을 성취할 수 있다. 특히 나라의 분렬을 끝장내지 못하고 새 세기를 맞는 우리 민족에게 있어서 민족자주의 기치밑에 북과 남이 힘을 합쳐 나라의 통일을 실현하여 전국적 범위에서 민족의 자주성을 완전히 실현하는 것은 한시도 미룰 수 없는 사활적 요구이다. 북과 남은 민족의 이러한 사활적 요구와 의지를 반영하여 민족자주를 기본정신으로 하는 6·15북남공동선언을 채택하게 되었다.

6·15북남공동선언은 우선 조국통일의 력사적 위업을 실현하여 전국적 범위에서 [42]민족의 자주성을 완전히 실현하려는 우리 민족의 자주적 립장을 내외에 엄숙히 선언한 자주통일선언이다. 자주성은 사람에게 있어서 생명인 동시에 나라와 민족의 생명이다. 사람이 자주성을 잃으면 죽은 목숨이나 다름없는 것과 마찬가지로 나라와 민족도 자주성을 떠나서는 그 존재와 발전에 대하여 생각할 수 없다.

민족의 자주성을 옹호하고 실현하여야 민족의 권리와 리익을 수호할 수 있고 민족의 운명을 민족의 의사와 리익, 요구에 맞게 개척해 나갈 수 있으며 국제무대에서 자주권을 당당히 행사하고 완전한 평등과 호혜의 원칙에서 대외관계를 발전시킬 수 있다. 민족의 자주성에 민족의 존엄과 영예가 있고 민족적 긍지와 자부심이 있으며 민족의 불굴의 의지와 기상이 있다. 민족이 자주성을 잃고 외세의 지배와 예속에서 벗어나지 못하면 민족의 권리와 리익, 민족성과 민족의 존엄이 짓밟히고 민족적 천대와 멸시, 망국노의 운명을 면할 수 없다.

오늘 우리 민족은 미제의 남조선강점으로 말미암아 전국적 범위에서 민족의 자주성을 실현하지 못하고 있다. 미제의 남조선강점과 식민지예속화정책에 의하여 남조선인민들은 사회생활의 모든 분야에서 자주적 권리를 무참히 유린당하고 온갖 불행과 고통을 강요당하고 있다. 남조선에 대한 미제의 식민지적 지배는 우리나라의 독립과 자주권에 대한 항시적인 위협으로 된다. 6·15북남공동선언은 미제의 남조선강점으로 하여 전국적 범위에서 민족의 자주성을 실현하지 못하고 있는 이러한 정세를 반영하여 북과 남이 분렬된 이래 처음으로 채택된 민족공동의 자주통일선언이다.

6·15북남공동선언은 또한 민족의 생사운명과 관련된 조국통일위업을 외세에 의해서가 아니라 북과 남이 힘을 합쳐 우리 민족끼리 해결하기 위한 우리 민족의 자주적 립장을 내외에 엄숙히 선언한 자주통일선언이다. 6·15북남공동선언에서 북과 남은 나라의 통일문제를 우리민족끼리 해결할 것을 약속하였다. 이것은 북과 남이 손을 잡고 민족분렬사에 종지부를 찍으려는 민족의 의지를 반영한 것으로 된다.

조국통일문제해결의 주인은 어디까지나 조선사람이다. 통일문제해결에서 외세의 간섭을 허용하면 우리 민족의 의사와 요구에 맞게 나라의 통일문제를 해결할 수 없을 뿐 아니라 결국 민족의 자주성문제도 해결할 수 없다는 것이 지난 반세기가 넘는 우리 민족의 분렬사가 말해주는 뼈저린 교훈이다. 조국통일의 길은 민족대단결에 있으며 그것은 조국통일의 근본담보이다. 북과 남의 화합과 민족의 단결을 떠나서는 조국의 자주적 평화통일에 대하여 생각할 수 없다. 민족분렬의 지속은 우리 겨레에게 헤아릴 수 없는 불행과 고통을 가져다주고 있으며 민족이 이질화될 위험까지 조성하고 있다. 북과 남의 불신과 대립이 격화되면 동족상쟁의 비극적인 참화를 빚어낼 수도 있다.

온 민족의 대단결을 이룩하여야 나라와 민족의 운명을 구원하고 나라의 통일도 실현할 수 있다. 특히 제국주의자들이 세계 이르는 곳마다에서 지배주의적 책동을 강화하고 있으며 조선의 통일을 달가워하지 않는 외세가 북과 남을 대결에로 부추기고 있는 조건에서 민족의 대단결을 이룩하는 문제는 더욱 중요한 문제로 나선다.

일반적으로 민족적 단결은 민족의 존재와 발전을 위한 필수적 전제이다. 그것은 민족이 처지와 리해관계가 서로 다른 각이한 계급과 계층으로 이루어진 사회적 집단이라는 사정과 관련된다. 민족을 이루는 성원들 가운데는 로동자, 농민, 지식인, 민족자본가 등 사회에서 차지하는 지위와 역할, 추구하는 목적과 리해관계가 다른 각이한 계급과 계층이 있다.

민족은 처지와 리해관계가 서로 다른 이러한 계급, 계층들이 하나의 운명공동체로 결합된 거대한 사회적 집단으로 이[43]루어져 있다. 따라서 민족을 이루는 각이한 계급, 계층의 단결은 곧 민족의 생명으로 된다. 민족의 흥망성쇠와 관련되는 민족성원들의 단합은 요구와 리해관계가 서로 다른 각이한 계급과 계층을 하나의 사회적 집단으로 결합시킬 수 있는 민족자주에 의하여 이루어지게 된다.

민족자주는 민족성원들을 민족이라는 하나의 운명공동체로 공고하게 결합되어 끊임없이 강화발전해 나갈 수 있게 하는 근본바탕이다. 이로부터 민족자주는 외세의 간섭과 방해책동으로 반세기가 넘도록 북과 남으로 갈라져 민족의 대단결을 이룩하지 못하고 있는 우리 민족을 하나로 단결시킬 수 있는 기본정신으로 된다. 민족의 대단결을 이룩하여 나라의 통일을 조선사람 자체의 힘으로 실현하려는 것은 우리 민족의 사활적 요구이며 념원이다.

민족자주가 6·15북남공동선언의 기본정신으로 되는 것은 다음으로 그것이 6·15북남공동선언의 출발적 전제와 기초로 되기 때문이다. 나라의 통일문제해결을 위한 6·15북남공동선언의 출발적 전제, 출발적 기초는 바로 민족자주이다. 북과 남은 하나의 민족으로서 민족자체의 힘으로 나라의 통일을 실현할 수 있는 힘 있는 민족이라는 전제밑에 북과 남이 민족애와 민족자주정신으로 뗄 수 없이 련결되어 있는 단일민족이라는 데 기초하여 외세의 끈질긴 분렬와해책동을 물리치고 6·15북남공동선언을 성과적으로 채택하였다. 민족자주가 6·15북남공동선언의 출발적 전제로 되는 것은 우리 민족이 하나의 민족으로서 나라의 통일문제를 반드시 민족자체의 힘으로 실현할 수 있는 자주성이 강한 민족이기 때문이다.

민족자주의 원칙을 견지하는 것은 주체성과 민족성을 고수하는 데서 기본이며 모든 민족에게는 자기 운명을 자체의 힘으로 개척해 나갈 권리가 있다. 우리 민족은 단군을 원시조로 하여 반만년의 유구한 력사적 기간을 내려오는 과정을 통하여 애국심이 강하고 민족자주정신이 높은 민족, 무궁무진한 창조적 능력을 가진 힘 있는 민족이라는 것을 널리 과시하였다. 지난날 일제는 조선을 강점하고 가장 악랄한 식민지파쑈통치를 실시하면서 우리 민족을 말살하려고 온갖 책동을 다하였다. 그러나 우리 인민은 위대한 수령 김일성동지의 현명한 령도밑에 항일혁명투쟁을 승리적으로 벌려 일제를 패망시키고 잃었던 조국을 되찾았다.

일제가 패망한 후에는 미제가 남조선을 군사적으로 강점하고 주인행세를 하면서 우리 민족을 둘로 영영 갈라놓으려고 책동하고 있다. 하지만 남조선인민들은 외세의 지배와 분렬주의세력의 매국배족행위를 반대하는 투쟁을 끊임없이 용감하게 벌리고 있다. 온 겨레의 통일기운은 날이 갈수록 더욱 높아지고 있으며 그것은 그 어떤 힘으로도 막을 수 없다.

6·15북남공동선언은 우리 민족이 어디까지나 자주성이 강한 단일민족이며 민족자체의 힘으로 민족의 자주성을 실현할 수 있는 힘 있는 민족이라는 것을 전제로 하여 채택되었다. 민족자주가 6·15북남공동선언의 출발적 기초로 되는 것은 우리 민족이 서로 뗄 수 없이 련결된 하나의 민족이기 때문이다. 조선의 북과 남에는 서로 다른 두 개의 민족이 대치되어 있는 것이 아니라 하나의 민족이 한 강토 안에서 외세에 의하여 인위적으로 갈라져 있다. 조선민족은 수천 년을 내려오면서 하나의 혈통을 이어받고 같은 말을 하면서 한 강토에서 살아온 하나의 민족이다. 그 누구도 유구한 력사를 통하여 형성발전된 단일한 조선민족을 영원히 둘로 갈라놓을 수 없다.

자기 민족을 사랑하고 자기 민족의 자주성을 귀중히 여기는 것은 민족의 모든 성원들이 공통적으로 가지게 되는 사상감정이다. 민족애와 민족자주정신은 [44]민족대단결의 리념적 기초이다. 나라와 민족은 사람들의 삶의 터전이고 운명개척의 기본단위이다. 사람들은 력사적으로 민족국가를 단위로 살아가고 그에 기초하여 공동으로 운명을 개척해 나간다. 이로부터 민족성원들의 운명은 민족의 운명과 떼여놓고 생각할 수 없다. 민족의 생명 속에 민족성원들의 생명이 있다. 나라와 민족을 떠나서는 누구도 살아갈 수 없으며 민족의 자주성이 보장되지 않고서는 민족의 어느 계급, 계층도 자기 운명을 바로 개척해 나갈 수 없다. 바로 이것으로 하여 민족은 각이한 계급, 계층으로 이루어져 있으나 민족성원들은 민족을 귀중히 여기게 되며 민족의 자주성을 옹호하고 실현하기 위하여 단결하여 투쟁하게 되는 것이다.

외세에 의하여 민족이 갈라지고 북과 남에 서로 다른 사상과 제도가 존재하는 조건에서 민족애와 민족자주정신은 6·15북남공동선언의 기초로 된다. 조선사람은 어느 지역, 어느 제도하에서 살건 조선민족의 피와 넋을 지닌 하나의 민족이며 민족공동의 리익과 공통된 민족적 심리와 감정으로 뗄 수 없이 련결되어 있다. 북과 남에 현존하는 사상과 제도를 초월하여 민족단합을 실현할 수 있는 기초는 민족성과 그로부터 흘러나오는 민족애와 민족자주정신이다. 나라와 민족을 열렬히 사랑하고 민족의 존엄을 더없이 귀중히 여기는 것은 우리 민족의 자랑스러운 전통이며 민족적 특질이다.

민족자주정신은 애국애족의 사상감정에서 그 정수이며 핵이다. 민족자주가 아니라 시대와 외세의존을 일삼으면서 나라를 사랑하고 민족을 귀중히 여긴다는 것은 분렬주의세력들이 저들의 매국배족행위를 정당화하기 위한 궤변이다. 애국애족과 매국배족이 량립될 수 없는 것처럼 민족자주와 외세의존은 량립될 수 없다. 지난날 나라와 민족을 일제에게 팔아먹고 겨레에게 망국노의 운명을 강요한 ≪을사오적≫들과 외세와 결탁하고 ≪공조≫하면서 분렬의 장벽을 높이 쌓고 동족 사이에 대결을 격화시키면서 남조선사회의 자주화와 민주화를 가로막은 분렬주의세력들의 죄악의 행적은 민족자주의 원칙이야말로 애국과 애족, 매국과 배족을 가르는 시금석이라는 것을 여실히 증명해 준다. 그러므로 진정으로 북남 사이의 화해와 민족의 단합, 조국통일을 바란다면 외세의존이 아니라 민족자주의 길로 나가야 한다.

  민족자주가 6·15북남공동선언의 기본정신으로 되는 것은 다음으로 그것이 6·15북남공동선언에 관통되어 있기 때문이다. 6·15북남공동선언의 내용은 민족자주로 일관되어 있고 그것을 실현하기 위한 것으로 되어 있다. 6·15북남공동선언의 첫 조항에는 북과 남이 나라의 통일문제를 그 주인인 우리 민족끼리 힘을 합쳐 자주적으로 해결해 나갈 데 대한 민족자주원칙이 명기되어 있다. 이것은 사대매국으로 망국과 분렬의 치욕을 강요당한 수난에 찬 민족사의 교훈과 지배주의세력들의 전횡이 날로 우심해지고 있는 오늘의 복잡한 정세, 그리고 외세의 간섭으로 반세기 이상이나 지속된 나라의 분렬을 하루빨리 종식시키고 통일을 이룩하여야 할 민족의 절박한 요구를 반영한 것으로 된다. 6·15북남공동선언의 둘째 조항에서 북과 남은 낮은 단계의 련방제안과 남측의 련합제안의 공통성을 인정하고 이 방향에서 조국통일을 지향시켜 나갈 데 대하여 합의하였다. 위대한 수령 김일성동지께서 제시하신 북과 남이 서로 다른 두 제도의 공존에 기초한 련방국가창립방안은 가장 합리적이고 현실적인 조국통일방안이다. 북과 남이 공동선언에서 서로의 통일방안의 공통성을 인정하고 두 제도의 공존에 기초한 통일방안에 합의한 것은 민족분렬 이래 처음으로 이룩된 획기적인 성과이며 조국통일문제해결의 력사적인 전진이다. 오늘 북과 남은 공동선언의 요구대로 현존하는 사상과 제도를 그대로 두고 [45]용납하는 기초 우에서 서로 합의할 수 있는 문제부터 하나하나 풀어나가면서 련방제방식의 통일, 련방국가창립을 지향시켜 나가고 있다. 련방이야말로 나라의 통일문제를 민족자체의 힘으로 평화적으로 가장 빨리 해결할 수 있는 유일하게 옳은 길이다. 우리 민족에게는 련방 이외의 다른 통일의 길이란 없다. 6·15북남공동선언에서는 또한 북과 남 사이에 인도적 문제를 조속히 풀어나가며 경제협력을 통하여 민족경제를 균형적으로 발전시킬 데 대하여, 그리고 여러 분야의 협력과 교류를 활성화하여 서로의 신뢰를 다져 나갈 데 대하여 합의하였다.

  오늘 민족자주를 기본정신으로 하는 6·15북남공동선언에 대한 태도는 조국통일문제에 대한 태도로 된다. 새 세기에 들어선 오늘의 정세하에서 조선민족의 피와 넋을 지닌 사람이라면 누구도 6·15북남공동선언을 리행하는 데서 주춤거리거나 외면하지 말아야 하며 뒤를 돌아다보거나 멈추지 말고 그에 방해되는 일을 하지 말아야 한다. 7천만 온 겨레가 력사적인 6·15북남공동선언을 리행하는 데서 주인이 되어야 한다. 우리 대에, 우리 조선사람이 우리 민족끼리 통일의 문을 여는 비결은 바로 민족자주에 있다. 우리에게는 민족자주 외 다른 길이 없다. 그럼에도 불구하고 남조선의 분렬세력은 외세와 야합하여 력사적인 평양상봉과 6·15북남공동선언을 부정하면서 북남관계를 어떻게 하나 대력의 원상태에로 되돌리려고 악랄하게 책동하고 있다. 남조선의 분렬세력들은 공동선언의 자주조항이 ≪미군철수로 이어질 수 있다≫, ≪미국과의 동맹관계를 허물 수 있다.≫고 하면서 ≪미군영구주둔≫과 상전과의 ≪안보협력≫, ≪공조≫를 더욱 떠들고 있다. 특히 6·15북남공동선언이 채택된 후에도 여전히 ≪국방백서≫를 통하여 공화국정부를 ≪주적≫으로 선포하였으며 범민련남측본부와 ≪한총련≫을 ≪친북리적단체≫로 몰고 있다. 이것은 6·15북남공동선언에 대한 전면부정이고 도전이다.

력사적인 평양상봉과 6·15북남공동선언 발표 후 북남관계와 통일운동에서는 세상을 놀래우는 사변적인 전진이 이루어졌다. 이것은 우리 민족끼리 손을 잡고 통일문제를 자주적으로 풀어 나가기 위해 북과 남이 공동으로 노력한 결과로서 민족자주가 통일의 길이라는 것을 웅변함으로써가 아니라 현실로써 말해 주고 있다.

민족분렬의 비극에 종지부를 찍자면 민족자주의 기치를 더 높이 들어야 한다. 북과 남, 해외의 온 겨레는 6·15북남공동선언의 요구대로 민족자주정신에 기초하여 민족의 대단결을 이룩해 나가며 민족의 단합된 힘으로 조국통일의 민족사적 위업을 반드시 성취하여야 한다. 민족의 모든 성원들은 민족자주의식으로 튼튼히 무장하고 사대와 외세의존을 철저히 반대배격하여야 한다. 특히 나라와 민족의 운명은 안중에 없이 일신의 부귀영화와 권세를 위하여 외세와 결탁하는 분렬주의세력들의 반통일정책, 민족분렬책동을 반대하여 적극 투쟁하여야 한다. 이와 함께 민족내부에 불신과 대결을 조장하고 우리나라의 통일문제에 간섭하여 자기의 침략적, 지배주의적 야망을 실현하려는 미제를 비롯한 외세의 그 어떤 시도도 절대로 허용하지 말아야 하며 거족적인 반미, 반외세투쟁을 벌려 민족의 단합과 조국통일을 방해하는 근원을 송두리째 제거해 버려야 한다.

북과 남, 해외의 온 민족은 민족자주통일에 대한 신심을 가지고 6·15북남공동선언의 철저한 리행을 위하여 힘차게 떨쳐나서야 할 것이다.

57. 6·15북남공동선언은 21세기 조국통일의 리정표[2]

량 창 일

[41]우리 민족은 민족분렬의 수난에 찬 20세기를 보내고 통일과 번영의 휘황찬란한 21세기에 들어섰다. 위대한 령도자 김정일동지께서는 다음과 같이 지적하시였다. ≪**위대한 수령 김일성동지께서 개척하시고 이끌어 오신 조국통일위업을 계승하여 우리 대에 기어이 조국을 통일하려는 것은 우리 당의 확고한 결심이며 우리 인민의 혁명적 의지이다.**≫(≪김정일선집≫ 제14권, 347페지)

경애하는 장군님께서는 어버이수령님의 유훈인 조국통일위업을 우리 대에 기어이 완성하시기 위하여 애국애족의 대용단과 천리혜안의 예지, 넓은 포용력과 아량으로 21세기 민족통일의 리정표인 6·15북남공동선언을 마련해 주시였다.

민족분렬 55년 만에 처음으로 북남수뇌상봉이 마련되고 6·15북남공동선언이 발표된 것은 민족사에 특기할 력사적 사변이었다. 6·15북남공동선언은 끊어진 민족의 피줄을 다시 잇고 민족적 화해와 통일의 열풍을 안아왔으며 민족의 존엄과 기상, 자주통일의지를 내외에 과시하였다.

6·15북남공동선언은 21세기 조국통일의 리정표이다. 6·15북남공동선언이 21세기 조국통일의 리정표로 되는 것은 무엇보다 먼저 우리 민족끼리 힘을 합쳐 나라의 통일문제를 자주적으로 해결해 나가는 새로운 길을 밝히고 있기 때문이다. 6·15북남공동선언은 조국통일의 앞길을 밝힌 민족공동의 자주통일강령이며 민족자주통일의 불멸의 기치이다. 우리 민족끼리 힘을 합쳐 나라의 통일문제를 자주적으로 해결해 나가야 우선 우리 민족의 권리와 리익을 수호할 수 있다. 매개 민족은 자기 문제를 자신이 독자적인 판단과 결심에 따라 자기의 요구와 리익에 맞게 처리해 나갈 권리를 가진다. 민족자결권은 민족내부문제를 남에게 의존하지 말고 자체로 해결할 것을 요구할 뿐 아니라 그 어떤 민족도 다른 나라의 내정에 간섭하거나 다른 민족에게 자기의 의사를 강요하는 것을 허용하지 않는다. 민족의 권리와 리익은 스스로 보장되는 것이 아니라 자주의 원칙을 확고히 견지하여야 담보된다. 조국통일을 위한 투쟁에서 자주원칙을 견지할 때에만 우리 만족의 권리와 리익을 수호할 수 있다.

---

2) 출처: 김일성종합대학출판사, 『김일성종합대학학보: 력사법학』, 제48권 제2호(2002), 41-45쪽.

우리 민족끼리 힘을 합쳐 나라의 통일문제를 자주적으로 해결해 나가야 또한 우리 민족의 의사와 요구에 맞게 민족자체의 힘으로 나라의 통일을 성취할 수 있다. 전국적 범위에서 민족의 자주권을 확립하기 위한 통일성업은 조선민족의 자주성을 위한 투쟁이며 조선민족 자신이 해결해야 할 문제이다. 국토량단과 민족분렬로 하여 민족의 자주성이 유린당하고 온갖 불행과 고통을 당하고 있는 것도 조선민족이며 통일문제에 사활적인 리해관계를 가지고 통일을 절실히 념원하는 것도 조선민족이다. 조선의 구체적 현실을 잘 알고 통일을 해결할 수 있는 구체적 능력을 가지고 있는 것도 조선민족이다. 우리 민족의 투쟁력사는 우리 민족이 자신의 운명을 능히 자주적으로 해결할 수 있으며 민족내부문제를 자신의 힘으로 해결할 수 있다는 것을 뚜렷이 보여주고 있다. 그 어떤 외부세력도 조선의 통일문제에 간섭할 권리가 없다. 외세의 간섭밑에서는 조국통일문제를 우리 민족의 념원과 리익에 맞게 해결할 수 없다. 6·15북남공동선언은 우리 민족끼리 자주적으로 조국을 통일할 수 있다는 확고한 의지를 엄숙히 천명함으로써 온 민족의 자주통일열망을 비상히 고조시키고 통일운동을 힘 있게 추동하고 있다. 외세에 의거하여 나라를 통일하려는 것은 통일을 방해하고 분렬을 영구화하려는 민족반역행위이다. 력사는 외세에 의존하여서는 민족내부문제를 풀 수 없을 뿐 아니라 외세의존은 망국의 길이라는 것을 똑 **[42]**똑히 보여주고 있다.

6·15북남공동선언이 21세기 조국통일의 리정표로 되는 것은 다음으로 나라의 통일을 평화적으로 가장 빨리 실현할 수 있는 유일하게 옳은 길을 제시하고 있기 때문이다. 6·15북남공동선언은 북측의 낮은 단계의 련방제안과 남측의 련합제안의 공통성에 기초한 련방제통일의 길을 명시하였다. 이것은 민족분렬 이래 처음으로 이룩된 획기적인 성과이며 조국통일문제해결에서의 력사적인 전진이다. 위대한 수령 김일성동지께서는 나라와 민족이 분렬된 첫날부터 통일적인 민족자주독립국가건설로선을 제시하시고 그에 심혈을 다 바치시었으며 민족통일국가 창립의 전망을 열어 놓으시었다.

련방제방식의 민족통일국가를 창립할 데 대한 방안은 가장 정당한 조국통일방안이다. 련방제방식의 민족통일국가창립방안은 온 겨레의 민족적 단합을 실현하여 조국통일을 빨리 실현할 수 있게 하는 방안이다. 조국통일은 나라의 분렬을 끝장내고 민족적 단합을 이룩하기 위한 거족적인 애국위업이다. 련방형식의 민족통일국가형태는 북과 남이 다같이 접수되고 실현될 수 있는 민족통일국가의 가장 합리적인 형태로 된다. 우리나라의 북과 남에는 반세기가 넘도록 서로 다른 두 개 제도와 두 개 정부가 존재하여 오고 있다. 오늘에 와서 북과 남은 각기 자기의 제도와 정부를 포기하려 하지 않는다. 이러한 조건에서 하나의 민족통일국가를 창립하는 방법으로 조국의 통일을 이룩하려면 북과 남에 다같이 접수되고 실현될 수 있는 통일국가의 가장 합리적인 형태를 선택하여야 한다. 북과 남에 다같이 접수되고 실현될 수 있는 가장 합리적인 민족통일국가의 형태를 선택하는 것은 북과 남, 해외동포들을 조국통일의 기치밑에 튼튼히 묶어세우고 그들을 민족통일국가건설에로 조직동원하기 위한 중요한 요구이다.

련방제방식의 민족통일국가는 민족공동의 요구와 리익을 기본으로 하고 사상과 제도의 차이를 초월하여 민족단합을 실현할 수 있게 하는 통일국가형태이다. 민족단합은 애국애족정신의 최고발현이다. 애국애족은 민족분렬이 지속되는 과정에 산생된 사상과 리념, 제도의 차이를 초월하여 민족적 단합을 이룩할 수 있는 리념적 기초이며 원동력이다. 사람은 누구나 자기 나라와 민족을 끝없이 사랑하고 귀중히 여긴다. 그것은 나라와 민족을 떠나서는 자기의 운명을 개척해나갈 수 없기 때문이다. 나라와 민족의 분렬이 반세기가 넘도록 지속되고 있는 오늘 참다운 애국애족의 립장을 떠나서 민족적 화해와 단합, 조국통일에 대하여 생각할 수 없다. 조국을 통일하기 위하여서는 누구나 민족의 분렬로 하여 일시적으로 형성된 사상과 제도, 정견과 신앙, 계급과 계층의 차이를 초월하여 애국애족의 립장을 튼튼히 지켜야 한다.

련방제방식의 민족통일국가창립방안은 북과 남이 서로 상대방에 존재하는 사상과 제도를 그대로 인정하고 용납하는 기초 우에서 북과 남이 동등하게 참가하는 민족통일정부를 내오고 그 밑에서 북과 남이 같은 권한과 임무를 지니고 각각 지역자체를 실시하는 련방공화국을 창립하여 조국을 통일하는 방안으로서 계급과 계층의 리익에 앞서 나라와 민족의 리익을 전면에 내세우는 참다운 애국애족의 통일방안이다. 분렬로 하여 일시적으로 형성된 제도와 사상, 리념의 차이보다는 반만년의 유구한 력사를 통하여 형성공고화된 민족의 공통성이 더 크며 개별적 계급, 계층의 리해관계보다는 하나의 민족으로서 통일을 이룩하려는 민족공동의 요구가 비할 바 없이 더 중요하다. 개별적 계급, 계층은 민족의 한 부분인 것만큼 어떤 계급과 계층도 민족공동의 리익을 떠나서는 자기의 리익을 실현할 수 없다. 민족이 있고서야 계급이 있을 수 있으며 민족의 리익이 보장되어야 계급의 리익이 보장될 수 있다.

[43]우리나라의 현실적 조건에서 민족의 화합과 나라의 통일을 실현할 수 있는 통일국가형태는 련방제방식의 범민족적인 통일국가이다. 북과 남이 사상과 제도를 달리한다고 하여 서로 반목하고 질시하며 대결하자면 언제가도 민족적 단합을 실현할 수 없고 조국통일을 이룩할 수 없다. 련방제방식의 민족통일국가창립방안은 민족대단결을 이룩하고 강력한 주체적 력량에 의거하여 나라의 통일을 실현할 수 있게 된다.

련방제방식의 민족통일국가를 창립할 데 대한 방안에는 련방정부의 구성원칙과 운영방식, 민족통일국가의 시정방침이 우리 민족의 근본리익과 요구, 우리나라의 현실적 조건에 맞게 제안되어 있다. 련방형식의 통일국가에서는 북과 남의 같은 수의 대표들과 적당한 수의 해외동포대표들로 련방정부기관을 조직하여 북과 남의 지역정부들을 지도하며 련방국가의 전반적인 사업을 관할하도록 하고 련방국가의 통일정부는 북과 남의 공동의장과 공동위원장을 각각 선출하여 그들이 륜번제로 운영하도록 되어 있다.

련방구성원이 련방정부기관성원선출권을 가지는 것은 련방의 정부기관활동에서 련방구성원의 의사와 리익이 정확히 관철되게 하며 모든 문제들이 련방구성원의 리익에 맞게 공정하게 처리될 수 있게 확고히 담보한다. 련방정부기관의 인적구성에서 련방구성원이 각각 같은 수를 차지하도록 하는 것은 련방정부기관구성에서의 련방구성원의 평등을 보장하며 련방정부기관사업에서 련방구성원의 리해관계를 조화롭게 결합시키며 민족적 단합을 공고히 하고 모든 문제처리에서 공정성을 담보한다. 련방구성원이 서로 다른 제도에 기초하고 있는 련방국가에 있어서는 련방정부기관의 책임직을 공동책임직제로 하는 것이 련방형성의 기초에 맞으며 련방정부기관활동에서 지역적 편견을 없애고 련방구성원의 요구를 정확히 실현하여 나갈 수 있게 하는 합리적인 방도로 된다. 그리고 련방정부기관의 책임직을 륜번제로 수행하도록 하는 것은 련방정부기관의 활동에서 민족공동의 리익과 련방구성원의 리익을 옳게 결합시키며 련방국가권력행사에서 련방구성원의 균형을 보장할 수 있게 한다.

련방제방식의 통일방안은 련방정부와 지역자치정부의 권능한계를 합리적으로 정하고 있다. 련방정부의 권한과 임무는 전 민족의 단결, 합작, 통일의 념원에 맞게 공정한 원칙에서 정치문제, 조국방위문제, 대외관계문제를 비롯하여 나라와 민족의 전반적 리익과 관계되는 공동의 문제들을 토의결정하며 나라와 민족의 통일적 발전을 위한 사업을 추진하고 모든 분야에서 북과 남 사이의 단결과 합작을 실현하며 어느 한쪽이 다른 쪽에 자기 의사를 강요하지 못하도록 하는 것이다. 지역자치정부의 권한과 임무는 련방정부의 지도밑에 전 민족의 근본리익과 요구에 맞는 범위에서 독자적인 정책을 실시하며 모든 분야에서 북과 남 사이의 차이를 줄이고 나라와 민족의 통일적 발전을 이룩하기 위하여 노력하는 것이다.

낮은 단계의 련방제안에서는 잠정적으로 지역자치정부에 더 많은 권한을 부여하며 장차로는 련방정부의 기능을 더욱더 높여 나가는 방향에서 권한분담을 할 데 대하여서도 지적하고 있다. 련방국가의 통일정부와 지역자치정부의 권한에 관한 조화로운 분담은 서로 다른 제도에 기초하고 있는 련방구성원의 독자성을 보장하면서 련방의 기초를 튼튼히 다지게 하며 나라와 민족의 통일적 발전을 확고히 담보하게 한다. 련방제방식의 민족통일국가창립방안은 온 민족의 적극적인 지지와 국제적인 열렬한 공감을 불러일으키고 있다.

6·15북남공동선언이 21세기 조국통일의 리정표로 되는 것은 다음으로 민족의 대단결을 이룩할 수 있도록 온 민족이 서로 래왕하고 접촉하며 대화를 발전시켜 나갈 길을 제시하고 있기 때문이다. 6·15북남공동선언에는 흩어진 가족, 친척방문단교환, 비전향장기수문제해결 등 인도적 문제들을 조속히 풀어나가며 경제, 사회, 문화, 체육, 보건, 환경 등 제[44]반분야의 협력과 교류를 활발히 하여 서로의 신뢰를 다져 나가며 합의사항을 조속히 실천에 옮기기 위한 당국 사이의 대화를 강화할 데 대하여 규정하고 있다.

조국통일위업이 북과 남으로 갈라진 민족의 혈맥을 다시 잇고 민족적 단합을 실현하는 위업인 것만큼 북과 남의 화합과 민족의 대단결을 떠나서는 조국의 자주적 평화통일을 실현할 수 없다. 온 민족의 화합과 단결은 조국통일문제해결의 열쇠로 된다. 조국통일은 누구도 대신해줄 수 없는 우리 민족의 자주적 위업이며 통일을 실현할 수 있는 힘도 우리 민족자체에 있다. 우리 민족이 대단결을 이룩하면 조국통일의 주체적 력량이 강화되고 그 위력으로 우리 민족끼리 조국통일의 앞길에 나서는 모든 문제들을 자주적으로, 평화적으로 풀어나갈 수 있다.

인도적 문제들을 풀어나가는 것은 불신과 오해를 가시고 호상 리해와 단합을 실현할 수 있게 하며 접촉과 래왕의 문을 열어놓는 데서 근본전제로 된다. 북과 남의 접촉과 래왕, 협력과 교류는 인위적으로 갈라진 민족의 분렬을 끝장내는 전제로 되며 민족내부의 불신과 오해를 가시고 민족의 화해와 단합을 이룩해 나갈 수 있게 하며 민족통일을 위한 현실적 조건을 마련할 수 있게 한다.

남북대화는 전 민족이 서로 리해하고 신뢰하며 단합을 이룩할 수 있는 방식의 하나로 된다. 대화를 발전시키는 것은 민족내부의 불신을 없애고 신뢰를 도모하며 통일의 길에 가로놓인 난국을 민족의 단합된 힘으로 타개할 수 있는 디딤돌을 마련할 수 있게 한다. 북남대화는 민족공동의 리익을 앞세우고 북남 사이의 불신과 대결상태를 해소하며 모든 것을 조국통일에 복종시키는 것으로 되어야 하며 폭넓은 대화, 전 민족적인 대화로 되어야 하고 여러 가지 형태의 쌍무적, 다무적인 대화로 되어야 한다. 나라의 통일문제를 우리 민족끼리 자주적으로, 평화적으로, 민족대단결의 원칙에서 실현할 데 대한 합의사항을 실천에 구현해 나가는 데서 당국 사이의 대화를 강화해 나가도록 한 것은 통일위업실현에서 전환적 국면을 열어나가는 근본담보를 마련한 것으로 된다.

6·15북남공동선언은 끊어진 민족의 피줄을 다시 잇고 랭전과 대결의 찬바람이 불던 이 땅에 화해와 통일의 열풍을 안아왔으며 민족의 존엄과 기상, 자주통일의지를 내외에 과시하였다. 온

민족이 공동선언의 기치 따라 우리 민족끼리 힘을 합쳐 통일문제를 자주적으로 해결해 나가려는 민족자주기운을 거족적 범위에서 전례 없이 발양하였고 우리 민족의 존엄과 기상을 온 세계에 떨치었다. 북과 남 사이의 화해와 단합을 도모하고 통일에로 나아가려는 민족의 지향이 그 어느 때보다 높아지게 되었다. 북과 남 사이에는 당국과 민간급에서 여러 갈래의 대화와 접촉들이 이루어지고 정치인, 경제인, 언론인, 예술인, 체육인 등 각 계층이 오가며 여러 분야에서 협력사업들이 추진되고 있다. 전 민족적 범위에서 조국통일운동도 힘차게 벌어졌다. 북과 남의 로동계급을 비롯한 각 계층 단체들 사이에 련대와 단합이 성과적으로 실현되어 조국통일운동은 전례 없는 폭과 깊이를 가지고 힘 있게 전개되었다.

이 모든 것은 6·15북남공동선언의 정당성과 생활력을 뚜렷이 보여주고 있다. 안팎의 반통일세력들은 6·15북남공동선언의 정신을 거세하고 그 리행에 제동을 걸어보려고 악랄하게 책동하고 있다. 그들은 ≪핵문제≫와 ≪미싸일문제≫같은 것을 걸고 감히 그 누구에 대해 ≪강경대응≫을 운운하는가 하면 ≪대북정책검토≫이니, ≪검증≫이니 하는 것들을 들고 나오고 ≪공조≫, ≪안보≫를 떠들면서 북남관계개선을 저해하려고 책동하고 있다. 남조선 우익보수세력들은 ≪공조≫와 ≪안보≫의 이름밑에 외세와의 정치군사적 결탁을 강화하면서 북을 반대하는 대규모합동군사연습을 련이어 벌려 놓고 있으며 동족을 ≪주적≫으로 선포하고 북남공동선언을 지지해 나선 통일애국운동단체들을 ≪리적≫단체로 몰아 탄압하고 있다.

[45]분렬주의세력의 반통일책동을 짓부시고 민족자주통일의 길을 열어나가기 위해서는 북남공동선언의 기치를 더욱 높이 들고 나가야 한다. 6·15북남공동선을 고수하고 철저히 리행해 나가기 위해서는 우리 민족끼리 힘을 합쳐 통일문제를 풀어나가려는 립장을 더욱 확고히 가져야 한다. 북남공동선언의 리행문제는 우리 민족 자신의 문제이며 우리 민족자체가 해결하여야 할 문제이다. 그러므로 민족의 모든 성원들은 민족자주의식으로 튼튼히 무장하고 사대주의와 외세의존사상을 반대배격하여야 한다. 민족성원들은 민족자주의식을 가지고 외세에 의존할 것이 아니라 민족자체의 힘에 의거하고 외세와의 공조가 아니라 동족과 공조하는 확고한 립장을 견지하여야 한다.

6·15북남공동선언을 고수하고 철저히 리행해 나가기 위해서는 모든 민족성원들이 서로 련대, 련합하여 굳게 단결하여야 한다. 조선민족은 북에 있건, 남에 있건, 해외에 있건 관계없이 그리고 로동자, 농민, 청년학생, 정치인, 경제인, 문화인, 종교인 할 것 없이 모두다 북남공동선언리행의 주인으로서 조국통일위업수행에 자기의 힘과 지혜를 다 바쳐야 한다. 북과 남의 당국과 정치인들, 모든 계급과 계층은 서로의 오해와 불신을 가시고 모든 차이를 초월하여 화해

와 단합을 도모해 나가야 한다. 북과 남, 해외의 각계각층 인민들은 분렬주의세력의 반통일책동을 단호히 배격하고 짓부셔 버려야 하며 북남공동선언을 리행하며 조국을 통일하기 위한 거족적인 운동을 힘 있게 벌려 나가야 한다. 6·15북남공동선언의 기치를 높이 들고 통일번영의 새 세기에로 나아가는 우리민족의 힘찬 진군은 조국통일의 전환적 국면을 열고 강성대국건설을 앞당겨 올 것이다.

58. 6·15북남공동선언은 조국통일의 기치[3)]

신 분 진

[47]력사적인 6·15북남공동선언의 기본정신에 따라 우리 민족끼리 나라의 통일을 실현하기 위한 투쟁에서 커다란 진전이 이룩되고 있다. 현실은 내외의 반통일세력이 아무리 악랄하게 책동하여도 6·15북남공동선언의 정신에 따라 민족을 혈맥을 다시 잇고 통일에로 나가려는 민족의 거세찬 흐름은 절대로 막을 수 없다는 것을 보여주고 있다.

6·15북남공동선언은 어제도 오늘도 래일도 변함없이 들고나가야 할 조국통일의 기치이다. 일반적으로 사회적 운동에서 기치란 그 운동의 전 과정에서 항구적으로 견지하여야 할 근본원칙과 목표, 그 실현방도가 밝혀진 것으로서 여기에는 해당 사회에서 인민대중의 의사와 요구가 집중적으로 반영된다. 6·15북남공동선언은 조국통일운동발전의 어느 한 단계만이 아니라 전 과정에서 항구적으로 견지하여야 할 근본원칙과 목표 그 실현방도를 제시한 기치로서 변함없는 생명력을 가진다. 앞으로 정세가 어떻게 변하고 환경이 어떻게 달라지든지 북과 남은 조국통일3대원칙을 철저히 구현하고 있는 6·15북남공동선언을 존중하고 철저히 리행해나가야 한다.

6·15북남공동선언이 조국통일의 기치로 되는 것은 첫째로, 그것이 조국통일을 위한 투쟁의 어느 한 단계만이 아니라 전 과정에서 우리 민족이 항구적으로 견지하여야 할 근본원칙을 가장 정확히 밝혀주고 있기 때문이다. 조국통일을 위한 투쟁에서 우리 민족이 항구적으로 견지하여

---

3) 출처: 김일성종합대학출판사, 『김일성종합대학학보: 력사법학』, 제50권 제2호(2004), 47-51쪽.

야 할 근본원칙은 민족자주이다. 민족자주는 나라와 민족의 운명, 조국통일위업의 승패를 좌우하는 근본원칙이다. 위대한 령도자 김정일동지께서는 다음과 같이 지적하시였다. ≪**나라의 통일문제는 어디까지나 민족자주의 원칙에서 해결하여야 한다.**≫(≪김정일선집≫제14권, 348페지)

조국통일문제는 외세에게 빼앗긴 민족의 자주권을 되찾고 하나의 민족으로서 민족적 단합을 실현하는 문제이다. 조국통일을 위한 투쟁에서 자주의 원칙은 미제를 남조선에서 내쫓고 외세에 의존하거나 외세의 간섭을 받음이 없이 우리 민족의 의사와 요구에 맞게 민족자체의 힘으로 나라의 통일을 실현할 것을 기본내용으로 한다.

민족자주는 한 민족이 같은 민족으로서 살아가기 위한 근본담보이다. 6·15북남공동선언은 우리 민족이 영원히 한 민족으로서 존재하고 발전할 수 있는 근본담보인 민족자주를 기본핵으로 하고 있는 민족자주선언이다. 민족자주가 조국통일문제해결에서 우리 민족이 항구적으로 견지하여야 할 근본원칙으로 되는 것은 우선 그것이 우리 민족의 권리와 리익을 수호할 수 있게 하기 때문이다. 매개 민족은 자기 문제를 자신의 독자적인 판단과 결심에 따라 자기의 의사와 리익에 맞게 처리해나갈 권리를 가진다. 민족자결권은 민족내부문제를 남에게 의존하지 말고 자체로 해결할 것을 요구할 뿐 아니라 그 어떤 민족도 다른 나라의 내정에 간섭하거나 다른 민족에게 자기의 의사를 강요하는 것을 허용하지 않는다. 민족의 권리와 리익은 스스로 보장되는 것이 아니라 자주의 원칙을 확고히 견지하여야 보장된다. 조국통일을 위한 투쟁에서 자주의 원칙을 견지할 때만이 우리 민족의 권리와 리익을 수호할 수 있다.

민족자주가 조국통일문제해결에서 우리 민족이 항구적으로 견지하여야 할 근본원칙으로 되는 것은 또한 그것이 우리 민족자체의 힘으로 나라의 통일을 성취할 수 있게 하기 때문이다. 전국적 범위에서 민족의 자주권을 확립하기 위한 조국통일위업은 민족의 자주성을 실현하기 위한 투쟁이며 조선민족자신이 해결하여야 할 민족적 위업이다. 국토분렬과 민족분렬로 하여 민족의 자주성이 유린당하고 온갖 불행과 고통을 강요당하고 있는 것도 조선민족이며 조국통일문제[48]해결에 사활적인 리해관계를 가지고 통일을 절실히 념원하는 것도 조선민족이다. 조선의 구체적 현실을 잘 알고 통일문제를 해결할 수 있는 능력을 가지고 있는 것도 조선민족이다.

조국통일을 위한 투쟁력사는 우리 인민이 자신의 운명을 능히 자주적으로 개척할 수 있으며 민족내부문제인 조국통일문제를 자신의 힘으로 해결할 수 있다는 것을 뚜렷이 보여주고 있다. 그 어떤 외부세력도 조선의 통일문제에 간섭할 권리가 없다. 외세의 간섭밑에서는 조국통일문제를 우리 민족의 념원과 리익에 맞게 해결할 수 없다. 만약 외세에 의하여 빼앗긴 민족적 자주권을 되찾는 조국통일문제를 외세에 의존하여 해결하려 한다면 우리나라의 통일문제는 언제가도 해결될 수 없다. 미제를 비롯한 외세는 결코 우리 민족의 화해와 단합, 통일을 바라지 않으며 우리에게 조국통일을 선사해 줄 수 없다. 그러므로 조국통일문제해결에서 민족자주의 원칙을 견지하지 못하고 외세의 간섭을 받아들이면 우리 민족은 언제가도 진정한 통일을 실현할 수 없게 된다. 반세기가 넘는 민족분렬의 력사를 통하여 우리 민족은 이것을 똑똑히 체험하였다.

6·15북남공동선언에서 북과 남은 바로 나라의 통일문제를 그 주인인 우리 민족끼리 해결해 나갈 것을 엄숙히 선언하였다. 이것은 우리 민족이 조국통일을 위한 투쟁에서 외세의존과 간섭을 배격하고 주인으로서의 자기 책임과 역할을 다하여야 한다는 것을 말해준다. 우리 당과 공화국정부는 나라가 분렬된 첫날부터 민족자주의 원칙을 조국통일문제해결의 근본원칙으로 내세우고 조국통일과 관련한 모든 로선과 정책, 실천을 민족자주로부터 시작하였다. 참으로 6·15북남공동선언은 조국통일문제를 그 주인인 우리 민족끼리 힘을 합쳐 자주적으로 해결할 것을 천명한 민족자주선언으로서 외세의존에 매달리던 민족내부의 극소수반통일세력들에게 결정적 타격을 주었다.

6·15북남공동선언이 조국통일의 기치로 되는 것은 둘째로, 그것이 조국통일문제해결의 총적목표를 제시해주고 있기 때문이다. 조국통일문제해결에서 북과 남이 도달해야 할 총적목표는 전 민족의 대단결을 이룩하는 것이다. 조국통일실현의 변함없는 총적목표는 민족대단결이다. 민족의 대단결은 6·15북남공동선언을 철저히 리행하여 조국통일위업을 하루빨리 성취하기 위한 결정적 담보이다. 조국통일을 위한 우리 인민의 투쟁에서 전 민족의 대단결을 대신할 수 있는 힘은 없다. 6·15북남공동선언에서는 우리 민족이 대단결하여 나라의 통일문제를 우리 민족끼리 해결할 것을 내외에 엄숙히 확약하였으며 민족의 대단결을 이룩하기 위하여 북과 남 사이에 인도적 문제와 경제협력을 비롯한 여러 분야에서의 협력과 교류를 발전시켜 서로의 신뢰를 두터이 할 데 대하여 합의하였다. 이것은 6·15북남공동선언이 외세에 의하여 북과 남으로 갈라져 오랫동안 서로 다른 사상과 제도에서 살아온 우리 민족이 조국통일을 위하여 굳게 단합할 수 있는 넓은 길을 열어놓은 민족대단결선언이라는 것을 말해준다. 위대한 령도자 김정일동지께서는 다음과 같이 지적하시였다. ≪전 **민족대단결을 조국의 자주적 평화통일을 실현하기 위한 결정적 담보이다.**≫(≪김정일선집≫제14권, 350페지)

민족대단결이 조국통일실현의 변함없는 총적목표로 되는 것은 우선 그것이 조국통일의 근본전제로 되기 때문이다. 미제를 남조선에서 내쫓고 외세에 의존하거나 외세의 간섭을 받음이 없이 민족이 주인이 되어 민족의 의사와 리익에 맞게 민족자체의 힘으로 조국을 통일하기 위한 근본열쇠는 민족대단결에 있다. 민족대단결은 조국통일의 주체를 튼튼히 꾸리고 강화하는 것으로 된다. 사회적 운동으로서 조국통일운동의 성패는 통일의 주체가 어떻게 준비되고 그 역할이 어떠한가에 의하여 결정된다. 주체의 위력은 단결의 위력이며 통일의 주체가 강한가 약한가 하는 것은 결국 통일의 주체를 이루는 성원들이 어떻게 단결되었는가 하는 데 의하여 규정된다. 우리나라의 통일문제해결에서 민족의 단결문제가 변함없는 총적목표로 되는 것은 조국통일의 주체가 다름 아닌 전체 조선민족이기 때문이다.

[49]우리 민족의 최대의 숙원인 조국통일을 실현할 수 있는 힘은 우리 민족의 주체적 력량이다. 민족대단결은 외세의 지배와 간섭을 끝장내기 위한 근본담보이다. 외세의 지배와 간섭은 민족의 단합과 조국통일의 최대의 장애물이다. 우리 민족이 분렬된 것도 외세에 의해서이며 조국이 아직까지 통일되지 못하고 있는 것도 다름 아닌 외세의 지배와 간섭이 지속되기 때문이다. 민족문제는 오직 민족자신이 해결해야 하며 외세의 지배와 간섭은 민족자체의 힘으로만 끝장낼 수 있다. 민족의 힘은 민족성원들의 단결에 있으며 민족의 대단결은 외세의 지배와 간섭을 끝장낼 수 있는 기본추동력이다.

민족대단결은 조국의 평화적 통일의 근본담보이다. 민족대단결은 그 자체의 본질적 내용과 특성으로 하여 나라의 평화적 통일을 확고히 담보하여 준다. 민족대단결은 미제와 남조선분렬 세력들의 새 전쟁도발책동을 짓부셔버릴 수 있게 하며 민족내부의 대결의식을 가셔버리고 대화와 협상의 순조로운 발전을 담보하여 준다. 민족대단결은 민족성원들이 민족성과 민족공동의 리해관계에 기초하여 한마음, 한뜻으로 단합하게 하므로 민족내부의 대결의식을 없애게 한다.

민족대단결이 조국통일의 변함없는 총적목표로 되는 것은 또한 그것이 조국통일의 본질적 내용을 이루고 있기 때문이다. 민족대단결이 조국통일의 본질적 내용을 이룬다는 것은 조국을 통일하는 과정이 곧 민족대단결을 이룩하는 과정이 되며 민족대단결이 이루어지면 그것이 곧 조국통일로 된다는 것을 의미한다. 어느 민족이든지 단합되지 못하고 사분오렬되면 민족의 단일성이 파괴되고 결국 민족으로 존재할 수 없게 된다. 민족의 단결은 민족의 존립과 발전의 근본조건이며 생존방식이다. 민족분렬의 비극을 끝장내는 길도 민족단합에 있고 약육강식의 법칙이 지배하는 오늘의 세계에서 민족이 생존하고 발전할 수 있는 유일한 길도 민족단합에 있다.

우리 조국의 통일문제는 민족의 화해와 단합을 실현하여 민족의 재결합을 이룩함으로써 민족의 단일성을 회복하는 문제이다. 민족의 재결합과 민족적 뉴대의 회복은 민족대단결로 실현된다. 민족성원들이 서로의 오해와 불신을 가시고 마음과 뜻을 하나로 합칠 때 민족의 재결합과 민족적 뉴대는 회복되게 되며 조국통일위업은 성취되게 된다. 즉 조국을 통일하는 과정은 곧 민족적 단합을 실현하는 과정이다. 이처럼 민족의 대단결은 조국통일의 근본전제이고 본질적 내용을 이루는 것으로 하여 조국통일실현의 변함없는 총적목표, 결정적 담보로 된다.

6·15북남공동선언은 바로 조국통일의 근본전제이고 본질적 내용을 이루는 민족대단결을 이룩하는 데서 나서는 기본문제들을 북과 남이 공동으로 합의한 것으로 하여 조국통일위업을 성취하기 위한 길에서 오늘도 래일도 변함없이 들고나가야 할 기치로 된다. 내외의 반통일세력의 책동이 더욱 로골화되고 있는 오늘의 정세하에서 6·15북남공동선언에 대한 태도는 애국과 매국, 통일과 분렬을 가르는 시금석으로 된다. 조선민족의 피와 넋을 지닌 사람이라면 그 누구도 6·15북남공동선언을 리행하는 데서 주춤거리거나 뒤를 돌아볼 것이 아니라 앞으로만 전진하여야 한다. 온 겨레가 력사적인 6·15북남공동선언을 조국통일의 기치로 간주하고 그 철저한 리행을 위해 떨쳐나설 때 나라의 통일은 그만큼 앞당겨질 수 있다. 북과 남, 해외의 온 민족은 신심과 락관에 넘쳐 6·15북남공동선언의 철저한 리행을 위하여 힘차게 떨쳐나서야 한다.

6·15북남공동선언이 조국통일의 기치로 되는 것은 셋째로, 그것이 조국통일실현의 근본방도를 밝혀주고 있기 때문이다. 련방제방식의 민족통일국가창립은 그자체가 통일을 의미한다. 위대한 령도자 김정일동지께서는 다음과 같이 지적하시였다. ≪**우리 민족의 절박한 요구와 나라의 현실에 비추어볼 때 조국통일을 빨리 실현할 수 있는 최선의 방도는 하나의 민족, 하나의 국가, 두 개 제도, 두 개 정부에 기초한 련방제방식의 민족통일국가를 창립하는 것이다.**≫(≪김정일선집≫제14권, 354페지)

6·15북남공동선언에서 북과 남은 련방제방[50]식으로 나라의 통일을 실현할 것을 온 민족 앞에 엄숙히 확약하였다. 북과 남이 서로의 통일방안의 공통성을 인정하고 두 제도의 공존에 기초하여 련방제방식의 민족통일국가를 창립할 것을 합의한 것은 민족분렬 이래 처음으로 이룩된 획기적인 사변이었다. 북과 남에 서로 다른 사상과 제조가 존재하는 우리나라의 현 실정에서 련방제방식의 통일방안이야말로 나라의 통일을 빨리 실현할 수 있게 하는 가장 현실적인 방안이다.

련방제방식의 민족통일국가창립이 조국통일문제해결의 근본방도로 되는 것은 우선 그것이 민족공동의 요구와 리익을 실현할 수 있게 하는 통일국가형태이기 때문이다. 하나의 민족으로서 분렬된 나라들에서의 통일국가형태는 해당 국가에서 살게 될 사람들의 요구를 정확히 반영하고 나라의 통일문제를 가장 순로롭게 빨리 해결할 수 있는 것으로 되어야 한다. 이와 함께 그것이 민족공동의 의사와 요구에 기초하여 선택되어야 하며 그 활동에서 민족공동의 리익을 충분히 보장해주고 실현해주는 것으로 되어야 한다.

　나라가 분렬된 후 북과 남에는 오랫동안 서로 다른 사상이 지배하고 서로 다른 제도가 존재하고 있으며 여러 계급과 계층이 살아가고 있다. 이것은 우리 민족의 통일문제를 해결하는 데서 하나의 난관으로 제기되고 있다. 그러나 이것은 어디까지나 민족 안의 사상과 제도이며 계급과 계층이다. 민족이 있고서야 민족성원들이 가지게 되는 사상도 있고 민족성원들이 사는 제도와 민족을 이루는 계급과 계층이 존재할 수 있다.

　오늘 우리 민족에게 있어서 가장 절박하고 중대한 문제는 조국통일문제이다. 북과 남, 해외의 전체 조선민족은 반만년의 유구한 력사 속에 형성되고 공고화된 민족적 공통성을 귀중히 여기며 이에 기초하여 하나의 단일민족으로서 하루빨리 통일되어 하나의 통일국가 안에서 화목하게 살기를 바라고 있다. 련방제방식의 민족통일국가는 민족을 최우선적 지위에 놓고 민족적 요구에 기초한 통일국가형태로서 북과 남 사이에 상반되는 두 제도가 있는 조건에서도 통일을 지향하는 인민들의 한결같은 념원과 오랜 기간 형성되고 공고화된 민족적 공통성에 기초하여 복잡한 단계를 거침이 없이 하나의 련방국가를 창립하는 방법으로 민족적 통일을 실현할 수 있게 한다. 이와 함께 련방제방식의 민족통일국가는 북과 남의 어느 일방이 타방에 자기의 사상과 제도를 강요하는 것이 아니라 서로 그것을 인정하고 용납하는 기초 우에서 련합하여 하나의 련방국가를 창립하는 방법으로 통일문제를 해결하는 국가형태이기 때문에 서로 먹고 먹히는 문제가 제기되지 않는다. 그리고 련방국가의 구조와 운영의 견지에서 보더라도 련방국가 안에서 어느 일방이 타방의 리익을 희생시켜 특권을 누리거나 권한과 임무에서 불평등을 허용하지 않고 공정성을 부여하고 있기 때문에 분쟁과 충돌을 빚어낼 조건이 없다. 특히 련방제방식의 민족통일국가는 그 활동에서 전체 조선민족의 리익을 충분히 도모할 수 있게 하는 국가형태이다.

　개별적 계급, 계층의 사상과 리념을 옹호하고 리익을 실현하는 것도 중요하지만 보다 중요한 것은 민족공동의 리익을 실현하는 것이다. 민족공동의 리익을 떠나서 개별적 계급, 계층의 리익을 실현할 수 없다. 민족의 리익이 보장되어야 계급의 리익도 보장될 수 있다. 특히 외세에 의하여 우리 민족의 리익이 심히 침해당하고 있는 오늘 조선민족이라면 어느 한 계급, 계층도 자기의 리익을 전면에 내세워 민족공동의 리익을 실현하는 데 지장을 주어서는 안 된다. 협소한 리해관계와 편견에 사로잡혀 계급적 리익을 민족적 리익 우에 올려세우거나 계급적 리익을 민족적 리익을 실현하기 위한 투쟁과 대치시켜서는 안 된다. 련방제방식의 민족통일국가는 북에 있건, 남에 있건, 해외에 있건 그리고 로동자, 농민, 지식인과 청년학생, 정치인, 경제인, 문화인, 군인 할 것 없이 모두다 민족공동의 리익을 실현하는 길에 떨쳐나설 수 있게 한다.

련방제방식의 민족통일국가창립이 조국통일문제해결의 근본방도로 되는 것은 또한 그것이 사상과 제도를 초월하여 민족적 단합을 실현할 수 있는 통일국가형태로 되기 때문이다. 일반적으로 서로 다른 사상과 제도로 분렬된 나라들에서 통일국가형태를 규정하는 데서 나서는 중요한 문제는 하나의 사상과 제도를 기본으로 하는 국가형태를 취하겠는가, 아니면 현존하는 서로 다른 사상과 제도[51]를 공존시키는 원칙에서 국가형태를 취하겠는가 하는 문제이다. 우리 나라에서와 같이 외세에 의하여 분렬되어 서로 다른 사상과 제도가 존재하고 그것을 서로 양보하려 하지 않는 조건에서 민족적 단합을 실현하여 통일을 이룩할 수 있는 합리적인 국가형태는 서로 다른 사상과 제도를 공존시키는 원칙에서 창설된 련방제방식의 민족통일국가형태이다. 6·15북남공동선언에서 북과 남이 온 민족앞에 확약한 련방제방식의 민족통일국가는 하나의 강토우에 하나의 민족으로서 북과 남의 두 지역에 서로 다른 사상과 제도가 존재한다는 민족적 공통성과 지역의 특수성에 기초한 국가형태로서 사상과 제도를 초월하여 민족적 단합을 실현할 수 있게 한다.

련방제방식의 민족통일국가는 사상과 제도가 다른 두 지역의 독자성을 보장할 수 있게 하는 국가형태로서 민족적 단합을 실현하는 데 이바지한다. 련방제방식의 민족통일국가창립방안에서는 민족통일국가기관들을 공정하고 합리적으로 조직할 수 있게 함으로써 어느 한쪽의 사상과 제도를 절대화하지 않고 민족공동의 리익의 견지에서 나라의 전반문제를 처리하면서도 북과 남의 두 지역의 독자성을 보장할 수 있게 한다. 이와 함께 이 방안은 서로 다른 사상과 제도에 기초한 련방제방식의 민족통일국가형태인 것만큼 련방국가기관성원선출에서 독자성을 가지고 평등을 보장받을 수 있게 한다.

련방제방식의 민족통일국가는 서로 다른 지역의 통일을 실현하는 국가구조형식으로서 민족적 단합을 실현하는 데 이바지한다. 분렬된 우리 민족은 통일을 지향하며 전 민족적인 통일국가를 세워야 민족의 자주권이 완전히 실현되었다고 말할 수 있다. 그것은 전 민족적인 통일국가만이 민족의 통일을 정치적으로 확고히 담보해줄 수 있기 때문이다. 사실상 통일적인 국가주권을 떠나서는 민족의 어떠한 통일도 실현할 수 없다. 그러나 우리나라에서와 같이 한 민족이 분렬되어 서로 다른 사상과 제도로 존재하여 온 특수한 조건에서는 서로 다른 사상과 제도를 망라하는 련방제방식의 민족통일국가창립 그 자체가 민족통일을 의미하기 때문이다.

련방제방식의 민족통일국가창립방안에서는 련방국가기관활동에서 지역적 편견을 없애고 민족공동의 요구와 련방구성원의 요구를 옳게 결합시키며 국가권력행사에서 련방구성원의 균형을 보장할 수 있게 한다. 이렇게 함으로써 서로 다른 사상과 제도로 존재하던 북과 남의 두 지역을 조화롭게 어울리게 한다. 참으로 련방제방식의 민족통일국가형태는 하나의 민족으로서 하루빨리 통일된 강토에서 행복하게 살려는 우리 민족의 절실한 념원과 요구를 훌륭하게 실현할 수 있게 하는 국가형태이다. 오늘 북과 남은 6·15북남공동선언의 요구대로 현존하는 사상과 제도를 그대로 두고 용납하는 기초 우에서 서로 합의할 수 있는 문제부터 풀어나가면서 련방제방식의 민족통일국가창립에로 통일을 지향시켜 나가고 있다.

런방제방식의 민족통일국가창립이야말로 나라의 통일문제를 민족자체의 힘으로 가장 빨리, 그리고 훌륭하게 해결할 수 있는 유일하게 옳은 길이다. 우리는 6·15북남공동선언의 기치를 높이 들고 전 민족의 대단결로 조국통일의 력사적 숙원을 이룩해야 할 것이다.

59. 조선반도에서 새로운 평화보장체계를 수립 하는 것은 미룰 수 없는 절박한 문제[1]

박 동 진

[13]우리 공화국정부가 조미 사이의 적대관계를 해소하고 조선반도의 평화와 안전을 보장 하기 위하여 정전협정을 평화협정으로 바꾸고 새로운 평화보장체계를 수립할 데 대한 제안을 내놓은 때로부터 두 해가 지나갔다. 그러나 이 기간 조선정전협정은 평화협정으로 교체되지 못하고 이에 따라 평화보장체계도 확립되지 못하였다. 오히려 미제와 남조선괴뢰도당의 책동 으로 말미암아 우리나라에는 전쟁의 검은 구름이 더욱더 무겁게 드리워지게 되었다.

지난 1년간의 실천은 조선반도에서 전쟁위험을 막고 진정한 평화와 안전을 보장하기 위하여 서는 우리와 미국 사이에 정전협정을 평화협정으로 바꾸고 새로운 평화보장체계를 수립하는 것이 더는 미룰 수 없는 절박한 과제로 나서고 있다는 것을 뚜렷이 보여주고 있다. 위대한 수 령 김일성동지께서는 다음과 같이 교시하시였다. ≪조선반도에서 긴장상태를 완화하고 평화를 보장하는 것은 우리나라의 통일을 평화적으로 실현하기 위하여 가장 선차적으로 해결하여야 할 중요한 문제입니다.≫(≪김일성저작집≫제13권, 280페지)

조선반도에서 새로운 평화보장체계를 수립하는 것은 군사적 대결과 전쟁위험을 제거하고 평

---

1) 출처: 김일성종합대학출판사, 『김일성종합대학학보: 력사법학』, 제42권 제4호(1996), 13 - 17쪽.

화를 보장하기 위하여 시급히 해결하여야 할 절박한 문제로 제기되고 있다. 조선반도에서 새로운 평화보장체계를 수립한다는 것은 조선군사정전협정을 평화협정으로 바꾸기 위한 적절한 법적, 제도적 장치를 마련한다는 것을 말한다.

조선반도에서 새로운 평화보장체계를 수립하는 것이 더는 미룰 수 없는 문제로 제기되는 것은 무엇보다도 조선반도에 조성된 정세와 관련된다. 조선반도에서는 정전이 실현된 때로부터 40여 년의 세월이 지나갔으나 정전협정체결 일방인 미국의 무분별한 불법행위로 말미암아 군사적 대결상태가 지속되고 있으며 전쟁위험은 의연히 가시지 않고 있다. 미제국주의자들은 오늘도 남조선에서 무력증강에 광분하고 있으며 남조선괴뢰들과 함께 공화국북반부를 반대하는 군사적 도발과 전쟁연습을 빈번히 감행하고 있다. 이와 같이 조선반도에서는 군사적 대치상태가 계속되고 전쟁의 위험성이 존속되고 있으나 그것을 막을 수 있는 평화보장체계가 마련되어 있지 않다. 현 정전협정은 말 그대로 싸움을 중지할 데 대한 협정이지 항구적인 평화를 위한 협정은 아니다. 따라서 지금의 정전협정으로는 조선반도에서의 공고한 평화를 보장할 수 없다. 이것은 조선반도에서 평화협정을 보장하기 위하여 해결하여야 할 매우 중요한 문제라는 것을 말하여 준다.

현실적으로 우리나라에서는 불안정한 정전이 40여 년간 지속되어 오는 과정에 언제 전쟁의 불꽃이 튕길지 모를 위험한 사태가 여러 번 조성되었다. 조선에서의 정전이 얼마나 위태롭게 유지되고 있는가 하는 것은 미제와 남조선괴뢰들이 군사분계선상에서 일으킨 군사적 도발건수가 지금까지 수십여만 건에 달하여 이와 관련하여 군사정전위원회만도 수백여 차례에 걸쳐 소집된 사실이 잘 보여주고 있다. 지금까지 군사적 대결상태가 계속되어 오면서도 그것이 충돌로 번져지지 않은 것은 전적으로 우리 공화국정부의 인내력과 평화애호정책의 결과이다. 이처럼 조선반도정세의 현실적 요구는 우리나라에서 정전협정을 평화협정으로 바꾸고 새로운 평화보장체계를 수립하는 문제가 더 이상 미룰 수 없는 문제라는 것을 뚜렷이 보여주고 있다.

조선반도에서 새로운 평화보장체계를 수립하는 것이 더 미룰 수 없는 문제로 되는 것은 다음으로 현 정전체제의 실태와 관련된다. 현 정전체제는 원래 조선반도에서 무력증강과 군사적 대결을 막고 정세를 안정시키며 평화를 보장하기 위하여 마련된 법률적, 제도적 장치이다. 그러나 현 정전협정은 미국이 협정의 유[14]효성을 인정하지 않고 그 존재자체를 무시해온 것으로 하여 사실상 빈종이장에 불과한 것으로 되어 버렸다. 미제는 조선정전협정을 체결한 직후부터 정전협정의 주요조항들을 일방적으로 파기하는 범죄행위를 계통적으로 감행하였다. 조선정전협정의 조항에서 거의 많은 조항들은 군사분계선과 비무장지대의 설정, 평화의 실시, 전쟁포로들의 교환문제들을 규정한 것으로서 그 대부분이 정전협정의 조인과 동시에 또는 조인 직후에 리행되었다. 따라서 정전기간에 정전협정의 규제내용에서 쌍방이 중요하게 준수하여야 할 문제들은 정전협정 제2조 13항 ㄷ, ㄹ목의 규제사항이었다. 그러나 미국은 1957년 6월에 정전협정 제2조 제13항의 ㄷ, ㄹ목에 대한 파기를 공개적으로 선언함으로써 정전협정의 법적 효력을 무시하는 범죄행위를 저질렀다.

정전협정 제2조 13항의 ㄷ목에서는 조선경외로부터의 증원하는 작전인원들과 작전비행기, 장갑차량, 무기, 탄약 등의 반입을 금지한다는 것이 명문화되어 있다. 미국은 이와 함께 군사정전위원회의 중요한 부속기구인 중립국감독위원회의 활동도 마비시켰다. 중립국감독위원회는 정전협정 제13항 ㄷ, ㄹ목의 진행정형을 시찰하며 비무장지대 이외의 지역에서 발생한 정전협정위반사건에 대한 감시와 시찰을 진행하는 정전감독기구이다. 중립국감독위원회는 쌍방이 각각 지명한 4개의 중립국대표, 즉 우리측이 지명한 체스꼬슬로벤스꼬와 뽈스까, 적측이 지명한 스웨리예와 스위스의 대표들로 구성되어 있고 정전협정위반행위를 감독하고 군사정전위원회에 보고하는 기능을 수행하는 20개의 시찰소조들로 조직되어 있다. 그런데 미국은 중립국감독위원회의 시찰소조에 의하여 저들의 협정위반행위들이 적발되게 되자 1956년 6월 조선정전협정을 란폭하게 유린하고 남조선출입항에 나가있던 시찰소조들을 강제로 추방하였다. 또한 미국은 정전협정 13항 ㄷ, ㄹ목을 일방적으로 파기해버림으로써 중립국감독위원회가 자기의 기본임무를 수행할 수 없게 하였고 중립국감독위원회의 명분 자체를 무시하였다.

자기측 지역에서 미국은 중립국시찰소조를 내쫓고 정전협정의 주요조항들을 일방적으로 파기한 후 남조선에 1,000여 개의 핵무기들을 포함한 방대한 현대적 무기들과 침략무력을 반입, 배치하였다. 특히 미국은 동서랭전구조가 허물어지고 힘의 균형이 파괴된 오늘 ≪유일초대국≫으로 행세하면서 거리낌 없이 남조선에 수많은 군사장비들을 끌어들이고 정전협정체결타방인 우리에 대한 군사적 위협공갈과 압살책동을 로골적으로 감행하고 있다. 이것은 미국이 ≪유엔≫의 이름으로 체결한 조선정전협정을 일방적으로 완전히 파괴하였으며 그 합의사항들을 휴지화하였다는 것을 보여주는 것이다. 미국의 이와 같은 그릇된 태도로 하여 현 정전협정은 조선반도에서 정전을 유지하고 평화를 보장하기 위한 법률적 장치로서의 역할을 하지 못하게 되었다.

미국은 정전협정뿐 아니라 현 정전체계의 중요한 구성요소인 군사정전위원회가 자기의 기능을 수행할 수 없게 만들었다. 군사정전위원회는 정전협정의 위반사건을 협의처리하는 중요한 정전기구이다. 이 기구의 수석대표들은 정전협정에 의하여 조미쌍방에서 각각 나오게 되어 있다. 그러나 미국은 이에 위반되게 1991년 3월 정전협정당사자도 아니고 자격도 없는 남조선괴뢰군 ≪장성≫을 군사정전위원회 수석위원으로 내세움으로써 기본정전감시기구인 군사정전위원회의 기능을 마비시켰다. 다른 한편 체스꼬슬로벤스꼬에서 사회주의가 좌절되고 자본주의가 복귀되면서 이 나라는 두 개 나라로 분리되게 되었으며 이러한 사정으로 인하여 중립국감독위원회 우리측 대표로 와있던 체스꼬슬로벤스꼬 대표단이 철수하였다. 중립국감독위원회안에 마지막으로 남아 있던 뽈스까 대표단은 기구의 존재자체가 희미해지자 아무것도 하는 일 없이 다 마사진 랭전체계를 계속 붙잡고 있으려는 미국측의 부당한 립장을 합리화해주는 위장물 역할밖에 하는 것이 없었다. 결과 중립국감독위원회는 그것을 대조선적대시정책의 중요한 공간으로 리용하여 보려는 미국의 책동으로 말미암아 그 존재자체가 불필요하게 되었다. 이로부터 조선민주주의인민공화국정부는 조선정전협정체결 당[15]시 뽈스까를 중립국감독위원회성원국으로 지명초청하였던 법률적 효력을 정지시키는 조치를 취하지 않을 수 없게 되었다. 이처럼 미국의 조선정전협정과 정전감독기구에 대한 체계적인 파괴말살행위로 말미암아 현 정전협정은 무효화되고 정전기구는 주인이 없는 유명무실한 존재로 되고 말았다. 이러한 조건에서 현 정전체계를 가지고서는 조선반도의 공고한 평화를 보장할 수 없다는 것이 누구에게나 명백한 사실로 되었다. 이것은 미국의 대조선적대시정책의 병풍으로 리용되고 있는 현 정전체계를 하루빨리 새로운 평화보장체계로 바꾸는 것이 더는 미룰 수 없는 절박한 문제로 제기된다는 것을 뚜렷이 보여주고 있다.

조선반도에서 새로운 평화보장체계를 수립하는 것이 더는 미룰 수 없는 문제로 제기되는 것은 다음으로 국제법적 요구와도 관련된다. 국제법적 요구의 견지에서 볼 때 정전협정을 평화협정으로 교체하는 것은 공고한 평화를 위한 필수적 요구이다. 국제법에서 정전은 전쟁의 일시적 중지를 의미하는 것만큼 응당 공고한 평화로 전환되어야 한다. 정전이 공고한 평화에로 전환되게 하자면 정전협정을 평화협정으로 바꾸어야 한다. 그래야 국제법상으로 전쟁상태가 완전히 종결되고 평화상태가 회복된다. 국제적 관례를 보아도 정전협정을 체결한 다음 가급적으로 빠른 시일 내에 그것을 평화협정으로 교체하였다. 제1차 세계대전시기에는 교전쌍방이었던 련합국과 독일이 1918년 11월에 정전협정을 체결한데 이어 1919년 6월에 평화협정을 체결함으로써 정전상태를 종식시키고 평화상태를 회복하였다. 제2차 세계대전 시에도 전쟁을 결속하기 위하여 세계 여러 나라들 사이에 체결된 정전협정들이 후에 ≪이딸리아평화조약≫에는 유엔의 20개 가맹국과 이딸리아, 벌가리아, 핀란드, 웽그리아,[2] 로므니아가 서명하였으며 1951년 9월 8일 미국의 쌘프랜시스코에서 체결된 ≪대일평화조약≫에는 48개 국가와 일본이 서명

---

2) 편집자주: 헝가리를 말한다.

하였다. 그리고 당시 ≪대일평화조약≫에 서명하는 것을 거부한 이전 쏘련도 1956년에 일본과 평화선언을 체결하였다. ≪대동평화조약≫은 1951년 7월 9일 영국, 프랑스가 독일과 체결하였고 1951년 10월 19일 미국회의 합동결의형태로 독일과의 전쟁상태를 끝맺은 미국이 1956년 7월 14일 당시 서독정부와 ≪우호통상항해조약≫을 체결하였으며 1970년대에 들어와 이전 쏘련과 동구라파나라들이 서독과 평화조약들을 맺음으로써 평화협정으로서의 효력을 보게 되었다. 이처럼 제1차 세계대전과 관련하여 체결된 정전협정들이 평화협정으로 교체되기까지는 불과 6개월도 걸리지 않았으며 제2차 세계대전과 관련하여 체결된 정전협정들도 모두 평화협정으로 교체되었다. 이 밖에도 웰남의 ≪웰남전쟁종결과 평화회복에 관한 협정≫(정전협정)이 그해 3월 2일 ≪웰남에 관한 국제회의 의정서≫가 조인됨으로써 불과 1개월 남짓한 기간에 평화협정으로 교체되었다. ≪중동평화구조조약≫(정전협정)도 1979년 3월 26일에 체결된 ≪애급-이스라엘평화조약≫에 의하여 정전협정이 체결된 지 5개월이 조금 지나 평화협정으로 바뀌어졌다. 이와 같이 국제적 관례를 보아도 지난 시기 여러 교전국들 사이에 체결되었던 정전협정들이 후에 평화협정들로 교체되었다. 따라서 국제법적 요구와 국제관례의 견지에서 볼 때 조선반도에서 정전협정은 평화협정으로 당장 바꾸지는 못하더라도 우선 새로운 평화체계부터 수립하는 것은 지극히 당연한 것이다.

국제법상으로 볼 때에도 조선정전협정은 이 협정의 제5조 부칙에 명기된 것처럼 평화적 해결을 위한 평화협정으로 교체될 것을 전제로 하고 있는 협정이다. 때문에 조선정전협정도 본래는 정전협정 제4조에 명기된 바와 같이 정전협정체결 후 3개월 안에 조선문제의 평화적 해결을 위한 정치회의를 소집하고 평화상태를 회복하기 위한 조치들을 취하도록 되어 있다. 그러나 조선정치회의 예비회담과 조선문제의 평화적 조정을 위한 제네바외교부장회의가 미제에 의하여 류산됨으로써 조선정치회의의 본회의는 열리지 못하고 조선반도에서는 정전상태가 수십 년 동안이나 지속되게 되었다. 세계에는 조선반도에서처럼 불안정한 정[16]전이 오랫동안 지속된 례를 알지 못하고 있다. 이것은 조선반도에서 정전협정을 평화협정으로 바꾸고 새로운 평화보장체계를 수립하는 것이 현대국제법적 요구의 견지에서 볼 때에도 더는 미룰 수 없는 절박한 문제로 제기된다는 것을 확증하여 주고 있다.

우리 공화국정부는 이처럼 조선반도에서 새로운 평화보장체계를 수립하는 것이 조선반도정체의 현실적 요구와 현 정전체계의 실태로 보나 현대국제법적 요구의 견지에서 보나 미룰 수 없는 절박한 문제로 제기된 데로부터 시종일관 조선반도의 평화와 안전을 보장하기 위해 적극적인 노력을 기울이고 있다. 우리 공화국정부는 조선반도에서 공고한 평화를 보장하려는 일념으로부터 최고인민회의 제5기 제3차 회의에서 정전협정을 평화협정으로 바꿀 데 대한 새로운 방안을 내놓고 그 실현을 위하여 미국과 회담할 것을 제의하였다. 그러나 미제는 우리의 평화적 제의에 응할 대신 새 전쟁 도발책동으로 대답해나섰다.

공화국정부는 미제의 모험적인 전쟁도발책동에 의하여 조선반도의 정세가 극도로 긴장해진 엄중한 사태에 대처하여 1984년 1월에 열린 조선민주주의인민공화국 중앙인민위원회와 최고인민회의 제7기 3차 회의에서 조미 사이에 정전협정을 대신하는 평화협정을 체결하여 전쟁상태를 대신하는 평화협정을 체결하여 전쟁상태를 법적으로 종식시키고 미제침략군을 남조선에서 철수시키며 북과 남 사이에 불가침선언을 채택할 데 대한 새로운 방안을 내놓았다.

우리 공화국정부는 1994년 4월 28일 외교부 성명을 통하여 조미 사이의 적대관계를 해소하고 화해를 이룩하며 조선반도의 진정한 평화와 안전을 보장하기 위하여 정전협정을 평화협정으로 바꾸고 현 정전기구를 대신하는 새로운 평화보장체계를 수립할 데 대한 제안을 내놓고 미국과 협상할 것을 제기하였다. 이 제안은 조선반도에서 무력증강과 전쟁재발을 막고 조미관계와 북남관계 개선에서 새로운 국면을 열어나가기 위한 시기적절하고 현실적인 조치인 것으로 하여 세계평화애호인민들의 열렬한 지지와 공감을 불러일으켰다.

우리 공화국정부는 조선반도의 공고한 평화를 위한 새로운 평화적 제안들을 내놓았을 뿐 아니라 긍정적인 실천적 조치들을 이미 취하였다. 우리는 군사정전위원회에서 우리측 위원을 소환하였으며 조선인민군 판문점대표부를 설치하고 대표와 위원들을 임명하였다. 중국도 우리의 평화발기를 지지하여 군사정전위원회에서 중국인민지원군대표를 철수하고 지난해 말에 본국으로 소환하는 조치를 취하였다. 또한 우리의 성의 있는 노력으로 조선반도에서는 정전협정체결 쌍방인 우리와 미국 사이의 1년 반에 걸친 회담을 결속 짓고 력사적인 조미기본합의문을 채택하여 발표하였다. 이것은 우리 당과 공화국정부의 확고한 자주적 립장과 일관한 평화애호정책의 빛나는 결실이었다. 그러나 미제는 오늘도 조선반도에서 새로운 평화보장체계를 수립할 데 대한 우리의 협상제안을 외면하고 어떻게 하나 종전의 정전체계를 그대로 유지하려고 어리석게 책동하고 있다.

미제의 이러한 책동에 대처하여 우리는 조선인민군 판문점대표부성명을 발표하여 우리가 관리하던 중립국감독위원회 건물들을 봉쇄하고 판문점공동경비구역 우리측 지역을 차단하는 조치를 취한다는 것과 미국측이 비무장지대에서 남조선괴뢰들의 무력증강과 군사적 도발행위를 계속 묵인한다면 우리도 비무장지대의 지위와 관련한 조치를 취하게 될 것이라는 립장을 밝히었다. 그러나 미제는 조선반도에서 정전기구가 완전히 마비된 책임을 우리에게 전가시키고 새

로운 평화보장체계수립과정을 막아보려는 불순한 목적으로부터 출발하여 우리가 정전과 국제
법을 위반하는 것처럼 사실을 외곡하고 있으며 자기들은 평화보장체계수립의 당사자가 아닌
듯이 여론을 오도하면서 우리의 조치를 걸고들고 있다. 이와 관련하여 우리는 1995년 5월 12
일 조선민주주의인민공화국 외교부대변인 담화를 통하여 미국이 바라든 바라지 않든 평화보장
체계수립을 위한 필요한 조치들을 계속 취해나갈 것이라는 것을 재확인하였다.

오늘 조선반도에서 조성된 전반적 정세에 비추어볼 때 새로운 평화보장체계를 수립하는 것
은 더는 미룰 수 없는 절박한 문제로 제기되고 있다. [17]미제의 시대착오적인 대조선적대시
책동으로 하여 조선반도에서 새로운 평화보장체계를 수립하는 데서는 난관이 조성되고 있다.
조선반도에서의 평화협정체결당사자문제를 옳게 푸는 것은 미국이 평화협정의 당사자가 아닌
듯이 발뺌하려 하고 있고 평화협상에 참여할 아무런 권능이나 자격도 없는 남조선괴뢰들이 이
문제해결에 끼어들려고 하는 사정과 관련하여 중요하게 제기된다.

조선정전협정의 체약당사자는 실제로 우리와 미국이다. 조선정전담판은 조선민주주의인민공
화국과 미국과의 국제적 담판이었다. 남조선괴뢰들로 말하면 조선정전협정체결 당시 그것을
한사코 반대하였고 정전협정의 체약당사자도 아니며 실제상 남조선에서 군사적 통수권도 가지
고 있지 못한 조건에서 평화협상에 참여할 아무런 권능이나 자격도 없다.

국제법상으로 놓고 볼 때 정전협정의 당사자와 평화협정의 당사자가 반드시 일치되어야 한
다는 규정이 따로 없다. 교전쌍방이 두 개 나라 또는 여러 나라 간의 련합군으로 각기 편성되
어 있는 경우 정전협정의 당사자와 평화협정의 당사자는 련합군에 망라된 나라들 사이에 각기
개별적으로 정해질 수 있다. 국제적 관례는 오히려 이러한 경우가 많았다는 것을 보여주고 있
다. 조선정전협정 역시 그러한 부류에 속한다고 할 수 있다. 여기서 조중측과 ≪유엔군≫측이
모두 련합군형태로 되어 있으므로 평화협정체결 시에는 련합군에 망라된 매개 나라들이 필요
에 따라 각기 개별적으로 상대방과 평화협정을 맺을 수 있는 것이다. 실제로 중국과 미국 사
이에 이미 평화협정이 체결된 상태이고 ≪유엔군≫측에 가담하였던 일련의 나라들도 우리와
중국과 평화우호관계를 맺고 있다. 그리고 조선정전협정의 조중측 체약당사자의 하나인 중국
은 이미 1958년에 조선반도령내에서 자기 군대를 전부 철수하였으며 적측에서도 미군을 제외
한 나머지 추종국가군대들은 1973년까지 조선반도에서 최종적으로 완전히 철수하였다. 이미
무력을 철수한 나라들을 구태여 다시 끌어들여 평화협정체결에 인입할 필요가 없다는 것은 더
론의할 여지가 없다. 그러므로 조선반도에서 정전협정을 평화협정으로 전환하는 문제는 우리와
미국 사이에 협의해결하여야 할 문제로 된다.

다음으로 조미 사이의 평화협정이 조선의 통일에 유리한 방향에서 체결되어야 한다. 우리와 미국 사이에 평화협정을 체결하는 것은 정전상태를 평화상태로 교체하는 그 자체에만 목적이 있는 것이 아니라 남조선에서 미군과 핵무기를 철거시킴으로써 결국은 통일에 유리한 평화적 환경을 마련하자는 것이다. 그러므로 평화협정의 내용은 절대로 조선의 통일에 저촉되는 것으로 되어서는 안 되며 우리 민족의 자결권과 자주성을 존중하는 것을 전제로 하여야 한다.

오늘 조선반도에서 새로운 평화보장체계를 수립하는 데서 나서는 문제는 또한 조미기본합의문을 성실히 리행함으로써 조미 사이의 정상적인 관계를 조성하기 위한 법적, 제도적 장치들을 마련하는 것이다. 우리와 미국과의 사이에 채택된 조미기본합의문은 조선반도의 핵문제해결과 조미관계발전을 위한 하나의 리정표로 된다. 오늘 우리공화국정부는 조미기본합의문을 리행하기 위하여 성의 있는 모든 노력을 다하고 있으며 이에 대하여서는 세계가 공인하고 있다. 미국이 우리에 대한 적대시정책을 버리고 합의문을 성실히 리행할 때 조미 사이의 비정상적인 적대관계가 해소되고 조선반도의 진정한 평화와 안전을 담보하는 새로운 평화보장체계수립에 유리한 조건이 조성되게 될 것이다.

미국은 동서대결이 없어지고 긴장완화의 길로 나가는 세계적 추세와 조선반도에 조성된 현실을 똑바로 보고 새로운 평화보장체계를 수립할 데 대한 우리의 제의에 하루빨리 응해 나와야 할 것이다.

6O. 조선반도평화보장문제해결의 근본방도[3]

김 정 국

[23]오늘 미제와 그에 추종하는 일본반동들을 비롯한 적대세력들의 침략과 전쟁책동으로 말미암아 조선반도의 평화보장문제는 엄중한 단계에 이르고 있으며 조선반도정세는 전쟁국면으로 치닫고 있다. 조선반도의 평화를 보장하는 문제는 단순히 북과 남에 한한 문제가 아니라 동북아시아의 평화와 안전, 나아가서 전 세계의 평화와 안전과 관련되는 중대한 문제이다.

---

3) 출처: 과학백과사전출판사, 『정치법률연구』, 2006년 제2호(누계 14호), 23-24, 26쪽.

위대한 령도자 김정일동지께서는 다음과 같이 지적하시였다. ≪**조선반도에서 평화를 보장하고 나라의 평화적 통일을 이룩하자면 침략과 전쟁책동을 반대하고 전쟁위험을 제거하여야 한다.**≫ (≪김정일선집≫14권, 352페지)

조선반도평화보장문제는 조선반도에 조성된 온갖 적대적 요소와 대결구도를 없앰으로써 국가주권에 대한 그 어떤 위험이나 위협이 없는 안정되고 평화로운 환경을 마련하는 문제이다. 조선반도평화보장문제는 단순한 어느 지역적, 민족적 문제가 아니라 동북아시아 나아가서 전 세계의 평화와 안전을 보장하는 데서 매우 중대한 문제로 된다.

안정되고 평화로운 세계를 건설하려는 인류의 념원은 어제나 오늘이나 변함이 없다. 더욱이 새 세기에 들어선 오늘 평화에 대한 인류의 지향과 념원은 더욱더 강렬해지고 있으며 이를 위한 투쟁은 세계 도처에서 광범하게 벌어지고 있다. 그러나 대세의 흐름에 역행하여 미국은 어제는 아프가니스탄과 이라크에서 전쟁을 일으키고 오늘은 우리에 대한 침략야망을 가지고 조선반도에 전쟁의 불구름을 몰아오고 있다. 그리하여 조선반도에는 언제 전쟁이 터질지 모르는 위험이 조성되고 있으며 이로 하여 세계의 이목이 집중되고 있다. 만일 조선반도에서의 긴장상태가 계속 격화된다면 그것이 전쟁으로까지 번져지게 되리라는 것은 너무나도 자명한 사실이다. 전쟁접경에 이른 조선반도의 이러한 엄중한 사태는 우리를 적대시하는 가장 주되는 세력인 미제와 그에 추종하는 세력들에 의하여 빚어지고 있다.

미제는 우리를 적대시하는 가장 주되는 세력이다. ≪셔먼호≫의 침입으로 우리나라에 대한 침략의 마수를 뻗쳐온 미제는 지금으로부터 60여 년 전에 남조선을 비법강점하고 군정통치를 실시하였으며 주체 39(1950)년 6월에는 조선전쟁을 일으켜 우리 인민에게 헤아릴 수 없는 고통과 재난을 들씌웠으며 정전협정체결 후부터 오늘에 이르는 거의 반세기 동안 미군을 남조선에 주둔시키고 우리와의 적대적 분위기를 고취하면서 조선반도의 평화를 위협하고 우리의 념원인 조국통일을 각방으로 방해해온 장본인이며 주범이다.

미국을 등에 업고 미제의 대조선정책실현의 하수인으로 자라난 일본 역시 우리를 적대시하는 주요세력으로서 20세기 초부터 40여 년간에 걸친 비법적 강점통치를 실시하여 우리나라의 인적, 물적 자원과 귀중한 문화재를 강탈하고 우리 말과 글까지 빼앗고 지어는 우리 민족의 성과 이름까지 빼앗으려던 과거의 죄행을 조금도 반성함이 없이 조선전쟁시기에는 미국을 적극 도왔으며 전쟁 후 오늘까지도 미국의 반공화국책동에 적극 협조하고 있으며 특히는 조일평양선언이 채택된 지금에 와서도 그 실현을 고의적으로 거부해 나서고 있다.

오늘 남조선의 한나라당을 비롯한 보수세력들 역시 한겨레이고 동족인 우리와 등을 돌려대고 미국에 추종하면서 동족과의 대결과 반통일에로 계속 나아가고 있다. 조선반도의 평화보장 문제는 바로 우리를 적대시하는 미국과 그에 추종하는 일본과 남조선의 반통일세력들에 의하여 제기된 것이다. 그러므로 조선반도의 평화보장은 미국을 비롯한 우리를 적대시하는 모든 세력들의 일방적인 행위에 의해 산생된 적대적 대결구도를 해소하고 온갖 위험이나 위협을 없애야 실현될 수 있다.

우리 공화국은 조선반도평화보장에 직접적인 리해관계가 있는 당사자로서 그 실현을 위해 온갖 성의와 노력을 다하고 있다. 지난 세기는 물론이고 새 세기에도 조선반도평화보장을 위한 대화와 협상의 마당들에서 각종 성의 있는 평화적 제안들을 끊임없이 내놓았으며 말로써가 아니라 실지 행동으로 우리의 평화적 의지를 보여주었다. 그러나 미국과 그 추종세력들은 우리 공화국의 평화애호적인 모든 조치들과 활동들에 줄곧 힘의 정책, 강권정책으로 대답하면서 조선반도평화보장에 엄중한 난관을 조성하고 있다.

오늘 조선반도에 조성된 이러한 엄중한 사태로부터 평화와 안정을 보장하기 위한 근본방도는 무엇보다 먼저 미국이 대조선적대시정책을 포기하고 반공화국책동을 그만두며 조미관계개선의 길로 나서는 것이다. 미국의 대조선적대시정책과 그에 잇닿은 반공화국책동은 우리에 대한 가장 큰 위험이며 위협이다. 미국은 말로는 조선반도평화보장문제의 ≪평화적 해결≫을 운운하면서 정세완화에 관심이나 있는 듯이 떠들고 있지만 실지로는 ≪6자회담≫을 결렬시키고 그 막 뒤에서 무력증강과 새 전쟁도발책동을 일삼고 있다. 지난 시기 우리공화국을 침략하기 위해 작성되고 부단히 수정보충된 위험천만한 핵전쟁계획에 따라 남조선과 그 주변에 배[24] 비된 수많은 최첨단전쟁수단들과 대량살륙무기들, ≪악의 축≫폭언, ≪북조선인권법≫과 우리의 있지도 않은 ≪인권문제≫에 대한 유엔결의채택 등 이 모든 것은 미국의 대조선적대시정책의 산물이다. 또한 미국은 정치, 군사, 경제, 외교의 각 방면에 걸쳐 어떻게 하나 우리를 굴복시켜 보려고 책동하고 있다. 오늘도 우리와 미국은 전쟁행위를 림시적으로 정지한 상태, 즉 정전상태에 있다. 정전에 대한 우리와 미국과의 군사적 대치상태야말로 조선반도평화를 파괴하는 가장 주되는 요인이다. 조선반도에서 정전이 지속되고 미국의 반공화국책동이 여느 때 없이 강화되고 있는 현실은 우리나라에 전쟁의 위험이 시시각각 박두해오고 있음을 시사해준다. 더욱이 미국이 조선정전협정을 위반하고 새 전쟁책동을 끊임없이 벌리고 있음으로 하여 정전협정이 위험단계에 이른 조건에서 조선반도정세를 완화하며 평화와 안전을 담보하는 유일한 길은 조선반도의 평화보장을 위한 조미 사이의 법률적 담보를 마련하는 것이다. 우리와 미국 사이의 평화보장을 위한 근본담보의 법률적 조건은 우리 공화국의 체제를 인정하고 우리나라를 침공할 의사가 없다는 것을 확약하는 불가침조약을 체결하는 것이다. 불가침조약체결에 응하는가, 안하는가 하는 것은 결국 조선반도의 평화를 바라는가, 바라지 않는가를 가르는 시금석으로 된다. 미국은 이미 조미공동성명과 6자회담에서 조선민주주의인민공화국을 공격하거나 침공할 의사가 없다는 것을 확언하였다. 그러므로 미국이 진실로 조선반도의 평화를 바라고 우리나라에 대한 침공의사가 없다면 핵무기사용을 포함한 그 어떤 군사적 공격도 하지 않는다는 법률적 담보인 불가침조약체결에 응해 나와야 한다. 불가침조약을 체결하는 것은 우리 민족뿐만 아니라 미국에도 리로운 것으로 된다. 우리와 미국 사이에 불가침 조약이 체결되면 그것은 국제법적 효력을 가지는 법적 담보를 쌍방에게 부여하게 될 것이며 따라서 조선반도에서 평화와 안전이 보장될 것이다.

조선반도에서 평화와 안전을 보장하기 위한 근본방도는 다음으로 지금까지 미국의 대조선적대시정책에 적극 추종해온 일본과 남조선이 조일평양선언과 북남공동선언의 리행에로 성실히 나옴으로써 국교정상화, 평화통일에로 하루빨리 나오는 것이다. 조선반도의 평화와 안전을 위협하는 다른 하나의 장애는 미국에 추종하는 일본과 남조선의 보수세력들의 우리 공화국에 대한 적대시정책과 그 연장인 반공화국책동에 있다. 일본은 지금까지 미국을 따라다니며 종속외교를 하고 있다. 미국의 대조선적대시정책에 추종하여 동서랭전시대에는 미국과 손을 잡고 군사동맹관계를 맺고 우리에 대한 온갖 적대활동을 다함으로써 동북아시아지역의 랭전적 대립을 격화시켰다. 이미 일본은 자국에 대한 직접적 공격이 없는 조건에서도 주일미군이나 그 군사대상이 공격을 받으면 ≪유사시≫로, 일본에 대한 ≪공격의 시작≫, ≪침략행위≫로 판단하고 반격할 데 대한 ≪결의≫까지 채택하였다. 이것은 그 누구의 ≪위협≫을 구실로 미국이 조선반도에서 침략전쟁을 일으키는 경우 일본도 ≪자위대≫를 들이밀어 참전시키겠다는 것을 명백히 한 것으로써 새로운 조선전쟁도발을 전제로 한 매우 위험한 조치이다.

일본은 제2차 세계대전의 전범국이며 패전국으로서 교전권은 물론 기타 모든 전쟁능력을 포기한다는 것을 헌법에 규정하여 놓은 나라이다. 그러나 일본은 이러한 평화헌법을 무시하고 저들의 해외침략야망을 실현하는 데서 거추장스럽게 여기던 모든 법적, 제도적 제한들을 제거해보려고 악랄하게 책동하고 있다. 더욱이 오늘 일본은 조일 두 나라 정부 사이에 체결된 조일평양선언의 리행을 거부하는 파렴치한 배신행위도 서슴지 않고 있다. 조일평양선언은 두 나라 간의 관계정상화를 목적으로 약속된 국제법적 문건이다. 선언에서는 쌍방이 국제법을 준수하며 서로의 안전에 위협을 하지 않는다는 것과 동북아시아지역의 평화와 안전을 유지강화하기 위하여 호상 협력해나갈 것을 명백히 확인하였다. 그러나 일본은 저들의 재침야망을 실현해보려는 앙심을 품고 이미 해결된 ≪랍치문제≫요, 뭐요 하는 등의 문제들에 매여달리면서 자기들이 공약하고 동의한 조일평양선언을 줴버리고 그것을 백지화하는 길로 나가고 있다. 이 것은 우리 공화국의 평화와 안정을 파괴하는 위험한 행위이다. 일본은 이제라도 과거청산을 똑바로 하고 반공화국적대시정책과 행위들을 그만두고 조일평양선언의 성실한 리행에로 나옴 으로써 조선반도평화보장에 적극 이바지하여야 한다. 이렇게 하는 것이 조선과 멀지 않은 곳 에 있는 일본에게 있어서 유익한 일로 될 것이다.

남조선의 경우에도 마찬가지이다. 북과 남은 한 지맥으로 잇닿은 한 강토에서 한 피줄을 타 고나 하나의 언어를 가지고 민족문화를 창조해온 동족이며 불신과 대결을 고취하고 분렬을 지 속해나가는 것은 더는 참을 수 없고 용서할 수 없는 문제로서 시급히 해결되어야 할 민족사적 과제이다. 이러한 민족사적 사명감으로부터 출발하여 북과 남의 수뇌분들 간에 력사적인 평양 상봉이 마련되고 공통된 리해로부터 출발하여 북남공동선언이 채택되었다. 6·15공동선언은 조 선반도의 평화와 안전을 보장하고 우리 민족의 숙원인 조국통일을 앞당길 수 있게 하는 지름길 을 밝힌 선언이다. 따라서 6·15북남공동선언은 온 겨레가 변함없이 틀어쥐고나가야 할 민족운 명개척의 위대한 기치이며 조선반도의 평화보장을 위한 현실적인 방도를 밝혀주는 리정표이다.

[26]민족운명의 주인은 우리 민족자신이며 민족의 평화와 안전을 지켜나갈 힘도 우리 민족 자신에게 있다. 그 어떤 외세도 우리 민족의 평화와 안전을 지켜줄 수 없으며 우리의 민족사 적 과제를 대신하여 풀어줄 수 없다. 북과 남은 6·15공동선언을 통하여 민족의 존엄과 리익 을 지키고 평화를 이룩해나가는데서 ≪우리 민족끼리≫ 힘을 합쳐 나갈 것을 엄숙히 다짐한 것만큼 누구나 다 투철한 민족자주의식을 가지고 시대와 외세의존을 단호히 배격하여야 하며 미국의 침략과 전쟁책동을 과감히 짓부셔버려야 한다.

미국의 침략과 전쟁책동을 짓부셔버리는 위력한 무기는 민족대단결에 있다. 민족대단결을 떠나서 민족의 존엄과 발전, 나라의 평화와 안전에 대하여 생각할 수 없다. 진정으로 나라와 민족의 운명을 걱정하고 평화를 바라는 사람이라면 모든 것을 뒤에 미루고 민족의 힘을 다지 는 길에 떨쳐나서야 할 것이다.

북과 남, 해외의 온 겨레가 민족자주의 기치밑에 하나로 굳게 뭉쳐 6·15공동선언을 실현해 나갈 때 미국의 범죄적인 전쟁책동은 저지파탄되고 조선반도에는 영원한 평화와 안전이 보장 되게 될 것이다.

61. 민족자주의 원칙은 양보할 수 없는 조국통일의 근본원칙[4]

김 경 애

[2]위대한 수령 김일성동지께서는 나라가 분렬된 첫날부터 조국의 자주적 통일을 위한 정당한 로선과 정책을 제시하시고 그 실현을 위한 투쟁을 현명하게 조직령도하시였다. 위대한 수령님께서 제시하신 조국의 자주적 통일을 위한 로선과 정책은 우리나라의 통일을 어떠한 외세의 간섭도 없이 우리 민족자체의 힘으로 해결하려는 자주적인 로선과 정책이다.

위대한 수령님께서는 1993년 ≪신년사≫에서 우리 당과 공화국정부가 시종일관 민족자주의 원칙에서 조국통일을 위한 투쟁을 줄기차게 벌려온 결과 이룩한 성과에 대하여 밝히시고 분렬주의자들의 책동이 더욱 로골화되고 있는 조성된 정세와 혁명발전의 요구를 깊이 통찰하시고 민족자주의 원칙은 양보할 수 없는 조국통일의 근본원칙이라는 데 대하여 특별히 강조하시였다.

위대한 수령님께서 제시하신 민족자주의 조국통일 원칙은 1990년대 통일을 위한 거족적인 투쟁에 떨쳐나선 온 겨레에게 어떠한 외세의 간섭도 없이 우리 민족자체의 힘으로 민족의 기대와 념원에 맞게 조국통일위업을 앞당겨 실현할 수 있는 지름길을 밝혀준 강령적 지침이며 통일에 대한 확고한 희망과 신심을 안겨주는 고무적 기치이다. 위대한 수령 김일성동지께서는 다음과 같이 교시하시였다. ≪**민족자주의 원칙은 양보할 수 없는 조국통일의 근본원칙이다.**≫ (≪신년사≫, 1993년 1월 1일, 단행본, 12페지)

위대한 수령님께서 1993년 ≪신년사≫에서 천명하신 바와 같이 민족자주의 원칙은 양보할 수 없는 조국통일의 근본원칙이며 이 원칙에 의거할 때에만 조국통일을 우리 민족의 의사와 리익에 맞게 이룩할 수 있다. 민족자주의 원칙이 양보할 수 없는 조국통일의 근본원천으로 되는 것은 우선 민족이 바라는 통일은 민족의 자주성을 실현하기 위한 통일이지 남에게 예속되어 살기 위한 통일이 아니기 때문이다.

민족문제는 본질에 있어서 민족의 자주성을 옹호하고 실현하는 문제이다. 자주성은 사람의 생명인 동시에 나라와 민족의 생명이다. 사람이 자주성을 잃으면 죽은 몸이나 다름없는 것과 마찬가지로 민족도 자주성을 떠나서는 그 존재와 발전에 대하여 생각할 수 없다. 나라와 민족의 자주성이 실현되어야 개별적 사람들의 자주성이 실현될 수 있으며 나라와 민족이 남에게

---

4) 출처: 김일성종합대학출판사, 『김일성종합대학학보: 력사법학』, 제39권 제12호(1993), 2－6쪽.

예속되면 누구든지 망국노의 처지를 면할 수 없다. 그것은 나라와 민족의 생명 속에 민족의 한 성원으로서의 개인의 생명이 있기 때문이다. 바로 이것으로 하여 민족은 비록 각이한 계급과 계층으로 이루어져 있으나 사람들이 조국을 사랑하고 민족의 자주성을 귀중히 여기게 되며 나라와 민족의 자주성을 위하여 단결하여 투쟁하게 되는 것이다. 사람들이 자기 조국을 사랑하고 자기 민족의 자주성을 귀중히 여기는 것은 민족의 성원으로서 공통적으로 가지게 되는 사상감정이다. 민족의 자주성을 떠나서는 다른 민족, 다른 나라와의 관계에서도 완전한 평등을 행사할 수 없다.

유구한 세월 한 강토 우에서 한 피줄을 이어받으며 고유한 민족의 언어를 가지고 찬란한 민족문화를 꽃피워온 애국심이 강하고 자주성이 높은 우리 민족은 미제에 의하여 나라가 분렬된 때로부터 오늘에 이르는 근 반세기 동안 참을 수 없는 분렬의 불행과 고통을 겪어왔다. 미제의 남조선강점으로 인한 나라의 분렬로 말미암아 민족적 자주권은 공화국북반부에서만 실현되고 전국적 범위에서 실현되지 못하였다. 남조선은 정치적으로 민족적 자주권이 철저히 짓밟히고 있는 미국의 식민지이다. 남조선의 《정권》은 자주적인 정권이 아니다. 미제의 침략정책을 집행하는 괴뢰정권이다. 남조선의 《정권》은 모든 《정책》을 미국의 지시와 승인밑에 세우고 있으며 남조선에서는 [3]미제가 주인행세를 하고 있다. 남조선경제는 자립적 민족경제가 아니라 미일독점자본에 완전히 예속된 식민지경제이며 남조선인민들의 리익을 위해서가 아니라 미일독점자본의 리익에 복무하고 있는 경제이다. 남조선에는 《국군》이 있으나 그것도 민족의 자주권을 수호하기 위한 민족군대가 아니라 통수권까지 미제에게 빼앗긴 철저한 고용군대이며 괴뢰군대이다. 남조선에서는 정치도 경제도 다 미국이 좌지우지하고 있으며 군사도 외교도 다 미국에 의하여 움직여지고 있다. 이리하여 민족의 자주권은 조국의 절반 땅에서밖에 실현되지 못하고 있다. 그러므로 우리나라의 통일문제는 분렬된 강토와 민족을 단순히 하나로 합치는 지리학적 개념이나 인구학적 개념이 아니라 남조선에서 미군을 철거시키고 그의 식민지통치를 청산하며 전국적 범위에서 민족적 자주권을 실현하기 위한 문제이다.

우리가 조국을 통일하려 하는 것은 우리 민족의 자주성을 실현하고 민족공동의 발전과 번영을 이룩하며 전체 조선민족이 통일된 하나의 조국에서 다같이 행복하고 보람차게 살도록 하기 위한 것이다. 우리 민족이 바라는 통일은 전국적 범위에서 민족의 자주성을 실현하기 위한 통일이지 민족의 생명인 자주권을 남에게 빼앗기고 예속되어 살기 위한 통일이 아니다. 우리 인민이 장기간에 걸쳐 어려운 민족해방투쟁을 벌렸고 해방 후 오늘까지 희생을 무릅쓰면서 외세의 침략과 간섭을 반대하여 투쟁해온 것은 바로 민족의 자주성을 실현하기 위해서였다. 조국통일은 철저히 민족의 자주성을 실현하기 위한 통일로 되어야 하며 그렇게 될 때에라야 참다운 자주통일로 될 수 있다.

민족자주의 원칙이 양보할 수 없는 조국통일의 근본원칙으로 되는 것은 또한 조선의 통일문제가 우리 민족이 주체가 되어 해결하여야 할 민족자주위업이기 때문이다. 우리나라의 분렬은 우리 민족내부의 모순에 의하여 초래된 것이 아니라 전적으로 외부세력에 의하여 강요되어 지금까지 지속되고 있으므로 유관국들도 책임이 있는 문제이다. 우리나라의 통일문제는 인위적으로 갈라진 민족의 혈맥을 다시 잇고 민족적 화합을 이룩하는 문제이며 전국적 범위에서 민족의 자주성을 실현하는 문제이므로 우리 민족이 주체가 되어 해결하여야 할 민족문제이다.

북과 남은 두 개의 민족, 두 개의 국가가 아니라 하나였던 국가와 민족이 외세의 지배와 간섭으로 말미암아 갈라진 한 민족, 한 국가 안의 두 지역이며 두 부분이다. 그러므로 조국통일이란 인공적으로 분렬된 이 두 지역의 두 부분을 다시 합치는 문제이며 따라서 민족 간의 문제나 국가 간의 문제가 아니라 갈라진 한 국가, 한 민족의 두 지역, 두 부분 사이의 문제이다. 따라서 우리나라의 통일문제에는 그 누구도 간섭하거나 개입할 권리가 없고 그럴 리유와 조건도 없다. 우리나라의 통일문제는 오직 우리 인민자신이 해결하여야 할 문제이며 그 주체는 다름 아닌 우리 민족이다. 조국통일을 위한 투쟁은 그 직접적 담당자인 우리 민족의 주체적 힘에 의해서만 실현될 수 있는 민족자주위업이다.

민족자주의 원칙은 불멸의 주체사상을 통일문제해결에 빛나게 구현한 것으로서 조국통일문제의 본질과 성격으로부터 흘러나오는 근본원칙이다. 민족자주의 원칙의 본질은 나라의 통일문제를 외세에 의거하지 않고 우리 민족 스스로의 힘으로 해결하는 데 있다. 그러므로 민족자주의 원칙에서 민족공동의 리익을 첫자리에 놓고 거기에 모든 것을 복종시키며 사상과 정견, 신앙의 차이에 관계없이 조국애와 민족자주정신에 기초하여 굳게 단결하여야 우리 민족의 요구와 리익에 맞게 나라의 통일문제를 옳게 해결할 수 있다.

현시기 분렬주의자들의 책동이 더욱 로골화되고 있는 조건에서 조국통일의 근본원칙인 민족자주의 원칙은 절대로 양보할 수 없다. 민족자주의 원칙을 지키지 못하면 외세의 간섭을 허용하게 되며 통일문제는 외세의 롱락물로 되고 민족분렬이 영구화될 수 있다. 민족자주의 원칙을 관철하기 위하여 나서는 초미의 문제는 남조선에서 미군을 철거시키고 우리나라의 통일문제에 미국이 간섭하지 못하도록 하며 남조선당국자들의 외세의존정책을 철저히 배격하는 것이다. 미국과 남조선괴뢰들은 온 민족이 희망[4]과 기대를 가지고 통일을 가까이 내다볼 수 있게 된 오늘에 와서까지도 우리 인민의 조국통일을 위한 투쟁의 앞길에 장애를 조성하고 있다. 우리나라를 분렬시키고 오늘까지도 조국통일을 지연시키고 있는 장본인인 미국은 최근에 와서 더욱이 랭전시대의 낡은 관점을 가지고 힘의 정책에 서서 남조선에 자기의 핵군사기지를 그대로 유지하고 있으며 우리 공화국에 대하여 군사적으로 위협하고 경제적으로 압력을 가하면서 랭전시대의 정책에 계속 매달리고 있다.

남조선괴뢰들은 외세의 의존하여 통일의 앞길을 가로막고 있다. 미국의 부추김밑에 남조선괴뢰들은 우리와 마주 앉아 북과 남이 화해하고 단결하여 민족주체의 힘으로 나라의 통일을 실현할 것을 내용으로 하는 합의서에 도장을 찍고도 부당한 구실밑에 그 리행에 장애를 조성하면서 동족과 단결하고 화해하는 것이 아니라 외세와의 결탁을 강화하는 길로 나가고 있다. 이것은 외세와 야합하여 동족과 대결하며 나아가서 온 민족을 외세의 예속밑에 내어맡기려는 반민족적 범죄행위이다. 민족의 자주권을 확립하고 민족적 단합을 실현하는 문제를 외세에 의하여 해결하려는 것은 본질에 있어서 민족적 자주권을 부정하는 것이며 통일을 바라지 않고 분렬을 추구한다는 것을 보여주는 외에 다른 아무것도 아니다. 민족자주의 원칙을 떠나서 나라의 통일문제를 해결할 수 없다는 것은 반세기에 걸치는 통일운동력사의 총화이며 심각한 교훈이다. 지난 70년대 초에 자주, 평화통일, 민족대단결의 3대원칙에 기초한 력사적인 7·4남북공동성명이 발표되었으나 실행되지 못한 것도 그리고 90년대 초의 북남합의서와 비핵화공동선언이 채택발표되었으나 리행되지 못하고 있는 것도 모두 남조선괴뢰들의 일관한 외세의존정책에 기인된다. 북과 남 사이에 민족적 화해와 단합의 기운이 높아가고 자주적으로 통일문제를 해결하려는 싹이 보일 때마다 외세가 끼어들어 그것을 짓밟았으며 남조선괴뢰들은 오히려 외세와 한 짝이 되어 그 장단에 춤추면서 민족적 합의를 무시하고 배신의 길을 걸어왔다.

1991년 12월 5차 북남고위급회담에서 ≪북남 사이의 화해와 불가침 및 협력, 교류에 관한 합의서≫의 채택과 이어 북과 남 사이에 ≪조선반도의 비핵화에 관한 공동선언≫의 발표와 1992년 2월 평양에서 진행된 제6차 북남고위급회담에서 그 발효를 보게 된 것을 계기로 나라의 평화와 평화통일을 실현하기 위한 투쟁에서는 새로운 국면이 열리게 되었으며 우리 인민들의 통일기운은 그 어느 때보다도 높아졌다. 그러나 미국과 남조선괴뢰들은 1993년에 대규모적인 핵시험전쟁인 ≪팀 스피리트≫합동군사연습을 재개함으로써 우리 인민들의 통일열기에 찬물을 끼얹고 합의서리행을 중단시키는 반민족적이고 반통일적인 범죄행위를 서슴없이 감행하는 데로 나아갔다. ≪팀 스피리트≫합동군사연습은 민족자주의 통일원칙에 전면배치된다. ≪팀 스피리트≫합동군사연습핵선제타격으로 공화국북반부를 집어삼킬 것을 목적으로 한 핵전쟁, 불장난이며 이른바 ≪승공통일≫로 남조선에 세워진 미국의 식민지군사파쑈통치제도를 전 조선에 확대하기 위한 침략전쟁연습이다. ≪팀 스피리트≫합동군사연습은 말이 군사연습이지 응근 하나의 전쟁을 치를 수 있는 대병력과 핵무기까지 투입되어 벌어지는 세계적으로 보기 드문 하나의 전쟁행위와 같다. 남조선당국자들은 1992년에만 해도 막대한 군사비를 탕진하면서 무력을 증강하고 미군과 함께 북침을 노린 ≪포커스렌즈≫, ≪독수리≫ 등의 전쟁연습소동을 광란적으로 벌리었다. 지어 자체의 핵무기개발을 비밀리에 더욱 다그치고 미국과 전쟁도발전야에만 체결하는 ≪전시지원협정≫이라는 것까지 발효시켰다. 남조선괴뢰들의 범죄적 책동은 북남대화를 동결상태에 빠뜨리고 합의서리행을 중단시켰으며 전반적인 북남관계를 대결의 원점으로 돌아가게 하고 있다. 남조선괴뢰들이 미국과 야합하여 전쟁소동을 벌리는 속에서는 북과 남이 합의사항도 리행할 수 없고 서로 신뢰할 수 있는 대화도 할 수 없다.

민족자주의 원칙은 우리 당과 정부가 시종일관 벌린 조국통일을 실현하기 위한 투쟁을 통하여 그 정당성과 생활력이 남김없이 확증된 조국통일의 근본원칙이다. 위대한 수령님께서 민족자주의 통일사상을 구현하시여 자주, 평화통일, 민족대단[5]결의 3대원칙을 제시하심으로써 지난 20여 년 동안 조국통일운동은 전 민족적 범위에서 끊임없이 확대발전되어 왔다. 1970년대 초 위대한 수령님께서 제시하신 북과 남 사이의 폭넓은 접촉과 협상을 실현할 데 대한 방침은 내외인민들의 한결같은 지지와 공감을 불러일으켰으며 북과 남 사이에 대화가 실현되고 남북공동성명이 발표되었다. 이것은 조국통일을 위한 길에서 일보 전진이었으며 이것을 계기로 전 민족적 범위에서 조국통일기운이 급격히 높아졌다. 공화국북반부인민들은 물론 남조선의 애국적 청년학생들과 민주인사들을 비롯한 각계각층 인민들도 조국통일을 위한 투쟁에 용감히 일떠섰다. 미제와 남조선괴뢰들의 ≪두 개 조선≫조작책동을 짓부시기 위하여 위대한 수령님께서 제시하신 조국통일5대방침을 관철하기 위해 진지하게 투쟁한 결과 1979년 초에는 민족통일준비위원회들을 내오기 위한 북남련락대표접촉이 마련되었으며 1980년대 초에 북남총리접촉을 위한 실무대표접촉이 이루어졌다.

위대한 수령님께서는 1980년 10월에 있은 조선로동당 제6차대회에서 우리나라의 전반적 정세와 우리 인민의 조국통일투쟁을 전면적으로 분석한 데 기초하시여 고려민주련방공화국을 창립할 데 대한 새로운 조국통일방안을 내놓으시었다. 위대한 수령님께서 새롭게 내놓으신 조국통일방안은 민족자주의 원칙에 기초한 가장 합리적이고 현실적인 통일방안으로서 우리 민족의 앞길을 휘황히 밝혀준 강령적 지침이었다. 련방제통일방안은 북과 남이 단결하여 그 어떤 외세의 간섭도 없이 민족주체적 력량으로 나라의 통일을 실현하며 자주적인 통일국가를 창설할 것을 목표로 하는 애국애족적인 통일방안이다. 외세에 의하여 40여 년 동안이나 분렬되어 살아온 북과 남에는 서로 다른 사상과 제도가 존재하고 있다. 이런 조건에서 하나의 제도에 의한 통일은 비현실적인 것이며 언제 실현되겠는지 예측도 할 수 없는 것이다. 우리나라의 현실적 조건에서 북과 남이 서로 리익을 침해하거나 침해당함이 없이 공정하게 통일문제를 해결할 수 있는 최선의 방도는 련방제방식으로 통일하는 것이다.

위대한 수령님께서 제시하신 련방제방식의 통일방도는 조국통일방도의 대원칙이다. 고려민주련방공화국창립방안은 그 현실성과 합리성, 공명정대성으로 하여 공화국북반부 인민들은 물론 남조선과 해외의 광범한 동포들로부터 적극적인 지지와 찬동을 받고 있다. 위대한 수령님께서는 고려민주련방공화국창립방안을 제시하신 후 그 실현을 위한 투쟁을 현명하게 조직령도하시였다. 위대한 수령님께서는 3자회담제안을 비롯하여 조성된 정세의 요구에 맞게 북남관계를 개선하기 위한 주동적인 조치를 취하시였다. 위대한 수령님과 친애하는 지도자동지께서 1984년 9월 초에 큰물피해를 입은 남녘동포들에게 구호물자를 보내주신 동포애적 조치를 계기로 북과 남 사이에는 민족적 화해와 단합의 분위기와 전 민족적 범위에서 조국통일기운이 더욱 높아지게 되었다. 조국통일기운이 더욱 높아지는 새로운 조건에서 우리 당과 공화국정부의 주동적인 발기와 노력에 의하여 북남경제회담, 적십자회담을 비롯한 여러 갈래의 북남대화들이 진행되었으며 조국해방 40돐을 계기로 해방 후 처음으로 북과 남 사이에 적십자예술단과 고향방문단 교환사업이 진행되었다. 이것은 우리 민족분렬사에서 처음으로 되는 력사적 사변이였으며 민족대경사였다. 위대한 수령님께서는 그 후에도 계속 대규모적인 단계별 무력축감을 실현할 데 대한 제안, 북남련석회의제안, 국회련석회의제안, 고위급정치군사회담제안, 북남부총리급 특사교환, 체육회담제안들과 평화발기들을 내놓으시고 그 실현을 위하여 모든 노력을 다 하시였다.

위대한 수령님께서는 민족의 분렬을 끝장내고 조국을 통일하는 것은 세월이 흐를수록 더더욱 절박한 과업으로 나서고 있다고 하시면서 민족의 숙원인 조국통일위업을 전 민족적 위업으로 되도록 하기 위한 결정적인 대책으로서 새로운 통일방안을 천명하시였다. 위대한 수령님께서 밝혀주신 북남 사이에 분렬의 장벽을 마스고 자유래왕과 전면개방을 실현할 데 대한 방안은 조국통일을 일일천추로 갈망하는 민족의 요구와 지향을 가장 정확히 반영한 애국애족적인 반영이며 통일문제를 민족주체적 립장[6]에서 우리나라의 실정과 우리 민족의 리익에 맞게 가장 빨리 풀어나갈 수 있는 명확한 방도를 밝혀주는 획기적인 방안이였다.

위대한 수령님과 친애하는 지도자동지의 현명한 령도에 의하여 1990년대에 들어서면서 조국의 평화와 통일을 위한 범민족대회가 열리고 평양과 서울, 해외에서 정계, 사회계 인사들과 체육인, 예술인을 비롯한 각계각층 동포들이 서로 만나 대화와 통일축제를 벌리었으며 이 과정에 조국통일범민족련합이 결성되었다. 이것은 북과 남, 해외의 통일력량이 간고한 투쟁을 통하여 이룩한 귀중한 성과이며 조국통일의 주체적 력량을 강화하고 통일운동을 확대발전시키는 데서 획기적 의의를 가지는 사변이었다. 이처럼 전 민족적 범위에서 조국통일운동이 끊임없이 확대발전되는 과정에 북남대화가 높은 단계에로 발전하여 마침내 ≪북남 사이의 화해와 불가침 및 협력, 교류에 관한 합의서≫와 ≪조선반도의 비핵화에 관한 공동선언≫을 채택하고 발효시키는 획기적인 전진을 이룩하였다. 북과 남 사이에 화해와 불가침을 기본으로 하는 합의서가 채택, 발효될 수 있은 것은 민족자주의 원칙으로부터 출발하였기 때문이다. 북남합의서와 공동선언의 채택, 발효는 나라의 통일문제를 그 어떤 외세의 간섭도 허용함이 없이 북과 남이 화해하고 단결하여 민족주체의 힘으로 해결할 데 대한 선언으로서 민족자주의 통일사상의 결실이며 민족자주의 원칙에서 통일문제를 해결할 수 있는 확고한 전제를 마련한 획기적인 사변으로 된다.

위대한 수령님께서는 미국을 비롯한 제국주의반동들과 남조선반민족세력의 범죄적 책동으로 하여 북과 남 사이에 좋게 진행되던 접촉과 대화들이 동결되고 북남관계가 단절되었으며 한때 완화와 평화에로 나가던 정세흐름이 역전되어 우리나라에 전쟁위험이 짙어지고 민족의 통일위업이 새로운 도전에 직면한 엄혹한 환경 속에서 최고인민회의 제9기 제5차 회의에서 ≪조국통일을 위한 전민족대단결 10대강령≫을 작성발표하시였다. 위대한 수령님께서 제시하신 전민족대단결강령은 민족애와 민족자주정신으로부터 출발하여 그 어떤 계급이나 계층의 리익보다 민족의 리익을 첫자리에 놓고 모든 것을 조국통일에 복종시킬 데 대한 내용으로 일관된 애국애족의 강령이다.

위대한 수령님께서 제시하신 전민족대단결 10대강령을 관철하는 길에 근 반세기 동안이나 지속된 불신과 대결을 끝장내고 조국의 평화통일을 실현하는 길이 있으며 침략과 핵전쟁을 꿈꾸는 외세의 희생물이 되지 않고 민족의 존엄을 지키며 륭성번영을 이룩하는 길이 있다. 참으로 민족자주의 원칙에서 조국통일을 실현할 데 대한 사상은 일찌기 혁명의 길에 나서시어 주체사상의 기치밑에 간고한 항일혁명투쟁을 전개하시여 조국광복의 력사적 위업을 이룩하시었으며 해방 후 민족분렬을 그 누구보다도 가슴아파하시며 겨레에게 통일된 조국을 안겨주시기 위해 모든 것을 다 바쳐 오시는 절세의 애국자이신 위대한 수령 김일성동지께서만이 제시하실 수 있는 애국애족의 기치이다.

위대한 수령님과 친애하는 지도자동지의 현명한 령도밑에 조국통일운동은 민족자주의 원칙에서 전 민족적 범위에서 더욱 확대발전되어 오늘 그것은 그 누구도 막을 수 없는 거센 흐름으로 되었다. 우리는 앞으로도 외세와 야합하여 《승공통일》을 이루어보려고 어리석은 망상을 하고 있는 남조선괴뢰들과 우리나라의 통일의 기본장애인 미국의 책동을 철저히 짓부시고 민족자주의 원칙에서 1990년대 통일을 위해 거족적인 진군을 힘차게 다그쳐 나가야 할 것이다.

62. 《3단계통일방안》의 반동성[5]

량 창 일

[42]남조선의 력대 위정자들은 미제의 적극적인 부추김밑에 무너져가는 군사파쑈통치체제을 유지하기 위하여 외세에 더욱더 매달리었으며 통일이 아니라 분렬을 영구화하기 위하여 책동하여왔다. 남조선괴뢰들은 제놈들의 분렬주의적 정체를 가리고 정치적 야욕을 실현하기 위하여 《단계적 통일론》을 제창하였다. 《유신》독재자는 《선건설, 후통일》을 떠벌이면서 《통일》은 먼 장래의 일이며 《평화적 공존의 단계》를 거쳐야 한다고 설교하였다. 남조선괴뢰도당은 우리의 공명정대한 련방제통일방안을 외면하고 다른 나라의 《흡수통합》방식에 현혹되어 《남북기본관계에 관한 잠정협정》에 기초한 중간단계, 《남북련합》단계를 떠벌이면서 우리나라 실정과 인민의 지향에 배치되게 민족분렬영구화책동을 악랄하게 감행하였다. 자주적 통일을 실현하려는 온 겨레의 통일열기가 끓어 번지는 환경에서 남조선의 현 위정자는 마치도 통일에 관심이나 있는 듯이 가장하기 위하여 《3단계통일방안》이라는 것을 내놓았다.

《3단계통일방안》은 선행한 남조선괴뢰도당이 들고 나왔던 《통일방안》들과 마찬가지로 나라의 통일이 아니라 민족의 분렬을 영구화하며 인민들을 기만우롱하기 위한 궤변에 지나지 않는다. 《3단계통일방안》에 의하면 1단계에서 남북《화해협력》을 추진하고 2단계인 《남북련합》을 거쳐 3단계에서 《1민족, 1국가, 통일》을 실현하여 《점진적으로, 단계적으로 민족공동체를 형성》한다는 것이다. 이것은 《5공》통치자가 내놓았던 《민족화합민주통일방안》이나 《6공》집권자가 제창했던 《한민족공동체통일방안》과 본질상 아무런 차이가 없는 것으로서

---

5) 출처: 김일성종합대학출판사, 『김일성종합대학학보: 력사법학』, 제42권 제4호(1996), 42-45쪽.

그것들의 복사판에 지나지 않는다.

≪3단계통일방안≫은 반민족적이고 반통일적인 분렬주의적 방안이다. 위대한 수령 김일성동지께서는 다음과 같이 교시하시였다. ≪**조국통일문제를 전국적 범위에서 하나의 제도를 수립하는 문제로 보고 복잡한 〈단계〉를 설정하면서 그 전도를 료원 시하는 것은 비현실적인 것이며 그것은 사실상 통일을 바라지 않고 민족의 절실한 념원을 외면하는 것입니다.**≫(≪신년사≫, 1989년 1월 1일, 단행본, 11페지)

위대한 수령 김일성동지께서 밝히신 바와 같이 조국통일문제를 전국적 범위에서 하나의 제도를 수립하는 문제로 보고 복잡한 ≪단계≫를 설정하면서 그 전도를 료원 시하는 남조선괴뢰들의 책동은 비현실적이며 그것은 통일을 바라지 않고 민족의 통일념원을 외면하는 것이다. ≪3단계통일방안≫의 반동성은 무엇보다도 그것이 온 민족의 절실한 통일념원을 외면하는 민족분렬방안이라는 데 있다. 조국통일을 하루빨리 이룩하는 것은 온 겨레의 최대의 숙망이며 가장 절박한 민족적 과업이다. 조국을 통일하는 것은 우리 민족의 자주권을 확립하고 지켜내기 위한 절박한 요구일 뿐 아니라 나라의 분렬로 하여 우리 인민이 겪고 있는 온갖 불행과 고통을 가시기 위한 절실한 요구이다. 조선사람치고 북에 있건, 남에 있건, 해외에 있건 민족분렬의 불행과 고통을 겪지 않는 사람이 없다. 남조선인민들은 미제의 식민지파쑈통치하에서 사회생활의 모든 분야에서 자주적 권리가 무참히 유린당하고 온갖 불행과 고통을 당하고 있다. 민족분렬로 하여 전체 조선인민은 가족, 친척들을 지척에 두고도 만나볼 수 없는 것은 물론 서신거래까지 하지 못하고 있으며 생사여부조차 알지 못하고 있다. 조국을 통일하는 것은 북과 남 사이의 차이를 줄이고 끊어진 민족적 뉴대를 회복하여 민족의 통일적 발전을 도모하며 우리나라에 항구적인 평화를 실현하며 우리 민족이 전쟁의 위험으로부터 벗어나는 길로 된다.

조국통일문제는 오늘 하다가 못하면 래일 하고 래일 못하면 모레 하는 식으로 세월없이 다루어나갈 문제가 아니다. 김영삼역도는 자기의 더러운 정치적 야욕을 위하여 조국통일문제의 시급한 해결을 [43]반대하고 있다. 이 자는 나라가 분렬되어 수십 년 지나는 과정에 북과 남이 ≪이질화≫되었기 때문에 통일을 단꺼번에 실현하면 그 무슨 ≪혼란≫이 조성된다고 떠벌이면서 ≪단계≫설정을 합리화하고 있다. 단군을 원시조로 하여 반만년의 력사를 면면히 이어오며 단일민족으로 살아온 우리 민족이 외세에 의하여 인위적으로 갈라져 수십 년 세월이 흘렀으나 북과 남이 하나의 민족으로서 민족적 공통성에 있어서는 예나 지금이나 변함이 없다. 반만년의 유구한 력사적 과정을 통하여 형성된 민족적 동질성에 비하면 북과 남의 차이는 나라의 통일을 빨리 실현하는 데서 결코 문제로 될 것이 못되며 통일이 빨리 실현된다고 하여 그 무슨 ≪혼란≫이란 있을 수 없는 것이다.

≪3단계통일방안≫의 분렬주의적 정체는 ≪단계≫의 시한과 과업을 규정하고 있는 데서 뚜렷이 나타나고 있다. ≪3단계통일방안≫에는 매 단계에서 언제까지 어떤 문제를 어떻게 해결하며 한 ≪단계≫로부터 다음 ≪단계≫에로의 이행이 어떻게 이루어지게 되는가 하는 문제가 똑똑히 밝혀져 있지 않으며 시한을 규정한 경우에도 비현실적인 것이다. 남조선괴뢰들이 우리의 ≪핵문제≫를 구실로 반공화국소동을 벌리면서 북과 남 사이에 채택된 북남합의서와 비핵화공동선언을 전면부정하고 북남관계를 전면적으로 동결시키면서 북침전쟁준비에 열을 올리고 있는 조건에서 2~3년을 시한으로 한다는 첫 번째 ≪단계≫만 보아도 북남 사이에 ≪화해와 신뢰≫가 언제가도 이루어질 수 없다는 것은 불 보듯 명백하다. 그리고 두 번째 ≪단계≫인 ≪1민족 1국가 통일단계≫로 넘어가는데 수십 년이 걸리는 것으로 하고 있는데 이것은 그 기간을 예측할 수도 없는 것이다. ≪3단계통일방안≫은 이처럼 시한과 계선이 뚜렷하지도 않는 불필요한 ≪단계≫들을 설정하여 통일을 무한정 지연시켜 분렬을 영구화하려는 반민족적이고 반통일적인 방안인 것이다.

≪3단계통일방안≫의 반동성은 다음으로 ≪두 개 조선≫을 조작하여 단일민족인 우리 민족을 영구히 둘로 갈라놓으려는 데 있다. 미제의 대조선정책은 본질에 있어서 전 조선에 대한 식민지적 지배를 실현하기 위한 침략정책이다. 미제는 전 조선을 저들의 식민지로 만들려는 야망이 실현될 수 없게 된 조건에서 조선의 분렬을 고정화함으로써 남조선만이라도 식민지로 영원히 틀어쥐며 남조선을 침략적인 군사지지로, 공산주의방파제로 리용할 음흉한 목적밑에 ≪두 개 조선≫정책을 추구하고 있다. 남조선괴뢰들은 ≪두 개 조선≫조작에서 제놈들의 장기집권야망을 실현하고 미제의 남조선강점을 위한 조건을 조성할 수 있다고 보고 그에 적극 추종하고 있다. ≪두 개 조선≫조작책동은 우리나라의 분렬을 영구화하려는 민족분렬책동이며 전체 조선인민의 지향과 시대의 흐름에 역행하는 반인민적 책동이며 남조선을 지탱점으로 하여 전 조선을 정복하려는 침략책동인 것이다.

≪3단계통일방안≫에서 1단계로 설정한 ≪남북화해협력≫은 통일을 위한 화해협력인 것인 아니라 두 국가의 존재를 기정사실화하고 북남 간에 교류나 하면서 현존분렬상태를 고착시켜 보려는 데서 나온 것이다. 김영삼역도가 이른바 ≪통일방안≫에서 종래의 평화정책과 신뢰구축 대신 화해협력을 표방하게 된 것은 ≪북남 사이의 화해와 불가침 및 협력교류에 관한 합의서≫가 채택, 발효된 오늘의 실정에서 화해협력을 들고 나오지 않고서는 인민들의 환심을 살 수 없는 처지에서 나온 것이지 실제로 통일을 위한 민족적 화해와 단합을 바래서가 아니었다. 북남 사이에 정치, 경제적 문제의 우선적인 해결이 없이는 실질적인 화해와 협력교류가 실현될

수 없다. 김영삼역도는 정치군사적 대결의 해소를 뒷전에 밀어놓고 있으며 그 누구에게나 공명정대하고 접수될 수 있는 전민족대단결 10대강령을 외면하고 민족단합을 위한 모든 사업을 류혈적으로 탄압하고 있다.

≪3단계통일방안≫에서 ≪남북련합≫단계는 ≪6공≫위정자가 ≪한민족공동체통일방안≫에서 제창했던 ≪남북련합≫을 그대로 본 따온 것으로서 ≪두 개 국가≫의 고착론이며 북남관계를 국가들 간의 관계로 만들려는 음흉한 목적의 산물이다. ≪남북련합≫이 ≪국가련합≫을 의미하는 것은 우선 남조선괴뢰역도가 북과 남 사이에 ≪상호신뢰를 바탕으로 하는 평화적 공존≫을 [44]제도화하는 것이 ≪남북련합≫이라고 줴친 데서 볼 수 있다. 평화적 공존은 국제사회에서 서로 다른 체제를 가진 국가들 사이의 관계를 반영하는 개념인 것이다. 남조선괴뢰들이 북과 남의 ≪평화적 공존≫을 제도화한다는 것은 북남관계를 국제사회에서의 국가 간의 관계로 보고 ≪두 개 국가≫, ≪두 개 조선≫을 전제로 하고 있다는 것을 보여주고 있다. 북남관계는 국가 간의 관계가 아니며 민족내부의 특수한 관계이다. 북남관계는 두 지역, 두 제도로 갈라져 있으면서도 나라와 나라 사이의 관계가 아니며 북남으로 분렬되어 있으나 통일을 지향하는 과정에 있으며 분렬상태는 항구적인 것이 아니라 일시적으로 형성된 특수관계인 것이다. 우리나라에 이루어진 현실을 민족주체적 관점에서 보려하지 않고 ≪현실인정≫의 미명하에 ≪두 개 국가≫의 존재를 인정하려는 것은 본질에 있어서 외세에 의한 나라의 분렬을 합법화, 고정화하려는 반통일적이고 반민족적인 책동인 것이다.

≪남북련합≫이 ≪국가련합≫을 의미하는 것은 또한 남조선괴뢰들이 ≪남북련합≫기구로서 ≪남북정상회의≫와 ≪남북각료회의≫ 등을 떠벌이는 데서 여실히 드러나고 있다. ≪남북정상회의≫, ≪남북각료회의≫는 통일국가의 기관이 아니며 ≪두 개 국가≫의 존재를 고착화한 데 기초하여 ≪두 개 국가≫ 간의 관계를 조성하는 협의기구에 불과한 것이다.

≪남북련합≫이 ≪국가련합≫을 의미하는 것은 또한 ≪남북련합단계≫에서 북과 남이 외교권, 국방권, 립법권을 각기 행사하는 것으로 하고 있는 데서 더욱 드러나고 있다. 립법권, 외교권, 국방권은 자주독립국가의 주요권능을 이룬다. 미제의 식민지인 남조선이 립법, 외교, 국방 분야에서 자주적으로 권능을 행사하는 듯이 가장하여 조선반도 우에 ≪두 개 국가≫가 존재하는 것처럼 떠벌이며 남조선괴뢰의 망동은 그 누구에게도 통할 수 없는 것이다. 남조선에서 이른바 ≪립법기관≫이라고 하는 ≪국회≫는 자기의 로선을 가지고 있지 못하고 미제의 수중에 있는 괴뢰기관에 불과하며 남조선에서 군통수권은 미제의 수중에 완전히 장악되어 있으며 외교정책수립과 집행에서 주인행세를 하는 것은 미제이다. 결국 ≪남북련합단계≫는 북남관계를

다른 국가들 사이의 관계로 고착시키고 ≪두 개 조선≫을 기정사실화하려는 민족분렬영구화책동을 실현하는 ≪단계≫라고 말할 수 있다.

≪3단계통일방안≫의 반동성은 다음으로 그것이 하나의 제도에 의한 통일, ≪자유민주주의체제≫에 기초한 통일을 추구하고 있는 데 있다. 위대한 수령 김일성동지께서는 다음과 같이 교시하시였다. ≪**북과 남에 서로 다른 두 개 제도, 두 개 정부가 엄연히 존재하고 있고 어느 일방도 자기의 것을 양보하려 하지 않는 조건에서 하나의 제도에 의한 통일은 비현실적인 것이며 언제 실현되겠는지 예측할 수도 없는 것입니다.**≫(≪신년사≫, 1991년 1월 1일, 단행본, 15~16페지)

위대한 수령 김일성동지께서 밝히신 바와 같이 북과 남에 서로 다른 두 개 제도, 두 개 정부가 존재하고 있고 어느 일방도 자기의 것을 양보하려 하지 않는 조건에서 하나의 제도에 의한 통일은 비현실적인 것이며 언제 실현되겠는지 예측할 수도 없는 것이다. 김영삼역도는 ≪1국가 1체제≫의 확립을 운운하면서 ≪제도통일≫을 망상하고 있다. ≪1국가, 1체제≫에 의한 ≪통일국가수립≫은 본질에 있어서 ≪자유민주주의체제≫에 의한 통일, 시장경제에 기초한 통일로서 ≪승공통일≫, ≪흡수통일≫을 이루어보자는 것이다. 이것은 북의 사회주의제도를 없애는 것을 전제로 하고 있는 반민족적이고 반인민적인 것이다.

남조선의 력대 위정자들은 통일문제를 제도상의 문제로 보고 ≪제도통일≫의 꿈을 실현하려고 책동하여 왔다. 리승만역도는 ≪북진통일≫, ≪승공통일≫을 꾀하였으며 군부파쑈정권의 위정자들은 ≪흡수통합≫, ≪제도통일≫을 추구하고 있다. 하나의 제도에 의한 통일은 비현실적인 것이다. 북과 남에 서로 다른 두 개 제도, 두 개 정부가 존재하고 있고 어느 일방도 자기의 것을 양보하려 하지 않는 조건에서 하나의 제도에 의한 통일은 불피코 타방의 제도를 없애는 것을 전제로 하게 된다. 따라서 제도를 하나로 만드는 통일은 어느 측에도 접수될 수 없는 것이다. 김영삼역도는 ≪정권≫의 자리에 들어앉기 바쁘게 ≪통일이 없는 자유가 불안전하다면 [45]자유 없는 통일은 더 불안하며 통일이 없는 번영에 문제가 있다면 번영이 없는 통일에는 문제가 더 많다≫느니, ≪자유민주주의와 시장경제가 보장되지 않는 통일은 필요없다≫느니 하면서 반민족적이고 반통일적인 독설을 공공연히 줴쳤다.

≪3단계통일방안≫에서 론하는 ≪대표성≫, ≪총선거≫는 비현실적이고 반동적인 것이다. 북과 남에 서로 다른 사상과 제도가 존재하고 정치군사적으로 첨예하게 대립되어 있는 조건에서 대표성문제는 론의의 가치가 없으며 더욱이 인구비례에 기초한 대표선출은 북남인구 차이를 리용하여 기관의 인적 구성에서 저들이 수적 우세를 달성해 보려는 것으로서 절대로 허용될

수 없는 것이다. 그리고 ≪남북총선거≫는 남조선의 력대위정자들이 제창한 것의 복사판으로서 이미 그 비현실성과 반동성이 력사에 의해 실증된 바 있다.

남조선괴뢰역도가 추구하는 ≪제도통일≫은 하나의 망상에 지나지 않는다. 전쟁의 방법이건 평화적 방법이건 우리 공화국을 먹는 방법으로는 통일을 실현할 수 없다는 것이 력사에 의하여 검증되었으며 또 오늘의 현실이 실증하여 주고 있다. ≪승공통일≫, ≪북진통일≫에 광분하던 리승만역도나 ≪선건설, 후통일≫을 고창하면서 힘에 의거한 ≪통일≫을 망상하던 ≪유신≫독재자 그리고 ≪흡수통합≫을 꾀하던 ≪5공≫, ≪6공≫독재자도 자멸을 면치 못하였다. 오늘 김영삼역도가 ≪핵문제≫를 구실로 ≪군사적 대응≫이요, ≪국제공조체제≫요 하면서 미제와 일본반동들을 비롯한 국제반동세력과 야합하여 북침전쟁준비에 피눈이 되어 날뛰고 있으나 이것은 멸망을 앞둔 자의 단말마적 발악에 불과하다.

≪제도통일≫은 온 민족의 한결같은 의사에 전적으로 배치되는 것이다. 온 민족은 련방제방식으로 나라의 통일을 실현하기를 절절히 바라고 있으며 그 실현에 떨쳐나서고 있다. 온 민족의 지향을 외면하고 남의 ≪체제≫를 북에까지 확대하려는 것은 헤아릴 수 없는 불행과 고통을 온 겨레에게 들씌우려는 반민족적이고 반인민적인 책동이다.

인민대중중심의 우리식 사회주의는 가장 과학적이고 가장 우월하며 가장 위력한 사회주의이다. 인민대중이 국가와 사회의 주인으로서의 지위를 지키고 권리를 행사하며 주인으로서의 책임과 역할을 다하며 주인으로서의 값 높고 행복한 생활을 누리고 있는 사회주의가 북반부에 존재하고 있다. 인민대중중심의 사회주의는 인민대중의 절대적인 지지와 신뢰를 받고 있으며 승승장구하고 있다. 한 세대에 미일제국주의를 타승하신 백전백승의 강철의 령장이신 위대한 수령님과 비범한 군사적 예지와 신묘한 지략, 무비의 담력을 지니시고 백전백승을 안아 오시는 우리 혁명의 최고사령관이신 경애하는 장군님의 령도로 사회주의진지는 그 어떤 원쑤도 감히 범접하지 못하는 금성철벽의 요새로 굳건히 다져졌다. 안팎의 분렬주의세력의 정치군사적, 경제적 제재나 압력도 사상문화적 침투도 걸음마다 파탄을 면치 못하고 있다.

남조선인민들은 ≪자유민주주의체제≫하에서 당하고 있는 온갖 불행과 고통을 끝장내기 위하여 과감한 투쟁을 벌이고 있으며 인덕정치가 실시되고 있는 북반부사회를 끝없이 동경하고 있다. 남조선인민들에게 식민지노예의 운명을 강요하고 있는 ≪자유민주주의체제≫를 북에까지 연장하려는 분렬주의자들의 반민족적 책동은 인민들로부터 한결같은 규탄과 배격을 받고 있다. 남조선위정자가 떠벌이는 ≪자유민주주의체제하의 통일≫은 민족의 영구분렬을 추구하는 정체를 가리기 위한 술책에 지나지 않으며 그 어느 때 가서도 실현될 수 없는 것이다.

통일된 하나의 조국에서 하나의 민족으로 경애하는 장군님의 품에서 살아가려는 민족의 거센 흐름을 막을 힘은 이 세상에 없다. 지금 북과 남, 해외 모든 조선동포들은 위대한 수령님께서 제시하신 련방제방식에 의한 통일이 가장 현실적인 조국통일방도로 된다는 것을 굳게 믿고 있으며 사상과 리념, 제도의 차이를 뛰어넘어 하나의 민족으로 굳게 단결하여 자주적이고 평화적이며 중립적인 련방국가, 범민족통일국가를 세우기 위한 투쟁에 과감히 떨쳐나서고 있다. 어버이수령님께서 제시하신 련방제통일방안에 따라 조국의 자주적 평화통일을 실현하려는 것은 우리 민족의 확고한 의지이다.

북과 남, 해외의 모든 전체 조선인민은 어버이수령님의 조국통일강령을 높이 받들고 경애하는 장군님의 령도 따라 련방제통일을 실현하기 위한 투쟁에 더욱 힘차게 떨쳐나서야 할 것이다.

63. 조국통일 3대헌장은 조국의 자주적 평화통일을 실현하기 위한 강령적 지침[6]

량 창 일

[58]민족의 태양이시며 조국통일의 구성이신 위대한 수령 김일성동지께서 조국통일을 위한 성스러운 위업에 쌓으신 불멸의 업적에서 빛나는 자리를 차지하는 것은 나라의 통일위업수행에서 견지하여야 할 지도적 지침을 마련하여 주신 것이다. 경애하는 장군님께서는 불후의 고전적 로작 ≪위대한 수령 김일성동지의 조국통일유훈을 철저히 관철하자≫에서 어버이수령님께서 제시하신 조국통일 3대원칙과 조국통일을 위한 전민족대단결 10대강령, 고려민주련방공화국창립방안을 조국통일의 3대헌장으로 다시금 천명하시고 조국통일헌장에 기초하여 조국통일위업을 실현할 데 대하여 밝히시었다. 이것은 어버이수령님에 대한 충효와 도덕의리의 최고정화로서 수령님의 조국통일위업계승에서 특기할 또 하나의 위대한 업적으로 된다.

위대한 령도자 김정일동지께서는 다음과 같이 지적하시었다. ≪**위대한 수령님께서 내놓으신 조국통일 3대헌장은 통일을 념원하는 우리 민족 모두가 받들고나가야 할 강령적 지침이다.**≫

---

6) 출처: 김일성종합대학출판사, 『김일성종합대학학보: 력사법학』, 제44권 제2호(1998), 58-62쪽.

(≪위대한 수령 김일성동지의 조국통일유훈을 철저히 관철하자≫, 단행본, 12페지)

　　조국통일의 근본원칙과 방도들이 전일적으로 체계화되고 집대성되어 있는 조국통일 3대헌장
은 조국의 자주적 평화통일을 실현하기 위한 강령적 지침이다. 조국통일 3대헌장이 조국의 자
주적 평화통일을 실현하기 위한 강령적 지침으로 되는 것은 무엇보다도 그것이 민족의 자주권
과 존엄을 생명으로 여기는 민족자주정신으로 일관되어 있기 때문이다.

　　조국통일 3대헌장은 조국통일문제해결에서 외세의존과 외세의 간섭을 철저히 배격하고 우리
민족의 자주적 의사와 요구에 따라 나라의 통일을 실현하는 길을 밝히고 있다. 모든 민족은
자기 운명을 자기 손에 틀어쥐고 자기의 의사에 따라 자주적으로 개척하여 나갈 권리가 있다.
민족의 자주권은 그 누구도 빼앗을 수 없고 침해할 수 없다.

　　조국통일문제는 우리 민족의 자주적 위업이며 어떠한 외세의 간섭도 허용할 수 없는 조선인
민의 내정문제이다. 우리나라는 지난날 남을 침략한 나라도 아니고 전패국도 아니다. 우리나라
는 근 반세기 동안 일제의 식민지통치하에 있었으며 우리 인민은 반일민족해방투쟁을 통하여
식민지통치에서 해방된 민족이다. 그 어떤 외부세력에 의하여 우리 민족의 자주권과 존엄이
침해당할 아무런 리유도 없다. 나라의 통일문제를 해결하는 데서 외부렬강의 그 무슨 방조를
받을 필요도 없으며 또 받아서는 안 된다. 제국주의렬강들은 나라와 민족이 하나로 단결되면
통치하기 힘들기 때문에 분렬되는 것을 좋아하며 어떻게 해서든지 다른 나라와 민족을 분렬시
키려고 한다. 외세에 의존하여 나라를 통일하려는 것은 민족의 자주권과 존엄을 훼손하는 것
으로서 나라의 분렬을 영구화하려는 배족적 행위이다. 력사는 민족문제를 외세에 의존하여서
는 풀 수 없으며 외세의존은 망국의 길이라는 것을 똑똑히 보여주고 있다.

　　조국통일 3대헌장은 민족자주원칙을 양보할 수 없는 조국통일의 근본원칙으로 규정하고 민
족통일국가창립에서 나서는 모든 문제들을 우리 민족 자신이 주인이 되어 자주적으로 풀어나
갈 방도를 뚜렷이 밝힘으로써 조국통일문제해결에서 우리 민족의 자주권과 존엄을 확고히 담
보하고 있다.

　　조국통일 3대헌장은 민족의 주체적 력량에 의거하여 자주적으로 나라의 통일을 실현하는 것
을 밝히고 있다. 조국통일은 온 민족의 리익을 위한 사업이며 온 민족이 힘을 합치고 굳게 단
결하여 투쟁하여야만 실현될 수 있는 [59]우리 민족의 거족적 위업이다. 그 누구도 조국을 통
일하기 위한 우리 민족의 투쟁을 대신해줄 수 없다. 조국통일을 위한 우리 인민의 투쟁은 안
팎의 분렬주의세력과의 첨예한 투쟁을 동반한다. 조국통일의 주체적 력량이 튼튼히 마련되어
야 분렬주의세력의 반통일책동을 짓부시고 조국을 자주적으로 통일할 수 있다.

조국통일 3대헌장은 조국애와 민족자주정신을 민족적 단결의 기초로, 사상과 리념, 정견과 신앙의 차이를 초월하여 모든 것을 조국통일위업에 복종시키는 것을 민족대단결의 원칙으로 내세우고 있다. 이것은 민족의 자주권과 존엄을 더없이 귀중히 여기는 조선민족의 우수한 민족성으로부터 출발하고 있으며 어버이수령님께서 지니신 넓으신 도량과 아량 있는 포용력을 그대로 구현하고 있다. 조국통일 3대헌장은 통일애국의 주체적 력량을 튼튼히 마련하고 그에 의거하여 조국통일을 성과적으로 실현할 수 있도록 확고히 담보한다.

조국통일 3대헌장이 조국의 자주적 평화통일을 실현하기 위한 강령적 지침으로 되는 것은 다음으로 그것이 북과 남의 화해와 전 민족의 대단결을 이룩하여 조국을 평화적으로 통일하려는 숭고한 조국애와 민족애를 구현하고 있기 때문이다. 외세에 의한 국토의 량단과 민족의 분렬은 온 겨레에게 헤아릴 수 없는 민족적 불행과 재난을 주고 있으며 민족의 통일적 발전을 가로막고 있다. 조국을 통일하여야 나라와 민족의 운명을 위기에서 구원하고 통일된 조국을 후대들에게 물려줄 수 있으며 조국과 민족의 부강번영을 이룩해나갈 수 있다. 조국을 평화적으로 통일하는 것은 참된 애국, 애족, 애민으로 된다.

조국을 평화적으로 통일하는 것은 우리 민족의 절실한 요구이다. 우리 민족이 통일문제를 두고 동족끼리 싸워야 할 근거는 없다. 우리 민족은 북과 남으로 갈라져 있어도 하나의 피줄을 이은 한겨레이며 사상과 리념이 서로 달라도 하나의 강토에서 함께 살아가야 할 형제이다. 북과 남 사이에 존재하는 사상과 제도의 차이가 민족적 화해를 이룩하지 못할 조건으로 되지 않는다. 북과 남에 존재하는 사상과 제도의 차이는 유구한 력사를 통하여 형성되고 공고발전된 우리 민족의 민족적 공통성보다 더 클 수 없다. 민족이 있고서야 사상과 제도도 필요한 것이다. 민족 우에 사상과 제도가 있을 수 없다. 어느 한쪽의 제도에 의한 통일을 실현하려고 한다면 민족내부의 대결을 격화시켜 민족분렬을 심화시키게 되고 돌이킬 수 없는 민족적 재난을 가져오게 될 것이다.

북과 남이 민족적 화해를 이룩하는 것은 온 민족의 통일에 대한 념원을 실현하기 위한 근본 요구이다. 북남관계가 신뢰와 화해의 관계로 되어야 나라의 통일도 온 겨레의 념원에 맞게 평화적으로 실현될 수 있다. 조국통일 3대헌장에는 온 민족의 념원을 반영하여 평화통일을 조국통일의 근본원칙으로 내세우고 있으며 동족 사이의 분렬과 대결을 조장시키는 일체 행위를 중지하며 북침과 승공책동을 하지 말며 남조선에서 사회정치생활을 민주화하며 접촉과 래왕, 대화를 통하여 전 민족이 서로 리해하고 신뢰하며 단합할 데 대한 문제들이 제시되고 있다. 이것은 북남관계개선에서 나서는 근본문제들을 온 민족의 리익과 의사에 맞게 풀어나갈 수 있는 길을 밝힌 것으로서 북남 사이에 민족적 화해와 단합을 이룩할 수 있도록 확고히 담보한다.

온 민족의 단합을 실현하는 것은 평화통일실현의 근본전제이며 그 본질적 내용을 이룬다. 민족성원 모두가 자신의 운명을 조국의 운명과 결합시켜 민족적인 단합을 이룩하는 것은 참된 애국, 애족, 애민으로 된다.

조국통일문제는 우리 겨레의 운명, 민족의 운명에 관한 문제이다. 나라와 민족은 사회력사적으로 형성된 사람들의 공고한 결합체이며 운명개척의 기본단위이다. 민족을 떠나서는 그 어떤 사람도 자기 존재와 삶에 대하여 말할 [60]수 없다. 민족의 운명 속에 개인의 운명이 있다. 사회적 인간은 계급과 계층의 성원인 동시에 민족의 성원이다. 사람들이 자기 계급을 어떻게 대하며 계급의 한 성원으로서 어떻게 살아야 하는가 하는 것도 중요하지만 그보다 못지않게 민족의 한 성원으로 어떻게 살며 투쟁하는가 하는 것이 무엇보다 중요하다. 민족의 파와 넋을 지닌 사람이라면 나라와 민족을 사랑하는 마음을 간직하고 민족공동의 위업을 위하여 자기의 모든 것을 다 바쳐 나가야 한다. 우리나라의 현실은 민족성원 모두가 자신의 운명을 민족의 운명과 결합시키고 조국의 통일독립과 민족의 륭성번영을 위하여 몸과 마음을 다 바쳐 나가도록 하는 것이 참된 애국, 애족, 애민으로 된다는 것을 보여주고 있다.

조국통일 3대헌장은 전 민족이 각자의 운명을 민족의 운명과 하나로 련결시켜 민족을 열렬히 사랑하고 민족의 자주성을 생명으로 지키려는 하나의 뜻으로 단결하며 조국통일을 위한 기에서 북과 남, 해외의 전 민족이 서로 련대성을 강화하며 민족대단결과 조국통일위업에 공헌한 사람들을 높이 평가할 데 대한 문제들을 규정하고 있다. 이것은 민족성원 모두에게 조국과 민족을 위한 참된 삶을 누릴 수 있는 길을 명시해준 것으로 되며 사상과 리념, 신앙과 정견, 계급과 계층의 차이에 관계없이 온 겨레가 조국통일의 기치 아래 굳게 단결하여 나라의 평화통일에 대한 민족적 숙원을 실현할 수 있도록 담보한다.

조국통일 3대헌장이 조국의 자주적 평화통일을 실현하기 위한 강령적 지침으로 되는 것은 다음으로 그것이 북과 남에 서로 다른 사상과 제도가 오랫동안 존재하여 온 우리나라의 현실적 조건과 통일을 갈망하여 온 민족의 한결같은 지향에 맞게 하루빨리 조국통일을 실현할 수 있는 가장 공명정대하고 합리적인 방도를 밝혀주고 있기 때문이다. 외세에 의하여 나라와 민족이 분렬된 이후 북과 남에는 서로 다른 사상과 제도가 존재하고 있으며 그 어느 일방도 자기의 것을 양보하려 하지 않고 있다. 조국통일문제는 민족내부의 계급적 모순이나 제도상의 대립을 해결하기 위한 것이 아니며 전 민족적 범위에서 우리 민족의 자주권을 확립하며 하나의 민족으로서 대단합을 이룩하는 문제이다.

온 겨레가 한결같이 조국통일을 민족지상의 과제로 인정하고 있는 조건에서 북과 남의 두 제도의 차이보다 하나의 민족으로서의 민족적 공통성을 우선시하고 그에 기초하여 하나의 국가 안에서 북과 남의 두 제도의 공존을 용납하는 련방제 형식의 민족통일국가를 창립하는 것이 가장 현실적이며 합리적인 것으로 된다. 련방제통일방식이 하루빨리 조국통일을 실현할 수 있는 가장 공명정대하고 합리적인 방도로 되는 것은 우선 그것이 북과 남 어느 한쪽의 우위나 리익만을 추구하지 않고 누구에게도 피해를 주지 않는다는 데 있다.

민족통일국가의 련방정부 구성과 운영에서 어느 한쪽의 우위나 리익만을 추구할 수 없게 되어 있다. 련방의 정부기관은 외세에 의하여 나라와 민족이 분렬되어 산생된 후과들을 하루빨리 가시며 나라의 통일을 공고히 하고 민족공동의 리익을 고수하며 대외적으로 하나의 민족, 하나의 국가를 대표할 수 있는 국가기관 조직형태와 권능을 가진 기관으로 되며 그 구성은 민족을 대표하고 민족의 리익을 대표할 수 있는 최고기관과 민족의 전반적 리익과 관계되는 공동의 문제들을 책임적으로 일상적으로 처리할 수 있는 기관으로 되어 있다. 그리고 련방구성원이 련방국가기관성원선출에서 독자성을 가지며 련방국가기관성원구성에서 련방구성원의 평등을 보장할 수 있게 되어 있다. 련방국가기관성원선출에서 련방구성원이 독자성을 가지게 하는 것은 련방국가기관이 어느 한 련방구성원의 리익만을 대변하는 기관이 아닌 것만큼 련방국가기관활동에서 련방구성원의 의사와 리익이 정확히 관철되게 하며 모든 문제들이 련방구성원의 리익에 맞게 공정하게 처리될 수 있[61]게 확고히 담보한다. 련방국가기관의 인적구성에서 련방구성원이 각각 같은 수를 차지하도록 하는 것은 련방국가기관구성에서의 련방구성원의 평등을 보장하며 련방국가기관사업에서 련방구성원의 리해관계를 조화롭게 결합시키며 민족적 단합을 공고히 하고 모든 문제처리에서 공정성을 보장한다. 서로 다른 제도에 기초하고 있는 련방형식의 민족통일국가에서 련방국가기관의 책임직을 공동책임직제로 하는 것은 련방형성의 기초에 맞으며 련방국가기관활동에서의 지역적 편견을 없애고 련방구성원의 요구를 정확히 실현하여 나갈 수 있게 하는 합리적인 방도로 된다. 이와 함께 련방국가기관의 책임직무리행을 륜번제로 하는 것은 민족공동의 리익과 자치지역의 리익을 옳게 결합시키며 련방국가권력행사에서 련방구성원의 균형을 보장할 수 있게 한다.

련방과 지역자치정부의 권능, 민족통일국가의 시정방침도 누구에게도 피해를 주지 않게 되어 있다. 련방제통일방식에서 제시된 련방정부의 권능은 전 민족의 단결, 합작, 통일의 념원에 맞게 공정한 원칙에서 정치문제, 조국방위문제, 대외관계문제를 비롯하여 나라와 민족의 전반적 리익과 관계되는 공동의 문제들을 토의결정하며 나라와 민족의 통일적 발전을 위한 사업을 추진하고 모든 분야에서 북과 남 사이의 단결과 합작을 실현하며 어느 한쪽이 다른 쪽에 자기 의사를 강요하지 못하도록 하는 것이다. 지역자치정부의 권한과 임무는 련방정부의 지도밑에 전 민족의 근본리익과 요구에 맞는 범위에서 독자적인 정책을 실시하며 모든 분야에서 북과 남 사이의 차이를 줄이고 나라와 민족의 통일적 발전을 이룩하기 위하여 노력하는 것이다. 련방제통일방식에서는 련방형성과 련방의 점차적인 완성을 용이하게 할 수 있도록 하기 위하여 잠정적으로는 지역자치정부에 더 많은 권한을 부여하며 장차로는 련방정부의 기능을 더욱더 높여나가는 방향에서 권한분담을 할 데 대하여서도 지적하고 있다. 련방정부와 지역정부의 권한에 관한 조화로운 분담은 서로 다른 제도에 기초하고 있는 련방구성원들의 독자성을 보장하면서 련방의 기초를 튼튼히 다지게 하며 나라와 민족의 통일적 발전을 보장한다.

련방제통일방식에 제시된 민족통일국가의 10대시정방침은 전체 조선인민의 공통된 지향과 요구를 정확히 반영하고 있으며 통일된 조선이 나아갈 앞길을 뚜렷이 밝힌 것으로서 민족공동의 리익을 수호하고 민족의 통일적 발전과 륭성번영을 확고히 담보한다. 민족통일국가의 자주적이고 평화애호적이며 쁠럭불가담적인 중립정책은 북과 남의 어느 한쪽에도 치우치지 않으며 나라 안의 두 지역과 두 제도, 여러 당파와 계급, 계층의 리익을 다같이 보장하며 우리나라의 통일문제에 관계되는 나라들과 당사자들의 리익도 손상시키지 않는다.

이 모든 것은 련방제통일방식이 민족의 자주권을 전국적 범위에서 확립하고 우리 민족의 륭성번영을 담보하며 주변나라나 세계의 그 누구에게도 피해를 주지 않는 가장 공명정대하고 합리적인 방도로 된다는 것을 보여준다.

련방제통일방식이 하루빨리 조국통일을 실현할 수 있는 가장 공명정대하고 합리적인 방도로 되는 것은 또한 그것이 조선반도에서 감돌고 있는 전쟁위험을 없애고 세계의 평화와 안전을 보장하는데도 이바지하게 된다는 데 있다. 남조선의 력대통치배들은 조국과 민족의 운명은 안중에 없이 ≪집권안보≫에만 치중하면서 외세를 등에 업고 ≪북진통일≫, ≪승공통일≫, ≪제도통일≫의 망상을 가지고 북침전쟁도발에 피눈이 되어 날뛰었다. 남조선반동들은 ≪자유민주주의체계하의 통일≫, ≪자유민주주의체계의 확립≫만을 ≪통일≫이라고 떠벌이면서 저들의 분렬주의적 정체를 가리고 북남 사이에 대결상태를 격화시키며 전쟁의 도화선에 불을 지르려고 날뛰고 있다. 분렬주의세력의 새 전쟁 도발책동으로 하여 조선반도에는 전쟁의 위험이 항시적으로 존재하고 있다. 조선반도에서 평화를 보장하고 세계의 평화와 안전을 수호하[62]기 위하여서는 분렬주의세력의 반민족적이고 반통일적인 책동을 짓부시고 하루빨리 나라의 통일을 실현하는 방도 외 다른 길은 없다.

련방제통일방식은 조국통일을 누가 누구를 먹거나 누구에게 먹히지 않는 원칙에서 북과 남에 존재하는 서로 다른 제도와 정부를 그대로 두고 그 우에 하나의 통일적인 민족국가를 세우게 함으로써 북과 남 사이에 대결을 낳는 일체 근원을 제거하여 조선반도에서 전쟁위험을 없애고 평화를 보장할 수 있게 하며 세계의 평화와 안전보장에도 이바지할 수 있게 한다.

조국통일 3대헌장의 정당성과 생활력은 분렬주의세력의 반민족적이고 반통일책동을 분쇄하고 조국통일운동을 발전시키는 데서 뚜렷이 과시되었다. 분렬주의세력의 ≪두 개 조선≫조작책동이 저지파탄되고 격패상태에 있던 북과 남 사이에 공동성명과 합의서들이 채택되었으며 통일애국의 주체적 력량이 북과 남, 해외의 전민족적범위로 확대강화되고 더욱 굳게 결속되었으며 우리 조국통일운동에 대한 세계 진보적 인민들의 지지와 련대성이 강화되었다.

위대한 수령님께서 제시하신 조국통일 3대헌장은 우리 민족이 조국통일을 위한 투쟁의 뚜렷한 목표와 방향을 가지고 민족의 단합된 힘으로 온 겨레의 통일념원을 실현할 수 있도록 확고히 담보하고 있다. 조국통일 3대헌장은 어버이수령님께서 우리 인민과 우리 민족에게 남기신 한없이 고귀한 유산이며 조국통일을 이룩할 수 있는 튼튼한 밑천이다.

위대한 령도자 김정일동지를 민족의 태양으로 조국통일의 구성으로 높이 모시고 통일조국의 새날을 맞이해가는 력사의 새 시대, 조국통일시대는 온 민족이 어버이수령님의 조국통일유훈을 철저히 관철하여 하루빨리 조국통일을 실현할 것을 요구하고 있다.

우리 민족은 앞으로 정세가 어떻게 변하고 환경이 어떻게 달라지든, 어떤 난관과 시련이 닥쳐오든 추호의 동요 없이 조국통일 3대헌장을 높이 받들고 경애하는 장군님께서 제시하신 조국통일대강이 가리키는 길을 따라 조국통일의 한길로 힘차게 전진해나감으로써 삼천리 강토우에 통일조국을 안아올 것이다.

64. 련방제통일방식은 조국통일문제를 순조롭게 해결하기 위한 가장 합리적인 방도[7]

신 분 진

[56]위대한 령도자 김정일동지께서는 불후의 고전적 로작 ≪위대한 수령 김일성동지의 조국통일유훈을 철저히 관철하자≫에서 어버이수령님께서 한평생을 바치시어 조국통일의 고귀한

---

7) 출처: 김일성종합대학출판사, 『김일성종합대학학보: 력사법학』, 제44권 제3호(1998), 56-60쪽.

유산으로, 조국통일의 3대원칙과 전민족대단결 10대강령, 고려민주련방공화국창립방안을 조국통일의 3대헌장으로 천명하시였다.

참으로 위대한 령도자 김정일동지의 로작은 경애하는 수령님에 대한 장군님의 끝없는 충성심과 숭고한 도덕의리의 결정체로서 여기에는 민족의 통일운동사에 쌓으신 위대한 수령님의 영원불멸할 업적을 후손만대에 빛내이며 어떤 난관과 시련 속에서도 오직 수령님의 사상과 로선, 방침대로 조국통일위업을 완성하시려는 경애하는 장군님의 불변의 의지와 투철한 신념이 력력히 맥박치고 있다.

위대한 령도자 김정일동지께서는 로작에서 련방제통일방식을 조국통일3대헌장의 중요내용의 하나로 규정하시고 나라의 통일을 가장 순조롭게 해결하기 위한 방도로 된다고 가르치시였다. 위대한 령도자 김정일동지께서는 다음과 같이 지적하시였다. ≪**우리 조국의 통일문제를 순조롭게 해결하기 위한 가장 합리적인 방도는 련방제방식에 기초하여 나라의 통일을 실현하는 것이다.**≫(≪위대한 수령 김일성동지의 조국통일유훈을 철저히 관철하자≫, 단행본, 21페지)

련방제방식에 기초하여 나라의 통일을 실현하는 것이 조국통일문제를 순조롭게 해결하기 위한 가장 합리적인 방도로 되는 것은 무엇보다 먼저 그것이 우리 민족의 절박한 요구와 우리나라의 현실에 맞게 조국통일을 빨리 실현할 수 있는 최선의 방도로 되기 때문이다. 북과 남, 해외의 온 겨레는 그 누구에게나 접수될 수 있는 합리적인 방식으로 하루속히 나라의 통일이 실현되기를 바라고 있다.

나라와 민족은 사람들의 삶의 터전이고 운명개척의 기본단위이며 인민대중의 운명은 나라와 민족의 운명과 뗄 수 없이 결합되어 있다. 인민대중이 민족국가를 단위로 하여 살아가고 운명을 개척해나가는 조건에서 나라와 민족을 떠나서 인민대중의 자주위업, 사회주의위업에 대하여 생각할 수 없으며 나라와 민족의 자주성이 보장되지 않고는 인민대중의 자주성이 실현될 수 없다. 더욱이 수천 년 동안 한 강토에서 단일 민족으로 살아온 조선민족이 외세의 의하여 둘로 갈라져서는 민족적 불행과 재난을 면할 수 없으며 외세의 지배와 예속에서 벗어날 수 없다. 반세기 이상이나 지속되고 있는 국토량단과 민족의 분렬은 반만년의 유구한 력사를 가진 우리 민족의 통일적 발전을 가로막고 온 민족에게 헤아릴 수 없는 불행과 고통을 가져다주고 있다.

우리 세대에 조국을 통일하지 못하면 자라나는 새 세대들도 민족분렬의 비극을 겪게 될 것이며 북과 남 사이에 민족적 공통성마저 사라지고 민족이 영원히 둘로 갈라지게 될 수 있다. 특히 제국주의의 식민지체계가 무너지고 압박받던 모든 나라와 민족이 자주독립의 길로 나아가고 있는 때에 민족의 존엄과 영예를 생명처럼 귀중히 여기는 우리 민족이 외세에 의하여 자주권을 유린당하고 있는 것은 참을 수 없는 민족적 수치이다.

우리 민족의 민족분렬의 이 비극을 가시자면 하루빨리 나라의 자주적 평화통일을 실현하여야 한다. 나라의 자주적 평화통일만이 나라와 민족의 자주권을 완전히 확립하고 민족의 존엄과 영예를 빛내며 조국과 민족의 부강번영을 이룩해나갈 수 있는 유일하게 정당한 길이다. 나라의 자주적 평화통일을 하루빨리 실[57]현하려면 북과 남, 해외의 전 민족이 접수하고 받아들일 수 있는 민족공동의 통일방도가 마련되어야 한다.

련방제통일방안은 하루빨리 나라의 통일이 이루어지기를 바라는 북과 남, 해외의 전민족의 요구를 반영하여 나라의 통일문제를 가장 빨리 실현할 수 있게 하는 최선의 방도로 된다. 련방제방식은 통일로 가는 과정에 여러 개의 불필요한 단계를 거침이 없이 북과 남을 망라하여 하나의 민족통일국가를 창립함으로써 통일을 빨리 실현할 수 있게 한다. 하나의 민족으로서 련방국가창립 그 자체는 통일을 의미한다.

원래 조국통일문제는 어느 일방이 타방을 먹거나 먹히는 문제가 아니다. 조국통일문제는 외세에 의하여 인위적으로 갈라진 국토와 민족을 다시 합치는 문제이며 조선민족의 본래의 모습을 되찾는 문제이다. 따라서 조국통일문제해결에서는 누가 누구를 먹거나 먹히지 않는 원칙에서 그 방도가 세워져야 한다. 더욱이 북과 남에 서로 다른 제도가 세워진 지도 반세기가 지난 오늘에 와서 어느 한쪽의 제도에 의한 통일을 실현하려고 한다면 통일은 고사하고 오히려 분렬을 심화시키고 돌이킬 수 없는 민족적 재난을 가져오게 된다. 그렇다고 나라의 통일을 무한정 끌 수도 없으며 통일이 절박하다고 하여 이미 반세기 이상 존재하여 온 두 사상과 제도를 무시해서도 안 된다.

하나의 민족, 하나의 국가, 두 개 제도, 두 개 정부에 기초한 련방제방식은 북과 남에 존재하는 서로 다른 사상과 제도, 정부를 그대로 두고 그 우에 하나의 통일적인 민족국가를 세우는 방법으로 통일을 실현하자는 것이다. 이것은 우리나라의 북과 남에 오랜 기간 서로 다른 사상과 제도를 그 언제 가서도 양보하려 하지 않고 있는 북과 남의 현실정에서 나라의 통일을 빨리 실현할 수 있는 최선의 방도는 련방제방식밖에 없다는 것을 말해준다.

련방제방식에 기초하여 나라의 통일을 실현하는 것이 조국통일문제를 순조롭게 해결할 수 있게 하는 가장 합리적인 방도로 되는 것은 다음으로 그것이 어느 한쪽의 우위나 리익만을 추구하지 않고 누구에게도 피해를 주지 않는 합리적이고 공명정대한 통일방도로 되기 때문이다. 민족공동의 통일방도는 반드시 북과 남의 어느 일방의 리익만을 추구하지 않고 어느 쪽에도 치우치지 않는 공정한 것이어야 한다. 공정성을 떠난 통일방도는 민족공동의 통일방도로 될 수 없다. 련방제통일방식은 어느 한쪽의 우위나 리익만을 추구하지 않고 누구에게도 피해를 주지 않도록 범민족통일국가창립에서 나서는 근본문제들을 합리적으로 해결할 수 있게 한다. 련방제통일방식에는 우선 어느 한쪽의 우위나 리익만을 추구하지 않고 누구에게도 피해를 주지 않도록 민족통일국가의 국호가 제시되어 있다. 국호문제는 국가건설에서 나서는 중요한 문제의 하나이다. 그것은 국호에 매개 나라의 력사적, 민족적 특성과 함께 국가의 정치리념, 국가구조, 정치체제가 집중적으로 반영되기 때문이다. 련방제통일방식에 의하면 민족통일국가의 국호를 ≪고려민주련방공화국≫이라고 명명함으로써 국호에 우리 민족의 력사적, 민족적 전통과 함께 민주주의를 바라는 북과 남, 해외의 전 민족의 의사와 요구, 북과 남을 망라하는 국가구조, 정치체제가 훌륭하게 반영되도록 하고 있다.

련방제통일방식에는 또한 어느 한쪽의 우위나 리익만을 추구하지 않고 누구에게도 피해를 주지 않도록 민족통일국가기관들을 공정하게 합리적으로 조직할 수 있게 되어 있다. 민족통일국가기관은 련방형성의 기초에 맞게 마땅히 어느 한쪽의 우위나 리익만을 추구하지 않고 그 누구에게도 피해를 주지 않게 합리적으로 공명정대하게 조직되어야 한다. 그래야 련방국가활동에서 북과 남의 리익을 다같이 보장할 수 있다.

련방제방식의 민족통일국가는 북과 남의 같은 수의 대표들과 적당한 수의 해외동포들로서 최고민족련방회의를 구성[58]하고 거기에서 련방상설위원회를 조직할 수 있게 한다. 련방정부는 대외적으로는 하나의 민족, 하나의 국가를 대표하며 대내적으로는 북과 남의 두 지역정부를 지도하면서 련방국가의 전반적인 사업을 관할하도록 되어 있다. 련방구성원은 평등하며 련방국가기관성원선출에서 독자성을 가진다. 련방국가기관의 책임직은 공동책임제로 하며 직무리행을 륜번제로 하도록 되어 있다.

련방제통일방식에는 또한 련방정부와 지역정부의 권능한계를 합리적으로 설정하게 함으로써 어느 한쪽의 우위나 리익만을 추구하지 않고 그 누구에게도 피해를 주지 않도록 되어 있다. 련방정부와 지역정부의 권능한계를 합리적으로 공명정대하게 정하는 것은 련방을 공고히 하고 민족의 통일적 발전과 륭성번영을 이룩할 수 있게 하는 기본담보로 된다.

련방제통일방식에서 련방정부는 전 민족의 단결, 합작, 통일의 념원에 맞게 공정한 원칙에서 정치문제, 조국방위문제, 대외관계문제를 비롯하여 나라와 민족의 전반적인 리익과 관계되는 공동의 문제들을 토의결정하며 나라와 민족의 통일적인 발전을 추진하고 모든 분야에서 북과 남 사이의 단결과 합작을 실현하며 어느 한쪽이 다른 쪽에 자기의 의사를 강요하지 못하도록 그 권한과 임무가 규정되어 있다. 그리고 지역정부는 련방정부의 지도밑에 전 민족의 근본 리익과 요구에 맞는 범위에서 독자적인 정책을 실시하며 모든 분야에서 북과 남 사이의 차이를 줄이고 나라와 민족의 통일적 발전을 이룩하기 위하여 노력하도록 그 임무가 규정되어 있다. 련방제통일방식에는 또한 민족공동의 리익에 맞게 민족통일국가의 성격과 활동방침이 규제되어 있다. 련방제통일방식에는 어느 한쪽의 우위나 리익만을 추구하지 않고 그 누구에게도 피해를 주지 않도록 민족통일국가의 성격이 규제되어 있다.

련방제방식의 민족통일국가는 전 조선을 대표하는 통일국가로서 자주적인 국가로 되어야 한다. 자주성은 민족통일국가의 생명이다. 민족자주정신은 민족을 강하게 하고 나라를 흥하게 하는 사상적 힘이라면 사대주의와 외세의존사상은 민족을 비굴하고 무기력하게 만드는 사상적 독소이다. 사대와 외세의존이 망국의 길이라는 것은 민족수난의 오랜 력사를 통하여 우리 인민이 뼈아프게 체험한 심각한 교훈이다. 그러므로 서로 다른 사상과 제도를 그대로 두고 형성된 련방형식의 통일국가는 철저한 자주적 립장을 가지고 자주적인 정책을 실시하여야 한다. 이것은 외세의 침략과 간섭을 파탄시키고 자주독립국가로서의 위력을 떨치는 것으로 되며 전 민족의 근본요구와 리익에 맞는 것으로 된다.

련방제통일방식에는 또한 민족을 이루는 각이한 계급과 계층, 각이한 사상과 정견을 가진 사람들이 다같이 공감하고 받아들일 수 있는 정치리념인 민주주의를 구현한 민주주의적인 통일국가로 되어야 한다고 규제되어 있다. 민주주의는 각이한 사상과 정견을 가진 사람들과 각이한 계급과 계층의 요구와 리익을 민족공동의 요구와 리익과 결합시키는 정치리념으로서 서로 다른 사상과 제도를 그대로 두고 형성된 련방국가 내에서 민족적 단결을 도모하고 나라의 통일적 발전을 도모할 수 있게 한다. 그러므로 련방제방식의 민족통일국가는 국가활동의 모든 분야에서 민주주의를 철저히 구현하여야 한다.

련방제방식의 민족통일국가는 련방형성의 기초에 맞게 철저히 중립적이며 평화애호적인 국가로 되어야 한다. 련방제방식의 민족통일국가는 대외적으로 중립적인 국가로 되어야 한다. 이렇게 하여야 국제관계에서 나라들 사이의 리해관계가 복잡하게 엉켜 있고 새력권쟁탈을 위한 제국주의자들의 침략과 간섭이 끊임없이 강화되고 있으며 지리적으로 볼 때 큰 나라들 사이에 끼어 있는 [59]속에서도 나라와 민족의 리익을 고수하고 빛내어나갈 수 있다.

련방제통일방식에는 또한 북과 남의 쌍방의 리익을 다같이 도모하고 민족의 통일적인 발전을 보장할 수 있도록 통일국가의 활동방침이 규제되어 있다. 련방제방식의 민족통일국가는 정치분야에서 자주성을 확고히 견지하고 자주적인 정책을 실시하며 나라의 전 지역과 사회의 모든 분야에 걸쳐 민주주의를 실시하고 민족대단결을 도모하며 해외에 있는 모든 조선동포들의 민주주의적 민족권리와 리익을 도모하고 보호하도록 하여야 한다.

경제분야에서는 북과 남 사이에 경제적 합작과 교류를 실시하고 민족경제의 자립적 발전을 보장하며 북과 남 사이에 끊어졌던 교통과 체신을 련결하고 전국적 범위에서 교통, 체신 수단의 자유로운 리용을 보장하며 로동자, 농민을 비롯한 근로대중과 전체 인민들의 생활안정을 도모하고 그들의 복리를 계통적으로 증진시키도록 하여야 한다.

문화분야에서는 북과 남의 과학자, 기술자들이 과학연구사업을 공동으로 진행하며 과학기술 분야의 성과와 경험을 널리 교환하도록 하며 나라의 과학기술을 빨리 발전시키며 북과 남의 예술인들과 체육인들 사이의 교류와 합작을 적극 장려하며 북과 남의 과학자들이 공동으로 민족문화유산을 발굴하고 보호관리하며 고유한 우리말과 글을 연구발전시키도록 하여야 한다. 이와 함께 인민적인 교육제도를 발전시키고 교육사업을 국가적으로, 사회적으로 적극 지원하도록 함으로써 우수한 민족기술인재를 많이 양성하며 전체 인민의 문화지식수준을 끊임없이 높여나가야 한다.

련방제방식의 민족통일국가의 활동방침은 전체 조선민족의 공통된 지향과 요구를 반영하고 있으며 통일된 조선이 나아갈 앞길을 뚜렷이 명시한 가장 정당하고 합리적인 방침이다. 련방제방식에 기초하여 나라의 통일을 실현하는 것이 조국통일문제를 순조롭게 해결할 수 있게 하는 가장 합리적인 방도로 되는 것은 다음으로 그것이 조선반도에 항시적으로 감돌고 있는 전쟁위험을 없애고 세계의 평화와 안전을 보장하는 데 이바지할 수 있는 방도로 되기 때문이다.

조국통일을 무력행사에 의거하지 않고 평화적 방법으로 실현하려는 것은 우리의 원칙적 립장이며 우리 당의 변함없는 로선이다. 우리 민족이 통일문제를 놓고 동족끼리 서로 싸워야 할 근거가 없다. 북과 남 사이에 존재하는 사상과 제도의 차이도 무력행사의 조건으로 되지 않는다. 사상과 제도는 강요한다고 하여 받아들이는 것이 아니며 강압적인 방법으로는 북과 남의 사상과 제도의 차이를 없앨 수 없다. 북과 남이 서로 싸우면 전쟁의 참화를 입는 것은 우리 민족이고 거기에서 어부지리를 얻는 것은 제국주의자들이다. 오늘 조선반도에서는 미제와 남조선통치배들의 반사회주의, 반공화국책동으로 말미암아 긴장상태가 격화되고 임의의 시각에 전쟁이 터질 수 있는 위험이 조성되고 있다. 바로 련방제방식의 통일은 조선반도에 조성되고 있는 이 전쟁위험을 없앨 수 있게 한다.

련방제방식의 통일국가가 수립되면 북과 남 사이에 군사적 대결상태가 해소되게 된다. 북과 남 사이의 군사적 대결상태는 동족 사이에 불신과 오해를 가져오며 서로 신뢰하고 화해할 수 없게 할 뿐 아니라 긴장을 격화시키고 민족적 참화를 빚어내게 할 수 있다. 군사적 대결상태를 해소하지 않고서는 북남관계의 개선도, 조선반도의 평화와 평화통일도 기대할 수 없다.

런방제방식의 통일국가가 수립되면 조선반도에서 전쟁의 근원이 없어지게 된다. 런방제방식의 민족통일국가는 북과 남이 상대방의 사상과 제도를 서로 인정하고 존중하는 립장에서 창립된 것이기 때문에 ≪남침위협≫을 없앨 수 있게 하며 결국 ≪승공≫과 ≪적화≫의 위구를 없앨 수 있게 한다.

런방제방식의 통일국가가 수립되면 서[60]로 다른 사상과 제도를 가진 북과 남 사이에 존재하던 오해와 불신이 해소되어 끊어졌던 민족적 유대가 회복되며 조선민족의 주체성과 민족성이 더욱더 고수되고 발전되어 나가게 된다. 런방제방식의 민족통일국가가 수립되면 우리 민족은 전국적 범위에서 민족의 자주권을 확립하고 하나의 민족으로서 대단합을 이룩하게 될 것이며 우리나라는 자주적이고 평화애호적이며 중립적인 민족통일국가로 될 것이다. 통일된 런방국가는 주변나라들의 리해관계도 침해하지 않을 것이며 그 나라들에 위협으로도 되지 않을 것이다.

위대한 령도자 김정일동지께서 런방제방식의 통일을 민족의 절박한 요구와 나라의 현실에 부합되게 조국통일을 빨리 실현할 수 있는 최선의 방도로 천명하신 것은 앞으로 조선반도의 정세가 어떻게 변하든 관계없이 우리나라의 통일은 오직 가장 합리적인 통일방도인 런방제방식에 의해서만 성과적으로 실현할 수 있다는 불변의 진리를 다시금 내외에 확인시키신 것이다.

통일을 바라는 사람이라면 그 누구에게나 다 접수될 수 있는 이러한 조국통일방식은 어버이 수령님의 사상과 령도풍모, 고매한 덕성을 그대로 체현하시고 수령님과 함께 우리 민족의 통일운동을 현명하게 이끄시어 불멸의 위대한 업적을 쌓아올리신 절세의 애국자이시며 민족의 구세주, 조국통일의 구성이신 위대한 령도자 김정일동지께서만이 내놓으실 수 있다.

북과 남, 해외의 전체 조선인민은 위대한 수령님의 조국통일유훈을 높이 받들고 위대한 령도자 김정일동지께서 다시금 천명하신 대로 런방제방식으로 나라의 통일을 실현하기 위한 힘찬 투쟁을 벌려나가야 할 것이다.

65. 련방제통일방안은 가장 현실적이며 합리적인 조국통일방도[8]

량 창 일

[41]위대한 수령 김일성동지께서는 우리 당 제6차 대회에서 하신 력사적인 보고에서 나라의 통일이 자주, 평화통일, 민족대단결의 3대원칙에 기초하여 실현되어야 한다는 것을 다시금 천명하시고 북과 남이 련합하여 련방국가를 창립하는 방법으로 나라를 통일할 데 대한 새로운 조국통일방안을 내놓으심으로써 우리 인민들에게 조국통일위업과 민족의 장래를 개척하는 데서 거대한 의의를 가지는 새로운 통일강령을 안겨 주시였다. 위대한 수령님께서 제시하신 새로운 통일강령은 우리나라의 구체적 현실로부터 출발한 가장 현실적이고 합리적이고 확신성 있는 조국통일강령이며 전체 조선민족의 공통된 지향을 정확히 반영하고 있는 민족통일의 대헌장이다.

위대한 수령 김일성동지께서는 다음과 같이 교시하시였다. ≪우리 당은 조국을 자주적으로, 평화적으로, 민족대단결의 원칙에서 통일하는 가장 현실적이며 합리적인 방도는 북과 남에 있는 사상과 제도를 그대로 두고 북과 남이 련합하여 하나의 련방국가를 형성하는 것이라고 인정합니다.≫ (≪김일성저작집≫제35권, 346페지)

위대한 수령님께서 제시하신 북과 남의 두 제도를 그대로 두고 자주적이며 중립적이며 평화적인 련방국가를 창립하여 조국을 통일할 데 대한 방안은 영생불멸의 주체사상을 구현하고 있으며 우리나라의 구체적 현실에 기초하고 있는 유일하게 정당한 조국통일방안이다.

련방공화국을 창립하여 조국을 통일할 데 대한 방안이 조국통일의 가장 현실적이며 합리적인 방도로 되는 것은 무엇보다 먼저 민족의 자주성을 옹호하고 고수하는 데 모든 것을 복종시켜 조국통일문제를 해결할 수 있게 하는 민족구국방안이기 때문이다.

자주성은 민족의 생명이다. 자주성은 그 누구도 침해할 수 없는 매개 민족의 신성한 권리이며 자주독립국가의 기본징표이다. 우리 시대 근로인민대중의 자주성을 위한 투쟁은 민족국가 단위로 진행되는 것만큼 민족의 자주성을 실현하는 문제는 매개 나라 혁명에서 나서는 근본문제로 된다. 민족의 자주성이 있어야 민족의 존엄과 영예를 지킬 수 있으며 민족적 독립과 번영을 이룩할 수 있다. 민족이 자주성을 잃으면 나라가 망하며 인민은 식민지노예로 되고 만다.

---

8) 출처: 김일성종합대학출판사, 『김일성종합대학학보: 력사법학』, 제48권 제4호(2002), 41-46쪽.

조국통일을 위한 우리 민족의 투쟁은 민족적 자주권을 위한 해방투쟁이며 민족적 단합을 위한 애국투쟁이다. 우리 민족에게 있어서 조국통일을 실현하는 것보다 더 절박한 민족지상의 과업은 없다. 조국통일을 위하여 나서는 모든 문제를 전 민족의 근본리익과 요구에 복종시키는 것만이 유일하게 정당한 것으로 될 수 있다.

위대한 수령님께서 제시하신 련방제통일방안은 통일문제해결에 관한 주체적 립장에 기초하고 있는 독창적인 방안으로서 민족분렬을 끝장내고 민족의 륭성번영을 이룩할 수 있게 하는 가장 철저한 애국애족적인 방안이다. 련방공화국을 창립하여 조국을 통일할 데 대한 방안이 가장 현실적이고 합리적인 방도로 되는 것은 다음으로 그것이 조국통일문제의 성격과 우리나라의 구체적 현실로부터 출발한 가장 빠르고 확신성 있는 조국통일방안이기 때문이다.

우리나라의 통일문제는 침략전쟁에 참가하였다가 패전한 결과 분렬된 나라에서 국토와 민족의 통합을 이룩하기 위한 민족문제와도 구별되는 문제이다. 우리나라는 침략전쟁에 참가한 나라도 아니며 패전국도 아니다. 우리 민족은 지난날 제국주의식민지예속밑에서 압박받던 민족이며 제국주의침략자들과 싸워서 [42]조국광복을 이룩한 민족이다.

위대한 수령님께서 밝히신 바와 같이 조선의 통일문제는 외세의 지배와 간섭을 종식시키고 조선민족의 자주권을 완전히 실현하며 북과 남 사이의 불신과 대립을 없애고 민족적 단합을 이룩하는 문제이다. 우리나라의 통일문제를 해결함에 있어서는 북과 남에 서로 다른 사상과 제도가 존재하는 사정을 고려하여야 한다. 만일 어느 일방이 어느 한쪽의 사상과 제도를 절대화하거나 그것을 다른 한쪽에 강요하려 한다면 불가피적으로 대결과 충돌을 가져오게 되고 분렬을 심화시키는 결과를 낳게 되며 분렬의 지속은 우리 인민에게 헤아릴 수 없는 불행과 비극을 가져오게 될 것이다.

전 민족이 한결같이 조국통일을 민족지상의 과제로 인정하고 있는 조건에서 북과 남에 현존하는 사상과 제도를 그대로 유지하면서 북과 남이 련합하여 하나의 통일국가를 형성하며 그 안에서 함께 손잡고 살아나갈 방도를 모색하고 민족대단결의 리념과 원칙에서 조국통일방도를 모색하여야 가장 현실적이며 합리적인 조국통일방도를 찾을 수 있다.

나라의 통일문제를 해결함에 있어서는 큰 나라들 사이에 있는 우리나라의 특수한 지리적 조건과 국제적 환경을 고려하지 않으면 안 된다. 력사는 렬강들이 지배권을 유지하기 위한 싸움을 벌일 때마다 그 과정에 작은 나라들이 리익을 침해당하고 희생물로 된다는 것을 보여주고 있다. 우리는 나라의 통일문제가 그 어떤 외부세력의 리해관계를 충족시키는 데 리용되지 않고 조선민족의 근본리익에 맞게 조국을 자주적으로, 평화적으로 통일할 수 있는 길을 찾아야 한다.

위대한 수령님께서 제시하신 자주적이고 중립적이며 평화적인 련방형식의 통일국가를 창립하여 조국통일을 실현할 데 대한 방안은 그 어떤 나라의 위성국으로도 되지 않으며 어떤 쁠럭에도 가담하지 않고 민족의 자주권을 확립하며 민족의 단합을 실현할 수 있게 함으로써 민족의 존엄과 영예를 고수하고 인민들의 념원에 맞게 나라와 민족의 륭성번영을 이룩할 수 있게 하는 유일하게 정당한 조국통일방안으로 된다. 련방공화국을 창립하여 조국을 통일할 데 대한 방안이 조국통일의 가장 현실적이며 합리적인 방도로 되는 것은 다음으로 그것이 민족적 자주권을 확립하며 민족적 단합을 이룩하기 위한 통일국가건설의 대강이기 때문이다.

우리나라와 같이 외래제국주의자들에 의하여 일시적으로 나라와 민족이 둘로 갈라지고 두 지역에 서로 다른 사상과 사회제도가 있는 특수한 조건에서 그리고 유구한 력사를 가진 단일민족인 나라에서 련방국가창립에 관한 문제는 력사상 그 전례가 없는 전혀 새롭게 제기된 문제이다. 일반적으로 련방국가제도에 관한 문제는 여러 민족으로 이루어진 나라에서 주권을 쥐고 있는 계급의 지배적인 사상을 실현하며 지배적인 사회제도를 공고히 하기 위한 국가제도의 문제로 제기되어 왔다. 지금까지 존재한 련방국가에서는 주권을 쥐고 있는 계급의 사상과 그들의 리해관계를 옹호보장하는 사회정치 및 경제제도가 련방국가의 사상적, 정치적 및 경제적 기초로 되고 있다. 련방국가에 관한 기성의 리론과 경험에서는 련방국가가 한 계급의 정치리념, 단일한 사회제도에 기초하는 것으로, 한 련방국가 안에서는 다른 정치리념, 다른 사회제도가 존재할 수 없는 것으로 간주되어 왔다.

위대한 수령님께서 제시하신 통일국가건설에 관한 방안에는 통일국가창립방도, 통일국가형태와 국호, 통일국가의 국가기구와 정강 등 통일국가건설에서 나서는 모든 문제들이 전일적인 체계로 환히 밝혀져 있다. 통일국가건설에 관한 방안은 민족적 자주권을 확립하며 민족의 자주성을 실현하기 위한 통일국가건설의 완성된 대강이며 통일된 부강한 자주독립국가건설의 정치헌장이다.

련방형식의 통일국가건설에 관한 조국통일방안이 통일국가건설의 대강으로 [43]되는 것은 우선 그것이 우리나라의 구체적 현실과 전 민족의 근본리익과 요구에 맞게 우리 식대로 통일국가형성의 현실적 가능성을 주체적으로 밝힌 방안이기 때문이다. 전 민족이 조국통일을 지상의 과제로 인정하고 있는 이상 북과 남에 현존하는 사상과 제도의 차이는 통일을 불가능하게 하는 조건으로 될 수 없다. 위대한 수령님께서는 한 나라 안에 서로 다른 사상을 가진 사람들이 살 수 있으며 한 통일국가 안에 서로 다른 사회제도가 함께 존재할 수 있다는 주체적 립장에 기초하시여 통일국가형성의 현실적 가능성을 독창적으로 밝히시었다. 외래제국주의의 의하여 나라가 두 개로 분렬되어 서로 다른 사상과 제도가 존재하는 조건에서 련방형식의 통일국가창립에 관한 위대한 수령님의 사상은 민족문제해결에서 국가형태를 빛나게 해결한 위대한 사상으로서 국가리론발전에서 불후의 공헌으로 된다.

련방형식의 통일국가건설에 관한 조국통일방안이 통일국가건설의 대강으로 되는 것은 또한 그것이 통일국가의 형태와 국호를 빛나게 해결한 가장 합리적인 방안이기 때문이다. 국가형태와 국호문제는 국가건설에서 중요한 문제의 하나이다. 그것은 국가형태와 국호가 국가의 정치리념, 정치제도를 집중적으로 반영하고 매개 나라의 력사적, 민족적 특성을 반영하는 사정과 관련된다. 통일국가형태를 련방형식으로 정한 것은 북과 남에 서로 다른 사상과 사회제도가 존재하는 우리나라의 현실을 정확히 반영하는 것으로 되며 각이한 사상과 정견을 가진 사람들이 다같이 공감하고 받아들일 수 있는 공통한 정치리념인 민주주의를 반영한 정치체제를 실현할 수 있는 가장 합리적인 방안으로 된다. 위대한 수령님께서 제시하신 고려민주련방공화국은 세계적으로 널리 알려진 우리나라 통일국가의 이름을 살려 국호를 정한 것으로서 민족적 특성을 살리고 우리 민족의 긍지와 자부심을 높여 주는 가장 합리적인 방안으로 된다.

련방형식의 통일국가건설에 관한 조국통일방안이 통일국가건설의 대강으로 되는 것은 또한 련방국가기구의 조직 및 운영에서 나서는 모든 문제를 전 민족의 근본리익과 지향에 맞게 합리적으로 규정하였기 때문이다. 한 나라 안에 서로 다른 사상과 사회제도가 지배하는 두 지역을 그대로 둔 련방국가운영에서 련방국가기구의 조직운영문제는 민족의 자주성을 실현하며 민족적 단합을 이룩하기 위하여 나서는 관건적 문제의 하나이며 매우 어렵고 복잡한 문제이다. 위대한 수령님께서는 이 어렵고 복잡한 문제를 나라와 민족의 근본리익을 첫자리에 놓고 전 민족의 요구를 실현하는 데 복종시켜 련방국가기구문제를 독창적으로 해결하시였다. 련방의 정부기관은 외세에 의하여 나라와 민족이 분렬되어 산생된 후과들을 하루빨리 가시며 나라의 통일을 공고히 하고 민족공동의 리익을 고수하며 대외적으로 하나의 민족, 하나의 국가를 대표할 수 있는 국가기관조직형태와 권능을 가진 기관으로 되어야 한다. 그래야 련방통일국가창립목적을 달성하는 데 이바지할 수 있으며 민족앞에 지닌 성스러운 임무를 성과적으로 실현하여 나갈 수 있다. 련방의 정부기관구성은 민족을 대표하고 민족의 리익을 옹호할 수 있는 최고기관과 나라와 민족의 전반적 리익과 관계되는 공동의 문제들을 책임지고 일상적으로 처리할 수 있는 기관으로 이루어져야 통일국가의 기능과 역할을 높여나갈 수 있다.

련방국가창립방안에는 련방구성원이 련방국가기관성원선출에서 독자성을 가지며 련방국가기관성원구성에서 련방구성원의 평등을 보장할 데 대한 문제들이 제안되어 있다. 단일한 정치체제에 기초한 련방국가에서와는 달리 서로 다른 제도에 기초하고 있는 련방국가에서는 련방국가기관성원선출에서 련방구성원이 독자성을 가지게 하는 것이 기본문제로 나서게 [44]된다. 그것은 련방국가기관이 어느 한 련방구성원의 리익만을 대변하는 기관이 아닌 것만큼 련방국가기관성원선출에서 련방구성원의 의사와 요구가 관철될 수 있는가 없는가 하는 문제가 련방형성과 련방국가기관설립의 근본조건을 좌우하기 때문이다.

런방구성원이 련방국가기관성원선출권을 가지는 것은 련방의 국가기관활동에서 련방구성원의 의사와 리익이 정확히 관철되게 하며 모든 문제들이 련방구성원의 리익에 맞게 공정하게 처리될 수 있게 확고히 담보한다. 련방구성원에 의해 선출된 성원이 련방국가기관성원구성에서 차지하는 비률은 련방에서의 련방구성원의 지위와 역할을 반영하게 된다. 그것은 련방국가기관의 성격과 역할이 그 국가기관을 구성하고 있는 사람들에 의하여 좌우되기 때문이다. 서로 다른 두 제도를 그대로 두고 형성된 련방형식의 민족통일국가에 있어서 련방국가기관의 인적구성비률을 가장 민주주의적으로, 합리적으로 할 수 있는 길은 련방구성원에 각각 같은 수를 보장하는 것이다. 련방국가기관의 인적구성에서 련방구성원이 각각 같은 수를 차지하도록 하는 것은 련방국가기관구성에서의 련방구성원의 평등을 보장하며 련방국가기관사업에서 련방구성원의 리해관계를 조화롭게 결합시키며 민족적 단합을 공고히 하고 모든 문제처리에서 공정성을 담보한다. 련방국가기관에 적당한 수의 해외동포대표들이 망라되게 하는 것은 련방의 국가기관이 통일된 민족을 대표하는 범민족기관으로서 해외동포들의 민주주의적 민족권리와 리익을 옹호하고 보호하는 사업을 잘해 나갈 수 있도록 한다.

련방국가기관운영에서 합리성을 보장하는 것은 련방국가기관건설에서 나서는 원칙적 문제의 하나이다. 련방국가기관운영에서 합리성이 보장되어야 련방과 련방구성원 간의 단합을 공고히 하고 련방적인 요구와 련방구성원의 요구를 다같이 조화롭게 실현하여 나갈 수 있다. 련방구성원이 서로 다른 제도에 기초하고 있는 련방국가에 있어서는 련방국가기관의 책임직을 공동책임제로 하는 것이 련방형성의 기초에 맞으며 련방국가기관활동에서의 지역적 편견을 없애고 련방구성원의 요구를 정확히 실현하여 나갈 수 있게 하는 합리적인 방도로 된다. 련방국가기관의 책임직을 공동책임제로 하는 것과 함께 그들이 륜번제로 련방국가기관의 책임임무를 수행하도록 하는 것은 련방국가기관들의 활동에서 민족공동의 리익과 련방구성원의 리익을 옳게 결합시키며 련방국가권력행사에서 련방구성원의 균형을 보장할 수 있게 한다.

지역정부의 자치권과 련방정부의 권능한계를 옳바로 정하는 것은 련방을 공고히 하고 민족의 통일적 발전과 륭성번영을 이룩할 수 있게 하는 기본담보로 된다. 련방국가창립방안에서 제시된 련방정부의 권한과 임무는 전 민족의 단결합작, 통일의 리념에 맞게 공정한 원칙에서 정치문제, 조국방위문제, 대외관계문제를 비롯하여 나라와 민족의 전반적 리익과 관계되는 공동의 문제들을 토의결정하며 나라와 민족의 통일적 발전을 위한 사업을 추진하고 모든 분야에서 북과 남 사이의 단결과 합작을 실현하며 어느 한쪽이 다른 쪽에 자기 의사를 강요하지 못하도록 하는 것이다.

련방국가창립방안에서 제시된 지역자치정부의 권한과 임무는 련방정부의 지도밑에 전 민족의 근본리익과 요구에 맞는 범위에서 독자적인 정책을 실시하며 모든 분야에서 북과 남 사이의 차이를 줄이고 나라와 민족의 통일적 발전을 이룩하기 위하여 노력하는 것이다. 련방국가창립방안에는 련방형성과 련방의 점차적인 완성을 용이하게 할 수 있도록 하기 위하여 잠정적으로는 지역자치정부에 더 많은 권한을 부여하며 장차로는 련방정부의 기능을 더욱더 높여 나가는 방향에서 권한분담을 할 데 대하여서도 지적되어 있다. 련방공화국의 지역자치정부와 련방정부의 권한에 대한 조화로운 분담은 서로 다른 제도에 기초하고 있는 련방구성원들의 독자성을 보장하면서 련방의 기초를 튼튼히 다지게 하며 나라[45]와 민족의 통일적 발전을 확고히 담보하게 한다. 이렇게 자주, 평화통일, 민족대단결의 3대원칙에 기초하여 조국통일을 실현할 수 있는 가장 현실적이며 합리적인 통일국가형태와 련방국가기구가 독창적으로 제시됨으로써 민족의 자주권을 확립하며 민족의 단합을 가장 빠르게 이룩할 수 있는 통일국가건설의 국가기구적 기초를 마련할 수 있는 확고한 전망이 열리게 되었다.

련방형식의 통일국가건설에 관한 조국통일방안이 통일국가건설의 대강으로 되는 것은 또한 그것이 전체 조선민족의 공통된 지향과 요구를 가장 정확히 반영하고 통일된 조선이 나아갈 앞길을 뚜렷이 밝힌 부강한 자주독립국가건설의 대헌장이기 때문이다. 통일국가의 10대정강에는 통일국가가 국가활동의 모든 분야에서 확고히 견지하여야 할 근본원칙으로부터 시작하여 모든 정책작성에서 견지하여야 할 원칙, 정치, 경제, 문화, 군사, 대외관계의 전반분야에서 견지하여야 할 원칙과 과업, 그 수행방도가 뚜렷이 밝혀져 있다.

련방국가는 정치분야에서 자주성을 확고히 견지하며 나라의 전 지역과 사회의 모든 분야에 걸쳐 민주주의를 실시하고 민족대단결을 도모하며 해외에 있는 모든 조선동포들의 민족적 권리와 리익을 옹호하고 보호한다. 련방국가는 경제분야에서 북과 남 사이의 경제적 합작과 교류를 실시하고 민족경제의 자립적 발전을 보장하며 북과 남 사이에 끊어졌던 교통과 체신을 련결하고 전국적 범위에서 교통, 체신수단의 자유로운 리용을 보장하며 로동자, 농민을 비롯한 근로대중과 전체 인민들의 생활안정을 도모하고 그들의 복리를 계통적으로 증진시킨다. 련방국가는 문화분야에서 북과 남의 과학자, 기술자들이 과학연구사업을 공동으로 진행하며 과학기술분야의 성과와 경험을 널리 교환하도록 하여 나라의 과학기술을 빨리 발전시킨다. 련방국가는 북과 남의 예술인들과 체육인들 사이의 교류와 합작을 적극 장려하며 북과 남의 과학자들이 공동으로 민족문화유산을 발굴하고 보호관리하며 고유한 우리말과 글을 연구발전시킨다. 련방국가는 인민적인 교육제도를 발전시키고 교육사업을 국가적으로, 사회적으로 적극 지원하도록 함으로써 우수한 민족기술인재를 많이 양성하며 전체 인민의 문화지식수준을 끊임없이 높여 나간다. 련방국가는 군사분야에서 북과 남 사이의 군사적 대치상태을 해소하고 민족련합군을 조직하며 외래침략으로부터 민족을 보위한다. 련방국가는 대외관계분야에서 북과 남이 통일 이전에 다른 나라들과 맺은 대외관계를 옳바로 처리하고 두 지역정부의 대외활동을 통일적으로 조절하며 전 민족을 대표하는 통일국가로서 중립론선을 확고히 견지하고 세계 모든 나라들과 우호관계를 발전시키며 평화애호적인 대외정책을 실시한다.

통일국가의 10대정강은 통일국가가 국가활동의 모든 분야에서 자주적인 정책을 실시하고 로동자, 농민을 비롯한 근로대중과 전체 인민을 위하여 복무하게 하며 련방국가의 모든 정책이 민족대단결의 원칙에 철저히 의거하고 민족의 단결과 합작을 강화하여 나라의 통일적 발전과 번영을 이룩하기 위한 것으로 되게 확고히 담보한다.

조국과 민족의 운명을 한 몸에 지니시고 자신께서는 풍상고초를 다 겪으시면서도 우리 인민과 후대들에게만은 어떻게 하나 분렬된 조국이 아니라 통일되고 번영하는 새 조국을 넘겨주시기 위하여 모든 것을 다 바치신 민족의 태양이시며 자애로운 어버이이신 위대한 수령 김일성동지께서만이 조국통일강령을 제시할 수 있었다.

통일국가의 10대정강은 온 민족의 공통된 지향과 요구를 가장 정확히 반영한 것으로 하여 전체 조선인민의 적극적인 지지와 찬동을 받고 있으며 세계인민들로부터 열렬한 환영을 받고 있다. 통일국가의 10대정강이 제시됨으로써 우리 민족은 조국과 민족의 밝은 앞날을 환히 내다볼 수 있게 되었으며 그 실현을 위하여 힘차게 투쟁해 나갈 수 있게 되었다.

[46]고려민주련방공화국을 세워 조국을 통일하기 위하여 나서는 문제는 우선 남조선에서 사회의 민주화를 실현하는 것이다. 남조선에서는 ≪보안법≫으로 하여 통일애국력량이 야수적으로 탄압당하고 있으며 북의 동포들을 ≪주적≫으로 규정하고 적대시하고 있다. 남조선에서 민주화가 실현되어야 통일애국력량의 통일운동이 보장되고 북과 남 사이의 자유로운 래왕과 접촉의 길이 열리게 되며 온 민족의 단합이 이룩될 수 있고 그에 기초하여 련방통일국가를 창건할 수 있다.

고려민주련방공화국을 창립하여 조국을 통일하기 위하여서는 또한 온 민족의 대단결을 이룩하여야 한다. 련방제방식의 통일은 온 민족의 대단결을 그 기초로 하고 있다. 북과 남, 해외의 온 민족이 모든 것을 초월하여 대단결을 이룩해야만 그에 기초하여 련방제방식의 통일국가를 창립할 수 있다. 우리 민족은 북과 남의 차이점보다 민족적 공통성이 더 크고 공고한 것으로 되고 있다. 북과 남에 존재하는 사상과 제도의 차이점보다 단일민족으로서의 공통성을 더 귀중히 여기고 민족의 동질성을 전면에 내세우며 단결하여야 하나의 민족국가 안에 서로 다른 두 제도, 두 정부가 함께 있을 수 있다. 남조선의 분렬주의자들이 사회제도만을 절대시하면서 제도가 단일화되기 전에는 두 개 국가로 갈라져 있을 수밖에 없다고 주장하는 것은 반민족적이고 반통일적인 책동이다.

위대한 수령님께서 제시하신 련방제방식의 통일국가수립에서 나서는 문제들을 성과적으로 실현할 수 있는 공명정대한 방도가 위대한 장군님에 의하여 발겨지게 됨으로써 조국통일운동을 전 민족적인 기반 우에서 목적지향성 있게 확대발전시켜 나갈 수 있게 되었다.

66. 련방제방식의 민족통일국가창립은 조국통일의 최선의 방도[9]

리 룡 덕

[11]오늘 북과 남, 해외의 온 겨레는 위대한 령도자 김정일동지를 조국통일의 구성으로 높이 모시고 신심과 락관에 넘쳐 조국통일위업수행에 힘차게 떨쳐나서고 있다. 외세에 의하여 국토가 량단되고 민족이 분렬된 첫날부터 조국통일을 민족지상의 과업으로 내세우고 그 실현을 위하여 벌려온 우리 인민의 투쟁은 력사적인 6·15북남공동선언을 계기로 새로운 단계에 들어섰다. 북과 남은 력사적인 6·15북남공동선언을 통하여 나라의 통일문제를 그 주인인 우리 민족끼리 서로 힘을 합쳐 자주적으로 해결하며 나라의 통일을 위한 북측의 낮은 단계의 련방제안과 남측의 련합제안이 서로 공통성이 있다고 인정하고 앞으로 이 방향에서 나라의 통일을 지향시켜 나갈 데 대하여 내외에 엄숙히 선포하였다.

---

9) 출처: 김일성종합대학출판사, 『김일성종합대학학보: 력사법학』, 제48권 제4호(2002), 11-15쪽.

경애하는 장군님께서 마련하여 주신 6·15북남공동선언은 조국통일3대원칙을 구현하고 있는 자주, 평화통일, 민족대단결선언이며 21세기의 조국통일의 리정표이다. 우리 인민은 6·15북남 공동선언의 기치를 높이 들고 위대한 수령님께서 제시하신 련방제방식의 조국통일의 결정적 국면을 열어 나가기 위한 투쟁을 힘 있게 벌리고 있다.

위대한 령도자 김정일동지께서는 북과 남이 오랫동안 분렬되어 온 나라의 현실을 과학적으로 분석하시고 련방제방식의 민족통일국가창립을 조국통일을 최선의 방도로 제시하시였다. 위대한 령도자 김정일동지께서는 다음과 같이 지적하시였다. ≪**우리 민족의 절박한 요구와 나라의 현실에 비추어볼 때 조국통일을 빨리 실현할 수 있는 최선의 방도는 하나의 민족, 하나의 국가, 두개 제도, 두개 정부에 기초한 련방제방식의 민족통일국가를 창립하는 것이다.**≫(≪김정일선집≫제14권, 354페지)

련방제방식의 민족통일국가의 창립은 본질에 있어서 하나의 민족, 하나의 국가의 테두리 안에 북과 남에 존재하는 서로 다른 제도와 정부를 그대로 두고 그 우에 민족통일정부를 세우는 형식으로 나라의 통일을 실현하는 것이다. 련방제방식의 민족통일국가창립은 조국통일의 최선의 방도이다. 그것은 무엇보다도 우리나라 통일문제의 본질과 북과 남이 오랫동안 분렬되어 온 현 실태를 가장 정확히 반영한 데 있다. 련방제방식의 민족통일국가의 창립은 조국통일문제의 본질적 요구를 정확히 반영하고 있다. 조국통일문제가 어떤 문제인가 하는 것은 조국통일을 위한 투쟁의 성격과 조국통일을 어떤 방식으로 실현하는가를 특징짓는 중요한 문제이다.

우리나라의 통일문제는 남조선에 대한 외세의 지배와 간섭을 끝장내고 전국적 범위에서 민족의 자주권을 확립하며 갈라진 민족의 혈맥을 다시 잇고 하나의 민족으로서의 민족적 단합을 실현하는 문제이다. 조국통일문제는 온 민족이 힘을 합치고 굳게 단결하여 투쟁하여야 해결할 수 있는 민족내부문제, 민족의 내정문제이므로 그 어떤 외세가 관여할 조건도, 명분도 없다.

민족은 력사적으로 형성되고 발전하여 온 사람들의 공고한 집단이며 사회생활단위이다. 사람에게 있어서 자주성이 생명인 것처럼 민족에게 있어서도 자주성은 생명이다. 사람이 자주성을 잃어버리면 죽은 몸이나 다름없듯이 민족도 자주성을 빼앗기면 망국의 운명을 면할 수 없으며 [12]따라서 민족으로서의 존재자체도 유지할 수 없다. 매개 민족은 자주적인 생활단위이며 독자적인 사회적 집단으로서 자기의 존재를 유지하고 발전시켜 나가며 자기 운명의 주인으로서의 민족의 생존과 발전을 집단적으로 개척해 나간다. 사상과 리념에서 차이가 있는 계급, 계층이라 하더라도 민족의 테두리 안에서 벗어날 수 없으며 그것은 어디까지나 한민족이다. 따라서 민족의 자주권의 확립은 민족의 존립과 발전의 근본조건으로 된다.

우리의 조국통일위업은 민족 내의 계급적 모순이나 제도상의 대립을 해결하기 위한 것이 아니라 전국적 범위에서 민족의 혈맥을 다시 잇고 자주권을 확립하기 위한 민족적 위업이다. 민족을 떠난 계급이나 계층이 있을 수 없으며 민족의 자주성이 실현되지 않고서는 민족성원들의 자주성도 보장될 수 없다. 북과 남에 존재하는 사상과 제도의 차이가 아무리 크다고 해도 유구한 력사를 통하여 형성되고 공고발전된 민족적 공통성보다 더 클 수는 없다. 민족통일은 북과 남이 어느 일방이나 그 어떤 특정한 계급, 계층만이 아니라 나라의 분렬로 인하여 불행과 고통을 겪고 있는 온 민족을 위한 것이다. 련방제방식의 통일이야말로 외세의 의해서가 아니라 민족자체의 힘으로 전국적 범위에서 민족의 자주권을 확립하고 오랫동안 갈라져 있던 민족의 혈맥을 다시 이어 하나의 민족으로서의 민족적 단합을 실현할 수 있게 한다. 련방제방식의 민족통일국가의 창립은 북과 남이 오랫동안 분렬되어 온 우리나라의 구체적 현실에도 맞는 주체적인 통일방안이다.

우리나라의 통일문제를 해결하는 데서 어려운 문제의 하나는 북과 남에 오랫동안 서로 다른 사상과 제도가 존재하여 온 것이며 어느 일방도 자기의 사상과 제도를 포기하려 하지 않는 것이다. 이러한 조건에서 사상과 제도에 의한 통일은 도저히 불가능하게 되었다. 그러한 방법으로는 통일이 아니라 도리어 분렬과 대결을 더 격화시키고 나아가서는 돌이킬 수 없는 민족적 재난까지 빚어내게 될 수 있다. 우리 민족은 결코 이러한 길을 택할 수 없으며 또 택하여서는 안 된다. 북과 남에 서로 다른 사상과 제도가 존재하고 있고 어느 일방도 자기의 것을 양보하려 하지 않는다고 하여 나라의 통일을 언제까지나 미룰 수 없다.

우리 민족은 더는 갈라져 살기를 원치 않으며 하루빨리 하나의 민족국가로 통일할 것을 한결같이 념원하고 있다. 북과 남은 단군을 원시조로 하여 5천 년 이상 한 피줄을 이으며 한 강토에서 하나의 언어, 하나의 문화를 가지고 살아온 단일민족이다. 북과 남에는 반세기가 넘는 동안 두 제도가 존재하여 오는 과정에 생긴 이질성이 있지만 그것은 5천 년 이상 력사적으로 형성되고 공고화된 민족적 공통성과 단일성에 비할 수 없다. 북과 남에 존재하는 두 제도의 차이는 결코 우리민족이 서로 갈라져 살아야 할 조건으로는 될 수 없으며 통일을 이룩하는 데서 극복하지 못할 장애로는 될 수 없다.

북과 남에 존재하는 서로 다른 제도와 사상을 그대로 두고 그 우에 하나의 민족통일국가를 세우는 방법으로 통일을 실현하는 것이야말로 우리나라의 현실적 조건에 맞는 조국통일의 최선의 방도이다. 력사적으로 형성되어온 민족적 공통성에 기초한다면 서로 다른 사상과 제도는 얼마든지 하나의 민족, 하나의 통일국가 안에서 공존할 수 있다는 것은 세계적으로도 그 현실성을 실증해 주고 있다. 지금 유럽나라들에서 지역적 《련방》이나 《통합》정책을 추구하고 있는가 하면 세계의 많은 나라들에서 사상과 주의주장이 서로 다른 각이한 정당들이 련합하여 하나의 련립정부를 구성하는 국가정치방식이 국제적 추세로 되고 있다. 뿐만 아니라 얼마 전에 홍콩이 자기의 제도를 그대로 유지하면서 중국에 귀속[13]되었다. 이것은 한 나라 안에서 사상과 주의주장들이 서로 다른 정당들이 련립정부를 구성할 수도 있고 서로 다른 제도가 공존할 수 있다는 것을 실천적으로 확증해주고 있다.

이 모든 사실은 하나의 민족, 하나의 국가, 두 개 제도, 두 개 정부에 기초한 련방제방식의 민족통일국가창설이 합리적이며 현실성 있는 통일방안이라는 것을 보여준다.

련방제방식의 민족통일국가창립이 조국통일의 최선의 방도로 되는 것은 다음으로 그것이 북과 남의 리해관계를 가장 공명정대하게 반영하고 있는 통일방도라는 데 있다. 우리나라의 통일문제는 민족공동의 요구와 리익을 최우선적인 지위에 놓고 어느 일방도 자기의 리익이 침해당함이 없이 공정하게 해결할 것을 요구하고 있다. 통일방도가 공정하고 합리적이며 현실적인 것으로 되자면 계급적 리해관계를 달리하는 북과 남의 모든 계급, 계층들과 각 당, 각파가 다같이 받아들일 수 있는 것으로 되어야 한다. 력대 반통일세력들이 들고 나온 《단일체제통일론》은 곧 《제도통일론》으로서 조국통일문제의 본질과 그 성격을 외곡하는 비현실적인 궤변에 지나지 않는다. 북과 남에 서로 다른 제도와 정부가 존재하고 어느 일방도 자기의 제도를 양보하려 하지 않는 실정에서 제도의 단일화를 전제로 하는 통일은 그 실현방법이 어떠하든지 어느 일방이 타방을 먹는 것으로 되는 것만큼 어느 측에도 접수될 수 없는 것이다. 접수될 수 없는 것을 강요하려 한다면 불피코 불신과 대결을 격화시키고 나아가서는 돌이킬 수 없는 민족적 재난까지 빚어낼 수 있다. 우리 민족이 큰 재난을 피하면서 통일을 이룩하자면 마땅히 북과 남이 다같이 받아들일 수 있는 공명정대한 방도가 있어야 한다.

련방제방식의 민족통일국가창립은 북과 남의 량측의 리해관계가 공정하게 고려된 통일해결의 방도이다. 련방제방식으로 통일된 련방국가의 민족통일정부는 북과 남의 같은 수의 대표들과 적당한 수의 해외동포들을 망라하여 구성하게 된다. 여기에서는 전 민족의 단결, 합작, 통일의 념원에 맞게 공정한 원칙에서 정치문제와 조국방위문제, 대외관계문제를 비롯하여 나라와 민족의 전반적 리익과 관련되는 공동의 문제들을 토의결정하게 된다. 그리고 나라와 민족의 통일적 발전을 위한 사업을 추진함으로써 민족적 통일을 이룩할 데 대한 온 민족의 지향과 념원을 훌륭히 실현해 나가게 된다.

련방제방식의 민족통일국가창립은 하나의 민족 안에 두 개의 서로 다른 제도의 련방을 형성하게 함으로써 북과 남이 같은 권한과 의무를 지니고 각각 지역자치제를 실시할 것을 규정하고 있다. 지역정부들은 독자적으로 존재하고 활동하며 전 민족의 공동의 리익과 요구를 실현하기 위한 활동을 벌리게 된다. 이로부터 련방제방식의 민족통일국가가 형성된 다음에도 각 계급, 계층, 당파들의 리익이 조금도 침해되지 않으며 따라서 나라와 민족의 통일적인 발전을 가져오게 된다. 이처럼 련방제방식의 민족통일국가창립은 철저히 조선민족의 리익과 요구를 반영하고 그 실현을 확고히 담보하고 있는 가장 공명정대한 것으로 하여 조국통일의 최선의 방도로 된다.

련방제방식의 민족통일국가창립은 세계 평화옹호인민들의 념원에도 부합된다. 우리나라는 큰 나라들 사이에 끼워 있고 지리적으로 중요한 위치에 있는 것으로 하여 력사적으로 대국들의 세력권확장을 위한 쟁탈대상으로 되여 왔다. 북과 남이 외세에 의하여 분렬된 것도 분렬된 이후 미제가 계속 남조선에 둥지를 틀고 있고 일본군국주의자들이 재침의 기회를 노리고 있는 것도 다 이와 관련된다.

조선문제는 주변나라들을 비롯한 세계적인 관심사로 되고 있다. [14]련방제방식의 민족통일은 하나의 민족, 하나의 국가, 두 개 제도, 두 개 정부를 그대로 인정함으로써 두 개 제도를 법률적으로, 구조적으로 담보하게 된다. 북과 남의 지역정부들은 련방정부의 지도밑에 독자적인 정책을 실시하게 되므로 주변나라들은 많은 측면에서 지금 북과 남이 가지고 있는 관계를 그대로 유지할 수 있게 된다. 이것은 그 나라들의 리익에 전적으로 부합되는 것이다.

련방제방식의 민족통일국가의 창립은 완전한 자주적 권리를 행사할 데 대한 민족의 숙원을 실현할 뿐 아니라 온갖 형태의 지배와 예속을 반대하고 자주성을 요구하는 전 세계인민들의 지향과 시대의 흐름에도 부합된다. 련방제방식의 민족통일국가는 평화를 사랑하는 우리 민족의 전통을 지키고 어느 나라에 대하여서도 침략위협을 주지 않으며 어느 나라의 침략위협에도 리용되지 않는다.

련방제방식의 민족통일국가는 자주적이고 평화애호적이며 중립적인 국가이다. 통일된 조선이 중립적인 민족통일국가로 된다는 것은 어떠한 정치군사적 동맹이나 뽈럭에도 가담하지 않고 어떠한 특정한 나라의 편에 서서 다른 나라를 반대하지 않으며 공명정대한 립장에 서서 세계의 크고 작은 나라, 멀고 가까운 나라 할 것 없이 모든 나라들과 선린우호관계를 적극 도모해 나간다는 것을 의미한다. 이것은 조선인민의 민족적 리익에 부합되는 것은 물론 자주성을 옹호하는 세계 인민들과 세계 모든 나라들에 리로울 것이며 국제긴장상태를 완화하고 세계평화를 유지하는데도 좋을 것이다.

련방제방식의 민족통일국가가 창립되면 조선반도에서 북침과 ≪남침≫에 대한 우려가 없어지는 것은 물론 항구적으로 평화를 보장할 수 있는 확고한 전제가 제도적으로 마련되게 된다. 또한 조선반도에서 새 전쟁이 일어날 수 있는 중요한 근원을 제거하게 됨으로써 아시아와 세계평화에 크게 이바지하게 될 것이다.

이처럼 련방제방식의 민족통일국가창설은 민족의 념원과 리익으로 보나 세계 인민들의 리해관계에서 보나 아시아와 세계평화의 견지에서 보나 가장 공명정대하고 합리적인 조국통일의 최선의 방도로 된다. 전 세계는 우리의 련방제방식의 민족통일을 높이 평가하며 그 실현을 위한 우리 민족의 투쟁에 전적인 지지와 련대성을 보내고 있다. 지금까지 우리나라를 적대시하던 나라들까지도 조선의 통일을 실현하는 데는 련방제방식의 민족통일밖에 없다고 말하고 있다.

련방제방식의 민족통일국가창립의 조국통일방도는 민족과 사회제도의 호상관계에 관한 주체의 원리를 구현하고 있는 우리 식의 독특한 통일방도이다. 이 방도는 제도상의 통일과 민족국가의 통일을 별개의 문제로 보고 제도상으로는 갈라져 있어도 민족은 하나로 통일될 수 있고 하나의 통일국가를 세울 수 있다는 데로부터 출발하고 있다.

하나의 민족국가 안에 서로 다른 두 제도가 함께 있을 수 있는가 없는가 하는 문제는 련방제통일국가수립의 현실성 여부를 가늠하는 출발점으로 된다. 일반적으로 련방제라고 하면 하나 이상의 국가 또는 정부 및 자치주가 공동의 리해관계를 가지고 련합하여 하나의 중앙련합기구를 형성하고 주권적 기능을 수행하는 국가를 의미한다. 오늘 지구상에는 20여 개의 련방국가들이 있다. 일련의 련방국가의 경우를 놓고 보면 련방을 이루고 있는 나라 또는 주들이 련방으로 련합되기 전에 각기 자기의 고유한 력사와 언어를 가지고 있었고 생활풍습에서도 차이가 있었다. 일부 련방국가인 경우에는 사회체제상에서도 차이를 가지고 있었다.

우리나라인 경우에 민족분렬이 오래 지속되는 과정에 북과 남에 서로 다른 제도, 서로 다른 정부가 세워졌지만 우리 민족은 차이점보다 민족적 공통성이 더 크고 공고한 것으로 되고 있다. [15]따라서 북과 남에 존재하는 사상과 제도의 차이점보다 단일민족으로서의 공통성을 더 귀중히 여기고 민족의 동질성을 전면에 내세운다면 하나의 민족국가 안에 서로 다른 두 제도, 두 정부가 함께 있는 련방제형식의 통일을 할 수 있다. 바로 여기에 우리 식의 독특한 련방제방식의 민족통일국가창립의 특징이 있다. 참으로 련방제방식의 민족통일국가창립방도야말로 통일을 순조롭게 그리고 온 겨레의 념원을 담고 있는 참다운 애국애족의 통일방도이다.

북과 남, 해외의 온 겨레는 련방제방식의 민족통일을 지향한 6·15공동선언이 발표되자 전적으로 지지찬동하였다. 광주의 한 언론인은 이북의 련방제통일방안은 누구나 다 공감하고 받아들일 수 있는 가장 공명정대한 통일방안이라고 하면서 ≪하나의 민족, 하나의 국가, 두 개 제도, 두 개 정부에 기초한 련방제통일방안은 분렬의 현 실황을 고려하여 통일의 지름길을 밝힌 위대한 강령≫이라고 하였다. ≪부산청학련대≫는 성명에서 지금은 6·15시대이며 이에 발맞추지 못하는 자는 시대의 뒷길로 물러나야 한다고 주장하면서 6·15공동선언리행으로 조국을 통일하자고 하였다.

남녘인민들과 해외동포들은 위대한 령도자 김정일동지를 민족의 태양, 조국통일의 구성으로 높이 모신 민족적 긍지와 자부심으로 가슴 불태우면서 ≪우리 민족의 통일과 번영을 가져오실 분은 오직 한 분 김정일령도자님이시다. 우리 모두 경애하는 김정일령도자님을 받들어 조국통일을 일떠세우는 거창한 사업에 총 매진하자≫고 호소하였다. 남조선언론사대표단은 평양에 와서 채택한 ≪북남언론기관들의 공동합의문≫에서 력사적인 북남공동선언이 조국통일실현에 중대한 의의를 가진다는 것을 일치하게 인정하고 그 리행에 적극 노력할 것을 다짐하였다.

주체 91(2002)년 5월 4일 ≪공동선언리행의 길, 한총련의 선봉에 서서 조국통일 앞당기자!≫를 제기한 제10기 ≪한총련≫의 5월 축전 및 출범식에서 조국통일범민족련합≪범민련≫남측본부의장은 축사를 통하여 6·15공동선언은 ≪바로 57년간 남북이 막혀 있던 분단의 벽을 허무는 통일의 리정표이다.≫고 하였으며 한총련 대변인은 ≪이번 5월 축전은 6·15선언을 지지하는 사람이라면 누구나 함께 민족의 주체, 자주통일의 주체로 나서서 6·15민족통일대축전 준비태세를 갖추고 결심하는 자리≫라고 평가하였다.

경애하는 장군님께서 반세기가 넘는 분렬력사상 처음으로 북남최고위급회담과 6·15공동선언을 마련하여 주신 이후 북과 남의 각계각층 인사들이 더욱 활발히 서로 만나 우리 민족끼리 힘을 합쳐 자주적 통일을 이룩할 의지를 표명하고 있으며 여러 갈래의 대화들도 진행하고 있다.

북과 남, 해외의 모든 조선동포들은 조국통일의 구성이신 경애하는 김정일장군님의 조국통일강령을 높이 받들고 21세기의 조국통일의 리정표인 6·15북남공동선언을 관철하기 위한 투쟁에 더욱 힘차게 떨쳐나서 위대한 수령님의 조국통일유훈을 철저히 관철하여야 할 것이다.

67. 3대공조는 자주통일실현의 기본담보[10]

림 동 춘

[59]갈라진 조국을 통일하는 것은 위대한 수령 김일성동지의 유훈이며 우리 당의 철석의 의지이고 북과 남, 해외 전체 조선민족의 한결같은 숙원이다. 조국이 해방된 후 미제에 의하여 5000년의 력사국인 우리나라가 남북으로 갈라진 지도 60년이 되어 온다.

올해 공동사설에서는 지난 기간의 조국통일을 위한 투쟁에서의 성과와 경험, 교훈을 전면적으로 분석총화한 데 기초하여 그리고 현시기 조선반도에 조성된 정세의 요구를 반영하여 민족자주공조, 반전평화공조, 통일애국공조를 조국통일실현의 중요한 구호로 제기하였다. 민족자주, 반전평화, 통일애국의 3대공조는 민족의 자주권과 존엄을 지킬 수 있게 하고 나라의 평화와 자주통일을 이룩하게 하며 북과 남, 해외 전체 조선민족의 공영, 공리를 이룩할 수 있게 하는 자주통일실현의 기본담보이다.

위대한 령도자 김정일동지께서는 다음과 같이 지적하시였다. ≪**조국통일은 우리 민족자신의 문제이며 민족의 자주권에 관한 문제인 것만큼 우리 민족이 주인이 되어 민족의 자주적 의사와 요구에 따라 민족자체의 힘으로 이룩해나가야 한다.**≫(≪김정일선집≫, 제14권, 349페지)

민족자주공조는 나라의 자주권과 민족의 존엄을 지켜나가게 하는 자주통일실현의 기본담보이다. 민족자주공조를 실현한다는 것은 외세의 지배와 간섭을 배격하고 민족의 자주권과 존엄을 지키며 민족의 운명을 자주적으로 개척해나가기 위한 투쟁에서 우리 민족끼리 힘을 합치고 행동보조를 같이 해나간다는 것을 말한다. 한 민족에게 있어서 민족이 분렬되어 민족공조를 실현하지 못하는 것보다 엄중한 사태는 없다. 인류력사는 민족이 하나로 단합되지 못하여 민족공조를 실현하지 못하면 다른 민족으로 동화되거나 병합될 수 있으며 따라서 민족이 살아있는 한 온 민족은 하나로 굳게 단합되어 민족공조를 실현해나가기 위하여 적극 투쟁하여야 한다는 것을 보여주고 있다.

조국통일문제를 민족의 의사와 요구에 맞게 풀어나가는 것은 민족자주공조의 가장 중요한 요구이다. 민족자주공조의 이러한 요구는 자기 문제를 자신의 독자적인 판단과 결심에 따라 자기의 요구와 리익에 맞게 결정하고 처리해나갈 민족자결의 권리로부터 흘러나오는 것이다.

---

10) 출처: 김일성종합대학출판사, 『김일성종합대학학보: 력사법학』, 제51권 제3호(2005), 59-63쪽.

민족자결권은 민족내부문제를 남에게 의존하지 않고 자체로 해나갈 것을 요구할 뿐 아니라 그 어떤 민족도 다른 나라의 내정에 간섭하거나 다른 민족에게 자기의 의사를 강요하는 것을 허용하지 않는다. 민족의 요구와 리익은 스스로 보장되는 것이 아니라 자주의 원칙을 확고히 견지할 때 담보된다. 자주의 원칙을 견지하지 않고서는 주인으로서의 권리를 행사할 수 없으며 자기의 요구와 리익도 지킬 수 없다. 40여 년의 망국노의 피눈물 나는 력사를 체험하고 60여 년에 걸치는 민족분렬의 비극을 겪고 있는 오늘의 현실은 바로 지난날 우리 민족이 자주의 원칙을 지키지 못하고 외세에 의탁한 데 그 원인이 있으며 사대와 외세의존으로 빼앗긴 민족의 요구와 리익은 민족자주공조로서만 되찾을 수 있다는 것을 말해주고 있다.

조국통일문제를 민족자체의 힘으로 풀어나가는 것은 민족자주공조의 또 다른 하나의 요구이다. 전국적 범위에서 민족의 자주권을 확립하기 위한 통일위업은 조선민족의 자주성을 위한 투쟁이며 조선민족자신이 주인이 되어 해결하여야 할 문제이다. 외세에 의하여 강요된 국토와 민족의 분렬로 하여 민족의 자주성이 유린당하고 온갖 불행과 고통을 강요당하고 있는 것도 조선민족이며 통일을 절실히 요구하며 통일을 이룩할 수 있는 힘과 능력을 가지고 있는 것도 조선민족이다. 외세에 의존해서는 결코 민족의 통일을 이룩할 수 없다. 우리 민족의 투쟁력사는 우리 민족이 자신의 운명을 능히 자주적으로 개[60]척할 수 있으며 외세의 지배와 간섭을 배격하고 서로 공조하지 않고서는 나라의 자주권과 존엄을 지킬 수 없고 전 민족적 위업인 나라의 자주적 통일을 자신의 힘으로 해결해나갈 수 없다는 것을 보여주고 있다. 민족자주공조는 조국통일에 대한 우리 민족의 의사와 요구, 그 실현을 위한 실제적 능력과 주체적 력량에 대한 확신에 기초하여 외세의존을 배격하고 우리 민족끼리 자주적으로 조국을 통일하겠다는 온 민족의 자주통일열망을 담고 있다.

오늘 민족자주공조를 실현하는 데서 가장 중요한 문제는 외세와의 공조를 배격하고 민족의 단합을 이룩하는 것이다. 미국은 민족자주공조투쟁의 가장 주되는 대상이다. 미국의 지배와 간섭을 끝장내지 않고서는 나라의 통일도 실현할 수 없고 우리 민족의 자주권과 존엄도 지켜낼 수 없다. 미국은 북과 남의 우리 민족이 힘을 합치고 통일을 실현하려고 하는 것을 달가워하지 않으며 북남대결을 고취하고 전쟁책동을 악랄하게 벌리면서 자주통일을 방해하고 있다. 미국은 좋게 발전하는 북남관계에 쐐기를 박고 조선반도의 화해와 협력과정을 파탄시키기 위하여 조미핵문제를 걸고 여러 차례에 걸쳐 ≪남북관계의 전진속도를 조절≫하라고 남조선당국에 압력을 가하였다. 그리고 ≪북핵문제가 해결되지 않는 상황에서 개성공업단지사업을 강행하는 데는 반대≫한다고 하면서 우리 민족끼리는 경제협력을 파탄시키려고 여러 모로 책동하였다.

미국은 이에 머무르지 않고 위험천만한 북침핵전쟁계획들을 짜놓고 그 실현가능성을 검토하면서 조선반도에서 핵전쟁의 불을 지피려고 피눈이 되어 날뛰었다.

남조선의 친미세력들은 민족자주공조투쟁에서 미국 다음가는 투쟁대상이다. 외세와 협력하는 친미≪공조≫는 사실상 예속공조이며 매국공조이다. 친미≪공조≫에 명줄을 걸고 있는 ≪한나라당≫을 비롯한 친미세력들은 미국의 사촉하에 6·15공동선언에 배치되는 반통일책동을 집요하게 감행하면서 새 정치, 새 생활에 대한 남조선인민들의 지향을 외면하고 북남대결을 고취하였으며 화해과정을 파탄시키는 데로 나갔다. 미국과 친미세력의 반통일 광란에 기가 눌린 남조선당국은 빠른 속도로 진척되어 가던 북남관계발전에 찬물을 끼얹는 반민족적, 반시대적, 반통일적 행위들을 저질렀다. 결과 지난해에 조국통일투쟁은 우리 민족의 통일을 바라지 않는 미제와 그와 결탁한 ≪한나라당≫패거리들을 비롯한 민족반역자들과 반통일세력들의 책동으로 하여 침체상태에 처하게 되었고 우리민족제일주의 기치밑에 힘 있게 전개되던 자주통일운동도 성과를 거둘 수 없게 되었다. 미국과 민족반역자들, 반통일세력을 그대로 두고서는 민족공조도 자주적인 조국통일도 성취할 수 없다는 것이 지난해 우리 민족이 북남협력과 통일위업실현을 위한 투쟁에서 절감한 심각한 교훈이다.

지난해의 조국통일위업실현에서의 교훈은 미국과 민족반역자들을 비롯한 반통일세력들을 배격하고 전체 조선민족을 조국통일을 위한 거족적인 투쟁에 한 사람같이 떨쳐나서게 하자면 우리 민족끼리 힘을 합치는 민족자주공조를 실현하여야 한다는 것을 깨우쳐 주고 있다. 민족자주공조야말로 남조선인민들이 친미사대의식에서 깨여나게 하며 우리 민족의 내정에 대한 미국의 지배와 간섭책동, 반공화국적대시정책과 북남대결책동을 짓부셔버릴 수 있게 하여 나라의 자주권과 민족의 존엄을 지켜내게 하는 기본담보로 된다.

반전평화공조는 남조선에서 미군을 철수시키고 핵전쟁위험을 제거하며 조선반도의 평화를 보장하게 하는 자주통일실현의 기본담보이다. 반전평화공조란 전쟁을 반대하고 평화를 지향하는 세력이 조선반도에서 전쟁을 일으키고 평화를 파괴하는 세력을 반대하는 투쟁에서 서로 협력한다는 것을 말한다. 반전평화공조는 북만을 위한 것도 아니다. 조선반도에서 전쟁이 일어나면 북과 남이 다같이 재난을 당하고 전체 조선민족의 운명이 위협당하게 된다. 때문에 반전평화투쟁은 오늘 우리 민족 앞에 나서고 있는 가장 중요하고도 절박한 과업으로 된다.

미국은 조선반도에서 핵전쟁위험을 조성하고 조선반도의 평화와 안전을 위협하는 주되는 전쟁세력이다. 미국은 남조선에 침략적인 군사기지를 설치하고 조선반도에 전쟁위험, 핵전쟁위험을 조성한 주범이다. 미국은 조선전쟁직후부터 [61]조선반도를 제놈들의 세계제패실현의 사활적인 작전지역으로 책정하고 남조선을 군사침략기지, 핵공격기지로 만들기 위한 책동에 달라붙었다. 미국은 1958년 1월부터 남조선에 핵미싸일과 1,000여 개의 핵무기를 배비하였으며 1985년에는 항공용핵포탄, ≪퍼싱≫, ≪토마호크≫, ≪크루즈≫, 중성자포탄과 핵지뢰 등 무려 1,700여 개의 핵무기를 전진배치하였다.

미국은 남조선에 핵전쟁위험을 조성하였을 뿐 아니라 부단한 핵전쟁연습으로 조선반도정세를 전쟁접경으로 몰아넣고 있는 전쟁세력이다. 미국은 남조선을 세계최대의 핵무기고로 전변시켰을 뿐 아니라 공화국북반부에 대한 침략계획을 짜놓고 전쟁연습을 계단식으로 확대함으로써 항시적인 전쟁위험을 조성하였다. 미국은 1980년대에는 9일전쟁계획, 120일전쟁계획, 1990년대에는 ≪작전계획 5027≫, 최근에는 ≪우발계획≫이라는 핵전쟁계획을 짜놓고 북침공격의 기회를 노려왔다. 미국은 전쟁계획을 짜놓은 데 그치지 않고 1969년의 ≪망막의 초점≫, 1990년대의 ≪팀스피리트≫전쟁연습 등 조선반도에 현실적인 핵전쟁위험을 조성하였다. 부쉬행정부가 발족한 2000년대에는 북침핵공격기도가 더욱 더 로골화되었으며 지난해에는 핵압살위협이 절정에 달하였다.

미국은 지난해에 ≪정밀공격≫으로 저들의 피해를 최소한 줄이면서 상대방의 전쟁지휘와 전쟁수행능력을 ≪조기에 무력화≫시키는 것을 골자로 하는 ≪신작전5026≫을 작성하고 그 실현가능성까지 검토하였으며 북침전쟁계획을 세부적으로 완성한 ≪작전계획5027－04≫도 새롭게 짜놓았다. 미국은 이에 그치지 않고 조선반도≪유사시≫에 핵무기 30개를 사용한다는 극히 위험천만한 핵전쟁씨나리오까지 짜놓고 미국본토와 남조선강점 미군지기에서 모의탄두투하훈련까지 감행하였다. 미제가 모험적인 북침전쟁계획들을 수정보충하면서 그것을 조선반도에 전개하기 위한 실전훈련까지 감행한 것은 미국호전세력들이 대조선침략전쟁도발을 기정사실화하고 북조선을 선제공격하겠다는 저들의 침략적인 폭언을 리행하는 단계에 들어갔다는 것을 말해주고 있다.

미국은 이와 함께 남조선에 ≪스트라이커≫장갑차와 ≪쇄도우200≫무인전술정찰기, ≪MI－AI에이브람스≫땅크 등 이라크와 아프가니스탄전쟁을 통하여 실전시험을 거쳤거나 새로 개발한 첨단무기들과 작전장비들을 대량 투입하였다. 뿐만 아니라 현대전에서의 공중우세를 자랑하는 ≪F－15E≫전투폭격기들과 이라크침략전쟁에서 악명을 떨친 ≪F－117≫스텔스전투폭격기들을 남조선에 전진배치하였으며 지난해 11월에는 최신형≪패트리오트≫미싸일부대의 전개를 완료하고 핵항공모함≪스테니스≫호를 축으로 하여 핵잠수함과 최신예≪이지스≫구축함 등으로 구성된 대규모해상타격무력을 조선동해와 그 주변수역에 실전배비하여 작전임무수행에 들어가게 하였다.

미국은 최신공격용무기들을 북침공격기지들에 배치하였을 뿐만 아니라 지난해에 《독수리》, 《련합전시증원연습》, 《을지 포커스 렌즈-04》합동군사연습을 비롯하여 북조선을 공격하기 위한 준비단계의 전쟁연습을 련이어 벌려놓고 전쟁분위기를 고취하였다. 이러한 전쟁연습들이 당면하여 조선반도의 화해분위기를 파괴하고 제2의 조선전쟁을 도발하자는 데 그 목적이 있다는 것은 너무나도 명백하다. 미국이 남조선에 대한 이러한 발광적인 핵침략기지화와 핵전쟁책동으로 하여 조선반도에는 항시적으로 핵전쟁위험이 감돌고 언제 핵전쟁이 터질지 모르는 엄중한 정세가 조성되었으며 조선반도에서 전쟁은 피할 수 없는 극한점에 이르게 되었다. 이와 같은 사실은 미국이야말로 조선반도를 침략적 군사기지로 만들고 핵침략전쟁연습을 부단히 감행함으로써 조선반도에 전쟁위기를 조성한 가장 위험한 전쟁세력이라는 것을 보여주고 있다.

조선반도에 조성된 엄중한 사태는 온 겨레로 하여금 반전평화공조를 강화하여 미제의 범죄적인 핵전쟁책동을 짓부실 것을 절박하게 요구하고 있다. 미국은 조선반도의 안전과 평화의 암적 존재이며 미군철수는 나라의 평화와 안전보장의 선결조건으로 된다. 미제침략군이 남조선을 강점하고 있는 한 조선반도의 평화와 안전은 언제가도 보장될 수 없다.

[62]북과 남, 해외의 온 겨레는 반전평화공조의 투쟁기치를 높이 들고 이 땅에서 남조선강점 미제침략군을 철거시키고 미국과 그 추종세력에 의하여 조성된 핵전쟁의 근원을 제거하여야 한다. 미제침략군의 핵무기는 북과 남을 가리지 않고 우리 민족전체에게 화를 들씌울 수 있다. 만약 미제침략군의 핵전쟁도발책동을 저지시키지 못한다면 조선민족은 멸살당하는 것과 같은 비극을 면할 수 없다. 이것은 조선사람이라면 그가 누구이든 북에 있건 남에 있건 해외에 있건 관계없이 다같이 미제의 범죄적인 새 전쟁도발책동, 민족멸살책동을 저지파탄시키기 위하여 거족적인 반전평화공조투쟁에 떨쳐나서야 한다는 것을 말해준다.

통일애국공조는 민족의 공동의 리익을 고수하게 하고 민족의 번영을 이룩하게 하는 자주통일실현의 담보이다. 통일애국공조란 나라와 민족의 통일을 지향하고 민족을 사랑하는 세력이 반통일, 반민족세력을 반대하는 투쟁에서 서로 협력한다는 것을 말한다. 통일은 전체조선민족의 최대의 숙원이며 애국은 우리 민족의 고귀한 전통이며 자랑이다. 우리 민족처럼 조국을 사랑하고 통일을 바라는 민족은 이 세상 어디에도 없다.

통일애국공조는 우선 반통일세력, 반민족세력과의 투쟁을 과감히 벌려나갈 수 있게 함으로써 자주통일실현을 적극화한다. 반통일세력과 빈민족세력과의 철저한 투쟁 없이 자주통일이 실현될 수 없다. 현시기 우리 민족과 나라의 통일을 가장 악랄하게 반대하는 주범은 미국이다. 미국은 우리나라를 분렬시킨 장본인이며 장장 140여 년간 우리 민족에게 헤아릴 수 없는 불행과 고통을 들씌워온 침략자이다. 조선민족이 겪고 있는 모든 불행과 고통의 근원은 미국에 있다. 미국은 최근에만 하여도 우리나라와 민족의 통일을 반대하는 여러 가지의 교활하고도 악착한 행위들을 다 감행하고 있다. 미국은 지난해 북남대결을 고취하고 우리 민족끼리 하는 경제협력에 끼어들어 그를 파탄시키기 위한 간섭과 방해책동을 로골적으로 벌리었다. 미국은 부대통령, 대통령국가안보담당 특별보좌관, 국무장관, 국무차관 등 미행정부고위우두머리들을 남조선에 급파하여 남조선당국자들에게 《북의 위협설》을 주입시키면서 북남대결을 고취하였고 《외교통상부장관》을 비롯한 남조선당국자들과 정객들을 미국에 호출하여 공화국북반부에 대한 적대감을 불어넣었을 뿐 아니라 미국의 반북대결에 발 벗고 나선 남조선의 친미주구들에게 《감사장》까지 쥐어주면서 동족과의 대결에로 부추기었다.

미국은 이에 그치지 않고 북남관계의 진전을 가로막기 위한 불순한 책동들을 로골적으로 감행하였다. 미국은 그 무슨 《테로지원국》에 전략물자를 수출할 수 없게 규정한 관련법규를 개성공업지구에 진출하는 남조선기업들에 적용하겠다고 위협하면서 개성공업지구건설사업을 파탄시키려고 책동하였다. 그리고 개성공업지구건설장에 출입하는 남측인원들과 물자들을 통제하기 위한 음흉한 목적밑에 당치 않게도 군사정전위원회 미국측 성원 20여 명을 판문점공동경비구역과 비무장지대에 상주시키기 위한 놀음을 벌리었다. 뿐만 아니라 미의회조사국 동아시아전문가 마크 메니를 비롯한 미행정부의 조선문제전문가들을 내세워 북남관계에 《지나친 기대를 걸지 말라.》느니, 《남북 간 경제협력의 급진전이 미한관계의 균렬요인이 될 수 있다.》느니 뭐니 하면서 남조선을 지속적으로 압박하였다.

미국의 이러한 책동은 온 겨레의 한결같은 지향과 요구에 따라 진행되는 북남경제협력에 쐐기를 박고 우리 민족의 공영공리를 해치며 우리 민족의 화해와 협력과정을 파탄시키기 위한 고의적인 반통일행동이라는 것은 의심할 여지가 없다. 보는 바와 같이 미국은 우리나라를 남북으로 동강내고 분렬을 고착시켰으며 최근시기에는 있지도 않는 《북핵문제》라는 것을 조작하고 좋게 발전해가고 있는 북남협력을 방해하는 주되는 세력이라는 것을 보여주고 있다.

통일애국공조는 또한 전체 조선민족을 단합시켜 조선민족 대 미국과의 대결구조로 자주통일을 위한 통일을 벌려나감으로써 통일애국력량의 절대적인 우세를 보장하게 하는 담보이다. 우리나라의 자주통일은 조선민족의 넋과 피를 지닌 사람이라면 그 누구도 외면하지 [63]않고 통일투쟁의 흐름에 서슴없이 뛰어 들어온 민족이 하나와 같이 단결하여 투쟁할 때만이 성취할 수 있다.

최근 년간에 통일애국투쟁과 북남경제협력에서의 성과는 통일은 우리 민족내부문제이며 우리 민족이 주체가 되어 전체 조선민족이 일치단결하여 미국에 맞서 나가면서 풀어나가야 할 문제라는 것을 뚜렷이 보여주고 있다. 6·15공동선언이 채택된 후 지난 5년간의 투쟁과정에 온 겨레는 통일애국공조의 필요성과 위력을 폐부로 절감하게 되었다. 지난 수십 년 동안 지속되어온 불신과 대결, 오해와 적대로 굳어진 북남관계가 짧은 시일 내에 화해하고 협력하고 리해하고 양보하는 우리 민족끼리의 관계로 전환되고 량단되었던 지맥과 혈맥이 이어지고 있는 현실은 통일은 다름 아닌 우리 민족의 리익을 지키는 길이기 때문에 조선민족끼리 힘을 합칠 수 있으며 이 투쟁에 민족성원들이 뭉치면 뭉칠수록 그 힘은 커진다는 것을 보여주고 있다.

통일애국공조는 북과 남 해외 각 당, 각파, 각계각층의 련대와 련합을 실현하여 미국을 비롯한 반통일세력에 맞설 수 있게 하며 전체 조선민족을 자주통일실현을 위한 투쟁에 떨쳐나서게 하는 방도로 된다. 통일애국공조는 나라를 사랑하고 통일을 지향하는 조선사람은 사상과 리념, 정견과 신앙의 차이, 재산의 유무와 사회적 지위에 관계없이 모든 계급과 계층이 민족공동의 요구와 리익을 첫자리에 놓고 싸워나갈 수 있게 하며 북과 남, 해외의 각 계층 단체들과 개별적 인사들이 민족공동의 리익을 앞세우는 원칙에서 래왕하고 접촉하면서 신뢰를 두터이 하고 민족공동의 리익을 위하여 뜻과 힘을 합쳐 싸워나가게 된다. 사실상 조선사람의 피를 지닌 인간이라면 나라의 통일을 바라지 않는 사람은 없다. 통일을 바라지 않는 자들은 한줌도 못되는 민족반역자들과 친미사대매국노들뿐이다. 남조선의 시민단체들과 각계각층 인민들은 자주통일을 반대하는 《한나라당》을 비롯한 반통일세력을 고립약화시키고 매장해버려야 하며 통일애국공조의 요구대로 자주통일을 실현하기 위한 투쟁에 자기의 몸과 마음을 다 바쳐 나서야 할 것이다.

현시기 민족의 단합을 이룩하고 민족최대의 숙원인 조국의 자주적 통일을 실현하기 위한 근본담보는 선군정치에 있다. 선군정치는 우리 민족과 나라의 자주권을 고수하고 장래번영을 담보하는 기치이다. 선군정치는 북조선만이 아니라 남과 해외 모든 조선동포들에게 민족자주의식과 자존심, 민족적 긍지와 영예감을 높여주며 민족의 통일과 륭성번영의 앞길을 열어나가는 애국애족애민의 위대한 보검이다.

위대한 선군정치를 충성으로 받들어나가는 것은 공동사설에서 제시한 민족자주, 반전평화, 통일애국의 3대공조를 실현하며 조국의 자주적 통일을 앞당겨나가는 길이다. 전체 조선민족은 3대공조의 구호를 높이 들고 조국통일위업에 모든 것을 다 바쳐 나가야 할 것이다.

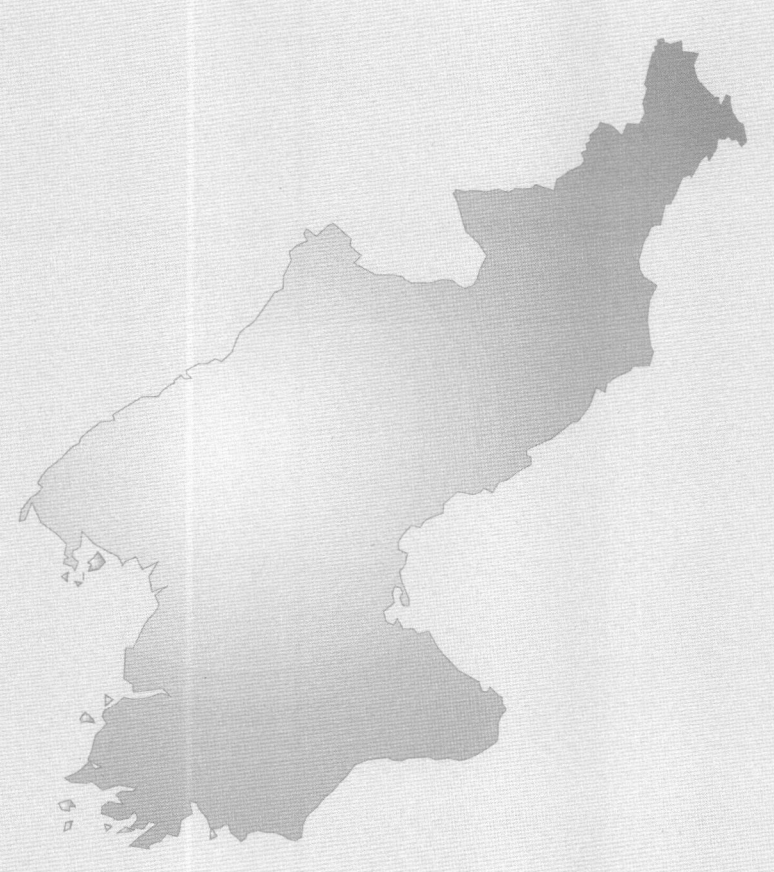

제 2 부
법 령

1. 조선민주주의인민공화국 사회주의헌법

주체61(1972)년 12월 27일 최고인민회의 제5기 제1차 회의에서 채택
주체81(1992)년 4월 9일 최고인민회의 제9기 제3차 회의에서 수정보충
주체87(1998)년 9월 5일 최고인민회의 제10기 제1차 회의에서 수정보충

서 문

조선민주주의인민공화국은 위대한 수령 김일성동지의 사상과 령도를 구현한 주체의 사회주의조국이다.

위대한 수령 김일성동지는 조선민주주의인민공화국의 창건자이시며 사회주의조선의 시조이시다.

김일성동지께서는 영생불멸의 주체사상을 창시하시고 그 기치밑에 항일혁명투쟁을 조직령도하시여 영광스러운 혁명전통을 마련하시고 조국광복의 력사적위업을 이룩하시였으며 정치, 경제, 문화, 군사 분야에서 자주독립 국가건설의 튼튼한 토대를 닦은데 기초하여 조선민주주의인민공화국을 창건하시였다.

김일성동지께서는 주체적인 혁명로선을 내놓으시고 여러 단계의 사회혁명과 건설사업을 현명하게 령도하시여 공화국을 인민대중중심의 사회주의나라로 자주, 자립, 자위의 사회주의국가로 강화발전시키시였다.

김일성동지께서는 국가건설과 국가활동의 근본원칙을 밝히시고 가장 우월한 국가사회제도와 정치방식, 사회 관리체계와 관리방법을 확립하시였으며 사회주의 조국의 부강번영과 주체혁명위업의 계승완성을 위한 확고한 토대를 마련하시였다.

김일성동지께서는 ≪이민위천≫을 좌우명으로 삼으시여 언제나 인민들과 함께 계시고 인민을 위하여 한평생을 바치시였으며 숭고한 인덕정치로 인민들을 보살피시고 이끄시여 온 사회를 일심단결된 하나의 대가정으로 전변시키시였다.

위대한 수령 김일성동지는 민족의 태양이시며 조국통일의 구성이시다. 김일성동지께서는 나라의 통일을 민족지상의 과업으로 내세우시고 그 실현을 위하여 온갖 로고와 심혈을 다바치시였다. 김일성동지께서는 공화국을 조국통일의 강유력한 보루로 다지시는 한편 조국통일의 근

본 원칙과 방도를 제시하시고 조국통일운동을 전 민족적인 운동으로 발전시키시어 온 민족의 단합된 힘으로 조국통일위업을 성취하기 위한 길을 열어놓으시였다.

위대한 수령 김일성동지께서는 조선민주주의인민공화국의 대외정책의 기본리념을 밝히시고 그에 기초하여 나라의 대외관계를 확대발전시키시였으며 공화국의 국제적권위를 높이 떨치게 하시였다. 김일성동지는 세계정치의 원로로서 자주의 새 시대를 개척하시고 사회주의운동과 쁠럭불가담운동의 강화발전을 위하여 세계의 평화와 인민들 사이의 친선을 위하여 정력적으로 활동하시였으며 인류의 자주위업에 불멸의 공헌을 하시였다.

김일성동지는 사상리론과 령도예술의 천재이시고 백전백승의 강철의 령장이시였으며 위대한 혁명가, 정치가이시고 위대한 인간이시였다. 김일성동지의 위대한 사상과 령도업적은 조선혁명의 만년재보이며 조선민주주의인민공화국의 륭성번영을 위한 기본담보이다.

조선민주주의인민공화국과 조선인민은 조선로동당의 령도밑에 위대한 수령 김일성동지를 공화국의 영원한 주석으로 높이 모시며 김일성동지의 사상과 업적을 옹호고수하고 계승발전시켜 주체혁명위업을 끝까지 완성하여나갈 것이다.

조선민주주의인민공화국 사회주의헌법은 위대한 수령 김일성동지의 주체적인 국가건설사상과 국가건설업적을 법화한 김일성헌법이다.

제1장 정　치

제 1조 조선민주주의인민공화국은 전체조선인민의 리익을 대표하는 자주적인 사회주의국가이다.

제 2조 조선민주주의인민공화국은 제국주의침략자들을 반대하며 조국의 광복과 인민의 자유와 행복을 실현하기 위한 영광스러운 혁명투쟁에서 이룩한 빛나는 전통을 이어받은 혁명적인 국가이다.

제 3조 조선민주주의인민공화국은 사람중심의 세계관이며 인민대중의 자주성을 실현하기 위한 혁명사상인 주체사상을 자기 활동의 지도적 지침으로 삼는다.

제 4조 조선민주주의인민공화국의 주권은 로동자, 농민, 근로인테리와 모든 근로인민에게 있다. 근로인민은 자기의 대표기관인 최고인민회의와 지방 각급 인민회의를 통하여 주권을 행사한다.

제 5조 조선민주주의인민공화국에서 모든 국가기관들은 민주주의 중앙집권제원칙에 의하여

조직되고 운영된다.

제 6조 군인민회의로부터 최고인민회의에 이르기까지의 각급 주권기관은 일반적, 평등적, 직접적 원칙에 의하여 비밀투표로 선거한다.

제 7조 각급 주권기관의 대의원은 선거자들과 밀접한 련계를 가지며 자기 사업에 대하여 선거자들 앞에 책임진다.

　　　선거자들은 자기가 선거한 대의원이 신임을 잃은 경우에 언제든지 소환할 수 있다.

제 8조 조선민주주의인민공화국의 사회제도는 근로인민대중이 모든 것의 주인으로 되고 있으며 사회의 모든 것이 근로인민대중을 위하여 복무하는 사람중심의 사회제도이다.

　　　국가는 착취와 압박에서 해방되어 국가와 사회의 주인으로 된 로동자, 농민, 근로인테리와 모든 근로인민의 리익을 옹호하며 보호한다.

제 9조 조선민주주의인민공화국은 북반부에서 인민정권을 강화하고 사상, 기술, 문화의 3대혁명을 힘있게 벌려 사회주의의 완전한 승리를 이룩하며 자주, 평화통일, 민족대단결의 원칙에서 조국통일을 실현하기 위하여 투쟁한다.

제10조 조선민주주의인민공화국은 로동계급이 령도하는 로농동맹에 기초한 전체 인민의 정치사상적 통일에 의거한다.

　　　국가는 사상혁명을 강화하여 사회의 모든 성원들을 혁명화, 로동계급화하며 온 사회를 동지적으로 결합된 하나의 집단으로 만든다.

제11조 조선민주주의인민공화국은 조선로동당의 령도밑에 모든 활동을 진행한다.

제12조 국가는 계급로선을 견지하며 인민민주주의독재를 강화하여 내외적대분자들의 파괴책동으로부터 인민주권과 사회주의제도를 굳건히 보위한다.

제13조 국가는 군중로선을 구현하며 모든 사업에서 우가 아래를 도와주고 대중 속에 들어가 문제해결의 방도를 찾으며 정치사업, 사람과의 사업을 앞세워 대중의 자각적 열성을 불러일으키는 청산리정신, 청산리방법을 관철한다.

제14조 국가는 3대혁명붉은기쟁취운동을 비롯한 대중운동을 힘있게 벌려 사회주의건설을 최대한으로 다그친다.

제15조 조선민주주의인민공화국은 해외에 있는 조선동포들의 민주주의적 민족권리와 국제법에서 공인된 합법적 권리와 리익을 옹호한다.

제16조 조선민주주의인민공화국은 자기 령역안에 있는 다른 나라 사람의 합법적 권리와 리익을 보장한다.

제17조 자주, 평화, 친선은 조선민주주의인민공화국의 대외정책의 기본리념이며 대외활동원 칙이다.

국가는 우리나라를 우호적으로 대하는 모든 나라들과 완전한 평등과 자주성, 호상존중과 내정불간섭, 호혜의 원칙에서 국가적 또는 정치, 경제, 문화적 관계를 맺는다.

국가는 자주성을 옹호하는 세계인민들과 단결하며 온갖 형태의 침략과 내정간섭을 반대하고 나라의 자주권과 민족적, 계급적 해방을 실현하기 위한 모든 나라 인민들의 투쟁을 적극 지지성원한다.

제18조 조선민주주의인민공화국의 법은 근로인민의 의사와 리익의 반영이며 국가관리의 기본무기이다.

법에 대한 존중과 엄격한 준수집행은 모든 기관, 기업소, 단체와 공민에게 있어서 의무적이다.

국가는 사회주의법률제도를 완비하고 사회주의법무생활을 강화한다.

제2장 경 제

제19조 조선민주주의인민공화국은 사회주의적 생산관계와 자립적 민족경제의 토대에 의거한다.

제20조 조선민주주의인민공화국에서 생산수단은 국가와 사회협동단체가 소유한다.

제21조 국가소유는 전체인민의 소유이다.

국가소유권의 대상에는 제한이 없다.

나라의 모든 자연부원, 철도, 항공, 운수, 체신 기관과 중요공장, 기업소, 항만, 은행은 국가만이 소유한다.

국가는 나라의 경제발전에서 주도적 역할을 하는 국가소유를 우선적으로 보호하며 장성시킨다.

제22조 사회협동단체소유는 해당 단체에 들어있는 근로자들의 집단적 소유이다.

토지, 농기계, 배, 중소 공장, 기업소 같은 것은 사회협동단체가 소유할 수 있다.

국가는 사회협동단체소유를 보호한다.

제23조 국가는 농민들의 사상의식과 기술문화수준을 높이고 협동적 소유에 대한 전인민적소유의 지도적 역할을 높이는 방향에서 두 소유를 유기적으로 결합시키며 협동경리에

대한 지도와 관리를 개선하여 사회주의적 협동경리제도를 공고발전시키며 협동단체에 들어있는 전체 성원들의 자원적 의사에 따라 협동단체소유를 점차 전인민적소유로 전환시킨다.

제24조 개인소유는 공민들의 개인적이며 소비적인 목적을 위한 소유이다.

개인소유는 로동에 의한 사회주의분배와 국가와 사회의 추가적 혜택으로 이루어진다.

터밭경리를 비롯한 개인부업경리에서 나오는 생산물과 그밖의 합법적인 경리활동을 통하여 얻은 수입도 개인소유에 속한다.

국가는 개인소유를 보호하며 그에 대한 상속권을 법적으로 보장한다.

제25조 조선민주주의인민공화국은 인민들의 물질문화생활을 끊임없이 높이는 것을 자기 활동의 최고원칙으로 삼는다.

세금이 없어진 우리나라에서 늘어나는 사회의 물질적부는 전적으로 근로자들의 복리 증진에 돌려진다.

국가는 모든 근로자들에게 먹고 입고 쓰고 살 수 있는 온갖 조건을 마련하여준다.

제26조 조선민주주의인민공화국에 마련된 자립적 민족경제는 인민의 행복한 사회주의생활과 조국의 륭성번영을 위한 튼튼한 밑천이다.

국가는 사회주의자립적민족경제건설로선을 틀어쥐고 인민경제의 주체화, 현대화, 과학화를 다그쳐 인민경제를 고도로 발전된 주체적인 경제로 만들며 완전한 사회주의 사회에 맞는 물질기술적 토대를 쌓기 위하여 투쟁한다.

제27조 기술혁명은 사회주의경제를 발전시키기 위한 기본고리이다.

국가는 언제나 기술발전문제를 첫자리에 놓고 모든 경제활동을 진행하며 과학기술발전과 인민경제의 기술개조를 다그치고 대중적 기술혁신운동을 힘있게 벌려 근로자들을 어렵고 힘든 로동에서 해방하며 육체로동과 정신로동의 차이를 줄여나간다.

제28조 국가는 도시와 농촌의 차이, 로동계급과 농민의 계급적 차이를 없애기 위하여 농촌기술혁명을 다그쳐 농업을 공업화, 현대화하며 군의 역할을 높이고 농촌에 대한 지도와 방조를 강화한다.

국가는 협동농장의 생산시설과 농촌문화주택을 국가부담으로 건설하여준다.

제29조 사회주의, 공산주의는 근로대중의 창조적 로동에 의하여 건설된다.

조선민주주의인민공화국에서 로동은 착취와 압박에서 해방된 근로자들의 자주적이며 창조적인 로동이다.

국가는 실업을 모르는 우리 근로자들의 로동이 보다 즐거운 것으로, 사회와 집단과 자신을 위하여 자각적열성과 창발성을 내어 일하는 보람찬 것으로 되게 한다.

제30조 근로자들의 하루 로동시간은 8시간이다.

국가는 로동의 힘든 정도와 특수한 조건에 따라 하루 로동시간을 이보다 짧게 정한다.

국가는 로동조직을 잘하고 노동규률을 강화하여 로동시간을 완전히 리용하도록 한다.

제31조 조선민주주의인민공화국에서 공민이 로동하는 나이는 16살부터이다.

국가는 로동하는 나이에 이르지 못한 소년들의 로동을 금지한다.

제32조 국가는 사회주의경제에 대한 지도와 관리에서 정치적지도와 경제기술적지도, 국가의 통일적지도와 매개 단위의 창발성, 유일적 지휘와 민주주의, 정치도덕적자극과 물질적 자극을 옳게 결합시키는 원칙을 확고히 견지한다.

제33조 국가는 생산자대중의 집체적 힘에 의거하여 경제를 과학적으로, 합리적으로 관리운영하는 사회주의경제관리형태인 대안의 사업체계와 농촌경리를 기업적 방법으로 지도하는 농업지도체계에 의하여 경제를 지도관리한다.

국가는 경제관리에서 대안의 사업체계의 요구에 맞게 독립채산제를 실시하며, 원가, 가격, 수익성 같은 경제적 공간을 옳게 리용하도록 한다.

제34조 조선민주주의인민공화국의 인민경제는 계획경제이다.

국가는 사회주의경제발전법칙에 따라 축적과 소비의 균형을 옳게 잡으며 경제건설을 다그치고 인민생활을 끊임없이 높이며 국방력을 강화할 수 있도록 인민경제발전계획을 세우고 실행한다.

국가는 계획의 일원화, 세부화를 실현하여 생산장성의 높은 속도와 인민경제의 균형적 발전을 보장한다.

제35조 조선민주주의인민공화국은 인민경제발전계획에 따르는 국가예산을 편성하여 집행한다.

국가는 모든 부문에서 증산과 절약 투쟁을 강화하고 재정통제를 엄격히 실시하여 국가축적을 체계적으로 늘이며 사회주의적 소유를 확대발전시킨다.

제36조 조선민주주의인민공화국에서 대외무역은 국가 또는 사회협동단체가 한다.

국가는 완전한 평등과 호혜의 원칙에서 대외무역을 발전시킨다.

제37조 국가는 우리나라 기관, 기업소, 단체와 다른 나라 법인 또는 개인들과의 기업 합영과 합작, 특수경제지대에서의 여러 가지 기업창설운영을 장려한다.

제38조 국가는 자립적 민족경제를 보호하기 위하여 관세정책을 실시한다.

제3장 문 화

제39조 조선민주주의인민공화국에서 개화발전하고 있는 사회주의적 문화는 근로자들의 창조적 능력을 높이며 건전한 문화정서적 수요를 충족시키는데 이바지한다.

제40조 조선민주주의인민공화국은 문화혁명을 철저히 수행하여 모든 사람들을 자연과 사회에 대한 깊은 지식과 높은 문화기술수준을 가진 사회주의, 공산주의 건설자로 만들며 온 사회를 인테리화한다.

제41조 조선민주주의인민공화국은 사회주의근로자들을 위하여 복무하는 참다운 인민적이며 혁명적인 문화를 건설한다.

국가는 사회주의적 민족문화건설에서 제국주의의 문화적침 투와 복고주의적 경향에 반대하며 민족문화유산을 보호하고 사회주의현실에 맞게 계승발전시킨다.

제42조 국가는 모든 분야에서 낡은 사회의 생활양식을 없애고 새로운 사회주의적 생활양식을 전면적으로 확립한다.

제43조 국가는 사회주의교육학의 원리를 구현하여 후대들을 사회와 인민을 위하여 투쟁하는 견결한 혁명가로, 지덕체를 갖춘 공산주의적 새 인간으로 키운다.

제44조 국가는 인민교육사업과 민족간부양성사업을 다른 모든 사업에 앞세우며 일반교육과 기술교육, 교육과 생산노동을 밀접히 결합시킨다.

제45조 국가는 1년동안의 학교전 의무교육을 포함한 전반적 11년제 의무교육을 현대과학기술발전추세와 사회주의건설의 현실적 요구에 맞게 높은 수준에서 발전시킨다.

제46조 국가는 학업을 전문으로 하는 교육체계와 일하면서 공부하는 여러 가지 형태의 교육체계를 발전시키며 기술교육과 사회과학, 기초과학 교육의 과학리론수준을 높여 유능한 기술자, 전문가들을 키워낸다.

제47조 국가는 모든 학생들을 무료로 공부시키며 대학과 전문학교 학생들에게는 장학금을 준다.

제48조 국가는 사회교육을 강화하며 모든 근로자들이 학습할 수 있는 온갖 조건을 보장한다.

제49조 국가는 학령전 어린이들을 탁아소와 유치원에서 국가와 사회의 부담으로 키워준다.

제50조 국가는 과학연구사업에서 주체를 세우며 선진과학기술을 적극 받아들이고 새로운 과학기술분야를 개척하여 나라의 과학기술을 세계적 수준에 올려세운다.

제51조 국가는 과학기술발전계획을 바로세우고 철저히 수행하는 규률을 세우며 과학자, 기

술자들과 생산자들의 창조적협조를 강화하도록 한다.

제52조 국가는 민족적형식에 사회주의적 내용을 담은 주체적이며 혁명적인 문학예술을 발전시킨다.

국가는 창작가, 예술인들이 사상예술성이 높은 작품을 많이 창작하며 광범한 대중이 문예활동에 널리 참가하도록 한다.

제53조 국가는 정신적으로, 육체적으로 끊임없이 발전하려는 사람들의 요구에 맞게 현대적인 문화시설들을 충분히 갖추어주어 모든 근로자들이 사회주의적 문화정서생활을 마음껏 누리도록 한다.

제54조 국가는 우리말을 온갖 형태의 민족어말살정책으로부터 지켜내며 그것을 현대의 요구에 맞게 발전시킨다.

제55조 국가는 체육을 대중화, 생활화하여 전체인민을 로동과 국방에 튼튼히 준비시키며 우리나라 실정과 현대체육기술발전 추세에 맞게 체육기술을 발전시킨다.

제56조 국가는 전반적 무상치료제를 공고발전시키며 의사담당구역제와 예방의학제도를 강화하여 사람들의 생명을 보호하며 근로자들의 건강을 증진시킨다.

제57조 국가는 생산에 앞서 환경보호대책을 세우며 자연환경을 보존, 조성하고 환경오염을 방지하여 인민들에게 문화위생적인 생활환경과 로동조건을 마련하여 준다.

제4장 국 방

제58조 조선민주주의인민공화국은 전인민적, 전국가적 방위체계에 의거한다.

제59조 조선민주주의인민공화국 무장력의 사명은 근로인민의 리익을 옹호하며 외래침략으로부터 사회주의제도와 혁명의 전취물을 보위하고 조국의 자유와 독립과 평화를 지키는데 있다.

제60조 국가는 군대와 인민을 정치사상적으로 무장시키는 기초 우에서 전군간부화, 전군현대화, 전민무장화, 전국요새화를 기본내용으로 하는 자위적군사로선을 관철한다.

제61조 국가는 군대 안에서 군사규률과 군중규률을 강화하며 관병일치, 군민일치의 고상한 전통적 미풍을 높이 발양하도록 한다.

제5장 공민의 기본권리와 의무

제62조 조선민주주의인민공화국 공민이 되는 조건은 국적에 관한 법으로 규정한다.

　　　 공민은 거주지에 관계없이 조선민주주의인민공화국의 보호를 받는다.

제63조 조선민주주의인민공화국에서 공민의 권리와 의무는 ≪하나는 전체를 위하여, 전체는 하나를 위하여≫라는 집단주의원칙에 기초한다.

제64조 국가는 모든 공민에게 참다운 민주주의적 권리와 자유, 행복한 물질문화생활을 실질적으로 보장한다.

　　　 조선민주주의인민공화국에서 공민의 권리와 자유는 사회주의제도의 공고발전과 함께 더욱 확대된다.

제65조 공민은 국가사회생활의 모든 분야에서 누구나 다 같은 권리를 가진다.

제66조 17살 이상의 모든 공민은 성별, 민족별, 직업, 거주기간, 재산과 지식정도, 당별, 정견, 신앙에 관계없이 선거할 권리와 선거받을 권리를 가진다.

　　　 군대에 복무하는 공민도 선거할 권리와 선거받을 권리를 가진다.

　　　 재판소의 판결에 의하여 선거할 권리를 빼앗긴 자, 정신병자는 선거할 권리와 선거받을 권리를 가지지 못한다.

제67조 공민은 언론, 출판, 집회, 시위와 결사의 자유를 가진다.

　　　 국가는 민주주의적 정당, 사회단체의 자유로운 활동조건을 보장한다.

제68조 공민은 신앙의 자유를 가진다. 이 권리는 종교건물을 짓거나 종교의식같은 것을 허용하는 것으로 보장된다.

　　　 종교를 외세를 끌어들이거나 국가사회질서를 해치는데 리용할 수 없다.

제69조 공민은 신소와 청원을 할 수 있다. 국가는 신소와 청원을 법이 정한데 따라 공정하게 심의 처리하도록 한다.

제70조 공민은 로동에 대한 권리를 가진다.

　　　 로동능력있는 모든 공민은 희망과 재능에 따라 직업을 선택하며 안정된 일자리와 로동조건을 보장받는다.

　　　 공민은 능력에 따라 일하며 로동의 량과 질에 따라 분배를 받는다.

제71조 공민은 휴식에 대한 권리를 가진다. 이 권리는 로동시간제, 공휴일제, 유급휴가제, 국가비용에 의한 정휴양제, 계속 늘어나는 여러 가지 문화시설들에 의하여 보장된다.

제72조 공민은 무상으로 치료받을 권리를 가지며 나이 많거나 병 또는 불구로 로동능력을 잃은 사람, 돌볼 사람이 없는 늙은이와 어린이는 물질적 방조를 받을 권리를 가진다. 이 권리는 무상치료제, 계속 늘어나는 병원, 료양소를 비롯한 의료시설, 국가사회보험과 사회보장제에 의하여 보장된다.

제73조 공민은 교육을 받을 권리를 가진다. 이 권리는 선진적인 교육제도와 국가의 인민적인 교육시책에 의하여 보장된다.

제74조 공민은 과학과 문학예술 활동의 자유를 가진다.

국가는 발명가와 창의고안자에게 배려를 돌린다.

저작권과 발명권, 특허권은 법적으로 보호한다.

제75조 공민은 거주, 려행의 자유를 가진다.

제76조 혁명투사, 혁명렬사가족, 애국렬사가족, 인민군후방가족, 영예군인은 국가와 사회의 특별한 보호를 받는다.

제77조 녀자는 남자와 똑같은 사회적 지위와 권리를 가진다.

국가는 산전산후휴가의 보장, 여러 어린이를 가진 어머니를 위한 로동시간의 단축, 산원, 탁아소와 유치원망의 확장, 그밖의 시책을 통하여 어머니와 어린이를 특별히 보호한다.

국가는 녀성들이 사회에 진출할 온갖 조건을 지어준다.

제78조 결혼과 가정은 국가의 보호를 받는다.

국가는 사회의 기층생활단위인 가정을 공고히 하는데 깊은 관심을 돌린다.

제79조 공민은 인신과 주택의 불가침, 서신의 비밀을 보장받는다.

법에 근거하지 않고는 공민을 구속하거나 체포할 수 없으며 살림집을 수색할 수 없다.

제80조 조선민주주의인민공화국은 평화와 민주주의, 민족적 독립과 사회주의를 위하여, 과학, 문화 활동의 자유를 위하여 투쟁하다가 망명하여온 다른 나라 사람을 보호한다.

제81조 공민은 인민의 정치사상적 통일과 단결을 견결히 수호하여야 한다.

공민은 조직과 집단을 귀중히 여기며 사회와 인민을 위하여 몸바쳐 일하는 기풍을 높이 발휘하여야 한다.

제82조 공민은 국가의 법과 사회주의적 생활규범을 지키며 조선민주주의인민공화국의 공민된 영예와 존엄을 고수하여야 한다.

제83조 로동은 공민의 신성한 의무이며 영예이다.

공민은 로동에 자각적으로 성실히 참가하며 로동규률과 로동시간을 엄격히 지켜야 한다.

제84조 공민은 국가재산과 사회협동단체재산을 아끼고 사랑하며 온갖 탐오랑비현상을 반대하여 투쟁하며 나라살림살이를 주인답게 알뜰히 하여야 한다.

국가와 사회협동단체 재산은 신성불가침이다.

제85조 공민은 언제나 혁명적경각성을 높이며 국가의 안전을 위하여 몸바쳐 투쟁하여야 한다.

제86조 조국보위는 공민의 최대의 의무이며 영예이다.

공민은 조국을 보위하여야 하며 법이 정한데 따라 군대에 복무하여야 한다.

제6장 국가 기구

제1절 최고인민회의

제87조 최고인민회의는 조선민주주의인민공화국의 최고주권기관이다.

제88조 최고인민회의는 립법권을 행사한다.

최고인민회의 휴회 중에는 최고인민회의 상임위원회도 립법권을 행사할 수 있다.

제89조 최고인민회의는 일반적, 평등적, 직접적 선거원칙에 의하여 비밀투표로 선거된 대의원들로 구성한다.

제90조 최고인민회의 임기는 5년으로 한다.

최고인민회의 새선거는 최고인민회의 임기가 끝나기전에 최고인민회의 상임위원회의 결정에 따라 진행한다.

불가피한 사정으로 선거를 하지 못할 경우에는 선거를 할 때까지 그 임기를 연장한다.

제91조 최고인민회의는 다음과 같은 권한을 가진다.

1. 헌법을 수정, 보충한다.

2. 부문법을 제정 또는 수정, 보충한다.

3. 최고인민회의 휴회 중에 최고인민회의 상임위원회가 채택한 중요부문 법을 승인한다.

4. 국가의 대내외정책의 기본원칙을 세운다.

5. 조선민주주의인민공화국 국방위원회 위원장을 선거 또는 소환한다.

6. 최고인민회의 상임위원회 위원장을 선거 또는 소환한다.

7. 조선민주주의인민공화국 국방위원회 위원장의 제의에 의하여 국방위원회 제1부위
원장, 부위원장, 위원들을 선거 또는 소환한다.

8. 최고인민회의 상임위원회 부위원장, 명예부위원장, 서기장, 위원들을 선거 또는 소
환한다.

9. 내각총리를 선거 또는 소환한다.

10. 내각총리의 제의에 의하여 내각 부총리, 위원장, 상 그밖의 내각성원들을 임명한다.

11. 중앙검찰소 소장을 임명 또는 해임한다.

12. 중앙재판소 소장을 선거 또는 소환한다.

13. 최고인민회의 부문위원회 위원장, 부위원장, 위원들을 선거 또는 소환한다.

14. 국가의 인민경제발전계획과 그 실행정형에 관한 보고를 심의하고 승인한다.

15. 국가예산과 그 집행정형에 관한 보고를 심의하고 승인한다.

16. 필요에 따라 내각과 중앙기관들의 사업정형을 보고받고 대책을 세운다.

17. 최고인민회의에 제기되는 조약의 비준, 폐기를 결정한다.

제92조 최고인민회의는 정기회의와 림시회의를 가진다.

정기회의는 1년에 1~2차 최고인민회의 상임위원회가 소집한다.

림시회의는 최고인민회의 상임위원회가 필요하다고 인정할 때 또는 대의원전원의 3
분의 1이상의 요청이 있을 때에 소집한다.

제93조 최고인민회의는 대의원전원의 3분의 2이상이 참석하여야 성립된다.

제94조 최고인민회의는 의장과 부의장을 선거한다.

의장은 회의를 사회한다.

제95조 최고인민회의에서 토의할 의안은 최고인민회의 상임위원회, 내각과 최고인민회의 부
문위원회가 제출한다.

대의원들도 의안을 제출할 수 있다.

제96조 최고인민회의 매기 제1차 회의는 대의원 자격심사위원회를 선거하고, 그 위원회가
제출한 보고에 근거하여 대의원자격을 확인하는 결정을 채택한다.

제97조 최고인민회의는 법령과 결정을 낸다.

최고인민회의가 내는 법령과 결정은 거수가결의 방법으로 그 회의에 참석한 대의원
의 반수이상이 찬성하여야 채택된다.

헌법은 최고인민회의 대의원전원의 3분의 2이상이 찬성하여야 수정, 보충된다.

제98조 최고인민회의는 법제위원회, 예산위원회같은 부문위원회를 둔다.

최고인민회의 부문위원회는 위원장, 부위원장, 위원들로 구성한다.

최고인민회의 부문위원회는 최고인민회의 사업을 도와 국가의 정책안과 법안을 작성하거나 심의하며 그 집행을 위한 대책을 세운다.

최고인민회의 부문위원회는 최고인민회의 휴회 중에 최고인민회의 상임위원회의 지도밑에 사업한다.

제99조 최고인민회의 대의원은 불가침권을 보장받는다.

최고인민회의 대의원은 현행범인 경우를 제외하고는 최고인민회의, 그 휴회 중에 최고인민회의 상임위원회 승인 없이 체포하거나 형사처벌을 할 수 없다.

제2절 국방위원회

제100조 국방위원회는 국가주권의 최고군사지도기관이며 전반적 국방관리기관이다.

제101조 국방위원회는 위원장, 제1부위원장, 부위원장, 위원들로 구성한다.

국방위원회 임기는 최고인민회의 임기와 같다.

제102조 조선민주주의인민공화국 국방위원회 위원장은 일체 무력을 지휘통솔하며 국방사업 전반을 지도한다.

제103조 국방위원회는 다음과 같은 임무와 권한을 가진다.

1. 국가의 전반적 무력과 국방건설사업을 지도한다.

2. 국방부문의 중앙기관을 내오거나 없앤다.

3. 중요군사간부를 임명 또는 해임한다.

4. 군사칭호를 제정하며 장령이상의 군사칭호를 수여한다.

5. 나라의 전시상태와 동원령을 선포한다.

제104조 국방위원회는 결정과 명령을 낸다.

제105조 국방위원회는 자기 사업에 대하여 최고인민회의 앞에 책임진다.

제3절 최고인민회의 상임위원회

제106조 최고인민회의 상임위원회는 최고인민회의 휴회 중의 최고주권기관이다.

제107조 최고인민회의 상임위원회는 위원장, 부위원장, 서기장, 위원들로 구성한다.

제108조 최고인민회의 상임위원회는 약간 명의 명예부위원장을 둘 수 있다.

최고인민회의 상임위원회 명예부위원장은 최고인민회의 대의원가운데서 오랜 기간 국가건설사업에 참가하여 특출한 기여를 한 일군이 될 수 있다.

제109조 최고인민회의 상임위원회 임기는 최고인민회의 임기와 같다.

최고인민회의 상임위원회는 최고인민회의 임기가 끝난 후에도 새 상임위원회가 선거될 때까지 자기임무를 계속 수행한다.

제110조 최고인민회의 상임위원회는 다음과 같은 임무와 권한을 가진다.

1. 최고인민회의를 소집한다.

2. 최고인민회의 휴회 중에 제기된 새로운 부문 법안과 규정안, 현행 부문법과 규정의 수정, 보충안을 심의채택하며 채택실시하는 중요 부문법을 다음번 최고인민회의의 승인을 받는다.

3. 불가피한 사정으로 최고인민회의 휴회기간에 제기되는 국가의 인민경제발전계획, 국가예산과 그 조절안을 심의하고 승인한다.

4. 헌법과 현행 부문법, 규정을 해석한다.

5. 국가기관들의 법준수집행을 감독하고 대책을 세운다.

6. 헌법, 최고인민회의 법령, 결정, 국방위원회 결정, 명령, 최고인민회의 상임위원회 정령, 결정, 지시에 어긋나는 국가기관의 결정, 지시를 폐지하며 지방인민회의의 그릇된 결정집행을 정지시킨다.

7. 최고인민회의 대의원선거를 위한 사업을 하며 지방인민회의 대의원선거사업을 조직한다.

8. 최고인민회의 대의원들과의 사업을 한다.

9. 최고인민회의 부문위원회와의 사업을 한다.

10. 내각 위원회, 성을 내오거나 없앤다.

11. 최고인민회의 휴회 중에 내각총리의 제의에 의하여 부총리, 위원장, 상, 그밖의 내각성원들을 임명 또는 해임한다.

12. 최고인민회의 상임위원회 부문위원회 성원들을 임명 또는 해임한다.

13. 중앙재판소 판사, 인민참심원을 선거 또는 소환한다.

14. 다른 나라와 맺은 조약을 비준 또는 폐기한다.

15. 다른 나라에 주재하는 외교대표의 임명 또는 소환을 결정하고 발표한다.

16. 훈장과 메달, 명예칭호, 외교직급을 제정하며 훈장과 메달, 명예칭호를 수여한다.

17. 대사권과 특사권을 행사한다.

18. 행정단위와 행정구역을 내오거나 고친다.

제111조 최고인민회의 상임위원회 위원장은 상임위원회 사업을 조직 지도한다.

최고인민회의 상임위원회 위원장은 국가를 대표하며 다른 나라 사신의 신임장, 소환장을 접수한다.

제112조 최고인민회의 상임위원회는 전원회의와 상무회의를 가진다.

전원회의는 위원전원으로 구성하며 상무회의는 위원장, 부위원장, 서기장들로 구성한다.

제113조 최고인민회의 상임위원회 전원회의는 상임위원회의 임무와 권한을 실현하는데서 나서는 중요한 문제들을 토의결정한다.

상무회의는 전원회의에서 위임한 문제들을 토의결정한다.

제114조 최고인민회의 상임위원회는 정령과 결정, 지시를 낸다.

제115조 최고인민회의 상임위원회는 자기 사업을 돕는 부문위원회를 둘 수 있다.

제116조 최고인민회의 상임위원회는 자기 사업에 대하여 최고인민회의 앞에 책임진다.

제4절 내 각

제117조 내각은 최고주권의 행정적집행기관이며 전반적국가관리기관이다.

제118조 내각은 총리, 부총리, 위원장, 상과 그밖의 필요한 성원들로 구성한다.

내각의 임기는 최고인민회의 임기와 같다.

제119조 내각은 다음과 같은 임무와 권한을 가진다.

1. 국가의 정책을 집행하기 위한 대책을 세운다.

2. 헌법과 부문법에 기초하여 국가관리와 관련한 규정을 제정 또는 수정, 보충한다.

3. 내각의 위원회, 성, 내각 직속기관, 지방인민위원회의 사업을 지도한다.

4. 내각 직속기관, 중요 행정경제기관, 기업소를 내오거나 없애며 국가관리기구를 개선하기 위한 대책을 세운다.

5. 국가의 인민경제발전계획을 작성하며 그 실행대책을 세운다.

6. 국가예산을 편성하며 그 집행대책을 세운다.

7. 공업, 농업, 건설, 운수, 체신, 상업, 무역, 국토관리, 도시경영, 교육, 과학, 문화, 보건, 체육, 로동행정, 환경보호, 관광, 그밖의 여러 부문의 사업을 조직집행한다.

8. 화폐와 은행 제도를 공고히 하기 위한 대책을 세운다.

9. 국가관리질서를 세우기 위한 검열, 통제사업을 한다.

10. 사회질서유지, 국가 및 사회협동단체의 소유와 리익의 보호, 공민의 권리보장을 위한 대책을 세운다.

11. 다른 나라와 조약을 맺으며 대외사업을 한다.

12. 내각 결정, 지시에 어긋나는 행정경제기관의 결정, 지시를 폐지한다.

제120조 내각총리는 내각사업을 조직지도한다.

내각총리는 조선민주주의인민공화국 정부를 대표한다.

제121조 내각은 전원회의와 상무회의를 가진다.

내각전원회의는 내각성원전원으로 구성하며 상무회의는 총리, 부총리와 그밖에 총리가 임명하는 내각성원들로 구성한다.

제122조 내각전원회의는 행정경제사업에서 나서는 새롭고 중요한 문제들을 토의결정한다.

상무회의는 내각전원회의에서 위임한 문제들을 토의결정한다.

제123조 내각은 결정과 지시를 낸다.

제124조 내각은 자기 사업을 돕는 비상설부문위원회를 둘 수 있다.

제125조 내각은 자기 사업에 대하여 최고인민회의와 그 휴회 중에 최고인민회의 상임위원회 앞에 책임진다.

제126조 새로 선거된 내각총리는 내각성원들을 대표하여 최고인민회의에서 선서를 한다.

제127조 내각 위원회, 성은 내각의 부문별 집행기관이며 중앙의 부문별 관리기관이다.

제128조 내각 위원회, 성은 내각의 지도밑에 해당 부문의 사업을 통일적으로 장악하고 지도관리한다.

제129조 내각 위원회, 성은 위원회회의와 간부회의를 운영한다.

위원회, 성 위원회회의와 간부회의에서는 내각 결정, 지시집행대책과 그밖의 중요한 문제들을 토의결정한다.

제130조 내각 위원회, 성은 지시를 낸다.

제5절 지방인민회의

제131조 도(직할시), 시(구역), 군 인민회의는 지방주권기관이다.

제132조 지방인민회의는 일반적, 평등적, 직접적 선거원칙에 의하여 비밀투표로 선거된 대의원들로 구성한다.

제133조 도(직할시), 시(구역), 군 인민회의 임기는 4년으로 한다.

지방인민회의 새 선거는 지방인민회의 임기가 끝나기 전에 해당 지방인민위원회의 결정에 따라 진행한다.

불가피한 사정으로 선거를 하지 못할 경우에는 선거를 할 때까지 그 임기를 연장한다.

제134조 지방인민회의는 다음과 같은 임무와 권한을 가진다.

1. 지방의 인민경제발전계획과 그 실행정형에 대한 보고를 심의하고 승인한다.

2. 지방예산과 그 집행에 대한 보고를 심의하고 승인한다.

3. 해당 지역에서 국가의 법을 집행하기 위한 대책을 세운다.

4. 해당 인민위원회 위원장, 부위원장, 사무장, 위원들을 선거 또는 소환한다.

5. 해당 재판소의 판사, 인민참심원을 선거 또는 소환한다.

6. 해당 인민위원회와 하급인민회의, 인민위원회의 그릇된 결정, 지시를 폐지한다.

제135조 지방인민회의는 정기회의와 림시회의를 가진다.

정기회의는 1년에 1~2차 해당 인민위원회가 소집한다.

림시회의는 해당 인민위원회가 필요하다고 인정할 때 또는 대의원전원의 3분의 1이상의 요청이 있을 때 소집한다.

제136조 지방인민회의는 대의원전원의 3분의 2이상이 참석하여야 성립된다.

제137조 지방인민회의는 의장을 선거한다.

의장은 회의를 사회한다.

제138조 지방인민회의는 결정을 낸다.

제6절 지방인민위원회

제139조 도(직할시), 시(구역), 군 인민위원회는 해당 인민회의 휴회 중의 지방주권기관이며, 해당 지방주권의 행정적집행기관이다.

제140조 지방인민위원회는 위원장, 부위원장, 사무장, 위원들로 구성한다.

지방인민위원회의 임기는 해당 인민회의 임기와 같다.

제141조 지방인민위원회는 다음과 같은 임무와 권한을 가진다.

1. 인민회의를 소집한다.

2. 인민회의 대의원선거를 위한 사업을 한다.

3. 인민회의 대의원들과의 사업을 한다.

4. 해당 인민회의와 상급인민회의, 인민위원회, 내각과 내각 위원회, 성의 법령, 정

령, 결정, 지시를 집행한다.

5. 해당 지방의 모든 행정사업을 조직집행한다.

6. 지방의 인민경제발전계획을 작성하며, 그 실행대책을 세운다.

7. 지방예산을 편성하며 그 집행대책을 세운다.

8. 해당 지방의 사회질서유지, 국가 및 사회협동단체의 소유와 리익의 보호, 공민의 권리보장을 위한 대책을 세운다.

9. 해당 지방에서 국가관리질서를 세우기 위한 검열, 통제사업을 한다.

10. 하급인민위원회 사업을 지도한다.

11. 하급인민위원회의 그릇된 결정, 지시를 폐지하며 하급인민회의의 그릇된 결정의 집행을 정지시킨다.

제142조 지방인민위원회는 전원회의와 상무회의를 가진다.

지방인민위원회 전원회의는 위원전원으로 구성하며 상무회의는 위원장, 부위원장, 사무장들로 구성한다.

제143조 지방인민위원회 전원회의는 자기의 임무와 권한을 실현하는데서 나서는 중요한 문제들을 토의결정한다.

상무회의는 전원회의가 위임한 문제들을 토의결정한다.

제144조 지방인민위원회는 결정과 지시를 낸다.

제145조 지방인민위원회는 자기 사업을 돕는 비상설부문위원회를 둘 수 있다.

제146조 지방인민위원회는 자기 사업에 대하여 해당 인민회의 앞에 책임진다.

지방인민위원회는 상급인민위원회와 내각에 복종한다.

제7절 검찰소와 재판소

제147조 검찰사업은 중앙검찰소, 도(직할시), 시(구역), 군 검찰소와 특별검찰소가 한다.

제148조 중앙검찰소 소장의 임기는 최고인민회의 임기와 같다.

제149조 검사는 중앙검찰소가 임명 또는 해임한다.

제150조 검찰소는 다음과 같은 임무를 수행한다.

1. 기관, 기업소, 단체와 공민들이 국가의 법을 정확히 지키는가를 감시한다.

2. 국가기관의 결정, 지시가 헌법, 최고인민회의 법령, 결정, 국방위원회 결정, 명령, 최고인민회의 상임위원회 정령, 결정, 지시, 내각 결정, 지시에 어긋나지 않는가를 감시한다.

3. 범죄자를 비롯한 법위반자를 적발하고 법적책임을 추궁하는 것을 통하여 조선민주주의인민공화국의 주권과 사회주의제도, 국가와 사회협동단체의 재산, 인민의 헌법적 권리와 생명재산을 보호한다.

제151조 검찰사업은 중앙검찰소가 통일적으로 지도하며 모든 검찰소는 상급검찰소와 중앙검찰소에 복종한다.

제152조 중앙검찰소는 자기 사업에 대하여 최고인민회의와 그 휴회 중에 최고인민회의 상임위원회 앞에 책임진다.

제153조 재판은 중앙재판소, 도(직할시) 재판소, 인민재판소와 특별재판소가 한다.

판결은 조선민주주의인민공화국의 이름으로 선고한다.

제154조 중앙재판소 소장의 임기는 최고인민회의 임기와 같다.

중앙재판소, 도(직할시)재판소, 인민재판소의 판사, 인민참심원의 임기는 해당 인민회의 임기와 같다.

제155조 특별재판소의 소장과 판사는 중앙재판소가 임명 또는 해임한다.

특별재판소의 인민참심원은 해당 군무자회의 또는 종업원회의에서 선거한다.

제156조 재판소는 다음과 같은 임무를 수행한다.

1. 재판활동을 통하여 조선민주주의인민공화국의 주권과 사회주의제도, 국가와 사회협동단체 재산, 인민의 헌법적 권리와 생명재산을 보호한다.

2. 모든 기관 기업소, 단체와 공민들이 국가의 법을 정확히 지키고 계급적 원쑤들과 온갖 법위반자들을 반대하여 적극 투쟁하도록 한다.

3. 재산에 대한 판결, 판정을 집행하며 공증사업을 한다.

제157조 재판은 판사 1명과 인민참심원 2명으로 구성된 재판소가 한다. 특별한 경우에는 판사 3명으로 구성하여 할 수 있다.

제158조 재판은 공개하며 피소자의 변호권을 보장한다.

법이 정한데 따라 재판을 공개하지 않을 수 있다.

제159조 재판은 조선말로 한다.

다른 나라 사람들은 재판에서 자기 나라 말을 할 수 있다.

제160조 재판소는 재판에서 독자적이며 재판활동을 법에 의거하여 수행한다.

제161조 중앙재판소는 조선민주주의인민공화국의 최고재판기관이다.

중앙재판소는 모든 재판소의 재판사업을 감독한다.

제162조 중앙재판소는 자기 사업에 대하여 최고인민회의와 그 휴회 중에 최고인민회의 상임
위원회 앞에 책임진다.

제7장 국장, 국기, 국가, 수도

제163조 조선민주주의인민공화국의 국장은 ≪조선민주주의인민공화국≫이라고 쓴 붉은 띠로
땋아올려 감은 벼이삭의 타원형테두리 안에 웅장한 수력발전소가 있고 그 우에 혁
명의 성산 백두산과 찬연히 빛나는 붉은 오각별이 있다.

제164조 조선민주주의인민공화국의 국기는 기발의 가운데에 넓은 붉은폭이 있고 그 아래우
에 가는 흰폭이 있으며 그 다음에 푸른폭이 있고 붉은폭의 기대달린쪽 흰 동그라미
안에 붉은 오각별이 있다.

기발의 세로와 가로의 비는 1대 2이다.

제165조 조선민주주의인민공화국의 국가는 ≪애국가≫이다.

제166조 조선민주주의인민공화국의 수도는 평양이다.

2. 조선민주주의인민공화국 국적법

1963년 10월 9일 최고인민회의 상임위원회 정령 제242호로 채택
1995년 3월 23일 최고인민회의 상설회의 결정 제 57호로 수정보충
1999년 2월 26일 최고인민회의 상임위원회 정령 제483호로 수정

제 1조 조선민주주의인민공화국 국적법은 공화국공민으로 되는 조건을 정하고 그들의 자주
적 권리를 옹호보장하는 데 이바지한다.

제 2조 조선민주주의인민공화국 공민은 다음과 같다.

　　　1. 공화국 창건이전에 조선의 국적을 소유하였던 조선사람과 그의 자녀로서 그 국적
을 포기하지 않은 자

2. 다른 나라 공민 또는 무국적자로 있다가 합법적절차로 공화국국적을 취득한 자

제 3조 조선민주주의인민공화국 공민은 거주지나 체류지에 관계없이 공화국의 법적보호를 받는다.

제 4조 다른 나라에 거주하는 조선민주주의인민공화국 공민은 공화국으로 귀국하거나 자유로이 오갈 수 있다.

제 5조 다음에 해당하는 자는 출생에 의하여 조선민주주의인민공화국 국적을 취득한다.

    1. 공화국공민사이에 출생한 자

    2. 공화국령역에 거주하는 공화국공민과 다른 나라 공민 또는 무국적 자 사이에 출생한 자

    3. 공화국령역에 거주하는 무국적자사이에 출생한 자

    4. 공화국령역에서 출생하였으나 부모가 확인되지 않은 자

제 6조 무국적자 또는 다른 나라 공민은 청원에 의하여 조선민주주의인민공화 국 국적을 취득할 수 있다.

제 7조 다른 나라에 거주하는 조선민주주의인민공화국 공민과 다른 나라 공민 사이에 출생한자의 국적은 다음과 같이 정한다.

    1. 14살에 이르지 못한 자의 국적은 부모의 의사에 따라 정하며 부모가 없을 경우에는 후견인의 의사에 따라 정한다. 이 경우 출생 후 3개월 이 되도록 부모나 후견인의 의사표시가 없으면 공화국국적을 가진다.

    2. 14살 이상 미성인의 국적은 부모의 의사와 본인의 동의에 의하여 정하며 부모가 없을 경우에는 후견인의 의사와 본인의 동의에 의하여 정한다. 이 경우 본인의 의사가 부모의 의사 또는 후견인의 의사와 다르면 본인의 의사에 따라 정한다.

    3. 성인으로 되는 자의 국적은 본인의 의사에 따라 정한다.

제 8조 다른 나라에 거주하는 조선민주주의인민공화국 공민과 다른 나라 공민 사이에 출생한 자녀의 국적을 공화국국적으로 정하려 할 경우에는 부모 또는 자녀가 거주하는 나라에 주재하는 공화국 외교 또는 령사 대표기관에 해당한 문건을 내야 한다. 공화국 외교 또는 령사 대표기관이 없을 경우에는 가까운 나라에 주재하는 공화국 외교 또는 령사 대표기관이나 거주하는 나라의 해당 기관에 문건을 내야 한다.

제 9조 부모가 조선민주주의인민공화국 국적에로 입적하거나 또는 그로부터 제적되는 경우 자녀의 국적은 다음과 같이 변경된다.

    1. 14살에 이르지 못한 자녀의 국적은 부모의 국적을 따라 변경된다.

    2. 14살 이상 16살에 이른 자녀의 국적은 부모의 의사와 본인의 동의가 있어야 변경된
다. 이 경우 부모의 의사가 없거나 본인의 의사와 다르면 본인의 의사에 따른다.

제10조 조선민주주의인민공화국 국적을 가진 부모 중 어느 일방의 국적이 변경되여도 그 자
녀의 국적은 변경되지 않는다.

제11조 조선민주주의인민공화국 국적은 결혼이나 리혼 또는 립양이나 파양에 의하여 변경되
지 않는다.

제12조 조선민주주의인민공화국 국적을 상실하였던 자는 청원에 의하여 공화국 국적을 회복
할 수 있다.

제13조 조선민주주의인민공화국 국적에서 제적된 자는 그 결정이 있은 날부터 공화국공민으
로서의 법적 지위와 권리를 상실한다.

제14조 조선민주주의인민공화국에서 국적과 관련한 실무적인 사업은 공민등록 기관이 한다.
공화국 령역 밖에서는 해당 나라에 주재하는 공화국 외교 또는 령사 대표기관이 한다.

제15조 공화국국적에로의 입적청원 또는 공화국국적에서의 제적청원에 대한 결정은 최고인
민회의 상임위원회가 한다.

제16조 조선민주주의인민공화국이 국적과 관련하여 다른 나라와 맺은 조약에서 이 법의 내
용과 다르게 정한 경우에는 그 조약에 따른다.

3. 조선민주주의인민공화국 대외경제중재법

1999년 7월 21일 최고인민회의 상임위원회 정령 제875호로 채택

제1장 대외경제중재법의 기본

제 1조 조선민주주의인민공화국 대외경제중재법은 대외경제분쟁해결에서 제도와 질서를 엄격히
세워 분쟁사건을 정확히 심리해결하고 분쟁당사자들의 권리와 이익을 보호하는데 이
바지한다.

제 2조 대외경제분쟁의 해결은 조선국제무역중재위원회와 조선해사중재위원회 같은 중재위 원회가 한다. 조선국제무역중재위원회는 무역, 투자, 봉사 와 관련한 분쟁을, 조선해 사중재위원회는 해상수송, 해난구조, 공동해손 같은 분쟁을 심리해결한다.

제 3조 중재위원회는 위원장, 부위원장, 서기장, 위원들로 구성한다. 위원장, 부위원장, 서기 장은 중재위원회사업을 맡아 한다.

제 4조 대외경제중재로 심리해결하는 분쟁은 다음과 같다.

  1. 우리나라 기관, 기업소, 단체와 외국기업 사이에 생긴 분쟁
  2. 우리나라 기관, 기업소, 단체와 외국인투자기업 사이에 생긴 분쟁
  3. 외국인투자기업과 외국인투자기업 사이에 생긴 분쟁
  4. 외국인투자기업과 외국기업 사이에 생긴 분쟁
  5. 외국기업과 외국기업 사이에 생긴 분쟁
  6. 우리나라 기관, 기업소, 단체, 외국인 투자기업 및 외국기업과 해외 조선동포, 외 국인 사이에 생긴 분쟁

제 5조 대외경제중재는 분쟁당사자들의 서면합의에 따라 분쟁당사자 일방이 낸 중재제기 문 건에 의하여 한다. 서면합의에는 계약에 포함되어 있는 중재조항이나 분쟁발생 후 당사자들이 맺은 중재계약이 속한다.

제 6조 국가는 대외경제분쟁해결에서 객관성, 과학성, 공정성, 신속성을 보장하며 허물있는 분 쟁당사자에게 책임을 지우도록 한다.

제 7조 국가는 중재활동에서 국제조약과 관례를 존중하며 국제기구, 다른 나라들과의 협조 와 교류를 발전시키도록 한다.

제2장 중재제기

제 8조 분쟁당사자는 자기의 권리와 리익을 보호받기 위하여 중재를 제기할 수 있다. 중재 제기는 시효기간 안에 중재제기서와 그에 첨부할 문건을 중재위원회에 제출하는 방 법으로 한다.

제 9조 중재제기서에 밝혀야 할 내용은 다음과 같다.

  1. 분쟁당사자의 명칭(이름)과 법적 주소, 법정대표 또는 그 대리인
  2. 중재기관, 준거법 같은 중재합의내용

    3. 청구 내용과 금액

    4. 재결원의 선정과 관련한 의사표시 또는 재결원의 이름

    5. 이 밖의 필요한 내용

제10조 중재제기서에 첨부할 문건은 다음과 같다.

    1. 중재조항 또는 중재계약서 원본

    2. 중재비용납부확인문건

    3. 중재를 제기하기전에 상대방에게 낸 청구문건

    4. 피신청자가 계약상 의무를 위반하였다는 것을 증명하는 문건

    5. 이 밖의 필요한 문건

제11조 중재신청자는 중재제기문건을 제출하면서 중재비용을 내야 한다. 중재 비용은 청구 금액에 따라 정해진 비률로 계산한다. 필요에 따라 중재비용의 일부는 중재위원회가 중재사업에 쓸 수 있다.

제12조 중재위원회는 중재제기문건을 10일안으로 검토하고 접수 또는 부결하는 결정을 하여야 한다. 접수하는 결정을 한 경우 중재위원회는 정한 기간 안에 신청자에게 재결원 명단을, 피신청자에게 중재제기문건과 재 결원명단 같은 것을 첨부한 중재제기접수통지서를 보내야 한다.

제13조 중재제기접수통지서를 받은 피신청자는 30일안으로 신청자의 중재제 기에 대한 의견, 재결원의 선정과 관련한 의사를 밝힌 답변서와 증명 문건을 중재위원회에 내야 한다. 답변서와 증명문건을 제출하지 않아도 중재심리에는 영향을 주지 않는다.

제14조 피신청자는 제기된 중재에 대하여 맞중재를 제기할 수 있다. 이 경우 이 법 제9조, 제10조의 요구를 갖추어야 한다. 맞중재는 기본중재와 직접 관련되는 것이여야 하며 중재심리가 끝나기 전에 중재위원회에 제기하여야 한다.

제15조 중재신청자는 중재제기를 변경, 취소하거나 청구를 포기할 수 있다. 중재제기를 변경, 취소하였을 경우에는 시효기간 안에 다시 중재를 제기 할 수 있다. 그러나 청구를 포기한 경우에는 같은 내용의 청구를 다시 할 수 없다.

제16조 분쟁당사자는 대리인을 통하여 중재를 제기하거나 그에 대하여 답변할 수 있다. 대리인으로는 공화국 공민이나 외국인이 될 수 있다. 이 경 우 대리인은 중재위원회에 대리위임장을 내야 한다.

제17조 중재의 방법으로 해결할 것을 합의한 대외경제중재사건이나 재결된 사건에 대하여

당사자 일방이 민사소송을 제기한 경우 재판기관은 해당 문건을 소송제기자에게 돌려 주어야 한다.

제3장 중재심리

제18조 중재심리는 재결원 1명 또는 3명으로 구성된 재결원협의회가 한다. 재결원은 분쟁사건처리에서 독자적이며 분쟁당사자를 대표할 수 없다.

제19조 재결원으로는 다음의 성원이 될 수 있다.

    1. 해당 중재위원회 성원

    2. 분쟁사건을 심리해결할 수 있는 능력을 가진 법 및 경제부문의 일군

    3. 변호사, 판사로 일한 경력이 있는 자

    4. 필요에 따라 중재부문에서 널리 알려진 해외조선동포 또는 외국인

제20조 중재위원회는 재결원명단을 갖추고 있어야 한다. 재결원명단에는 재결원의 이름과 직장직위, 전문지식, 중재활동경력 같은 내용을 밝힌다. 재결원의 인물자료는 출판물에 소개할 수 있다.

제21조 분쟁을 심리해결하기 위한 재결원의 수는 분쟁당사자들이 합의하여 정한다. 분쟁당사자들이 재결원의 수에 대하여 합의를 하지 못하였을 경우에는 중재위원회가 그 수를 정한다.

제22조 분쟁을 심리해결할 재결원은 분쟁당사자들이 재결원명단에서 선정한다. 분쟁당사자들이 정해진 기간 안에 재결원을 신청하지 못하였을 경우에는 중재위원회가 선정한다. 해당 기관은 선정된 재결원의 사업조건을 보장하여야 한다.

제23조 분쟁당사자는 재결원을 바꾸어줄 데 대하여 해당 중재위원회에 제기할 수 있다. 중재위원회는 제기된 내용을 심의결정하고 그 결과를 신청자에게 알려 주어야 한다.

제24조 재결원은 부득이한 사정으로 해당 분쟁사건을 맡아 심리할 수 없을 경우 포기신청을 할 수 있다. 이 경우 중재위원회는 분쟁당사자들에게 알리고 다른 재결원을 선정하게 하여야 한다.

제25조 중재심리 날짜와 시간, 장소는 재결원협의회가 정한다. 중재위원회는 중재심리 시작하기 30일전까지 분쟁당사자들에게 중재심리 날자와 시간, 장소 같은 것을 알려 주어야 한다. 중재심리시작통지를 받은 분쟁 당사자는 중재심리날짜 10일전에 통지받

은 내용에 대하여 변경시켜 줄 것을 중재위원회에 요구할 수 있다.

제26조 중재심리는 해당 중재위원회의 소재지에서 비공개로 한다. 분쟁 당사자들의 요구에 따라 중재심리를 공개로 할 수 있으며 소재지 밖의 다른 곳에서도 할 수 있다.

제27조 중재심리에는 법정대표 또는 그 대리인이 참가한다. 필요에 따라 법정 대표와 그 대리인을 함께 참가시킬 수도 있다.

제28조 재결원은 중재심리를 시작한다는 것을 알린 다음 신청자에게 청구하는 사실을 말하게 하고 피신청자에게 답변을 하게 한다. 분쟁당사자들의 진술이 끝나면 그들을 심리하고 서로 물어보게 한다.

제29조 분쟁당사자는 증거를 내놓을 수 있으며 증인이나 감정인을 중재심리에 참가시켜 줄 것을 재결원에게 요구할 수 있다. 재결원은 제기된 내용에 근거가 있을 경우 중재위원회에 해당 증인이나 감정인을 중재심리에 참가시켜 줄 것을 신청하여야 한다.

제30조 분쟁당사자는 증거보존, 재산담보처분과 관련한 의견을 제기할 수 있다. 이 경우 중재위원회는 제기된 내용을 확인하고 해당 재판기관에 의뢰하여야 한다.

제31조 재결원은 중재심리과정에 심리중지, 사건기각 사유를 발견하였거나 중 재심리의 목적을 달성한 경우 중재심리를 중지하거나 끝낸다. 중재심리기간은 중재제기문건을 접수한 날부터 5개월을 넘을 수 없다.

제32조 중재심리조서는 서기가 작성하며 재결원과 서기가 조서에 수표한다. 중재심리에 대한 록음이나 록화는 분쟁당사자들의 동의밑에서만 할 수 있다. 분쟁당사자는 중재심리조서를 열람할 수 있다.

제33조 분쟁당사자는 언제든지 화해를 할 수 있다. 분쟁당사자들 사이의 화해가 이루어지면 진행 중의 중재심리를 끝낸다.

제34조 대외경제분쟁은 조정의 방법으로도 해결할 수 있다. 조정은 조정인과 분쟁당사자들로 구성된 조정회의에서 조정인이 제출한 안에 쌍방이 동의하는 방법으로 한다.

제4장 재결과 그 집행

제35조 재결은 중재심리가 끝난 날부터 30일안에 신고한다. 부득이한 경우 재결원은 중재위원회에 재결선고기간을 늘여줄 것을 요구할 수 있다.

제36조 재결문에 밝힐 내용은 다음과 같다.

1. 분쟁당사자의 명칭(이름)과 법적주소, 법정대표와 그 대리인
2. 중재심리날자와 재결원, 서기의 이름
3. 사건의 명칭, 중재심리참가정형
4. 신청자의 청구내용과 피신청자의 답변내용
5. 중재심리에서 확인된 사실과 증거
6. 재결에서 의거한 법규범
7. 사건해결과 관련한 결론
8. 중재비용부담관계
9. 재결선고날자
10. 이밖의 필요한 내용

제37조 재결문은 조선어로 작성한다. 분쟁당사자의 요구에 따라 번역문을 첨부할 수도 있다. 번역문해석에서 차이날 경우에는 조선어원문에 준한다.

제38조 재결문은 재결원의 수표와 중재위원회의 공인이 있어야 효력을 가진다. 3명의 재결원이 분쟁을 심리한 경우 다수의 의견에 따르지 않는 재결원은 재결문에 수표하지 않는다. 이 경우 중재심리조서에 리유서를 첨부하여 중재위원회에 내야 한다.

제39조 재결원은 중재심리의 중지결정과 사건기각결정, 화해결정을 내릴 수 있다. 심리중지를 하였던 사유가 없어지면 중재심리를 계속한다. 화해결정에는 화해조건을 지적한다. 화해결정은 재결과 같은 효력을 가진다.

제40조 재결문은 분쟁당사자들에게 중재위원회가 발송하거나 직접 준다. 중재 신청후 법적주소가 달라진 경우 분쟁당사자는 그에 대하여 중재위원회에 제때에 통지하여야 한다.

제41조 분쟁당사자는 재결문에 지적된 기간 안에 자기의 의무를 리행하여야 한다. 재결에 대하여 의견이 있는 분쟁당사자는 재결문을 받은 날부터 30일안으로 일부 표현과 내용을 수정보충하거나 해석해줄데 대하여 중재 위원회에, 6개월 안으로 잘못내렸다고 인정하는 재결을 취소시켜줄데 대하여 해당 재판기관에 제기할 수 있다.

제42조 책임있는 분쟁당사자가 재결문에 지적된 의무를 제때에 리행하지 않거나 불성실하게 리행할 경우 상대편 당사자는 그가 거주하고 있거나 집행하여야 할 재산이 있는 지역의 재판기관에 해당 재결집행을 신청할 수 있다.

제43조 재결에 따라 집행하여야 할 재산이 공화국령역 밖에 있을 경우에는 다른 나라 재판기관에 재결의 집행을 의뢰할 수 있다.

4. 조선민주주의인민공화국 대외민사관계법(발췌)

1995년 9월 6일 최고인민회의 상설회의 결정 제62호로 채택
1998년 12월 10일 최고인민회의 상임위원회 정령 제251호로 수정

제5장 분쟁해결

제48조 대외민사관계에서 발생하는 분쟁에 대한 해결은 이 법에서 따로 규정한 것이 없을 경
　　　 우 조선민주주의인민공화국 해당 법에 따른다.

제49조 재산거래와 관련하여 발생하는 분쟁에 대한 재판 또는 중재 관할은 당사자들이 합의
　　　 하여 정한다.

제50조 재산거래와 관련한 분쟁에 대하여 당사자들이 재판, 중재 관할을 합의 하지 않았을
　　　 때 조선민주주의인민공화국 해당 기관이 관할권을 가지는 경우는 다음과 같다.

　　　 1. 피고가 우리나라 령역에 소재지를 가지고 있거나 거주하고 있을 경우

　　　 2. 분쟁의 원인으로 되는 재산손해가 우리나라 령역에서 발생된 경우

　　　 3. 피고의 재산 또는 청구의 대상이 우리나라 령역에 있을 경우

　　　 4. 분쟁의 원인이 우리나라에 등록한 부동산과 관련이 있을 경우

제51조 행위무능력자와 부분적행위능력자, 소재불명자와 사망자 인증과 관련한 분쟁에 대하
　　　 여서는 우리나라 령역에 있는 법인, 공민, 재산과 관련이 있을 경우 당사자의 국적,
　　　 거주지에 관계없이 조선민주주의인민 공화국 해당기관이 관할권을 가진다.

제52조 결혼과 관련한 분쟁, 리혼에 대하여서는 소송제기 당시 피고가 우리나라에 거주하고
　　　 있거나 원고가 우리나라에 거주하고 있는 우리나라 공민인 경우 조선민주주의인민공
　　　 화국 해당 기관이 관할권을 가진다.

제53조 부부의 재산관계와 관련한 분쟁에 대하여서는 당사자들이 우리나라에 거주하고 있거
　　　 나 원고 또는 피고가 우리나라에 거주하고 있으면서 그 재산이 우리나라 령역에 있
　　　 을 경우 조선민주주의인민공화국 해당 기관이 관할권을 가진다.

제54조 립양, 파양, 부모와 자녀 관계, 후견, 부양 관계와 관련한 분쟁에 대하여서는 당사자
　　　 들이 우리나라에 거주하고 있을 경우에만 조선민주주의 인민공화국 해당 기관이 관

할권을 가진다.

제55조 상속과 관련한 분쟁에 대하여서는 상속인이 우리나라에 거주하고 있는 우리나라 공
민이거나 상속재산이 우리나라 령역에 있을 경우 상속인의 국적, 거주지에 관계없이
조선민주주의인민공화국 해당 기관이 관할권을 가진다.

제56조 다음과 같은 경우에는 당사자의 요구에 관계없이 재판 또는 중재를 거부하거나 중지
한다.

　　　1. 이 법에 따라 해당 분쟁에 대한 관할권이 인정되지 않을 겨우

　　　2. 다른 나라에서 동일한 내용의 분쟁에 대하여 재판 또는 중재를 먼저 시작한 경우

　　　3. 당사자들이 분쟁해결을 중지할 데 대하여 합의한 경우

　　　4. 조선민주주의인민공화국 법에 따르는 정당한 사유가 있을 경우

제57조 다른 나라 령역에서 증거의 수집, 증인심문 같은 분쟁해결의 수속 또는 다른 나라의
해당 기관이 내린 판결, 재결의 인정, 집행과 관련하여서는 조선민주주의인민공화국
해당 기관이 다른 나라 해당 기관에 필요한 자료를 요구할 수 있다.

제58조 다른 나라에서 조선민주주의인민공화국 해당 기관에 제공한 증인심문 조서, 증거물
같은 것은 해당 나라 공증기관의 공증을 받아야 분쟁해결의 증거로 리용할 수 있다.

제59조 다른 나라 해당 기관의 판결은 그것을 서로 인정할 데 대한 국가적합의가 있은 경우
에만 인정한다. 그러나 가족관계와 관련한 다른 나라 해당 기관 판결집행의 당사자
로 되는 우리나라 공민이 그 집행을 요구하거나 동의할 경우에는 다른 나라에서 내
린 판결을 인정할 수 있다.

제60조 다음과 같은 경우에는 다른 나라의 해당 기관이 내린 판결, 재결에 대하여 인정하지
않을 수 있다.

　　　1. 판결, 재결의 내용이 조선민주주의인민공화국 법률제도의 기본원칙에 어긋나는 경우

　　　2. 판결, 재결이 조선민주주의인민공화국 해당 기관의 관할에 속하는 분쟁과 관련이
　　　　있을 경우

　　　3. 판결, 재결이 조선민주주의인민공화국 해당 기관의 판결, 재결과 관련이 있을 경우

　　　4. 판결, 재결이 우리나라에서 이미 인정한 제3국의 판결, 재결과 동일한 내용인 경우

　　　5. 판결, 재결이 정당한 사유가 없이 당사자를 참가시키지 않고 내려진 경우

　　　6. 조선민주주의인민공화국 법에 따르는 정당한 사유가 있을 경우

제61조 이 법 제59조, 제60조의 규정은 다른 나라 해당 기관이 내린 판결, 재결의 집행에도

적용한다.

제62조 다른 나라의 해당 기관이 내린 판결. 재결의 집행에 대하여 우리나라 령역에 있는
당사자가 리해관계를 가질 경우 판결. 재결이 확정된 때부터 3개월 안으로 조선민주
주의인민공화국 해당 기관에 의견을 제기할 수 있다.

5. 조선민주주의인민공화국 민용항공법

2000년 3월 23일 최고인민회의 상임위원회 정령 제1419호로 채택
2002년 5월 9일 최고인민회의 상임위원회 정령 제3025호로 수정보충
2005년 8월 9일 최고인민회의 상임위원회 정령 제1236호로 수정보충

제1장 민용항공법의 기본

제1조(민용항공법의 사명)

조선민주주의인민공화국 민용항공법은 민용항공기와 비행장의 관리운영에서 제도와 질서를
엄격히 세워 항공기의 안전한 운행을 보장하는데 이바지한다.

제2조(령공에 대한 자주권의 행사원칙)

조선민주주의인민공화국은 령공에 대하여 완전한 자주권을 행사한다.

다른 나라 항공기는 승인없이 공화국 령공에서 비행할 수 없다.

제3조(항공운수의 발전원칙)

항공운수를 발전시키는 것은 조선민주주의인민공화국의 일관한 정책이다.

국가는 민용항공부문의 물질기술적 토대를 튼튼히 꾸려 늘어나는 항공수송수요를 보장하도록
한다.

제4조(민용항공기의 관리원칙)

항공기에 대한 관리는 민용항공사업의 중요공정이다.

국가는 민용항공기의 관리질서를 바로세우고 그것을 정확히 지키도록 한다.

제5조(비행장운영의 과학화원칙)

비행장을 현대적으로 꾸리는 것은 항공기의 안전한 운행을 위한 필수적 요구이다.

국가는 민용항공사업의 발전추세에 맞게 비행장운영을 과학화하도록 한다.

제6조(민용항공부문의 과학연구, 일군양성원칙)

국가는 민용항공부문의 과학연구사업을 강화하며 필요한 민용항공일군들을 전망성있게 키워내도록 한다.

제7조(항공보험제의 실시원칙)

국가는 항공사고에 의한 피해와 손해를 제때에 보상받도록 하기 위하여 항공보험제를 실시한다.

제8조(민용항공분야의 교류와 협조)

국가는 민용항공분야에서 국제기구, 다른 나라들과의 교류와 협조를 발전시킨다.

제9조(국제협약의 효력)

민용항공사업과 관련하여 조선민주주의인민공화국이 승인한 국제협약은 이 법과 같은 효력을 가진다.

제2장 항공성원

제10조(항공성원의 의무)

항공성원은 민용항공사업의 직접적담당자이다.

항공성원은 승무임무, 지상근무를 책임적으로 수행하여야 한다.

제11조(항공성원의 구분)

항공성원은 승무성원과 지상근무성원으로 나눈다.

승무성원에는 비행사, 항법사, 승무기사, 승무무전수, 승무안내원, 승무지도성원이, 지상근무성원에는 비행지휘원, 비행기술정비원, 항공무선통신수, 항공수송조직 및 봉사성원이 속한다.

제12조(항공성원의 자격)

항공성원으로는 항공분야의 전문교육을 받고 해당한 자격을 가진 자만이 될 수 있다.

항공성원의 자격을 주는 사업은 민용항공관리기관이 한다.

제13조(항공성원의 소지증서)

항공성원은 해당 자격증, 건강검진증을 소지하여야 한다.

자격증, 건강검진증의 유효기간을 연기받으려 할 경우에는 자격판정, 건강검진을 다시 받아야 한다.

건강검진은 해당 의료기관이 한다.

제14조(항공기승조의 구분)

항공기의 승조는 승조장과 해당 승무성원으로 구성한다.

민용항공관리기관은 항공기의 종류와 운행목적, 해당 조건에 맞게 승조의 구성과 인원수, 비행시간을 정하고 그것을 정확히 지키도록 하여야 한다.

제15조(승조장의 의무)

승조장은 비행임무수행과 안전, 항공기에 있는 인원과 재산, 화물을 보호할 의무를 가진다.

승조원과 려객은 승조장에게 복종하여야 한다.

제16조(항공기위험시 승조장의 위치)

승조장은 항공기에 위험이 조성되었을 경우 필요한 대책을 세우고 항공기에서 마지막으로 떠나야 한다.

제17조(조난시 승조장의 임무)

승조장은 조난신호를 받았거나 조난당한 항공기 또는 배를 발견하면 그 장소를 항해일지에 기록하고 비행지휘소에 통보하며 가능한 방조를 주어야 한다.

제18조(승조장의 권한)

승조장의 권한은 다음과 같다.

1. 승조를 지휘하며 항공기안의 질서를 세운다.
2. 항공기의 출발, 리착륙, 항로비행의 중지, 리륙한 비행장으로의 귀환, 비상착륙에 대한 결심을 한다.
3. 항공기의 안전에 위험을 주거나 지시에 응하지 않는 자에 대하여 해당한 대책을 세우거나 항공기에서 내리울 수 있다.

제3장 항공기

제19조(항공기의 구분)

항공기는 민용항공사업의 기본수단이다.

항공기에는 민용비행기, 직승기, 활공기 같은 것이 속한다.

제20조(항공기의 등록)

항공기에는 정해진 국적표식과 등록표식을 한다.

항공기를 등록하는 사업은 민용항공관리기관이 한다.

제21조(항공기의 비행유용성검사)

항공기의 비행유용성검사는 민용항공관리기관이 한다.

민용항공관리기관은 항공기에 대한 검사를 정확히 하고 비행유용성증명서를 발급하여야 한다.

제22조(항공기의 접수)

항공기를 새로 접수하는 항공회사는 항공기의 기술상태를 담보하는 비행유용성증명서를 넘겨받아야 한다.

항공기를 대수리하였거나 정해진 정비작업을 진행하였을 경우에는 비행유용성증명서를 다시 발급받아야 한다.

제23조(항공기의 무선호출부호)

무선통신수단을 장비한 항공기는 무선호출부호를 받아야 한다.

항공기의 무선호출부호를 정하는 사업은 민용항공관리기관이 한다.

제24조(항공기에 갖추어야 할 문건)

항공회사는 항공기에 항공기등록증명서, 비행유용성증명서, 항행일지와 민용항공관리기관이 정한 문건을 갖추어야 한다.

제25조(항공기의 운행허가)

항공기의 운행허가는 민용항공관리기관이 한다.

민용항공관리기관은 항공기의 국적, 등록표식과 해당 문건의 구비상태, 소음, 방사, 유해물질 류출기준이 초과되지 않는가를 검토하고 운행허가를 하여야 한다.

제4장 비행장

제26조(비행장의 소유권과 구분)

조선민주주의인민공화국에서 비행장은 국가의 소유이다.

민용비행장은 국내비행장과 국제비행장으로 나눈다.

제27조(국제비행장에 설치할 검사, 검역기관)

민용항공관리기관은 국제비행장의 운영자료를 항행통보로 공포하여야 한다.

국제비행장에는 통행검사기관, 세관, 검역기관을 설치한다.

제28조(비행장의 등록과 운영허가)

비행장의 등록과 운영허가는 민용항공관리기관이 한다.

민용항공관리기관은 비행장의 건물, 시설물, 비행보장수단의 상태를 정확히 검토하고 등록, 운영허가를 하여야 한다.

제29조(비행장의 운영기준)

해당 기관은 비행장을 항공기의 리착륙, 정박을 보장하며 려객, 손짐, 화물, 우편물의 취급, 항공기와 승무성원들에 대한 봉사를 원만히 할 수 있게 꾸려야 한다.

정해진 기준을 보장하지 못한 비행장은 운영할 수 없다.

제30조(비행장구역안의 표식)

해당 기관은 비행장구역안의 건물과 시설물에 항공기의 비행안전을 위한 표식, 신호장치를 하여야 한다.

표식과 신호장치는 비행장식별표식, 신호장치와 구별되여야 한다.

제31조(비행장주변의 안전보장)

기관, 기업소, 단체는 비행장주변에 고압송전선, 탑이나 살림집, 목장 같은 것을 건설하려 할 경우 해당 기관의 합의를 받아야 한다.

비행장주변에서 항공기의 비행안전에 지장을 주는 행위를 할 수 없다.

제5장 항공기의 운행

제32조(항공기운행의 기본요구)

항공기의 운행은 계획에 따라 항공기를 안전하게 비행시키는 중요한 사업이다.

민용항공관리기관은 비행지휘와 통보봉사를 정확히 하여 항공기의 안전한 운행을 보장하여야 한다.

제33조(공중구역의 구분)

조선민주주의인민공화국의 공중구역은 비행지휘구역, 항공로와 항로지점, 비행장구역, 비행훈련구역, 비행금지구역, 비행제한구역, 비행위험구역으로 나눈다.

항공기의 운행은 공중구역관리규칙과 조성된 정황에 따라 금지하거나 시간별, 항공로별로 제한할 수 있다.

제34조(항공기운행의 승인)

항공기를 운행하려는 항공회사는 민용항공관리기관에 운행계획을 내고 승인을 받아야 한다. 운행계획을 변경시키려 할 경우에는 승인을 다시 받아야 한다.

제35조(항공기의 비행허가)

항공기는 비행지휘소의 허가를 받고 비행하여야 한다.

항공기의 리착륙순서와 시간, 비행방식을 정하는 사업은 비행지휘소가 한다.

제36조(항공기의 비행)

항공기는 정해진 항공로 또는 항로지점을 따라 비행하여야 한다.

항공로 또는 항로지점을 변경하거나 우회하여 비행하려 할 경우에는 비행지휘소의 승인을 받아야 한다.

제37조(항공기의 국경통과)

항공기는 국경통과지점상공에 도착하기 전에 비행지휘소의 통과승인을 받아야 한다.

국경을 통과할 경우에는 정확한 시간, 비행제대고도를 비행지휘소에 보고하여야 한다.

제38조(항공기의 비행방조)

항공기는 정해진 항공로나 항로지점에서 벗어났을 경우 즉시 비행지휘소에 알리고 비행지휘소가 지적하는 항공로나 항로지점, 비행구역에 들어가야 한다.

비행지휘소는 항공기가 승인된 운행계획과 정해진 비행규칙대로 비행하도록 가능한 방조를 하여야 한다.

제39조(항공기의 통신)

항공기는 비행과정에 비행지휘소와 통신을 정상적으로 유지하여야 한다.

비행지휘소와의 통신이 끊어졌을 경우에는 정해진 질서대로 비행하여야 한다.

제40조(견시비행, 계기비행규칙의 준수의무)

항공기는 비행지휘소의 승인을 받아 견시비행 또는 계기비행규칙대로 비행하여야 한다.

견시비행, 계기비행규칙을 정하는 사업은 민용항공관리기관이 한다.

제6장 항공영업

제41조(항공영업의 구분)

항공영업은 교통운수의 중요분야이다.

항공영업에는 항공운수영업과 항공작업 같은 것이 속한다.

제42조(항공운수영업의 허가)

항공운수영업은 영업허가를 받은 항공회사가 한다.

항공회사의 영업허가는 민용항공관리기관이 한다.

제43조(항공운수영업허가의 신청)

영업허가를 받으려는 항공회사는 회사의 규약, 수송규칙, 료금표 같은 문건을 민용항공관리기관에 내야 한다.

민용항공관리기관은 제기된 문건을 검토하고 영업허가를 하여야 한다.

제44조(다른 나라 항공운수영업의 허가)

정부사이의 협정에 따라 공화국령역에서 정기항로운수영업을 하려는 다른 나라 항공회사는 민용항공관리기관의 허가를 받아야 한다.

비정기항로운수영업을 하려 할 경우에도 민용항공관리기관의 허가를 받아야 한다.

제45조(항공수송계약)

항공수송은 항공회사와 려객 또는 짐임자 사이에 맺은 수송계약에 따라 한다. 수송계약에 따라 항공회사는 비행기표, 돈 무는 손짐표, 화물부침표 같은 것을 발급하며 려객 또는 짐임자는 정해진 료금을 물 의무를 진다.

제46조(항공수송계약리행의 중지)

항공회사는 비행안전담보가 없거나 항공수송이 공화국의 법 또는 출발, 도착하는 나라의 법에 위반되거나 려객의 상태가 항공기의 운행에 지장을 줄 수 있을 경우 해당 수송계약의 리행을 중지할 수 있다.

제47조(비행기표의 물리기)

려객은 산 비행기표를 정해진 기간 안에 물릴 수 있다.

비행기표를 정해진 기간보다 늦게 물릴 경우에는 해당한 수수료를 문다.

제48조(운행이 중지, 취소되는 항공기의 화물처리)

항공회사는 항공기의 운행이 중지되거나 취소되는 경우 화물을 부친 자와 받을 자에게 알리고 그 처리대책을 세워야 한다.

제49조(화물부침표에 지적할 사항)

항공회사는 화물부침표에 출발지점, 도착지점과 경유지점을 밝혀야 한다.

화물부침표에 지적된 사항을 정확히 지켜야 한다.

제50조(부치는 화물의 수속)

화물을 부치는 자는 항공회사에 해당 문건을 내고 수속을 하여야 한다.

항공회사에 화물을 넘겨준 다음 발송되기 전까지는 화물을 부치는 자를 변경할 수 있다.

제51조(화물부치는 자의 책임)

화물을 부치는 자는 화물부침표의 내용대로 신고하며 정해진대로 포장한 화물을 항공회사에 넘겨주어야 한다.

화물신고를 정확히 하지 않았거나 정해진대로 포장하지 않은 화물을 넘겨주어 생긴 손해에 대한 책임은 화물을 부친 자가 진다.

제52조(발송한 화물의 처리)

화물을 부친 자는 발송한 화물을 넘겨받을 자가 없거나 넘겨줄 수 없을 경우 그것을 처리할 수 있다.

제53조(받을 화물의 수속)

항공회사는 화물이 도착하면 화물을 받을 자에게 제때에 알려주어야 한다.

화물의 도착에 대하여 통지받은 화물을 받을 자는 해당한 수속을 하여야 한다.

제54조(항공회사의 책임)

항공회사가 책임을 지는 경우는 다음과 같다.

1. 려객이 항공기에 탑승하기 시작한 때부터 항공기에서 내릴 때까지의 사이에 사망하였거나 인체에 피해를 입었을 경우

2. 수송지연으로 려객이나 손짐, 화물에 손해를 입혔을 경우

3. 항공기의 사고 또는 항공기에서 떨어진 물체에 의하여 제3자가 사망하였거나 피해, 손해를 입었을 경우

제55조(항공회사가 책임지지 않는 조건)

항공회사는 사망, 피해, 손해, 사고의 원인이 려객이나 짐임자의 허물 또는 어찌할 수 없는 사유에 있을 경우 그에 대하여 책임지지 않는다. 이 경우 항공회사는 해당 사실에 대하여 증명하여야 한다.

제56조(수송도중 화물의 책임)

수송도중 손짐이나 화물의 손상, 분실에 대한 책임은 신고된 범위에서만 진다.

짐임자는 손짐이나 화물의 수량 또는 가치를 정확히 신고하여야 한다.

제57조(위험화물의 수송)

항공회사는 위험화물을 정확히 분류하고 정해진데 따라 수송하여야 한다.

제58조(항공기의 임대, 전용계약)

항공회사는 항공기의 임대계약이나 전용계약을 맺을 수 있다.

계약서에는 당사자의 명칭, 주소, 항공기의 형, 리용목적, 려객수, 손짐이나 화물, 우편물의 량, 료금, 항공기의 출발지점과 날자, 시간, 도착지점 같은 것을 밝혀야 한다.

제59조(항공기의 리용계약)

기관, 기업소, 단체는 항공회사와 항공작업계약 또는 항공기사용계약을 맺고 농업, 건설, 림업, 수산, 탐사부문의 작업과 촬영, 과학연구, 체육문화활동, 의료방조, 조난구조 같은데 항공기를 리용할 수 있다.

조난같은 긴급한 경우에는 항공기사용계약을 맺지 않고 구조작업을 할 수 있다. 이 경우 항공회사는 민용항공관리기관의 승인을 받아야 한다.

제60조(항공작업계약)

항공회사와 해당 기관, 기업소, 단체는 항공작업계약을 정확히 맺어야 한다.

계약서에는 작업대상과 량, 작업구역, 항공작업에 리용할 비행장 또는 착륙장, 해당 설비의 리용절차, 료금지불조건 같은 것을 밝혀야 한다.

제61조(계약의 리행의무)

항공회사는 계약에서 정한 기간에 작업을 끝내며 작업의 질, 작업과정에서 제3자에게 끼친 피해나 손해에 대하여 책임져야 한다.

항공작업을 주문한 기관, 기업소, 단체는 계약의무를 성실히 리행하여야 한다.

제62조(항공작업의 지휘)

민용항공관리기관은 항공작업조직과 진행, 항공기의 리용에 대한 지휘를 바로하여 작업의 효과성을 높이며 항공작업이나 항공기의 리용과정에 환경, 농작물, 집짐승에 피해를 주지 말아야 한다.

제63조(손해보상청구)

항공영업과정에 손해를 입은 기관, 기업소, 단체와 공민은 해당 항공회사에 보상을 청구할 수 있다.

손해보상청구는 정해진 기간에 하여야 한다.

제7장 다른 나라 항공기의 운행

제64조(다른 나라 항공기의 착륙, 리륙, 통과비행)

조선민주주의인민공화국에서 다른 나라 항공기는 정부사이의 협정 또는 국제협약에 따라 착륙, 리륙, 통과비행할 수 있다. 이 경우 공화국의 항공법규를 지켜야 한다.

제65조(정기항로비행의 승인)

정기항로비행을 하려는 다른 나라 항공회사는 민용항공관리기관에 비행계획과 비행시간표를 내고 승인을 받아야 한다.

비행계획과 비행시간표를 변경하려 할 경우에는 승인을 다시 받아야 한다.

제66조(비정기항로비행허가의 신청)

비정기항로비행을 하려는 다른 나라 항공회사는 비행허가신청서를 민용항공관리기관에 내고 승인을 받아야 한다.

비정기항로비행허가신청기간은 항행통보로 공포한다.

제67조(다른 나라 항공기의 리륙중지)

다른 나라 항공기는 정해진 문건을 정확히 갖추어야 한다.

정해진 문건을 갖추지 않은 다른 나라 항공기의 리륙을 중지시킬 수 있다.

제68조(다른 나라 항공기의 착륙조건)

비행지휘소는 통과비행승인을 받은 다른 나라 항공기가 공화국의 비행규칙을 위반하였거나 항공기에 실은 화물을 검사할 필요가 생겼거나 또는 항공기의 비행에 불리한 일기조건이 조성되었을 경우 착륙시킬 수 있다.

제69조(다른 나라 항공기의 구조)

민용항공관리기관은 공화국의 공중구역에서 다른 나라 항공기에 위험이 조성되었거나 사고가 생긴 경우 구조대책을 세우고 해당 나라의 민용항공기관에 통보하여야 한다.

제70조(다른 나라 항공기의 조사)

다른 나라 항공기가 승인없이 공화국의 공중구역으로 들어왔거나 비행금지구역, 비행제한구역, 비행위험구역에 들어섰을 경우에는 착륙시키고 그 원인을 조사한다. 이 경우 비용부담과 책임은 항공기의 승조장 또는 해당 항공회사가 진다.

제71조(비행료금)

공화국의 공중구역에서 비행하는 다른 나라 항공기는 정해진 료금을 물어야 한다.

제8장 항공보안

제72조(민용항공보안사업의 기본요구)

공화국령역에서 민용항공보안사업은 민용항공관리기관이 한다.

민용항공관리기관은 항공보안사업질서를 바로세우고 항공보안사업을 조직진행하여야 한다.

제73조(민용항공보안사업의 관할)

민용항공관리기관은 다음의 행위를 막기 위한 항공보안사업을 한다.

1. 항공기랍치 또는 그와 관련한 행위

2. 항공기에 탑승한 려객에 대한 폭력행위

3. 비행장의 봉사성원에 대한 폭력행위

4. 지상에 있는 항공기를 파손시키는 행위

5. 비행에 위험을 줄 수 있는 장치, 물건 같은 것을 가지고 항공기에 탑승하는 행위

6. 비행장시설을 파손시키는 행위

7. 비행하는 항공기에 거짓통보를 하는 행위

제74조(항공보안질서의 준수의무)

기관, 기업소, 단체와 공민은 항공보안질서를 자각적으로 준수하며 려객과 항공성원의 안전, 항공기의 운행과 비행장, 민용항공시설의 운영에 지장을 주는 행위를 하지 말아야 한다.

제75조(항공보안검사를 받을 의무)

려객, 항공성원은 항공기의 탑승전에 손짐, 휴대품에 대한 항공보안검사를 받아야 한다.

항공보안검사를 받지 않는 려객, 항공성원은 항공기에 탑승할 수 없다.

제9장 항공기의 조난구조와 사고조사

제76조(항공기 조난구조, 사고조사의 기본요구)

항공기의 조난구조와 사고조사는 조난당한 인원과 재산을 구원하고 항공기사고의 원인을 해명하는 중요한 사업이다.

국가는 항공기의 조난구조, 사고조사를 제때에 하도록 한다.

제77조(항공기의 조난인정)

승조의 힘으로 극복할 수 없는 사태가 생겨 항공기와 인원에게 위험이 조성되였거나 비행지휘소와 통신이 끊어져 위치를 알 수 없는 항공기는 조난 중에 있는 것으로, 충돌 또는 추락하여 파괴되였거나 심한 손상을 입었거나 비행장이 아닌 곳에 불시착륙한 항공기는 조난당한 것으로 인정한다.

제78조(항공기의 조난신호)

항공기는 조난 중에 있거나 조난당하였을 경우 즉시 조난구조지휘소에 보고하며 조난신호를 보내야 한다.

항공기의 조난신호를 받은 비행지휘소 또는 기관, 기업소, 단체와 공민은 조난구조지휘소와 지방정권기관에 제때에 통보하여야 한다.

제79조(항공기의 조난구조작업)

항공기의 조난에 대하여 통보받은 조난구조지휘소는 즉시 조난탐색, 구조작업을 조직진행하여야 한다. 이 경우 인원부터 먼저 구조하여야 한다.

항공기의 조난구조작업은 비상재해극복작업절차대로 한다.

제80조(항공기의 조난자료처리)

조난당사자와 조난탐색, 구조작업에 동원된 성원은 사고현장과 증거물을 보존하며 조난과 관련한 자료를 조난구조지휘소에 내야 한다.

제81조(다른 나라 항공기의 조난작업승인)

다른 나라 민용항공기관은 공화국의 공중구역에서 조난당한 자기 나라항공기에 대한 탐색, 구조작업을 할 수 있다. 이 경우 민용항공관리기관의 승인을 받아야 한다.

제82조(조난탐색, 구조작업의 비행지휘)

조난탐색, 구조작업을 하는 항공기에 대한 비행지휘는 해당 비행지휘소가 한다.

조난탐색, 구조작업구역은 비행통보구역과 같다.

제83조(항공기사고조사위원회의 조직)

민용항공관리기관은 사고가 발생한 항공기의 조사를 위하여 항공기사고조사위원회를 조직하여야 한다. 이 경우 국가민용항공지도기관의 승인을 받아야 한다.

제84조(항공기사고조사위원회의 임무)

항공기사고조사위원회는 사고가 발생한 항공기와 그 안의 물품, 비행보장수단에 대한 조사를 하고 사고원인을 해명하여야 한다.

지방정권기관과 해당 기관은 항공기사고조사위원회의 사업을 방조하여야 한다.

제10장 항공보험

제85조(항공보험의 구분)

항공보험은 항공회사와 항공운수수단을 리용하는 기관, 기업소, 단체와 공민의 리익을 담보하기 위한 중요조건이다.

항공보험에는 항공기기체보험, 항공려객상해보험, 항공수송보험, 항공화물보상책임보험, 항공기 제3자보상책임보험 같은 것이 속한다.

제86조(의무적인 항공보험)

항공회사는 항공보험에 들어야 한다.

보험에 들지 않은 항공회사는 영업허가를 받을 수 없다.

제87조(항공보험계약)

항공보험계약의 체결, 리행절차와 방법은 공화국의 보험법규에 따른다.

항공보험금액의 범위는 국제협약에 따라 정할 수도 있다.

제11장 민용항공사업에 대한 지도통제 및 분쟁해결

제88조(민용항공사업에 대한 지도통제의 기본요구)

민용항공사업에 대한 지도통제를 강화하는 것은 국가의 민용항공정책을 정확히 집행하기 위한 확고한 담보이다.

국가는 민용항공사업이 발전하는데 맞게 그에 대한 지도와 통제를 강화하도록 한다.

제89조(민용항공사업의 지도)

민용항공사업에 대한 국가의 통일적 지도는 국가민용항공지도기관의 지도밑에 민용항공관리기관이 한다.

민용항공관리기관은 민용항공사업을 정확히 장악지도하여야 한다.

제90조(민용항공관리기관의 임무와 권한)

민용항공관리기관은 다음과 같은 임무와 권한을 가진다.

1. 국가의 민용항공정책과 항공법의 집행, 국제협약의 리행을 위한 세칙, 규칙, 지도서를 제정 또는 수정보충한다.

2. 다른 나라와 민용항공분야의 협정을 체결한다.

3. 공중구역의 리용조직과 비행지휘, 비행보장사업을 한다.

4. 국제, 국내항공로와 그 리용절차를 정하고 공포한다.

5. 새로운 국제, 국내항로운영신청을 접수, 검토하고 허가한다.

6. 항공기사이의 수평분리표준과 비행제대고도를 정한다.

7. 민용항공시설의 신설, 유지, 관리와 관련한 대책을 세운다.

8. 이밖에 국가민용항공지도기관이 위임하는 사업을 한다.

제91조(비행과 관련한 자료의 통보)

민용항공관리기관은 비행제한구역, 비행금지구역, 비행위험구역과 관련한 자료를 항행통보와 통신수단을 통하여 해당 항공기들에 미리 알려주어야 한다.

제92조(민용항공사업에 대한 감독통제)

민용항공사업에 대한 감독통제는 민용항공관리기관과 해당 감독통제기관이 한다.

민용항공관리기관과 해당 감독통제기관은 민용항공사업정형을 정상적으로 감독통제하여야 한다.

제93조(행정적 또는 형사적 책임)

이 법을 어겨 민용항공사업에 엄중한 결과를 일으킨 기관, 기업소, 단체의 책임있는 일군과 개별적 공민에게는 정상에 따라 행정적 또는 형사적 책임을 지운다.

제94조(의견상이의 해결)

민용항공사업과 관련한 의견상이는 협의의 방법으로 해결한다.

협의의 방법으로 해결할 수 없을 경우에는 공화국의 중재, 재판기관에 제기하여 해결한다.

당사자들의 합의에 따라 제3국의 중재, 재판기관에 제기하여 해결할 수도 있다.

6. 조선민주주의인민공화국 바다오염방지법

1997년 10월 22일 최고인민회의 상설회의 결정 제 99호로 채택
1999년 1월 14일 최고인민회의 상임위원회 정령 제350호로 수정

제 1조 조선민주주의인민공화국 바다오염방지법은 바다오염방지사업에서 규률과 질서를 엄격히 세워 바다의 수질과 자원을 보호하는데 이바지한다.

제 2조 바다오염방지사업을 잘하는 것은 바다자원을 보호하기 위한 중요방도 이다. 국토환
     경보호기관과 해당 기관은 현대적인 물질기술적 수단을 갖추고 바다오염방지사업을
     계획적으로 하여야 한다.

제 3조 국가는 바다의 일정한 수역을 특별히 보호하기 위하여 수질보호구역을 정한다. 수질
     보호구역을 정하는 사업은 내각이 한다.

제 4조 기관, 기업소, 단체는 수질보호구역에서 바다를 오염시킬 수 있는 탐사작업을 하거나
     시설물을 설치하지 말아야 한다.

제 5조 해안에 항, 연유저장고, 원자력발전소 같은 것을 건설하려는 기관, 기업소, 단체는 환
     경영향평가문건을 작성하여 국토환경보호기관에 내야 한다. 국토환경보호기관은 환
     경영향평가문건을 검토하고 해당 시설물의 건설을 합의해주어야 한다.

제 6조 기관, 기업소, 단체는 정화시설을 갖추고 버림물을 정상적으로 정화하여야 한다. 배
     출기준을 초과하는 버림물은 바다에 내보낼 수 없다.

제 7조 기관, 기업소, 단체는 해안에 미광, 광재, 오물같은 것을 버리려 할 경우 국토환경보호
     기관의 승인을 받고 지정된 장소에 버려야 한다.

제 8조 항, 갑문을 관리하는 기관, 기업소, 단체는 배에서 생긴 오염물질을 받아 처리하는
     시설을 갖추며 항과 갑문수역이 오염되지 않는가를 정상적으로 관찰하여야 한다. 해
     당 수역에 떨어진 기름과 오물은 제때에 거두어내야 한다.

제 9조 농약을 사용하는 기관, 기업소, 단체는 농약이 바다로 흘러들어가지 않도록 하여야
     한다. 논의 물이 바다로 흘러들 수 있을 경우에는 독성이 강한 농약을 치지 말아야
     한다.

제10조 바다자원을 탐사하거나 개발하는 기관, 기업소, 단체는 탐사, 개발 설비를 정상적으
     로 보수점검하며 설비운영과정에 기름이 새지 않도록 하여야 한다. 기술상태가 불비
     한 설비는 운영할 수 없다.

제11조 해당 기관, 기업소, 단체는 배의 종류와 톤수에 따르는 오염방지설비를 갖추지 않은
     배는 항해할 수 없다.

제12조 배운영과정에 생긴 오염물질은 바다에 버릴 수 없다. 항에 정박하고 있는 배에서 생
     긴 오염물질을 처리하려 할 경우에는 항무감독기관의 승인을 받는다.

제13조 기관, 기업소, 단체는 배에 기름을 싣거나 배에서 기름을 부리려 할 경우 해당 설비
     와 용기의 상태를 검사하여야 한다.

제14조 배로 유독성물질을 운반하는 기관, 기업소, 단체는 유독성물질의 수량과 농도를 항무
감독기관에 알려야 한다. 항무감독기관의 승인없이 유독성물질을 싣고 부릴 수 없다.

제15조 배를 운영하는 기관, 기업소, 단체는 항해질서를 지켜 배의 사고를 막아야 한다. 배
의 사고가 발생한 경우에는 즉시 해당 기관에 알리고 바다오염을 방지하기 위한 조
치를 취해야 한다.

제16조 기관, 기업소, 단체와 공민은 바다를 오염시키는 행위를 발견한 경우 가까운 지역의
국토환경보호기관이나 해당 기관에 알려야 한다.

제17조 국토환경보호기관과 해당 기관은 바다가 심히 오염된 경우 그것을 해소시키는데 필
요한 로력과 설비를 기관, 기업소, 단체에서 동원시킬 수 있다. 기관, 기업소, 단체는
국토환경보호기관과 해당 기관이 요구하는 로력과 설비를 제때에 보장하여야 한다.

제18조 국토환경보호기관과 해당기관은 바다오염방지에 필요한 자료를 기관, 기업소, 단체에
요구할 수 있다. 기관, 기업소, 단체는 국토환경보호기관과 해당 기관이 요구하는 자
료를 내야 한다.

제19조 국토환경보호기관과 해당 과학연구기관은 바다오염을 방지하기 위한 과학연구사업을
강화하고 앞선 과학기술의 성과를 적극 받아들여야 한다.

제20조 바다오염방지사업에 대한 지도는 내각의 통일적인 지도밑에 중앙국토 환경보호지도
기관과 해당 기관이 한다. 중앙국토환경보호지도기관과 해당 기관은 바다오염을 방
지하기 위한 사업을 정상적으로 지도하여야 한다.

제21조 국가계획기관과 로동행정기관, 자재공급기관, 해당기관은 바다오염방지에 필요한 로
력과 설비, 자재를 제때에 보장하여야 한다.

제22조 바다오염방지사업에 대한 감독통제는 국토환경보호기관과 해당 감독통제기관이 한
다. 국토환경보호기관과 해당 감독통제기관은 바다에 대한 감시체계를 바로세우고
바다오염을 방지하기 위한 감독통제를 강화하여야 한다.

제23조 바다오염방지질서를 어기고 바다자원을 탐사, 개발하거나 배를 운영할 경우에는 해
당 설비를 철수시키거나 배의 운영을 중지시킨다.

제24조 바다를 오염시켰을 경우에는 원상복구시키거나 벌금을 물리며 해당한 손해를 보상시
킨다.

제25조 이 법을 어겨 바다오염방지에 엄중한 결과를 일으킨 기관, 기업소, 단체의 책임있는
일군과 개별적 공민에게는 정상에 따라 행정적 또는 형사적 책임을 지운다.

7. 조선민주주의인민공화국 조약법

1998년 12월 18일 최고인민회의 상임위원회 정령 제289호로 채택

제 1조 조선민주주의인민공화국 조약법은 조약의 체결과 리행, 폐기에서 제도와 질서를 엄
    격히 세워 조약을 바로 맺고 정확히 리행하며 다른 나라들과의 친선협조관계를 발
    전시키는데 이바지한다.

제 2조 조약은 국가의 대외정책을 실현하는 중요수단이다. 국가는 조약체결에서 자주권 존중,
    평등과 호혜, 내정불간섭의 원칙을 견지한다.

제 3조 조약은 국가, 정부 또는 해당 기관의 명의로 체결한다.

제 4조 조약은 해당 기관의 승인을 받아야 체결할 수 있다. 그러나 기본조약을 리행하기 위
    한 실무적인 조약과 경제, 과학기술, 문화 분야의 일반 조약 같은 것은 외무성의 합의
    를 받아 체결할 수 있다.

제 5조 조약을 체결하려는 기관은 조약초안을 비롯한 조약체결문건을 만들어 외무성에 내야
    한다. 조약초안에는 체약당사자의 권리와 의무, 서명예견 날자와 장소, 조약의 효력관
    계 같은 것을 밝혀야 한다.

제 6조 조약초안토의를 위한 회담과 조약문에 서명하는 사업은 해당 기관의 위임을 받은 전
    권대표가 한다. 전권대표는 위임받은 권한의 범위에서 조약체결사업을 하여야 한다.

제 7조 국가의 명의로 조약을 체결하는 전권대표에게는 최고인민회의 상임위원회 위원장의
    명의로 된 위임장을, 정부의 명의로 조약을 체결하는 전권대표에게는 내각총리 또는
    외무상의 명의로 된 위임장을, 해당 기관의 명의로 조약을 체결하는 전권대표에게는
    기관책임자의 명의로 된 위임장을 준다. 필요한 경우에는 조약체결명의에 관계없이
    전권대표에게 체약상대방과 대등한 위임장을 줄 수 있다.

제 8조 국가 또는 정부의 명의로 조약을 체결하는 전권대표의 위임장을 발급하는 사업은 외
    무성이 한다. 위임장을 발급받으려는 기관은 조약의 명칭, 전권을 위임받을 일군의 직
    위와 이름, 조약체결장소 같은 것을 밝힌 위임장발급의뢰문건을 외무성에 내야 한다.

제 9조 조약은 쌍방 또는 다방 사이에 체결한다. 필요에 따라 이미 체결된 다방조약에도 가
    입할 수 있다.

제10조 쌍방조약은 조선어문과 체약상대방의 어문으로 작성하며 필요에 따라 체약쌍방이 합의한 어문으로 작성할 수 있다. 다방조약은 체약당사자들 사이에 합의한 어문으로 작성한다.

제11조 국가 또는 정부의 명의로 체결한 중요조약과 해당 기관의 비준 또는 승인을 받기로 체약상대방과 합의한 조약은 해당 기관의 비준 또는 승인을 받아야 효력을 가진다.

제12조 조약의 비준 또는 승인을 받으려는 기관은 비준 또는 승인에 필요한 문건을 외무성과 합의하고 해당기관의 심의에 제기하여야 한다.

제13조 나라의 자주권과 최고리익에 관계되는 중요조약은 최고인민회의에서 비준한다. 국가의 명의로 체결한 조약과 최고주권기관의 비준을 받기로 체약상대방과 합의한 조약은 최고인민회의 상임위원회가 비준하며 정부의 명의로 체결한 조약과 정부의 승인을 받기로 체약상대방과 합의한 조약은 내각이 승인한다.

제14조 비준 또는 승인 문건의 교환사업과 비준 또는 승인 여부를 체약상대방이나 조약문을 보관하는 나라에 통지하는 사업은 외무성이 한다.

제15조 조약의 수정보충과 효력기간연장, 다방조약의 가입절차는 이 법에 따른다.

제16조 체결된 조약을 유엔사무국에 등록하는 사업은 외무성이 한다. 이 경우 해당 규정에 따른다.

제17조 조약을 체결한 기관은 조약에서 지닌 의무를 어김없이 리행하여야 한다. 어찌할 수 없는 사유로 조약을 리행할 수 없을 경우에는 체약상대방에게 알리고 해당한 대책을 취하여야 한다.

제18조 다음의 경우에는 조약을 폐기할 수 있다.

　　1. 체약상대방과 조약을 폐기하기로 합의하였을 경우

　　2. 체약상대방이 조약의 본질적 내용을 리행하지 않았을 경우

　　3. 나라의 자주권과 최고리익이 침해당하였을 경우

제19조 조약을 폐기하려는 기관은 조약의 효력을 없애거나 조약에서 탈퇴할데 대한 문건을 만들어 외무성에 제기하여야 한다. 외무성은 문건을 검토하고 그것을 해당 기관의 심의에 제기하여야 한다.

제20조 최고인민회의 또는 최고인민회의 상임위원회의 비준을 받은 조약과 중요조약의 폐기는 최고인민회의 또는 최고인민회의 상임위원회가 내각의 승인을 받은 조약과 기타 조약의 폐기는 내각이 심의결정한다.

제21조 조약사업에 대한 지도는 내각의 지도밑에 외무성이 통일적으로 한다. 외무성은 조약사업에 대한 지도체계를 바로 세우고 조약사업을 정상적으로 장악하고 지도하여야 한다.

제22조 조약을 체결한 기관은 조약원문을 정해진 기간에 외무성에 내야 한다. 외무성은 조약원문을 등록하고 그것을 중앙문헌지도기관에 이관하여야 한다.

제23조 이 법을 어겨 조약사업에 엄중한 결과를 일으킨 기관의 책임있는 일군과 개별적 공민에게는 정상에 따라 행정적 또는 형사적 책임을 지운다.

8. 조선민주주의인민공화국 출입국법

1996년 1월 19일 최고인민회의 상설회의 결정 제68호로 채택
1999년 1월 28일 최고인민회의 상임위원회 정령 제382호로 수정보충

제1장 출입국법의 기본

제 1조 조선민주주의인민공화국 출입국법은 출입국제도를 강화하며 출국, 입국하는 공화국 공민과 입국, 출국, 체류, 거주, 려행하는 외국인의 편의를 도모하는데 이바지한다.

제 2조 출입국하는 공민과 외국인은 려권, 해외공민증, 선원증, 사증 같은 해당 출입국증명서를 가져야 한다. 보호자와 함께 려행하는 미성인은 보호자의 출입국증명서에 올리고 출입국할 수 있다.

제 3조 출입국은 정해진 출입국지점으로 한다. 국가는 대외관계발전의 요구에 맞게 출입국지점을 정하도록 한다.

제 4조 외국인의 입출국, 체류, 거주, 려행과 관련한 수속은 본인이 한다. 공무로 입국하는 외국인의 수속은 초청기관 또는 공화국에 주재하는 해당 나라 대표기관이 할 수 있다. 미성인의 수속은 보호자가 한다.

제 5조 국가는 해당 공민과 외국인에게 출입국과 관련하여 정해진 수수료를 물린다. 수수료

는 중앙재정지도기관이 정한다.

제 6조 조선민주주의인민공화국에서 출입국과 관련한 사업은 외무성과 출입국 사업기관이
    한다. 공화국 령역 밖에서는 해당 나라에 주재하는 공화국 외교, 영사 대표기관이
    한다.

제 7조 국가는 호상성의 원칙에서 다른 나라들과 출입국분야의 교류와 협조를 발전시킨다.

제 8조 조선민주주의인민공화국 특수경제지대의 출입질서와 남조선동포, 재일 조선공민이 공
    화국에 오가는 질서는 해당 법규에 따른다.

제2장 공민의 출입국

제 9조 공민은 공무, 사사용무로 출입국할 수 있다. 출입국하려는 공민은 외무성 또는 출입
    국사업기관, 해당 기관을 통하여 출입국증명서를 발급받아야 한다.

제10조 공무로 출입국하려는 공민의 려권, 사증 발급신청은 그를 파견하는 기관이 외무성에
    한다. 사사용무로 출입국하려는 공민의 려권, 사증 발급신청은 본인이 거주지의 출입
    국사업기관에 한다.

제11조 공민은 출입국사업기관이 발급한 국경지역려행증명서를 가지고 해당 나라의 국경지역
    으로 려행할 수 있다. 국경지역려행증명서는 정해진 국경지역에서만 효력을 가진다.

제12조 공무로 출입국하려는 공민의 국경지역려행증명서 발급신청은 그를 파견하는 기관이,
    사사용무로 출입국하려는 공민의 국경지역려행증명서 발급신청은 당사자가 해당 출
    입국사업기관에 한다.

제13조 공민은 해당 출입국증명서의 유효기간에 출입국하여야 한다. 출입국증명서의 유효기
    간이 지났을 경우에는 그 기간을 연장하여야 한다.

제14조 중앙해사감독기관이 발급한 선원증을 가진 무역선, 국제려객선 선원은 항으로 출입국
    하여야 한다. 경우에 따라 외무성을 통하여 려권, 사증 수속을 하고 비행기, 렬차 같
    은 운수수단으로 출입국할 수 있다.

제15조 공민은 해당 출입국증명서에 확인을 받고 출입국하여야 한다. 출입국 확인은 해당
    출입국지점에서 통행검사기관이 한다.

제16조 다른 나라에 거주하는 공민은 공화국 외교, 령사대표기관에서 려권, 사증을 발급받거

나 해외공민증에 사증수속을 하고 공화국에 오가거나 다른 나라로 려행하여야 한다.

제17조 출입국증명서를 오손시켰거나 분실한 공민은 다시 발급받아야 한다. 제18조 오손되었거나 위조한 출입국증명서를 가진 자, 법기관이 출입국할 수 없다고 인정한 자는 출입국할 수 없다.

제3장 외국인의 입출국

제19조 외국인은 공화국 외무성, 출입국사업기관이 발급하는 사증을 받고 입출국하여야 한다. 공화국과 사증없이 다니기로 합의한 나라 공민, 공무로 국경지역려행증명서를 발급받은 외국인은 초청기관의 동의를 받으면 사증없이 입출국할 수 있다.

제20조 입국하려는 외국인은 해당 나라에 주재하는 공화국 외교, 령사 대표기관에 사증발급신청을 하여야 한다. 경우에 따라 공화국의 해당 초청기관에 사증발급신청을 의뢰할 수 있다.

제21조 입국하는 외국인은 해당한 수속을 정확히 하여야 한다. 입출국지점에서는 해당 출입국증명서에 통행검사기관의 확인을 받는다.

제22조 선원증을 가진 외국인은 사증없이 정해진 항으로 입국할 수 있다. 무역선, 국제려객선 선장은 배가 항에 도착하면 선원, 려객명단을 통행 검사기관에 내야 한다.

제23조 국경지역려행증명서를 가진 외국인은 정해진 국경지역에 입국하여야 한다. 국경지역에 입국하였다가 공화국의 다른 지역으로 가려 할 경우에는 해당 출입국사업기관의 승인을 받는다.

제24조 조선민주주의인민공화국 관광증을 발급받은 외국인은 사증없이 입국할 수 있다. 관광증 발급은 다른 나라에 주재하는 공화국 관광대표기관 또는 외교, 령사 대표기관에서 한다.

제25조 다음에 해당하는 외국인은 입국할 수 없다.

  1. 공화국의 자주권을 침해한 자

  2. 해당 기관이 공화국의 안전과 사회질서를 침해할 수 있다고 인정한 자

  3. 전염병환자

제26조 외국인은 해당 출입국증명서의 유효기간에 입출국하여야 한다. 유효기간이 지났을 경

우에는 그 기간을 연장하여야 한다.

제27조 체류, 거주하던 외국인은 귀국할 경우 해당 출입국사업기관에서 체류, 거주 등록을 삭제하여야 한다. 이 경우 장기체류, 거주하던 외국인은 상주외국인체류증, 외국인증을 바쳐야 한다.

제28조 장기체류, 거주하는 외국인은 공화국령밖으로 려행하려 할 경우 상주 외국인체류증, 외국인증을 해당 출입국사업기관에 맡겨야 한다. 출입국사업기관에 맡긴 상주외국인체류증, 외국인증은 려행이 끝나면 돌려준다.

제29조 선원증을 가진 외국인은 정해진 항에서 배로 출국하여야 한다. 외무성의 승인을 받은 경우에는 해당 출입국사업기관을 통하여 사증수속을 하고 비행기, 렬차 같은 운수수단으로 출국할 수 있다.

제30조 오손된 출입국증명서, 위조한 출입국증명서를 가졌거나 공화국의 해당 기관이 출국시킬 수 없다고 인정한 외국인은 출국시키지 않는다.

제4장 외국인의 체류, 거주, 려행

제31조 외국인은 입국목적에 따라 공화국령역에서 체류, 거주, 려행할 수 있다. 외국인은 체류, 거주, 려행과 관련한 등록, 수속을 제때에 하여야 한다.

제32조 외국인의 체류는 단기체류와 장기체류로 나눈다. 단기체류는 입국한 날부터 6개월까지, 장기체류는 6개월 이상으로 한다.

제33조 공화국령역에 입국한 외국인은 목적지에 도착한 때부터 48시간 안에 체류 등록을 하고 려권 또는 따로 받은 사증에 확인을 받아야 한다. 사증을 받지 못하고 입국한 외국인은 사증을 받은 다음 체류등록을 하여야 한다.

제34조 공무로 입국한 외국인의 체류등록은 해당 도(직할시)출입국사업기관이 한다. 경우에 따라 해당 국경지역 시(구역), 군 출입국사업기관도 할 수 있다. 사사용무로 입국한 외국인의 체류등록은 해당 시(구역), 군 출입국사업기관이 한다.

제35조 장기체류하려는 외국인은 체류목적에 따라 상주외국인체류증을 발급받을 수 있다. 이 경우 정해진 수속을 하여야 한다.

제36조 다음에 해당하는 외국인은 체류등록을 하지 않는다.

    1. 국회, 정부 대표단 같은 고위급대표단성원

    2. 공화국에 주재하는 다른 나라 또는 국제기구 대표기관성원과 그 가족

    3. 국경지역에 입국하여 숙박하지 않고 그날로 출국하는 외국인

    4. 항에 들어온 다른 나라 선원

    5. 해당 기관이 정하는 외국인

제37조 장기체류하는 외국인은 체류지를 옮기려 할 경우 체류지이동승인을 받은 날부터 7일 안에 이동수속을 하고 새로 체류할 지역의 출입국사업기관에 체류등록을 하여야 한다. 단기체류하는 외국인은 체류지를 옮겨도 수속을 하지 않는다.

제38조 외국인은 해당 기관의 승인을 받아 공화국령역에 거주할 수 있다. 거주승인을 받은 외국인은 거주할 지역의 출입국사업기관에 거주등록을 하여야 한다. 거주등록을 한 외국인에게는 외국인증을 발급한다.

제39조 거주지를 옮기려는 외국인은 퇴거등록을 한 날부터 25일안에 새로 거주할 지역의 출 입국사업기관에 거주등록을 하여야 한다.

제40조 외국인은 상주외국인체류증, 외국인의 유효기간이 끝나기 10일전에 유효기간연장신 청문건을 해당 출입국사업기관에 내야 한다. 상주외국인 체류증, 외국인증의 유효기 간은 중앙출입국사업기관이 정한다.

제41조 외국인은 출생, 사망, 결혼, 리혼, 직업변동 같은 신분등록을 그 사유가 있은 날부터 14일안에 하여야 한다. 이 경우 신분등록신청문건과 신분등록사유를 확인하는 문건 을 해당출입국사업기관에 내야 한다.

제42조 공화국령역에서 려행하려는 외국인은 해당 출입국 사업기관에 신청하여 려행증을 발 급받고 려행하여야 한다. 공화국에 주재하는 다른 나라 또는 국제기구 대표기관성원, 공화국의 초청기관일군과 동행하는 외국인은 려행증을 발급받지 않고 려행할 수 있 다. 려행증발급신청은 려행을 떠나기 5일전에, 려행을 제한하는 지역으로 가려 할 경 우에는 10일전에 한다.

제43조 외국인은 려행중에 해당 출입국사업기관의 도착, 출발 확인을 받으며 숙박등록을 하 여야 한다. 공무로 려행하는 외국인의 숙박등록은 해당 숙소에, 사사용무로 려행하는 외국인의 숙박등록은 해당 기관에 한다.

제44조 새로 입국한 외국인은 자연재해, 질병 같은 사유로 목적지가 아닌 지역에 48시간이 상 머무르는 경우 그 지역의 출입국사업기관에 도중체류등록을 하여야 한다.

제5장 제 재

제45조 공민이 이 법을 어긴 경우에는 벌금을 물리거나 출국, 입국을 금지시킨다. 정상이 무
거운 경우에는 형사책임을 지운다.

제46조 외국인이 이 법을 어긴 경우에는 벌금을 물리거나 입국, 출국을 금지 시킨다. 정상이
무거운 경우에는 공화국령역 밖으로 추방하거나 형사책임을 지운다.

제47조 제재와 관련한 신소는 외무성 또는 해당 출입국 사업기관, 법기관에 한다.

9. 조선민주주의인민공화국 환경보호법

1986년 4월 9일 최고인민회의 법령 제5호로 채택
1986년 4월 9일 최고인민회의 법령 제5호로 채택
1999년 3월 4일 최고인민회의 상임위원회 정령 제488호로 수정보충
2000년 7월 24일 최고인민회의 상임위원회 정령 제1676호로 수정
2004년 4월 19일 최고인민회의 상임위원회 정령 제1083호로 수정보충

제1장 환경보호의 기본원칙

제1조(환경보호의 성격)

환경을 보호하는 것은 인민대중에게 자주적이며 창조적인 생활환경을 보장하여주기 위한 숭
고한 사업이다.

국가는 인민들에게 문화위생적인 환경과 로동조건을 마련해주기 위하여 나라의 환경을 보호
관리하는 사업에 언제나 깊은 관심을 돌린다.

제2조(환경보호의 기본원칙)

환경을 보호하는 사업은 사회주의건설에서 항구적으로 틀어쥐고 나가야 할 중요한 사업이다.

국가는 환경보호관리에서 이룩한 성과를 공고발전시키며 공업을 비롯한 해당 경제부문이 현
대적으로 발전하는데 따라 환경을 더 잘 보호관리하기 위한 대책을 세우고 이에 대한 투자를

계통적으로 늘인다.

제3조(환경보호의 계획화원칙)

국가는 인민들의 지향과 요구에 맞게 나라의 환경을 꾸리기 위하여 환경보호관리사업을 계획적으로 전망성있게 진행한다.

국가는 환경보호의 원칙에서 도시와 마을을 형성하며 공장, 기업소를 비롯한 산업시설들을 합리적으로 배치한다.

제4조(공해방지대책의 선행원칙)

생산과 건설에 앞서 공해방지대책을 철저히 세우는 것은 환경보호사업에서 나서는 중요요구이다.

국가는 기관, 기업소, 단체에서 공해방지대책을 먼저 세우고 생산과 건설을 진행하며 환경보호를 위한 물질기술적 수단을 끊임없이 현대화하도록 한다.

제5조(전인민적인 환경보호관리원칙)

환경을 보호관리하는 것은 전체 인민의 신성한 의무이다.

국가는 인민들 속에서 사회주의애국주의교양을 강화하여 그들이 조국의 강산과 향토를 사랑하며 나라의 환경을 더 잘 보호관리하는 사업에 자각적으로 참가하도록 한다.

제6조(환경보호과학연구사업원칙)

국가는 환경을 공해로부터 보호하기 위한 과학연구사업을 발전시키며 환경보호과학연구기관들을 튼튼히 꾸리고 그에 대한 지도를 강화한다.

제7조(핵무기, 화학무기의 개발, 시험, 사용금지원칙)

핵무기, 화학무기의 개발과 시험, 사용을 금지하고 환경의 파괴를 막는 것은 조선민주주의인민공화국의 일관한 정책이다.

국가는 조선반도와 그 주변에서 핵무기, 화학무기의 개발과 시험, 사용으로 환경이 파괴되는 것을 반대하여 적극 투쟁한다.

제8조(환경보호분야의 교류와 협조)

국가는 환경보호분야에서 다른 나라, 국제기구들과의 교류와 협조를 발전시킨다.

제9조(환경보호법의 규제대상)

이 법은 대기, 물, 토양, 바다의 오염과 소음, 진동, 지반내려앉기, 악취, 오존층파괴, 지구온난화 같은 환경파괴현상을 막고 보다 좋은 환경을 마련하기 위한 환경보호원칙과 질서를 규제한다.

환경보호사업과 관련하여 이 법에서 규제하지 않은 질서는 해당 법규에 따른다.

제2장 자연환경의 보존과 조성

제10조(자연환경의 보존과 조성의 기본요구)

자연환경을 잘 보존하고 조성하는 것은 인민들에게 좋은 생활환경을 지어주며 후대들에게 더 아름답고 문화적인 환경을 물려주기 위한 요구이다.

기관, 기업소, 단체와 공민은 자연환경을 보존하며 그것을 인민들의 건강증진과 문화정서생활에 유리하게 꾸리고 잘 보호관리하여야 한다.

제11조(자연환경보호구와 특별보호구선정)

환경보호를 위하여 자연보호구, 동물보호구, 식물보호구, 수산자원보호구 같은 자연환경보호구와 특별보호구를 정한다.

자연환경보호구와 특별보호구를 정하는 사업은 내각이 한다.

제12조(환경보호대책의 수립)

국토환경보호기관과 해당 기관은 자연환경보호구와 특별보호구를 비롯한 모든 령역에서 동식물의 변화, 지형과 수질의 변화, 기후변동 같은 자연환경의 변화상태를 정상적으로 조사등록하며 필요한 대책을 세워야 한다.

자연환경보호구와 특별보호구에서는 자연환경을 원상대로 보존하고 보호관리하는데 지장을 주는 행위를 할 수 없다.

제13조(자연풍치의 보호)

기관, 기업소, 단체와 공민은 도시와 마을, 도로와 철길주변, 호수와 하천주변의 풍치림을 베거나 명승지와 바다기슭의 솔밭, 해수욕장, 기암절벽, 우아하고 기묘한 산세, 풍치좋은 섬을 비롯한 자연풍치를 손상, 파괴하지 말아야 한다.

제14조(명승지, 천연기념물의 보호)

기관, 기업소, 단체와 공민은 명승지와 관광지, 휴양지에 탄광, 광산을 개발하거나 환경보호에 지장을 주는 건물, 시설물을 짓는 것 같은 행위를 하지 말며 동굴, 폭포, 옛성터를 비롯한 천연기념물과 명승고적을 원상대로 보존하여야 한다.

제15조(땅의 침하방지)

기관, 기업소, 단체는 지하자원을 개발하거나 지하건설을 할 경우 땅이 꺼져 환경이 파괴되지 않도록 미리 해당한 대책을 세워야 한다.

땅이 꺼져 피해를 받을 수 있는 곳에서는 지하수를 뽑아쓸 수 없다.

제16조(자연생태계의 균형파괴행위금지)

기관, 기업소, 단체와 공민은 야생동물과 수중생물의 서식환경을 파괴하거나 희귀한 식물을 마구 채취하여 생태계의 보호, 생물다양성의 보존과 지속적리용에 지장을 주는 것 같은 행위를 하지 말아야 한다.

국가적으로 보호증식하기로 된 동식물은 국토환경보호기관의 허가없이 잡거나 채취할 수 없다.

제17조(문화휴식터건설과 원림, 록지조성)

도시경영기관과 해당 기관, 기업소, 단체는 공원과 유원지를 비롯한 문화휴식터를 곳곳에 꾸리며 도로, 철길, 하천, 건물 주변과 구획안의 빈땅이나 공동리용장소에 나무, 잔디를 심어야 한다.

도시와 그 주변에는 환경보호에 지장을 주는 나무나 풀을 심을 수 없다.

제18조(국토환경보호월간)

국가는 국토를 아름답게 꾸리고 환경을 보호하는 사업을 전군중적으로 진행하기 위하여 국토관리총동원월간, 식수월간, 도시미화월간 같은 국토환경보호월간을 정한다.

국토환경보호월간을 정하는 사업은 내각이 한다.

제3장 환경오염방지

제19조(환경보호기준의 준수)

환경오염을 미리 막는 것은 공해현상을 없애기 위한 선결조건이다.

기관, 기업소, 단체는 환경보호한계기준과 오염물질의 배출기준, 소음, 진동기준 같은 환경보호기준을 엄격히 지켜야 한다.

환경보호기준을 정하는 사업은 내각이 한다.

제20조(가스, 먼지잡이와 공기려과장치의 설치)

해당 기관, 기업소, 단체는 건물과 시설물에 가스, 먼지잡이장치와 공기려과장치를 갖추고 가스나 먼지, 악취 같은 것이 류출되지 않도록 하며 로와 탕크, 배관 같은 시설을 계획적으로 보수정비하여야 한다. 기술검사를 받지 않은 보이라는 운영할 수 없다.

제21조(배기가스의 초과배출, 소음, 진동을 초과하여 일으키는 설비가동금지)

배출기준을 초과하여 유해가스를 내보내는 륜전기재와 포장하지 않은 물자를 실어 먼지를 일으킬 수 있거나 어지러워진 륜전기재는 운행할 수 없으며 규정된 기준을 초과하여 소음과 진동을 일으키는 기계설비는 가동할 수 없다.

인민보안기관은 륜전기재에 대한 기술검사와 운행단속을 엄격히 하며 배출기준을 초과하여 유해가스를 내보내는 륜전기재를 운행하지 않도록 하여야 한다.

제22조(특수기상조건에 의한 대기오염의 방지)

국토환경보호기관과 해당 기관, 기업소, 단체는 배출되는 가스, 먼지같은 것이 특수한 기상현상의 영향으로 대기를 심히 오염시킬 수 있을 경우 해당 설비의 가동과 륜전기재의 운행을 조절하거나 중지하여야 한다.

기상수문기관은 특수한 기상현상이 일어날 경우 그에 대하여 국토환경보호기관과 해당 기관에 통보하여야 한다.

제23조(오물의 처리)

도시경영기관과 해당 기관, 기업소, 단체는 오물처리시설을 갖추고 나무잎과 오물을 제때에 처리하며 도시주민구역과 주요도로주변에서 그것을 불태우지 말아야 한다.

오물처리장에 모아놓은 오물은 제때에 실어내야 한다.

제24조(버림물의 정화)

해당 기관, 기업소, 단체는 정화시설을 갖추고 버림물을 깨끗이 정화하여 내보내며 정화되지 않은 버림물이 바다나 하천, 호소, 저수지 같은 곳에 흘러들지 않도록 하여야 한다.

제25조(상수도시설의 보수정비, 먹는 물의 려과소독)

도시경영기관과 해당 기관, 기업소, 단체는 상수도시설을 정상적으로 보수정비하고 먹는 물의 려과소독을 엄격히 하여 주민들에게 수질기준이 정확히 보장된 먹는 물을 공급하여야 한다.

취수구와 저수지, 배수구주변에는 공장, 기업소와 건물, 시설물을 건설할 수 없으며 살초제, 살충제를 비롯한 해로운 화학물질을 칠 수 없다.

제26조(바다, 하천, 호소, 저수지에서 환경보호)

공화국의 령해, 경제수역과 항만, 포구, 갑문, 하천, 호소, 저수지에서 항행하거나 정박하고 있는 배는 기름, 버림물, 오물 같은 것을 버리거나 떨구지 말아야 한다.

자원개발기관과 해당 기관, 기업소, 단체는 바다자원을 개발하거나 해안공사 같은 것을 할 경우 바다환경을 오염시키지 말아야 한다.

제27조(배의 오염방지설비)

배운영기관, 기업소, 단체는 배에 톤수에 따르는 오염방지설비를 정확히 갖추어야 한다.

해사감독기관은 배검사를 할 경우 오염방지설비가 갖추어져 있는가를 엄격히 검사하여야 한다.

제28조(배에 의한 오염방지)

항과 포구, 갑문, 부두를 관리운영하는 기관, 기업소, 단체는 버림물과 오물처리시설을 갖추고 배에서 나오는 버림물과 오물을 제때에 처리하여야 한다.

바다, 하천에 떨어진 기름과 오물을 정화하거나 거두어내야 한다.

제29조(정화장, 오물, 공업폐설물처리장의 건설)

해당 기관, 기업소, 단체는 버림물의 정화장이나 오물, 공업폐설물의 처리장을 바다나 하천, 호소, 저수지 또는 먹는 물원천을 오염시키지 않을 곳에 꾸려야 한다.

박토장, 버럭장, 저탄장, 연재 및 광재처리장은 주변환경이 오염되지 않도록 꾸리며 그 리용이 끝난 다음에는 흙을 덮고 나무를 심거나 농경지로 리용하여야 한다.

제30조(농약의 생산과 수입, 독성검사)

기관, 기업소, 단체는 농약을 비롯한 화학물질을 생산하거나 수입하려 할 경우 국가품질감독기관과 해당 검정기관의 독성검사와 환경에 미치는 영향평가를 받고 등록하여야 한다.

대기, 물, 토양을 오염시키거나 인체에 해로운 영향을 줄 수 있는 국가적으로 사용이 금지된 농약을 비롯한 화학물질은 생산하거나 수입할 수 없다.

제31조(농약의 보관, 리용, 오염된 농산물의 판매, 공급금지)

농업지도기관과 해당 기관, 기업소, 단체는 농약의 보관, 리용을 정해진 대로 하여 유기오염물질이나 중금속같은 독성물질이 대기 중에 날리거나 바다, 하천, 호소, 저수지 같은 곳에 흘러들지 않게 하며 땅속에 축적되지 않도록 하여야 한다.

농약을 비행기로 뿌리려 할 경우에는 국토환경보호기관의 승인을 받아야 한다.

오염도가 허용기준을 초과하는 토양에는 그것을 제때에 해소시키고 농작물을 심어야 하며 오염된 토양에서 생산한 농산물은 판매, 공급할 수 없다.

제32조(방사성물질에 의한 오염방지)

방사성물질을 생산하거나 취급하는 기관, 기업소는 방사성기체, 먼지, 버림물, 폐설물의 려과, 정화시설을 갖추고 방사능농도를 배출기준 아래로 낮추어야 한다.

개방상태의 방사성물질을 취급하는 기관, 기업소는 주변환경에 대한 방사성오염준위를 정상적으로 조사측정하고 해당한 대책을 세워야 한다.

제33조(방사성물질취급)

해당 기관, 기업소, 단체는 방사성물질을 생산, 공급, 운반, 보관, 사용, 폐기하려 할 경우 방사선감독기관 또는 인민보안기관의 허가를 받아야 한다.

방사선감독기관은 환경을 오염시킬 우려가 있는 요소들은 정상적으로 조사하고 해당한 대책을 세우도록 하여야 한다.

제34조(오염된 물품의 수입금지)

환경보호와 인민들의 건강에 나쁜 영향을 줄 수 있는 오염된 식료품, 의약품, 생활용품, 동물먹이 같은 것은 우리나라에 들여올 수 없다.

기관, 기업소, 단체와 공민은 식료품, 의약품, 생활용품, 동물먹이 같은 것을 들여오는 경우 해당 기관의 검사, 검역을 받아야 한다.

제35조(환경을 파괴시킬 수 있는 폐기물, 설비, 기술의 수입과 생산도입 금지)

해로운 물질을 내보내거나 소음과 진동을 일으켜 환경을 심히 파괴시킬 수 있는 폐기물과 설비, 기술은 우리나라에 들여오거나 생산에 도입할 수 없다.

제36조(해로운 물질의 배출량과 농도, 소음과 진동의 세기측정)

기관, 기업소, 단체는 생산과정에 생기는 해로운 물질의 배출량과 농도, 소음과 진동의 세기를 정상적으로 측정하고 계통적으로 낮추어야 한다.

국토환경보호기관의 허가가 없거나 허용기준을 초과하는 해로운 물질은 내보낼 수 없다.

제37조(공해를 일으키는 건물, 시설물의 이설)

국토환경보호기관과 지방정권기관, 해당 기관은 공해를 일으키는 공장, 기업소를 도시 밖으로 내가고 화물수송도로와 철길을 주민구역 밖으로 돌리거나 지하에 넣으며 오염피해를 받는 살림집을 생활환경이 좋은 곳으로 옮겨야 한다.

도시의 중심에는 공해를 일으킬 수 있거나 물동량이 많은 공장, 기업소를 건설할 수 없으며 공해방지시설을 갖추지 않은 건물, 시설물은 사용할 수 없다.

제4장 환경보호사업에 대한 지도통제

제38조(환경보호사업에 대한 지도통제의 기본요구)

환경보호사업에 대한 지도통제를 강화하는 것은 국가의 환경보호정책을 정확히 집행하기 위한 중요요구이다.

국가는 현실발전의 요구에 맞게 환경보호사업에 대한 지도와 통제를 강화하도록 한다.

제39조(환경보호사업에 대한 지도)

환경보호사업에 대한 지도는 내각의 통일적인 지도밑에 중앙국토환경보호지도기관이 한다.

중앙국토환경보호지도기관은 환경보호사업에 대한 지도체계를 바로세우고 지도방법을 끊임없이 개선하여야 한다.

제40조(환경보호사업조건보장)

기관, 기업소, 단체는 환경보호를 위한 감독 및 측정사업과 관련하여 국토환경보호기관과 해당 기관이 요구하는 자료와 필요한 사업조건을 보장하여야 한다.

국가계획기관과 로동행정기관, 자재공급기관, 재정은행기관은 환경을 보호하는데 필요한 로력, 설비, 자재, 자금을 제때에 보장하여야 한다.

제41조(환경감시체계수립, 환경상태장악)

중앙국토환경보호지도기관은 전국적인 환경감시체계를 세우고 나라의 환경상태를 정상적으로 조사장악하며 환경보호를 위한 년차별 계획을 세우고 그 실행을 정확히 지도하여야 한다.

제42조(환경영향평가를 받은 기술과제와 설계의 심사)

기관, 기업소, 단체는 기술과제와 설계의 작성을 환경보호의 요구에 맞게 하며 국토환경보호기관의 환경영향평가와 해당 기관의 합의를 받아야 한다.

환경영향평가와 해당 기관의 합의를 받지 않은 기술과제와 설계는 심사비준할 수 없다.

제43조(공해방지시설과 준공검사)

준공검사기관은 공해방지시설을 갖추지 않은 건설대상에 대하여 준공검사합격승인을 하지 말아야 한다.

제44조(환경보호과학연구성과의 도입)

중앙국토환경보호지도기관과 환경보호과학연구기관, 해당 기관은 여러 가지 요인으로 인한 환경의 파괴를 막고 국토환경을 개선하기 위한 과학연구사업을 끊임없이 강화하며 그 성과를 환경보호사업에 적극 받아들여야 한다.

제45조(환경보호에 대한 과학지식보급)

교육기관과 출판보도기관은 여러 가지 형식과 방법으로 환경을 보호하기 위한 과학지식보급과 대중교양사업을 진행하며 환경보호분야에서 이룩한 성과를 널리 소개선전하여야 한다.

제46조(환경보호사업에 대한 감독통제)

환경보호사업에 대한 감독통제는 국토환경보호기관과 해당 감독통제기관이 한다.

국토환경보호기관과 해당 감독통제기관은 국가의 환경보호정책집행정형을 엄격히 감독통제하여야 한다.

제47조(건강, 재산피해에 대한 보상)

환경을 파괴시켜 인민들의 건강과 국가 또는 사회협동단체, 공민의 재산에 피해를 주었을 경우에는 해당한 피해를 보상시킨다.

제48조(억류, 손해보상, 벌금)

다른 나라의 배 또는 공민이 우리나라의 령역에서 환경을 파괴시키는 행위를 하였을 경우에는 해당 배, 공민을 억류하거나 손해를 보상시키며 벌금을 물린다.

제49조(환경보호질서를 어긴 건물, 시설물의 운영중지, 몰수)

환경보호질서를 어기고 대상건설을 진행하거나 공장을 운영하거나 륜전기재를 운행시킬 경우에는 그것을 중지시키거나 해당 건물, 시설물을 철수시키고 위법행위에 리용된 물자와 돈은 몰수하며 파괴된 환경은 원상복구시킨다.

제50조(행정적 또는 형사적 책임)

이 법을 어겨 환경보호사업에 엄중한 결과를 일으킨 기관, 기업소, 단체의 책임있는 일군과 개별적 공민에게는 정상에 따라 행정적 또는 형사적 책임을 지운다.

10. 조선민주주의인민공화국 형법(발췌)

1950년 3월 3일 최고인민회의 제5차 회의에서 채택
1974년 12월 19일 최고인민회의 상설회의 결정으로 수정보충
1987년 2월 5일 최고인민회의 상설회의 결정 제2호로 채택
1995년 3월 15일 최고인민회의 상설회의 결정 제54호로 수정보충
1999년 8월 11일 최고인민회의 상임위원회 정령 제953호 수정
2004년 4월 29일 최고인민회의 상임위원회 정령 432호로 수정보충
2005년 4월 19일 최고인민회의 상임위원회 정령 제1084호로 수정보충
2005년 7월 26일 최고인민회의 상임위원회 정령 제1225호로 수정보충

제1장 형법의 기본

제1조(형법의 사명)

조선민주주의인민공화국 형법은 범죄에 대한 형사책임 및 형벌제도를 바로 세워 국가주권과

사회주의제도를 보위하고 인민들의 자주적이며 창조적인 생활을 보장하는데 이바지한다.

제2조(범죄자의 처리원칙)

국가는 범죄자의 처리에서 로동계급적 원칙을 확고히 견지하고 사회적 교양을 위주로 하면서 이에 법적 제재를 배합하도록 한다.

제3조(범죄의 미연방지원칙)

국가는 모든 공민들이 법을 존엄있게 대하고 엄격히 지키며 범죄와의 투쟁에 적극 나서게 하여 범죄를 미리 막도록 한다.

제4조(조국과 민족반역행위를 뉘우친 자의 처리원칙)

국가는 조국과 민족을 반역한 행위를 한 자라 하더라도 조국통일을 위하여 적극적으로 나서는 경우에는 과거를 묻지 않으며 형사책임을 추궁하지 않도록 한다.

제5조(자수자의 처리원칙)

국가는 범죄를 저지른 자라 하더라도 자기의 잘못을 진심으로 뉘우치고 자수한 자에 대하여서는 관대히 용서하도록 한다.

제6조(형법에 규정된 행위에 대해서만 형사책임을 지우는 원칙)

국가는 형법에서 범죄로 규정한 행위에 대하여서만 형사책임을 지우도록 한다.

제7조(형벌적용의 원칙)

국가는 범죄의 엄중성 정도와 범죄자의 개준성 정도를 고려하여 그에 해당한 형벌을 적용하도록 한다.

제8조(형법의 대인적 및 공간적 효력원칙)

이 법은 범죄를 저지른 공화국 공민에게 적용한다. 공화국 령역 밖에서 범죄를 저지른 공화국 공민에게도 이 법을 적용한다.

공화국 령역 안에서 범죄를 저지른 다른 나라 사람에게도 이 법을 적용한다. 그러나 외교특권을 가진 다른 나라 사람에 대한 형사책임은 그때마다 외교적 절차에 따라 해결한다.

다른 나라에서 공화국을 반대하였거나 공화국 공민을 침해한 다른 나라 사람에게도 이 법을 적용한다.

제9조(시간적 효력에서 불소급 및 소급원칙)

범죄를 저지른 자에게는 그 범죄를 저지를 당시의 형법을 적용한다. 그러나 종전형법에서 범죄로 보던 행위를 이 법에서 범죄로 보지 않았거나 형벌을 낮춘 경우에는 이 법을 적용한다.

제3장 반국가 및 반민족범죄

제1절 반국가범죄

제59조(국가전복음모죄)

반국가적 목적으로 정변, 폭동, 시위, 습격에 참가하였거나 음모에 가담한 자는 5년 이상의 로동교화형에 처한다. 정상이 특히 무거운 경우에는 무기로동교화형 또는 사형 및 재산몰수형에 처한다.

제60조(테로죄)

반국가 목적으로 간부들과 인민들을 살인, 랍치하였거나 그들에게 상해를 입힌 테로행위를 한 자는 5년 이상의 로동교화형에 처한다. 정상이 특히 무거운 경우에는 무기로동교화형 또는 사형 및 재산몰수형에 처한다.

제61조(반국가선전, 선동죄)

반국가 목적으로 선전, 선동행위를 한 자는 5년 이하의 로동교화형에 처한다. 정상이 무거운 경우에는 5년 이상 10년 이하의 로동교화형에 처한다.

제62조(조국반역죄)

공민이 조국을 배반하고 다른 나라로 도망쳤거나 투항, 변절하였거나 비밀을 넘겨준 조국반역행위를 한 경우에는 5년 이상의 로동교화형에 처한다. 정상이 특히 무거운 경우에는 무기로동교화형 또는 사형 및 재산몰수형에 처한다.

제63조(간첩죄)

공화국 공민이 아닌 자가 우리나라에 대한 정탐을 목적으로 비밀을 탐지, 수집, 제공한 경우에는 5년 이상 10년 이하의 로동교화형에 처한다. 정상이 무거운 경우에는 10년 이상의 로동교화형에 처한다.

제64조(파괴암해죄)

반국가 목적으로 파괴, 암해행위를 한 자는 5년 이상 10년 이하의 로동교화형에 처한다. 앞항의 행위를 여러 번 또는 공모하여 한 경우에는 10년 이상의 로동교화형에 처한다. 정상이 특히 무거운 경우에는 무기로동교화형에 처한다.

제65조(무장간섭 및 대외관계단절사촉죄)

다른 나라 사람이 다른 나라 또는 다른 나라에 있는 집단을 추겼거나 자금을 대주어 공화국에 대한 무장간섭을 하게 하였거나 외교관계를 끊어버리게 하였거나 공화국과 체결한 조약을 파기하게 한 경우에는 10년 이상의 로동교화형에 처한다.

제66조(외국인에 대한 적대행위죄)

공화국과 다른 나라와의 관계를 약화시킬 목적으로 공화국에 체류하는 다른 나라 사람의 인신, 재산을 침해한 자는 5년 이상 10년 이하의 로동교화형에 처한다. 정상이 무거운 경우에는 10년 이상의 로동교화형에 처한다.

제2절 반민족범죄

제67조(민족반역죄)

조선민족으로서 제국주의의 지배 밑에서 우리 인민의 민족해방운동과 조국통일을 위한 투쟁을 탄압하였거나 제국주의자들에게 조선민족의 리익을 팔아먹은 민족반역 행위를 한 자는 10년 이상의 로동교화형에 처한다. 정상이 특히 무거운 경우에는 무기로동교화형 또는 사형 및 재산몰수형에 처한다.

제68(조선민족해방운동 탄압죄)

다른 나라 사람이 조선인민의 민족해방운동과 조국통일을 위한 투쟁을 탄압한 경우에는 5년 이상 10년 이하의 로동교화형에 처한다. 정상이 무거운 경우에는 10년 이상의 로동교화형에 처한다.

제69조(조선민족 적대죄)

다른 나라 사람이 조선민족을 적대시할 목적으로 해외에 상주하거나 체류하는 조선사람의 인신, 재산을 침해하였거나 민족적 불화를 일으킨 경우에는 5년 이상 10년 이하의 로동교화형에 처한다. 정상이 무거운 경우에는 10년 이상의 로동교화형에 처한다.

제3절 반국가 및 반민족범죄에 대한 은닉죄, 불신고죄, 방임죄

제70조(반국가 및 반민족 범죄에 대한 은닉죄)

반국가 및 반민족 범죄를 저지른 자 또는 범죄의 흔적을 감추어 준 자는 4년 이하의 로동교화형에 처한다.

제71조(반국가범죄에 대한 불신고죄)

반국가 범죄를 준비하고 있거나 저지른 것을 알면서 그것을 해당 기관에 알리지 않은 자는 3년 이하의 로동교화형에 처한다.

제72조(반국가범죄에 대한 방임죄)

반국가 범죄를 저지르고 있다는 것을 알면서 그것을 긴급히 막는 데 필요한 대책을 능히 세울 수 있었음에도 불구하고 내버려둔 자는 3년 이하의 로동교화형에 처한다.

제5장 사회주의경제를 침해한 범죄

제2절 경제관리질서를 침해한 범죄

제121조(철도, 수상, 항공운수질서 위반죄)

철도, 수상, 항공운수부문 일군이 운수조직과 지휘를 무책임하게 하였거나 교통운수질서를 어겨 기차, 배, 비행기를 전복, 파손시켰거나 그 정상적 운행에 지장을 주었거나 인명피해를 준 경우에는 3년 이하의 로동교화형에 처한다.

앞항의 행위로 많은 인명피해를 준 경우에는 3년 이상 8년 이하의 로동교화형에 처한다. 정상이 특히 무거운 경우에는 8년 이상의 로동교화형 또는 무기로동교화형에 처한다.

제124조(대외경제활동을 무책임하게 한 죄)

무역계약을 비롯한 다른 나라와 경제계약을 잘못 맺었거나 대외경제활동을 무책임하게 하여 특히 대량의 손실을 준 자는 2년 이하의 로동교화형에 처한다.

제3절 국토관리 및 환경보호질서를 침해한 범죄

제182조(환경보호질서위반죄)

대기, 물, 토양을 오염시켜 공해를 일으킨 자는 2년 이하의 로동단련형에 처한다. 정상이 무거운 경우에는 5년 이하의 로동교화형에 처한다.

제7장 일반행정관리질서를 침해한 범죄

제1절 일반행정관리질서를 침해한 범죄

제232조(영공, 영해침입죄)

다른 나라 사람이 비행기 또는 배를 몰고 허가없이 공화국 영공, 영해에 들어왔거나 영공, 영해 밖으로 나갔거나 지정된 항로, 비행고도를 어긴 경우에는 3년 이하의 로동교화형에 처한다.

제233조(비법국경출입죄)

비법적으로 국경을 넘나든 자는 2년 이하의 로동단련형에 처한다. 정상이 무거운 경우에는 3년 이하의 로동교화형에 처한다.

제234조(국경출입협조죄)

국경관리부문 일군이 비법적으로 국경을 넘나드는 자를 도와준 경우에는 2년 이하의 로동교화형에 처한다. 앞항의 행위를 여러 번 하였거나 돈 또는 물건을 받고 한 경우에는 2년 이상 5년 이하의 로동교화형에 처한다.

　　제235조(항해, 어로구역 이탈죄)

　　허가없이 지정된 항해구역 또는 어로구역을 이탈한 자는 2년 이하의 로동단련형에 처한다.

11. 조약의 국내법적 효력에 관한 북한 국내법 규정(발췌)

1) 조선민주주의인민공화국 민법

제10조 민사활동과 관련하여 우리나라와 다른 나라 사이에 맺은 조약에서 달리 정하였을 경우에는 그에 따른다.

2) 조선민주주의인민공화국 대외민사관계법

제 6조 대외민사관계와 관련하여 우리나라가 다른 나라와 체결한 조약에서 이 법과 다르게 규정하였을 경우에는 그에 따른다.

3) 조선민주주의인민공화국 외국투자기업 및 외국인세금법

제 7조 외국투자기업과 외국인은 자기 나라 정부와 조선민주주의인민공화국 정부 사이에 체결한 세금과 관련한 조약에서 이 법과 다르게 세금문제를 정하였을 경우 그 조약에 따라 세금을 바칠 수 있다.

4) 조선민주주의인민공화국 외화관리법

제 8조 제2항 우리나라 정부와 다른 나라 정부 사이에 결제와 관련한 협정을 맺었을 경우에는 그에 따른다.

5) 조선민주주의인민공화국 하천법

제 8조 제2항 국경하천의 정리, 보호, 리용과 관련하여 다른 나라와 맺은 조약이 있을 경우에는 그에 따른다.

6) 조선민주주의인민공화국 저작권법

제 5조 우리나라가 체결한 조약에 가입한 다른 나라의 법인 또는 개인의 저작권은 그 조약
　　　에 따라 보호한다.

7) 조선민주주의인민공화국 국적법

제16조 조선민주주의인민공화국이 국적과 관련하여 다른 나라와 맺은 조약에서 이 법의 내
　　　용과 다르게 정한 경우에는 그 조약에 따른다.

8) 조선민주주의인민공화국 컴퓨터쏘프트웨어보호법

제 6조 조선민주주의인민공화국이 쏘프트웨어보호와 관련하여 맺은 조약은 이 법과 같은 효
　　　력을 가진다.

9) 조선민주주의인민공화국 민용항공법

제 9조 민용항공사업과 관련하여 조선민주주의인민공화국이 승인한 국제협약은 이 법과 같
　　　은 효력을 가진다.

10) 조선민주주의인민공화국 해운법

제10조 조선민주주의인민공화국이 승인한 해운관계의 국제협약은 이 법과 같은 효력을 가진다.

11) 조선민주주의인민공화국 항만법

제 8조 조선민주주의인민공화국이 승인한 항만관계의 국제협약은 이 법과 같은 효력을 가진다.

12) 조선민주주의인민공화국 배길표식법

제 8조 조선민주주의인민공화국이 승인한 배길표식분야의 국제협약은 이 법과 같은 효력을
　　　가진다.

13) 조선민주주의인민공화국 해사감독법

제 8조 조선민주주의인민공화국이 승인한 해사분야의 국제협약은 이 법과 같은 효력을 가진다.

14) 조선민주주의인민공화국 보험법

제 7조 제2항 조선민주주의인민공화국이 승인한 보험분야의 국제협약은 이 법과 같은 효력
    을 가진다.

15) 조선민주주의인민공화국 수로법

제 8조 조선민주주의인민공화국이 승인한 수로분야의 국제협약은 이 법과 같은 효력을 가진다.

16) 조선민주주의인민공화국 유전자전이생물안전법

제 8조 유전자전이생물안전사업과 관련하여 이 법에서 규제하지 않은 사항이 우리나라가 승
    인한 국제조약에 있을 경우에는 그에 따른다.

12. 조선민주주의인민공화국 경제수역을 설정함에 관하여[11]

(1977년 6월 21일)

우리나라 바다자원은 나라의 부강발전과 민족적 번영을 이룩하는데 있어서 귀중한 밑천의
하나이다.

조선민주주의인민공화국 중앙인민위원회는 바다에서 민족적 리익을 지키기 위하여 다음과
같이 결정한다.

1. 우리나라의 바다자원을 보호관리하고 적극 개발, 리용할 목적으로 조선민주주의인민공화
   국 경제수역을 설정한다.
2. 조선민주주의인민공화국 경제수역은 령해의 기산선으로부터 200마일이며 200마일경제수역
   을 그을 수 없는 수역에서는 바다반분선까지이다.
3. 조선민주주의인민공화국 경제수역(수중, 해저, 지하)안에서 생물 및 비생물 자원에 대한
   자주권을 행사한다.

---

11) 출처: 김일성종합대학, 『국제법 및 해운법 참고서(법학부용)』(평양: 김일성종합대학, 1985), 3쪽.

4. 조선민주주의인민공화국 해당 기관의 사전승인없이 외국인들과 외국선박, 외국항공기 등은 조선민주주의인민공화국 경제수역안에서 고기잡이, 시설물설치, 촬영, 조사, 측정, 탐사, 개발과 그밖에 경제활동에 장애로 되는 행위들을 할 수 없다.

5. 조선민주주의인민공화국 경제수역안에서 바닷물과 대기의 오염을 비롯하여 인명과 자원에 해를 주는 모든 행위들을 금지한다.

6. 조선민주주의인민공화국 경제수역안에서 어로활동을 하도록 허용받은 모든 선박들은 조선민주주의인민공화국의 어업 및 해상 질서를 엄격히 지켜야 한다.

7. 이 정령과 조선민주주의인민공화국의 해당법규들을 위반한 모든 행위들에 대하여서는 그 정상에 따라 조선민주주의인민공화국의 법에 의하여 처리한다.

8. 이 정령은 1977년 8월 1일부터 실시한다.

13. 군사경계선설정에 관한 조선인민군 최고사령부의 보도[12]

(1977년 8월 1일)

조선인민군 최고사령부는 우리나라에 조성된 정세의 요구로부터 조선민주주의인민공화국 경제수역을 믿음직하게 보위하며 민족적 리익과 나라의 자주권을 군사적으로 철저히 지키기 위하여 군사경계선을 설정한다.

군사경계선은 동해에서 령해기산선으로부터 50마일, 서해에서는 경제수역경계선으로 한다.

군사경계선구역안(수상, 수중, 공중)에서 외국인, 외국군용함선, 외국군용비행기들의 행동을 금지하며 민용선박, 민용비행기(어로선박제외)들은 해당한 사정합의 혹은 승인 밑에서만 군사경계선구역을 항행 및 비행할 수 있다.

군사경계선구역안(수상, 수중, 공중)에서 민용선박, 민용비행기들이 군사적 목적을 가진 행동과 경제적 리익을 침해하는 활동을 할 수 없다.

---

12) 출처: 김일성종합대학, 『국제법 및 해운법 참고서(법학부용)』, 4쪽.

14. 조선민주주의인민공화국 경제수역에서의
외국인과 외국배, 외국비행기들의 경제활동에 관한 규정[13]

(1978년 8월 12일)

제1장 일반규정

제 1조 이 규정은 조선민주주의인민공화국 중앙인민위원회 정령≪조선민주주의인민공화국
    경제수역을 설정함에 관하여≫(1977년 6월 21일)를 정확히 집행함으로써 조선민주
    주의인민공화국 경제수역에서 수산자원을 비롯한 바다자원을 잘 보호관리하고 적극
    개발리용하는데 이바지하는 것을 목적으로 한다.
제 2조 조선민주주의인민공화국은 우리나라 경제수역(수중, 해저, 지하)에 있는 모든 생물자원
    과 비생물자원에 대한 완전한 자주권을 행사한다.
제 3조 이 규정은 조선민주주의인민공화국 경제수역(이 아래로부터는 우리나라 경제수역이
    라 한다.)에서 경제활동 및 과학연구사업을 하는 모든 외국인, 외국배, 외국비행기들
    에 적용한다.
제 4조 이 규정에 규제되지 않은 우리나라 경제수역에서의 외국인, 외국배, 외국비행기들의
    경제활동과 관련한 문제는 따로 맺어지는 협정 또는 합의에 따라 처리한다.

제2장 우리나라 경제수역에서의 물고기잡이

제 5조 외국인과 외국배은 조선민주주의인민공화국 자원보호감독기관(이 아래부터는 자원감
    독기관이라 한다.)의 허가없이 우리나라 경제수역에서 물고기를 잡을 수 없다.
제 6조 조선민주주의인민공화국의 승인(협정, 계약, 인가)을 받아 우리나라 경제수역에서 물
    고기를 잡으려는 외국인과 외국배는 붙임표 1에 따라 물고기잡이허가신청서 3부를
    우리나라 말과 국제공용어로 만들어 한달전에 자원감독기관에 내야 한다.

---

13) 출처: 김일성종합대학,『국제법 및 해운법 참고서(법학부용)』, 4-8쪽.

제 7조 외국인과 외국배로부터 물고기잡이허가신청을 받은 자원감독기관은 그에 대하여 심의하고 붙임표 2와 같이 물고기잡이허가증을 내주어야 한다.

제 8조 우리나라 경제수역에서 물고기를 잡는 외국인과 외국배는 이 규정과 물고기잡이와 관련한 우리나라 법규들을 정확히 지켜야 한다.

제 9조 물고기를 잡기 위하여 우리나라 경제수역에 들어오려는 외국배는 24시간 전에 경제수역경계선을 넘는 좌표, 날자 및 시간을 자원감독기관에 알려야 한다.

제10조 외국배가 우리나라 경제수역에 들어올 때에는 배의 현측과 상갑판현측에 배의 이름과 번호를 밤에나 낮에나 잘 보이도록 표식하여야 한다.

자원감독기관이 필요에 따라 다른 표식을 더할 것을 요구할 때에는 그 표식을 하여야 한다.

제11조 우리나라 경제수역에서 물고기를 잡는 배는 물고기잡이허가증과 국제해사법규에 규정된 배의 증빙문건을 가지고 있어야 한다.

제12조 우리나라 경제수역에서 물고기를 잡는 외국배는 자원감독기관기관에 붙임표 3에 따라 물고기잡이정형에 대한 순보는 무전 또는 전보로 다음 순 5일까지, 월보는 문건(3부)으로 다음달 10일까지 내야 한다.

제13조 우리나라 경제수역에서 물고기를 잡는 외국배는 붙임표 4에 따라 물고기잡이일지를 정상적으로 써야 하며 어구탐지기를 가지고 있어야 한다.

제14조 우리나라 경제수역에서 쓸 수 있는 그물코의 크기와 잡지 말아야 할 크기의 물고기는 다음과 같다.

1. 어구와 물고기에 따르는 그물코의 크기

명태중층뜨랄 37.5미리메터이상(봇장그물)

명태저예망뜨랄 30미리메터이상(봇장그물)

가재미뜨랄 50미리메터이상(봇장그물)

새우뜨랄 20미리메터이상(봇장그물)

새우저예망 20미리메터이상(봇장그물)

가재미저예망 40미리메터이상(봇장그물)

공치자망 17미리메터이상(봇장그물)

고등어자망 39미리메터이상

2. 잡지 말아야 할 크기의 물고기

명태 30센치메터아래

가재미 21센치메터아래

외치 19센치메터아래

3. 새끼고기가 8%이상 되는 곳에서는 물고기를 잡을 수 없다.

제15조 따로 맺어진 협정 또는 합의가 없는 한 우리나라 경제수역에서 송어, 연어, 정어리, 게, 물개, 고래를 잡을 수 없다.

제16조 우리나라 경제수역에서 물고기를 잡는 외국배의 크기와 불빛을 써서 물고기를 잡는 배의 불빛밝기는 자원감독기관이 정하여주는데 따라야 한다.

제17조 우리나라 경제수역에서 물고기를 잡는 외국배는 다른 합의가 없는 한 조선민주주의인민공화국 해당 기관에서 제정한 료금을 물어야 한다.

제18조 전기, 뽐프, 폭발물질, 화학성물질을 비롯하여 물고기자원에 해를 줄 수 있는 어구와 방법을 써서 물고기를 잡을 수 없다.

제19조 우리나라 경제수역에서 물고기를 잡는 외국배는 다른 배의 물고기잡이에 지장을 주는 행위를 하지 말아야 한다.

제20조 외국인과 외국배는 조선민주주의인민공화국 군사경계선 안에서와 따로 정한 금지구역에서 물고기를 잡을 수 없다.

제21조 수산감독원 또는 바다경비성원들은 우리나라 경제수역에서 물고기를 잡는 외국배에 오르거나 물고기잡이정형을 검열할 수 있으며 외국배는 그들이 배에 오를 수 있도록 편의를 보장하여야 한다.

제22조 우리나라 경제수역에서 물고기를 잡는 외국배는 수산감독원 또는 바다경비성원들의 신호(해상국제신호, 고동)에 무조건 응하여야 한다.

제23조 우리나라 경제수역에서 물고기를 잡는 외국배가 우리나라 경제수역설정에 관한 조선민주주의인민공화국 중앙인민위원회 정령과 이 규정 그밖에 물고기잡이와 관련한 우리나라 법규들을 어기였을 때에는 그 정도에 따라 다음과 같은 제재를 둔다.

1. 물고기잡이를 중지시킨다.

2. 물고기잡이허가를 취소한다.

3. 어구와 고기잡이수단, 잡은 물고기를 빼앗는다.

4. 피해액을 보상시킨다.

5. 15만원 아래의 벌금을 물린다.

6. 사람과 배를 억류한다.

   정상이 엄중할 때에는 조선민주주의인민공화국 형법에 따라 처벌받는다.

제3장 우리나라 경제수역에서의 과학연구

제24조 조선민주주의인민공화국은 우리나라 경제수역에서의 과학연구에 대한 전속관할권을 행사한다.

외국인, 외국배, 외국비행기는 자원감독기관의 허가를 받아야 우리나라 경제수역에서의 과학연구를 할 수 있다.

우리나라 경제수역에서 과학연구를 하는 외국 기관과 사람은 바다환경의 어느 부분이나 자원에 대하여 어떠한 소유권도 주장할 수 없다.

제25조 조선민주주의인민공화국의 승인(협정, 계약, 인가)을 받고 우리나라 경제수역에서 과학연구를 하려는 외국인, 외국배, 외국비행기는 붙임표 5에 따라 과학연구허가신청서 3부를 우리나라 말과 국제공용어로 만들어 한 달 전에 자원감독기관에 내야 한다.

자원감독기관은 그에 대하여 심의하고 붙임표 6과 같이 과학연구허가증을 내주어야 한다.

제26조 우리나라 경제수역에서 과학연구를 하는 외국인, 외국배, 외국비행기는 이 규정과 해양과학연구와 관련한 조선민주주의인민공화국 법규들을 정확히 지켜야 한다.

제27조 우리나라 경제수역에서 과학연구를 하는 외국인, 외국배, 외국비행기는 연구에 공동으로 참가할데 대한 조선민주주의인민공화국 해당기관의 요구에 응하여야 한다.

제28조 외국인, 외국배, 외국비행기는 우리나라 경제수역에서 진행한 과학연구에서 얻은 리익과 자료를 조선민주주의인민공화국 해양과학연구기관에 반드시 알려야 하며 조선민주주의인민공화국 해양과학연구기관의 동의없이 공포할 수 없다.

제29조 다음과 같은 경우에는 외국인, 외국배, 외국비행기가 우리나라 경제수역에서 진행하는 과학연구를 중지시킬 수 있다.

1. 생물 또는 비생물자원에 대한 탐사 및 개발을 진행할 때

2. 굴을 뚫거나 폭발물을 쓸 때

3. 조선민주주의인민공화국의 바다경제활동에 간섭할 때

4. 우리나라의 안전에 어긋나는 행위를 할 때

제30조 우리나라 경제수역에서 과학연구를 하는 외국인, 외국배, 외국비행기가 이 규정과 해양과학연구와 관련한 우리나라 법규를 어기였을 때에는 해당한 책임을 진다.

제4장 우리나라 경제수역에서의 해양환경의 보호

제31조 조선민주주의인민공화국은 우리나라 경제수역에서 해양환경보호에 대한 전속관할권을 행사한다.

제32조 우리나라 경제수역에서의 외국인, 외국배, 외국비행기는 해양환경을 보호하고 보존할 데 대한 조선민주주의인민공화국의 해당 법규를 정확히 지켜야 한다.

제33조 외국인, 외국배, 외국비행기는 우리나라 경제수역에서 사람의 건강과 자원에 해를 주며 바다물과 대기를 오염시키는 행위를 하지 말아야 한다.

제34조 외국인, 외국배, 외국비행기는 우리나라 경제수역에서 이 규정 제33조에 지적된 위반행위를 하였을 때에는 그로부터 생긴 손해에 대하여 책임지며 조선민주주의인민공화국의 권한 있는 기관의 조사에 무조건 응하여야 한다.

성　명: 이규창(李揆昌)

학　력: 부천고등학교 졸업
　　　　고려대학교 법과대학 졸업
　　　　고려대학교 대학원 법학과 석사
　　　　고려대학교 대학원 법학과 박사

경　력: 고려대, 강원대, 경원대, 안동대 강사
　　　　고려대학교 법학연구원 연구원
　　　　대법원 특수사법제도연구위원회 조사위원
　　　　(현) 통일연구원 평화기획연구실 부연구위원

저　서: 『추방과 외국인 인권』
　　　　『북한의 형사법』(법원행정처, 공저)

주요 논문: 「재중 탈북자 보호와 고문방지협약」
　　　　　　『「남북관계발전에 관한 법률」의 분석과 평가』
　　　　　　「남북합의서의 법적 성격 및 효력에 관한 연구」
　　　　　　「고시류조약의 법적 제문제에 대한 고찰」
　　　　　　「북한 조약법에 대한 연구」
　　　　　　「개성공업지구 지원에 관한 법률 제정에 따른 몇 가지 문제」
　　　　　　「북한에서의 국제법의 국내법적 지위 및 효력에 관한 소고」

상　훈: 제2회 대한국제법학회 주니어스칼라상 수상

북한의 국제법관

• 초판 인쇄	2008년 1월 20일
• 초판 발행	2008년 1월 20일
• 엮 은 이	이규창
• 펴 낸 이	채종준
• 펴 낸 곳	한국학술정보㈜
	경기도 파주시 교하읍 문발리 513-5
	파주출판문화정보산업단지
	전화 031) 908-3181(대표) · 팩스 031) 908-3189
	홈페이지 http://www.kstudy.com
	e-mail(출판사업부) publish@kstudy.com
• 등 록	제일산-115호(2000. 6. 19)
• 가 격	45,000원

ISBN   978-89-534-7989-0 93360 (Paper Book)
       978-89-534-7990-6 98360 (e-Book)